Windows 10 & Internet

6e édition

Andy Rathbone
John R.levine,
Margaret Levine Young
et Carol Baroudi

Windows 10 & Internet

pour **les nuls**

6e édition

FIRST
INTERACTIVE

Windows 10 & Internet pour les Nuls (6e édition)

Cet ouvrage comporte des extraits de : *Windows 10 pour les Nuls 6e édition* et *Internet pour les Nuls 20e édition*

Collection dirigée par Jean-Pierre Cano
Traduction : Philip Escartin
Mise en page : maged

Edition française publiée en accord avec Wiley Publishing, Inc.

Éditions First, un département d'Édi8
92 avenue de France 75013 PARIS
75013 Paris
Tél. : 01 44 16 09 00
Fax : 01 44 16 09 01
E-mail : firstinfo@efirst.com
Web : www.editionsfirst.fr
ISBN : 978-2-412-06506-8
Dépôt légal : 1er trimestre 2021

Sommaire

Livre 2 Internet

Partie 1 Le monde sera cyber ou ne sera pas !

Partie 2 Un Web peut en cacher un autre

Introduction

Bienvenue dans Windows 10 et Internet Mégapoche pour les Nuls !

Ce livre n'a pas pour but de faire de vous un pro de Windows ou un créateur de sites Internet, mais de vous proposer des informations fort utiles. Plutôt que de devenir un expert, vous apprendrez rapidement et sans peine tout ce qui est indispensable pour utiliser efficacement un PC sous Windows 10 et prendre plaisir à utiliser Internet en toute sécurité.

À propos de cet ouvrage

N'essayez pas de lire ce livre d'une seule traite. Utilisez-le plutôt à la manière d'un dictionnaire ou d'une encyclopédie. Allez directement à la page contenant l'information que vous recherchez. Lisez-la attentivement, posez le livre et appliquez les directives.

Ne vous compliquez pas l'existence à mémoriser toutes les commandes de Windows 10 ou de votre navigateur Internet, du genre «Sélectionnez l'option de menu dans la liste déroulante». Laissez ça aux allumés d'informatique. En fait, un pictogramme vous préviendra chaque fois qu'un élément technique apparaît dans un chapitre. Vous pourrez ainsi vous attarder pour le lire ou seulement le parcourir et aller plus loin.

Vous ne trouverez aucun jargon ésotérique dans ce livre, mais des thèmes développés en français clair et accessible, dont voici un aperçu :

» **Pourquoi avoir choisi un nom aussi obscur que «Windows 10» ?**

» **Retrouver le fichier que vous avez enregistré ou téléchargé la veille.**

» **Déplacer les fenêtres à la souris.**

» **Télécharger des fichiers.**

» **Répondre à un courrier automatiquement.**

Il n'y a rien à mémoriser et rien à apprendre par cœur. Il suffit d'aller à la bonne page, de lire quelques brèves explications et de retourner à l'ordinateur. Contrairement à d'autres livres, celui-ci vous permet de faire l'impasse sur les subtilités techniques et de ne vous en tenir qu'à l'essentiel pour que le travail soit fait.

Comment utiliser ce livre

Recherchez le sujet qui vous tourmente dans le sommaire ou dans l'index. Le sommaire indique les chapitres ainsi que les sections et leurs numéros de page. L'index recense les sujets et renvoie à la page où il en est question. Parcourez-les tous deux chaque fois que vous butez sur un point obscur ; ne lisez que ce qui est nécessaire, refermez le livre puis appliquez ce que vous venez de lire.

Si vous avez envie d'en savoir plus, lisez un peu plus loin. Vous découvrirez une foule de détails supplémentaires ainsi que quelques références croisées qui renvoient d'un sujet à un autre. Mais ne vous sentez pas obligé. Vous n'êtes pas tenu d'apprendre ce que vous ne désirez pas connaître, ou ce que vous n'avez pas le temps d'assimiler.

Si vous devez taper du texte, il apparaît sous cette forme :

```
www.vw.com
```

Dans l'exemple ci-dessus, vous tapez la chaîne de caractères www.vw.com et vous appuyez ensuite sur la touche Entrée. Taper des mots au clavier est parfois déroutant ; c'est pourquoi ces mots sont souvent accompagnés d'une petite description. Vous effectuerez ainsi la saisie dans les règles.

Chaque fois qu'un message ou une information est affiché à l'écran, il apparaît dans le livre sous la forme suivante :

```
Ceci est un message affiché à l'écran
```

Ce livre se garde bien de vous infliger des directives du genre «Pour en savoir plus, consultez votre manuel». Windows 8 est d'ailleurs dépourvu de tout manuel. Vous ne trouverez pas non plus des informations concernant le fonctionnement de logiciels spécifiquement Windows comme Microsoft Office.

Enfin, gardez à l'esprit que ce livre est un *ouvrage de référence*. Il n'a pas été conçu pour faire de vous un expert, mais pour vous procurer suffisamment d'informations pour que vous n'ayez justement pas à vous coltiner un apprentissage de Windows et d'Internet.

Et à propos de vous ?

Il y a de fortes chances que vous ayez un ordinateur. Vous possédez Windows 10 et vous avez une connexion Internet ou vous envisagez d'en installer une. Vous savez ce que vous voulez faire avec votre ordinateur. Le problème réside justement là : comment obtenir de l'ordinateur qu'il fasse ce que vous désirez. Vous vous êtes débrouillé d'une façon ou d'une autre, peut-être avec l'aide d'un ami ou d'un collègue de bureau qui s'y connaît en informatique. Mais peut-être n'y a-t-il personne dans le voisinage qui sache apprivoiser la bête rétive qu'est un ordinateur. C'est là qu'intervient ce livre. Il saura remplacer au pied levé l'expert cruellement absent. Gardez cependant une carte de Pokémon à portée de la main, ou des trucs à grignoter dans un tiroir, au cas où il vous faudrait quand même soudoyer quelqu'un pour vous aider.

Ce livre a été entièrement mis à jour pour la toute dernière version du navigateur de Microsoft Edge.

Comment ce livre est organisé

Toutes les informations contenues dans ce livre ont été passées au crible. L'ouvrage est divisé en deux livrets divisés en chapitres thématiques. De plus, chacun de ces chapitres est subdivisé en brèves sections qui révèlent tour à tour les différents et mystérieux aspects de Windows 10 et d'Internet. Il vous arrivera parfois de n'avoir à lire qu'un tout petit encadré, et d'autres fois de longs passages, voire une section ou un chapitre tout entier. Tout dépend de la complexité du sujet.

Les pictogrammes de ce livre

Il suffit de feuilleter ce livre pour constater qu'il est truffé de pictogrammes, qui sont un peu dans la littérature ce que les icônes sont à la micro-informatique. Voici à quoi ils correspondent :

Ce pictogramme indique une information qui facilite la vie. Par exemple : comment ne pas prendre froid en ouvrant une fenêtre dans Windows.

N'oubliez pas de vous souvenir de ce qui est écrit à ce paragraphe. Ou au moins, écornez la page pour ne pas oublier de vous en rappeler.

Ce pictogramme signale une manœuvre risquée. Eh non, l'ordinateur n'explosera pas, mais vous risqueriez de perdre des données, ou du temps...

Attention les yeux ! Ce pictogramme signale des informations techniques. Prenez le large si vous êtes technophobe.

L'écran tactile remplace le clavier et la souris. Ce pictogramme signale une fonctionnalité véritablement digitale.

Ce pictogramme pointe vers une ressource du Web accessible avec votre navigateur.

Et ensuite ?

Vous êtes maintenant paré pour passer aux choses sérieuses. Feuilletez le livre et repérez éventuellement des sections qui vous seront utiles plus tard. Rappelez-vous que c'est *votre livre*, l'arme absolue contre les illuminés qui ont concocté des ordinateurs aussi compliqués. Ne prétendez pas que vous avez passé l'âge de retourner à l'école et que vous n'y pigez rien : lisez et relisez les paragraphes qui vous semblent utiles, surlignez les concepts-clés, annotez à foison et gribouillez dans les marges, juste à côté de ce qui vous paraît obscur.

Livre 1
Windows 10

Partie 1

Windows 10 déshabillé

Dans cette partie...

Windows 10 de fond en comble

Le menu Démarrer dans tous ses états

OneDrive ou l'informatique en nuage

DANS CE CHAPITRE

« Windows 10 », vous avez bien dit « Windows 10 » ?

Les éléments de Windows 10

Quelle est ma version de Windows ?

Chapitre 1
Windows 10 de fond en comble

Windows est le système d'exploitation par défaut des ordinateurs PC, contrairement aux ordinateurs de la marque Apple qui fonctionnent avec le système d'exploitation macOS X. Certains PC tournent sous environnement Linux, mais c'est un choix volontaire de la part de leurs utilisateurs. Pratiquement chaque nouvel ordinateur de bureau, portable, hybride, mais aussi certaines tablettes vendues aujourd'hui sont livrés avec Windows préinstallé. Aujourd'hui, et depuis le 29 juillet 2015.

Pour mieux comprendre et sympathiser avec ce système d'exploitation, lisez le présent chapitre qui vous aidera à mieux appréhender la fonction de Windows au sein de votre ordinateur. Bien entendu, ce livre se concentrera sur les dernières nouveautés qui enrichissent graphiquement ou fonctionnellement ce système à chaque nouvelle mise à jour plus ou moins majeure.

Windows ? Oui mais encore ?

Windows est un système d'exploitation, autrement dit un ensemble de programmes qui permettent à votre ordinateur de fonctionner. Sans système d'exploitation, un ordinateur en général et un PC en particulier ne servirait absolument à rien. En d'autres termes, vous ne pourriez qu'admirer un écran sans aucune image dessus. Créé et vendu par la société Microsoft, il contrôle la manière dont travaille votre ordinateur. En fait, Windows est déjà un vénérable monsieur (du point de l'informatique, du moins) et sa dernière version en constante évolution n'est autre que Windows 10. La Figure 1.1 montre un des aspects possibles de son bureau, c'est-à-dire le premier élément graphique qui s'affiche lorsque vous entrez dans Windows.

Figure 1.1

Un des visages possibles du bureau de Windows 10.

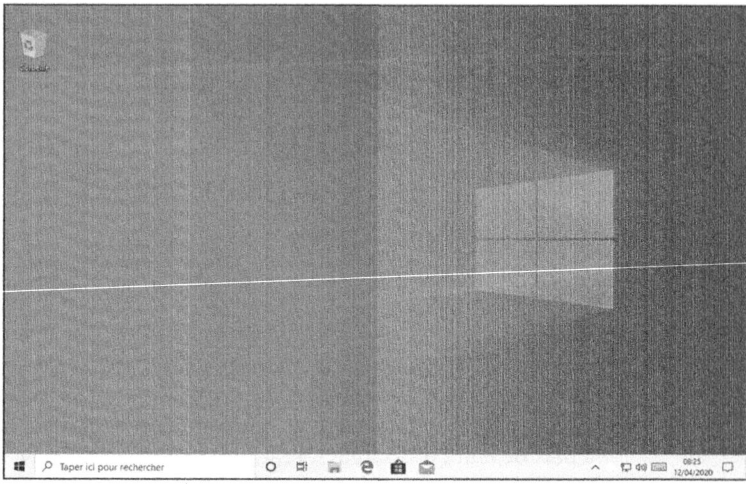

Le nom Windows provient des petites fenêtres qui s'affichent au démarrage de votre ordinateur (oui, *Windows* veut dire « fenêtres » en français). Chaque fenêtre affiche un certain type d'information, comme une image, un programme, ou encore un message demandant souvent la confirmation d'une action. Vous pouvez afficher en même temps plusieurs fenêtres sur votre écran, et vous passez de l'une à l'autre pour visiter différents programmes. Ou bien encore, vous agrandissez la taille d'une fenêtre importante pour qu'elle remplisse tout l'écran.

Dès que vous allumez votre ordinateur, Windows supervise tous les programmes. Si tout se passe bien, vous ne remarquez pas particulièrement la présence de Windows : vous voyez simplement vos programmes au travail. Lorsque la situation est moins idyllique, cependant, Windows vous laisse bien souvent un message d'erreur susceptible de vous plonger dans un état second de perplexité, voire d'angoisse.

En plus de contrôler votre ordinateur ainsi que le fonctionnement de vos programmes, Windows est fourni avec un grand nombre de programmes gratuits et d'*applications* (une sorte de mini programme). Ces programmes (ou *logiciels*) et d'applications permettent de travailler, de s'informer, et de se divertir. Ainsi, vous lirez ou imprimerez votre courrier, naviguerez sur Internet, écouterez ou jouerez de la musique, ou encore vous posterez de magnifiques photos sur des réseaux sociaux ou des sites dédiés.

Les éléments de Windows 10

Pour permettre une certaine convivialité et facilité d'utilisation, Windows 10 est constitué des éléments suivants :

» **Le menu Démarrer :** accessible en cliquant sur le bouton Démarrer (en bas à gauche), le menu du même nom permet d'accéder rapidement à des programmes et à des applications utiles (ou seulement mercantiles).

» **La barre des tâches** : située en bas de votre écran, elle contient des icônes résidentes et des icônes temporaires qui permettent d'effectuer toutes vos tâches sous Windows. Ainsi, vous y trouverez par défaut le bouton Démarrer, le champ Taper ici pour rechercher, le bouton d'activation de Cortana, l'Affichage des tâches, les icônes d'applications en cours d'exécution et/ou qui permettent aussi de lancer des programmes. À droite de la barre des tâches, vous disposez d'une zone de notification qui indique l'heure et qui affiche ponctuellement des informations. Une icône permet d'ouvrir la liste des notifications et aussi d'accéder rapidement au bureau.

Le fonctionnement et les icônes de la barre des tâches peuvent être personnalisés.

» **Mode bureau et mode tablette :** Windows 10 est un système d'exploitation à deux interfaces. Le mode bureau est un mode classique dans lequel l'utilisation de Windows se fait au clavier et à la souris. Le mode tablette transforme l'interface du mode bureau en un ensemble plus épuré destiné aux écrans tactiles. Dans ce mode, l'écran de démarrage et ses vignettes prennent une place prépondérante. En fonction du paramétrage de Windows, le système sera capable de savoir si vous utilisez un écran tactile ou non, et il vous proposera en conséquence de travailler en mode bureau ou tablette. Il est tout à fait possible d'imposer un mode à Windows, mais aussi de passer d'un mode à l'autre à la volée, c'est-à-dire sans être obligé de redémarrer l'ordinateur.

» **Cortana :** c'est l'assistant numérique vocal de Windows 10. Normalement, Cortana est là pour vous aider à mieux gérer votre ordinateur, par exemple en retrouvant des fichiers perdus de vue, en enregistrant vos rendez-vous dans votre agenda, ou encore en extrayant des informations sur le Web. Cortana peut être contrôlé avec le clavier ou par la voix. Vous le (ou la) réveillez en activant le champ Taper ici pour rechercher situé juste à droite du bouton Démarrer.

Pour contrôler vocalement Cortana, vous cliquerez sur le petit cercle vide situé à droite du champ Taper ici pour rechercher.

- **OneDrive :** OneDrive est le service de stockage en ligne (cloud) disponible depuis l'Explorateur de fichiers de Windows 10. Vous avez la possibilité d'indiquer les dossiers de la version « locale » de OneDrive, c'est-à-dire celle affichée dans l'Explorateur de fichiers, qui seront synchronisés sur les serveurs distants de Microsoft, c'est-à-dire en ligne. Retenez simplement que OneDrive, bien que distant, apparaît comme un disque dur connecté à votre ordinateur. La seule différence est que ce que vous y placez sera copié sur un disque dur de Microsoft peut-être situé à des milliers de kilomètres de votre domicile.

- **Microsoft Store :** boutique en ligne de Microsoft, où vous trouverez des milliers d'applications gratuites et payantes, mais aussi des films et des séries, et des jeux. Pour y accéder, vous devez être connecté à Internet, et cliquer sur la vignette du panier à commissions au sigle Windows présent sur la barre des tâches.

- **Chronologie :** accessible *via* le bouton Affichage des tâches qui permet aussi de créer des bureaux virtuels. La Chronologie conserve votre activité des 30 derniers jours, ce qui permet de retrouver très rapidement un document sur lequel vous avez travaillé, ou bien un site que vous avez consulté. C'est un peu votre détective privé personnel.

- **Bureaux multiples :** Windows 10 permet de créer des bureaux supplémentaires entre lesquels il est possible de circuler d'un clic ou d'un tapotement. Vous pourriez par exemple configurer un bureau pour le travail, et un autre pour le jeu (ou encore, totalement ignorer cette fonctionnalité).

- **Windows 10 est aussi un service :** voilà qui est peut-être le plus important. Microsoft traite Windows 10 comme un service, et non plus un produit fini, sans évolutions majeures autres que des correctifs. En d'autres termes, la nouvelle stratégie de Microsoft consistera à ajouter à Windows 10 de nouvelles applications, fonctionnalités et mises à jour, du moins tant que vous posséderez le même appareil.

Quelle est ma version de Windows 10 ?

Pour connaître la version de Windows 10 installée sur votre PC suivez ces étapes :

❶ **Cliquez sur le bouton Démarrer (en bas à gauche), puis sur l'icône Paramètres (engrenage) dans la colonne de gauche.**

❷ **Dans la fenêtre Paramètres Windows qui s'affiche, cliquez sur Système.**

❸ **Dans le volet de gauche (Système), cliquez sur Informations système.**

❹ **Dans le volet Informations système qui apparaît sur la droite, localisez la rubrique Spécifications Windows, comme sur la Figure 1.2.**

Figure 1.2

Pour connaître la version de Windows 10.

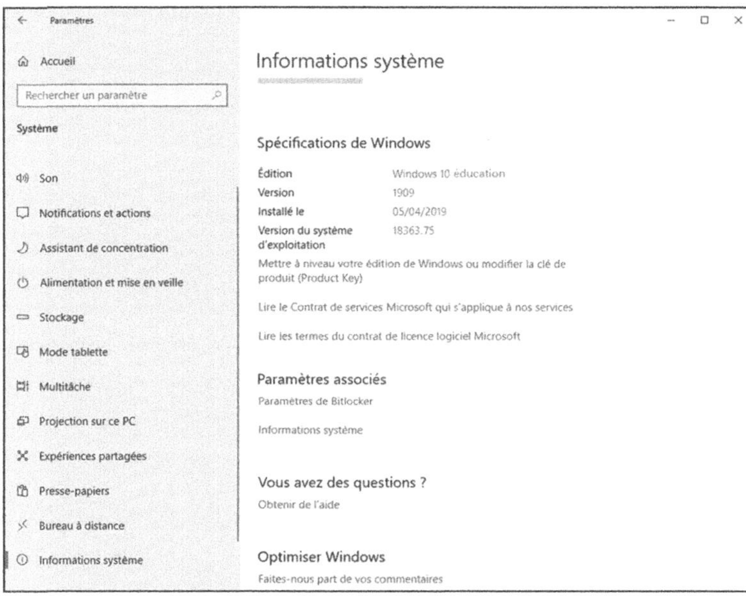

Cette section indique l'édition, la version, et le numéro du système d'exploitation. Sur la Figure 1.2, vous constatez que la version est dite 1909, qu'elle porte le numéro 18363.75 et que l'édition est Windows 10 éducation.

Pas de panique si votre version est un peu plus ancienne. Windows Update ne manquera pas de se mettre à jour soit automatiquement, soit en fonction de votre bon vouloir comme nous le verrons dans ce livre.

Vous n'avez pas envie d'attendre ? Vous souhaitez installer la dernière mise à jour de Windows 10 avant qu'elle ne vous soit proposée par Windows Update ? Alors rendez-vous sur la page www.microsoft.com/fr-fr/software-download/windows10.

Windows 10 se décline en plusieurs versions donc à des prix différents. Pour en prendre connaissance, consultez la page Web de Microsoft à l'adresse : https://www.microsoft.com/fr-fr/store/b/windows?icid=MSCOM_QL_Windows.

DANS CE CHAPITRE

Démarrer Windows

•

Ouvrir une session Windows en se connectant

•

Comprendre le menu Démarrer

•

Passer d'une application à une autre

•

Voir toutes les applications et tous les programmes

•

Personnaliser le menu Démarrer

•

Découvrir les vignettes du menu Démarrer

•

Éteindre l'ordinateur

Chapitre 2

Le menu Démarrer dans tous ses états

Dans ce chapitre, je vais vous expliquer comment utiliser le menu Démarrer et la partie droite de ce menu qui présente des groupes de vignettes. Sur une tablette tactile, il emplit tout l'écran. Et ses grandes vignettes facilitent le mouvement de vos doigts. Sur un ordinateur de bureau, en revanche, le menu Démarrer reste collé dans son coin d'écran, et affiche des groupes de vignettes sur la droite. Et vous pouvez cliquer avec votre souris sur ses petits boutons et ses menus, mais aussi sur les vignettes affichées dans la partie droite de son interface.

Ce chapitre se destine à une chose essentielle : lancer vos programmes et vos applications depuis les deux parties (ou zones) du menu Démarrer.

Si l'écran de votre ordinateur est tactile, substituez le mot *toucher* lorsqu'il s'agit de *cliquer*, et *double-toucher* pour *double-cliquer*. Quant au terme *clic du bouton droit*, remplacez-le par *le doigt maintenu sur l'écran*. Relevez le doigt lorsque le menu associé à cette action apparaît.

Le monde de Windows

Windows apparaît sitôt l'ordinateur allumé (enfin, presque aussitôt). Mais avant de pouvoir l'utiliser, il vous confronte à un écran qui fait barrage : l'écran de verrouillage que montre la Figure 2.1.

Figure 2.1

L'écran de verrouillage protège l'ordinateur contre toute intrusion malveillante.

Windows 10 permet de choisir entre différents types d'identification. Pour cela :

❶ **Cliquez sur le bouton Démarrer puis sur l'icône Paramètres (engrenage).**

❷ **Cliquez sur la catégorie Comptes.**

❸ **Dans le volet de gauche de la fenêtre qui apparaît, cliquez sur Options de connexion.**

❹ **Sélectionnez une option de connexion parmi les propositions illustrées sur la Figure 2.2.**

Vous avez le choix entre les méthodes traditionnelles suivantes :

» **Windows Hello :** deux options qui permettent une reconnaissance faciale ou par empreintes digitales. Pour qu'elles fonctionnent, vous devez disposer d'une webcam (reconnaissance faciale) et/ou d'un dispositif de reconnaissance d'empreintes digitales (que l'on trouve principalement sur les ordinateurs portables).

Figure 2.2

Pour choisir le type d'identification de connexion.

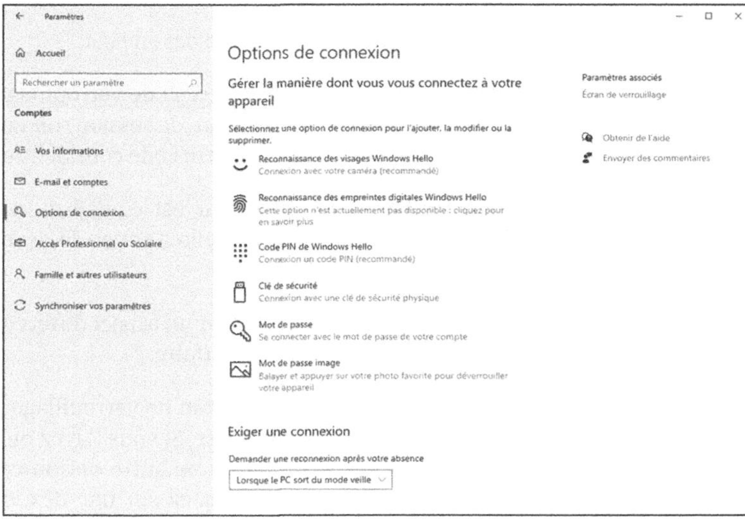

» **Code PIN :** vous utilisez un code confidentiel constitué d'un numéro à quatre chiffres. L'avantage de cette option est la rapidité de la saisie.

» **Clé de sécurité :** vous utilisez une clé de sécurité fournie par le constructeur de votre ordinateur, ou la société dans laquelle vous travaillez. Cette option permet de gérer vos clés de sécurité afin d'utiliser celle qui permettra d'ouvrir votre session Windows.

» **Mot de passe :** vous utilisez un mot de passe alphanumérique, constitué de lettres ou d'un mélange de lettres et de chiffres.

» **Mot de passe image :** vous utilisez une image pour vous connecter.

La méthode de déverrouillage varie en fonction du mode de pointage que vous utilisez, c'est-à-dire une souris, un clavier ou un écran tactile :

» **Souris :** cliquez avec n'importe quel bouton.

» **Clavier :** appuyez sur n'importe quelle touche.

La formulation « n'importe quelle touche » n'existe pas pour un clavier, c'est-à-dire que vous ne trouverez aucune touche portant ce nom. Vous comprenez alors que vous pouvez appuyer sur une touche quelconque du clavier. Mais attention, ne cherchez pas une touche libellée « Quelconque »... décidément, je ne m'en sortirai jamais !

» **Écran tactile :** effleurez l'écran de *bas* en *haut.*

Après avoir franchi le bien nommé écran de verrouillage, vous arrivez à l'écran de connexion (ou d'ouverture de session) où vous devez saisir votre mot de passe, ou bien taper votre code confidentiel.

Si votre tablette ou votre ordinateur est équipé d'un lecteur d'empreinte digitale, la fonctionnalité Hello permet de déverrouiller Windows d'un simple contact du doigt.

L'écran de verrouillage peut présenter un aspect différent sur votre appareil, mais cela ne change rien à l'affaire.

Comme le montre la Figure 2.3, l'écran de verrouillage propose d'ouvrir vos sessions avec un mot de passe. Si vous l'avez oublié, ou si vous souhaitez accéder à Windows avec une autre option comme un code PIN ou un mot de passe image, cliquez sur une des icônes affichées sous le champ de saisie du mot de passe.

Figure 2.3

Des options de connexion supplémentaires.

Face à cet écran plutôt intimidant, vous avez plusieurs options :

» **Si vous voyez votre nom d'utilisateur et un champ Mot de passe.** Saisissez le mot de passe et Windows vous laisse franchir la porte.

» **Utiliser Windows Hello.** Par exemple, optez pour le lecteur d'empreintes digitales qui équipe votre ordinateur.

» **Vous ne voyez pas votre nom, mais vous savez que vous avez un compte sur cet ordinateur.** Regardez en bas et à gauche de l'écran. Windows liste ici *tous* les comptes actuellement définis. Le vôtre devrait normalement se trouver là, ainsi que le compte de l'administrateur (le propriétaire, en quelque sorte).

» **Si vous venez d'acheter l'ordinateur, utilisez le compte Administrateur que vous avez dû créer lors de la mise en service de la machine.** Il autorise la création d'autres comptes d'utilisateurs, l'installation de programmes, l'établissement d'une connexion Internet et l'accès à *tous* les fichiers présents dans l'ordinateur, même ceux appartenant à d'autres utilisateurs. Dans Windows, une personne au moins doit être Administrateur. Donc certainement vous...

Vous n'avez pas l'intention de saisir un mot de passe ? Vous avez alors le choix entre les options suivantes :

» **Le bouton évoquant un fauteuil roulant,** en bas et vers la droite de l'écran, donne accès aux fonctions destinées aux personnes handicapées. Si vous avez cliqué dessus par erreur, cliquez sur le fond d'écran pour faire disparaître le menu de configuration.

» **Le bouton en bas à droite** permet d'arrêter l'ordinateur, de le mettre en veille ou de le redémarrer.

Même lorsque vous n'avez pas encore saisi le mot de passe, l'ordinateur affiche des informations. Selon la manière dont vous l'avez configuré, vous verrez sur l'écran de verrouillage la date et l'heure, la force du signal Wi-Fi (ou l'icône de la connexion filaire), la charge de la batterie (plus la couleur de l'icône est intense, plus la charge est élevée), vos prochains rendez-vous, le nombre de courriers électroniques non lus, et bien d'autres informations.

Comprendre les comptes d'utilisateurs

Windows permet à plusieurs personnes d'utiliser le même ordinateur tout en séparant nettement leurs activités. Mais pour cela, il doit savoir qui l'utilise actuellement. Quand vous saisissez votre mot de passe après avoir éventuellement cliqué sur votre nom d'utilisateur, vous

vous *connectez* à votre compte d'utilisateur. Vous faites ensuite ce que vous voulez.

Quand vous cessez d'utiliser l'ordinateur, vous vous *déconnectez*, ce qui met fin à votre session. Quelqu'un d'autre peut alors se connecter à son compte d'utilisateur et se servir de l'ordinateur. Quand vous vous reconnecterez par la suite, vous retrouverez l'ordinateur tel que vous l'aviez laissé, avec tous vos fichiers.

Même si vous mettez la pagaille dans l'ordinateur, c'est *votre* pagaille. Un autre utilisateur ne peut pas accéder à votre session. Votre conjoint ou votre rejeton ne peut pas avoir effacé vos fichiers par erreur, car il n'y a pas accès. Il lui est également impossible de fureter dans votre messagerie.

Figure 2.4

L'avatar de votre compte se situe au-dessus des icônes Marche/Arrêt et Paramètres.

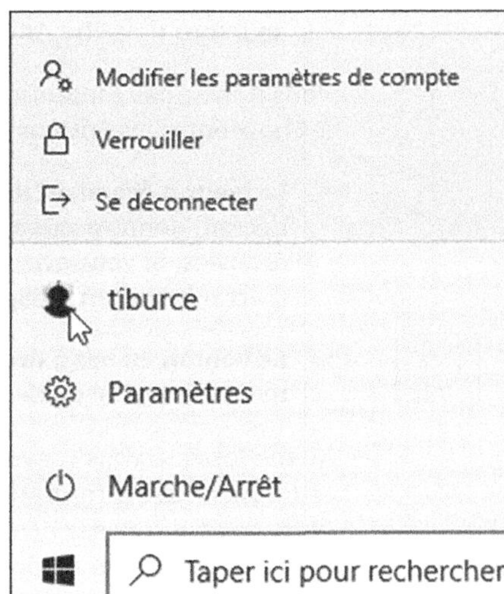

Tant que vous n'avez pas associé votre photo à votre compte d'utilisateur, vous n'êtes représenté que par une silhouette sur l'écran du mot de passe. Pour la remplacer par une de vos photos, ouvrez votre session Windows et cliquez sur le bouton Démarrer, en bas à gauche de l'écran. Ensuite, dans la colonne d'icônes de gauche, cliquez sur l'icône qui se trouve tout en haut, comme sur la Figure 2.4.

Par défaut, elle représente la silhouette d'un visage, mais la Figure 2.4 montre qu'elle a été personnalisée avec une photo. Dans le menu qui apparaît, cliquez sur Modifier les paramètres de compte. Dans le panneau qui apparaît, sous la section Créer votre avatar – eh oui, l'avatar, c'est vous – cliquez sur l'icône Caméra pour prendre une photo de vous avec la webcam intégrée à votre ordinateur. Vous pouvez également choisir une photo stockée sur votre ordinateur en cliquant sur le bouton Rechercher une image. Recherchez alors votre portrait qui apparaîtra notamment à l'allumage de l'ordinateur.

Protéger votre compte par un mot de passe

Comme Windows permet à plusieurs personnes d'utiliser le même ordinateur, il est important que les uns n'aillent pas farfouiller dans les documents et la messagerie des autres. De quelle manière ? En protégeant les comptes par un mot de passe.

En fait, l'usage d'un mot de passe est plus important que jamais sous Windows 10, car ce système d'exploitation peut stocker des informations très personnelles comme des numéros de cartes bancaires. En saisissant un mot de passe, vous vous identifiez auprès de votre ordinateur. Quand vous avez défini ou modifié un mot de passe dans les paramètres de votre compte, personne d'autre que vous ne peut accéder à votre compte. Et donc, personne ne pourra consulter vos fichiers ou vos courriers, effectuer des achats ou utiliser des services payants à vos frais.

Pour définir ou modifier un mot de passe, suivez ces étapes :

1. **Cliquez sur le bouton Démarrer, puis dans la colonne de gauche, sur l'icône Paramètres (engrenage).**

2. **Dans la fenêtre qui apparaît, cliquez sur l'icône de la catégorie Comptes.**

3. **Dans la fenêtre qui s'affiche alors, cliquez dans le volet de gauche sur Options de connexion.**

   Les options de connexion apparaissent dans la partie droite de la fenêtre.

4. **Dans cette fenêtre, cliquez sur Mot de passe puis sur le bouton Modifier (voir la Figure 2.5).**

   Si vous n'avez pas encore de mot de passe, le bouton Ajouter remplace le bouton Modifier.

5. **Si vous avez déjà un mot de passe, Windows va vous demander de le ressaisir.**

   Si vous avez utilisé un code confidentiel (PIN), Windows vous demandera de le saisir. Si vous l'avez oublié, cliquez sur le lien Utiliser une méthode non répertoriée ici. Windows vous demandera alors le mot de passe que vous saisissez habituellement pour ouvrir votre session Windows.

6. **Si vous saisissez un code PIN, Windows commence par vous demander de taper votre nouveau mot de passe.**

Figure 2.5

Modifier le mot de passe.

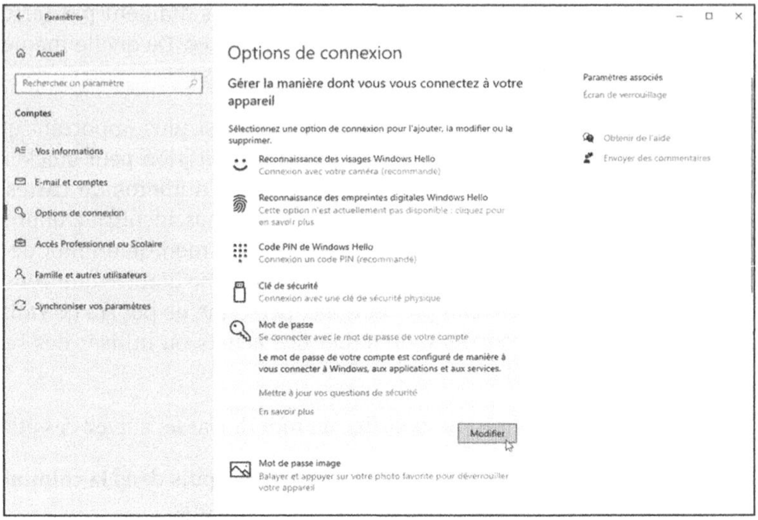

Il ne vous reste plus qu'à saisir votre code confidentiel et à le confirmer.

Windows peut demander à vérifier votre identité *via* une adresse mail de secours que vous avez indiquée à la création de votre compte Microsoft. Cliquez sur l'adresse mail partiellement affichée. Dans la nouvelle étape, saisissez l'adresse mail complète, et cliquez sur le bouton Envoyer un code. Ensuite, consultez ce compte de messagerie pour y récupérer un code que vous a envoyé Microsoft. Reportez le code dans le champ prévu à cet effet, et cliquez sur Vérifier. Vous pouvez alors modifier votre mot de passe.

7. **Dans le champ Mot de passe actuel, saisissez le mot de passe que vous utilisez pour ouvrir votre session Windows.**

8. **Appuyez sur la touche Tab de votre clavier pour activer le champ Nouveau de passe.**

9. **Saisissez le nouveau mot de passe.**

Si vous créez un mot de passe, vous utiliserez alors le champ Créer un mot de passe.

Choisissez par exemple le nom de votre légume ou fruit préféré, ou la marque de votre dentifrice. Pour renforcer la sécurité, incorporez un chiffre au mot de passe, comme dans **6tron** ou **salle2bain**.

10. **Appuyez sur la touche Tab pour activer le champ Confirmer le mot de passe, et saisissez-le une seconde fois.**

    Cela vous permet d'être certain que vous n'avez pas commis d'erreur dans la création de votre nouveau mot de passe.

11. **Dans le champ Indication de mot de passe, notez une astuce qui vous permettra de vous rappeler de votre mot de passe en cas d'oubli.**

    Soyez malin pour que quelqu'un d'autre ne puisse pas trouver facilement votre mot de passe.

12. **Cliquez sur le bouton Suivant, puis sur Terminer.**

    Vous avez encore à ce stade la possibilité de revenir en arrière en cliquant sur Annuler.

Se connecter avec un compte Microsoft

Quand vous utilisez Windows pour la première fois, ou quand vous essayez d'accéder à certaines applications, ou si vous tentez seulement de modifier un paramètre, le système peut vous inviter à utiliser un compte Microsoft.

Vous pouvez accéder à votre ordinateur avec un compte *Microsoft*, ou bien avec un compte *Local*. Bien qu'un compte Microsoft facilite grandement le travail avec Windows, ces deux types répondent à des besoins différents :

» **Compte Local :** ce type de compte convient bien aux personnes qui utilisent des programmes de bureau traditionnels. Par contre, il ne permet pas d'accéder à OneDrive. De même, nombre d'applications maintenant intégrées à Windows refusent qu'on y accède sans compte Microsoft, par exemple Courrier, Calendrier ou encore Contacts. Et l'accès à Microsoft Store risque fort d'être aussi bloqué...

» **Compte Microsoft :** il est nécessaire pour accéder à de nombreux services. Comme tout compte, il est simplement constitué d'une adresse de messagerie et d'un mot de passe. Un compte Microsoft donne accès à un espace de stockage personnalisé sur OneDrive, au téléchargement d'applications sur Microsoft Store, ainsi qu'à un certain nombre d'applications, telles que Courrier ou Calendrier.

Vous avez deux manières de vous connecter avec un compte Microsoft :

- » **Utiliser un compte existant :** si vous possédez déjà un compte de messagerie du genre Hotmail, MSN, Xbox Live, Live, Windows Messenger ou encore Outlook.com, j'ai le plaisir de vous annoncer que vous *avez* un compte Microsoft et un mot de passe. Il vous suffit de saisir votre adresse de messagerie et votre mot de passe pour vous connecter sans souci.
- » **Créer un nouveau compte Microsoft :** si vous indiquez, lors de la création du nouveau compte d'utilisateur, que vous ne disposez pas d'adresse de messagerie ou de numéro de téléphone (ou que vous ne voulez pas communiquer ces informations), cliquez sur le lien Je ne dispose pas des informations de connexion de cette personne. Dans la nouvelle fenêtre qui apparaît, cliquez sur le lien Ajouter un utilisateur sans compte Microsoft.

  Vous pouvez taper directement une adresse mail que vous possédez sur Gmail, Yahoo!, et j'en passe dans le champ Créer un compte. Vous lui associez un mot de passe à votre convenance, et c'est fait. Vous voilà titulaire d'un compte Microsoft.

  Vous pouvez aussi opter pour le lien Utilisez plutôt un numéro de téléphone. Saisissez-le dans le champ qui apparaît. L'indicatif choisi par défaut est celui de la langue utilisée par Windows. Vous pouvez bien entendu le modifier s'il ne correspond pas à votre indicatif national.

Vous apprendrez dans le Chapitre 13 à convertir un compte Local en compte Microsoft.

Le menu Démarrer de Windows 10

Dans Windows, tout part du bouton Démarrer et de son menu Démarrer, mais aussi de l'écran démarrage. Votre clic ouvre le menu Démarrer. Il liste vos applications et vos programmes. La partie droite du menu Démarrer, propose des groupes de vignettes dynamiques, comme le montre la Figure 2.6.

Ne soyez pas surpris si, de temps à autre, nous appelons encore cette partie droite du menu Démarrer, Écran de démarrage. D'ailleurs, vous constaterez que Microsoft n'a pas harmonisé son vocabulaire. En effet, dans certaines fenêtres, boîtes de dialogue, et options de Windows 10, le terme Écran de démarrage est encore employé.

Sur une tablette, en revanche, le menu Démarrer remplit tout l'écran (voir la Figure 2.7), mais sans la colonne d'icônes et le volet de gauche.

Figure 2.6

Le menu Démarrer d'un PC apparaît en bas et à gauche de l'écran.

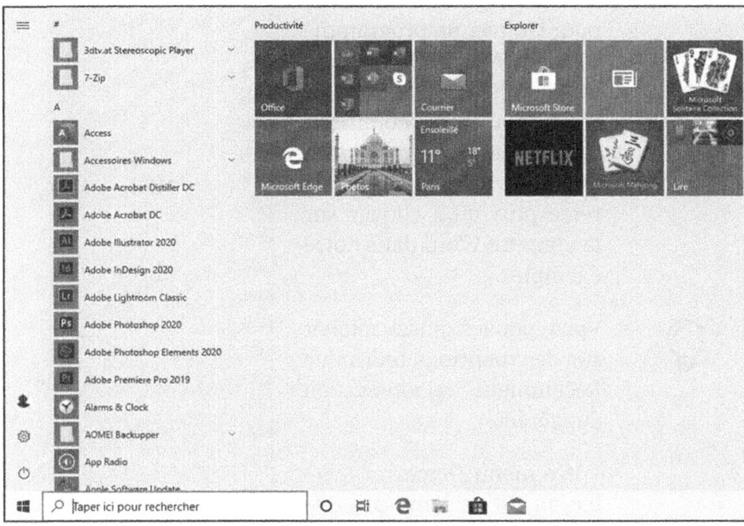

Figure 2.7

Le menu Démarrer d'une tablette occupe tout l'écran, ce qui facilite l'accès aux applications.

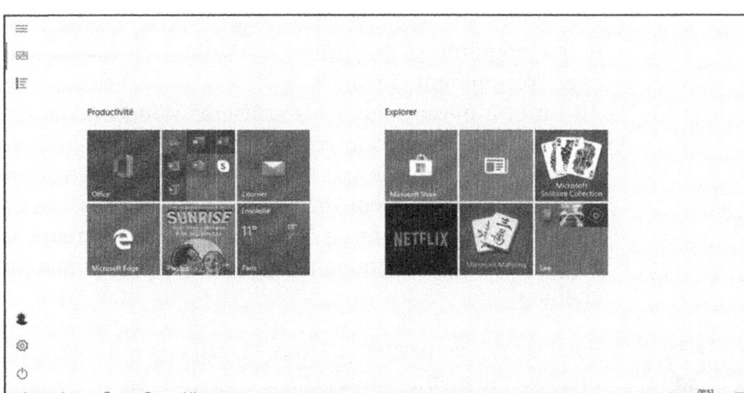

Les applications et les programmes sont listés par ordre alphabétique. Pour localiser rapidement l'un d'eux, cliquez sur une lettre ou un symbole, comme A par exemple, et vous obtenez un alphabet, comme sur la Figure 2.8. Alors, pour trouver un programme comme Word, cliquez sur le W. Les programmes et les applications commençant par cette lettre seront mis en évidence. Il ne vous reste plus qu'à cliquer sur la vignette Word dans notre exemple.

Figure 2.8

Trouver rapidement un programme ou une application.

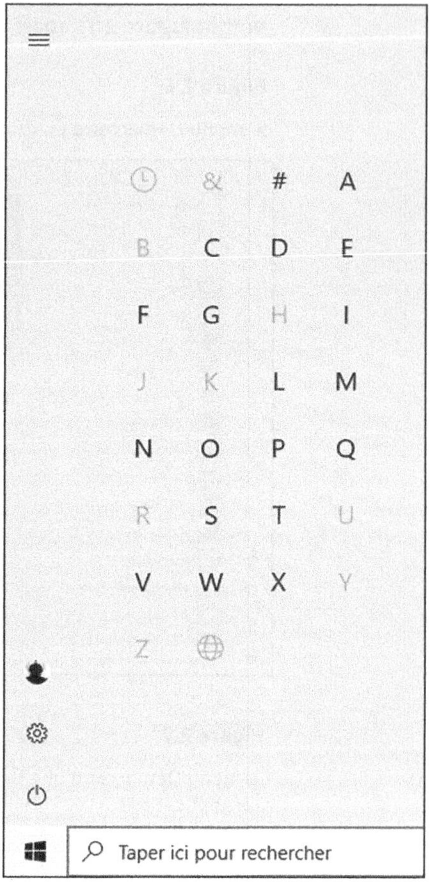

Vous pouvez aussi cliquer sur des mentions telles que Récemment ajoutées ou Suggérées.

Votre menu Démarrer évolue au fur et à mesure que vous allez utiliser Windows, et que vous installez des programmes et des applications. Par exemple, la section Récemment ajoutées contiendra les applications et les programmes que vous avez récemment installés. Au fur et à mesure que vous utiliserez Windows, une section affichera les programmes que vous utilisez le plus régulièrement. *De facto*, le menu Démarrer de vos amis, et celui que je vous présente dans ce livre, est probablement différent du vôtre. Et si vous n'aimez pas le système d'applications de Microsoft, vous avez même la possibilité de supprimer celles-ci totalement, comme je l'explique plus loin dans ce chapitre.

Voici quelques petites notions et astuces qui devraient vous aider à maîtriser le menu Démarrer :

» Pour lancer un programme ou une application, cliquez ou touchez son nom ou sa vignette. La fenêtre du programme va surgir à l'écran.

» Les fans du clavier peuvent appuyer sur la touche Windows pour ouvrir le menu Démarrer. Dans ce cas, saisissez directement les premières lettres du nom du programme. Cortana entre en action et affiche une liste de résultats dans laquelle vous cliquerez sur la vignette du programme ou de l'application en question.

Nous verrons que Cortana s'est enrichie de fonctionnalités de recherche et de « productivité », comme Meilleures applications qui affiche les vignettes des programmes et des applications que vous utilisez souvent, ou bien encore Activités récentes qui liste les derniers fichiers sur lesquels vous avez travaillé. Nous y reviendrons au chapitre consacré à Cortana.

» Faites défiler la liste des applications. Elles sont listées par ordre alphabétique.

» Sur un écran tactile, vous naviguez dans le menu Démarrer avec vos doigts. Supposons que ce menu soit un morceau de papier posé sur une table (l'écran). En faisant glisser votre doigt, les éléments du menu Démarrer se déplacent en même temps.

Lancer une application ou un programme depuis le menu Démarrer

Dans la partie gauche du menu Démarrer, vous découvrez une série d'*applications* et de programmes. Les *applications* sont de petits programmes optimisés pour une utilisation tactile, et qui proviennent uniquement du Microsoft Store. Pour les afficher en mode Tablette, cliquez sur la troisième icône en partant du haut, appelée Toutes les applications. Ceci provoque l'apparition d'une liste alphabétique reprenant l'ensemble de ce qui est installé comme application ou comme programme.

Chaque nom, de même que chaque vignette, présent dans le menu Démarrer est en fait un bouton (un raccourci) sur lequel vous cliquez, ou que vous touchez, pour exécuter l'application ou le programme correspondant. Vous avez en fait le choix entre plusieurs procédés :

» **Souris :** cliquez sur la vignette (avec l'habituel bouton gauche).

» **Clavier :** appuyez sur les touches fléchées jusqu'à ce qu'un liseré entoure la vignette désirée. Appuyez ensuite sur la touche Entrée.

» **Écran tactile :** touchez la vignette du bout du doigt.

Quelle que soit la technique adoptée, la fenêtre de l'application ou du programme apparaît sur l'écran, prête à vous informer, vous divertir et parfois même les deux.

Nous reviendrons plus loin dans ce chapitre sur les applications de Windows 10.

Voir ou fermer les applications actives

Sur un PC de bureau, il est assez facile de se déplacer d'une application à une autre, ou d'un programme à un autre. Comme tout ce joli monde se présente sous la forme d'une fenêtre affichée à l'écran, il vous suffit généralement de cliquer sur l'application que vous voulez ramener au premier plan (pour plus de détails sur le bureau, voyez le Chapitre 3).

En revanche, sur une tablette, les applications remplissent la totalité de l'écran, ce qui ne facilite pas le passage de l'une à l'autre.

Que vous soyez devant un ordinateur de bureau, un portable ou une tablette, vous pouvez rappeler rapidement une application à la vie. Suivez ces étapes :

1. **Cliquez sur le bouton Affichage des tâches, ou touchez-le.**

   L'écran s'efface, et vous voyez s'afficher des vues en miniature de vos applications et programmes ouverts (voir la Figure 2.9).

   Si le bouton Affichage des tâches n'est pas visible, cliquez du bouton droit sur la barre des tâches, en bas de l'écran, puis, dans le menu, choisissez Afficher le bouton Applications actives. Vous le découvrirez à gauche dans la barre des tâches.

2. **Cliquez sur ou touchez l'un des aperçus pour replacer l'application ou le programme au premier plan.**

Les trois astuces qui suivent peuvent aussi vous aider à pister vos applications, ou encore à les refermer :

» Les applications et les programmes en cours d'activité apparaissent également dans la *barre des tâches*, le bandeau collé au bas de l'écran. La barre des tâches est étudiée dans le Chapitre 3.

» Pour refermer dans la vue Applications actives une application dont vous n'avez plus besoin, cliquez sur ou touchez la croix qui se trouve dans le coin supérieur droit de sa vue en miniature. Avec

Figure 2.9

Cliquez sur le bouton Affichage des tâches pour voir tout ce qui s'exécute actuellement.

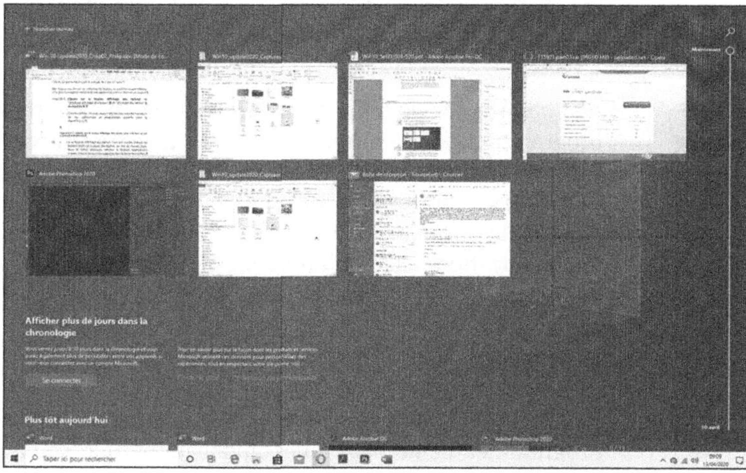

une souris, vous pouvez également cliquer avec le bouton droit sur une des miniatures des applications actives, puis choisir l'option Fermer dans le menu contextuel qui s'affiche.

» Une fois une application refermée, les vues en miniature des autres restent visibles, ce qui vous permet de choisir ou de refermer votre prochaine victime. Pour quitter ce mode d'affichage, cliquez sur ou touchez un emplacement vide du bureau.

Windows et ses applications gratuites

Le menu Démarrer de Windows est livré avec toute une série d'applications, représentées chacune par une vignette rectangulaire ou carrée. Chacune d'elles étant légendée, vous ne pouvez pas vous tromper. Ces applications sont aussi listées parmi les programmes.

Les vignettes des applications affichées sur la partie droite peuvent être redimensionnées et réorganisées comme nous le verrons ultérieurement.

Toutes ces applications se trouvent dans la longue liste alphabétique du menu Démarrer aux côtés des programmes. Pour les afficher lorsque vous utilisez le mode Tablette, vous devez cliquer sur le bouton Toutes les applications, le troisième en partant du haut du menu Démarrer. Elles apparaissent alors dans la partie droite.

Les applications fournies avec Windows fonctionnent mieux lorsqu'elles s'affichent en plein écran sur une tablette, et elles ne sont pas aussi puissantes que des programmes de bureau classiques. Mais, pour des raisons pas très évidentes, Microsoft a configuré le *bureau* de Windows pour que ce soient ces applications qui répondent à vos commandes, plutôt que des programmes classiques.

Au Chapitre 3, j'explique comment faire un choix entre applications et programmes pour réaliser telle ou telle tâche. Voici cependant une astuce provisoire : sur le bureau (ou plus exactement dans l'Explorateur de fichiers), cliquez droit sur un fichier et choisissez dans le menu qui apparaît la commande Ouvrir avec. Celle-ci vous propose généralement une application, ainsi qu'un ou plusieurs programmes de bureau. Cliquez sur le nom de celui que vous voulez utiliser.

Personnaliser le menu Démarrer

Le contenu du menu Démarrer se met à jour en fonction des nouveaux programmes et des nouvelles applications que vous installez, mais aussi en fonction de vos habitudes. Ainsi, les programmes et les applications que vous utilisez le plus souvent s'affichent dans une section particulière dont le nom peut varier d'une version de Windows à une autre comme Les plus populaires ou bien encore Meilleures applications.

Nous devons désormais considérer les deux parties du menu Démarrer, c'est-à-dire la partie gauche et la partie droite qui contient des groupes de vignettes. Les deux sous-sections qui suivent expliquent comment personnaliser ces deux zones.

Partie gauche du menu Démarrer

La partie gauche est une colonne d'icônes et de vignettes. Juste au-dessus du bouton Démarrer, vous y voyez les icônes de votre compte, celle des Paramètres, et Marche/Arrêt. Voici comment ajouter/supprimer des icônes dans cette partie précise du menu Démarrer :

1. **Cliquez sur le bouton Démarrer pour afficher son menu.**

2. **Faites un clic-droit sur l'icône Paramètres.**

3. **Dans le menu contextuel qui apparaît, choisissez Personnaliser cette liste, comme sur la Figure 2.10.**

   Cette action ouvre la fenêtre Choisir les fichiers affichés dans l'écran d'accueil.

Figure 2.10

Exécutez la commande Personnaliser cette liste.

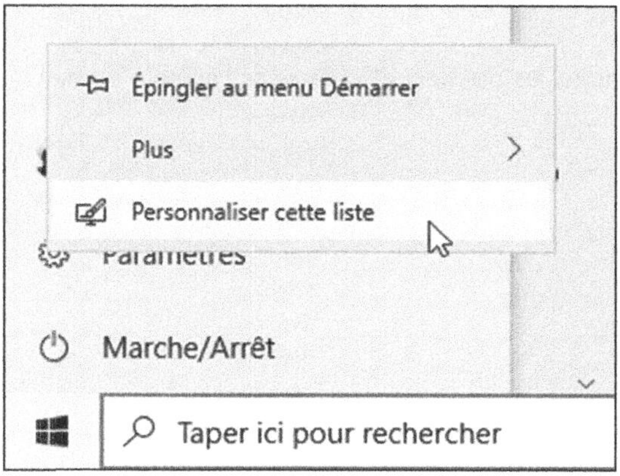

4. **Dans cette fenêtre, activez les éléments que vous souhaitez ajouter ou retirer de la liste.**

   Il suffit de faire glisser le commutateur pour activer ou désactiver la fonction. Sur la Figure 2.11, j'ai activé Paramètres, Documents, Musique, et Images.

5. **Quittez cette fenêtre par un clic sur son bouton de fermeture X en haut à droite.**

6. **Ouvrez de nouveau le menu Démarrer pour constater la présence des icônes que vous venez d'activer, comme sur la Figure 2.12.**

7. **Pour retirer une icône, répétez cette procédure depuis l'Étape 3, et désactivez la fonction concernée.**

Partie droite du menu Démarrer

La précédente section a montré que la personnalisation de la partie gauche du menu Démarrer se limite à la colonne d'icônes située au-dessus du bouton Démarrer. En revanche, vous disposez de beaucoup plus de possibilités pour les groupes de vignettes affichés dans la partie droite.

Microsoft a rempli cette zone du menu Démarrer de Windows de vignettes d'applications. Ce sont *ses* choix, et vraisemblablement pas les *vôtres*. Nous allons voir dans cette section comment personnaliser tout cela.

Figure 2.11

Activation de quelques fonctions.

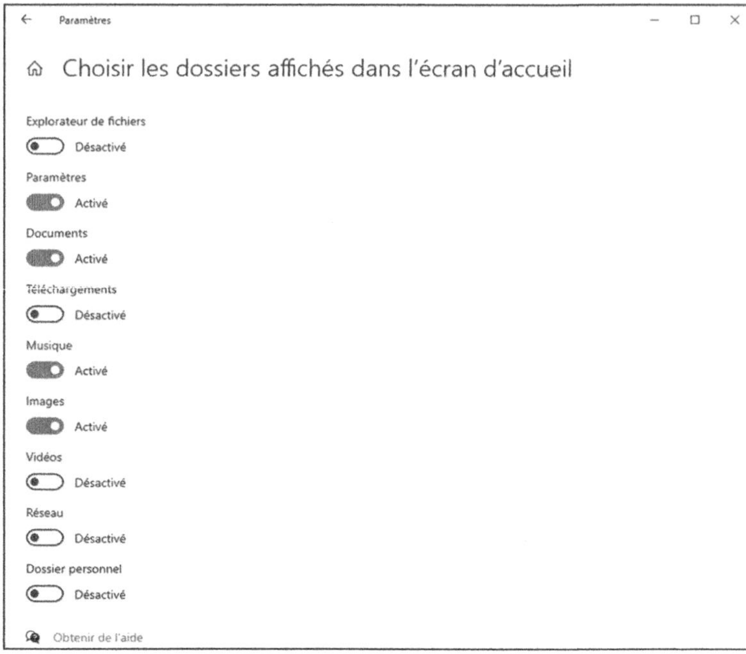

Il est facile de supprimer des éléments dans la partie droite du menu Démarrer. Autant commencer par là. Pour cela, il suffit de cliquer-droit sur la vignette d'une application à ne plus afficher. Dans le menu contextuel Qui apparaît, exécutez la commande Détacher du menu Démarrer, comme sur la Figure 2.13. Et voilà la vignette – uniquement elle, et non l'application – partie sans autre forme de procès.

Sur un écran tactile, maintenez appuyé un doigt sur la vignette de l'application à retirer. Lorsque l'icône de « désépinglage » s'affiche, touchez-la pour supprimer la vignette.

Une fois fait le ménage, il est temps de s'occuper de l'inverse, c'est-à-dire d'ajouter des éléments dans cette partie du menu Démarrer afin d'en faire le pot à crayons idéal de votre bureau.

Pour ajouter des applications dans les groupes de vignettes du menu Démarrer, suivez ces étapes :

1. **Localisez, dans la liste des applications du menu Démarrer (à gauche), celle que vous désirez ajouter dans la partie droite.**

Figure 2.12

Les icônes sont présentes dans la colonne de gauche du menu Démarrer.

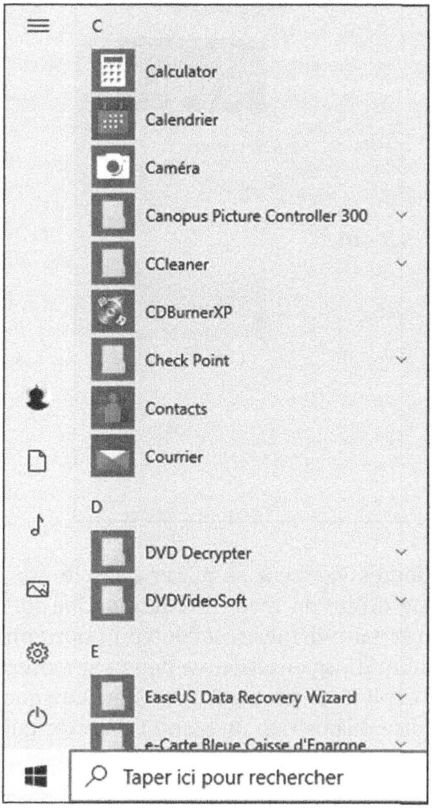

Figure 2.13

Détacher une vignette du menu Démarrer.

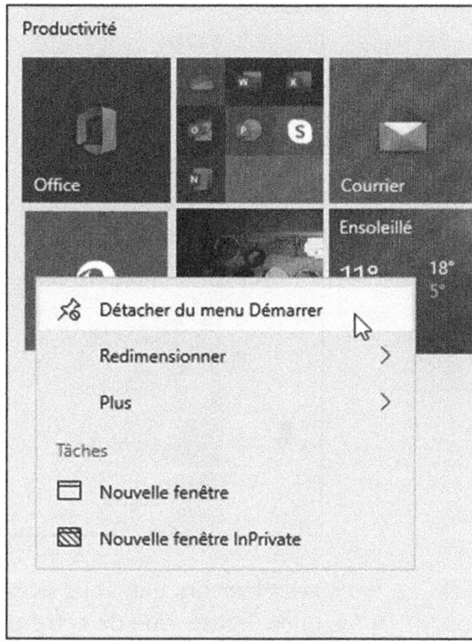

❷ **Cliquez droit sur son nom et, dans le menu contextuel qui s'affiche, choisissez l'option Épingler au menu Démarrer, comme sur la Figure 2.14.**

Répétez la procédure pour tous les éléments que vous voulez ajouter au menu Démarrer.

Vous pouvez épingler des vignettes de programmes dans cette partie droite du menu Démarrer.

❸ **Si vous voyez des éléments intéressants posés sur le bureau, cliquez droit dessus et choisissez l'option Épingler à l'écran de démarrage.**

Figure 2.14

Épingler une application au menu Démarrer.

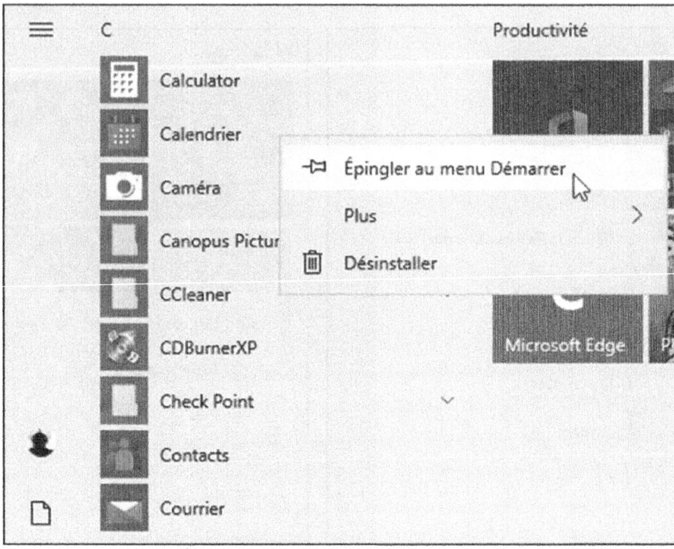

Les éléments que vous avez ajoutés viennent se placer dans le premier espace vide de cette partie droite du menu Démarrer. Une fois celui-ci bien rempli, vous devrez faire défiler son contenu pour voir toutes vos vignettes. Un minimum d'organisation va donc s'imposer. La prochaine section va vous expliquer comment procéder. Lorsque vous aurez fini, vous aurez à votre disposition un menu Démarrer qui répond vraiment à vos besoins.

Vous pouvez organiser vos vignettes de la manière dont vous l'entendez en les associant dans un nombre quelconque de groupes nommés à votre convenance. Vous pourriez par exemple définir quatre groupes : Famille et relations, Travail, Loisirs et Web. Mais quels que soient vos choix, suivez ces étapes pour transformer le fouillis actuel de la partie droite en une harmonieuse pile de vignettes :

1. **Supprimer les vignettes dont vous n'avez pas besoin.**

   Pour cela, cliquez droit sur une vignette à éliminer, puis choisissez dans le menu qui s'affiche l'option Détacher du menu Démarrer. Répétez cette action jusqu'à ce que vous soyez débarrassé de tout ce qui vous encombre (sur un écran tactile, maintenez le doigt appuyé sur une vignette, puis touchez le bouton servant à la dépunaiser).

L'option Détacher du menu Démarrer ne désinstalle *pas* l'application ou le programme. Elle ne fait que ce qu'elle dit : retirer la vignette de cette partie du menu Démarrer. En fait, si vous avez effacé par erreur la vignette d'une application, il est facile de la replacer dans le menu en suivant l'Étape 3.

❷ **Déplacez les vignettes pour les disposer à votre convenance.**

Par exemple, vous pourriez avoir envie de conserver les applications qui concernent votre vie sociale (comme Courrier, Contacts et Calendrier) les unes à côté des autres. Pour déplacer la vignette d'une application, cliquez dessus et, tout en maintenant enfoncé le bouton gauche de la souris, faites-la glisser vers l'emplacement voulu. Les autres vignettes vont automatiquement s'écarter pour laisser de la place au nouvel arrivant.

Maintenez le doigt appuyé sur la vignette à déplacer. Lorsque le menu apparaît, faites-la glisser vers sa nouvelle position.

Pour que votre écran soit mieux gérable, vous pouvez changer la taille des vignettes. Pour cela, cliquez droit dessus. Dans le menu contextuel qui s'affiche, choisissez l'option Redimensionner, comme sur la Figure 2.15. Sélectionnez alors un des choix proposés : Petites vignettes (réduit la vignette au quart de la taille moyenne), Vignettes moyennes (c'est la dimension par défaut de la plupart des applications), Vignettes larges (double la largeur de la vignette) et Grandes vignettes (soit quatre fois la taille moyenne).

Figure 2.15

Redimensionner des vignettes.

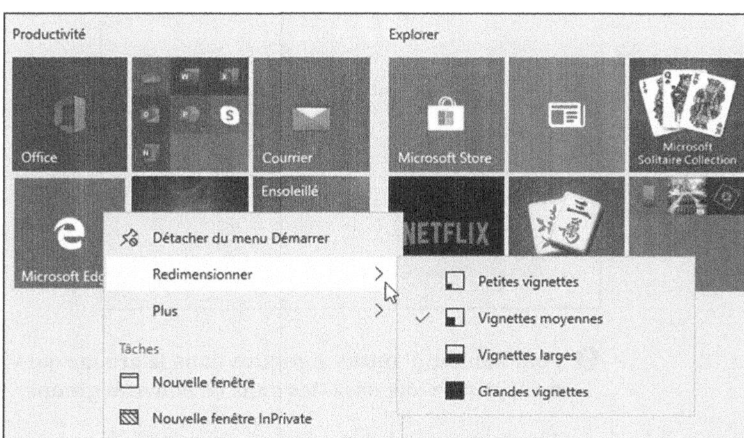

❸ **Ajoutez de nouvelles vignettes pour les applications, programmes et autres éléments dont vous avez besoin.**

La première nouvelle vignette ainsi ajoutée au menu Démarrer crée un groupe qui ne porte pas de nom. Toutes les autres vignettes que vous ajouterez par cette technique viendront remplir ce groupe.

❹ **Pour créer un nouveau groupe à partir de vignettes déjà présentes dans la partie droite du menu Démarrer, commencez par en faire glisser une sous les groupes existants.**

Dès qu'une barre bleue assez épaisse apparaît, relâchez-y la vignette comme le montre la Figure 2.16.

Figure 2.16

Pour créer un nouveau groupe, faites glisser une vignette sous l'ensemble des groupes de vignettes. Relâchez le bouton de la souris quand la barre horizontale apparaît.

❺ **Pour ajouter d'autres vignettes dans le groupe qui vient d'être créé, glissez-déposez-les dans ce nouveau groupe.**

Une fois votre vignette ajoutée à un groupe, vous pouvez la faire glisser vers une autre position pour réorganiser celui-ci.

Vous voulez créer un groupe supplémentaire ? Répétez tout simplement les Étapes 4 et 5 pour voir à nouveau apparaître la barre bleutée, puis disposez vos vignettes à votre convenance.

Si vous trouvez que cette disposition est parfaite pour vous, arrêtez-vous là. Sinon, passez à l'étape suivante.

6. **Nommez le groupe.**

   Placez le pointeur de la souris juste au-dessus des premières vignettes du groupe. Cette action fait apparaître un champ Nommer le groupe, comme sur la Figure 2.17. Cliquez dedans et saisissez le nom du groupe, ou bien modifiez celui qui est déjà défini. Quand vous avez fini, appuyez sur la touche Entrée pour confirmer votre décision.

Figure 2.17

Renommer un groupe nouvellement créé.

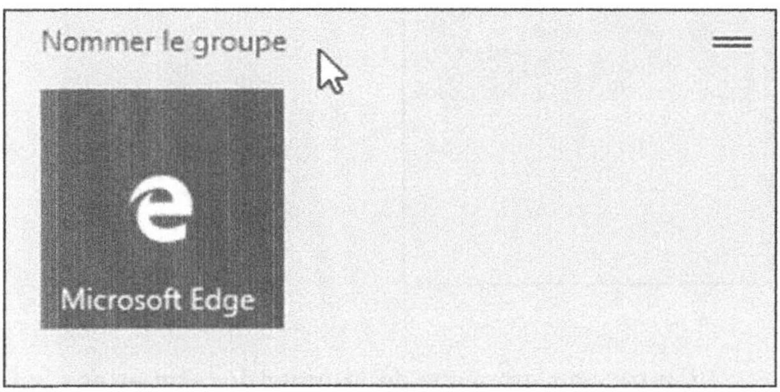

Bien entendu, vous pouvez parfaitement changer d'avis plus tard et modifier de la même manière les noms de vos groupes.

7. **Pour créer un groupe de vignettes, glissez-déposez une vignette sur une autre.**

   Dès que vous relâchez le bouton de la souris, les deux vignettes apparaissent côte à côte avec une sorte de chevron au-dessus d'elles, comme sur la Figure 2.18.

8. **Cliquez sur le chevron pour regrouper les vignettes, comme sur la Figure 2.19.**

9. **Pour retirer des vignettes d'une de ces grandes vignettes, cliquez dessus, puis glissez-déplacez la vignette concernée sur un autre emplacement du menu Démarrer.**

Figure 2.18

Placer des vignettes dans une seule grande vignette.

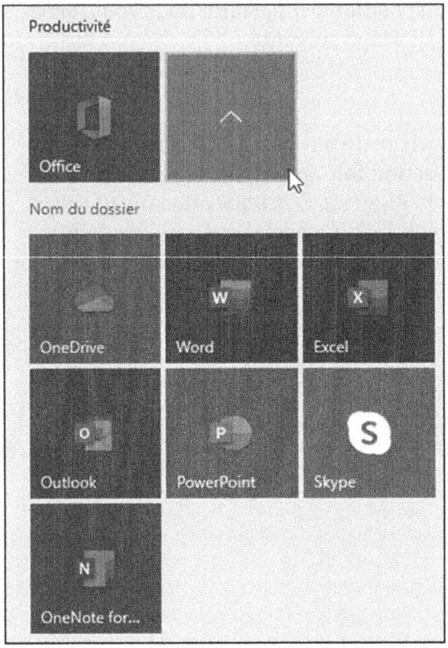

Figure 2.19

Des vignettes regroupées dans une vignette.

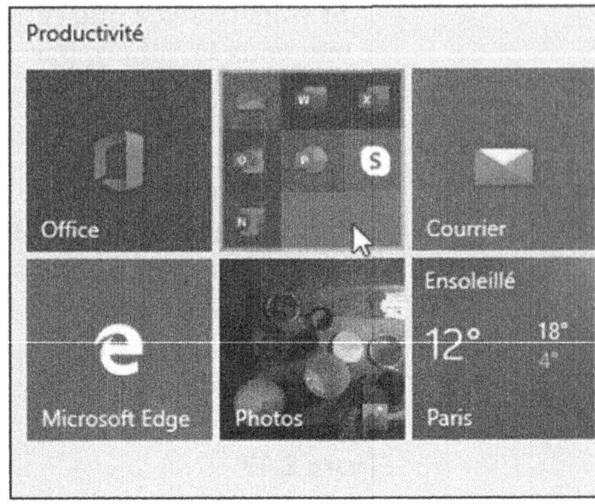

Rien ne vous empêche de grouper des vignettes d'un groupe existant, voire d'ajouter un groupe de vignettes à un des deux groupes existants par simple glisser-déplacer.

Lorsque vous aurez terminé, la partie droite du menu Démarrer finira par ressembler exactement à ce que vous voulez.

Oui mais voilà, à force d'ajouter des vignettes et des groupes, votre menu Démarrer (et son feu Écran de démarrage) se retrouve un peu à l'étroit. Pour accéder aux autres groupes et/ou vignettes, vous devez faire défiler verticalement son contenu. Élargissez le menu Démarrer en plaçant le pointeur de la souris sur son bord extérieur. Lorsque le pointeur de la souris prend la forme d'une double flèche, cliquez et sans relâcher le bouton de la souris, faites glisser le pointeur vers la droite. Le menu Démarrer est alors beaucoup plus aéré.

Vous pouvez aussi augmenter cette surface verticalement. Placez le pointeur de la souris sur le bord supérieur du menu Démarrer.

Cliquez et, sans relâcher le bouton de la souris, faites glisser le pointeur vers le haut. Vous le ferez glisser vers le bas si vous souhaitez réduire davantage la surface occupée par le menu Démarrer.

» Vous pouvez tout aussi bien créer un groupe pour vos sites Web favoris afin d'y accéder directement. Pour cela, ouvrez Microsoft Edge, et rendez-vous sur page Web. Cliquez alors sur le bouton Paramètres et plus, de Microsoft Edge (celui qui affiche trois points). Choisissez Plus d'outils puis exécutez la commande Épingler cette page à l'écran de démarrage.

Personnaliser le menu Démarrer encore et toujours

L'application Paramètres propose des moyens supplémentaires de personnaliser votre menu Démarrer. Cette application est étudiée plus en détail dans la suite du livre, mais cette section concerne plus particulièrement le menu Démarrer.

Pour trouver ces réglages, cliquez sur le bouton Démarrer. Dans la colonne de gauche, cliquez sur l'icône Paramètres (engrenage). Dans la fenêtre Paramètres Windows, cliquez sur le bouton Personnalisation. Ensuite, cliquez sur Démarrer en bas de la colonne Personnalisation (à gauche).

Vous voyez alors s'afficher une série d'options dans le volet de droite :

» **Afficher plus de vignettes dans l'écran de démarrage :** des vignettes d'applications s'ajouteront à l'écran de démarrage en fonction de vos activités.

» **Afficher la liste des applications dans le menu Démarrer :** si vous désactivez cette option, la liste des programmes et des applications disparaît dans le menu Démarrer. Seules les vignettes de l'écran de démarrage sont visibles.

» **Afficher les applications récemment ajoutées :** laissez cette option active, et vos nouvelles applications ainsi que vos nouveaux programmes apparaîtront dans leur propre section.

» **Afficher les applications les plus utilisées :** donne la priorité dans le menu Démarrer aux applications et aux programmes que vous utilisez le plus souvent.

» **Afficher occasionnellement des suggestions dans le menu Démarrer :** permet à Microsoft de vous suggérer des applications. Il s'agit souvent de jeux que vous téléchargerez depuis le Microsoft Store.

» **Utiliser de l'écran de démarrage en plein écran :** Lorsqu'elle est activée, cette option fait que le menu Démarrer emplit tout l'écran. En fait, cela ressemble au mode Tablette, mais ce n'est pas le mode Tablette...

» **Afficher les éléments récemment ouverts dans les Listes de raccourcis de l'écran d'accueil ou la barre des tâches :** c'est juste un peu compliqué, mais cette option signifie simplement que vos applications favorites sont accessibles aussi bien depuis le menu Démarrer que depuis la barre des tâches (celle-ci est étudiée dans le Chapitre 3).

D'accord, il n'y a pas de bonne ou de mauvaise manière de configurer tous ces réglages. Ou bien vous conservez les valeurs par défaut, ou bien vous jonglez avec elles pour voir ce qui vous convient le mieux. Dans tous les cas, vous pourrez changer d'avis à tout moment et revenir à la fenêtre Paramètres pour inverser tel ou tel commutateur.

Les vignettes dynamiques du menu Démarrer

Les vignettes des applications de la partie droite du menu Démarrer sont dynamiques en ce sens que certaines peuvent afficher des informations. Par exemple, la vignette de l'application Météo actualisera constamment son contenu pour délivrer une information en temps réel. De son côté, la vignette de l'application Courrier indiquera le nombre de mails en attente d'être lus, et affichera un extrait du dernier message reçu. Vous pouvez activer ou non la fonction dynamique de ces vignettes en procédant comme ceci :

1. **Faites un clic-droit sur une vignette de la partie droite du menu Démarrer.**

2. **Dans le menu contextuel qui apparaît, cliquez sur Plus/Activer ou Désactiver la vignette dynamique comme le montre la Figure 2.20.**

Les vignettes groupées dans cette section du menu Démarrer proposent d'autres options dans le sous-menu Plus comme Épingler à la barre des tâches, Paramètres des applications, Évaluer et noter, ou encore Partager. D'autres vignettes des applications et des programmes épinglées ici proposeront parfois d'exécuter des commandes. Ainsi, une application comme Edge proposera une liste de sites récurrents, mais aussi la possibilité de lancer une navigation privée.

Figure 2.20

Activer/désactiver la fonction dynamique des vignettes.

Quitter Windows

Quitter Windows n'est pas si simple. Vous devez en effet vous décider entre plusieurs actions : vous déconnecter de votre compte d'utilisateur, mettre l'ordinateur en veille, le redémarrer ou l'arrêter. Pour autant, c'est quand même l'une des choses les plus agréables que vous ayez à faire : quitter Windows signifie que vous avez terminé votre journée de travail (ou de jeu...).

En fait, la réponse dépend de la durée pendant laquelle vous n'utiliserez pas l'ordinateur : est-ce que vous vous en éloignez un instant, ou en avez-vous fini pour la journée ? Nous envisagerons les deux cas de figure.

Mais si vous voulez simplement éteindre l'ordinateur, le moyen le plus rapide sur un ordinateur non tactile est le suivant :

1. **Cliquez sur le bouton Démarrer, puis sur l'icône Marche/Arrêt, en bas à gauche.**
2. **Dans le menu qui s'ouvre, cliquez sur Arrêter.**
3. **Si l'ordinateur signale que vous allez perdre le travail que vous n'avez pas sauvegardé, vous pouvez soit insister, soit annuler et recommencer en choisissant cette fois l'option Mettre en veille.**

Une autre technique consiste à cliquer du bouton droit sur le bouton Démarrer. Choisissez ensuite Arrêter ou se déconnecter, puis Arrêter.

Quitter momentanément l'ordinateur

Windows propose trois manières de quitter momentanément l'ordinateur, selon que vous voulez seulement vous faire un café ou que vous êtes parti acheter des allumettes, ce qui, pour certaines personnes, équivalait à une très longue absence. Voici comment choisir entre ces trois éloignements momentanés :

1. **Cliquez sur le bouton Démarrer. Le menu Démarrer s'affiche.**

2. **Cliquez sur l'icône de votre compte d'utilisateur, c'est-à-dire la troisième icône en partant du bas située dans la colonne de gauche du menu Démarrer.**

   Ainsi que le montre la Figure 2.21, vous avez le choix entre plusieurs options :

Figure 2.21

Cliquez sur l'icône de votre compte d'utilisateur pour accéder à ces options.

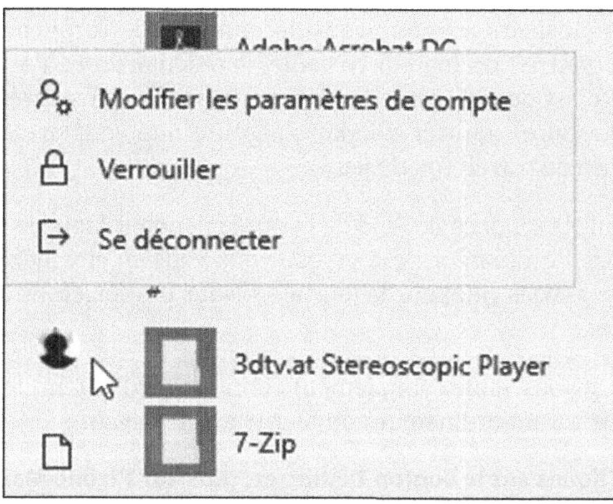

- **Modifier les paramètres de compte :** cette option vous conduit tout droit à l'application Paramètres, là où vous pouvez reconfigurer votre compte, par exemple pour changer votre image (votre *avatar*), votre mot de passe, ou encore redéfinir un compte Local.

- **Verrouiller :** protège l'ordinateur des curiosités malsaines quand vous vous absentez un instant. De retour, vous devez saisir votre mot de passe pour retrouver Windows dans le même état que vous l'aviez laissé.

» **Se déconnecter :** choisissez cette option lorsque vous avez fini d'utiliser l'ordinateur et que quelqu'un d'autre va l'utiliser. Windows enregistre vos travaux en cours, puis il affiche l'écran des comptes d'utilisateurs.

» **Accéder à un autre compte :** si d'autres comptes d'utilisateurs ont été définis, le nom de ces comptes apparaît dans la liste. Si l'un des utilisateurs désire emprunter l'ordinateur pendant quelques minutes, cliquez sur son nom et laissez-le taper son mot de passe. Lorsqu'il aura fini d'utiliser l'ordinateur et qu'il se sera déconnecté, vous pourrez vous reconnecter à votre compte et retrouver votre travail là où vous l'aviez laissé.

Chacune de ces options vous permet de vous éloigner de l'ordinateur pendant un petit moment, et de le retrouver dans l'état où vous l'aviez laissé.

En revanche, si vous avez fini d'utiliser l'ordinateur pour le restant de la journée, appliquez la procédure décrite ci-après.

Éteindre l'ordinateur pour la journée

Quand vous avez fini votre travail de la journée, ou quand vous désirez éteindre l'ordinateur pendant que vous êtes dans le métro ou en vol pour Rome, vous avez là encore le choix entre trois options. Vous y accédez de la manière suivante :

1 Cliquez sur le bouton Démarrer puis, dans la colonne de gauche, sur le bouton Marche/Arrêt.

Un menu local propose les actions suivantes :

- **Mettre en veille :** le travail en cours reste dans la mémoire vive de l'ordinateur, et dans le disque dur lorsque l'ordinateur passe en mode d'économie d'énergie. Quand vous revenez devant votre PC, Windows réaffiche tout comme auparavant, y compris les travaux non enregistrés. Si l'alimentation a été coupée, le contenu réapparaît quand même, mais il lui faut quelques secondes de plus.

- **Arrêter :** l'ordinateur va s'éteindre.

- **Redémarrer :** choisissez cette option pour dépanner l'ordinateur lorsqu'il se conduit bizarrement (un programme se bloque, Windows fait n'importe quoi...). L'ordinateur s'arrête puis redémarre aussitôt. L'installation de certains programmes et

certaines mises à jour exige parfois le redémarrage de l'ordinateur.

Tout cela est déjà bien beau. Mais si vous avez un peu de temps, voici quelques autres points intéressants.

N'arrêtez jamais l'ordinateur à partir du bouton physique Marche/Arrêt, car vous pourriez perdre des travaux non enregistrés. De plus, des dysfonctionnements pourraient apparaître au niveau de Windows lui-même, car il doit fermer correctement des fichiers qui lui sont propres avant d'éteindre l'ordinateur.

Vous voulez démarrer votre ordinateur ou votre tablette lors d'un vol en avion tout en évitant la connexion à Internet ? Activez le mode Avion et utilisez l'option Veille plutôt qu'Arrêter. Lorsque l'ordinateur est réveillé, il est en mode Avion, déconnecté de l'Internet.

Chapitre 3

Le bureau de Windows

DANS CE CHAPITRE

Trouver le chemin du bureau

Localiser le menu Démarrer

Travailler sur le bureau

Faire les poubelles

Soulever la barre des tâches

Personnaliser le bureau

Configurer des bureaux multiples

Faciliter la recherche des programmes

Si vous utilisez un matériel à écran tactile, le mode Tablette de Windows, truffé d'applications, sera parfait pour une utilisation orientée loisirs numériques. La zénitude du menu Démarrer est propice à une utilisation de votre PC ou de votre tablette du bout de votre index expert en tapotements et autres délices tactiles. Ainsi, d'un simple effleurement, vous pouvez écouter de la musique, échanger du courrier électronique, regarder des vidéos, préparer vos voyages, discuter *via* Skype, et aller sur Facebook.

Mais pour travailler, rien ne vaut le mode Bureau qui s'active lorsque vous désactivez le mode Tablette. Vous retrouvez alors le traditionnel bureau de Windows, tel qu'il existe depuis de très nombreuses années. C'est un lieu de travail où vous créez et organisez vos documents.

Localiser le bureau et le menu Démarrer

Comme l'illustre la Figure 3.1, le bureau de Windows 10 reprend bon nombre d'éléments des versions qui l'ont précédé, notamment Windows Vista, 7, 8 et 8.1.

Lorsqu'ils sont exécutés en mode Tablette, les programmes et les applications occupent la totalité de l'écran. Cependant, les petits boutons et les fines barres du bureau sont plus à l'aise lorsqu'ils sont contrôlés avec un clavier et une souris. Si vous utilisez Windows 10 sur une tablette tactile, vous devriez sérieusement envisager l'achat d'un clavier

Figure 3.1

Le bureau de Windows 10, fidèle à lui-même.

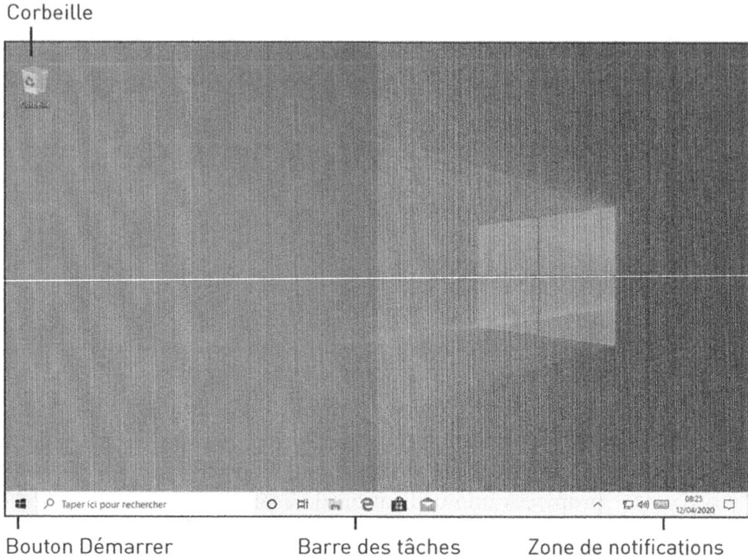

et d'une souris Bluetooth (donc sans fil) pour exécuter un travail de bureau.

Les programmes et les applications s'ouvrent dans leur propre fenêtre qui s'affiche sur le bureau de Windows 10. Cette fenêtre peut être repositionnée et redimensionnée pour faciliter leur utilisation.

Travailler sur le bureau

Le bureau permet d'exécuter simultanément plusieurs applications et/ou programmes, chacun s'ouvrant dans sa propre fenêtre.

Quand il est tout neuf, Windows démarre avec un écran semblable à celui de la Figure 3.1, une image d'arrière-plan définie par défaut. Au fil du temps, l'écran se remplira d'*icônes*, ces petits boutons qui démarrent un programme ou ouvrent un fichier d'un double-clic. Beaucoup de gens remplissent leur écran d'icônes pour pouvoir accéder facilement à leurs applications, et un peu aussi parce que cela les rassure.

Mais qQuelle que soit la manière dont vous utilisez votre bureau, celui-ci comporte trois quatre éléments principaux, indiqués sur la Figure 3.1 :

Utiliser le bureau sur un écran tactile

Il est très facile de manœuvrer les grandes vignettes de l'écran de démarrage du bout des doigts. Mais sur le bureau, ces manœuvres sont un peu plus délicates. Voici quelques conseils :

- **Sélectionner :** touchez l'élément du bout du doigt, car la pulpe du doigt risque cependant d'être un peu trop grande.
- **Double-cliquer :** là encore, le double-toucher avec le bout du doigt est plus efficace.
- **Cliquer du bouton droit :** laissez le doigt sur l'écran tactile jusqu'à ce qu'un petit carré apparaisse. Ôtez le doigt ; le menu reste affiché. Touchez ensuite l'option désirée.

Si votre doigt est trop gros pour les délicates manœuvres sur le bureau, achetez un clavier et une souris Bluetooth pour votre tablette. Utilisez ensuite le mode Tablette pour un usage courant et le bureau pour travailler.

- **Le bouton Démarrer :** pour lancer un programme ou une application, cliquez sur le bouton Démarrer, situé en bas et tout à fait à gauche de l'écran. Lorsque le menu qui lui est associé (donc le menu Démarrer) apparaît, cliquez sur le nom ou la vignette du programme ou de l'application que vous voulez exécuter.

  Vous profiterez aussi des applications dont les vignettes sont groupées dans la partie droite du menu Démarrer.

- **La barre des tâches :** affichée en bas de l'écran, la *barre des tâches* reçoit les icônes des programmes, des applications et des fichiers actuellement ouverts. Immobilisez le pointeur de la souris sur une icône pour connaître le nom du programme, voire une miniature de ce que contient sa fenêtre. Cliquez alors sur celle dont vous souhaitez consulter le contenu. Par défaut la barre des tâches de Windows 10 contient le bouton Démarrer, la zone de recherche de Cortana, l'icône d'activation de la communication vocale avec Cortana, l'icône Affichage des tâches (et de la Chronologie), les boutons Explorateur de fichiers, Microsoft Edge, et Windows Store, et enfin la zone de notification.
- **La zone de notification :** elle est située à droite de la barre des tâches et contient par défaut la date et l'heure, une icône d'accès au centre des notifications, l'icône de votre réseau (accès à Internet), et d'autres éléments qui dépendent de la configuration de

votre ordinateur. Cette zone affichera ponctuellement des messages de Windows, comme le résultat d'une analyse antivirus.

» **La Corbeille :** elle est localisée par défaut en haut à gauche de l'image d'arrière-plan du bureau. Vous y envoyez ou déposez les fichiers et les dossiers dont vous n'avez plus besoin. Il est cependant possible de les récupérer en cas d'erreur tant que vous n'avez pas vidé la Corbeille. Ouf !

Ouvrir des applications depuis le menu Démarrer

Le bouton Démarrer se trouve dans le coin inférieur gauche de l'écran. Un clic (ou un toucher) sur ce bouton, et le menu Démarrer apparaît. Il liste les programmes et les applications, et sa partie droite propose des applications organisées dans des groupes. Il vous suffit alors de cliquer sur l'élément que vous voulez lancer (ou de le toucher), comme sur la Figure 3.2.

Figure 3.2

Cliquez pour exécuter une programme.

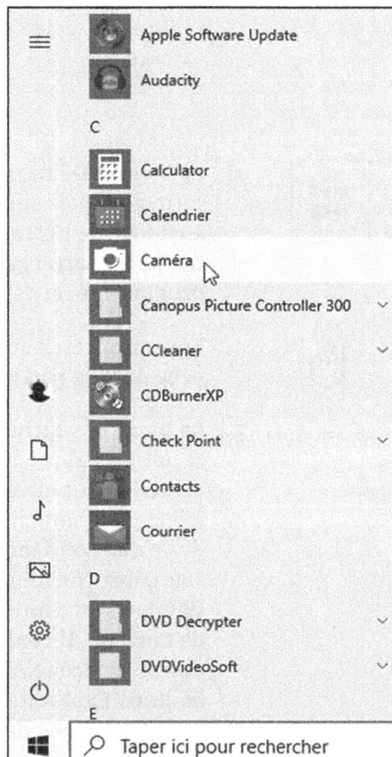

Pour plus de détails sur le menu Démarrer, reportez-vous au Chapitre 2.

Personnaliser l'arrière-plan du bureau

Le bureau de Windows est décoré d'une jolie image. C'est ce qu'on appelle l'*arrière-plan* du bureau.

Pour remplacer l'image par défaut :

1. **Faites un clic-droit sur un espace vide du bureau.**
2. **Dans le menu contextuel qui s'affiche, choisissez Personnaliser, comme sur la Figure 3.3.**

Figure 3.3

Pour changer l'image d'arrière-plan.

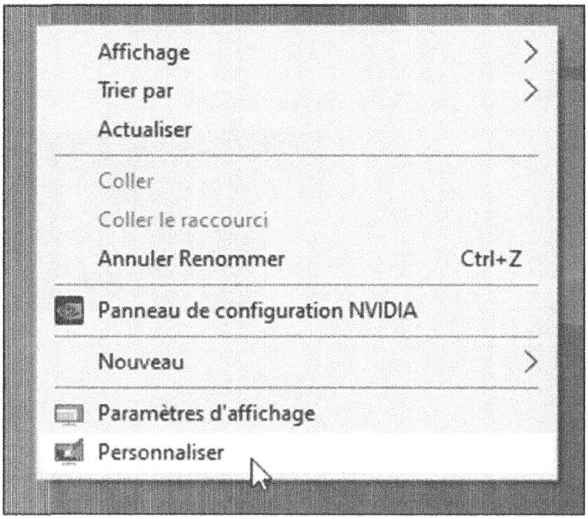

La section Personnalisation de la fenêtre Paramètres s'affiche. Elle met à votre disposition les options de la rubrique Arrière-plan.

3. **Cliquez sur une des images de la section Choisir votre image, et Windows l'affiche aussitôt à l'arrière-plan du bureau (voir la Figure 3.4).**

Pas d'imagettes ? Alors ouvrez le menu local Arrière-plan et choisissez Image. Facile non ?

4. **Pour utiliser une image de votre choix, cliquez sur le bouton Parcourir.**

Vous accédez accéder aux photos stockées dans le dossier Images, ou dans d'autres emplacements.

5. **N'hésitez pas à tester différentes images pour voir le résultat.**

Lorsque vous êtes satisfait(e), quittez l'application Paramètres en cliquant sur sa case de fermeture, la croix qui se trouve en haut et à droite de sa fenêtre.

Dans la fenêtre Paramètres de Windows 10, ne cherchez pas un bouton Enregistrer, Enregistrer vos modifications, ou encore Appliquer. Dès que vous activez ou désactivez une option, Windows applique le changement ainsi opéré.

Figure 3.4

Essayez différents arrière-plans en cliquant sur les imagettes. Cliquez sur le bouton Parcourir pour trouver d'autres photos dans l'ordinateur.

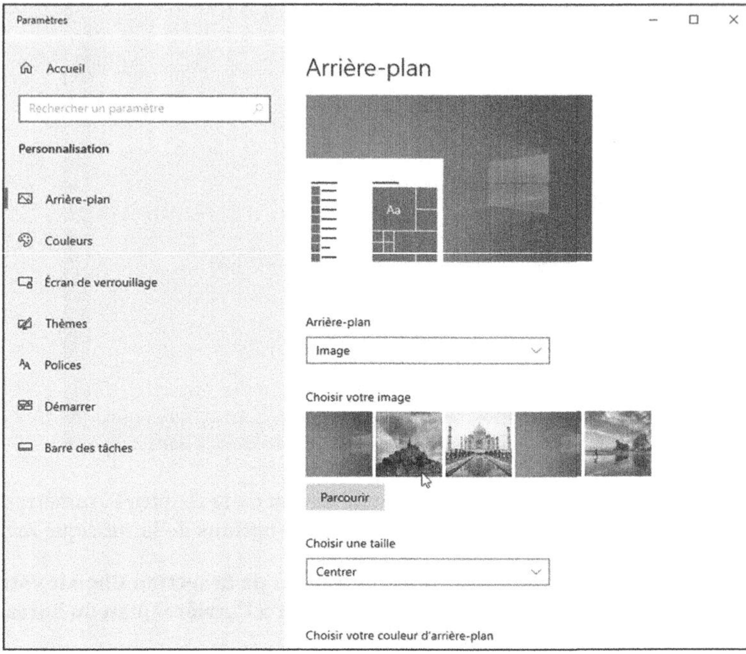

Passer du mode Tablette au mode bureau

Certaines personnes préfèrent utiliser Windows 10 sur leur tablette. D'autres préfèrent que leur tablette affiche le bureau en lui ajoutant un clavier et une souris. Pour faire plaisir à tout le monde, Windows 10 permet d'activer ou de désactiver le mode Tablette.

En règle générale, Windows détecte votre manière de travailler et il ajuste automatiquement le mode Tablette (il appelle ce comportement d'un nom assez curieux : *Continuum*). Mais si vous remarquez que Windows ne se place pas dans le bon mode, vous pouvez procéder manuellement en suivant ces étapes :

1. **Cliquez sur l'icône du Centre de notifications.**

Cette icône se trouve près du côté droit de la *barre des tâches*, le bandeau qui se trouve en bas de votre écran.

Le volet du Centre de notifications apparaît (voir la Figure 3.5).

Figure 3.5

Les boutons du Centre de notifications permettent d'accéder directement à divers réglages, dont le mode Tablette.

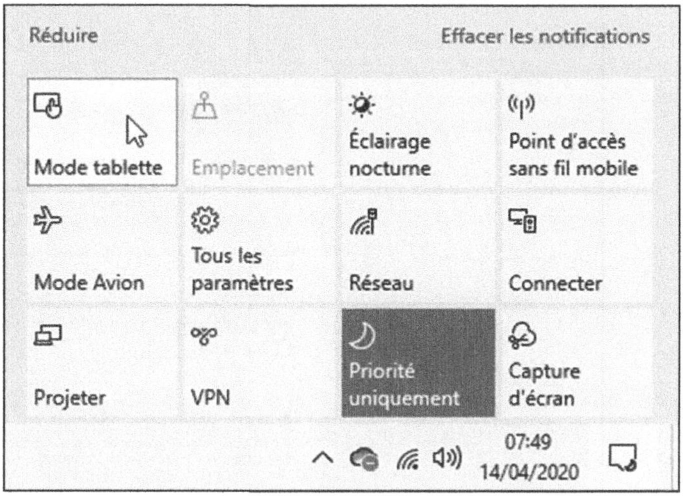

❷ **Touchez le bouton Mode tablette pour l'activer.**

Dans ce cas, le bouton devrait être mis en surbrillance. Autrement dit, il devrait s'afficher dans une teinte bleutée. Lorsqu'il est grisé, le mode Tablette est désactivé et le bureau se comporte normalement.

Pour accéder au volet des notifications sur un écran tactile, effleurez celui-ci vers le centre en partant de la droite de l'écran.

Démarrer systématiquement en mode bureau ou tablette

Voici donc comment imposer à Windows un mode plutôt qu'un autre :

❶ **Cliquez sur le bouton Démarrer, puis sur l'icône Paramètres (engrenage).**

❷ **Dans la fenêtre Paramètres, cliquez sur la catégorie Système.**

❸ **Dans la colonne de gauche, choisissez Mode tablette.**

❹ **Dans le menu local Lorsque je me connecte, choisissez une des options suivantes illustrées sur la Figure 3.6 :**

Figure 3.6

Pour imposer ou non le mode à utiliser.

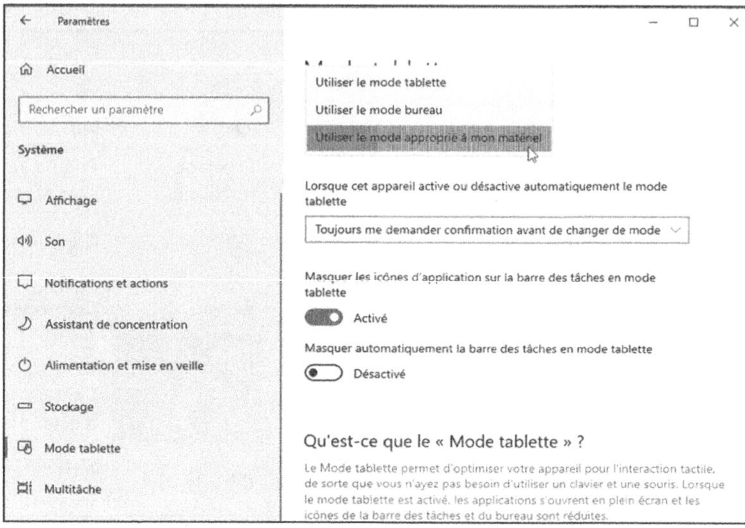

- **Utiliser le mode approprié à mon matériel.** Ici Windows choisit entre le mode tablette et le mode bureau en fonction de l'appareil utilisé.

En général, lorsque Windows ne détecte pas la présence d'un clavier, il ouvrira sa session en mode tablette. Sinon, il activera le mode bureau.

- **Utiliser le mode tablette.** Quel que soit votre matériel, Windows imposera le mode tablette.
- **Utiliser le mode bureau.** Quel que soit votre matériel, Windows imposera le mode bureau.

Dans le menu local Lorsque cet appareil active ou désactive automatiquement le mode tablette, vous pouvez choisir une option par laquelle Windows vous avertira préalablement de ce changement qu'il veut effectuer. Ainsi, vous accepterez ou refuserez cette opération.

5. **Cliquez sur le bouton de fermeture de la fenêtre des paramètres Windows.**

À partir de cet instant, Windows s'ouvrira dans le mode que vous aurez défini en suivant ces quelques étapes.

Plongée dans la Corbeille

La Corbeille de Windows, que vous devriez voir dans le coin en haut et à gauche de votre écran, fonctionne de la même manière qu'une véritable corbeille à papier : vous pouvez y jeter ce dont vous n'avez pas besoin, et récupérer les éléments qui sont finalement encore utiles.

Vous pouvez la remplir de plusieurs manières :

» **Cliquez du bouton droit sur l'élément à jeter puis, dans le menu, cliquez sur Supprimer. Windows demande prudemment de confirmer la suppression. Cliquez sur Oui et hop !, il part à la corbeille.**

» **Plus rapide encore : cliquez sur l'élément et appuyez sur la touche Suppr de votre clavier.**

» **Glissez et déposez l'élément dans la Corbeille.**

Vous voulez récupérer un élément ? Double-cliquez sur l'icône de la Corbeille pour voir ce qu'elle contient. Cliquez droit sur l'élément que vous voulez récupérer. Dans le menu qui s'affiche, cliquez sur Restaurer. Pour restaurer la totalité du contenu de la Corbeille, choisissez Restaurer tous les éléments dans l'onglet Outils de la Corbeille affiché en haut de la fenêtre (Figure 3.7). Pour ne restaurer que quelques éléments, sélectionnez-les puis cliquez sur le bouton Restaurer les éléments sélectionnés.

Figure 3.7

Restaurer tous les éléments ou seulement ceux qui sont sélectionnés.

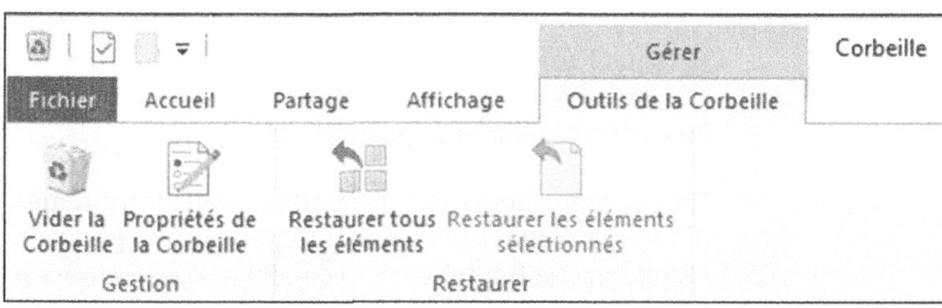

Une autre technique consiste à faire glisser un élément sur le bureau. Et réciproquement...

La Corbeille se remplit vite. Pour trouver rapidement ce que vous avez supprimé récemment, cliquez du bouton droit dans une partie vide de la Corbeille et, dans le menu qui apparaît, choisissez Trier par, puis Date de suppression.

Pour supprimer *définitivement* un élément, supprimez-le depuis la Corbeille. Pour cela, cliquez dessus et appuyez sur la touche Suppr de votre clavier, ou sur le bouton Supprimer de l'onglet Accueil. Dans le message demandant confirmation de votre intention, cliquez sur Oui.

Pour vider la Corbeille, cliquez sur le bouton éponyme de l'onglet Gérer de la fenêtre de la Corbeille.

Pour supprimer un élément sans le faire transiter par la Corbeille, appuyez sur les touches Maj + Suppr. C'est un moyen radical pour supprimer des documents confidentiels, comme une mise en demeure de payer ou une lettre d'amour torride.

» **Lorsque la Corbeille contient ne serait-ce qu'un seul élément, son icône montre une corbeille pleine, débordant de papiers.**

» **La Corbeille ne conserve que les éléments supprimés sur le bureau. Tout ce que vous supprimeriez à partir d'une application, sur une clé USB, dans la carte mémoire d'un appareil photo, dans un lecteur MP3 ou sur un CD réinscriptible, entre autres, est définitivement effacé. Un message vous demande d'ailleurs confirmation de supprimer l'élément de façon permanente.**

» **Si vous ne souhaitez pas conserver une trace des fichiers supprimés, ouvrez la boîte de dialogue Propriétés de la Corbeille en faisant un clic du bouton droit sur son icône. Ensuite, activez l'option Ne pas déplacer les fichiers vers la Corbeille. Cette option est très très très dangereuse puisque vos fichiers seront purement et simplement éliminés sans transiter par la Corbeille ! Vous risquez de vous en mordre les doigts !**

Lorsque l'élément que vous supprimez dépasse la capacité de stockage de votre Corbeille, Windows vous informe que le fichier va être définitivement supprimé.

» **Quand vous supprimez des fichiers dans l'ordinateur de quelqu'un d'autre, par le réseau informatique, il n'est plus possible de les récupérer. La Corbeille ne recueille que les fichiers effacés par la personne qui utilise l'ordinateur où se trouve la Corbeille. Sur un ordinateur distant, le fichier disparaît définitivement. Sachez-le et soyez prudent.**

La barre des tâches

La *barre des tâches* est, une zone spéciale dans laquelle se trouvent les icônes de tous les programmes et applications ouverts et ainsi que leurs fenêtres. Représentée sur la Figure 3.8, elle se trouve tout en bas du bureau et Windows la met constamment à jour.

Figure 3.8

Survolez le bouton dans la barre des tâches pour voir les vignettes des dossiers ou documents ouverts.

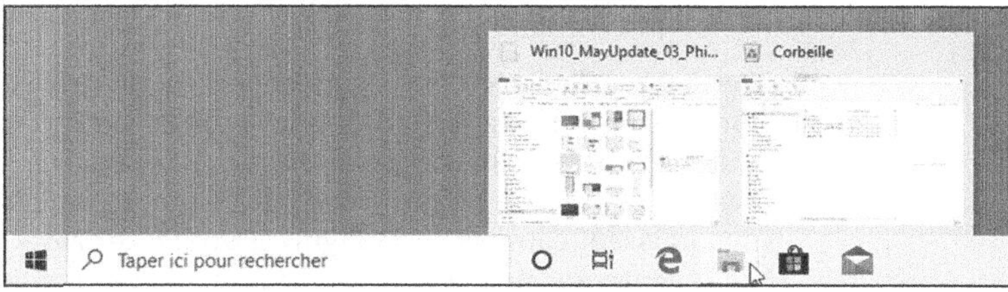

Windows 10 maintient la barre des tâches fermement en place, mais en mode Tablette, elle n'affiche pas les icônes des applications ou des programmes ouverts. Dans ce cas, vous devez utiliser le bouton Affichage des tâches pour choisir l'application à basculer au premier plan.

La barre des tâches est aussi le lieu de prédilection pour démarrer vos programmes favoris. Elle évite le détour par le menu Démarrer ou l'écran de démarrage.

Lorsqu'une icône est soulignée d'un trait bleu dans la barre des tâches, cela signifie qu'elle est actuellement ouverte (comme l'Explorateur de fichiers sur la Figure 3.811).

Vous vous demandez à quoi correspondent les icônes dans la barre des tâches ? Immobilisez le pointeur sur l'une d'elles et vous verrez, soit le nom du programme, soit une vignette montrant le contenu de sa fenêtre, comme sur la Figure 3.811 (ou vous pouvez voir l'application l'Explorateur de fichiers dont deux de ses fenêtres sont ouvertes).

La barre des tâches permet d'exécuter les tâches suivantes :

» **Ouvrir au premier plan la fenêtre d'un programme réduit dans la barre des tâches :** cliquez sur son icône et la fenêtre du programme se déploie aussitôt à l'écran, par-dessus celles qui s'y trouvent déjà, prête à être utilisée. Cliquer de nouveau sur la même icône réduit le programme dans la barre des tâches.

» Chaque fois qu'un programme ou qu'une application est ouvert sur le bureau, son icône est visible dans la barre des tâches. Si vous ne trouvez pas une fenêtre sur le bureau, en particulier parce qu'elle est recouverte par beaucoup d'autres, cliquez sur son icône dans la barre des tâches pour la ramener au premier plan.

» **Fermer un programme :** cliquez du bouton *droit* sur son icône, dans la barre des tâches, et choisissez Fermer la fenêtre (ou Fermer toutes les fenêtres selon le cas). Le programme se ferme exactement comme si vous aviez choisi la commande Quitter. Il vous sera demandé d'enregistrer le travail si cela n'a pas encore été fait.

» **Fermer un fichier ou une occurrence d'un programme ouvert :** lorsque vous placez le pointeur de la souris sur l'icône d'un élément affiché avec un trait bleu sur la barre des tâches, les occurrences (dont les fichiers ouverts) de ce programme particulier apparaissent comme sur la Figure 3.811. Placez alors le pointeur de la souris sur une de ces vignettes, et cliquez sur le bouton X qui apparaît dans son angle supérieur droit. Si les dernières modifications apportées à ce fichier n'ont pas été enregistrées, Windows vous invite à y procéder avant de le fermer.

» **Déplacer la barre des tâches :** elle se trouve traditionnellement en bas de l'écran, mais vous pouvez la tirer contre n'importe quel autre bord (si cela ne fonctionne pas, cliquez dessus du bouton droit et dans le menu, désactivez l'option Verrouiller la barre des tâches).

» **Masquer ou non la barre des tâches :** cliquez du bouton droit sur la barre des tâches et dans le menu, choisissez Paramètres de la barre des tâches. Dans la fenêtre des paramètres qui s'ouvre, activez ou désactivez le commutateur Masquer automatiquement la barre des tâches (en mode bureau et/ou en mode tablette). Lorsqu'elle est masquée, elle réapparaît en approchant le pointeur de la souris du bord où elle se trouve.

» **Épingler une application ou un programme sur la barre des tâches :** dans le menu Démarrer, cliquez droit sur l'application ou le programme. Dans le menu qui s'affiche, choisissez Plus/Épingler à la barre des tâches. Vous pouvez alors y accéder d'un clic, sans avoir besoin d'ouvrir le menu Démarrer. Et si vous changez d'avis, répétez cette action en choisissant l'option Détacher de la barre des tâches.

Réduire des fenêtres dans la barre des tâches et les réafficher

« Windows » se traduit par « fenêtres » et ce n'est pas pour rien. Dès que vous ouvrez un programme ou une application, l'élément s'affiche dans sa propre fenêtre. Très rapidement, l'écran est rempli de fenêtres.

Pour éviter d'être débordé par ce déferlement de fenêtres, Windows contient une fonctionnalité fort utile : la possibilité de placer les fenêtres dans la barre des tâches située en bas de l'écran. Pour cela, vous devez cliquer sur leur bouton Réduire.

Avez-vous remarqué les trois boutons qui se trouvent en haut à droite de presque chaque fenêtre ? Cliquez sur le bouton *Réduire* d'une fenêtre – celui avec un petit tiret – et elle disparaît aussitôt de l'écran tandis que l'icône de l'application ou du programme reste sagement rangée dans la barre des tâches.

Pour rétablir la fenêtre minimisée, cliquez sur son icône dans la barre des tâches. Vraiment simple, non ?

» **Vous vous demandez quelle peut bien être l'icône que vous recherchez, parmi toutes celles de la barre des tâches ? Survolez-les avec le pointeur de la souris et vous verrez apparaître une vignette de la fenêtre ainsi que le nom du programme.**

» **Quand vous réduisez une fenêtre, vous ne supprimez pas son contenu et vous ne fermez pas le programme. Quand vous rétablissez une fenêtre, elle s'ouvre à la même taille et avec le même contenu qu'au moment où vous l'aviez réduite.**

Exécuter des actions à partir de la barre des tâches

La barre des tâches de Windows ne se limite pas à l'ouverture de programmes et à basculer d'une fenêtre à l'autre. Vous pouvez également exécuter diverses tâches grâce à un clic du bouton droit. Comme le montre la Figure 3.9, le clic du bouton droit sur l'icône de l'Explorateur de fichiers affiche une liste des dossiers récemment visités. Cliquez sur l'un d'eux pour y accéder aussitôt.

Ces *listes de raccourcis* permettent de répéter rapidement des actions effectuées précédemment. Et elles sont présentes, même si l'application ou le programme correspondant a été refermé.

La barre des tâches et ses zones sensibles

Figure 3.9

Les diverses actions exécutables depuis le menu contextuel de la vignette de l'Explorateur de fichiers.

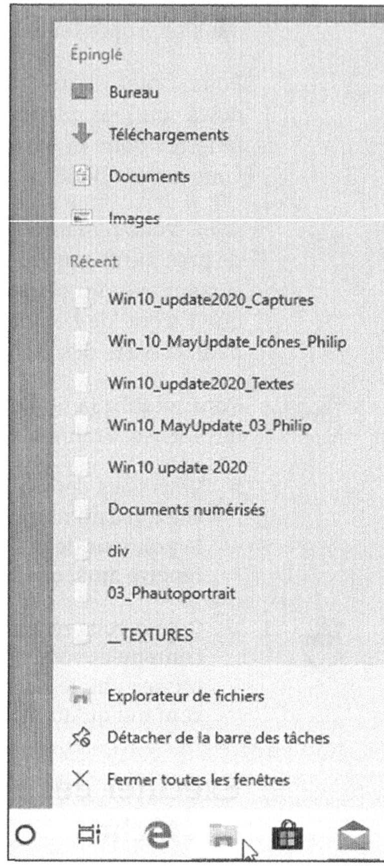

Comme un joueur de poker, la barre des tâches cache quelques atouts dans sa manche. En particulier, toute la partie droite de cette barre révèle une série d'icônes et de boutons qui jouent un rôle particulier et fort utile (voir la Figure 3.10). On l'appelle souvent la *zone de notification*.

Ces icônes peuvent varier selon l'ordinateur et les logiciels qui y ont été installés, mais vous y trouverez sans doute celles-ci :

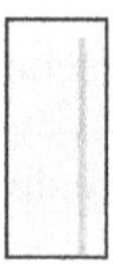

» **Minimiser les fenêtres :** le petit bandeau vertical qui se trouve tout à fait à droite de la barre des tâches réduit instantanément toutes les fenêtres ouvertes. Cliquez à nouveau dessus pour les remettre en place. Laissez quelques instants le pointeur de la souris survoler ce bouton, et vous obtenez une vue *très* allégée de vos fenêtres.

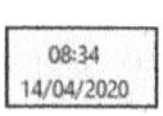

» **Heure :** cliquez dessus pour afficher un calendrier. Pour changer de date et d'heure, voire ajouter un fuseau horaire, cliquez sur Paramètres de date et d'heure.

» **Emplacement :** sa présence indique que la machine partage votre position avec une application, par exemple lorsque vous consultez une carte ou que vous recherchez quelque chose à proximité.

» **Bluetooth :** cliquez sur cette icône pour configurer une connexion Bluetooth.

Figure 3.10

Cliquez sur la flèche pour voir les icônes cachées dans la zone de notification de la barre des tâches.

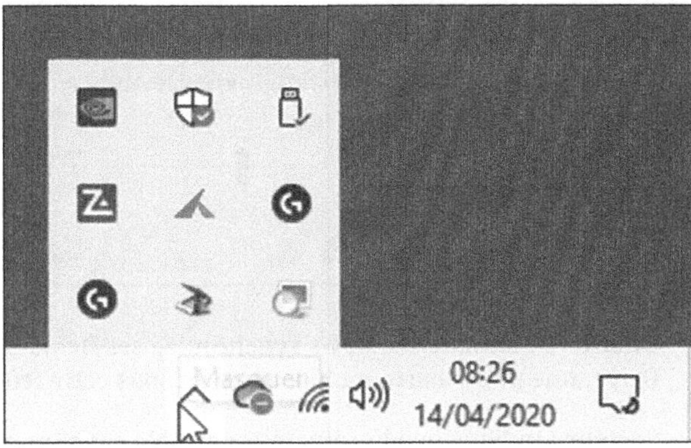

» **Retirer un périphérique en toute sécurité :** cliquez sur l'icône avant de retirer un périphérique comme une clé USB, un lecteur MP3, un disque dur externe, *etc.* Windows s'assurera qu'aucun fichier n'est en cours de lecture ou d'écriture avant de vous autoriser à ôter le périphérique.

» **Centre de notifications :** il signale des messages envoyés par le système et permet d'effectuer divers réglages.

» **Réseau filaire :** apparaît lorsque la connexion au réseau ou à Internet est établie par un câble Ethernet. Une croix signale que l'ordinateur est déconnecté.

» **Réseau Wi-Fi :** apparaît lorsque la connexion Wi-Fi est établie. Plus l'icône affiche de barres, et plus votre connexion est forte. Une croix par-dessus cette icône signale que l'ordinateur est déconnecté du réseau.

» **Volume :** cliquez sur cette icône pour régler le volume de sortie du son (voir la Figure 3.11). Cliquez sur le petit haut-parleur pour couper le son (ou le rétablir). Vous pouvez également cliquer du bouton droit pour afficher un menu contextuel dans lequel vous découvrirez différentes commandes de paramétrage comme l'ouverture d'un mixeur ou bien encore l'accès aux réglages de la lecture ou de l'enregistrement. Un mixeur permet d'ajuster séparément le volume pour chaque programme, par exemple pour que le Lecteur Windows Media ne soit pas perturbé par les ennuyeux bips de Windows.

Figure 3.11

Régler le volume sonore.

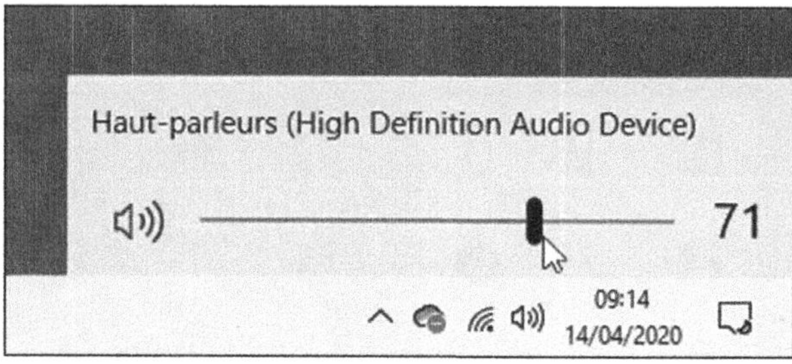

» **OneDrive :** lorsque Windows synchronise ses fichiers avec One-Drive, une petite barre mobile apparaît sous cette icône.

» **Secteur :** indique que l'ordinateur portable est alimenté par le courant secteur et que la batterie est en train d'être chargée.

Discuter avec Cortana

Vous avez certainement remarqué le champ qui indique Taper ici pour rechercher, juste à droite du menu Démarrer. C'est *Cortana*, l'assistant numérique de Windows 10. Cortana est là pour vous aider à trouver des informations, que ce soit sur votre ordinateur ou sur le Web.

Tapez par exemple dans ce champ quelques mots associés à l'un de vos fichiers, et Cortana devrait localiser celui-ci et afficher son nom. Vous n'avez plus qu'à cliquer dessus pour l'ouvrir. Cortana réalise le même travail si vous tapez le nom d'un réglage ou d'un programme.

Cortana comprend également vos commandes vocales. Cliquez sur l'icône cercle, à droite du champ, et énoncez votre commande. En fait, vous pouvez simplement commencer par dire les mots « Hey, Cortana ». Cela devrait suffire à réveiller le bon génie pour qu'il écoute ce que vous lui racontez et réponde à vos désirs les plus chers (d'accord, Cortana n'est quand même pas le génie de la lampe d'Aladin).

Pour que Cortana vous comprenne mieux, la première fois que vous cliquez sur ce cercle, l'assistante vous propose une séance d'apprentissage vocal.

N'oubliez pas qu'il faudra un certain temps à Cortana pour qu'il ou elle s'habitue à votre voix, et qu'il vous faudra aussi un certain temps pour maîtriser son vocabulaire un peu limité.

» **Batterie :** indique que l'ordinateur portable fonctionne sur la batterie. Immobilisez la souris au-dessus de l'icône pour connaître le pourcentage de la charge.

» **Afficher les icônes cachées :** cette flèche, à gauche des icônes de la zone de notification, donne accès aux icônes qui ne sont pas affichées dans la barre. Nous y reviendrons à la section « Personnaliser la barre des tâches ».

Vous pouvez choisir les icônes qui devraient rester toujours visibles en cliquant sur le bouton Démarrer. Dans le menu Démarrer, choisissez l'icône Paramètres. Dans la fenêtre Paramètres Windows qui s'affiche, cliquez sur le bouton Système. Choisissez alors dans le volet de gauche l'option Notifications et actions. Dans la partie droite de la fenêtre, cliquez sur le lien Ajouter ou supprimer des actions rapides. Activez ou désactivez les vignettes des utilitaires que vous voulez voir ou non apparaître dans la Zone de notification de la barre des tâches.

Ouvrir le Centre de notifications

La partie droite de la barre des tâches est souvent truffée d'icônes. À moins d'avoir mémorisé la totalité de la section précédente, ce que je ne vous conseille pas, nombre d'entre elles sont assez mystérieuses. Pour en savoir un peu plus sur tout cela, cliquez sur l'icône des notifications (bulle de BD), juste à la droite de l'horloge. Le Centre de notifications va apparaître sur la droite de l'écran (voir la Figure 3.12).

Le Centre des notifications peut par exemple lister vos derniers messages, signaler des rendez-vous, vous interroger sur certaines mises à jour, et ainsi de suite. Il fournit également une rangée de boutons permettant d'accéder rapidement à certains réglages qui varient selon que vous utilisez un ordinateur portable ou de bureau, mais aussi une tablette. En règle générale, vous retrouverez les fonctions suivantes :

» **Mode tablette :** cliquez sur ou touchez ce bouton pour activer (le bouton est bleuté) ou désactiver (il devient grisé) le mode Tablette, évidemment préférable sur les écrans tactiles.

» **Réseau :** affiche tous les réseaux Wi-Fi à portée du PC et permet de se connecter à l'un d'eux.

» **Note :** ouvre l'application Notes.

» **Tous les paramètres :** accède aux paramètres de Windows.

- **Mode avion :** désactive toutes les communications Wi-Fi et Bluetooth. Les applications nécessitant un accès Internet ne sont plus opérationnelles.
- **Localisation :** activez ce bouton si vous acceptez (il devient bleuté) ou non (il est grisé) d'être localisé. La localisation est très précise sur un appareil doté d'un GPS, beaucoup moins sur un ordinateur.
- **Ne pas déranger :** désactive le son des alertes et des notifications.
- **Luminosité :** règle l'intensité lumineuse de l'affichage sur les ordinateurs portables et les tablettes.
- **Bluetooth :** active ou désactive les communications par Bluetooth.
- **VPN :** configure puis utilise une communication VPN (*Virtual Private Network*, « réseau virtuel privé ». Un VPN est une connexion directe entre des ordinateurs distants.
- **Économiseur de batterie :** accède à des fonctions de gestion de l'énergie.

Figure 3.12

Le Centre des notifications affiche des informations.

- **Projeter :** gère l'affichage lorsqu'un second écran ou un vidéoprojecteur est connecté au PC : écran du PC uniquement, dupliquer (le contenu des deux écrans est identique), étendre (les deux écrans forment un ensemble) ou deuxième écran uniquement. La connexion sans fil est prise en charge. Notez que ces fonctions sont également accessibles en appuyant sur les touches Windows + P.

» **Connecter :** demande à Windows de rechercher un appareil que vous avez connecté, généralement sans fil. Il peut par exemple s'agir d'un écran sans fil ou encore d'enceintes Bluetooth.

» **Éclairage nocturne :** applique un filtre jaune pour réduire la lumière bleue qui abîme les yeux. L'intensité de ce réglage se paramètre dans la rubrique Affichage de la catégorie Système.

» **Assistant de concentration :** quand il est activé, les notifications qui s'afficheront seront limitées à des situations bien définies ou uniquement aux alarmes. Cela évite d'être perturbé par des notifications secondaires. Cela est aussi extrêmement utile lorsque vous utilisez votre ordinateur en public, par exemple pour une présentation PowerPoint. Le public ne saura pas si vous recevez un nouveau message, ou qu'une nouvelle mise à jour est disponible. Il vous est également possible de définir une liste de notifications personnalisée.

Si le bas du volet du Centre de notifications ne montre que quatre boutons, cliquez sur le mot Développer, juste en haut, pour voir tous les autres. Inversement, cliquez sur Réduire pour gagner de la place.

Voici quelques conseils pour gérer au mieux le Centre de notifications :

» Il peut arriver que le Centre de notifications se perde un peu dans les dates, et qu'il vous rappelle un rendez-vous d'avant-hier. Dans ce cas, pointez sur cette ligne, puis cliquez sur la croix qui apparaît à sa droite.

» Pour nettoyer totalement le Centre de notifications, cliquez sur les mots Effacer les notifications, en bas à droite.

» Avec un écran tactile, vous pouvez accéder au Centre de notifications en effleurant l'écran vers la gauche à partir de son bord droit.

Vous pouvez gérer les icônes du Centre de notifications, directement dans cette section de l'interface pour y supprimer ou y ajouter des icônes. Voici comment procéder :

1. **Ouvrez le Centre de notifications par un clic sur son icône en bas à droite de votre écran.**

   Vous accédez aux notifications et aux vignettes des actions rapides.

2. **Pour supprimer ou ajouter des actions rapides au Centre de notifications, faites un clic-droit soit sur une action, soit dans un espace.**

Dans les deux cas, optez pour la commande Modifier des actions rapides, comme sur la Figure 3.13.

Figure 3.13

Modifier les actions rapides directement dans le Centre de notifications.

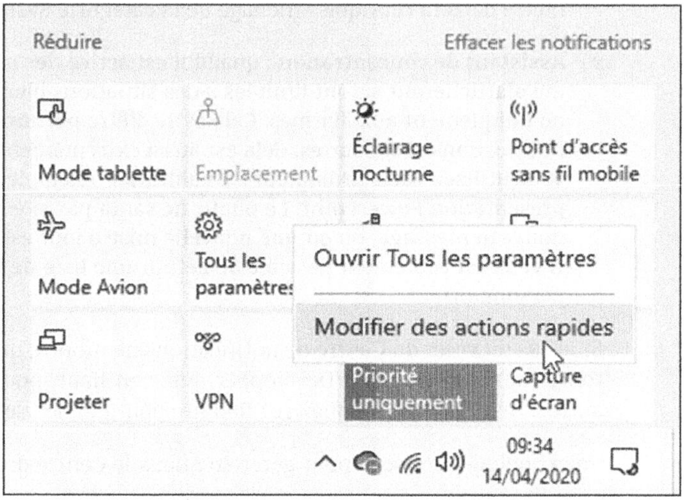

Des épingles apparaissent dans l'angle supérieur droit des actions installées, ainsi que les boutons Terminé et Ajouter juste en dessous, comme sur la Figure 3.14.

3. **Pour retirer une action rapide du Centre de notifications, cliquez sur son épingle.**

   Sa vignette disparaît.

4. **Pour ajouter une action rapide, ou récupérer une action supprimée, cliquez sur le bouton Ajouter.**
5. **Dans le menu local qui apparaît, cliquez sur l'action rapide à ajouter ou à réintégrer.**
6. **Validez par un clic sur Terminé.**

Personnaliser la barre des tâches

La barre des tâches est personnalisable. En ne plaçant dessus que les icônes des applications et des programmes que vous utilisez le plus souvent, vous éviterez bien des allers et retours dans le menu Démarrer.

Figure 3.14

Des actions rapides prêtes à être supprimées.

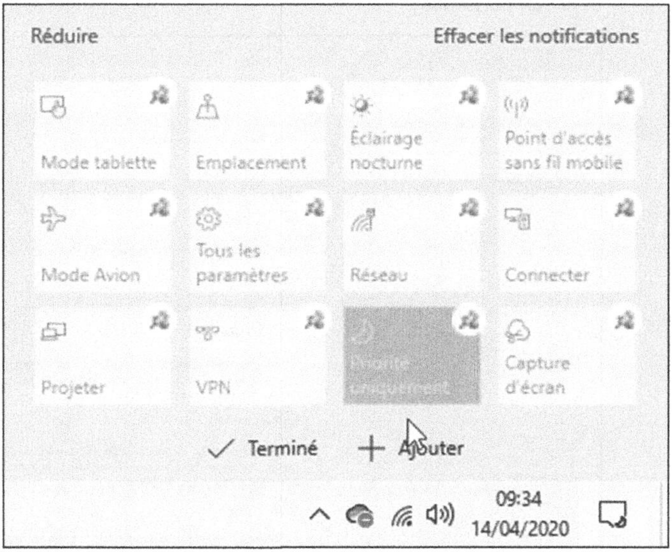

Je ne reprends pas dans cette liste les éléments propres au système que sont le bouton Démarrer, la barre de recherche et le bouton qui affiche les tâches actives.

Pour placer, sur la barre des tâches, la vignette d'une application ou d'un programme que vous utilisez fréquemment, cliquez-droit dessus. Dans le menu contextuel qui apparaît, cliquez sur Plus/Épingler à la barre des tâches. C'est tout !

Pour personnaliser encore plus la barre des tâches, cliquez-droit sur une de ses parties vides. Dans le menu contextuel qui s'affiche, choisissez Paramètres de la barre des tâches. La fenêtre Barre des tâches apparaît. Vous paramétrez la barre des tâches dans la section éponyme de cette fenêtre, comme le montre la Figure 3.15.

Le Tableau 3.1 explique les options du panneau et fournit quelques recommandations. Pour que certaines de ces options fonctionnent, vous devrez décocher la case Verrouiller la barre des tâches.

Essayez les diverses options des propriétés de la barre des tâches. L'activation prend effet instantanément. Le résultat ne vous convient pas ? Rétablissez simplement l'état précédent de l'option.

Figure 3.15

Les paramètres de la Barre des tâches permettent d'en personnaliser l'aspect et le comportement.

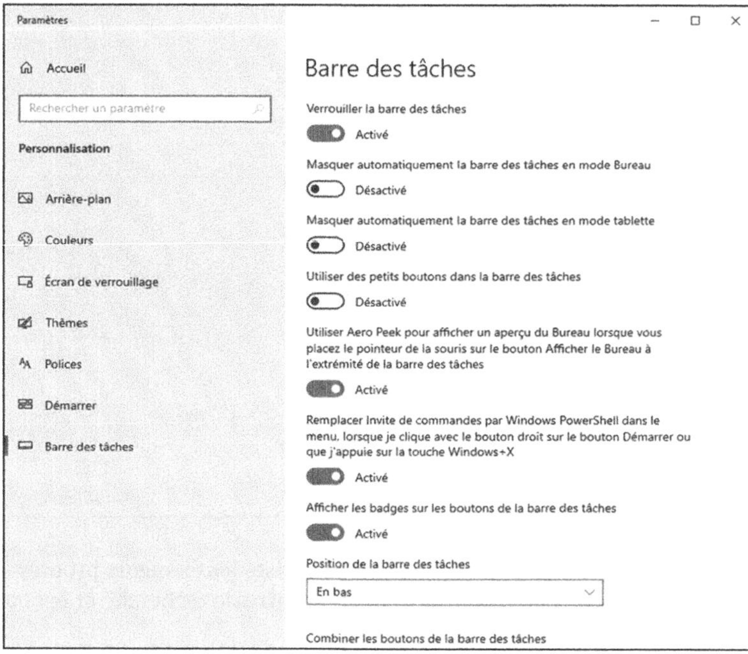

Tableau 3.1

Personnaliser la barre des tâches.

Commandes	Recommandations
Verrouiller la barre des tâches	Lorsque cette case est cochée, l'apparence de la barre des tâches n'est plus modifiable. Cela évite les changements par inadvertance. Bien entendu, vous devez d'abord la personnaliser à votre convenance.
Masquer automatiquement la barre des tâches en mode bureau (et en mode tablette)	Lorsque cette option est active, la barre des tâches disparaît en bas de l'écran lorsqu'elle n'est pas utilisée. Approchez le pointeur de la souris du bord inférieur pour la faire réapparaître. On aime ou on n'aime pas, c'est selon.
Utiliser des petits boutons dans la barre des tâches	La hauteur de la barre des tâches ainsi que ses icônes sont réduites à la moitié de leur taille. Cette option est commode pour les petits écrans.

Commandes	Recommandations
Utiliser Aero Peek...	Normalement, immobiliser le pointeur de la souris dans le coin inférieur droit de l'écran rend toutes les fenêtres transparentes, ce qui permet de voir le bureau. Pour désactiver cet effet, décochez l'option Passage furtif sur le bureau.
Remplacer Invite de commandes...	Cette option ne concerne que les programmeurs. Normalement, des commandes apparaissant en cliquant du bouton droit sur le bouton Démarrer permettent d'afficher la fenêtre Invite de commandes. Cette fenêtre sert à créer des lignes commandes en langage MS-DOS (une vieillerie, mais encore fort utile pour ceux qui s'y connaissent). Activer cette option permet de faire de même, mais dans un environnement de programmation plus proche d'Unix.
Afficher les badges sur les boutons de la barre des tâches	La présence d'un badge sur un bouton de la barre des tâches signale une alerte, qui vous indique qu'une activité est en cours ou doit être effectuée pour cette application.
Position de la barre des tâches	La barre des tâches peut être placée contre n'importe quel bord de l'écran. Choisissez dans ce menu celui que vous préférez.
Combiner les boutons de la barre des tâches	Lorsque vous ouvrez de nombreux programmes et fenêtres, Windows évite d'encombrer la barre des tâches en groupant les boutons similaires sous un seul. Par exemple, toutes les fenêtres Word sont liées à un seul bouton Word. Pour cela, conservez l'option Toujours combiner, et masquer le texte.
Zone de notification	Permet de définir quelles icônes doivent apparaître dans la zone de notification. Personnellement, je choisis systématiquement d'afficher toutes les icônes et les notifications. Si plusieurs écrans sont utilisés, la section Plusieurs écrans gère l'apparition de la barre des tâches sur les différents écrans.
Plusieurs affichages	Permet d'afficher la barre des tâches sur tous les écrans.
Contacts	Un ensemble de réglages permettent d'afficher une icône donnant accès à vos contacts, et d'en gérer les notifications.

Après avoir configuré la barre des tâches à votre guise, cochez la case Verrouiller la barre des tâches. Dans le menu contextuel qui apparaît lorsque vous cliquez-droit sur celle-ci.

Créer et configurer de multiples bureaux

Certaines personnes connectent deux moniteurs à leur ordinateur de manière à pouvoir travailler plus efficacement sur des images ou des documents. Il est ainsi possible, par exemple, d'afficher d'un côté une feuille de calcul, et de l'autre un rapport en cours de rédaction sur les données de la feuille.

Si votre PC ne dispose pas d'une sortie pour y brancher un second écran, Windows 10 vous offre le moyen de disposer de plusieurs bureaux sur un *seul* écran. Ces bureaux *virtuels* permettent de passer d'une configuration de travail (ou de loisirs) à une autre sans aucun investissement supplémentaire. Ceci peut être pratique si la taille de votre écran est réduite au point de ne pas pouvoir afficher plusieurs fenêtres côté à côte. Au lieu de jongler entre les fenêtres, il vous suffit de passer d'un bureau à l'autre.

Pour créer et utiliser des bureaux virtuels, suivez ces étapes :

1. **Cliquez dans la barre des tâches sur le bouton Affichage des tâches.**

2. **Cliquez ensuite sur le bouton Nouveau bureau en haut à gauche de l'écran.**

   Lorsque vous cliquez sur (ou touchez) le bouton Affichage des tâches, l'écran s'obscurcit et il affiche des vignettes montrant toutes vos applications et tous vos programmes actifs. La partie inférieure liste vos activités récentes, et la mention Nouveau bureau apparaît en haut à gauche, comme le montre la Figure 3.16.

Figure 3.16

Le bouton Nouveau bureau.

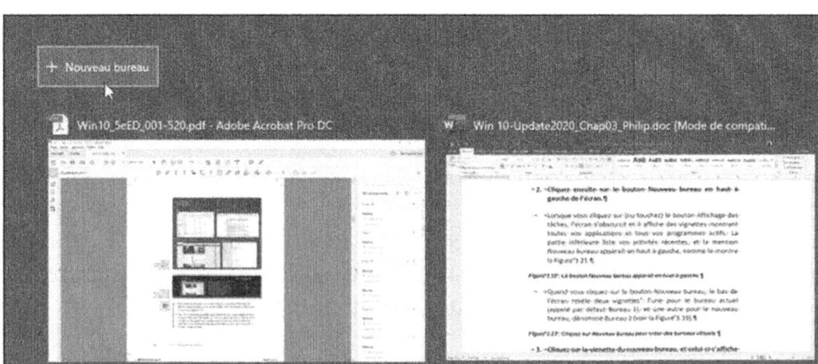

Quand vous cliquez sur le bouton Nouveau bureau, deux vignettes apparaissent en haut à gauche décalant le bouton Nouveau bureau vers la droite, comme sur la Figure 3.17.

Figure 3.17

Créer des bureaux virtuels.

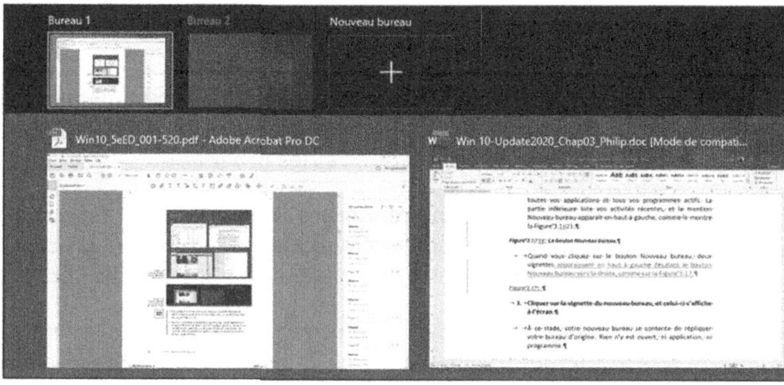

❸ **Cliquez sur la vignette du bureau 1 ou 2 (voire Nouveau bureau pour en créer un troisième), et celui-ci s'affiche à l'écran.**

À ce stade, votre nouveau bureau se contente de répliquer votre bureau d'origine. Rien n'y est ouvert, ni application, ni programme.

C'est fait. Vous avez créé un second bureau virtuel, et vous l'avez activé. Votre autre bureau est toujours bel et bien là, dans l'état où vous l'avez laissé, et il suffit de passer à nouveau par le bouton Affichage des tâches pour le retrouver.

Certaines personnes aiment les bureaux virtuels. D'autres les trouvent sans intérêt et pensent qu'ils constituent plutôt une source de confusion. Si votre cœur balance, voici quelques conseils pour vous aider à vous décider :

» Pour passer d'un bureau à un autre, cliquez sur le bouton Affichage des tâches. Cliquez ensuite sur le nom du bureau que vous voulez activer.

» Pour voir les fenêtres ouvertes dans chaque bureau, cliquez également sur le bouton Affichage des tâches. Survolez ensuite la vignette du bureau voulu. Les aperçus des applications et des programmes qui y sont ouverts vont s'afficher. Il vous suffit alors de cliquer sur l'aperçu voulu pour retrouver la fenêtre correspondante.

» Pour supprimer un bureau, cliquez une fois de plus sur le bouton Affichage des tâches. Survolez le bureau virtuel superflu, puis cliquez sur la croix qui apparaît au-dessus et à droite de sa vignette. Toutes les fenêtres qui y étaient ouvertes vont se déplacer vers votre bureau original, *réel*. Vous ne perdez donc rien, ce qui est évidemment très important.

» Il est aussi possible de supprimer de cette manière le bureau *réel*. Dans ce cas, c'est le bureau virtuel qui devient réel, et qui récupère toutes les applications et les programmes du premier.

» Vous pouvez reprendre les étapes décrites ci-dessus pour créer encore plus de bureaux virtuels. Attention cependant à la consommation de mémoire que cette multiplication des bureaux peut générer.

» Si vous aimez jouer avec votre clavier, appuyez en même temps sur les touches Windows, Ctrl et D. Immédiatement, un nouveau bureau vierge apparaît. En appuyant maintenant sur la combinaison de touches Windows + Tab, vous activez directement la vue Affichage des tâches, et vous retrouvez donc tous vos bureaux, ainsi que toutes les fenêtres ouvertes.

» Pour déplacer une fenêtre d'un bureau à un autre, cliquez sur le bouton Affichage des tâches. Ensuite, cliquez droit sur l'aperçu de la fenêtre que vous voulez déplacer. Dans le menu qui s'affiche, choisissez Déplacer vers puis un numéro de bureau, ou encore l'option Nouveau bureau. Une autre méthode consiste à faire glisser l'aperçu de la fenêtre sur la vignette de son bureau de destination.

Les bureaux sont numérotés dans l'ordre de leur création.

Le bouton Affichage des tâches active également la Chronologie, une fonctionnalité de Windows 10.

Faciliter la recherche des programmes

Lorsque vous installez un nouveau logiciel, le programme d'installation pose généralement quelques questions plus ou moins absconses. Mais attention si le programme d'installation propose de placer un raccourci sur votre bureau ou dans la barre des tâches.

Dans ce cas, répondez oui sans hésiter, car vous éviterez ainsi d'avoir à fouiller dans le menu Démarrer pour y retrouver le nom ou la vignette du programme.

En revanche, si certains de vos programmes favoris n'ont pas ajouté leur propre icône sur votre bureau, vous pouvez facilement réparer ce regrettable oubli :

1. **Ouvrez le menu Démarrer.**
2. **Cliquez du bouton droit sur le nom du programme ou de l'application que vous voulez voir apparaître sur la barre des tâches. Dans le menu qui s'affiche, choisissez Plus > Épingler à la barre des tâches.**

   Ce principe vaut pour les vignettes des applications de l'écran de démarrage.

   Avec un écran tactile, il suffit de maintenir le doigt appuyé sur la vignette voulue. Dès qu'elle change de taille, relâchez votre pression. Touchez alors Plus > Épingler à la barre des tâches dans le menu qui s'affiche.

Au lieu d'aller rechercher le programme dans le menu Démarrer ou l'écran de démarrage, il vous suffira de cliquer sur son icône dans la barre des tâches.

Lorsque vous ne souhaitez plus qu'un programme soit affiché dans la barre des tâches, cliquez droit sur son icône et exécutez la commande Détacher de la barre des tâches.

DANS CE CHAPITRE

Comprendre les différents éléments de Windows

Manipuler les boutons, les barres et les boîtes

Trouver les commandes dans le ruban

Comprendre le volet de navigation

Déplacer des fenêtres et modifier leur taille

Le bureau du bout du doigt

Chapitre 4

Utilisation du bureau de Windows

Le menu Démarrer de Windows 10 se compose de vignettes plus ou moins grandes et colorées, et ceci quel que soit le thème que vous appliquez. Il est ainsi facile d'identifier la nature de ces éléments, de les toucher ou bien de cliquer dessus.

En revanche, le bureau de Windows présente de petits boutons monochromes, des caractères de petite taille, et des fenêtres au bord mince. Ces fenêtres sont souvent encombrées d'éléments extrêmement variés, bien souvent avec des noms plus ou moins ésotériques et que les programmes voudraient que vous appreniez par cœur. Pour vous aider à vous y retrouver, ce chapitre vous propose un cours d'anatomie de Windows, et de navigation dans ses méandres.

Nous décortiquerons ici chaque partie d'une fenêtre afin que vous sachiez ce qui se passe lorsque vous cliquez ou touchez quelque chose. N'hésitez pas à cribler les marges de ce livre de notes aussi bien lorsque vous vous attardez sur le relativement simple menu Démarrer que quand vous vous plongez dans les fenêtres, puissantes mais compliquées, du bureau.

Structure d'une fenêtre standard

La Figure 4.1 montre une fenêtre typique : celle du dossier Documents – le lieu de stockage par défaut de la majeure partie de votre travail –, dont tous les éléments sont étiquetés.

Figure 4.1

Terminologie des diverses parties d'une fenêtre de Windows.

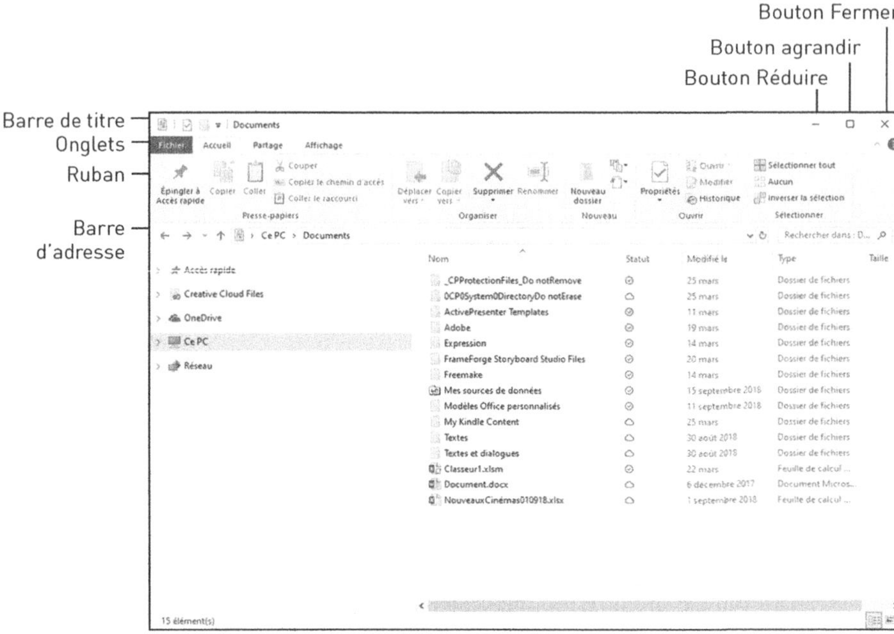

Les fenêtres se comportent différemment selon la fonction qu'elles remplissent. Les prochaines sections décrivent les principales parties du dossier Documents – celui de la Figure 4.1 –, comment et où cliquer, et comment Windows réagit en conséquence.

» **Un épais panneau rempli de contrôles, le *ruban*, se trouve au-dessus de chaque dossier. Certaines personnes aiment les gros boutons et les menus du ruban. D'autres préfèrent l'ancien système de menus. Le ruban vous embête ? Cliquez sur la petite pointe placée sur la droite, juste à côté du point d'interrogation, pour le replier (et si vous cliquez une nouvelle fois dessus, il se déplie).**

» **Pour afficher les bibliothèques Windows 10, ouvrez l'onglet Affichage de l'Explorateur de fichiers. Dans le menu local Volet de navigation, choisissez Afficher les bibliothèques.**

» **Windows regorge de petits boutons, bordures et boîtes bizarroïdes. Il est inutile de retenir leurs noms, bien que cela puisse s'avérer utile lorsque vous aurez recours aux menus d'aide de certaines fenêtres. En cas de doute, reportez-vous à la Figure 4.1 et lisez les explications.**

» Vous pouvez interagir avec la plupart de ces éléments en cliquant, en double-cliquant ou en cliquant du bouton droit (dans le doute, essayez toujours le clic du bouton droit).

» Vous utilisez un écran tactile ? Reportez-vous à l'encadré du Chapitre 3 où il est question du toucher lors de l'utilisation d'une tablette tournant sous Windows.

Les fenêtres et leur barre de titre

Située en haut de pratiquement chaque fenêtre, la barre de titre mentionne généralement le nom du programme et celui du fichier courant, ou encore du dossier ouvert. La Figure 4.2 montre celles de deux petits programmes de traitement de texte : WordPad (en haut) et le Bloc-notes (en bas). Dans les deux cas, le fichier n'a pas encore été enregistré ; c'est pourquoi leur nom est respectivement Document et Sans titre.

Figure 4.2

La barre de titre de WordPad (en haut) et du Bloc-notes (en bas).

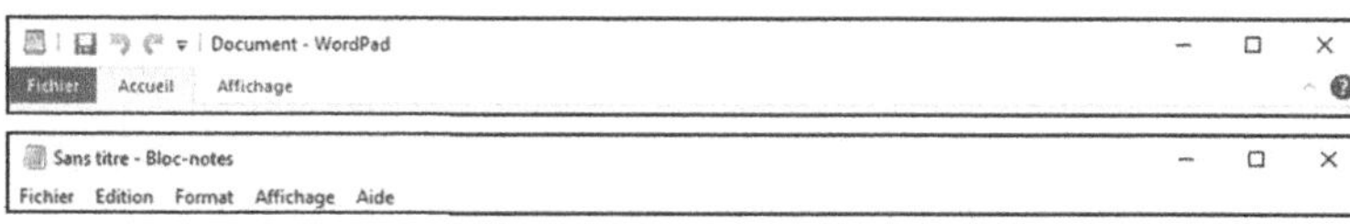

En dépit de son aspect anodin, la barre de titre contient bon nombre de fonctionnalités intéressantes :

» La barre de titre permet de déplacer une fenêtre sur le bureau. Cliquez dessus – ailleurs que sur une icône – puis, sans relâcher le bouton de la souris, faites-la glisser. La fenêtre suit le mouvement de la souris. Relâchez le bouton de votre souris pour la déposer à son nouvel emplacement.

» Double-cliquez dans une partie vide de la barre de titre, et la fenêtre emplit tout l'écran. Double-cliquez de nouveau dessus, et elle reprend ses dimensions d'origine.

» Remarquez les petites icônes (ou boutons) qui s'entassent à gauche de la barre de titre de WordPad. Elles constituent la barre d'outils *Accès rapide* et appartiennent à ce que Microsoft appelle une *interface à ruban*. Ces icônes procurent un accès à un clic à certaines fonctions d'usage courant, comme enregistrer le document courant.

- Trois boutons rectangulaires se trouvent à droite de la barre de titre des programmes *et* des applications. Ce sont, de gauche à droite, les boutons Réduire, Agrandir et Fermer. Nous les retrouverons un peu plus loin.
- Repérer la fenêtre *active*, c'est-à-dire celle qui subit les effets de vos actions réalisées à la souris ou au clavier, demande des yeux d'aigle. En effet, elle se démarque des autres par le fait que son titre est plus foncé que celui des autres fenêtres, dont le titre est grisé. C'est plutôt subtil, mais en même temps cette distinction est plus « classe » que les couleurs plus ou moins criardes des anciennes versions de Windows.

Glisser, déposer et exécuter

Le glisser-déposer est une action aussi vieille que Windows, qui sert à déplacer ou repositionner un élément, par exemple une icône. Rien à voir avec le manuel du parfait petit tueur à gages.

Pour *faire glisser* un élément, placez le pointeur de la souris sur l'objet en question. Ensuite, maintenez enfoncé le bouton gauche, puis déplacez la souris. L'icône semble collée au pointeur. Parvenue à destination, relâchez le bouton et l'icône est *déposée*.

Sur un écran tactile, vous remplacez bouton par doigt, et vous obtenez le même résultat.

Vous pouvez déplacer un élément avec le bouton droit de la souris. Dans ce cas, un petit menu contextuel vous demande, après avoir déposé l'icône, si vous désirez la Copier ici ou la Déplacer ici, ou bien encore Créer un raccourci ici (un *raccourci*, c'est juste un lien qui renvoie à l'objet original).

Une petite astuce : vous avez déplacé quelque chose et vous vous rendez compte, au cours de l'opération, que vous vous êtes trompé d'élément ? Ne relâchez pas le bouton de la souris, mais appuyez sur la touche Échap pour annuler l'action. Trop tard ? Vous aviez effectué le déplacement avec le bouton droit de la souris et vous l'avez relâché trop tôt. Pas de souci : choisissez Annuler dans le menu qui s'affiche. Quoi ? C'était le bouton gauche ? Essayez alors d'appuyer tout de suite sur la *combinaison de touches* Ctrl + Z (combinaison, cela veut dire appuyer sur les deux touches en même temps). Normalement, cela suffit à renvoyer le fugueur à sa place.

Naviguer parmi les dossiers avec la barre d'adresse de la fenêtre

Directement sous le ruban se trouve la *barre d'adresse* (voir la Figure 4.3). Elle semblera familière à ceux qui surfent sur le Web, car elle rappelle beaucoup la barre d'adresse d'un navigateur Internet.

Figure 4.3

La barre d'adresse d'un dossier.

Les parties principales de la barre d'adresse – de gauche à droite dans les paragraphes qui suivent – ont chacune une fonction bien définie :

» **Boutons Précédent et Suivant :** ces deux boutons mémorisent votre itinéraire parmi les dossiers du PC. Le bouton Précédent vous ramène au dossier que vous venez de visiter (en amont). Le bouton Suivant vous ramène au dernier dossier (en aval).

» **Emplacements récents :** cliquez sur la minuscule flèche, à droite des deux boutons précédents, pour accéder à une liste des emplacements que vous avez déjà visités. Cliquez sur l'un d'eux pour y accéder aussitôt.

» **Bouton Niveau supérieur :** cliquez dessus pour remonter d'un niveau dans l'arborescence des dossiers. Par exemple, si vous avez ouvert le dossier « Trucs et choses » dans vos documents, cliquez sur cette flèche pour revenir à votre dossier Documents.

» **Barre d'adresse :** elle contient l'adresse du dossier actuellement ouvert, de la même manière qu'un navigateur Internet affiche l'adresse de la page courante. Cette adresse correspond plus exactement au *chemin* dans le disque dur. Par exemple, sur la Figure 4.3, l'adresse est *Ce PC*, *Documents*. Elle indique que vous vous trouvez dans le dossier *Documents* de *Ce PC*. *Ce PC* indique que la recherche du disque s'est faite sur *mon* ordinateur. Eh oui, ces histoires de dossiers sont suffisamment compliquées pour qu'un chapitre entier – le prochain – leur soit consacré.

» **Le champ Rechercher dans :** toutes les fenêtres de Windows 10 sont dotées d'un champ Rechercher dans, capable d'explorer le dossier et ses sous-dossiers à la recherche d'une donnée ou d'une information. Par exemple, si vous recherchez le mot **carotte**, Windows montrera tous les dossiers et fichiers contenant ce mot.

Remarquez, dans la barre d'adresse, les petits triangles (chevrons) noirs avant les mots *Ce PC*, *Documents* (du moins sur la Figure 4.3). Cliquer dessus affiche un menu de tous les autres dossiers ou éléments se trouvant à ce niveau. C'est un moyen commode d'accéder à d'autres dossiers.

La barre d'adresse est également suivie d'un petit bouton en forme de flèche recourbée. Il sert à mettre à jour le contenu du dossier courant dans le cas où un changement serait intervenu avant que Windows n'ait eu le temps de s'en rendre compte.

Trouver les commandes sur le ruban

Encore plus impressionnantes que la carte d'un restaurant asiatique, les commandes de Windows sont innombrables et contextuelles en ce sens qu'elles varient en fonction de la fenêtre utilisée. Pour y accéder rapidement, elles ont été réparties dans différents onglets d'un ruban. Ce dernier se trouve en haut de chaque dossier (voir la Figure 4.4).

Figure 4.4

Les onglets d'un ruban.

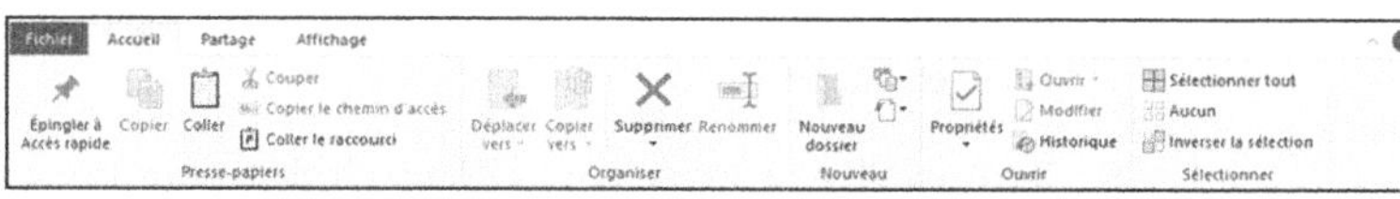

Chacun des onglets donne accès à différentes options. Pour les voir, cliquez sur l'un d'eux, Partage, par exemple. Le ruban se présente alors comme sur la Figure 4.5. Il contient toutes les options et commandes utiles pour le partage de fichiers.

Si l'usage d'un bouton ne vous semble pas évident, immobilisez le pointeur de la souris dessus. Une *info-bulle* apparaît et explique sa raison d'être. Voici un bref descriptif des onglets et des boutons les plus courants :

» **Fichier :** présent à gauche dans chaque ruban, cet onglet sert principalement à ouvrir de nouvelles fenêtres et à accéder aux emplacements fréquemment visités. Il donne généralement aussi accès aux options du programme.

» **Accueil :** vous trouvez dans cet onglet, toujours affiché, les commandes permettant de copier, couper et coller, de déplacer ou supprimer les éléments sélectionnés, ou encore de renommer un fichier ou un dossier, d'accéder à ses propriétés et ainsi de suite.

Figure 4.5

Cliquez sur un onglet du ruban pour voir ses commandes.

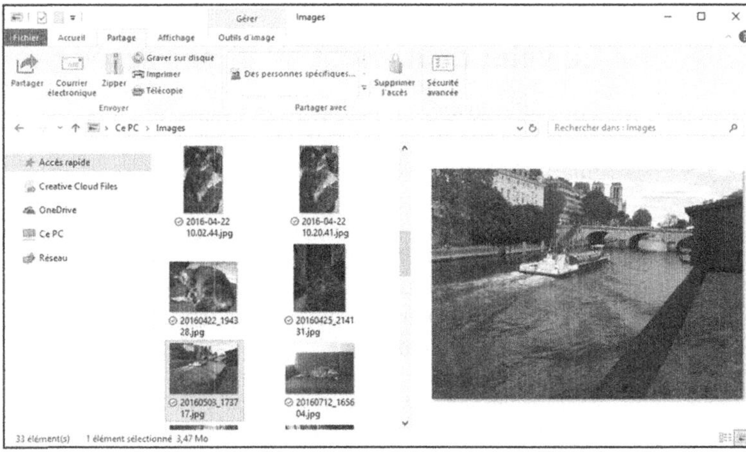

» **Partage :** cet onglet permet de partager le contenu de votre ordinateur avec d'autres personnes, voire de graver vos données sur un CD ou un DVD (devenu très rare aujourd'hui car de nombreux ordinateurs sont désormais livrés sans graveur), en envoyant un document par e-mail, ou bien encore en lançant un partage sur le réseau.

» **Affichage :** les commandes de cet onglet servent à modifier l'aspect de la fenêtre. Par exemple, cliquez sur le bouton Très grandes icônes pour afficher en grand les vignettes des photos.

» **Gérer :** cet onglet contient des commandes propres au type de fichier que contient le dossier. Par exemple, vous trouverez un bouton Diaporama dans l'onglet Outils d'image (de l'onglet principal Gérer), ainsi que des boutons pour remettre droit la vignette d'une photo cadrée en hauteur, la choisir comme arrière-plan du bureau ou même la diffuser sur un dispositif multimédia connecté.

En fonction de l'élément sélectionné dans l'Explorateur de fichiers, l'onglet Gérer sera remplacé par un autre. Par exemple, lorsque vous sélectionnez un fichier musical ou vidéo, comme un fichier MP3 ou AVI, un onglet Lire apparaît sous un onglet Outils de musique ou Outils de vidéo. Il contient des commandes de lecture spécifiques à chaque type de fichier.

Vous aimeriez que le ruban occupe moins de place ? Cliquez sur le petit chevron, en haut à droite de la fenêtre, juste à côté du point d'interrogation, pour n'afficher que les onglets. Ou alors, appuyez sur Ctrl + F1 : c'est plus rapide. (Exécutez de nouveau ce raccourci clavier pour faire réapparaître le ruban.)

Le volet de navigation et ses accès rapides

Dans Windows, les éléments les plus fréquemment utilisés (hormis le café et les miettes) sont placés dans le volet de navigation illustré sur la Figure 4.6.

Figure 4.6

Le volet de navigation contient des accès vers les emplacements les plus visités.

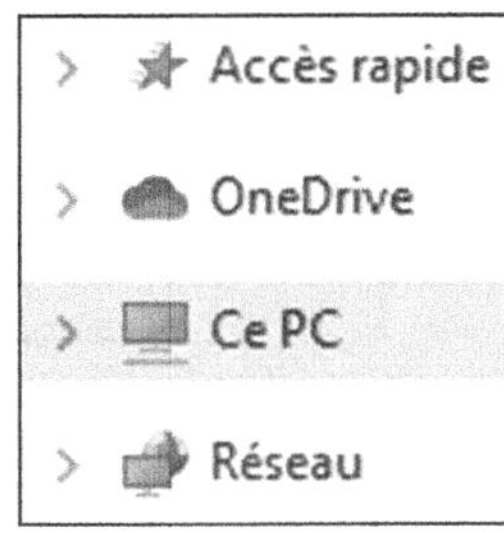

Les chevrons affichés à gauche du nom des emplacements n'apparaissent que si vous positionnez le pointeur de la souris dans le volet de navigation.

Situé à gauche de chaque dossier, le volet de navigation est divisé en plusieurs rubriques : Accès rapide, OneDrive, Ce PC, et Réseau. Cliquez sur l'une de ces rubriques, Accès rapide par exemple, et son contenu apparaît dans le volet de droite.

Si des disques durs sont connectés à l'ordinateur, leur icône sera présente dans le Volet de navigation. En fonction des programmes installés, d'autres dossiers ou lecteurs peuvent apparaître dans ce volet.

Voici quelques précisions sur les parties du volet de navigation :

» **Accès rapide :** autrefois appelés Favoris, ces éléments sont des raccourcis vers les emplacements les plus fréquentés de Windows :

- **Bureau :** vous ne vous en doutiez peut-être pas, mais votre bureau est en réalité un dossier dont le contenu apparaît en permanence sur l'écran. Cliquer sur la ligne Bureau montre tout ce qui s'y trouve.

- **Téléchargements :** cliquez ici pour accéder aux fichiers téléchargés avec Microsoft Edge (ou Internet Explorer, ou n'importe quel autre navigateur) lors de vos pérégrinations sur le Web. C'est en effet là qu'ils se retrouvent.

- **Documents :** accède au contenu du dossier Documents qui regroupe des fichiers créés avec des applications et qui y sont enregistrés par défaut.

  - **Images** : cette icône donne accès à votre photothèque numérique. Il s'agit du dossier de stockage de vos images par défaut quand, par exemple, vous les importez depuis un appareil photo numérique, ou que vous les copiez depuis un disque dur externe, une clé USB, ou une carte mémoire.

- **OneDrive** : affiche tout ce que vous avez stocké sur le fameux *cloud* (nuage informatique) qui vous est alloué lorsque vous créez un compte Microsoft. Cet espace de stockage distant vous permet de travailler sur vos fichiers, quel que soit l'endroit où vous séjournez dès lors que vous disposez d'un accès à Internet.

  Par défaut, vous disposez de 5 Go de stockage. Au-delà, le service est payant. Mais il existe des moyens simples d'augmenter ce volume. Ainsi, demander à votre smartphone de sauvegarder ses photos sur OneDrive vous donne droit à de l'espace supplémentaire. Et vous abonner à Office 365 vous procure 1 To de stockage !

- **Ce PC** : cette section vous donne accès aux dossiers et aux disques durs de votre ordinateur. Vous y retrouvez d'ailleurs un certain nombre d'éléments qui figurent aussi sous l'accès rapide. Voyons cela d'un peu plus près

  - **Bureau** : affiche tous les éléments actuellement stockés sur le bureau. Il peut s'agir de dossiers, de fichiers, et de raccourcis (refermez la fenêtre, et vous verrez votre bureau en chair et en icônes).
  - **Documents** : accède au contenu du dossier Documents qui regroupe des fichiers créés avec des applications et qui y sont enregistrés par défaut. C'est vrai, je me répète.
  - **Images** : ce raccourci ouvre le dossier de stockage par défaut de vos images.
  - **Musique** : cliquez sur Musique, puis double-cliquez sur un morceau pour l'écouter aussitôt. Il s'agit là aussi d'un espace de stockage par défaut pour faciliter la gestion de vos fichiers audio.
  - **Objets 3D** : contient des projets et des modèles 3D créés avec Paint 3D.
  - **Téléchargements** : cliquez ici pour accéder aux fichiers téléchargés avec votre navigateur Internet.
  - **Vidéos** : un double-clic sur les séquences stockées dans ce dossier vous permettra de les visionner avec le lecteur par défaut.

- **Disque local (C:)** : c'est le nom que donne Windows à votre disque dur principal, celui qui contient le système d'exploitation et vos programmes. À moins que vous ne sachiez spécifiquement ce que vous recherchez, vous aurez du mal à le retrouver de cette manière. Autant passer par d'autres chemins.

- **Périphériques et lecteurs** : cette section du dossier Ce PC affiche tous les disques durs ou lecteurs flash connectés à votre ordinateur. Double-cliquez sur l'icône de celui dont vous souhaitez afficher les éléments.

» **Dossiers** : contient les traditionnelles bibliothèques Documents, Images, Musique, et Vidéos.

» **Réseau** : affiche le nom des ordinateurs mis en réseau, y compris le vôtre.

Les éléments du réseau peuvent également inclure des disques durs partagés, des serveurs multimédias, des appareils connectés et même votre box.

Se déplacer dans une fenêtre avec ses barres de défilement

Une barre de défilement apparaît au bord droit et/ou inférieur d'une fenêtre dès qu'elle est trop petite pour afficher tout son contenu (voir la Figure 4.7).

À l'intérieur de la barre, un *curseur de défilement* monte et descend selon la partie d'une page qui est affichée. D'un seul coup d'œil sur le curseur, vous savez si vous êtes plutôt en haut, au milieu ou en bas du contenu d'une fenêtre.

Cliquer en différents endroits de la barre de défilement permet de se déplacer rapidement dans un document. Par exemple :

» **Cliquer dans la barre dans la direction à afficher. Par exemple, cliquer au-dessus du curseur vertical déplace la vue d'une page vers le haut. Cliquer dessous la déplace d'une page vers le bas.**

» **La barre de défilement qui peut se trouver sur le bord droit du menu Démarrer, ou de sa liste d'applications et de programmes, est assez difficile à distinguer. Mais elle apparaît si vous y déplacez le pointeur de la souris. Faites-la glisser pour révéler les contenus cachés du menu Démarrer.**

Figure 4.7

Les barres de défilement verticale et horizontale.

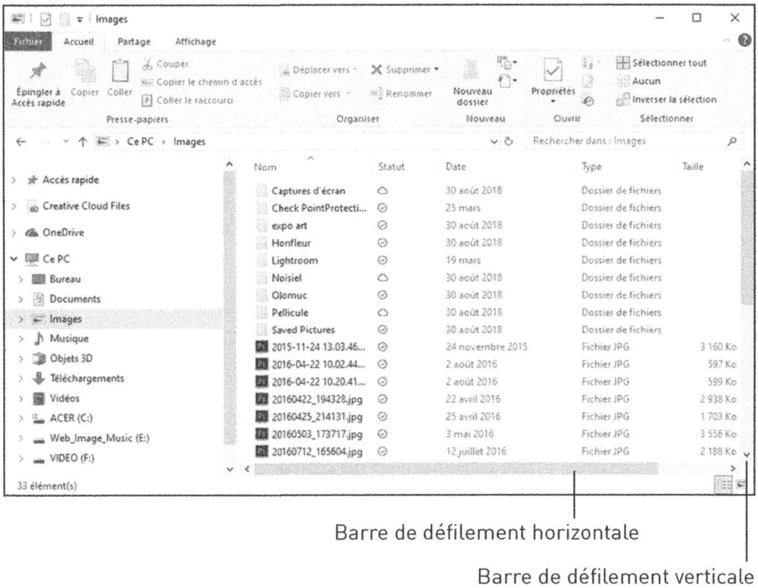

- Pas de curseur dans la barre de défilement, ou aucune barre visible ? Cela signifie que tout le contenu de la fenêtre est affiché. Il n'y a donc rien à faire défiler car tous les éléments sont sous vos yeux.

- Vous voulez parcourir rapidement le contenu d'une fenêtre ? Cliquez sur le curseur et tirez-le. Vous verrez le contenu de la fenêtre défiler à toute vitesse. Arrivé là où vous le vouliez, relâchez le bouton de la souris.

- Votre souris est dotée d'une molette ? Faites-la rouler pour déplacer le curseur vertical. Gardez le doigt appuyé sur la molette et faites glisser la souris. Le document va défiler en continu.

Du côté des bordures

Une *bordure* est le fin cadre qui entoure une fenêtre. Pour changer la taille d'une fenêtre, cliquez sur une bordure – le pointeur de la souris prend la forme d'une flèche à deux pointes – et tirez dans la direction désirée. Redimensionner une fenêtre en cliquant et en faisant glisser un coin est le plus commode. Notez que certaines fenêtres ne sont pas redimensionnables.

Les sélections multiples

Cliquer sur un élément le sélectionne. Cliquer sur un autre élément le sélectionne tout en désélectionnant le précédent. Avec cette technique, vous ne pouvez donc sélectionner qu'un élément à la fois.

Voici comment sélectionner plusieurs éléments :

» Pour sélectionner plusieurs éléments à différents emplacements d'une fenêtre, maintenez la touche Ctrl enfoncée puis cliquez sur les éléments voulus. Le même procédé permet de retirer un élément sélectionné par erreur. Sur une tablette, maintenant le doigt appuyé sur un fichier ou un dossier pour commencer la sélection. Si vous voyez une case à cocher apparaître dans le coin des autres éléments, il vous suffit de les toucher pour les sélectionner (ou l'inverse).

» Pour sélectionner une plage d'éléments qui se suivent, dans une liste, cliquez sur le premier d'entre eux puis, touche Majuscule enfoncée, cliquez sur le dernier. Tous les éléments, du premier que vous avez sélectionné jusqu'au dernier sur lequel vous venez de cliquer, sont sélectionnés. Notez qu'il est possible de désélectionner certains éléments de cet ensemble en cliquant dessus, touche Ctrl enfoncée.

» Vous pouvez aussi utiliser la fonction Lasso : cliquez sur le fond du dossier, à proximité d'un élément puis, tout en maintenant le bouton de la souris enfoncé, tracez un contour autour des éléments à sélectionner. Relâchez ensuite le bouton. Sur une tablette, c'est votre doigt qui fait office de lasso.

Déplacer les fenêtres sur le bureau

Cette section vous explique comment les empiler rationnellement, en plaçant celle que vous préférez en haut du tas. Elles peuvent être redimensionnées et s'ouvrir automatiquement à n'importe quelle taille.

Placer une fenêtre au-dessus des autres

Pour Windows, la fenêtre qui se trouve au-dessus de toutes les autres, qui attire donc l'attention, est la *fenêtre active*. C'est celle qui reçoit tout ce que vous ou votre chat tapez sur le clavier.

Une fenêtre peut être placée au-dessus des autres de diverses manières. Voici comment :

» En cliquant sur une fenêtre qui en chevauche d'autres, vous la basculez au premier plan.

» Dans la barre des tâches, cliquez sur le bouton de la fenêtre désirée. Le Chapitre 3 vous dit tout sur la barre des tâches.

» La touche Alt enfoncée, appuyez sur la touche Tab. Un petit panneau montre une miniature de chacune des fenêtres ouvertes sur le bureau (y compris celles des applications du menu Démarrer que vous avez lancées). Appuyez autant de fois que nécessaire sur la touche Tab pour sélectionner la fenêtre voulue, puis relâchez les deux touches Alt et Tab. La fenêtre sélectionnée passe au premier plan.

» Cliquez sur le bouton Affichage des tâches pour visualiser des vues en miniature de vos applications et programmes, y compris sur vos bureaux virtuels. Cliquez sur un aperçu pour réactiver l'application ou le programme choisi. Le bouton Affichage des tâches et les bureaux virtuels sont décrits dans le Chapitre 3.

Le bureau est encombré de fenêtres au point de gêner votre travail ? Cliquez dans la barre de titre d'une fenêtre, secouez sa barre de titre avec la souris jusqu'à ce que les autres fenêtres disparaissent dans la barre des tâches. Secouez-la de nouveau, et les fenêtres réapparaissent. Magique non ?!

Déplacer une fenêtre

Pour une raison ou pour une autre, vous voudrez déplacer une fenêtre. Peut-être parce qu'elle est décentrée, ou pour faire de la place et voir tout ou partie d'une autre fenêtre. La fenêtre repositionnée reste sélectionnée et donc active. Du moins jusqu'à ce que vous en placiez une autre au premier plan...

Afficher une fenêtre en plein écran

Pour certaines tâches, agrandir une fenêtre afin qu'elle exploite au maximum la surface de l'écran est une bonne chose. Pour cela, double-cliquez sur la barre de titre : la fenêtre s'étale instantanément sur tout le bureau, recouvrant toutes les autres.

Pour la ramener à sa taille d'origine, double-cliquez de nouveau sur sa barre de titre. On ne s'en lasse pas...

» Si double-cliquer sur la barre de titre vous paraît vraiment ringard, cliquez sur le bouton Agrandir. C'est celui du milieu, en haut à droite.

» Quand une fenêtre est en plein écran, le bouton Agrandir est remplacé par le bouton Niveau inférieur. Cliquez dessus pour qu'elle redevienne plus petite.

» La force brute ne vous fait pas peur ? Faites glisser la fenêtre en la tirant par sa barre de titre jusqu'en haut de l'écran. L'ombre de la fenêtre s'étend à présent tout autour de l'écran. Relâchez le bouton de la souris, et c'est fait : la fenêtre est affichée en plein écran.

» Trop fatigué pour attraper la souris ? La touche Windows enfoncée, appuyez sur la touche fléchée Haut pour agrandir la fenêtre en plein écran. La combinaison Windows + Flèche bas redonne à la fenêtre sa taille d'origine.

Fermer une fenêtre

Quand vous avez fini de travailler dans une fenêtre, fermez-la en cliquant sur le petit bouton « X », en haut à droite. C'est « Retour vers le bureau »...

Si le travail en cours n'a pas été enregistré, Windows vous propose d'en effectuer la sauvegarde. Confirmez-la en cliquant sur le bouton Oui – vous devrez peut-être nommer le fichier que vous avez créé et choisir un dossier de stockage –, ou en cliquant sur Non si vous estimez qu'il n'est pas nécessaire de l'enregistrer. D'autres fenêtres – comme celles propres à Windows – se ferment sans formalité supplémentaire.

Redimensionner une fenêtre

Comme le chantait Serge Gainsbourg en son temps à propos de la pauvre Lola, il faut savoir s'étendre sans se répandre. Fort heureusement, une fenêtre de Windows ne s'étend ni ne se répand : elle se redimensionne. Voici comment :

1. **Immobilisez le pointeur de la souris sur un bord ou d'un angle de la fenêtre. Lorsqu'elle se transforme en flèche à deux têtes, cliquez et faites glisser le pointeur pour changer la taille de la fenêtre.**

2. **Le redimensionnement terminé, relâchez le bouton de la souris.**

Redimensionner en tirant un coin est plus souple que de ne tirer qu'un seul côté, mais c'est à vous de voir.

Placer deux fenêtres côte à côte

Quand vous voudrez copier un élément dans une fenêtre pour le coller dans une autre, pouvoir juxtaposer les deux fenêtres vous facilitera la tâche.

Windows vous offre pour cela plusieurs méthodes :

» Le moyen le plus rapide consiste à glisser-déplacer une des deux fenêtres par sa barre de titre vers un bord du bureau. Quand un cadre ombré occupe toute la moitié de l'écran, relâchez la souris. Il ne vous reste plus qu'à effectuer la même opération avec la deuxième fenêtre en la positionnant sur l'autre bord de l'écran.

» Si vous faites glisser une fenêtre pour qu'elle vienne occuper une moitié de l'écran, Windows affiche immédiatement un aperçu des autres fenêtres vers le bord opposé. Cliquez sur l'aperçu voulu, ou sur le fond du bureau pour ne rien faire de particulier.

» Vous pouvez également disposer jusqu'à quatre fenêtres côte à côte en faisant glisser leur barre de titre dans un coin de l'écran.

» Cliquez du bouton droit sur une partie vide de la barre des tâches – y compris sur l'horloge – et choisissez Afficher les fenêtres côte à côte. Windows dispose aussitôt toutes les fenêtres les unes à côté des autres. Une véritable mosaïque ! Si vous préférez les voir les unes sur les autres, choisissez Afficher les fenêtres empilées. Si les fenêtres sont nombreuses, l'option Cascade les empile toutes, en les décalant légèrement en diagonale les unes par rapport aux autres.

» Quand plus de deux fenêtres sont ouvertes, cliquez sur le bouton Réduire de celle que vous ne voulez pas afficher puis choisissez de nouveau la commande Afficher les fenêtres côte à côte pour ne voir que celles qui restent.

» Le raccourci touche Windows + Flèche gauche permet à la fenêtre d'occuper la moitié gauche de l'écran, et le raccourci touche Windows + Flèche droite sa moitié droite.

Pour qu'une fenêtre s'ouvre toujours à la même taille

Quand vous redimensionnez *manuellement* une fenêtre, Windows mémorise sa taille et son emplacement. Il rouvrira toujours cette fenêtre à la même taille au même endroit. Procédez comme suit pour vous en assurer :

1. **Ouvrez votre fenêtre.**

   Elle s'ouvre comme d'habitude à n'importe quelle taille.

2. **Redimensionnez la fenêtre à la taille voulue et placez-la à l'endroit du bureau où elle doit apparaître.**

3. **Fermez immédiatement la fenêtre.**

   Windows mémorise la taille et l'emplacement d'une fenêtre au moment où elle est fermée. Quand vous la rouvrirez, elle le sera à l'endroit et à la taille d'avant. Ces réglages ne s'appliquent toutefois qu'au programme auquel appartient la fenêtre.

La plupart des fenêtres respectent ces règles, mais quelques-unes y dérogent. Eh oui, tout le monde n'a pas le goût du travail bien fini...

DANS CE CHAPITRE

Gérer les fichiers avec l'Explorateur de fichiers

•

Naviguer parmi les lecteurs, les dossiers et les clés USB

•

Créer et nommer des dossiers

•

Sélectionner et désélectionner des éléments

•

Copier et déplacer des fichiers et des dossiers

•

Copier sur des clés USB et des cartes mémoire

•

Découvrir OneDrive, le nuage informatique de Microsoft

Chapitre 5

Ranger vos affaires en interne, en externe et dans les nuages

Sous Windows, l'Explorateur de fichiers est comme votre armoire à dossiers. Insérer une clé USB, une carte mémoire, branchez un téléphone mobile, ou un disque dur portable dans votre ordinateur, et l'Explorateur de fichiers apparaît, prêt à vous aider à parcourir ces nouveaux rayonnages.

Ce chapitre explique comment utiliser ce gestionnaire de fichiers qui porte le doux nom d'*Explorateur de fichiers* (certains anciens continuent à l'appeler Explorateur Windows). Vous apprendrez tout ce qu'il faut savoir à son sujet et vous y découvrirez aussi OneDrive, l'espace virtuel que Microsoft vous offre dans son immense nuage Internet.

Parcourir le classeur à tiroirs informatisé

Pour que vos programmes et documents soient rationnellement rangés, Windows a amélioré la métaphore du classeur à tiroirs en y ajoutant de jolies petites icônes. C'est là que se trouvent les zones de stockage de votre ordinateur où vous pourrez copier, déplacer, renommer ou supprimer des fichiers avant que les enquêteurs ne débarquent.

Gérer les fichiers sur un écran tactile

La plupart des tablettes tactiles fonctionnent par défaut dans le mode que Microsoft appelle Tablette. Avouons d'ailleurs que c'est assez normal.

Dans le mode Tablette, l'écran affiche de gros boutons et des vignettes facilement accessibles d'un seul doigt. En revanche, le bureau est totalement caché, ce qui pose un problème pour gérer ses fichiers. Il est certes possible de passer par l'Explorateur de fichiers en mode Tablette, mais la petitesse de ses éléments le rende difficiles à utiliser du bout de vos gros doigts.

Très vraisemblablement, vos doigts ne vont pas apprécier d'avoir à jongler avec les petits boutons et les menus de l'Explorateur de fichiers. Vous avez alors la possibilité de désactiver le mode Tablette en effleurant l'écran vers son centre et en partant de son bord droit. Lorsque le volet du Centre de notifications apparaît, touchez le bouton qui indique Mode tablette de telle sorte qu'il apparaisse en grisé (désactivé). Ceci vous permettra ensuite d'accéder plus facilement au bureau et à vos fichiers. Mais dans ce cas, si vous n'ajoutez pas une souris Bluetooth (sans fil) pour cliquer sans souci sur les contrôles, le mode Bureau ne vous apportera pas plus de confort que le mode Tablette.

Une autre technique consiste à visiter le Windows Store pour y dénicher une application gratuite de gestion des fichiers comme Metro Commander ou Files Manager for Windows 10, tous deux gratuits, et optimisé pour le mode Tablette de votre système d'exploitation préféré (ou plutôt imposé).

Enfin, si vous voulez que votre tablette vous serve de PC de substitution, faites l'acquisition d'une station d'accueil. Celle-ci vous permettra notamment d'ajouter un moniteur de plus grande taille, une souris filaire, la transformant ainsi en un PC portatif.

Pour ouvrir vos tiroirs virtuels et commencer à farfouiller dans votre ordinateur, ouvrez le menu Démarrer et cliquez sur l'application Explorateur de fichiers. Vous trouverez celui-ci à gauche et vers le bas du menu Démarrer.

Vous pouvez également ouvrir l'Explorateur de fichiers en cliquant sur son icône dans la barre des tâches, le bandeau qui occupe tout le bas de l'écran (voir la Figure 5.1).

Au lieu de vous lancer directement dans le grand bain des disques et de vous forcer à y plonger pour retrouver vos fichiers, l'Explorateur de fi-

Figure 5.1

L'Explorateur de fichiers affiche tous les espaces de stockage auxquels vous avez accès.

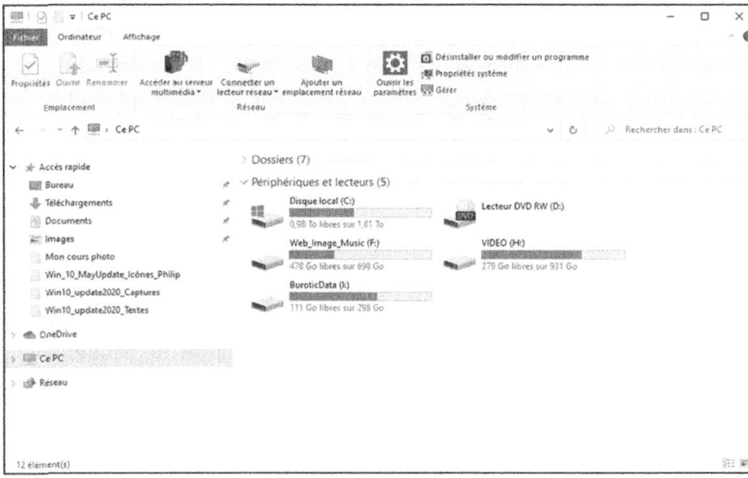

chiers de Windows 10 tente de vous aider un peu mieux. Il liste en priorité vos dossiers les plus populaires dans la section Accès rapide. Vous y trouverez par exemple le dossier Documents, là où vous enregistrez la plupart de vos fichiers, ou encore Téléchargements, le réceptacle des fichiers que vous récupérez depuis l'Internet (la même remarque s'applique pour vos dossiers Images, Musique ou encore Vidéos).

Pour accéder rapidement aux éléments récemment utilisés, ouvrez l'Explorateur de fichiers, puis faites un clic-droit sur son icône de la barre des tâches. Vous y trouverez la liste des dossiers et des fichiers que vous y avez épinglés, ainsi que les plus récemment utilisés.

Il se peut très bien que tout cela soit d'ores et déjà suffisant pour commencer à travailler. Mais si vous avez besoin de voir *tous* les dispositifs de stockage de votre ordinateur, cliquez dans le volet de navigation (à gauche) sur la ligne qui indique Ce PC. L'Explorateur de fichiers va afficher une vue du matériel disponible, comme il le faisait dans les versions antérieures de Windows (voir la Figure 5.1 ci-dessus).

Le contenu de l'Explorateur de fichiers que montre la Figure 5.1 est évidemment différent de celui de votre ordinateur, mais les noms des différentes zones sont identiques. Voici à quoi elles correspondent :

» **Volet de navigation : situé à gauche, il contient les noms des divers espaces de stockage de votre ordinateur ainsi que des empla-**

cements dans lesquels vous stockez vos fichiers : Documents, Images, Musique et Vidéos (voir aussi plus haut). Le volet de navigation est étudié dans le Chapitre 4.

» **Périphériques et lecteurs :** comme l'illustre la Figure 5.1, cette zone montre le ou les disques durs, c'est-à-dire les mémoires de masse les plus importantes de votre PC. Tout ordinateur en possède au moins un. Double-cliquer sur l'icône d'un disque dur affiche ses dossiers et ses fichiers, mais ce n'est pas le meilleur moyen d'y accéder. Explorez plutôt les dossiers Documents, Images, Musique et Vidéos.

Vous avez remarqué l'icône du disque dur marquée du logo Windows ? Ce logo indique que c'est sur ce disque dur que Windows 10 est installé. En fonction du mode d'affichage du contenu de l'Explorateur de fichiers, des jauges indiquent la quantité de données, c'est-à-dire l'espace libre et occupé du disque. Lorsqu'un disque ou une clé est presque plein, la jauge devient rouge. Le moment est alors venu, soit de faire le ménage en supprimant des fichiers inutiles ou des programmes dont vous ne vous servez plus, soit de remplacer le disque dur par un modèle plus volumineux.

Parmi tous les gadgets multiples et variés susceptibles d'être connectés à votre ordinateur, voyons les plus courants :

» **Lecteur de CD, DVD et Blu-ray :** Windows place une courte indication à la suite de l'icône de chaque type d'unité, du moins s'il est capable de reconnaître leur nature. Par exemple, Lecteur de CD indique la présence d'un lecteur de CD et/ou de DVD. Dans le cas d'un lecteur Blu-ray, les lettres BD s'afficheront, comme sur l'icône ci-contre. Lorsque vous insérez un support déjà enregistré, l'indication change pour afficher le nom donné au CD, au DVD ou au Blu-ray.

» **Clé USB et lecteurs de cartes mémoire :** l'icône de certaines clés USB ressemble à une clé USB, mais souvent, c'est une icône générique qui est affichée comme ci-contre. Quant au lecteur de cartes mémoire, il peut être intégré à l'ordinateur ou branché à un port USB de celui-ci.

Windows n'affiche pas d'icône du lecteur de cartes mémoire tant qu'aucune carte n'est insérée dedans. Pour l'afficher en permanence, ouvrez l'Explorateur de fichiers, activez l'onglet Affichage. Dans le groupe Afficher/Masquer, cochez alors la case qui indique Éléments masqués. Décochez cette case pour masquer à nouveau ces éléments.

» **iPad, smartphones, Lecteurs MP3 :** un smartphone ou un lecteur MP3 a généralement droit à une jolie icône.

» **Appareils photo :** dans la fenêtre de l'Explorateur de fichiers, un appareil photo numérique peut apparaître sous la forme d'une icône spécifique ou plus simplement d'un périphérique amovible. Pour accéder aux photos, double-cliquez sur l'icône de l'appareil (n'oubliez pas de l'allumer d'abord). Après avoir procédé au transfert, Windows place les photos dans le dossier Images.

Lorsque vous connectez un appareil photo numérique, une carte mémoire, voire un smartphone, Windows vous demandera ce qu'il doit faire d'un périphérique contenant des images. Si, dans la boîte de dialogue d'exécution automatique, vous indiquez que vouloir gérer leur contenu avec l'application Photos de Windows 10, celle-ci s'ouvrira automatiquement à chaque connexion du périphérique d'images.

» **Réseau :** cette icône n'est visible que si l'ordinateur est relié à un réseau informatique. Elle représentera par exemple le serveur de médias qu'est votre box Internet, ou d'un autre ordinateur connecté au réseau. Cliquez sur cette icône pour accéder aux morceaux de musique, photos et vidéos de l'ordinateur distant.

Pour voir le contenu d'un élément affiché par l'Explorateur de fichiers, par exemple une clé USB ou votre appareil photo numérique, faites un double-clic dessus. Pour revenir en arrière, cliquez sur la flèche qui pointe vers la gauche, au-dessus du volet de navigation.

Si vous préférez afficher directement le contenu de votre PC plutôt que d'ouvrir l'Explorateur de fichiers, commencez par ouvrir un dossier quelconque. Activez ensuite l'onglet Affichage. Cliquez alors sur le bouton Options du ruban, puis sur Modifier les options des dossiers et de recherche. La boîte de dialogue Options des dossiers va apparaître. Sous l'onglet Général, choisissez l'option que vous préférez dans la liste de la section Ouvrir l'Explorateur de fichiers dans Accès rapide ou Ce PC.

Lorsque vous voyez écrit *cliquer*, **pensez immédiatement** *toucher*. **Lorsque vous voyez** *cliquer double*, **pensez toucher et** *maintenir le doigt appuyé*. **De même,** *glisser et déposer* **veut dire ici** *toucher et, tout en continuant d'appuyer comme si votre doigt était le pointeur de la souris, effleurer l'écran dans la direction voulue, et enfin relever le doigt quand il est arrivé au bon endroit.* **D'accord, c'est plus long, mais il n'y a rien de compliqué là-dedans.**

Les dossiers ont des secrets

Ce sujet est un peu ardu, mais si vous n'en prenez pas connaissance, vous risquez d'être aussi perdu dans Windows que vos fichiers dans l'ordinateur, et inversement.

Un *dossier* est une zone de stockage sur le disque dur. On peut le comparer à un véritable dossier en carton. Windows divise le ou les disques durs de votre ordinateur en autant de dossiers thématiques que vous le désirez. Par exemple, vos morceaux de musique sont stockés dans le dossier Musique, et vos photos dans le dossier Images. Vous et vos programmes les retrouvez ainsi facilement.

Windows vous propose sept dossiers principaux pour y stocker vos fichiers et dossiers. Pour pouvoir y accéder facilement, ils sont regroupés dans la section Ce PC du volet de navigation, à gauche de la fenêtre de l'Explorateur de fichiers. Vous les retrouvez sur la Figure 5.2 : Bureau, Documents, Images, Musique, Objets 3D, Téléchargements et Vidéos.

Figure 5.2

Ces sept dossiers se trouvent dans tous les comptes d'utilisateurs, mais ils sont différents pour chaque compte.

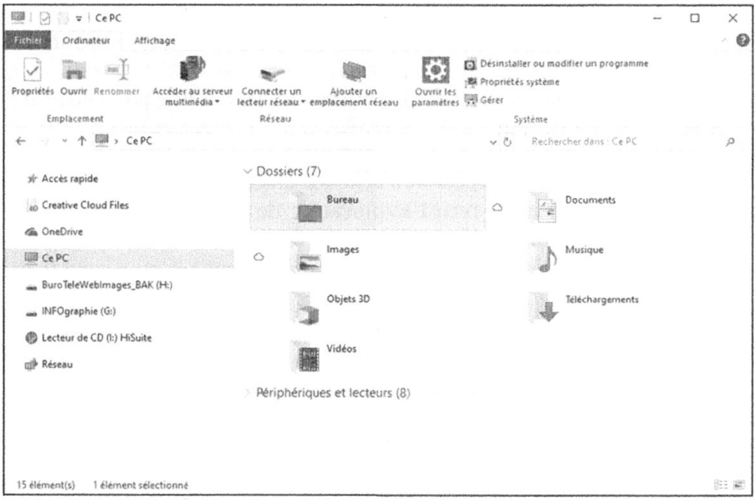

Scruter les lecteurs, les dossiers et autres médias

Savoir ce que sont les lecteurs et les dossiers, c'est certes génial pour impressionner la vendeuse de petits pains au chocolat, mais c'est surtout utile pour trouver un fichier (reportez-vous à la section précédente pour savoir quel dossier contient quoi). Coiffez votre casque de chantier, empoignez la clé à molette et parcourez les lecteurs et les dossiers de votre ordinateur en vous servant de cette section comme guide.

Voir les fichiers d'un disque dur

À l'instar de presque tout dans Windows, les lecteurs de disques sont représentés par des boutons, ou *icônes*. L'Explorateur de fichiers affiche aussi des informations sur d'autres zones, comme un lecteur MP3, un appareil photo numérique ou un scanner (ces icônes ont été expliquées à la section « Parcourir le classeur à tiroirs informatisé », précédemment dans ce chapitre).

Ouvrir ces icônes donne généralement accès à leur contenu et permet de gérer les fichiers, comme dans n'importe quel autre dossier de Windows.

Quand vous double-cliquez sur l'icône d'un disque dur dans l'Explorateur de fichiers, Windows l'ouvre promptement afin de vous montrer ce qui s'y trouve. Mais comment doit-il réagir lorsque vous introduisez une clé USB, un CD ou un DVD dans un lecteur ?

Pour demander à Windows d'adopter un autre comportement que celui que vous lui avez indiqué à l'insertion d'un disque, cliquez du bouton droit sur le nom du disque dans l'Explorateur de fichiers, et choisissez dans le menu qui s'affiche la commande Ouvrir la lecture automatique. La fenêtre illustrée sur la Figure 5.3 apparaîtra à nouveau, et vous pourrez y faire un autre choix.

L'exécution automatique est particulièrement commode dans le cas d'une clé USB ou d'un smartphone. S'ils contiennent des morceaux de musique ou des photos, Windows risque de démarrer spontanément l'application Groove Musique ou Photos pour les jouer, ou pour télécharger les images sur votre ordinateur. Pour éviter cela, accédez à la lecture automatique comme expliqué au paragraphe précédent puis, dans le menu, choisissez l'option Ouvrir le dossier et afficher les fichiers. De cette manière, vous gardez la maîtrise des événements, et

Figure 5.3

Choisissez l'action à réaliser.

vous pourrez de plus retrouver plus facilement les *autres* fichiers enregistrés sur la clé.

- Si vous ne savez pas à quoi sert une icône dans l'Explorateur de fichiers, cliquez dessus du bouton droit de la souris. Windows affiche alors un menu de toutes les actions possibles sur cet élément. Vous pourrez par exemple choisir Ouvrir, pour voir tous les fichiers d'une clé USB, ce qui en facilite la copie sur votre disque dur.
- Quand vous double-cliquez sur l'icône d'un CD, d'un DVD ou d'un Blu-ray alors que le lecteur est vide, Windows vous invite gentiment à insérer un disque avant de continuer.
- Vous avez remarqué l'icône Réseau ? C'est une porte dérobée permettant de lorgner, le cas échéant, dans les autres ordinateurs du réseau.

Afficher le contenu d'un dossier

Les dossiers étant en quelque sorte des chemises à documents, Windows s'en tient à cette représentation. C'est simple, c'est clair, c'est parlant.

Pour voir ce que contient un dossier, que ce soit dans l'Explorateur de fichiers ou sur le bureau, double-cliquez sur son icône en forme de chemise (en carton pas en tissu). Le dossier s'ouvre dans la même fenêtre. Il se peut alors que vous y trouviez un autre dossier. Comme ce dossier secondaire se situe dans un dossier principal (ou répertoire), on parle de *sous-dossier*. Double-cliquez dessus pour découvrir ce qu'il recèle. Cliquez ainsi jusqu'à ce que vous trouviez le fichier désiré ou arriviez dans un cul-de-sac.

← Vous êtes arrivé au fond du cul-de-sac ? Si vous avez malencontreusement cherché dans le mauvais dossier, revenez en arrière comme vous le feriez sur le Web : cliquez sur la flèche Retour à, en haut à gauche de la fenêtre. Vous reculez ainsi d'un dossier dans l'arborescence. En continuant à cliquer sur cette flèche, vous finissez par revenir au point de départ.

La barre d'adresse est un autre moyen permettant d'aller rapidement en divers endroits du PC. Tandis que vous naviguez de dossier en dossier, la barre d'adresse du dossier – la petite zone de texte en haut de la fenêtre – conserve scrupuleusement une trace de vos pérégrinations. La Figure 5.4 montre la liste des dossiers d'un lecteur.

Figure 5.4

Les petites flèches entre les noms de dossiers sont autant de raccourcis vers d'autres dossiers.

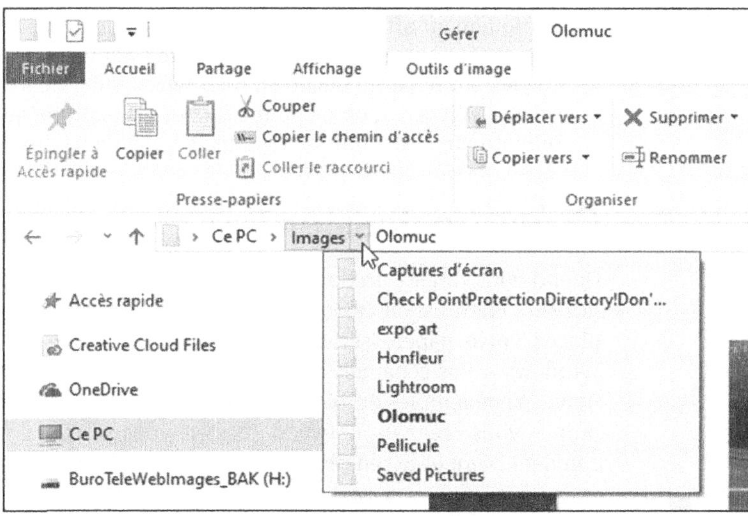

Voici quelques astuces pour trouver votre chemin dans et hors des dossiers :

» **Un dossier contient parfois trop de sous-dossiers et de fichiers pour tenir dans la fenêtre. Cliquez dans la barre de défilement pour voir les autres. Cette commande est expliquée au Chapitre 4.**

» Quand vous farfouillez profondément dans vos dossiers, la flèche Emplacements récents est un moyen de retourner rapidement dans n'importe quel dossier que vous venez de visiter : cliquez sur la petite flèche pointant vers le bas, à côté de la flèche Suivant, en haut et vers la gauche de la fenêtre. Le menu local qui s'affiche mémorise tous les dossiers que vous avez parcourus. Cliquez sur le nom de celui où vous désirez retourner.

» Impossible de retrouver un dossier ou un fichier ? Au lieu d'errer comme une âme en peine dans l'arborescence, utilisez le champ de rechercher de Cortana, comme expliqué plus loin dans ce livre. Windows peut automatiquement retrouver les fichiers dont vous avez perdu la trace, ainsi que vos dossiers, vos messages, et pratiquement tout ce qui se dissimule dans votre PC.

» Face à une interminable liste de fichiers triés alphabétiquement, cliquez n'importe où dans la liste puis tapez rapidement une ou deux lettres figurant de préférence au début du nom de fichier. Windows se positionne aussitôt sur le premier nom de fichier commençant par cette ou ces lettres.

» Les bibliothèques, sortes de super-dossiers qui ne sont pas systématiquement affichés par Windows 10. Pour y accéder en permanence, ouvrez l'onglet Affichage de l'Explorateur de fichiers, cliquez sur la petite flèche du menu local Volet de navigation du groupe Volets. Là, optez pour Afficher les bibliothèques. Un dossier Bibliothèques apparaît alors dans le Volet de navigation.

Créer un dossier

Quand vous rangez un document dans un classeur à tiroirs, vous prenez une chemise en carton, vous écrivez un nom dessus puis vous y placez votre paperasserie. Pour stocker de nouvelles données dans Windows – vos échanges de lettres acerbes avec un service de contentieux, par exemple, ou bien encore des notes pour votre autobiographie – vous créez un nouveau dossier, vous pensez à un nom qui lui convient bien, et le remplissez avec les fichiers appropriés.

Pour créer rapidement un nouveau dossier avec l'Explorateur de fichiers :

1. **Commencez par afficher le contenu du disque, voire d'un dossier en cliquant sur leur icône dans le volet de navigation, ou en double-cliquant sur l'élément dans la partie droite de l'Explorateur.**

Vous pouvez tout aussi bien ouvrir d'un double-clic l'icône d'un dossier placée sur votre bureau.

2. **Dans le groupe Nouveau de l'onglet Accueil, cliquez sur le bouton Nouveau dossier.**

   Cette action crée un dossier nommé Nouveau dossier.

3. **Comme le nom du nouveau dossier est sélectionné (surbrillance), tapez directement le nom que vous voulez donner à ce dossier, et validez-le en appuyant sur la touche Entrée de votre clavier, ou en cliquant en dehors de ce nom.**

Si vous vous êtes fourvoyé et que vous désirez recommencer, cliquez du bouton droit sur le dossier, choisissez Renommer et recommencez. Ou bien encore, cliquez une fois sur ce nom et appuyez sur la touche F2 de votre clavier.

Les noms de dossiers et de fichiers admis

Windows est plus que pinailleur sur les caractères utilisables ou non pour des noms de fichier ou de dossier. Pas de problème si vous n'utilisez que des lettres, des chiffres et certains signes comme le tiret, le point d'exclamation, l'apostrophe, le signe de soulignement, *etc.* En revanche, les caractères que voici sont interdits :

: / \ * | ← → ? «

Si vous tentez de les utiliser, Windows affichera un message d'erreur et vous devrez modifier le nom que vous comptiez attribuer. Voici quelques noms de fichiers dont Windows ne voudra pas :

Dernier 1/4 d'heure

Travail : fini

Un ← deux

Pas de «gros mots» ici

En revanche, ces noms sont admis :

Dernier quart d'heure

Travail = OK

Un est inférieur à deux

#@$% de !!! et j'en dis pas plus !

Renommer un fichier ou un dossier

Modifiez les noms des dossiers et des fichiers qui ne vous semblent pas assez explicites. Pour cela, cliquez du bouton droit sur l'icône incriminée puis, dans le menu contextuel qui apparaît, choisissez Renommer. Windows sélectionne l'ancien nom du fichier, qui disparaît sitôt que vous commencez à taper le nouveau nom. Appuyez sur Entrée ou cliquez sur le bureau pour le valider.

Ou alors, vous pouvez cliquer sur le nom du fichier ou du dossier afin de le sélectionner, attendre une seconde puis cliquer de nouveau dans le nom afin de modifier tel ou tel caractère. Sélectionner le nom et appuyer sur la touche F2 est une autre technique de renommage.

» Quand vous renommez un fichier, seul son nom change. Le contenu reste le même, de même que sa taille et son emplacement.

» Pour renommer simultanément un ensemble de fichiers, sélectionnez-les tous, cliquez du bouton droit sur le premier et choisissez Renommer. Tapez ensuite le nouveau nom et appuyez sur Entrée. Windows renomme tous les fichiers en les numérotant : `chat`, `chat(2)`, `chat(3)`, `chat(4)` et ainsi de suite. Ce n'est sans doute pas génial pour les chats, mais cette méthode peut être très pratique avec une série de photographies.

» Renommer des dossiers peut semer une redoutable pagaille dans Windows, voire le déstabiliser ou le bloquer. Ne renommez jamais des dossiers comme Documents, Images, Musique ou Vidéos.

» Windows n'autorise pas le renommage de fichiers ou de dossiers actuellement utilisés par un programme. Fermer le programme dans lequel le fichier est ouvert résout généralement le problème. S'il persiste, le moyen le plus radical consiste à redémarrer l'ordinateur puis à recommencer l'opération.

Sélectionner plusieurs fichiers ou dossiers

La sélection d'un fichier, d'un dossier ou de tout autre élément peut sembler particulièrement ennuyeuse, mais c'est le point de passage obligé pour une foule d'autres actions : supprimer, renommer, déplacer, copier et bien d'autres bons plans que nous aborderons d'ici peu.

Pour sélectionner un seul élément, cliquez dessus. Pour sélectionner plusieurs fichiers et dossiers épars, maintenez la touche Ctrl enfoncée tout en cliquant sur les noms ou sur les icônes. Chacun reste en surbrillance.

Pour sélectionner une plage de fichiers ou de dossiers, cliquez sur le premier puis, la touche Majuscule enfoncée, cliquez sur le dernier. Ces deux éléments, ainsi que tous ceux qui se trouvent entre eux, sont sélectionnés (ou mis en *surbrillance*, dans le jargon informatique).

Windows vous permet aussi de sélectionner des fichiers et des dossiers avec le lasso. Cliquez à proximité d'un fichier ou d'un dossier à sélectionner puis, sans relâcher le bouton de la souris, tracez un contour englobant les fichiers et/ou dossiers à sélectionner. Un rectangle coloré montre l'aire de sélection. Relâchez le bouton de la souris. Le lasso disparaît, mais les fichiers et/ou dossiers englobés restent sélectionnés.

» **Il est possible de glisser et de déposer de gros ensembles de fichiers et de dossiers aussi facilement que vous en déplacez un seul.**

» **Vous pouvez simultanément couper, copier ou coller ces gros ensembles dans n'importe quel autre emplacement, par n'importe laquelle des techniques décrites dans la section « Copier ou déplacer des fichiers et des dossiers », plus loin dans ce chapitre.**

» **Ces gros ensembles de fichiers et de dossiers peuvent être supprimés d'un seul appui sur la touche Suppr. Windows les stocke alors dans la Corbeille, d'où vous pouvez les récupérer si vous avez fait une** *énorme* **erreur.**

» **Pour sélectionner simultanément tous les fichiers et sous-dossiers, choisissez Sélectionner tout, dans le menu Édition du dossier. Pas de menu ? Appuyez sur Ctrl + A. Voici une autre manip sympa : pour tout sélectionner** *sauf* **quelques éléments, appuyez sur Ctrl + A puis, la touche Ctrl restant enfoncée, cliquez sur les éléments à ne pas prendre en compte.**

Se débarrasser d'un fichier ou d'un dossier

Tôt ou tard, vous vous débarrasserez de fichiers ou de dossiers – lettres d'amour défuntes ou photos embarrassantes... – qui n'ont plus de raisons d'exister. Pour supprimer un fichier ou un dossier, cliquez sur leur nom du bouton droit et choisissez Supprimer, dans le menu contextuel. Cette manipulation des plus simples fonctionne pour presque n'importe quoi dans Windows : fichiers, dossiers, raccourcis...

Pour supprimer un élément en un clin d'œil, cliquez dessus et appuyez sur la touche Suppr de votre clavier. Le glisser et le déposer dans la Corbeille produit le même effet.

L'option Supprimer supprime la totalité d'un dossier, y compris tous les fichiers et sous-dossiers qui s'y trouvent. Assurez-vous d'avoir choisi le véritable dossier à jeter avant d'appuyer sur Suppr.

» **Après avoir choisi Supprimer, Windows demande confirmation. Si vous êtes *sûr*, cliquez sur Oui. Si vous êtes lassé de cette sempiternelle question, cliquez du bouton droit sur la Corbeille, choisissez Propriétés puis décochez la case Afficher la confirmation de suppression. Windows supprime désormais les dossiers et les fichiers sans autre forme de procès.**

» Assurez-vous plutôt deux fois qu'une de ce que vous faites lorsque vous supprimez une icône arborant une petite roue dentée. Ces fichiers sont généralement des fichiers techniques sensibles, cachés, que vous n'êtes pas censé bidouiller.

» Les icônes avec une petite flèche dans un coin sont des *raccourcis*, autrement dit des boutons qui se contentent de pointer vers des fichiers à ouvrir. Les supprimer n'élimine en aucun cas le fichier ou le programme visé.

» Maintenant que vous savez supprimer des fichiers, assurez-vous d'avoir lu le Chapitre 3 qui explique différentes manières de les récupérer au besoin. Un conseil en cas d'urgence : ouvrez la Corbeille, cliquez du bouton droit sur le fichier et choisissez Restaurer (c'est ça, la restauration rapide...).

Copier ou déplacer des fichiers et des dossiers

Pour copier ou déplacer des fichiers vers d'autres dossiers du disque dur, il est parfois plus facile d'effectuer un glisser-déposer avec la souris. Par exemple, voici comment déplacer le fichier Voyageur du dossier Documents vers le dossier Maroc.

1. **Ouvrez deux fenêtres de l'Explorateur de fichier en cliquant sur son icône dans la barre des tâches. Une fois la première fenêtre ouverte, faites un clic du bouton droit sur cette icône et, dans le menu contextuel qui apparaît, cliquez sur Explorateur de fichiers.**

   Vous avez donc maintenant deux fenêtres de l'Explorateur de fichiers.

❷ **Juxtaposez les deux fenêtres sur votre bureau en les faisant glisser par leur barre de titre.**

Dans la fenêtre de gauche, affichez le contenu du dossier Documents, et dans la fenêtre de droite celui du dossier Maroc.

❸ **Glissez-déplacez le fichier Voyage du dossier Document, vers le dossier Maroc.**

Comme le révèle la Figure 5.5, le fichier Voyageur est glissé du dossier Documents jusque dans le dossier Maroc. Le fichier suit le pointeur de la souris, tandis que Windows indique dans une info-bulle que vous déplacez un fichier. Veillez à ce que le bouton droit reste enfoncé pendant toute la manœuvre.

Figure 5.5

Glissez-déplacez un fichier ou un dossier d'une fenêtre à une autre.

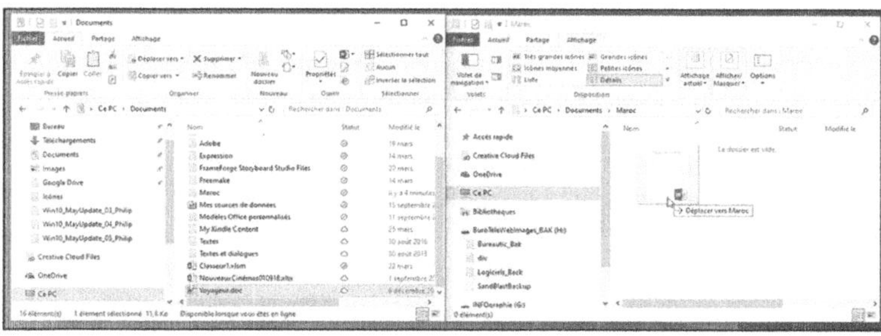

Pour copier le fichier, donc sans le déplacer, effectuez cette opération en maintenant la touche Ctrl enfoncée. Vous observez que la petite info-bulle affichée à la base du pointeur de la souris indique cette fois Copier sur et non pas Déplacer vers.

Vous pouvez également appliquer cette technique en utilisant le bouton droit de la souris. Cette fois, lorsque vous relâcherez ce bouton, un menu contextuel vous propose les commandes suivantes : Copier ici, Déplacer ici ou Créer les raccourcis ici. Cliquez sur celle qui est adaptée à ce que vous souhaitez réaliser (ou bien sur Annuler).

Si le glisser-déposer prend trop de temps, Windows propose quelques autres manières de copier ou de déplacer des fichiers. Certains des outils qui suivent seront plus ou moins appropriés selon l'arrangement de l'écran :

» **Les menus contextuels :** cliquez du bouton droit sur un fichier ou sur un dossier et choisissez Couper ou Copier selon ce que vous voulez faire. Cliquez ensuite du bouton droit dans le dossier de destination et choisissez Coller. C'est simple, ça fonctionne à tous les coups et il n'est pas nécessaire d'afficher deux fenêtres à l'écran.

» **Les commandes du ruban :** dans l'Explorateur de fichiers, cliquez sur le dossier ou sur le fichier voulu. Cliquez ensuite sur l'onglet Accueil, sur le ruban, et choisissez Copier vers ou Déplacer vers. Un menu se déploie, proposant des dossiers de destination. Celui que vous désirez utiliser ne s'y trouve pas ? Cliquez sur Choisir un emplacement, puis parcourez les sous-dossiers jusqu'à celui qui vous convient. Cliquez ensuite sur le bouton Copier ou Déplacer. Cela vous semble bien compliqué ? Certes, mais cette technique est pratique quand vous ne savez pas exactement où se trouve le dossier de destination (voir le Chapitre 4).

» **Le volet de navigation :** décrit à la section « Le volet de navigation et ses accès rapides », au Chapitre 4, ce volet contient la liste des emplacements les plus usités, comme les disques, les dossiers, ou encore OneDrive, ce qui permet d'y déposer facilement des fichiers, sans la corvée de devoir ouvrir le dossier de destination.

Après que vous avez installé un programme dans votre ordinateur, ne déplacez jamais le dossier dans lequel il se trouve. Un programme est toujours intimement lié à Windows. Si vous déplaciez son dossier, toutes les relations qu'il entretient avec Windows seraient rompues, vous obligeant à le réinstaller (sans parler de la pagaille que le programme déplacé risque d'avoir laissée derrière lui). En revanche, les raccourcis des programmes peuvent être librement déplacés.

Obtenir plus d'informations sur les fichiers et les dossiers

Chaque fois que vous créez un fichier ou un dossier, Windows révèle des informations sur sa date de création, sa taille, ainsi que d'autres renseignements plus ou moins intéressants. Parfois, il vous permet même d'ajouter vos propres informations : des paroles ou une critique d'un morceau de musique, ou la miniature de chacune de vos photos.

Vous pouvez parfaitement ignorer toutes ces informations, mais parfois, elles vous permettront de résoudre un problème.

Pour les découvrir, cliquez du bouton droit sur un fichier ou un dossier et, dans le menu contextuel qui s'affiche, choisissez Propriétés. Par exemple, les propriétés d'un titre musical ou d'une photographie révèlent souvent une belle quantité d'informations, comme le montre la Figure 5.6. Voici la signification de chaque onglet :

» **Général :** ce premier onglet indique le type du fichier, en l'occurrence une photo au format JPEG, sa taille (2,07 Mo), le programme qui a été désigné pour l'ouvrir, et l'emplacement du fichier, c'est-à-dire son chemin d'accès, sur votre disque dur.

Figure 5.6

Les propriétés d'un fichier indiquent le programme qui l'ouvre, la taille du fichier ainsi que d'autres informations.

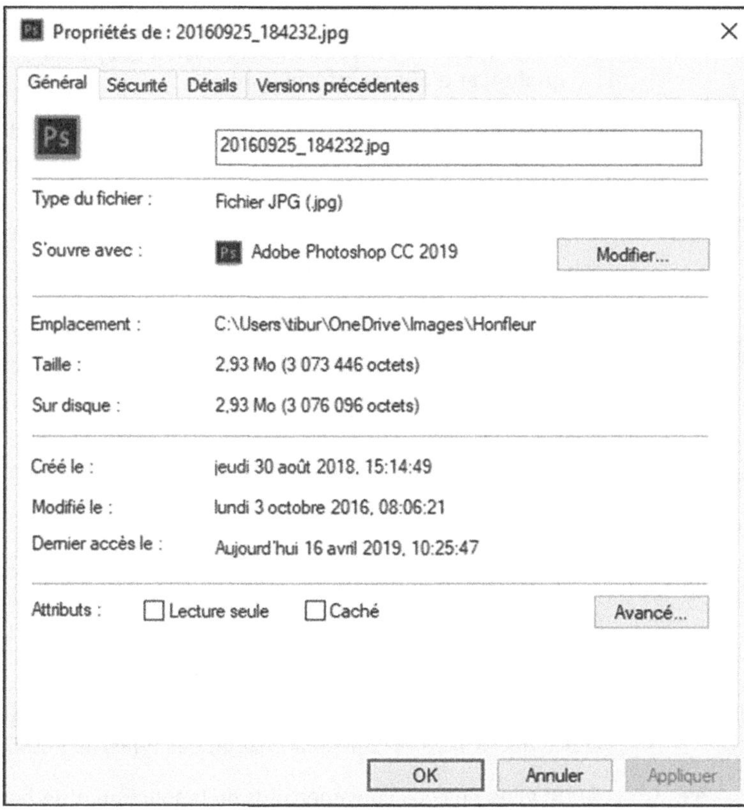

Vous voudriez qu'un autre programme ouvre le fichier ? Cliquez du bouton droit sur le fichier, choisissez Propriétés et, sous l'onglet Général, cliquez sur le bouton Modifier. Sélectionnez ensuite votre programme préféré dans la liste.

- **Sécurité :** sous cet onglet, vous contrôlez les autorisations, c'est-à-dire qui a le droit d'accéder au fichier et ce qu'il peut faire avec, des détails qui ne deviennent une corvée que lorsque Windows empêche l'un de vos amis – ou même vous – d'ouvrir un fichier.
- **Détails :** cet onglet révèle des informations supplémentaires concernant un fichier. Si c'est celui d'une photo numérique, cet onglet contient les métadonnées EXIF (*Exchangeable Image File Format,* format de fichier d'image échangeable) : marque et modèle de l'appareil photo, diaphragme, focale utilisée et autres valeurs que les photographes apprécient. Pour un morceau de musique, cet onglet affiche son type comme Fichier MP3 : artiste, titre de l'album, année, numéro de la piste, genre, durée, son débit binaire, c'est-à-dire sa vitesse de transmission qui permet de juger de sa qualité, et d'autres informations.
- **Versions précédentes :** lorsque vous activez l'Historique des fichiers de Windows, cet onglet liste toutes les versions de ce fichier qui ont été sauvegardées, ce qui peut permettre de restaurer la bonne en un clic.

Normalement, tous ces détails restent cachés à moins de cliquer du bouton droit sur un fichier et de choisir Propriétés. Mais un dossier peut fournir simultanément des détails de la totalité des fichiers, ce qui est commode pour des recherches rapides. Voici comment procéder :

1. **Dans le ruban, cliquez sur l'onglet Affichage.**

   Les commandes du ruban indiquent les diverses manières d'afficher le contenu du dossier.

2. **Dans le groupe Disposition, cliquez sur l'option Détails, comme le montre la Figure 5.7.**

   Les fichiers sont affichés dans une liste à colonnes. Chaque colonne indique une caractéristique de ces fichiers.

Essayez toutes les vues du groupe Disposition. Windows mémorise celles que vous préférez pour chacun des types de dossiers.

- Si vous ne vous souvenez plus de la fonction d'un bouton de la barre de commandes, immobilisez le pointeur de la souris dessus. Windows affiche alors une info-bulle expliquant succinctement à quoi il sert.
- Bien que les informations supplémentaires puissent être appréciables, elles occupent de la place au détriment du nombre de fichiers affichés dans la fenêtre. N'afficher que le nom des fichiers

Figure 5.7

Pour obtenir des informations détaillées sur les fichiers, cliquez sur l'onglet Affichage, puis sur Détails.

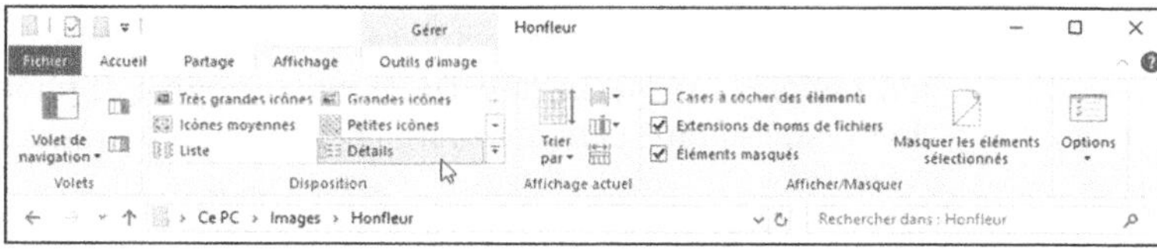

est souvent une meilleure option. C'est seulement lorsque vous voudrez en savoir plus sur un fichier ou un dossier que vous essayerez l'astuce qui suit.

» Dans un dossier, les fichiers sont habituellement triés alphabétiquement. Pour les lister différemment, cliquez du bouton droit sur un emplacement vide du dossier. Dans le menu local qui apparaît, choisissez l'option Trier par. Sélectionnez alors le mode de classement voulu : par date, par type, par taille, *etc.*

» Le tri peut être effectué sur chaque colonne. Cliquez sur l'en-tête Taille, par exemple, pour placer rapidement les fichiers les plus volumineux en haut de la liste. Cliquez sur Modifié le pour trier les fichiers selon la date de modification la plus récente (cliquer une seconde fois inverse l'ordre de tri).

» Vous pouvez également choisir les colonnes qui sont affichées dans la vue Détails. Pour cela, cliquez du bouton droit sur l'en-tête d'une colonne, puis cochez ou décochez ce que vous voulez ou non voir apparaître comme informations. Par exemple, j'affiche toujours la colonne Prise de vue pour mes photographies afin de me souvenir du moment où j'ai pris mes clichés.

Utiliser des clés USB et des cartes mémoire

Autres temps, autres mœurs. Dans les précédentes éditions de ce livre, une section était consacrée à la gravure de données sur CD ou DVD. Ce support étant en perte de vitesse, et les graveurs étant majoritairement absents des ordinateurs modernes (notamment portables), nous avons arbitrairement décidé de ne plus traiter ce support. Sachez cependant que vous pouvez adapter la procédure de stockage sur clé USB et cartes mémoire au stockage sur CD/DVD.

Les possesseurs d'appareil photo numérique connaissent bien les *cartes mémoire*, ces petites plaquettes en plastique qui remplacent la pellicule. Windows est capable de lire les photos numériques directement sur l'appareil, pour peu qu'il soit connecté à l'ordinateur. Mais il est aussi capable de lire les cartes mémoire, une technique prisée par tous ceux qui préfèrent ménager la batterie de leur appareil photo, car celui-ci doit rester allumé pendant toute la procédure de transfert.

Pour cela, le PC doit évidemment être équipé d'un lecteur de cartes mémoire, à moins que vous ne connectiez un lecteur de cartes mémoire externe acceptant les formats les plus répandus : SD-HC (*Secure Digital High-Capacity*), Micro SD (avec un adaptateur) CF (*Compact Flash*), Memory Stick, et d'autres encore.

Les clés USB sont reconnues par Windows de la même manière que les lecteurs de cartes mémoire ou les disques durs externes : insérez une clé dans un port USB et elle apparaît dans l'Explorateur de fichiers sous la forme d'une icône, prête à être ouverte d'un double-clic.

» **Formater une carte mémoire efface irrémédiablement toutes les photos et autres données qui s'y trouvent. Ne formatez jamais une carte mémoire sans avoir préalablement vérifié ce qu'elle contient**

  En règle générale, vous ne devriez jamais formater une carte mémoire sur votre ordinateur, mais uniquement avec la commande de formatage de l'appareil photo lui-même.

» **La procédure, maintenant : cliquez du bouton droit sur son lecteur et choisissez Formater. Parfois, le formatage permet d'utiliser la carte avec un autre appareil que celui pour lequel vous l'aviez achetée. Par exemple, un lecteur MP3 acceptera peut-être celle que l'appareil photo refuse.**

OneDrive : le cloud de Microsoft

Le stockage des fichiers dans l'ordinateur est parfait tant que vous êtes chez vous ou au bureau. Si vous devez emporter des fichiers, vous pouvez les copier sur une clé USB, ou sur un disque dur externe (voire les graver sur un CD ou un DVD, bien que ce support soit en voie de disparition).

Mais comment faire pour accéder à vos fichiers depuis n'importe quel ordinateur ? Et comment récupérer chez vous les fichiers que vous utilisez au travail, et *vice versa* ? Comment consulter un important document lorsque vous voyagez ?

La réponse de Microsoft à ce problème porte un nom : OneDrive. C'est votre espace de stockage privé sur Internet, et il fait partie intégrante de Windows 10. Avec OneDrive, vos fichiers sont disponibles sur n'importe quel ordinateur ou smartphone, disposant d'une connexion Internet.

Si vous modifiez un fichier enregistré sur OneDrive, la nouvelle version est immédiatement disponible sur *tous* vos ordinateurs, tablettes ou smartphones. Le dossier OneDrive est donc automatiquement à jour sur chaque dispositif (d'accord, il lui faut parfois un tout petit peu de temps pour scruter le nuage).

OneDrive est facilement accessible, puisqu'il est disponible dans chaque fenêtre de l'Explorateur de fichiers. Cependant, vous avez besoin pour y accéder de plusieurs choses :

» **Un compte Microsoft : il est indispensable pour placer des fichiers sur OneDrive et les récupérer. Il est d'ailleurs très probable que vous en avez créé un lorsque vous avez créé un compte pour votre ordinateur tournant sous Windows 10, ou même que vous en possédiez un depuis longtemps.**

» **Une connexion Internet : c'est par l'Internet que s'effectuent les transferts de fichiers. Vous pouvez les récupérer avec un autre équipement (ordinateur, tablette, smartphone...) que le vôtre, et depuis n'importe où dans le monde.**

» **De la patience : il en faudra si vous n'avez pas une connexion Internet très rapide. Si vous profitez de la fibre, le transfert des fichiers très volumineux sera relativement rapide. Bien entendu, n'éteignez pas votre ordinateur tant que les fichiers n'ont pas été entièrement transférés. Le transfert ne reprendra qu'au prochain démarrage de votre PC et de l'ouverture de votre session Windows.**

Les sections qui suivent vous expliquent comment accéder facilement à OneDrive directement depuis un dossier, voire dans un navigateur Internet. Vous verrez également comment modifier les réglages de OneDrive pour vous assurer que l'espace important de stockage qu'il constitue ne viendra pas dévorer celui de votre ordinateur.

Choisir les dossiers OneDrive à synchroniser avec le PC

Windows 10 place OneDrive dans le volet de navigation de l'Explorateur de fichiers, ce qui en facilite grandement l'accès. En fait, OneDrive se comporte exactement comme n'importe quel autre dossier, à une exception près : les fichiers et les dossiers que vous copiez dans votre dossier OneDrive sont également enregistrés dans l'espace que Microsoft vous a alloué sur Internet.

Ceci peut créer un problème. Les smartphones, les tablettes et les *notebooks* ne disposent pas d'une très grande quantité de mémoire. OneDrive, de son côté, est capable d'avaler des *tas* de fichiers. Très vraisemblablement, votre tablette, par exemple, ne possède vraisemblablement pas suffisamment de place pour y enregistrer une copie de *tout* ce que vous avez stocké sur OneDrive.

Windows 10 propose sa solution : vous pouvez choisir les dossiers qui doivent rester uniquement sur OneDrive, et ceux qui devraient être *synchronisés*, autrement dit dupliqués également sur votre PC.

Les fichiers que vous décidez de synchroniser seront automatiquement mis à jour de manière à être dans le même état sur votre ordinateur comme sur le nuage Internet. Dit autrement, OneDrive joue dans ce cas le rôle d'unité de sauvegarde, tout en permettant d'accéder à son contenu à partir d'un autre PC, d'une tablette ou d'un smartphone.

Les fichiers qui ne sont *pas* synchronisés résident uniquement sur OneDrive. Si vous en avez besoin, vous pouvez y accéder en rendant visite à OneDrive sur l'Internet, comme je l'explique un peu plus loin.

Lorsque vous cliquez sur le dossier OneDrive d'un nouveau PC, Windows vous permet de choisir les fichiers et les dossiers qui seront stockés *uniquement* sur OneDrive, et ceux qui seront *aussi* enregistrés en tant que copies sur votre PC.

Vous avez fait votre choix ? Alors lancez-vous :

1. **Depuis la barre des tâches, cliquez sur l'icône de l'Explorateur de fichier afin de l'ouvrir. Cliquez ensuite sur l'icône de OneDrive dans le volet de navigation.**

   Puisque c'est votre première visite à OneDrive, vous allez avoir droit à un écran de démarrage.

2. **Cliquez sur le bouton de démarrage, puis saisissez si nécessaire le nom de votre compte Microsoft et votre mot de passe.**

   OneDrive va vous demander si vous voulez changer l'emplacement où vos fichiers OneDrive seront enregistrés sur votre PC.

3. **Demandez le cas échéant à changer l'emplacement de vos fichiers OneDrive, ou cliquez simplement sur Suivant.**

Si vous utilisez un PC de bureau, avec un espace disque important, contentez-vous de passer à la suite. OneDrive va utiliser votre disque C:, ce qui ne devrait pas poser de problème.

Si vous utilisez déjà OneDrive, modifiez la synchronisation en cliquant sur l'icône OneDrive dans la Zone de notification. Cliquez sur le bouton Plus en bas à droite et, dans le menu local qui apparaît, choisissez Paramètres. Dans l'onglet Comptes de la boîte de dialogue Microsoft OneDrive qui apparaît, cliquez sur le bouton Choisir des dossiers, et reportez-vous à l'Étape 4 ci-dessous.

Le cas des tablettes est différent, puisque leur mémoire est limitée. Je ne peux que vous conseiller d'acheter au préalable une carte mémoire et de l'insérer dans votre tablette (vérifiez d'abord la capacité maximale tolérée par celle-ci). Demandez à changer d'emplacement, et dites à OneDrive de stocker ses fichiers sur cette carte mémoire.

4. **Choisissez les dossiers que vous voulez synchroniser avec votre PC, comme sur la Figure 5.8.**

   OneDrive va lister les dossiers disponibles.

   OneDrive vous propose en fait deux options :

   - **Synchroniser tous les fichiers et dossiers dans mon OneDrive :** à moins d'avoir une excellente raison pour dire non, cochez cette option pour que *tous* vos fichiers OneDrive possèdent une copie sur votre PC (ou sur la carte mémoire de votre tablette). En règle générale, cela ne pose aucun problème aux PC de bureau, et c'est une assurance tout risque.
   - **Synchroniser uniquement ces dossiers :** cette option est plus intéressante avec un appareil disposant de peu de mémoire de stockage. Dans ce cas, cochez les noms des dossiers qui doivent être synchronisés, et décochez les noms de ceux qui resteront uniquement sur OneDrive.

5. **Cliquez sur Commencer dans la fenêtre qui suit.**
6. **Laissez-vous guider pour la suite en validant notamment l'emplacement proposé par défaut.**

Vous n'avez en aucun cas besoin de synchroniser les mêmes dossiers sur chacun de vos ordinateurs ou de vos appareils. Par exemple, vous choisirez de tout synchroniser sur votre PC de bureau, et uniquement les photos sur votre tablette ou votre smartphone.

Figure 5.8

Cochez les dossiers à synchroniser.

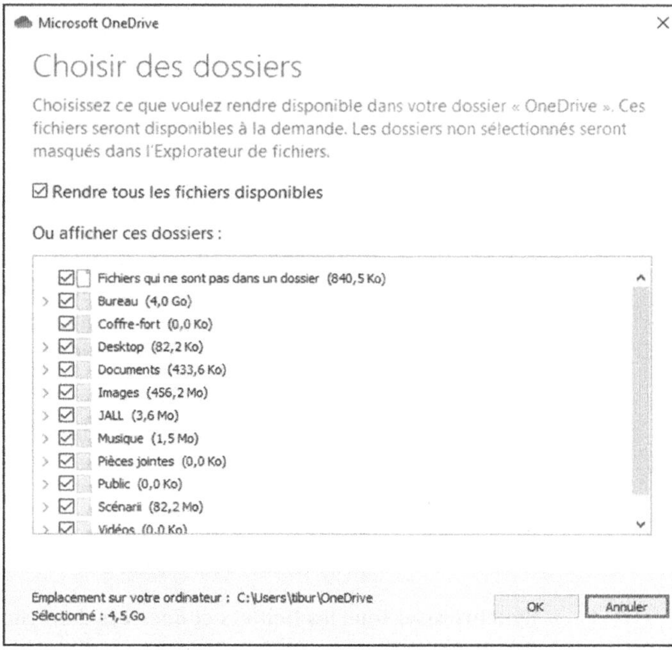

Si vous voulez accéder à un dossier OneDrive qui n'est pas synchronisé sur votre PC, vous avez deux options : changer la configuration de OneDrive pour ajouter le dossier à la liste des éléments synchronisés, ou visiter le site dédié à OneDrive sur Internet (j'y reviendrai un peu plus loin).

La synchronisation vous agace car vous avez rapidement atteint les 5 Go d'espace de stockage gratuit et pas question pour vous de répondre aux sollicitations d'achat d'espace supplémentaire de la part de Microsoft ? Dans ce cas, réduisez le nombre de dossiers à synchroniser en reprenant l'Étape 4 de la précédente procédure. Une autre solution plus radicale consiste à ne plus rien synchroniser du tout. Dans ce cas, accédez à la boîte de dialogue illustrée sur la Figure 5.9, et cliquez sur le lien Supprimer le lien vers ce PC. Dans le message qui apparaît, cliquez sur le bouton Supprimer le lien vers ce compte. Cette action désactive la synchronisation. Bien entendu, vous pouvez toujours accéder à votre compte OneDrive comme expliqué dans l'encadré qui suit. Le fait d'interrompre la synchronisation ne supprime pas les fichiers stockés sur OneDrive.

Accéder au PC depuis le nuage

OneDrive permet de partager facilement vos fichiers entre tous vos gadgets. Mais, attendez : et si le fichier dont vous avez besoin n'est *pas* enregistré sur OneDrive ? S'il se trouve par exemple sur le bureau de votre PC et que vous êtes loin de chez vous ?

Voici une solution. Lors de sa configuration initiale, OneDrive vous propose de rendre les fichiers de votre PC disponibles pour d'autres appareils. Si vous acceptez, vous pourrez accéder à la *totalité* de votre PC depuis le site Web de OneDrive, et même à des fichiers et des dossiers enregistrés sur des réseaux accessibles depuis ce PC.

Naturellement, Microsoft sait parfaitement que tout cela exige des mesures de sécurité draconiennes. Avant de vous laisser accéder à un nouveau PC pour la première fois, il va vous demander de taper un code.

En arrière-plan, Microsoft envoie un message texte au téléphone portable ou à l'adresse e-mail associés à votre compte Microsoft. Lorsque vous recevez ce message, vous devez saisir le code numérique indiqué sur l'ordinateur que vous utilisez pour accéder à votre PC. Une fois que Microsoft a conclu que vous aviez tapé le bon code, et donc que c'est vous, il ajoute cet ordinateur à la liste des PC auxquels vous pouvez accéder.

Évidemment, pour atteindre un PC distant, celui-ci doit être allumé *et* connecté à l'Internet. Si cette fonctionnalité vous intéresse, n'oubliez pas de saisir le numéro de votre téléphone portable dans la configuration de votre compte Microsoft.

Changer la configuration de OneDrive

La vie évolue et vos besoins peuvent changer. Par exemple, vous voulez maintenant synchroniser un nouveau dossier, ou l'inverse.

Pour modifier les réglages de OneDrive, suivez ces étapes :

1. **Dans la zone de notification de la barre des tâches, repérez l'icône de OneDrive et cliquez dessus avec le bouton droit de la souris. Choisissez ensuite l'option Paramètres.**

   Vous pouvez également cliquer-droit sur l'icône OneDrive du Volet de navigation de l'Explorateur de fichiers. Dans le menu contextuel qui apparaît, choisissez Paramètres.

Il est possible que vous deviez d'abord cliquer sur la petite flèche pour dévoiler les icônes cachées. La zone de notification de la barre des tâches est décrite dans le Chapitre 3.

La boîte de dialogue des paramètres de Microsoft OneDrive apparaît (voir la Figure 5.9).

Figure 5.9

Cette boîte de dialogue vous permet de modifier la manière dont OneDrive communique avec votre ordinateur.

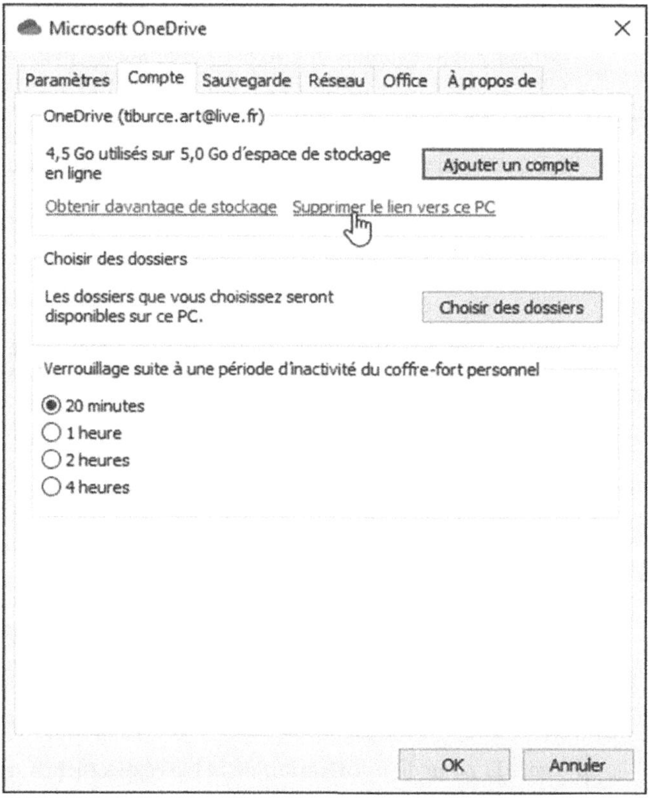

Si vous avez manqué l'étape décrite dans l'encadré « Accéder à votre PC depuis le nuage », c'est le moment de vous rattraper en cochant sous l'onglet Paramètres la case Me laisser utiliser OneDrive pour récupérer des fichiers sur ce PC.

2 Activez l'onglet Compte, puis cliquez sur le bouton Choisir des dossiers.

3 Cochez Rendre tous les fichiers disponibles, ou bien sélectionnez les dossiers à rendre disponibles dans la liste Ou afficher ces dossiers.

4 Validez votre choix par un clic sur OK.

OneDrive commence à synchroniser vos fichiers et vos dossiers selon vos souhaits.

Microsoft vous offre sur OneDrive un espace de stockage de 5 Go, mais vous pouvez souscrire pour une formule plus large (bien entendu en payant).

Si vous possédez déjà un compte OneDrive, vous bénéficiez d'un espace de stockage gratuit de 5 Go. Pour voir la quantité d'espace dont vous disposez encore sur OneDrive, accédez à ses paramètres comme expliqué ci-dessus. Dans l'onglet Compte, cliquez sur le lien Obtenir davantage d'espace de stockage. Votre navigateur Internet va s'ouvrir et afficher la page dédiée à la configuration de OneDrive (vous devrez peut-être saisir votre adresse e-mail et votre mot de passe si vous n'êtes pas connecté avec un compte Microsoft). Cliquez sur Gérer le stockage dans la colonne de gauche, comme sur la Figure 5.10. Vous verrez alors s'afficher l'espace occupé, et *de facto* l'espace disponible.

Ouvrir et enregistrer des fichiers avec OneDrive

Lorsque vous vous connectez pour la première fois à Windows 10 avec un compte Microsoft, Windows crée deux dossiers vides dans votre espace OneDrive : Documents et Images. Bien entendu, d'autres dossiers viennent s'y ajouter selon les choix que vous avez effectués lors de la configuration de OneDrive.

Pour les voir, le plus simple consiste à cliquer dans la barre des tâches sur l'icône de l'Explorateur de fichiers. OneDrive apparaît dans le volet de navigation, à gauche de la fenêtre, exactement comme le contenu de votre ordinateur ou de votre réseau. Cliquez sur son nom, et son contenu va s'afficher dans le volet de droite (voir la Figure 5.11).

Vous n'avez rien à apprendre de plus pour utiliser OneDrive : ses dossiers et ses fichiers se comportent exactement comme n'importe quel autre élément de même type sur votre PC.

Accéder à OneDrive depuis Internet

Il peut arriver que vous ayez besoin d'accéder à OneDrive alors que vous n'êtes pas assis devant votre ordinateur. Ou que vous deviez ac-

Figure 5.10

Gestion de l'espace de stockage directement sur la page Web OneDrive.

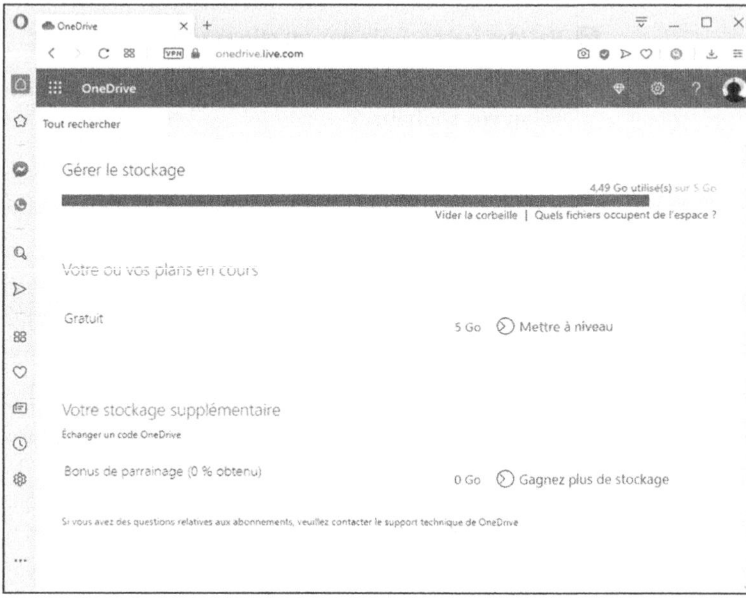

Figure 5.11

Les dossiers synchronisés entre OneDrive et votre ordinateur sont visibles dans l'Explorateur de fichiers.

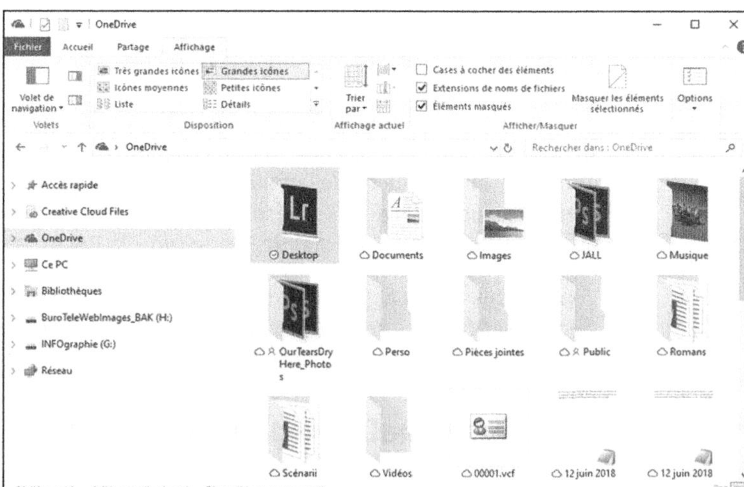

céder à un fichier sur OneDrive qui n'est pas synchronisé avec votre PC. Pour vous aider dans ce genre de situation, Microsoft vous permet d'accéder à OneDrive depuis n'importe quel navigateur Internet.

Trouvez un ordinateur quelconque, ouvrez un navigateur Internet, et rendez-vous à l'adresse `https://onedrive.live.com/`. Saisissez ensuite le nom de votre compte Microsoft et votre mot de passe. Le site de *votre* OneDrive apparaît.

Vous pouvez maintenant ajouter, supprimer, déplacer ou renommer vos fichiers, de même que créer des dossiers et y placer des fichiers. Il est même possible d'éditer des documents en ligne (le site de OneDrive dispose même d'une corbeille pour y jeter des choses périmées, ou les récupérer si elles ne l'étaient pas).

Il est plus facile de gérer vos fichiers directement sur votre ordinateur. Mais le site de OneDrive est une zone de repli pratique et accessible en tous lieux dès lors que vous disposez d'un accès à Internet.

D'autre part, le site Web de OneDrive vous permet de partager des documents ou des photos, et même des dossiers, par e-mail. C'est une fonctionnalité dont vous ne bénéficiez pas sur votre ordinateur.

N'oubliez pas que Microsoft propose une application gratuite pour les appareils Apple, Android et bien entendu Windows. OneDrive simplifie donc aussi le partage de fichiers entre tous vos gadgets.

Partie 2

Programmes, applications et fichiers

Dans cette partie...

Jouer avec les programmes, les applications et les documents

Retrouver des applications, des fenêtres, des fichiers et des ordinateurs

Imprimer et scanner votre travail

DANS CE CHAPITRE

Ouvrir un programme, une application ou un document

•

Choisir un autre programme pour ouvrir un document

•

Installer, désinstaller, et mettre à jour des applications et des programmes.

•

Créer un raccourci

•

Couper, copier, et coller Le Presse-papiers Windows

Chapitre 6

Demandez le programme !

Dans Windows, les *programmes* et les *applications* (ou *applis* pour ceux qui n'ont pas le temps de dire le mot en entier) sont vos outils. Ils permettent en effet de calculer, d'écrire et d'abattre des vaisseaux spatiaux.

Les *documents*, en revanche, sont ce que vous créez à l'aide des applications et des programmes : une feuille de calcul révélant que vous vivez au-dessus de vos moyens, une lettre à l'eau de rose, les scores de vos jeux, et ainsi de suite.

Ce chapitre commence par les bases : ouvrir des programmes et des applications à partir du nouveau menu Démarrer de Windows. Il explique également comment trouver et télécharger des applications depuis le Microsoft Store. Vous découvrirez aussi où trouver les menus des applications, car Microsoft les a cachés afin de laisser un maximum d'espace à l'affichage des interfaces, donc des documents.

Au fil des pages, vous découvrirez comment ouvrir tel ou tel type de fichier avec votre programme *préféré*. Mais vous découvrirez aussi comment créer des *raccourcis* sur le bureau, autrement dit des boutons qui vous permettent de lancer directement un programme sans avoir besoin de visiter le menu Démarrer.

Ce chapitre se termine par quelques considérations évidemment essentielles sur l'art de couper, copier et coller, des opérations indispensables dans l'univers de l'informatique en général et de Windows en particulier.

Exécuter un programme ou une application

Au Chapitre 2, nous avons découvert les deux parties du menu Démarrer. Nous avons appris à personnaliser, ajouter et supprimer des vignettes d'applications dans la partie droite autrefois appelée Écran de démarrage. Ces actions ont pour but de retrouver rapidement les programmes et les applications que vous utilisez régulièrement.

Pour exécuter des programmes ou des applications, suivez ces quelques étapes :

1. **Ouvrez le menu Démarrer en cliquant sur le bouton idoine en bas à gauche de la barre des tâches.**

   Le menu Démarrer apparaît avec, sur sa droite ses groupes de vignettes d'applications dynamiques. La partie gauche affiche toute une liste de programmes et d'applications classés par ordre alphabétique.

2. **Si vous voyez la vignette de l'application ou le nom du programme, et si vous voulez le lancer, cliquez simplement dessus, ou touchez-le sur votre écran tactile.**

   Non, vous ne voyez rien ? Passez à l'étape suivante.

3. **Faites défiler la liste des applications en amenant le pointeur de la souris dessus – ne cliquez pas – et en actionnant la molette de la souris.**

   Avec un écran tactile, faites glisser votre doigt vers le haut, ou vers le bas, sur le menu Démarrer.

Il est également possible d'exécuter un programme ou une application depuis l'Explorateur de fichiers. Mais pour cela, il vous faudra y localiser le dossier Programmes ou Programmes (x86), puis celui de l'application, puis celui de l'exécutable. C'est un peu compliqué pour les débutants que vous êtes.

Une autre technique plus rapide consiste à cliquer dans le champ Taper ici pour rechercher. Saisissez alors les premières lettres de votre programme ou de votre application. Cliquez sur son icône dans la liste des suggestions qui vous seront faites par Windows.

Vous pouvez également cliquer sur une lettre de la liste des applications et des programmes ou sur le signe #. Cette liste cède alors la place à un alphabet (sous la forme d'une matrice de lettres). Cliquez simplement sur la lettre correspondant à la première lettre du programme ou de l'application à exécuter. Dans la liste ainsi réduite et ciblée, cliquez sur la vignette de l'élément recherché.

Pour demander vocalement l'ouverture d'un programme, cliquez sur le cercle situé à droite du champ Taper ici pour rechercher. Bien entendu, un micro, un micro-casque, ou bien encore une webcam doit être connecté à votre ordinateur. Il vous suffit alors de prononcer quelque chose comme « peux-tu ouvrir Excel ? ». Comme le montre la Figure 6.1, Cortana ouvrira le programme.

Figure 6.1

Demandez vocalement à Cortana d'ouvrir un programme.

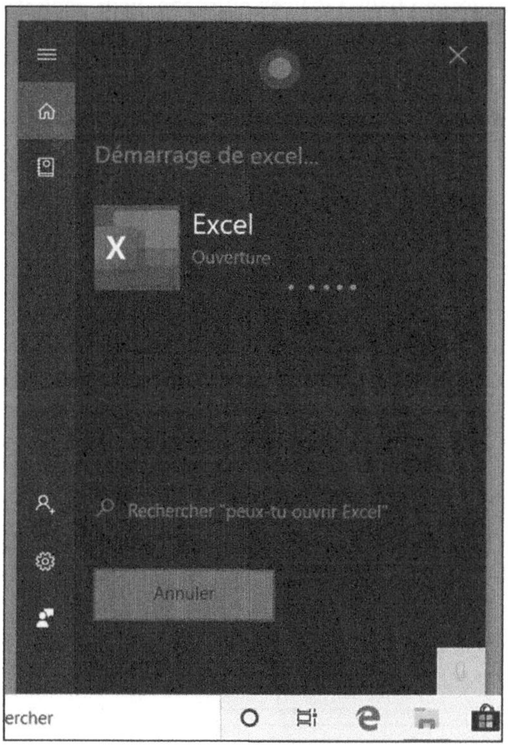

Il s'agit là d'une des fonctions de recherche de Cortana. Nous verrons plus loin dans ce livre que Cortana permet de trouver de nombreuses autres choses localement, mais aussi sur Internet.

Ouvrir un document

Tous les programmes chargent les documents – textes, images, morceaux de musique, tous ces éléments étant des « fichiers » – et les ouvrent de la même manière :

1. **Une fois le programme ouvert, cliquez sur Fichier situé dans la barre de menus localisée en haut du programme.**

   Si la barre de menus n'est pas visible, appuyez sur la touche Alt pour la faire apparaître.

   Toujours pas de barre de menus ? Dans ce cas, le programme est sans doute équipé d'un ruban. Cliquez alors sur l'onglet ou le bouton Fichier, en haut à gauche du ruban, pour déployer ses options.

2. **Dans le menu Fichier, choisissez Ouvrir, comme sur la Figure 6.2.**

Figure 6.2

La commande Ouvrir est présente dans tous les menus Fichier des programmes fonctionnant sous Windows.

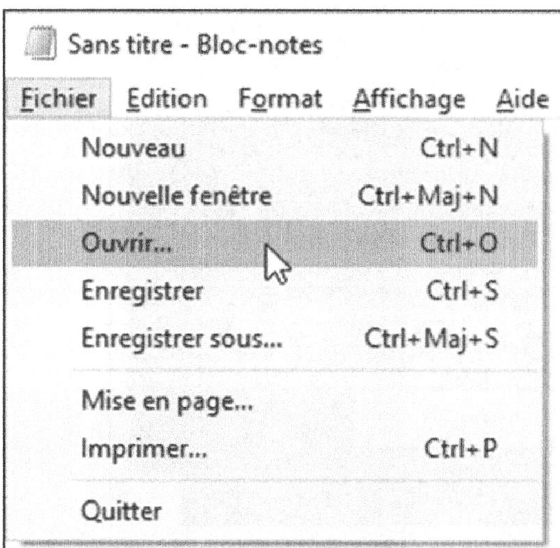

   La boîte de dialogue Ouvrir, que montre la Figure 6.3, suscite une impression de déjà-vu, et pour cause : elle ressemble et se comporte comme le dossier Documents décrit au Chapitre 5.

3. **Cliquez sur le document désiré puis cliquez sur le bouton Ouvrir.**

Figure 6.3

Ouvrir un fichier dans un programme.

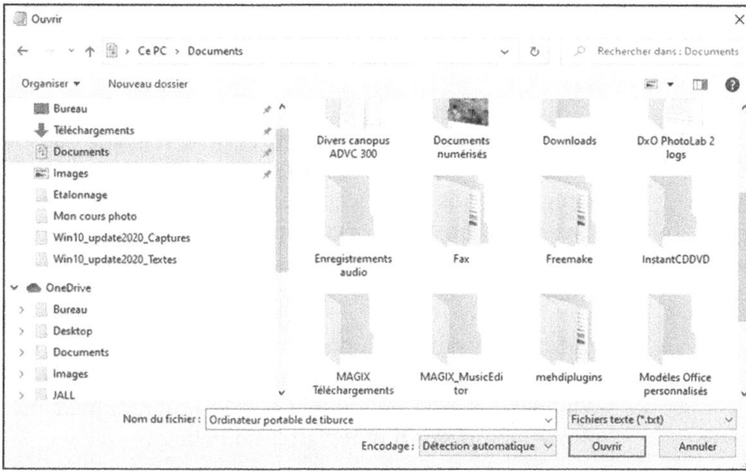

Avec un écran tactile, touchez le document pour l'ouvrir.

Le programme ouvre le fichier et affiche son contenu.

Cette technique d'ouverture d'un fichier fonctionne avec la plupart des programmes, qu'ils aient été édités par Microsoft, par un autre éditeur, ou programmés par le boutonneux féru d'informatique, en bas de la rue.

» Pour aller plus vite, double-cliquez sur le nom du fichier désiré. Il est aussitôt ouvert, la boîte de dialogue Ouvrir se fermant toute seule.

» Vous pouvez également exécuter le raccourci clavier Ctrl + O.

» Si le fichier désiré ne figure pas dans la liste, commencez à parcourir le disque dur *via* le volet de navigation situé dans la partie gauche de la boîte de dialogue. Par exemple, cliquez sur la bibliothèque Documents, pour voir les fichiers qui s'y trouvent.

» Vous rangez souvent vos papiers, photos et CD dans des boîtes en carton ou en plastique, mais l'ordinateur, lui, stocke ses fichiers dans des petits compartiments dûment étiquetés, appelés « dossiers ». Double-cliquez sur l'un d'eux pour voir ce qu'il contient. Et si tout cela vous rend extrêmement nerveux, la section consacrée aux dossiers dans le Chapitre 5 devrait vous apporter un peu de soulagement.

Enregistrer un document

Enregistrer signifie que vous écrivez votre travail sur la surface magnétique d'un disque dur, dans la mémoire flash d'une clé USB ou d'un disque SSD, ou tout autre support, afin de le stocker sur votre ordinateur.

Tant qu'un travail n'est pas enregistré, il réside dans la mémoire vive de l'ordinateur. Le problème est que si vous fermez le programme sans enregistrer vos modifications, le travail qui était stocké en mémoire vive disparaît. Vous devez spécifiquement demander à l'ordinateur d'enregistrer votre travail sous peine de perdre des heures d'un travail acharné. *De facto*, pensez à enregistrer périodiquement votre travail.

Fort heureusement, Microsoft a fait en sorte que la même commande Enregistrer apparaisse (normalement) dans tous les programmes de Windows, et cela quel qu'en soit le programmeur ou l'éditeur. Voici plusieurs moyens d'enregistrer un fichier :

» **Cliquez sur le menu ou l'onglet Fichier de votre application, puis choisissez Enregistrer. Windows propose (normalement) toujours de sauvegarder un document dans le dossier Documents. Acceptez ou choisissez un autre emplacement, par exemple le bureau (normalement toujours, vous devriez aussi pouvoir appuyer sur la touche Alt, puis sur F et enfin sur S).**

» **Cliquez sur l'icône Enregistrer.**

» **Exécutez le raccourci clavier Ctrl + S (ici le « S » est celui du mot anglais** *Save*, **« enregistrer »).**

Quand vous enregistrez pour la première fois, Windows demande d'indiquer le nom du fichier. Efforcez-vous d'être descriptif et de n'utiliser que des lettres, des chiffres et des espaces (tiret, apostrophe, parenthèses et caractères accentués ou à cédille et signe de soulignement sont admis). N'essayez pas d'utiliser un des caractères interdits, décrits au Chapitre 5, car Windows refuserait le nom.

» **Choisissez toujours un nom descriptif pour vos fichiers. Windows autorise 255 caractères, c'est-à-dire plus qu'il n'en faut. Un fichier nommé** *Rapport de l'Assemblée générale de 2012* **ou** *Prévision des ventes* **sera plus facile à retrouver qu'un fichier laconiquement nommé** *Rapport* **ou** *Prévisions.*

» **Vous pouvez enregistrer un fichier dans n'importe quel dossier, voire dans une carte mémoire et même sur un CD ou un DVD. Mais c'est en les enregistrant dans le dossier Documents, Images,**

Musique ou Vidéos que vous le retrouverez le plus facilement (ces dossiers sont toujours listés dans le volet de gauche de l'Explorateur de fichiers, ce qui vous permet de les retrouver facilement).

» Certaines applications sont capables de sauvegarder vos documents sans même rechercher un quelconque dossier Enregistrer. Ils mémorisent vos documents au fur et à mesure que vous les modifiez. Ne vous inquiétez donc pas dans ce cas.

» Si vous travaillez souvent sur un document important, exécutez régulièrement la commande Enregistrer en appuyant sur les touches Ctrl + S (touche Ctrl enfoncée, appuyez brièvement sur S). La première fois, le programme demandera d'indiquer le nom et l'emplacement du fichier, mais, par la suite, le processus sera quasiment instantané.

Quelle est la différence entre Enregistrer et Enregistrer sous ?

Enregistrer sous quoi ? Sous la table ? Sous le tapis ? Que nenni, bonnes gens ! La commande Enregistrer permet d'enregistrer un fichier sous un autre nom et/ou à un autre emplacement.

Supposons que le fichier *Ode à Tina* se trouve dans le dossier Documents et que vous désirez modifier quelques phrases. Vous désirez enregistrer cette modification, mais sans perdre la version originale. Pour conserver les deux versions de cette impérissable littérature, vous choisirez Enregistrer sous, et vous renommerez le fichier *Ode à Tina - Ajouts* (en plaçant le mot « ajouts » après le nom, vous préservez le classement par ordre alphabétique de vos fichiers).

Lors d'un *premier* enregistrement, les commandes Enregistrer et Enregistrer sous sont identiques : les deux vous invitent à nommer le fichier et à choisir son emplacement.

Plus important encore, la commande *Enregistrer sous* vous permet d'enregistrer le fichier dans un format différent. Vous pouvez par exemple sauvegarder votre document original dans son format d'origine, puis sauvegarder une copie de celui-ci dans un format mieux adapté à une version plus ancienne de votre programme.

Choisir le programme qui ouvre un fichier

En général, Windows sait quel programme utiliser pour ouvrir tel ou tel fichier. Double-cliquez sur un fichier, et Windows démarre le programme, charge le fichier et l'ouvre.

Mais parfois, Windows ne démarre pas le programme que vous vouliez utiliser pour ce type de fichier. Par exemple, lorsque vous double-cliquez sur un morceau de musique ou une image, Windows 10 la lit par défaut dans l'application Groove Musique ou bien dans Paint 3D. Or, vous pourriez préférer que ce soit le programme Lecteur Windows Media (ou encore VLC) qui démarre.

Voici comment choisir un programme lorsqu'un fichier s'ouvre dans un autre :

1. **Cliquez du bouton droit sur le fichier qui pose problème et, dans le menu contextuel, choisissez Ouvrir avec.**

   Comme le montre la Figure 6.4, Windows propose quelques-uns des programmes capables d'ouvrir ce type de fichier.

Figure 6.4

Windows indique les programmes capables d'ouvrir ce type de fichier (ici, un fichier d'image).

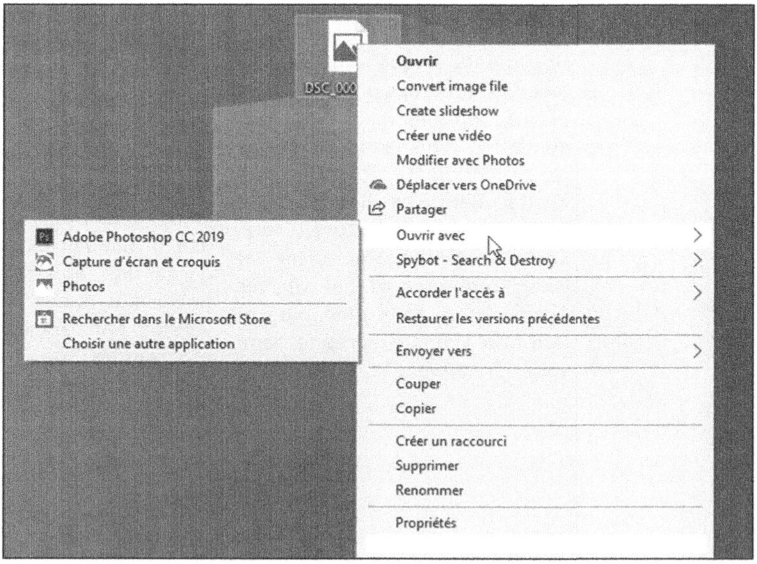

Si cliquer sur un fichier affiche une fenêtre proposant de rechercher une autre application sur ce PC ou de rechercher une autre application dans le Microsoft Store, passez directement à l'Étape 3.

2. **Cliquez sur Choisir une autre application, puis sélectionnez le nom du programme qui doit ouvrir ce type de fichier.**

La boîte de dialogue qui apparaît contiendra sans doute d'autres programmes capables d'ouvrir le fichier (selon le nombre de logiciels installés dans l'ordinateur, cette liste peut être plus ou moins fournie). Assurez-vous que la case Toujours utiliser cette application (sous-entendu pour ouvrir le format de fichier voulu) est cochée, comme sur la Figure 6.5.

Figure 6.5

Choisir l'application qui ouvrira systématiquement un type de fichier précis.

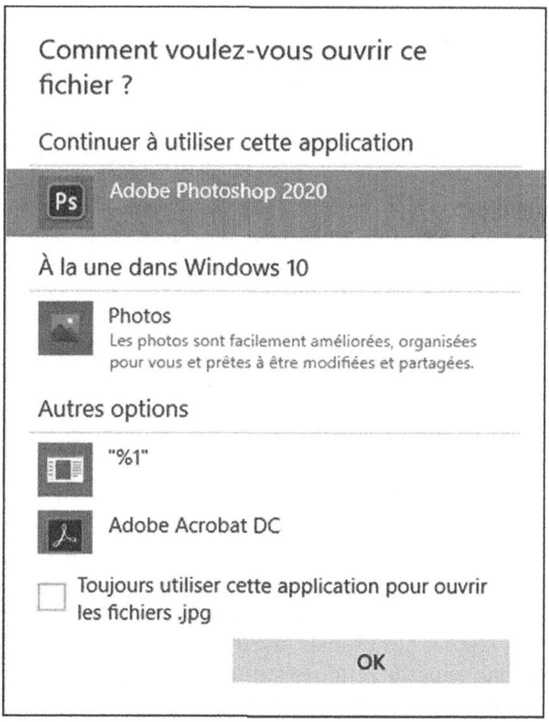

3. **Si vous ne trouvez pas le programme qui vous intéresse, faites défiler le contenu de la liste des programmes suggérés, et cliquez sur le lien Plus d'applications, en bas de cette boîte de dialogue.**

Pour accéder à la partie inférieure de cette boîte de dialogue, vous devez en faire défiler le contenu avec la molette de votre souris, ou en approchant son pointeur du bord droit. Une barre de défilement verticale apparaîtra.

Plusieurs autres options peuvent vous être proposées dans la liste :

- **Rechercher dans le Microsoft Store :** cliquez sur cette option donne accès au Microsoft Store, où vous pourrez parcourir les rayons virtuels à la recherche d'une application capable d'ouvrir le fichier.
- **Rechercher une autre application :** plutôt réservée aux férus de technique, cette option ouvre l'Explorateur de fichiers sur le dossier Programmes. Ne choisissez cette option que si vous savez réellement dans quel sous-dossier se trouve le programme désiré.

» Le terme *application* se rapporte à la fois aux classiques logiciels et aussi aux applications du menu Démarrer. Lorsque le bureau est affiché, et si Windows vous dit que telle ou telle action va affecter une application, n'oubliez pas qu'il veut dire aussi bien *application* que *programme*.

» Windows vous permet aussi de choisir vos programmes par défaut directement depuis le menu Démarrer. Cliquez sur son bouton, puis sur l'icône Paramètres (engrenage). Dans la fenêtre Paramètres Windows qui s'affiche, cliquez sur le bouton Applications. Dans la colonne de gauche, optez pour Applications par défaut. Windows va afficher sur la droite de la fenêtre les applications censées s'ouvrir pour chaque type de fichier. Cliquez sur le nom d'une application. Une liste de propositions (ou simplement un renvoi vers Microsoft Store devrait alors s'afficher). Pour sélectionner un programme par défaut, vous devez cliquer sur le lien Définir les valeurs par défaut par application. Dans la boîte de dialogue qui apparaît, choisissez un programme dans la liste de gauche, puis cliquez sur le bouton Gérer. Dans la colonne de gauche, cliquez sur l'extension de fichier pour laquelle vous souhaitez choisir le programme qui ouvrira ce type de fichier. Si aucun programme n'a été associé à ce type de fichier, cliquez sur Choisir une application par défaut. Dans le menu local qui apparaît, cliquez sur une des applications proposées. Si aucune ne vous convient, cliquez sur Chercher une application dans le Microsoft Store. Pour assigner un autre programme ou une autre application que celle assignée par défaut par Windows, cliquez sur sa vignette et choisissez le programme ou l'application souhaitée dans la liste qui vous est alors proposée.

» Parfois, vous voudrez alterner entre divers programmes et applications lorsque vous travaillerez sur un même document. Pour ce faire, cliquez du bouton droit sur le document, choisissez Ouvrir avec puis sélectionnez le programme dont vous avez besoin à ce moment-là.

» Il est parfois impossible de faire en sorte que votre programme favori ouvre un fichier particulier tout simplement parce que le programme ne sait que faire. Par exemple, le Lecteur Windows Media lit les vidéos, sauf quand elles sont au format QuickTime, développé par Apple. La seule solution consiste alors à installer le logiciel QuickTime (`https://support.apple.com/fr-fr/quicktime`) et à l'utiliser pour ouvrir ce type de vidéo.

L'association (sans but lucratif) de fichiers

Tous les programmes ajoutent quelques caractères, appelés « extension de fichier », au nom des fichiers qu'ils créent. Cette extension identifie leur nature : quand vous double-cliquez sur un fichier, Windows s'enquiert de son extension pour savoir à quel programme il est lié. Par exemple, le Bloc-notes ajoute l'extension `.txt` (abrégé de « texte ») à tous les fichiers qu'il crée : l'extension `.txt` est ainsi associée au Bloc-notes.

Pour plus de sécurité dans son fonctionnement, Windows n'affiche pas les extensions par défaut. En effet, si l'extension était modifiée pour une raison ou pour une autre, Windows n'ouvrirait plus le fichier comme prévu.

Procédez comme suit si vous tenez absolument à voir ces mystérieuses extensions :

1. **Ouvrez l'Explorateur de fichiers, et cliquez sur l'onglet Affichage.**
2. **Dans le groupe Afficher/Masquer du Ruban, cochez la case Extensions de noms de fichiers.**

   La case est décochée par défaut.

   Toutes les extensions de fichiers sont aussitôt visibles, ce qui peut s'avérer commode en cas d'incident.

Maintenant que vous avez vu les extensions, masquez-les de nouveau en cochant la case Extensions de noms de fichiers.

Attention : ne modifiez jamais l'extension d'un fichier à moins de savoir exactement ce que vous faites. Autrement, Windows se tromperait de programme ou ne saurait plus lequel utiliser.

Visiter la boutique Microsoft Store

Les *applications*, qui ne sont rien d'autre que des mini programmes spécialisés dans une seule tâche, proviennent de l'univers des smartphones. Et, comme sur les smartphones, elles ont leur propre boutique. Sous Windows, elle s'appelle Microsoft Store et se trouve à la fois sur l'écran de démarrage et dans la barre des tâches.

Les applications diffèrent des programmes à bien des égards :

» Elles peuvent être affichées dans une fenêtre, contrairement aux versions précédentes de Windows où elles occupaient la totalité de l'écran. Sur une tablette, cependant, elles continuent à envahir l'écran en entier. Les programmes, eux, sont affichés dans une fenêtre (ou sur tout l'écran si vous le souhaitez).

» Les applications sont liées à votre compte Microsoft. De ce fait, vous devez avoir ouvert un compte Microsoft pour les télécharger depuis le Microsoft Store, même si elles sont gratuites.

» Une application téléchargée depuis le Microsoft Store peut être utilisée sur huit ordinateurs ou appareils mobiles à la fois, dès lors que ces équipements sont liés à votre compte Microsoft (d'accord, ce n'est pas une règle générale).

» Après leur installation, des programmes peuvent placer plusieurs vignettes sur le bureau ou dans le menu Démarrer. En revanche, une application ne place qu'une seule vignette.

Applications et programmes peuvent être développés et vendus par de grands éditeurs ayant pignon sur rue, mais aussi par d'obscurs programmeurs amateurs.

Télécharger des applications avec Microsoft Store

Si vous avez besoin d'une application capable d'exécuter une tâche bien précise, procédez comme suit pour la trouver :

1. **Dans la barre des tâches, cliquez sur l'icône Microsoft Store.**

   Si cette icône est absente de la barre des tâches, cliquez sur le bouton Démarrer, puis sur la vignette Microsoft Store présente dans le groupe de vignettes Explorer (partie droite du menu Démarrer).

   La boutique virtuelle Microsoft Store apparaît, comme sur la Figure 6.6. Elle contient de nombreuses catégories comme Applications, Jeux, Films et TV. Par défaut, c'est la page Accueil qui est ouverte, juste pour mieux vous tenter...

Figure 6.6

L'application Microsoft Store donne accès à la boutique virtuelle d'où vous pouvez télécharger des applications gratuites ou payantes.

❷ **Pour réduire le champ de recherche, faites défiler la page d'accueil et cliquez sur le lien Afficher toutes les applications d'une des catégories comme Top des applications.**

Vous accédez aux applications de cette catégorie.

Pour télécharger une application gratuite, cliquez simplement sur sa vignette. Si l'application est payante, le prix est indiqué sous celle-ci. Mais la procédure est fondamentalement la même…

❸ **Utilisez les deux menus locaux situés au-dessus des applications proposées pour affiner votre recherche en fonction de la catégorie et du catalogue.**

Vous pouvez également chercher directement dans une catégorie en cliquant sur un des onglets Jeux, Divertissement, Productivité, ou Offres.

Pour trouver très rapidement une application, cliquez dans le champ Rechercher, et saisissez son nom. Dans la liste des résultats affichés par le Microsoft Store, cliquez sur le nom de l'application en question.

4 Cliquez sur une application pour accéder à sa fiche descriptive.

La page qui s'ouvre contient des informations détaillées, notamment son prix, des images de l'application, des critiques d'utilisateurs et des informations un peu plus techniques (voir la Figure 6.7). Faites défiler éventuellement le contenu de cette page pour afficher le contenu de la section Présentation.

Vous pouvez aussi connaître la configuration qui est requise pour utiliser correctement cette application, mais aussi les avis des utilisateurs qui vous aideront à faire votre choix.

Figure 6.7

La page de description d'une application.

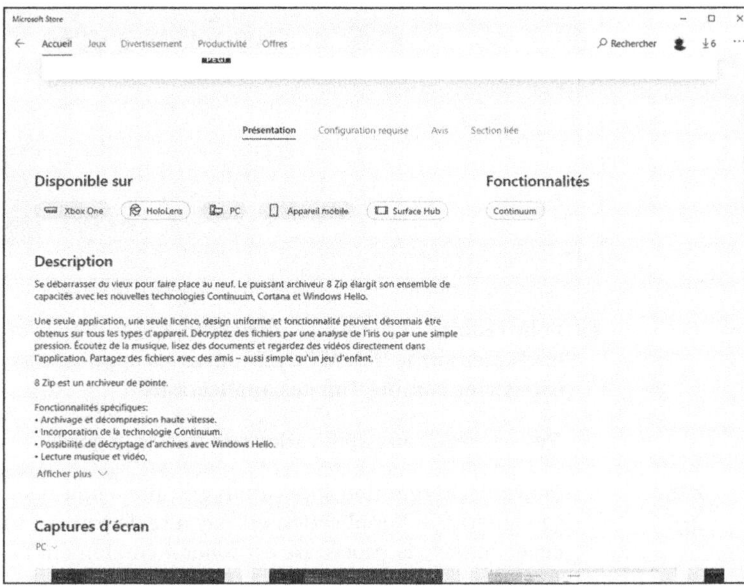

Gratuit ne veut pas forcément dire *réellement* gratuit. Un astérisque placé sur la droite du bouton Gratuit veut dire qu'il peut y avoir des achats directs *via* l'application...

5 Cliquez sur le bouton Télécharger (si l'application est gratuite, ou sur le bouton Acheter (quand elle est payante).

Si vous pensez effectuer plusieurs achats, cliquez sur le bouton présentant trois petits points et, dans le menu local qui apparaît, choisissez Ajouter au panier. Ensuite, dans le message qui apparaît, vous avez le choix entre Afficher le panier pour procéder au paiement ou Continuer mes achats pour ajouter d'autres applications à votre panier. Une fois vos emplettes terminées, cliquez sur Panier en haut à droite. Vous accédez à un récapitulatif de commande. Si votre commande vous semble correcte, cliquez sur Validation de l'achat. Sinon, supprimez des articles par un clic sur le lien éponyme affiché sous chacun des articles commandés. Si vous avez oublié d'ajouter quelque chose à votre panier, cliquez alors sur le lien Continuer mes achats en haut du récapitulatif.

Acheter une application payante impose d'associer un numéro de carte bancaire à votre compte Microsoft. Si vous ne l'avez pas encore fait, Microsoft Store vous demandera de le faire maintenant afin de prélever le prix de l'application.

Les applications nouvellement téléchargées apparaissent dans la liste alphabétique du menu Démarrer. Pour la placer dans un groupe de vignettes, cliquez du bouton droit sur son nom, et choisissez l'option Épingler au menu Démarrer dans le menu contextuel qui s'affiche.

Désinstaller une application

Pour désinstaller une application tombée en disgrâce, cliquez du bouton droit sur sa vignette soit dans la liste du menu Démarrer, ou dans un des groupes de vignettes de l'ancien écran de démarrage (partie droite). Dans le menu contextuel qui apparaît, cliquez sur Désinstaller. Un petit message demande confirmation de cette intention. Cliquez de nouveau sur désinstaller.

La désinstallation d'une application ne la supprime que dans le menu Démarrer de *votre compte d'utilisateur*. Elle est sans effet sur les autres comptes où elle aurait pu avoir été installée.

Certaines applications ne proposent pas de commande Désinstaller. Le message est clair : vous ne pouvez pas la désinstaller. C'est le cas de Microsoft Store, de Microsoft Edge, ou encore de Photos (pour ne citer qu'elles).

Mettre une application à jour

Les programmeurs améliorent sans cesse leurs applications. Ils peaufinent quelques fonctions, éradiquent des bogues et colmatent les failles de sécurité. Lorsque vous êtes connecté à l'Internet et qu'une ou plusieurs applications ont été mises à jour, Windows le détecte. Il télécharge et installe alors automatiquement la dernière version en date.

Si vous utilisez une connexion cellulaire, par exemple avec un smartphone, ne paniquez pas. Windows n'effectuera toutes ces mises à jour que si vous êtes en Wi-Fi ou avec un ordinateur câblé.

Si, pour une raison ou pour une autre, vous ne souhaitez pas en passer par ces mises à jour automatiques, pas de souci. Suivez ces étapes :

1. **Dans l'application Microsoft Store, cliquez sur l'icône des trois points affichée à droite de l'image de votre compte. Dans le menu local qui apparaît, choisissez l'option Paramètres.**
2. **Dans la page des paramètres, désactivez l'option Mettre à jour les applications automatiquement.**

   Votre choix s'applique immédiatement. Et, si vous changez d'avis plus tard, il vous suffit de reprendre ces étapes et de replacer le curseur en position Activé.

Notez bien que la mise à jour automatique concerne *toutes* vos applications, vous ne pouvez pas la gérer de manière individualisée. C'est pourquoi je vous conseille de l'activer sans vous poser des questions existentielles. Sinon, vous risqueriez de manquer des correctifs de sécurité, ou encore des améliorations importantes, encore une fois pour *toutes* vos applications.

Prendre un raccourci

Vous allez rapidement vous rendre compte que vous devez fréquemment basculer entre le bureau et le menu Démarrer. Si vous en avez assez de voyager à droite et à gauche pour retrouver un programme, un dossier, un disque, un document ou même un site Web, créez un *raccourci* sur le bureau. Autrement dit, une icône qui vous conduit directement à l'objet désiré.

Comme les raccourcis ne sont rien de plus que des icônes qui démarrent d'autres éléments, ils sont particulièrement sûrs, commodes et faciles d'accès. Il est facile de les différencier de l'original grâce à la petite flèche incurvée, en bas à gauche, visible ici sur l'illustration en marge.

Voici comment créer des raccourcis pour les éléments les plus utilisés :

» **Dossiers ou documents :** dans l'Explorateur de fichiers, cliquez du bouton droit sur le dossier ou le document, choisissez Envoyer vers et sélectionnez l'option Bureau (créer un raccourci).

» **Disque dur et autre emplacement :** ouvrez l'Explorateur de fichiers. Dans le volet de navigation, à gauche de la fenêtre, utilisez exceptionnellement le bouton droit de la souris pour glisser-déposer sur le Bureau l'icône d'un disque dur, ou tout emplacement affiché dans la liste. Une info-bulle « Créer le lien dans bureau » apparaît à la base de l'icône de l'élément ainsi déplacé. Relâchez le bouton de la souris. Dans le menu contextuel qui apparaît, cliquez sur Créer les raccourcis ici. Cette technique vaut tout aussi bien pour votre PC, votre unité OneDrive, un dossier quelconque, un disque dur, une clé USB et même une adresse réseau.

Le petit guide du Couper, Copier et Coller

Vous pouvez électroniquement *couper* ou *copier*, puis *coller* quasiment tout ce que vous voulez, et tout cela avec la plus grande facilité.

Les programmes de Windows sont conçus pour travailler ensemble et partager des données, ce qui permet par exemple de placer très facilement le plan d'un quartier, préalablement numérisé avec un scanner, sur le carton d'invitation créé avec WordPad. Vous pouvez déplacer des fichiers en les coupant ou en les copiant, et en les collant ensuite à un autre emplacement. Rien n'est plus simple, dans un traitement de texte, que de couper un paragraphe et de le coller ailleurs.

Ne mésestimez pas le Copier et le Coller. Copier le nom et l'adresse d'un contact est moins fastidieux que de taper ces éléments dans la lettre. Et si quelqu'un vous envoie une adresse Internet à rallonges, il sera plus sûr – et beaucoup moins fastidieux – de la copier et de la coller dans la barre d'adresse de votre navigateur. Il est aussi très facile de copier la plupart des images d'une page Web, au grand dam des photographes professionnels.

Le couper-coller facile

Voici en trois étapes comment couper, copier et coller :

1. **Sélectionnez l'élément à couper ou à coller : quelques mots, un fichier, une adresse Web ou n'importe quoi d'autre.**

   Une sélection de fichier ou de dossier se fait par un simple clic sur son icône. En revanche, pour sélectionner du texte, faites glisser le pointeur de la souris sur les caractères concernés, comme cela est expliqué dans la prochaine section.

2 Cliquez du bouton droit dans la sélection, et dans le menu contextuel qui apparaît, choisissez Couper ou Copier.

Utilisez *Couper* lorsque vous désirez déplacer un élément, et *Copier* lorsque vous voulez le dupliquer en laissant l'original intact.

Les raccourcis clavier sont : Ctrl + X pour Couper, Ctrl + C pour Copier.

3 Ouvrez le dossier de destination dans l'Explorateur de fichiers (ou le document où vous souhaitez placer l'élément copié ou coupé).

4 Cliquez du bouton droit dans le dossier ou le document et, dans le menu contextuel qui apparaît, choisissez Coller.

Le raccourci clavier pour coller est Ctrl + V.

Les trois prochaines sections détaillent ces actions.

Sélectionner les éléments à couper ou à copier

Avant de coller des éléments ailleurs, vous devez indiquer à Windows exactement de quoi il s'agit. Le meilleur moyen est de sélectionner la bonne information à l'aide de la souris. Il suffit généralement de cliquer dessus, ce qui met les éléments en surbrillance.

» **Sélectionner du texte dans un document, un site Internet ou une feuille de calcul :** placez le pointeur de la souris au début des données à sélectionner puis cliquez et maintenez le bouton enfoncé. Faites glisser ensuite la souris jusqu'à l'autre bout des données. Cette action surligne – met en surbrillance – tout ce qui se trouve entre le clic et l'endroit où vous avez libéré le bouton, comme l'illustre la Figure 6.8.

Sur un écran tactile, double-tapez pour sélectionner un mot. Pour étendre votre sélection, maintenant le doigt appuyé sur ce mot, puis faites-le glisser dans la direction voulue jusqu'à ce que tout le texte qui vous intéresse soit mis en surbrillance. Vous pouvez alors relever le doigt.

Soyez prudent après avoir sélectionné du texte. Si vous appuyez accidentellement sur une touche, le *b* par exemple, Windows remplace *toute* la sélection par la lettre *b*. Pour corriger cette bourde, cliquez immédiatement sur Édition > Annuler, dans le menu, ou mieux encore, appuyez sur Ctrl + Z, qui est le raccourci de cette commande.

Figure 6.8

Le texte sélectionné est surligné afin de mieux le voir.

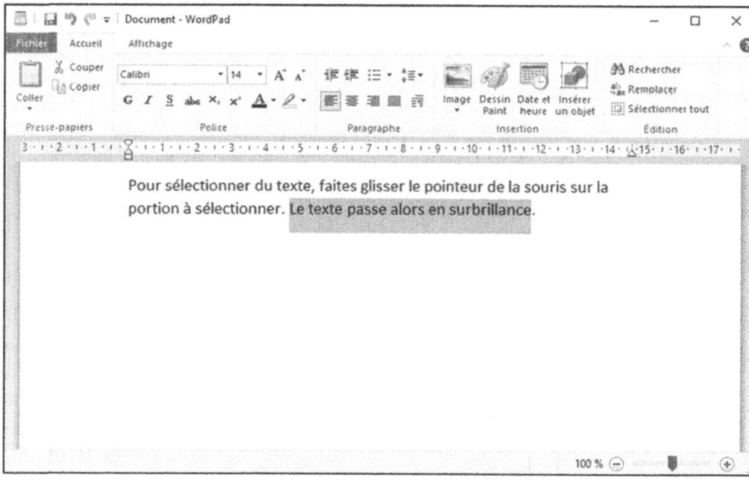

» **Pour sélectionner un fichier ou un dossier :** cliquez dessus pour le sélectionner. Procédez comme suit pour sélectionner plusieurs éléments :

- **S'il s'agit d'une plage de fichiers :** cliquez sur le premier de la série, maintenez la touche Majuscule enfoncée et cliquez sur le dernier. Windows sélectionne le premier élément, le dernier et tous ceux qui se trouvent entre.

- **Si les éléments sont éparpillés :** maintenez la touche Ctrl enfoncée tout en cliquant sur les fichiers et les dossiers à sélectionner.

Les éléments étant sélectionnés, la prochaine section explique comment les couper ou les copier.

» Après avoir sélectionné un élément, ne tardez pas à le couper ou à le copier. Car si vous cliquez distraitement ailleurs, votre sélection disparaît, vous obligeant à la refaire entièrement.

» Appuyez sur la touche Suppr pour supprimer un élément sélectionné, qu'il s'agisse d'un fichier, d'un paragraphe, d'une photo, *etc.* Vous pouvez également effectuer un clic du bouton droit et choisir la commande Supprimer dans le menu qui apparaît.

Sélectionner des lettres, des mots, des paragraphes et plus encore

Quand vous travaillez sur des mots, dans Windows, ces raccourcis vous aident à sélectionner rapidement des données :

» Pour sélectionner une seule lettre ou caractère, cliquez juste avant. Ensuite, la touche Majuscule étant enfoncée, appuyez sur la touche fléchée Droite. Maintenez-la enfoncée pour sélectionner davantage de texte.

» Pour ne sélectionner qu'un mot, double-cliquez dessus. Le mot est mis en surbrillance. La plupart des traitements de texte permettent de déplacer un ou plusieurs mots sélectionnés par un glisser-déposer.

» Pour sélectionner une seule ligne de texte, cliquez dans la marge, à la hauteur de la ligne. Le bouton de la souris enfoncé, tirez vers le haut ou vers le bas pour ajouter d'autres lignes à la sélection. Vous pouvez aussi ajouter des lignes en appuyant, touche Majuscule enfoncée, sur les touches fléchées Haut et Bas.

» Pour sélectionner un paragraphe, double-cliquez dans sa marge gauche. Le bouton enfoncé, déplacez la souris vers le haut ou vers le bas pour ajouter d'autres paragraphes à la sélection.

» Pour sélectionner la totalité d'un document, appuyez sur les touches Ctrl + A. Ou alors, choisissez Sélectionner tout, dans le menu Édition.

Couper ou copier une sélection

Après avoir sélectionné des informations, vous pouvez commencer à les manipuler, notamment les couper ou les copier, voire les supprimer en appuyant sur la touche Suppr.

Cliquez du bouton droit sur un élément sélectionné puis, dans le menu contextuel, choisissez Couper ou Copier, selon vos besoins, comme le montre la Figure 6.9. Ensuite, cliquez dans la destination et choisissez Coller.

Les options Couper et Coller sont fondamentalement différentes. Laquelle des deux faut-il choisir ?

» **Choisissez Couper pour *déplacer* un élément.** Le fait de couper élimine l'élément sélectionné de l'écran, mais vous n'avez rien per-

Figure 6.9

Pour copier une sélection que vous collerez dans une autre fenêtre, cliquez du bouton droit dans la sélection et choisissez Copier.

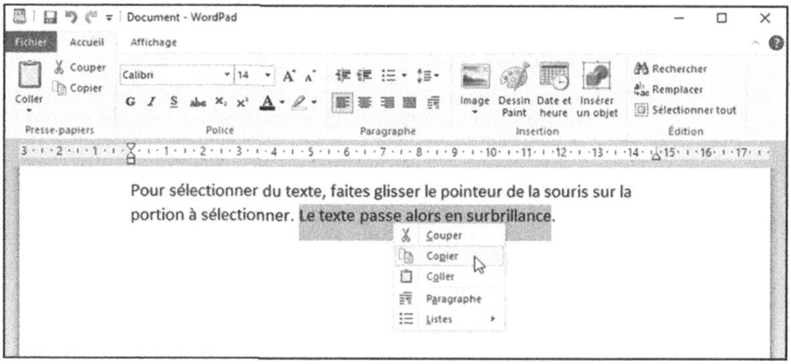

du. Windows mémorise cette information dans une région secrète de la mémoire qu'il appelle *Presse-papiers*. C'est là que l'élément coupé vous attend, du moins tant qu'il n'est pas remplacé par autre chose.

Vous pouvez couper et coller des fichiers entiers dans différents dossiers. Quand vous coupez un fichier dans un dossier, l'icône du fichier s'assombrit jusqu'à ce que vous l'ayez collée (la faire disparaître serait trop stressant). Vous changez d'avis au cours de la manipulation ? Appuyez sur la touche Échap et l'icône redevient normale.

» **Choisissez Copier pour dupliquer des données.** Lorsque vous utilisez cette commande, rien ne semble se passer à l'écran, car les données originales subsistent. Elles n'en sont pas moins copiées dans le Presse-papiers.

Pour copier l'image du bureau dans le Presse-papiers, c'est-à-dire la totalité de l'écran, appuyez sur la touche Impr. écran (le nom peut parfois différer). Vous pourrez ensuite coller l'image où bon vous semble. Pour ne copier que la fenêtre active, appuyez sur Alt + Impr. écran.

Coller les données ailleurs

Les données coupées ou copiées, et qui résident à présent dans le Presse-papiers de Windows, sont prêtes à être collées à presque n'importe quel emplacement.

Coller est une opération relativement simple :

1 **Ouvrez la fenêtre du document ou du dossier de destination.**

Dans un document, placez le point d'insertion à l'endroit précis où vous souhaitez coller les données copiées dans le Presse-papiers.

2 **Cliquez du bouton droit et, dans le menu contextuel qui apparaît, choisissez Coller.**

Et hop ! Les éléments que vous aviez coupés ou copiés apparaissent.

Si vous voulez coller un fichier sur le bureau, cliquez du bouton droit sur celui-ci et choisissez Coller. L'icône du fichier apparaît là où vous avez cliqué.

» La commande Coller insère une copie des données résidant dans le Presse-papiers. Elles y restent, prêtes à être collées ailleurs autant de fois que vous le désirez.

» La réussite d'un collage dépend de la nature de l'élément que vous avez copié ou coupé. Par exemple, vous pourrez généralement coller une image dans un traitement de texte, alors qu'un programme graphique risque fort de ne pas savoir quoi faire d'un texte.

» Avec un écran tactile, maintenez votre doigt appuyé à l'endroit où vous désirez coller des données. Dès qu'un cadre vide apparaît, relâchez votre pression. Dans le menu contextuel qui apparaît alors, touchez Coller.

» La barre d'outils ou le ruban de nombreux programmes contiennent des boutons Couper, Copier et Coller, comme le montre la Figure 6.10 (à gauche, le ruban de l'Explorateur de fichiers, à droite, le menu du Bloc-notes).

Annuler des actions

Windows propose une foule de manières d'exécuter une même action, mais deux seulement pour accéder à la commande Annuler et corriger ainsi vos bourdes :

» La touche Ctrl enfoncée, appuyez sur Z. La dernière action est annulée. Si le programme comporte un bouton Rétablir, vous pouvez annuler une annulation.

» Il ne fallait pas annuler ? Pas de problème : appuyez sur Ctrl + Y et Windows annule votre annulation. Tout est à présent remis en place comme si vous n'aviez rien fait.

Figure 6.10

Les boutons Couper, Copier et Coller d'un ruban (à gauche) et d'un classique menu (à droite).

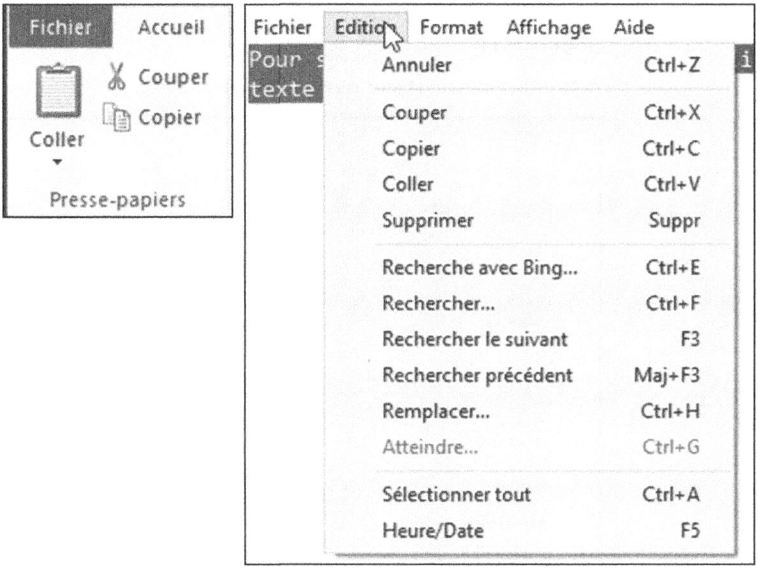

Le Presse-papiers Windows

La fonction Copier/Coller ou Couper/Coller est l'une des activités que nous utilisons le plus sur un ordinateur. Mais souvent, nous répétons la même opération pour des éléments que nous avons déjà copiés, déjà coupés, et déjà collés. Il s'agit là d'une perte de productivité conséquente.

Peu d'utilisateurs de Windows 10 savent qu'il existe, dans ce système d'exploitation, une fonction appelée Historique du Presse-papiers qui mémorise tout ce que vous copiez ou coupez. Il suffit alors d'ouvrir cet historique pour y retrouver les éléments sur lesquels vous avez effectué ces opérations.

Par défaut, cette fonctionnalité n'est pas activée. Pour en profiter, voici comment procéder :

❶ **Ouvrez le menu Démarrer, et cliquez sur l'icône Paramètres (engrenage).**

❷ **Dans la fenêtre Paramètres Windows, cliquez sur Système.**

❸ **Dans le volet gauche, optez pour Presse-papiers.**

❹ **Dans le volet droit, placez le commutateur de Historique du Presse-papiers en position Activé, comme sur la Figure 6.11.**

Figure 6.11

Activer la fonction Historique du Presse-papiers.

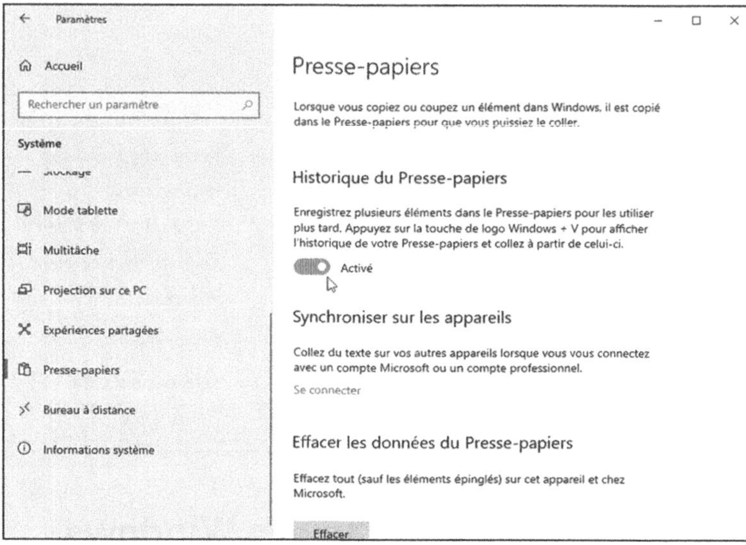

❺ **Fermez la fenêtre Paramètres.**

Voilà ! Dès que vous copierez du texte, il sera stocké dans cet historique.

Pour effacer cet historique, accédez de nouveau à ses paramètres. Dans la section Effacer les données du Presse-papiers, cliquez sur le bouton Effacer.

Bien ! Mais comment coller des éléments du Presse-papier Windows ? Exécutez simplement le raccourci clavier Windows + V. Cette action ouvre le Presse-papiers illustré sur la Figure 6.12. Il ne vous reste plus qu'à cliquer sur l'élément à coller dans votre document.

Figure 6.12

Choisissez ici le contenu à coller dans votre document.

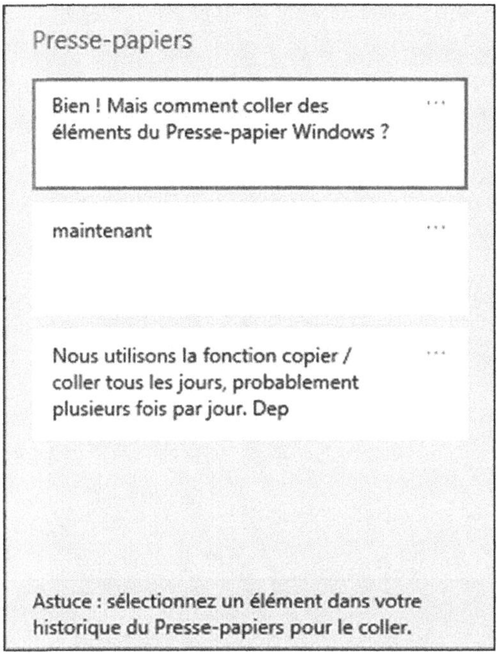

Chapitre 7

Pas vu, pas pris

DANS CE CHAPITRE

Localiser les applications et les programmes ouverts

Retrouver des fenêtres du bureau et des fichiers

Retrouver des programmes perdus, des courriers électroniques, des morceaux de musique, des photos et des documents

Trouver d'autres ordinateurs sur un réseau

À la recherche du temps perdu avec Chronologie

À un moment ou à un autre, Windows vous laissera dans la perplexité : « Ce fichier était là il y a une seconde. Où a-t-il bien pu se fourrer ? »

Vous apprendrez dans ce chapitre comment faire pour retrouver vos petits quand Windows se met à jouer à cache-cache, et comment la fonction Chronologie vous fera gagner un temps précieux.

Localiser les applications et les programmes ouverts

Sur une tablette sous Windows 10, une application occupe généralement la totalité de l'écran. Cliquez sur la vignette d'une autre application, et elle emplit à son tour tout l'écran, masquant ainsi la précédente. Bien sûr, cela facilite son utilisation, mais ce confort a un prix : vos autres applications restent constamment cachées sous un invisible cloaque.

Le problème se pose différemment dans le cas du bureau de votre PC, puisqu'il vous permet d'exécuter applications et programmes dans des fenêtres distinctes. Mais, au bouton d'un certain temps, ces fenêtres finissent tout de même par se recouvrir et se masquer mutuellement.

Windows offre une solution facile pour résoudre ce problème. Il sait dégager d'un coup l'écran et réduire toutes les fenêtres sous la forme de miniatures dont il vous montre un aperçu, comme sur la. Cliquez simplement sur l'application ou le programme que vous voulez activer, et sa fenêtre retrouve sa taille normale en se plaçant au premier plan du bureau.

Pour voir ces miniatures, et éventuellement pour refermer les fenêtres dont vous n'avez plus besoin, suivez l'une de ces méthodes :

» **Souris :** cliquez sur le bouton Affichage des tâches de la barre des tâches, juste à droite de l'icône du cercle qui donne accès aux fonctions vocales de Cortana. Pour réactiver une application ou un programme, cliquez tout simplement sur sa miniature. Et pour refermer une application ou un programme, cliquez sur la croix affichée en haut et à droite de sa miniature.

Si vous avez cliqué par erreur sur le bouton Affichage des tâches, il vous suffit de refaire le même (ou d'appuyer sur la touche Échap) pour revenir à la normale.

» **Clavier :** appuyez sur les touches Windows + Tab pour voir la page des miniatures. Appuyez ensuite sur les touches fléchées pour vous déplacer entre les miniatures. Lorsque vous avez trouvé votre bonheur, appuyez sur la touche Entrée.

Depuis l'éternité des temps, Windows propose aussi la combinaison de touches Alt + Tab pour circuler rapidement entre les applications (les miniatures sont cette fois sagement alignées horizontalement). La touche Windows restant enfoncée, appuyez à plusieurs reprises sur la touche Tab. Cette action vous fait passer d'une miniature à une autre. Lorsque la vignette de l'application ou du programme que vous recherchiez est sélectionnée, relâchez les deux touches pour y accéder.

» **Écran tactile :** en mode Tablette, effleurez lentement l'écran du bord gauche vers l'intérieur. Les miniatures de vos applications vont apparaître. Touchez la vignette de l'application à rouvrir. Pour la fermer, touchez la croix affichée en haut et à droite de sa miniature.

Pour travailler au cas par cas, placez le pointeur de la souris en haut de l'application ou du programme que vous voulez replier pour faire apparaître sa barre de titre. Cliquez alors sur le bouton de réduction (-). La fenêtre disparaît, mais sans fermer le programme, cédant ainsi la place au suivant de liste.

Si vous êtes vraiment perdu, cliquez sur le petit bandeau, à la droite de l'horloge. Le bureau réapparaît dans sa splendeur, les icônes des applications et des programmes ouverts restant sagement rangées dans la partie centrale de la barre des tâches.

Le bouton Affichage des tâches donne accès à Chronologie, une fonctionnalité de Windows 10 étudiée à la fin de ce chapitre.

Retrouver les fenêtres égarées sur le bureau

Le bureau de Windows fonctionne un peu comme un pique-notes. Chaque fois que vous ouvrez une nouvelle fenêtre, c'est comme si vous mettiez une autre note sur la pique. La fenêtre du dessus est facile à lire, mais atteindre l'une de celles qui sont dessous est plus compliqué. Mais si une petite partie d'une fenêtre dépasse, il suffit de cliquer dessus pour la mettre au premier plan.

Quand une fenêtre est complètement recouverte par d'autres, recherchez-la dans la barre des tâches, en bas de l'écran (si elle ne veut pas se montrer, appuyez sur la touche Windows). Cliquez sur le nom de la fenêtre et la voilà qui émerge du tas. La barre des tâches est décrite au Chapitre 3.

Toujours introuvable ? La touche Alt enfoncée, appuyez à répétition sur la touche Tab pour voir un ruban contenant une vignette de chacune des fenêtres ouvertes et passer de l'une à l'autre. À la place de la touche Alt, vous pouvez aussi actionner la molette de la souris. Lorsque la vignette désirée est sélectionnée, relâchez la touche Alt pour la placer au premier plan.

Si vous êtes certain qu'une fenêtre est ouverte, mais qu'elle reste introuvable, répartissez-les toutes sur le bureau. Pour ce faire, cliquez du bouton droit sur la barre des tâches et, dans le menu, choisissez Afficher les fenêtres côte à côte. C'est la solution de dernier recours, mais qui peut vous faire retrouver la fenêtre égarée.

Trouver une application, programme, un paramètre, un document, etc.

Nous avons vu dans les deux sections précédentes comment trouver des applications et des programmes actuellement ouverts. Mais comment faire pour trouver par exemple un programme que vous n'avez pas utilisé depuis un moment ?

C'est précisément le travail dévolu au champ Taper ici pour rechercher de Cortana, cet assistant vocal que vous pouvez toutefois utiliser à la souris et au clavier si vous ne disposez ni de micro, ni de webcam. Il se situe immédiatement à droite du bouton Démarrer. Il peut vous aider à retrouver des fichiers, des programmes ou des paramètres cachés, voire même des sites Internet que vous n'aviez jamais visités. En bref, ce champ recherche *tout*.

Pour utiliser Cortana vocalement, cliquez sur le petit cercle situé à droite de ce champ. Pour activer vocalement, c'est-à-dire sans être obligé de cliquer sur ce petit cercle, vous devez activer la fonction Hey Cortana de la manière suivante :

1. **Cliquez sur le bouton Démarrer, puis sur l'icône Paramètres (engrenage).**
2. **Dans la fenêtre Paramètres, cliquez sur Cortana.**
3. **Dans la fenêtre des réglages de cette assistante, activez l'option Hey Cortana, comme sur la Figure 7.1.**

Figure 7.1

Activez Hey Cortana !

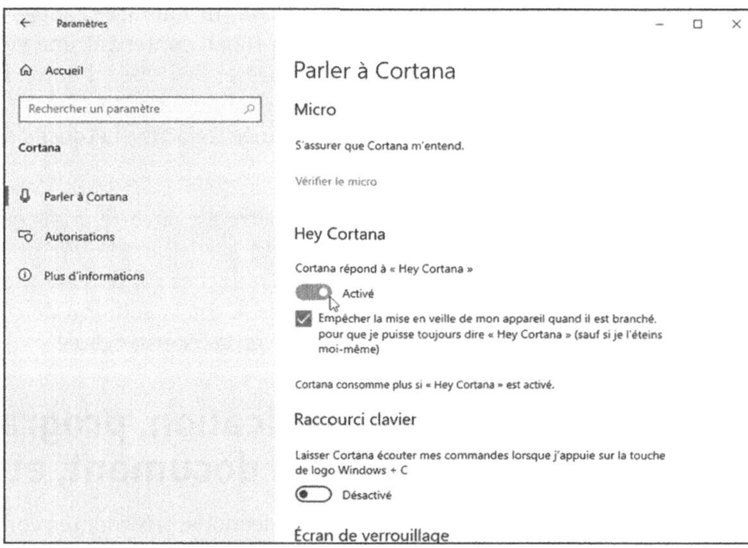

À partir de cet instant, il vous suffira de dire « Hey Cortana » dans votre micro pour que l'assistante entre en action. Plus besoin de cliquer préalablement sur un quelconque bouton.

Pour retrouver un élément dont vous avez perdu la trace, suivez ces étapes :

❶ **Cliquez dans le champ Taper ici pour rechercher.**

Il se situe à droite du bouton Démarrer. Windows affiche le panneau de l'assistant numérique Cortana qui prendra en charge cette recherche.

❷ **Tapez l'objet de votre recherche dans le champ de saisie en bas du panneau qui vient d'apparaître.**

Dès que vous commencez à saisir un caractère, Windows commence à lancer une recherche.

❸ **Pour localiser plus facilement l'élément recherché, cliquez sur l'un des onglets Applications, Documents, Courrier électronique, ou Web. Pour accéder à d'autres types de fichier, cliquez sur le menu local Plus (Figure 7.2).**

En ciblant une catégorie, Cortana retrouvera plus facilement donc rapidement ce que vous recherchez.

Figure 7.2

Cortana permet désormais de choisir une catégorie de recherche.

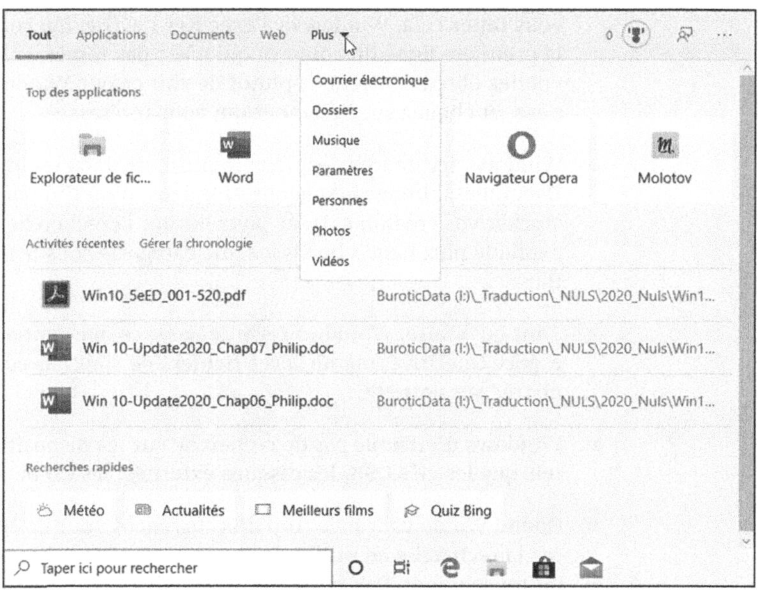

La reconnaissance vocale de Cortana ainsi que l'objet de votre requête ne permet pas toujours à cet assistant d'être très convaincant. Il est souvent plus rapide de taper votre requête au clavier plutôt que de poser une question oralement. De ce fait, Cortana ouvrira très souvent Microsoft Edge et le moteur de recherche Bing pour vous proposer des réponses à votre question.

❹ **Choisissez un des éléments proposés pour l'ouvrir et l'afficher au premier plan sur l'écran.**

Cliquez par exemple sur une chanson, et la musique démarre dans Groove Musique (ou dans le lecteur MP3 que vous avez défini par défaut). Cliquez sur un réglage, et le Panneau de configuration ou l'application Paramètres s'affiche au bon endroit.

Voici quelques considérations sur ce type de recherche :

» Pour aller plus vite, Cortana ne liste que les noms des fichiers qui vérifient votre critère. Si cette stratégie permet généralement de trouver rapidement la bonne réponse, elle ne vous sera d'aucun secours si vous recherchez le mot **oranges** dans votre liste de courses. Si vous ne trouvez pas exactement ce que vous recherchez, finissez la saisie de votre critère, puis utilisez l'un des boutons de filtrage.

» N'appuyez pas sur la touche Entrée pour terminer votre saisie. Si vous faites cela, Windows va exécuter l'action qui correspond à la première ligne du volet, ce qui n'est pas forcément ce que vous vouliez obtenir. Attendez plutôt de voir ce que Windows vous propose, et cliquez sur l'élément qui vous intéresse.

» Windows scrute tous les fichiers présents dans les bibliothèques Documents, Images, Musique et Vidéos, d'où l'importance d'y stocker vos créations. Donc pour limiter la recherche, et comme expliqué plus haut, choisissez une catégorie sous le menu local Plus.

» Tant qu'à faire, Windows regarde aussi ce que contient votre espace OneDrive, même si ces fichiers ne sont pas également enregistrés sur votre PC.

» Windows n'effectue *pas* de recherche sur les dispositifs amovibles, tels que les clés USB, les disques externes, les CD ou les DVD.

» Quand Windows trouve trop d'occurrences pour un terme, limitez la recherche en utilisant une phrase (si possible courte) plutôt qu'un seul mot. Par exemple, au lieu de **Paris**, tapez **Paris au mois d'août**. Plus les mots sont nombreux, plus les chances de ne voir apparaître que le bon fichier, ou le bon critère de recherche sur l'Internet, sont accrues.

» **Lors d'une recherche, Windows ne différencie pas les majuscules des minuscules. Pour Windows, le mot « pierre » et le prénom « Pierre », c'est pareil.**

Recherche vocale avec Cortana

Cortana est un assistant numérique personnel dont l'objectif est de vous simplifier la vie en retrouvant non seulement des fichiers égarés, mais aussi des éléments d'information vous concernant ou concernant votre environnement proche. Il peut s'agir de la météo locale, du trafic routier, ou encore des restaurants localisés non loin de chez vous. Cortana est même capable, normalement, de vous prévenir lorsque la tournée de votre groupe préféré s'arrête près de chez vous.

En réalité, vous avez déjà fait la connaissance de Cortana. En effet, c'est lui en effet qui effectue les recherches, comme nous venons de le voir précédemment.

Cortana tend constamment l'oreille pour écouter ce que vous dites, que ce soit sur votre PC, votre tablette ou votre smartphone. Bien entendu, encore faut-il qu'un micro soit ouvert et que vous y parliez... Cortana attend que vous prononciez la phrase magique « Hey Cortana ». Lorsque vous prononcez ces mots, Cortana commence à écouter attentivement ce qui suit et à traiter votre demande.

Pour faire une recherche sur l'Internet à propos de Lady Gaga, dites « Hey Cortana Lady Gaga ». Ne faites pas de pause après les deux mots d'introduction, sinon Cortana pourrait croire que vous l'aviez appelée par erreur et replonger du coup dans une profonde léthargie. Parlez normalement, sans respecter de ponctuation virtuelle.

L'activation de la fonction Hey Cortana est expliquée plus haut dans ce chapitre.

Cortana active rapidement votre navigateur Internet et le moteur de recherche de Microsoft, Bing, en rassemblant toutes les informations trouvées sur Lady Gaga (d'accord, il y en a beaucoup, et la plupart sont en anglais).

Retrouver un fichier dans un dossier du bureau

Le panneau de recherche analyse des tas de choses, ce qui peut représenter une excessive quantité d'informations si vous voulez par exemple tout simplement retrouver un certain fichier dans un seul dossier. C'est pourquoi un champ Rechercher est présent dans l'Explorateur de fichiers. La recherche que vous y lancerez se limitera au dossier actif.

Pour trouver un fichier perdu dans un dossier, ouvrez son contenu dans l'Explorateur de fichiers. Cliquez dans le champ Rechercher situé à droite de la barre d'adresse, et tapez quelques lettres ou mots qui se trouvent dans le fichier. Le filtrage commence dès la saisie de la première lettre. La recherche se restreint ensuite jusqu'à ce que ne soient affichés que les quelques fichiers parmi lesquels se trouve, avec un peu de chance, celui que vous recherchez.

Lorsque le champ Rechercher d'un dossier trouve trop de réponses, faites appel à une autre aide : les en-têtes des colonnes. Pour obtenir de meilleurs résultats, activez le mode Détails sous l'onglet Affichage de l'Explorateur de fichiers. Les noms des fichiers viennent alors sagement s'aligner les uns en dessous des autres, et dans l'ordre des noms. Il suffit alors de faire défiler la page, ou de taper la première lettre du nom dans le champ Rechercher pour retrouver rapidement le coupable (voir la Figure 7.3).

Figure 7.3

L'affichage en mode Détails permet de trier les fichiers par nom ou par un autre critère, ce qui facilite la recherche.

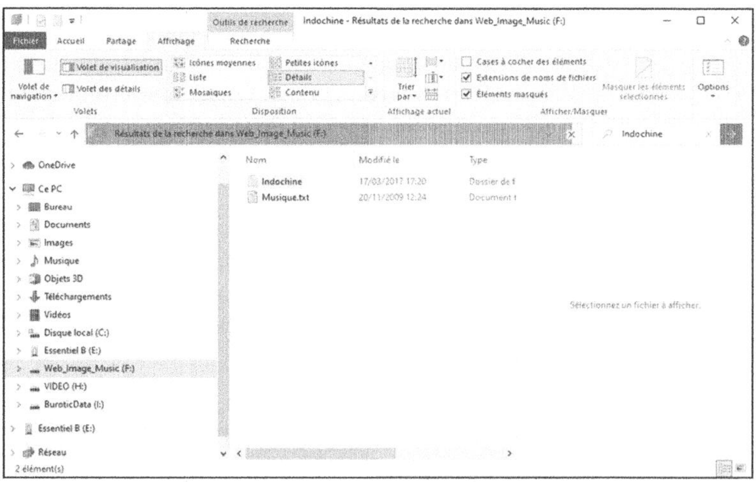

Remarquez les en-têtes de colonnes Nom, Modifié le, Type, Taille ou encore Chemin du dossier. Cliquez sur l'un d'eux pour trier les fichiers selon les critères suivants :

» **Nom :** vous connaissez les premières lettres du nom du fichier ? Cliquez sur cet en-tête pour trier les fichiers alphabétiquement, puis parcourez la liste. Cliquez de nouveau sur Nom pour inverser l'ordre du tri.

» **Modifié le :** cliquez sur cet en-tête si vous vous souvenez vaguement de la date à laquelle vous avez modifié le document pour la dernière fois. Les fichiers les plus récents sont ainsi placés en haut de la liste. Cliquer de nouveau sur Date de modification inverse l'ordre, un bon moyen pour retrouver des fichiers anciens.

» **Type :** cet en-tête trie les fichiers selon leur contenu. Toutes les photos sont regroupées, et aussi tous les documents textuels. Commode pour retrouver quelques photos perdues parmi une quantité de fichiers de texte.

» **Taille :** si vous savez que ce que vous cherchez est plutôt léger, ou au contraire particulièrement volumineux, cette colonne vous permettra de trier les fichiers selon leur encombrement sur le disque dur.

» **Dossier :** Windows indique aussi l'arborescence des sous-dossiers. C'est un critère qui peut parfois être utile.

» **Auteurs :** Microsoft Word, ainsi que d'autres programmes, mémorisent votre nom dans les documents que vous créez. Voilà une autre possibilité pour savoir si c'est Vincent, François, Paul ou quelqu'un d'autre qui a tapé cet important courrier que vous n'arrivez pas retrouver.

» **Mots-clés :** Windows vous permet souvent d'affecter des mots-clés à vos documents ou à vos photos. J'y reviendrai un peu plus loin.

En règle générale, la vue Détails des dossiers affiche par défaut quatre colonnes : Nom, Modifié le, Type et Taille. Mais vous pouvez en afficher bien d'autres, par exemple pour visualiser le nombre de mots dans un texte, la date de prise de vue d'une photo, la date de création d'un fichier, et des dizaines d'autres types d'informations. Pour révéler tout cela, cliquez du bouton droit sur l'en-tête d'une des colonnes. Dans la liste qui s'affiche, cochez ou décochez les options qui vous intéressent. Et, rien que pour vous donner le tournis, cliquez sur Autres. Vous allez alors découvrir l'immense cohorte des données susceptibles d'être associées à vos fichiers.

Vous pouvez également interroger Cortana. Par exemple, vous souhaitez travailler de nouveau sur un fichier récemment ouvert, mais vous ne savez plus ni son nom, ni le programme que vous avez utilisé. Demandez ceci à Cortana : « Hey Cortana quels sont les fichiers récemment ouverts ? ». L'assistant vous en propose une liste.

Tri approfondi

Lorsqu'un dossier est affiché en mode Détails, comme sur la Figure 7.3, le nom des fichiers figure dans une colonne, les colonnes de détails se trouvant à droite. Vous pouvez trier le contenu d'un dossier en cliquant sur l'en-tête de l'une des colonnes : Nom, Modifié le, Type, *etc.* Mais Windows est capable de trier selon bien d'autres critères, comme vous le constatez en cliquant sur la petite flèche pointant vers le bas, à droite de chaque nom de colonne.

Cliquez sur la petite flèche de la colonne Modifié le, par exemple, et un calendrier se déploie, comme sur la figure ci-dessous. Cliquez sur une date et le dossier n'affiche que les fichiers modifiés ce jour-là, filtrant tous les autres. Sous le calendrier, des cases permettent de ne voir que les fichiers créés aujourd'hui ou il y a longtemps. L'option qui trouve au-dessus du calendrier vous permet même de spécifier une certaine plage de dates.

De même, cliquer sur la flèche à côté de Type déploie la liste des extensions de nom des fichiers qui se trouvent dans le dossier courant.

Ces filtrages ne sont pas sans inconvénient, car il est facile d'oublier que l'un d'eux est en cours. Une coche, à côté de l'en-tête d'une colonne, vous le rappelle toutefois. Pour désactiver le filtrage et voir tous les fichiers du dossier, cliquez sur la coche et examinez le menu déroulant. Cette action décoche les cases et supprime le filtrage.

Rechercher des photos perdues

Windows indexe vos documents du premier au dernier mot, mais il est incapable de faire la différence entre une photo de votre chat et celle d'un mariage. Pour identifier des photos, il ne peut que se fier aux informations textuelles dont il dispose. Les quatre conseils qui suivent lui facilitent la tâche :

» **Ajoutez des mots-clés à vos photos.** Quand vous connectez votre appareil photo numérique ou votre smartphone au PC, comme expliqué au chapitre consacré à l'application Photos, Windows propose alors de transférer les photos. Au cours de la copie, il suggère de leur ajouter des mots-clés. C'est le moment d'en introduire quelques-uns qui décrivent leur contenu. Windows indexe les mots-clés, ce qui facilite les recherches ultérieures.

» **Stockez les séries de prises de vue dans des dossiers séparés.** Le programme d'importation de photos de Windows crée automatiquement un nouveau dossier pour chaque série de photos, selon la date courante et la balise choisie. Mais si vous utilisez un autre logiciel de transfert, veillez à créer un dossier pour chaque journée de prise de vue, série de photos ou événement, et nommez-le judicieusement : Soirée sushi, Planches de Deauville, Cueillette de champignons ou Anniversaire de Jules.

» **Triez par date.** Vous venez de dénicher un dossier bourré à craquer de photos en tous genres ? Voici une façon rapide de vous y retrouver : cliquez sur l'onglet Affichage puis, dans le groupe Disposition, cliquez sur Grandes icônes ou sur Très grandes icônes. Chaque photo est alors représentée par une vignette montrant son contenu. Ensuite, dans le groupe Affichage actuel, cliquez sur l'icône Trier par ; dans le menu, choisissez Prise de vue. Vos photos seront présentées dans l'ordre chronologique où vous les avez prises.

» **Renommez les photos.** Au lieu de laisser vos photos de vacances aux Seychelles nommées IMG_2421, IMG_2422 et ainsi de suite, donnez-leur un nom plus parlant. Sélectionnez tous les fichiers du dossier en appuyant sur les touches Ctrl + A. Cliquez ensuite du bouton droit dans la première image, choisissez Renommer et tapez **Seychelles**. Windows les renommera Seychelles, Seychelles (2), Seychelles (3) et ainsi de suite (si vous êtes saisi d'un regret, appuyez tout de suite sur Ctrl + Z pour annuler l'opération).

Appliquer ces quatre règles simples évitera que votre photothèque ne devienne un invraisemblable fouillis de fichiers.

Trouver d'autres ordinateurs sur le réseau

Un *réseau* est un groupe d'ordinateurs reliés entre eux, permettant de partager ainsi des fichiers, une imprimante ou la connexion Internet. La plupart des gens utilisent un réseau quotidiennement sans même le savoir : quand vous relevez par exemple vos courriers électroniques, votre ordinateur se connecte à un ordinateur distant – un serveur – afin d'y télécharger les messages en attente.

Le plus souvent, vous n'avez pas à vous soucier des autres ordinateurs de votre réseau privé, avec des PC et même des Mac. Mais, si vous voulez en localiser un afin d'y chercher des fichiers, par exemple, Windows se fera une joie de vous aider.

Pour trouver un ordinateur sur le réseau, ouvrez l'Explorateur de fichiers. Dans le volet de navigation, cliquez sur Réseau. Windows affiche tous les ordinateurs qui sont reliés à votre propre PC (voir la Figure 7.4). Double-cliquez sur le nom d'un ordinateur et parcourez les fichiers qui s'y trouvent.

Figure 7.4

Pour voir les ordinateurs reliés à votre PC, cliquez sur Réseau, en bas à gauche dans le volet de navigation de l'Explorateur de fichiers.

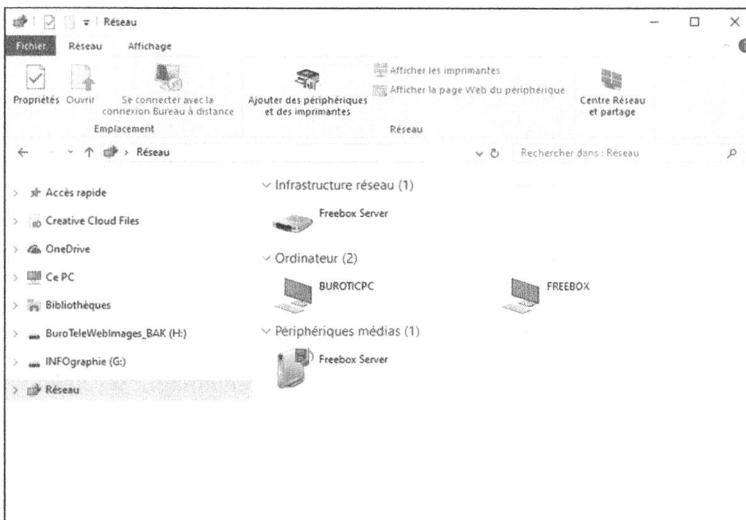

À la recherche du temps perdu

La fonction Chronologie, introduite par la mise à jour Spring Creator Update, mémorise votre activité informatique que vous pouvez consulter à loisir. C'est une sorte de détective très privé de l'utilisation de votre ordinateur.

Reconstruire l'index

Si la fonction de recherche ralentit considérablement ou si elle ne parvient pas à trouver des fichiers alors que vous êtes sûr qu'ils sont quelque part, vous devrez demander à Windows de tout réindexer.

Windows reconstruit l'index en tâche de fond pendant que vous travaillez, mais pour ne pas subir le ralentissement de l'ordinateur, il est préférable d'effectuer la reconstruction au cours de la nuit. Ainsi, Windows moulinera pendant votre sommeil, et vous livrera un index tout neuf avec les croissants du petit-déjeuner.

Procédez comme suit pour lancer la réindexation :

1. **Cliquez dans le champ Taper ici pour rechercher, à droite du bouton Démarrer, et saisissez** `options indexation`.

   La première proposition de Cortana devrait être Options d'indexation Panneau de configuration. Cliquez sur cette proposition.

   La fenêtre Options d'indexation va s'afficher.

2. **Cliquez sur le bouton Avancé, puis sur le bouton Reconstruire.**

   Windows vous prévient que cela risque d'être long, car, ainsi que l'avait remarqué Woody Allen : « L'éternité c'est long, surtout vers la fin ».

3. **Cliquez sur OK.**

   Windows réindexe tout ce qu'il trouve sur sa route. L'ancien index ne sera supprimé que quand le nouveau sera prêt.

Utiliser Chronologie

Chronologie est très simple à utiliser. Il suffit de cliquer sur l'icône Affichage des tâches de la barre des tâches. Nous savons qu'elle permet de voir toutes les fenêtres des applications actuellement ouvertes, et donne accès à la création de bureaux supplémentaires (voir le Chapitre 3).

La Chronologie est accessible *via* une barre verticale située sur la droite, comme le montre la Figure 7.5. La mention Maintenant affiche les miniatures des programmes et applications en cours d'exécution.

Pour afficher des activités plus anciennes, il suffit de faire glisser le curseur (cercle vide sur la droite) vers le bas. La barre temporelle change la date au fur et à mesure que vous remontez dans le temps. Le contenu sur la gauche représente certaines de vos activités à une date

Figure 7.5

La barre temporelle sur la droite donne accès à la chronologie de votre activité.

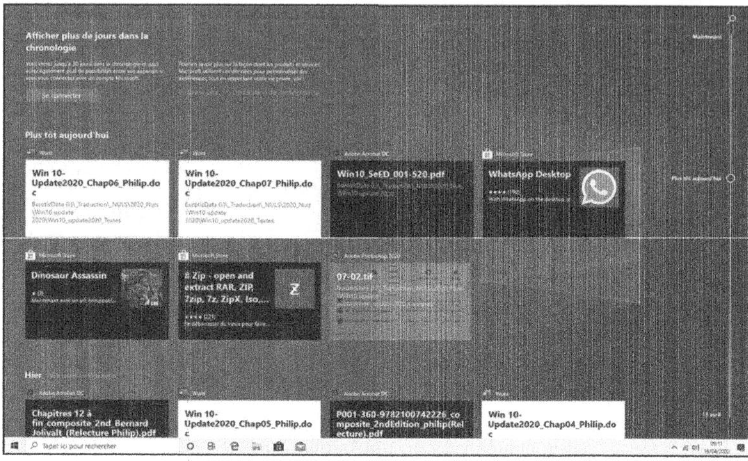

précise, comme des documents sur lesquels vous avez travaillé, ou encore des sites Web que vous avez visités. Cliquez sur une miniature pour ouvrir la page dans votre navigateur Web ou le document dans le programme qui a permis de le créer (ou de le consulter).

Si vous recherchez une activité particulière et que vous ne vouliez pas consulter toute la Chronologie, cliquez sur l'icône de la loupe située juste au-dessus de la mention Maintenant. Un champ de saisie apparaît. Tapez le nom de l'activité. Il peut s'agir du nom d'un site, ou encore d'un document. Au fur et à mesure que vous saisissez des lettres, Chronologie affine sa recherche.

Pour supprimer une des activités ou toutes les activités d'un jour précis, cliquez-droit sur une vignette. Dans le menu contextuel qui apparaît, choisissez Supprimer pour n'effacer que cette activité, ou Effacer tout de <date de la journée des activités> pour supprimer toutes les activités d'un jour précis.

Configurer la Chronologie

Pour afficher jusqu'à 30 jours d'activité, cliquez sur le bouton Oui de la section Afficher plus de jours dans la Chronologie.

Si vous n'utilisez pas un compte Microsoft, cette fonction ne sera pas disponible. Donc, pour afficher jusqu'à 30 jours d'activité, il vous faudra cliquer sur le bouton Se connecter. Dans la boîte de dialogue Paramètres qui apparaît, cliquez sur le lien Se connecter plutôt avec un compte Microsoft. Suivez alors la procédure de création du compte en question en cliquant sur Créez-en un !, ou bien utilisez un compte Microsoft existant. Je rappelle qu'il s'agit d'une adresse mail que vous avez définie comme étant votre compte Microsoft.

Si vous souhaitez configurer voire désactiver la fonction Chronologie, voici comment procéder :

1. **Cliquez sur le bouton Démarrer, puis sur l'icône Paramètres.**
2. **Dans la fenêtre Paramètres, cliquez sur Système.**
3. **Dans la colonne de gauche, choisissez Multitâche.**
4. **Enfin, dans la section Chronologie (à droite), activez ou désactivez Afficher des suggestions dans votre Chronologie, comme le montre la Figure 7.6.**

   À partir de cet instant, Windows vous suggérera ou non des activités en fonction de vos propres activités.

Figure 7.6

Activer ou non la Chronologie de Windows.

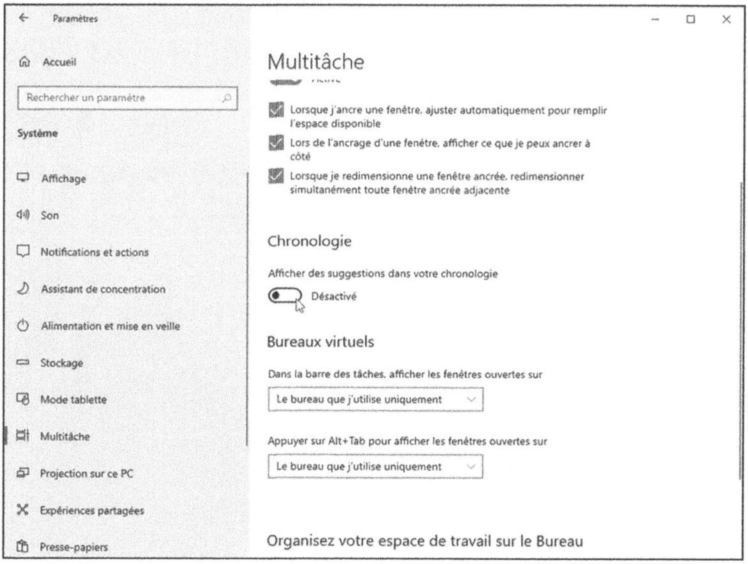

Mais vous pouvez aller plus loin si vous considérez que Chronologie est une atteinte à votre vie privée :

1. **Cliquez sur le bouton Démarrer puis sur l'icône Paramètres.**
2. **Dans la fenêtre Paramètres Windows, cliquez sur Confidentialité.**
3. **Ensuite, dans la colonne de gauche, cliquez sur Historique des activités.**
4. **Dans la partie droite, décochez Enregistrer l'historique de mes activités sur cet appareil et Envoyer l'historique de mes activités à Microsoft.**

   Bien entendu, si vous souhaitez profiter de Chronologie, ne désactivez que l'option Envoyer l'historique de mes activités à Microsoft.

Si d'autres comptes sont déclarés sur votre PC, vous pouvez indiquer à Windows de ne pas récupérer vos informations d'activités en décochant les cases de la section Afficher les activités de comptes.

Chapitre 8

Faites bonne impression

DANS CE CHAPITRE

Imprimer depuis des applications du menu Démarrer

•

Imprimer des fichiers, des enveloppes et des pages Internet depuis le bureau

•

Adapter le document à la page Résoudre les problèmes d'impression

Dans votre vie informatique, il serait étonnant que vous ne soyez pas amené à imprimer du texte, des photos, et pourquoi pas du texte avec des photos (et réciproquement). Vous allez donc quitter vos écrans pour poser vos yeux sur... une feuille de papier. (Vous expliquerez à vos enfants qu'ils n'ont pas besoin de mot de passe pour lire le contenu de ce type de support.)

Ce chapitre est consacré à l'impression (pas celle que vous produisez, mais celle que vous faites, ou inversement). Vous apprendrez comment faire tenir un document sur une feuille sans qu'il soit tronqué. Vous allez donc apprendre à imprimer à partir des applications du menu Démarrer, mais aussi depuis des programmes du bureau. Je vous expliquerai également comment imprimer les parties utiles d'une page Internet, sans le reste du site, les publicités, les menus et les images qui ne font que vider les réservoirs d'encre.

Nous aborderons également la mystérieuse et méconnue notion de file d'attente, qui permet d'annuler l'impression des documents envoyés à l'imprimante, avant de gâcher du papier suite à un mauvais choix de papier, de document, ou à une configuration approximative de l'imprimante.

Et si, à l'inverse, vous préférez transformer des documents sur papier en fichiers informatiques, ce chapitre se termine par un aperçu de l'application Télécopie et numérisation de Windows. Avec l'aide d'un matériel adapté, elle est capable de numériser textes, images, cartes et ainsi de suite.

Imprimer depuis une application du menu Démarrer

Bon nombre d'applications sont dépourvues d'une fonction d'impression, et celles qui en disposent proposent des options relativement restreintes. Voici comment imprimer à partir d'une application de l'écran de démarrage, Photos en l'occurrence :

1. **Ouvrez le menu Démarrer.**

2. **Parmi la liste des applications, ou dans l'écran de démarrage, exécutez l'application qui gère le document à imprimer.**

   Par exemple, utilisez Word pour un fichier .doc, ou Photos si vous gérez vos images avec cette application de Windows 10. Pour les besoins de cette démonstration, exécutez l'application Photos.

3. **Sélectionnez une image en cliquant sur la coche qui apparaît en haut à droite de sa vignette lorsque vous placez le pointeur de la souris dessus, ou affichez une photo en cliquant sur cette même vignette.**

4. **Dans les deux cas, cliquez sur l'icône de l'imprimante en haut à droite de l'interface.**

   Il existe un moyen simple et rapide de savoir si une application possède une fonction d'impression : appuyez sur les touches Ctrl + P. Si la boîte de dialogue d'impression n'apparaît pas, cela signifie que l'application ne peut pas imprimer.

   Le fait de cliquer sur l'icône Imprimer ouvre la boîte de dialogue Imprimer illustrée sur la Figure 8.1.

5. **Dans le menu local Imprimante, choisissez le périphérique d'impression à utiliser si, bien entendu, plusieurs imprimantes sont disponibles depuis votre ordinateur.**

6. **Effectuez les réglages d'impression voulus.**

   La fenêtre d'impression, illustrée sur la Figure 8.1, montre un aperçu de ce qui sera imprimé, ainsi que le nombre de pages, le nombre de copies, l'orientation actuelle du papier et, si possible, le mode d'impression en couleur. Si la boîte de dialogue propose plusieurs pages, cliquez sur les chevrons situés au-dessus de l'aperçu pour les parcourir.

   Pas assez d'options d'impression ? Cliquez sur le lien Autres paramètres en bas de la fenêtre. C'est ici que vous choisirez la qualité

Figure 8.1

Choisissez vos options d'impression, ou cliquez sur Autres paramètres pour des options supplémentaires.

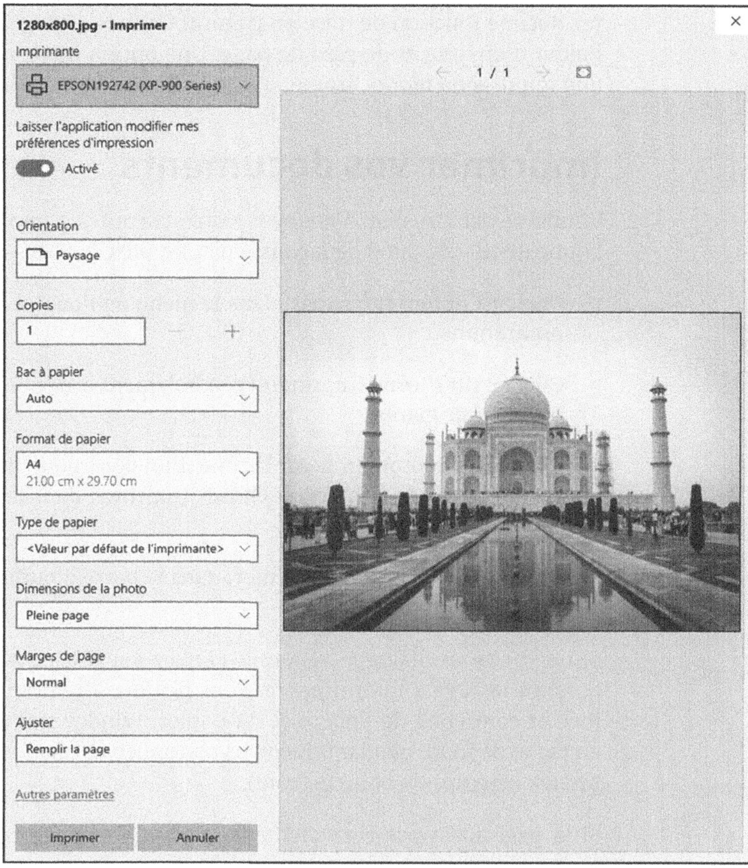

d'impression en fonction du papier que vous utilisez. Par exemple, pour une photo, il est conseillé d'utiliser un papier photo de la marque de votre imprimante, puis de choisir Papier photo dans le menu local Type de papier, et Photo supérieure dans le menu local Qualité de sortie.

❼ **Cliquez sur le bouton Imprimer.**

C'est parti ! Windows imprime votre travail en se servant des paramètres définis lors de l'Étape 4.

Bien qu'il soit possible d'imprimer à partir de quelques applications, vous serez cependant confronté à certaines limitations. Cliquer sur le lien Autres paramètres permet de choisir l'orientation Portrait ou Paysage, ou sélectionner le bac d'alimentation. Mais vous ne trouverez aucune fonction de mise en page, comme le réglage des marges ou l'ajout d'en-tête et de pied de page. Une option Mode couleur permet une impression monochrome, c'est-à-dire en noir et blanc.

Imprimer vos documents

Windows est capable d'envoyer votre travail à l'imprimante d'une bonne demi-douzaine de façons. Voici les plus connues :

» **Choisir l'option Imprimer, dans le menu ou l'onglet Fichier d'un programme.**

» **Cliquer sur l'icône Imprimer (généralement ornée de l'icône d'une petite imprimante).**

» **Cliquer du bouton droit sur l'icône d'un document affiché dans l'Explorateur de fichiers, et choisir Imprimer dans le menu contextuel qui apparaît.**

» **Cliquer sur le bouton Imprimer, dans la barre d'outils ou de commandes d'un programme.**

Si une boîte de dialogue apparaît, cliquez sur OK, et Windows envoie aussitôt la page à l'imprimante. Pour peu que l'imprimante soit allumée et contienne de l'encre et du papier, Windows se charge de tout en tâche de fond, pendant que vous continuez à travailler (ou que vous prenez le temps de boire un café).

Si la page n'est pas correctement imprimée – texte tronqué, caractères grisâtres, mise en page inadaptée... –, vous devrez modifier les paramètres d'impression ou changer de qualité de papier, comme l'expliquent les sections qui suivent.

» **Si une page de l'aide de Windows vous paraît utile, cliquez dessus du bouton droit et choisissez Imprimer. Ou alors, cliquez sur l'icône Imprimer, si vous en voyez une.**

» **Pour imprimer rapidement un lot de documents, sélectionnez toutes leurs icônes. Cliquez ensuite du bouton droit dans la sélection et choisissez Imprimer. Windows les envoie tous à l'imprimante, d'où ils émergeront les uns après les autres.**

» Pour accéder rapidement à l'imprimante, ajoutez un raccourci sur le bureau : cliquez dans Taper ici pour rechercher à droite du bouton Démarrer, et saisissez Panneau de configuration. Dans la fenêtre qui apparaît, cliquez sur le lien Afficher les périphériques et imprimantes de la catégorie Matériel et audio. Cliquez-droit sur l'icône de votre imprimante et, dans le menu contextuel qui s'affiche, choisissez Créer un raccourci. Dans la boîte de dialogue qui vous signale qu'il est impossible de créer un raccourci et qui vous propose de le placer sur le Bureau, choisissez Oui. Le raccourci apparaît en effet sur le Bureau de Windows.

» Lorsque vous utilisez une imprimante à jet d'encre et que l'impression est de mauvaise qualité, soit vous vous êtes trompé de type de papier, soit vous devez lancer un nettoyage des buses, et si ce nettoyage ne change rien, remplacez les cartouches d'encre que l'imprimante vous signale comme étant presque totalement vides.

La qualité de l'impression dépend grandement du choix du papier et de la qualité d'impression. Par exemple, imprimer une photo sur

Examiner la page avant de l'imprimer

Pour beaucoup, l'impression relève du mystère : ils cliquent sur Imprimer, et s'interrogent avec une pointe d'anxiété sur ce que la grosse boîte qui ronronne leur sortira. Avec un peu de chance – et de gros sel jeté par-dessus l'épaule gauche –, la page est bien imprimée. Autrement, une feuille aura été gâchée (sans parler du sel).

L'option Aperçu avant impression, qui figure dans le menu Fichier de la plupart des programmes, permet de vérifier la mise en page. Elle affiche le travail en cours en tenant compte des paramètres d'impression, montrant ainsi le document tel qu'il sera imprimé. L'aperçu avant impression est commode pour repérer des problèmes de marge, de tailles de caractères mal choisies et autres défauts typographiques.

L'aperçu avant impression varie d'un programme à un autre, certains étant plus précis, mais tous montrent assez fidèlement ce que sera l'impression. Ainsi, dans les programmes de la suite Microsoft Office, il suffit de cliquer sur la commande Imprimer de l'onglet Fichier pour disposer automatiquement d'un aperçu.

Si l'aperçu vous convient, cliquez sur le bouton Imprimer, en haut de la boîte de dialogue. Mais si quelque chose ne va pas, cliquez sur le bouton Fermer (ou appuyez sur la touche Échap) pour revenir à votre travail et effectuer les corrections qui s'imposent.

un papier photo mais en laissant la qualité texte ne donnera pas une belle image.

» L'installation d'une imprimante est décrite au Chapitre 12.

Configurer la mise en page

En théorie, Windows affiche *toujours* votre travail tel qu'il sera imprimé. C'est ce que l'on appelle le WYSIWIG (en anglais What You See Is What You Get, autrement dit ce que vous voyez est ce que vous obtenez en bon français, ou bien encore « Tel écran, tel écrit »). Si le résultat diffère sensiblement de ce qui était affiché, un petit tour dans la boîte de dialogue Mise en page s'impose (voir la Figure 8.2).

Figure 8.2

Choisissez l'option Mise en page, dans le menu Fichier d'un programme, pour parfaire la présentation de votre travail dans la feuille de papier.

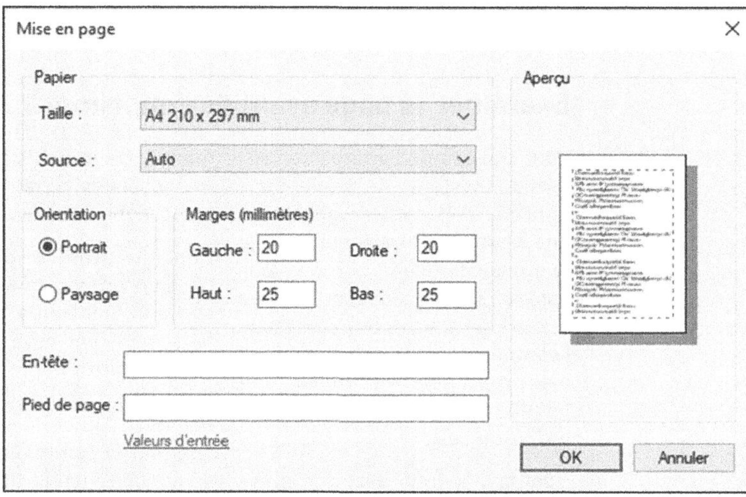

L'option Mise en page, qui figure dans le menu Fichier de la plupart des programmes, sert à peaufiner le positionnement du document dans la page. La boîte de dialogue n'est pas la même d'un programme à un autre, mais le principe général ne change guère. Voici les paramètres les plus courants et à quoi ils servent :

» **Taille : indique au programme le format du papier actuellement utilisé. Laissez cette option sur A4 afin d'utiliser les feuilles normalisées, ou choisissez un autre format (A3, A5, enveloppe...) le cas** échéant. Reportez-vous éventuellement à l'encadré « Imprimer des enveloppes sans finir timbré ».

- **Source :** choisissez Sélection automatique ou encore Cassette, à moins que vous ne possédiez une de ces imprimantes haut de gamme alimentées par plusieurs bacs de feuilles de divers formats. Quelques imprimantes proposent une option Feuille à feuille, où vous devez manuellement introduire chaque feuille.
- **En-tête** et **Pied de page :** vous tapez un code spécial, dans ces zones, pour indiquer à l'imprimante ce qu'elle doit y placer : numéro de page, date et heure, nom et/ou chemin du fichier... Par exemple, le code `&F`, dans le champ En-tête et le code `Page &p`, dans le pied de page, impriment le nom du fichier en haut de chaque feuille, ainsi que le mot « Page » suivi du numéro de page en bas de la feuille.

  Malheureusement, tous les programmes n'utilisent pas les mêmes codes de mise en page. Si un bouton en forme de point d'interrogation se trouve en haut à droite de la boîte de dialogue, cliquez dessus puis dans une zone En-tête ou Pied de page pour en savoir plus. Pas de bouton d'aide ? Appuyez sur la touche F1 et faites une recherche sur **Mise en page** dans le système d'aide.

- **Orientation :** laissez cette option sur Portrait pour imprimer des pages en hauteur, mais choisissez Paysage si vous préférez imprimer en largeur. Cette option est commode pour les tableaux (notez qu'il n'est pas nécessaire d'introduire le papier de côté, dans une imprimante à large laize).
- **Marges :** réduisez les marges pour faire tenir plus de texte dans une feuille. Il faut parfois les régler lorsqu'un document a été créé sur un autre ordinateur. Ou les agrandir pour que vos six pages occupent les sept pages demandées.

  Généralement, les imprimantes sont incapables d'imprimer sur la totalité du papier. Vous devez donc respectivement les marges minimales imposées par votre matériel.

- **Imprimante :** si plusieurs imprimantes sont disponibles, cliquez sur ce bouton pour sélectionner celle que vous désirez utiliser. Cliquez aussi ici pour modifier ses paramètres, une tâche abordée à la prochaine section.

Après avoir configuré les paramètres utiles, cliquez sur OK pour les mémoriser. Et revoyez une dernière fois l'aperçu avant impression pour vous assurer que tout est correct.

Pour trouver la boîte de dialogue Mise en page dans certains programmes, cliquez sur la petite flèche près de l'icône de l'imprimante et choisissez Mise en page dans le menu qui s'affiche.

Régler les paramètres d'impression

Quand vous choisissez Imprimer, dans le menu Fichier d'un programme, Windows vous offre une dernière chance de peaufiner la page. La boîte de dialogue illustrée sur la Figure 8.3 permet de diriger l'impression vers n'importe quelle imprimante installée dans l'ordinateur ou sur le réseau. Pendant que vous êtes là, il est encore possible de régler les paramètres d'impression, de choisir la qualité du papier et de sélectionner les pages à imprimer ainsi que le nombre de copies.

Vous trouverez très certainement ces paramètres dans la boîte de dialogue :

Figure 8.3

La boîte de dialogue Imprimer permet de choisir l'imprimante et de la paramétrer.

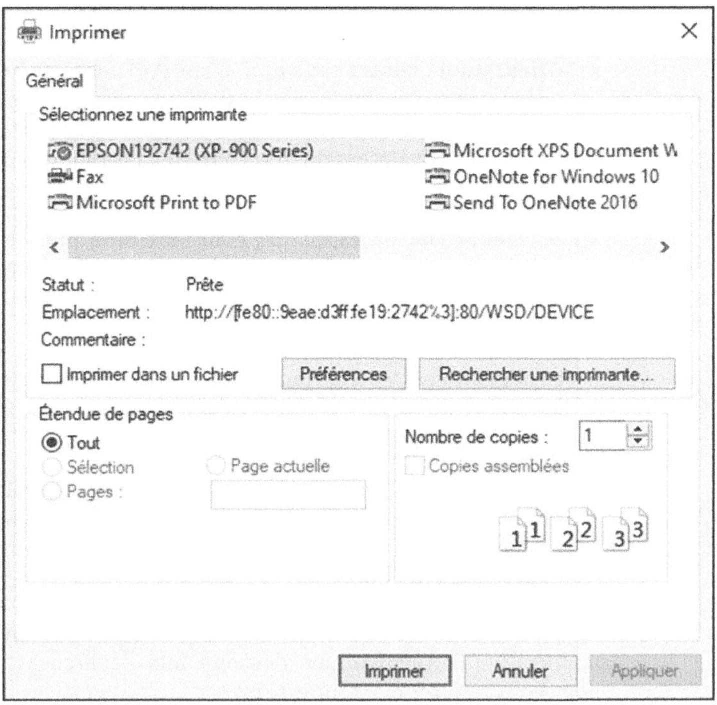

- **Sélectionnez une imprimante :** ignorez cette option si vous n'avez qu'une seule imprimante, car Windows la sélectionne automatiquement. Mais si l'ordinateur accède à plusieurs imprimantes, c'est ici que vous en choisirez une.
- **Étendue de pages :** sélectionnez Tout, pour imprimer la totalité du document. Pour n'imprimer qu'une partie des pages, sélectionnez l'option Pages et indiquez celles qu'il faut imprimer. Par exemple, si vous tapez **1-4, 6**, vous imprimez les quatre premières pages d'un document ainsi que la sixième, mais ni la cinquième ni les autres. Si vous avez sélectionné par exemple un paragraphe, choisissez Sélection pour n'imprimer que lui. C'est un excellent moyen pour n'imprimer que les parties intéressantes d'une page Internet, et non la totalité (qui peut être fort longue).
- **Nombre de copies :** le plus souvent, les gens n'impriment qu'un exemplaire. Mais s'il vous en faut davantage, c'est ici que vous l'indiquerez. L'option Copies assemblées n'est utilisable que si l'imprimante dispose de cette fonctionnalité. Elle imprime chaque travail dans l'ordre des numéros des pages. Autrement dit, elle imprime toutes les pages 1, puis toutes les pages 2, et ainsi de suite.
- **Préférences :** cliquez sur ce bouton pour accéder à la boîte de dialogue de la Figure 8.4, où vous choisissez les options spécifiques à votre modèle d'imprimante. Il s'agit de ce que les spécialistes appellent *le pilote d'impression.* Il permet notamment de sélectionner différents grammages de papier, de choisir entre l'impression en couleur ou en niveaux de gris, de régler la qualité de l'impression et de procéder à des corrections de dernière minute de la mise en page.

Annuler une impression

Vous venez de réaliser qu'il ne fallait surtout pas envoyer le document de 26 pages vers l'imprimante ? Dans la panique, vous êtes tenté de l'éteindre tout de suite. Ce serait une erreur, car après le rallumage, la plupart des imprimantes reprennent automatiquement l'impression.

Procédez comme pour purger le document de la mémoire de l'imprimante :

1. **Sur la droite de la barre des tâches du bureau, cliquez du bouton droit sur l'icône d'imprimante, puis choisissez le nom du bon matériel dans le menu qui s'affiche.**

Figure 8.4

La boîte de dialogue Options d'impression qui apparaît lorsque vous cliquez sur le bouton Préférences permet de régler les paramètres spécifiques à votre imprimante, notamment le type de papier et la qualité d'impression.

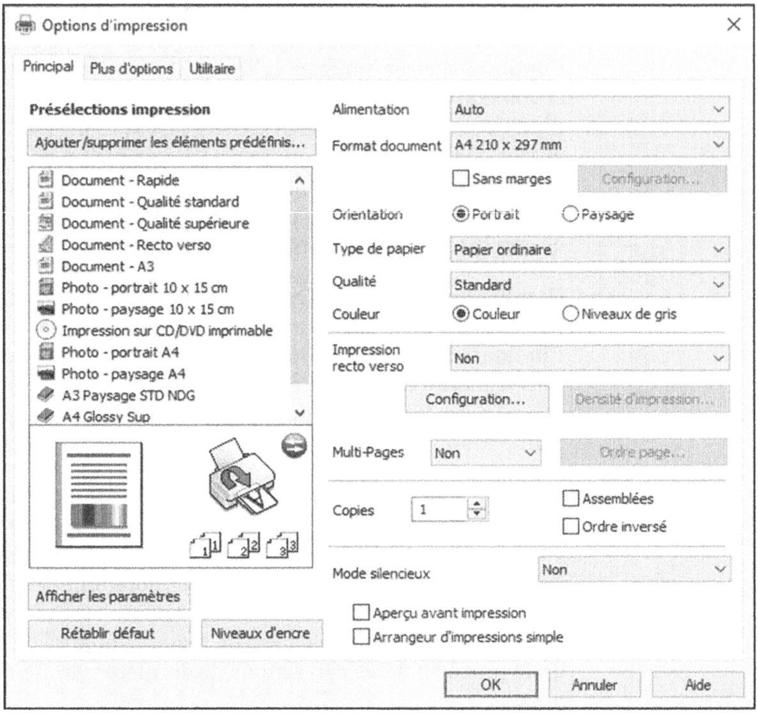

Pour voir cette icône, vous devrez peut-être cliquer d'abord sur la petite pointe triangulaire, sur la gauche des icônes qui sont affichées juste avant l'horloge.

La jolie *file d'attente* de l'imprimante va apparaître, comme l'illustre la Figure 8.5.

❷ **Cliquez du bouton droit sur le document incriminé et dans le menu, choisissez Annuler (ou Annuler tous les documents). Confirmez ensuite l'annulation.**

Faites-en éventuellement autant pour d'autres documents à ne pas imprimer.

Un délai d'une minute ou deux est parfois nécessaire pour qu'une annulation soit prise en compte. Pour accélérer les choses, cliquez sur

Figure 8.5

Utilisez la file d'attente de l'imprimante pour annuler la tâche en cours.

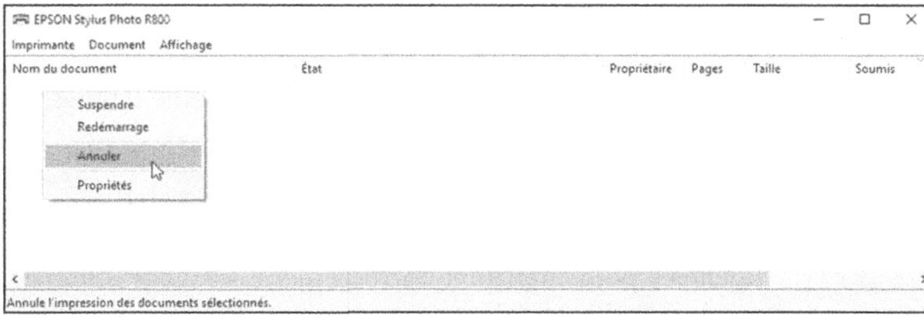

Affichage > Actualiser. Lorsque la liste d'attente est purgée, ou que seuls subsistent les documents à imprimer, rallumez l'imprimante. Les travaux annulés ne seront pas imprimés.

» La file d'attente – appelée aussi « spouleur » – répertorie tous les documents qui attendent patiemment leur tour pour être imprimés. Vous pouvez en modifier l'ordre par des glisser-déposer. En revanche, et en toute logique, rien ne peut être placé avant le document en cours d'impression.

» L'imprimante branchée à votre ordinateur est partagée entre plusieurs utilisateurs sur le réseau ? Les travaux envoyés par les autres ordinateurs se retrouvent dans votre file d'attente. C'est donc à vous d'annuler ceux qui ne doivent pas être imprimés. En fait, les autres types qui partagent *leur* imprimante ont tout autant le droit d'annuler vos propres travaux d'impression !

» Si l'imprimante s'arrête en cours d'impression faute de papier, ajoutez-en. Vous devrez appuyer sur un bouton de l'imprimante pour reprendre l'impression. Ou alors, ouvrez la file d'attente, cliquez du bouton droit sur le document et choisissez Redémarrer.

» Vous pouvez envoyer des documents vers une imprimante même quand vous travaillez au bistrot du coin à partir de votre ordinateur portable. Quand vous le connectez à l'imprimante, la file d'attente s'en aperçoit et envoie vos fichiers. Attention : une fois qu'ils ont été placés dans la file d'attente, les documents sont mis en forme pour l'imprimante en question. Si, par la suite, vous connectez l'ordinateur portable à un autre modèle d'imprimante, le résultat sera peut-être incorrect.

Imprimer une page Internet

Très tentante de prime abord, l'impression des pages Internet est rarement satisfaisante, notamment à cause de la marge droite qui tronque souvent la fin des lignes. La phénoménale longueur de certaines pages, ou les caractères si petits qu'ils sont à peine lisibles, font aussi partie des inconvénients.

Pire, la débauche de couleurs des publicités peut pomper les cartouches d'encre en un rien de temps. Quatre solutions sont cependant envisageables pour imprimer correctement des pages Internet. Les voici par ordre d'efficacité décroissante :

» **Utilisez l'option Imprimer intégrée à la page Internet.** Certains sites, mais pas tous, proposent une discrète option Imprimer cette page, ou Version texte, ou Optimisé pour l'impression, *etc.* Elle demande au site d'éliminer tout le superflu des pages Internet et de refaire la mise en page en fonction du format de papier. C'est le moyen le plus sûr d'imprimer une page Internet.

» **Dans le navigateur Internet, vous devez généralement cliquer sur le bouton représentant trois petits points en haut à droite, et choisir Imprimer dans le menu local qui s'affiche.** Au bout de longues années, certains concepteurs de pages Internet ont enfin compris que des visiteurs veulent imprimer leurs pages. Ils se sont donc débrouillés pour qu'elles se remettent d'elles-mêmes en forme lors de l'impression. Vous disposez d'un aperçu avant impression par défaut qui permet de voir comment se présentera la page Web une fois imprimée. Il est fort possible qu'elle nécessite plusieurs feuilles de papier.

» **Copiez la partie qui vous intéresse et collez-la dans un traitement de texte.** Sélectionnez le texte désiré, copiez-le et collez-le dans un traitement de texte. Profitez-en pour supprimer les éléments indésirables ou superflus. Réglez les marges et imprimez ce qui vous intéresse. Le Chapitre 6 explique comment copier et coller.

» **Copiez la page Internet en totalité puis collez-la dans un traitement de texte.** Bien que cela demande un assez long travail, c'est aussi une option. Cliquez du bouton droit sur une partie vide de la page Internet, et choisissez Sélectionner tout. Cliquez du bouton droit à nouveau, et choisissez cette fois Copier (ou appuyez sur Ctrl + C). Ouvrez ensuite Microsoft Word ou un autre traitement de texte haut de gamme, et collez-y le document. En coupant les éléments indésirables et en remettant les paragraphes en forme, vous obtiendrez (parfois) un document parfaitement imprimable.

Ces conseils vous aideront eux aussi à coucher une page Internet sur papier :

- **Le navigateur Internet de Windows 10, Edge, est conçu pour être rapide, et non puissant. Mais il est tout de même capable d'imprimer. Pour cela, cliquez sur le bouton Paramètres et plus (les trois points à droite de la barre d'outils), puis sur Imprimer. Vous allez voir apparaître une boîte de dialogue semblable à celle de la Figure 8.1.**
- **Si une page vous intéresse, mais qu'elle n'a pas d'options d'impression, envoyez-la-vous par courrier électronique. L'impression de ce message sera peut-être plus réussie.**
- **Si dans une page Internet, un tableau ou une photo dépasse du bord droit, essayez de l'imprimer en mode Paysage plutôt que Portrait.**

Résoudre les problèmes d'impression

Si un document refuse d'être imprimé, assurez-vous que l'imprimante est allumée, son cordon branché à la prise, bien dotée en papier et qu'elle est connectée à l'ordinateur.

Si c'est le cas, branchez-la à différentes prises électriques en l'allumant et en vérifiant si le témoin d'allumage est éclairé. Si ce n'est pas le cas, l'alimentation de l'imprimante est sans doute en panne.

Il est pratiquement toujours moins cher de racheter une imprimante que de la faire réparer. C'est en particulier le cas pour les imprimantes à jet d'encre. Comme ils se rattrapent largement sur le prix des cartouches, les constructeurs n'hésitent pas à casser les prix du matériel.

Vérifiez ces points si le témoin d'allumage réagit :

- **Assurez-vous qu'un papier n'a pas bourré le mécanisme d'entraînement. Une traction régulière vient généralement à bout d'un bourrage. Certaines imprimantes ont une trappe prévue à cette fin. Sinon, ouvrir et fermer le couvercle décoince parfois le papier.**
- **Y a-t-il encore de l'encre dans les cartouches de votre imprimante à jet d'encre, ou du toner dans votre imprimante laser ? Essayez d'imprimer une page de test : faites un clic du bouton droit sur le bouton Démarrer, puis sur l'icône Paramètres (engrenage). Dans la fenêtre Paramètres Windows, cliquez sur Périphériques. Dans la colonne éponyme de gauche, optez pour Imprimantes et scanners. Cliquez sur l'icône de votre imprimante, puis sur le bouton Gérer**

Choisir le bon papier

Si vous vous êtes arrêté un jour au rayon des papiers pour imprimantes, vous avez sans doute été étonné de la variété du choix. Parfois, l'usage du papier est clairement indiqué, mais souvent, les caractéristiques sont sibyllines. Voici quelques indications :

» **Le grammage :** il indique le poids d'une feuille d'un mètre carré. Celui d'un papier de bonne tenue doit être d'au moins 80 grammes. Un papier trop épais (au-delà de 120 ou 130 grammes) risque non seulement de bourrer dans l'imprimante, mais il coûte aussi plus cher en frais postaux.

» **Le papier pour imprimante à jet d'encre :** le dessus est traité pour que l'encre ne diffuse pas et produise un lettrage bien net. Veillez à l'insérer de manière à ce que le côté traité soit encré, et non le dessous, ce qui réduirait la qualité de l'impression.

» **Le papier pour photocopie :** il est traité pour accrocher les pigments de toner et résister à la température élevée de ces équipements. La technologie des photocopieuses et des imprimantes à laser étant la même, le papier pour photocopies convient aussi aux imprimantes laser.

» **Le papier pour photos :** d'un grammage élevé et ayant reçu une couche de résine – ce qui justifie son prix relativement élevé –, le papier photo est réservé aux tirages. Quand vous l'insérez dans l'imprimante, veillez à ce que l'impression se fasse du côté brillant. Certains papiers sont équipés d'un petit carton qui facilite le cheminement parmi les rouleaux d'entraînement.

» **Étiquettes :** il en existe de toutes les tailles. Attention au risque de décollement lorsque la feuille se contorsionne à l'intérieur de l'imprimante. Vérifiez, dans le manuel, si les planches d'étiquettes sont acceptées ou non.

» **Transparents :** ce sont des feuilles en plastique spéciales, à séchage rapide, résistant à la fois aux contraintes mécaniques de l'imprimante et à la chaleur des rétroprojecteurs.

Avant tout achat, assurez-vous que le papier – surtout les papiers spéciaux – est spécifiquement conçu pour votre type d'imprimante.

qui apparaît dans un menu local. Dans la nouvelle fenêtre, cliquez sur le lien Imprimer une page de test. Vous saurez si l'ordinateur et l'imprimante parviennent à communiquer.

» Procédez à la mise à jour du pilote de l'imprimante, un petit programme qui facilite la communication entre Windows et les périphériques. Allez sur le site Internet du fabricant, téléchargez le pilote le plus récent pour votre modèle d'imprimante, puis exécutez-le.

Partie 3
Internet plus ultra

Dans cette partie...

Naviguer sur le Web avec Microsoft Edge

Envoyer des e-mails

Surfer en toute sécurité (ou presque) et mettre à jour Windows

Chapitre 9

Naviguer sur la toile

DANS CE CHAPITRE

Savoir ce qu'est un fournisseur d'accès Internet

Se connecter sans fil à l'Internet

Naviguer sur l'Internet avec Microsoft Edge

Trouver des informations sur l'Internet

Comprendre les modules complémentaires

Enregistrer les informations trouvées sur l'Internet

Résoudre les problèmes

Dès son installation, Windows cherche à se connecter à l'Internet. Cela fait, il télécharge aussitôt les mises à jour qui lui permettront d'améliorer son fonctionnement. Mais Windows en profite aussi pour vérifier que vous ne venez pas d'installer une copie pirate.

Windows est à ce point dépendant de l'Internet (qui est la partie grand public de l'Internet) qu'il est livré avec le navigateur *Microsoft Edge*. Rapide et léger, Edge vous aide à naviguer au quotidien dans le vaste monde de l'Internet.

En fait, Edge est une application *universelle*, ce qui signifie qu'elle présente le même aspect et se comporte de la même manière que vous l'utilisiez sur un PC, un smartphone ou une tablette sous Windows 10.

Ce chapitre présente la toute dernière version de Microsoft Edge rendue disponible mi-avril 2020. Nous vous en présentons les nouveautés (pour ceux qui utilisaient la précédente version), et vous en expliquons l'utilisation globale, c'est-à-dire comment lancer Edge, vous connecter à l'Internet, visiter des sites Internet, et trouver en ligne ce que vous y recherchez.

Mais pour vous protéger des risques, ne manquez pas de lire le Chapitre 11. Vous apprendrez comment éviter les virus, les logiciels espions, les tentatives d'hameçonnage, les ransomwares, et autres parasites qui pourrissent l'Internet.

Le FAI, votre fournisseur d'accès Internet

Trois éléments sont indispensables pour se connecter à l'Internet : un ordinateur (ou ce qui en tient lieu), un navigateur Internet, et... un fournisseur d'accès Internet, ou FAI.

Vous avez d'ores et déjà ce qui tient lieu d'ordinateur, qu'il s'agisse d'un ordinateur portable ou de bureau, ou d'une tablette, et le navigateur Internet de Windows, Edge, se charge du côté logiciel de l'affaire.

Il ne vous reste plus qu'à choisir le fournisseur d'accès Internet. C'est lui qui vous fournit le *nom d'utilisateur* ainsi que le *mot de passe*, indispensables pour accéder au Web, qui est en fait le réseau d'ordinateurs connectés à l'Internet.

Trouver un fournisseur d'accès Internet est assez facile, car les offres pullulent dans les boutiques de téléphonie. Renseignez-vous aussi auprès de vos amis et comparez les offres. Voici quelques points à prendre en considération :

» Le moyen de plus en plus utilisé en France pour se connecter à l'Internet est la fibre optique. Cependant, il est probable que vous n'y soyez pas encore raccordé et que vous utilisez toujours une ligne ADSL (*Asymetrical Digital Subscriber Line,* ligne d'abonné numérique asymétrique) ou le câble. L'ADSL autorise des connexions jusqu'à 20 mégabits par seconde (mbps). Le câble autorise des débits encore plus élevés, jusqu'à 100 mbps.

  L'offre Internet est souvent couplée à d'autres services, comme la téléphonie et la télévision par Internet (offre dite « triple-play »).

» Un seul abonnement Internet est suffisant pour toute la maison. La connexion peut en effet être partagée entre plusieurs ordinateurs, tablettes et smartphones.

» Toutes les régions ne sont pas encore desservies par l'ADSL. Une connexion par satellite est alors nécessaire. Elle est hélas plus lente que l'ADSL et plus onéreuse.

» Il existe encore en France des zones blanches qui ne disposent d'aucun accès à Internet !

Se connecter sans fil à l'Internet

Windows recherche *constamment* à établir une connexion Internet, qu'elle soit ou non câblée. Dès qu'il en trouve une que vous aviez déjà utilisée auparavant, il s'y connecte automatiquement et communique la bonne nouvelle à Edge.

Mais quand vous êtes en déplacement, la connexion sans fil sera sans doute nouvelle. Vous devrez donc indiquer à Windows que vous désirez l'utiliser et l'autoriser à s'y connecter.

Voici comment vous connecter à un réseau, qu'il s'agisse du vôtre ou de celui d'un lieu public :

1. **À droite dans la barre des tâches, cliquez sur l'icône des notifications.**

   Le panneau des notifications apparaît.

2. **Cliquez sur le bouton Réseau.**

   Si votre ordinateur possède une connectique Wi-Fi, Windows liste tous les points d'accès situés à proximité (voir la Figure 9.1). Ne soyez pas étonné si la liste est longue. Et songez que, si vous êtes chez vous, vos voisins voient aussi probablement le vôtre. C'est d'ailleurs une des raisons pour lesquelles les codes de sécurité Wi-Fi sont si importants.

   Les signaux des réseaux sont classés en fonction de la force du signal détecté, le plus puissant apparaissant en premier.

3. **Cliquez sur le nom du réseau auquel vous voulez vous joindre, puis cliquez sur le bouton Se connecter.**

   Si vous cochez la case Se connecter automatiquement avant de cliquer sur Se connecter, Windows se connectera spontanément à ce réseau chaque fois que l'ordinateur le détectera.

   Si vous êtes connecté à un réseau non sécurisé, qui n'exige de ce fait aucune clé ou mot de passe, la manipulation est terminée. Windows vous prévient que la connexion n'est pas sécurisée, mais vous laisse néanmoins continuer. Ne procédez à aucune transaction monétaire – achats ou opérations de banque – sur un réseau non sécurisé.

   Un réseau public Wi-Fi n'est pas nécessairement gratuit. Dans un hôtel, vous avez accès à ce réseau parc que vous êtes client. Et, dans un aéroport, ce service est souvent payant.

Figure 9.1

Windows affiche tous les réseaux Wi-Fi de votre voisinage.

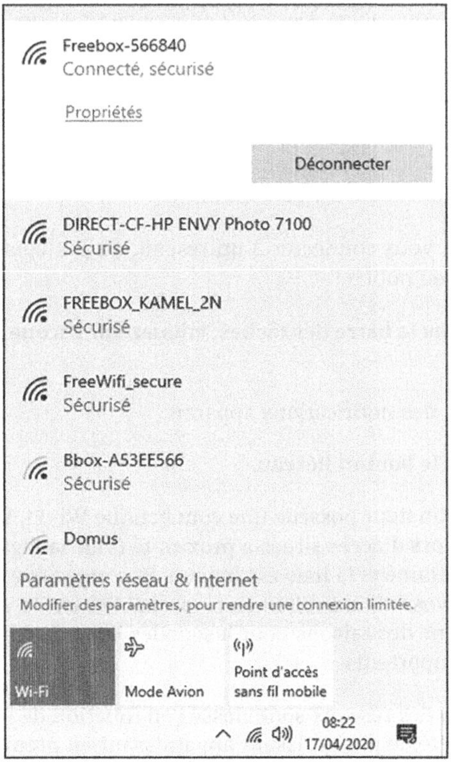

❹ **Saisissez la clé de sécurité si elle vous est demandée.**

Chaque fois que vous vous connectez à un réseau sécurisé, Windows vous demande de saisir une clé de sécurité, autrement dit un mot de passe. Si vous êtes chez vous, cette clé figure sur l'étiquette de votre box ou de votre routeur (c'est souvent un code de 26 lettres et chiffres).

Si vous êtes hors de chez vous, demandez au propriétaire du réseau de vous communiquer la clé. Et rappelez-vous : public ne veut pas forcément dire gratuit !

❺ **Indiquez si vous désirez partager vos fichiers avec d'autres utilisateurs du réseau.**

Si vous vous connectez à votre propre réseau, choisissez l'option Oui, activer le partage et la connexion aux périphériques.

En revanche, si vous vous connectez depuis un lieu public, choisissez l'option Non, ne pas activer le partage ou la connexion aux périphériques. Nul ne pourra ainsi venir farfouiller dans vos fichiers.

Que pouvez-vous attendre du nouveau Microsoft Edge ?

Navigateur Web par défaut du système d'exploitation Windows 10, Microsoft Edge arrive en ce mois d'avril 2020 avec une toute nouvelle version. Nous vous proposons de décrypter rapidement cette dernière innovation de Microsoft.

Se procurer le nouveau Microsoft Edge

Normalement, et si Windows Update ne propose pas une mise à jour de votre système d'exploitation, il suffit de cliquer dans le champ Taper ici pour rechercher pour découvrir un lien de téléchargement vers cette nouvelle édition, comme sur la Figure 9.2.

Figure 9.2

Windows 10 propose la nouvelle version de Microsoft Edge.

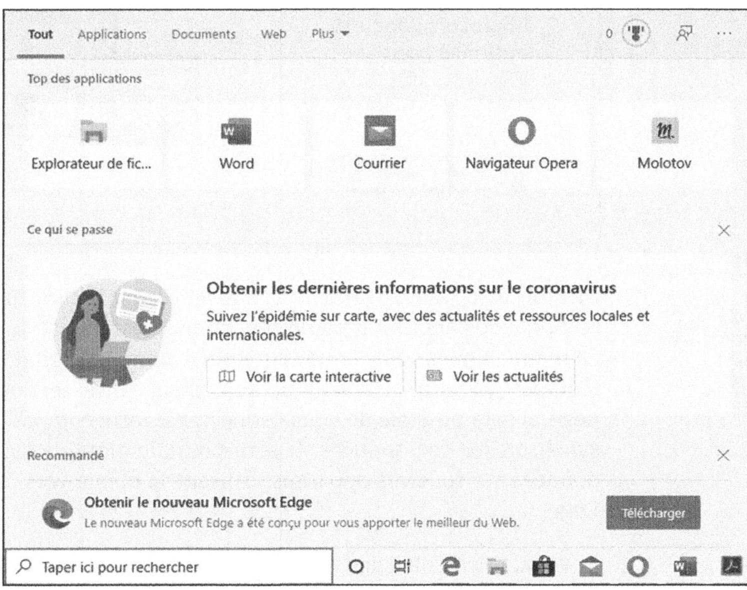

Cliquez sur le bouton Télécharger de cette proposition. L'ancienne version d'Edge affiche la page de téléchargement sur laquelle il suffit de sélectionner Windows (si ce n'est pas fait par défaut), puis de cliquer sur le bouton Télécharger pour Windows 10, comme sur la Figure 9.3. Ensuite, cliquez sur le bouton Accepter et télécharger. En bas de la fenêtre du navigateur, cliquez sur Exécuter. Dans la boîte de dialogue du contrôle utilisateur, choisissez Oui. Le téléchargement commence. Une fois ce téléchargement terminé, cliquez sur le bouton Fermer et continuer. Cette action lance l'installation.

Figure 9.3

Télécharger la nouvelle version de Microsoft Edge.

Une fois installé, Edge affiche sa nouvelle icône dans la barre des tâches, récupère vos anciens paramètres, et affiche sa boîte de dialogue Prise en main. Cliquez sur le bouton du même nom. Il s'agit d'une succession d'étapes qui permettent de personnaliser votre version de Microsoft Edge. Il sera possible de vous connecter à votre compte Microsoft pour synchroniser vos données. Il sera possible alors de synchroniser vos données sur tous vos appareils utilisant la même version de Microsoft Edge.

Et voilà, Microsoft Edge 2020 apparaît dans toute sa splendeur comme le montre la Figure 9.4.

Figure 9.4

Le Microsoft Edge nouveau est arrivé !

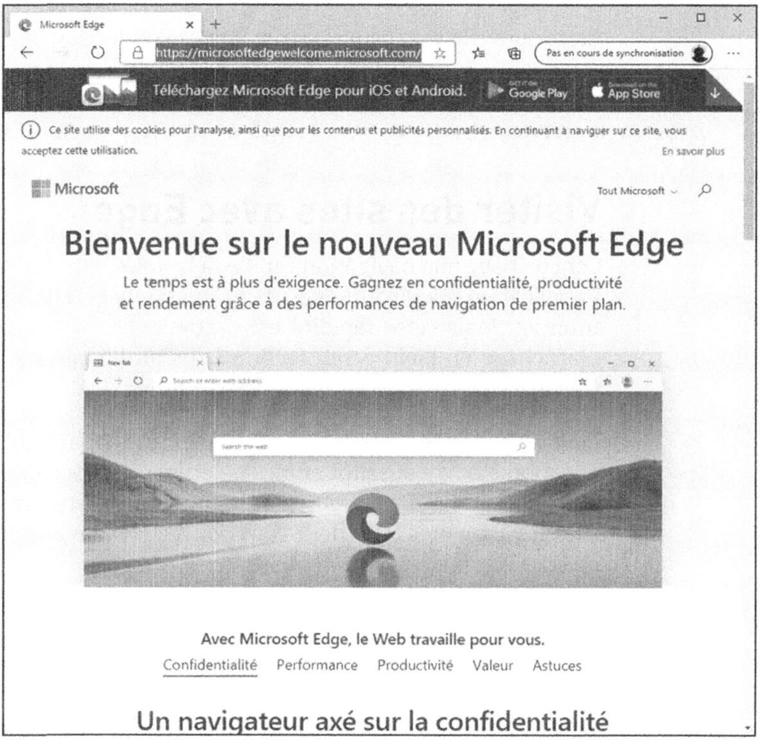

Les nouveautés de cette version 2020

La nouvelle version de Microsoft Edge met l'accent sur la sécurité et sur la confidentialité de vos données. Ainsi, vous pourrez :

- Contrôler la manière dont vous êtes suivi sur le Web. Vous déciderez des sites qui pourront collecter des données vous concernant, bien souvent sous la forme de cookies destinés à faciliter vos visites, en mémorisant par exemple des mots de passe, des formulaires, *etc.*

- Être protégé plus efficacement contre les sites malveillants. Microsoft Edge intègre Microsoft Defender SmartScreen qui vous protège contre l'hameçonnage et les sites Web malveillants. Vous serez encore mieux protégé contre le téléchargement de fichiers potentiellement dangereux.

Mais Microsoft Edge est également bien plus rapide qu'auparavant, et intègre une version optimisée de son moteur de recherche Bing qui souhaite concurrencer Google.

Cette nouvelle version intègre un outil de traduction des pages des sites étrangers, et bénéficie de nombreuses innovations pour disposer d'un navigateur Web qui répond précisément à vos besoins et attitudes d'internaute.

Visiter des sites avec Edge

Conçue pour une navigation rapide, à la volée, sur des sites modernes, l'application Microsoft Edge affiche aussi vite qu'elle le peut vos pages Internet. Mais cette rapidité est partiellement due à ses limitations. L'affichage en plein écran facilite la lecture, mais aucun menu n'est visible, ce qui rend la navigation assez ardue.

Pour lancer Edge, cliquez sur son icône dans la barre des tâches. L'application s'ouvre aussitôt et affiche un nouvel onglet avec une liste de suggestions. Si vous faites défiler le contenu de cette fenêtre, vous affichez les actualités MSN dont vous pouvez personnaliser le contenu par un clic sur l'onglet Personnaliser.

Certes, le navigateur de Windows 10 dissimule l'essentiel de ses menus derrière des icônes plus ou moins ésotériques, mais un peu de repérage devrait vous aider à vous en sortir assez facilement :

» **Précédent :** cliquez sur cette icône pour revenir à la page que vous venez de quitter.

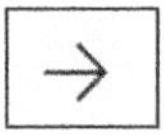

» **Suivant :** réaffiche la page que l'on vient de quitter.

» **Actualiser :** cette icône recharge la page afin de la mettre à jour et d'obtenir les informations ou les données les plus récentes.

» **Onglets :** les sites que vous avez ouverts apparaissent dans des *onglets* en haut de la fenêtre du navigateur. Cliquez sur l'un d'entre eux, et vous revenez instantanément à la page correspondante (vous pouvez aussi refermer ces pages en cliquant sur la croix qui se trouve en haut et à droite de ces onglets).

» **Barre d'adresse :** saisissez l'adresse du site que vous désirez visiter. Ou alors, tapez simplement un sujet ou un thème. Edge proposera les sites correspondants (du moins, ceux qu'il retrouve). Vous ne savez pas très bien où aller ? Tapez quelques mots décrivant votre recherche, et le navigateur va rechercher et afficher tout ce qu'il retrouve à ce sujet. Il vous suffit lors de cliquer sur un des liens proposés pour accéder au site correspondant.

» **Nouvel onglet :** cliquez sur le bouton « + » de la barre des onglets pour afficher un écran (plus ou moins) vierge. Vous pouvez alors saisir l'adresse du site à visiter ou un nouveau critère de recherche.

» **Ouvrir le lecteur immersif :** permet d'afficher la page en mode lecture afin de pouvoir lancer plus facilement la lecture à haute voix de son contenu. Pour quitter ce mode, cliquez de nouveau sur ce bouton. Toutes les pages Web ne peuvent pas profiter du lecteur immersif.

» **Ajouter aux favoris :** cliquez sur cette icône pour ajouter la page courante à vos *favoris*, c'est-à-dire une liste de sites que vous visitiez régulièrement en général et que vous appréciez en particulier.

» **Favoris :** ce bouton donne accès aux favoris mais aussi aux listes de lecture, à l'historique, et à vos téléchargements.

» **Collections :** ouvre un volet qui contient des pages Web organisées sous forme de collections. Il suffit de cliquer sur le bouton ou le lien Démarrer une nouvelle collection dans laquelle vous stockerez, par exemple, des pages Web consacrées à un thème commun. Ensuite, ouvrez la collection et ajoutez-y des pages *via* le lien Ajouter une page active.

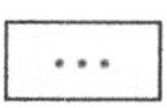

D'autres options sont disponibles sous le bouton Paramètres et plus comme Partager, Téléchargement, *etc.*

Si vous avez cliqué ou tapé sur le mauvais bouton, mais que vous n'avez pas encore relâché votre doigt, *stop* ! L'action des boutons de commande ne se déclenche qu'une fois votre doigt enlevé de l'écran ou de la souris. Faites alors simplement glisser le doigt ou le pointeur de la souris pour l'éloigner du mauvais bouton. Ouf ! Vous pouvez tranquillement reprendre de fil des choses.

De site en site, de page en page

Quel que soit le navigateur Internet que vous adoptez, tous permettent de naviguer entre les pages de trois manières :

» En cliquant sur un bouton ou un texte souligné appelé « lien », qui pointe vers une autre page ou un autre site et vous y mène aussitôt.

» En saisissant une adresse Internet dans la barre d'adresse du navigateur, et en appuyant ensuite sur Entrée.

» En cliquant sur les boutons de navigation de la barre d'outils du navigateur, généralement placée en haut de son interface.

Cliquer sur des liens

C'est le moyen de navigation le plus facile. Recherchez les liens – un mot souligné, un bouton ou une image – et cliquez dessus, comme l'illustre la Figure 9.5. Observez comment le pointeur de la souris se transforme en main dès qu'il survole un lien. Cliquez pour atteindre la nouvelle page ou un nouveau site.

Figure 9.5

Quand le pointeur de la souris se transforme en main, cliquez pour aller à la page ou sur le site vers lequel il pointe.

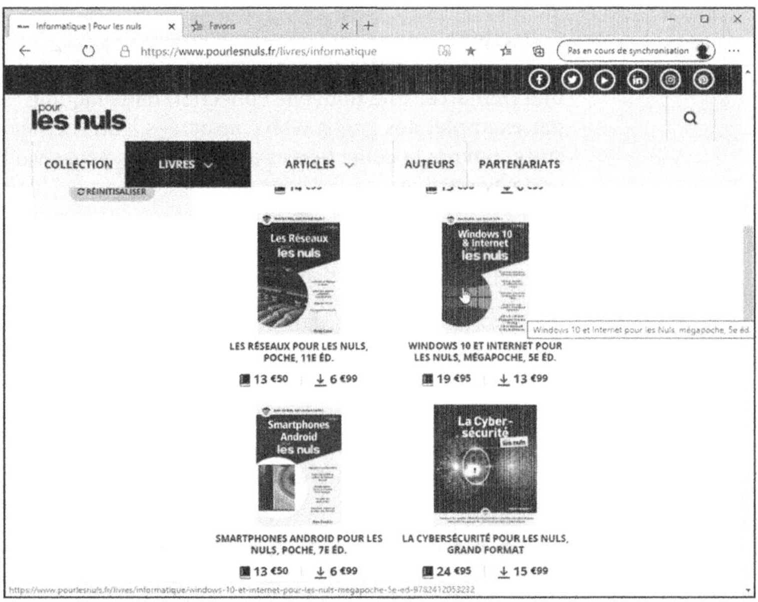

Saisir une adresse Internet dans la barre d'adresse

La deuxième technique est la plus ardue. Si quelqu'un vous a griffonné une adresse Internet sur un morceau de papier, vous devrez la saisir dans le navigateur. C'est facile tant que l'adresse est simple. Mais certaines sont longues et compliquées, et la moindre faute de frappe empêche d'accéder au site.

Pour accéder à un site, inutile de taper toute l'adresse. Ainsi, pour vous rendrez sur `https://www.pourlesnuls.fr/`, contentez-vous de taper **pourlesnuls.fr**. Lorsque vous appuyez sur la touche Entrée du clavier, Edge affiche la bonne adresse, sans qu'il soit nécessaire de saisir le préfixe `http://www`. Génial, non ?

Utiliser les icônes du navigateur Edge

Finalement, vous pouvez manœuvrer dans les voies de l'Internet en cliquant sur divers boutons proposés dans sa barre d'outils, comme expliqué plus haut. Par exemple, cliquez sur le bouton Précédent, la flèche qui se trouve à gauche de la fenêtre, vous ramène directement à la page que vous veniez de visiter auparavant.

Laissez planer quelques instants le pointeur de la souris au-dessus d'un bouton affiche, dans Edge comme dans la plupart des programmes, une petite explication sur son rôle. C'est ce que l'on appelle une *info-bulle*.

Créer et gérer des collections

Plutôt que de créer des Favoris, vous avez la possibilité de créer des collections dans un volet qui joue le rôle de mémoire interne au navigateur Web. Vous pourrez ainsi rapidement afficher la page à laquelle renvoie ce contenu. Voici comment procéder :

1. **Affichez une page Web.**

2. **Cliquez sur le bouton Collections en haut à droite.**

   Cette action ouvre le volet illustré sur la Figure 9.6.

3. **Cliquez sur Démarrer une nouvelle collection.**

4. **Nommez cette collection en saisissant un autre nom à la place de Nouvelle collection, comme Culture, et validez en appuyant sur la touche Entrée de votre clavier.**

5. **Pour ajouter la page actuelle à cette collection, cliquez sur le bouton Ajouter une page active, comme sur la Figure 9.7.**

   La page apparaît dans la collection, comme le montre la Figure 9.8.

Figure 9.6

Pour créer des collections.

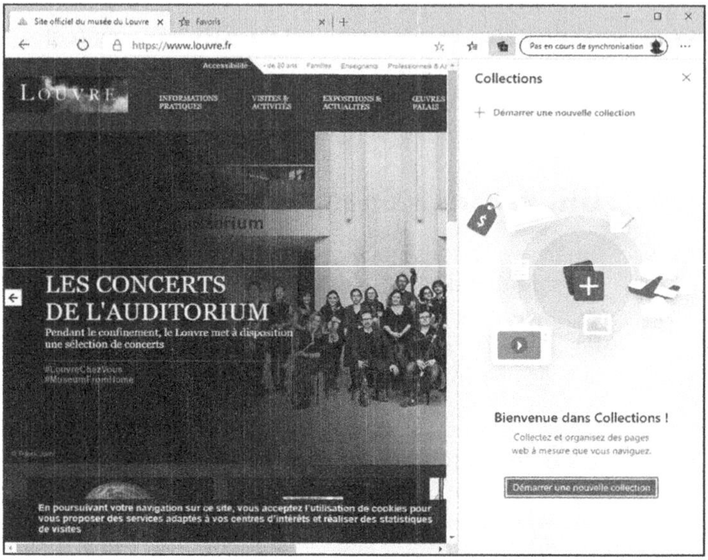

Figure 9.7

Pour ajouter une page Web à votre collection.

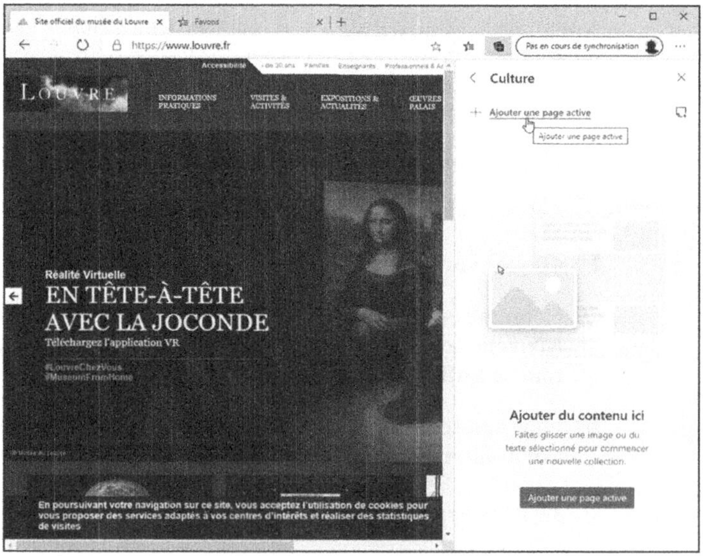

Figure 9.8

Une collection.

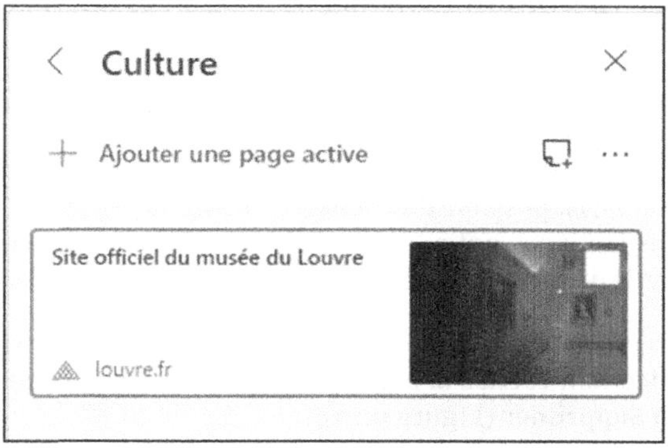

❻ **Pour ajouter une note à cette page, cliquez sur l'icône Ajouter une note. Dans la zone de texte qui apparaît alors sous la vignette de la page, saisissez vos observations et mettez-les en forme avec les outils affichés en haut de la zone. Validez par un clic sur la coche en haut à droite.**

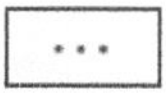

❼ **Accédez à d'autres options pour cette page collectionnée en cliquant sur le bouton Paramètres et plus (Figure 9.9).**

Figure 9.9

Le menu local Paramètres et plus.

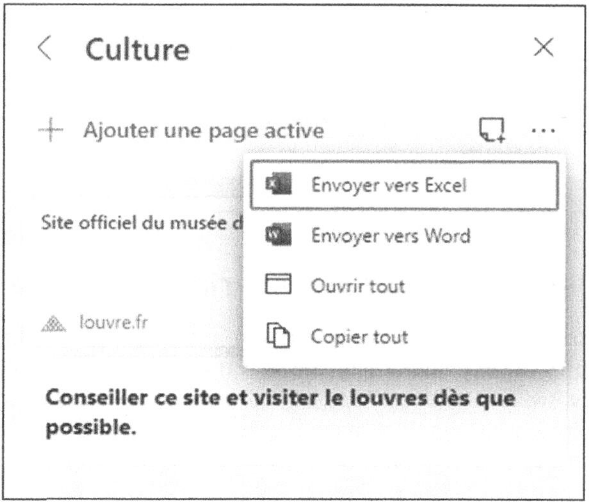

Vous pouvez alors envoyer la page dans Excel ou Word (s'ils sont installés sur votre ordinateur), l'ouvrir ou la copier.

8. **Répétez cette procédure soit pour créer une nouvelle collection, soit pour ajouter une page à une collection.**

9. **Pour afficher la page d'une collection, cliquez simplement sur sa vignette dans la collection.**

Il est aussi possible de cliquer-droit sur la vignette de la page puis dans le menu contextuel qui apparaît, d'exécuter la commande Ouvrir dans un nouvel onglet ou Ouvrir dans une nouvelle fenêtre.

10. **Pour supprimer une page d'une collection ou pour supprimer une collection, cochez la page ou la collection, puis cliquez sur le bouton Supprimer (Figure 9.10).**

Figure 9.10

Supprimer une page Web dans une collection.

Demander à Edge d'ouvrir votre site favori

Votre navigateur Internet affiche automatiquement un site Internet après la connexion. Mais lequel ? Il peut s'agir de n'importe quel site à votre convenance. Cette *page de démarrage* peut être changée (même Microsoft aimerait beaucoup que vous arriviez chez lui) en procédant ainsi :

1. **Visitez votre site Internet favori.**

Choisissez celui qui vous plaît. Personnellement, j'ouvre mon navigateur sur le moteur de recherche Google (`https://www.google.fr/`) afin de lancer une recherche ce qui est la nature même d'Internet. Mais vous pouvez aussi choisir le portail de votre fournisseur d'accès Internet.

2. **Cliquez dans la barre d'adresse, puis appuyez sur la combinaison Ctrl + C pour copier cette adresse.**

3. **Cliquez sur le bouton Paramètres et plus, à droite de la barre d'outils d'Edge, puis sur Paramètres, tout en bas du menu.**

   Les paramètres du navigateur apparaissent comme s'il s'agissait d'une page Web.

4. **Ouvrez le menu local en haut à gauche, et exécutez la commande Au démarrage.**

5. **Activez l'option Ouvrir une ou des pages spécifiques, et cliquez sur le bouton Ajouter une nouvelle page.**

6. **Appuyez alors sur la combinaison Ctrl + V pour coller l'adresse récupérée lors de l'Étape 2 (voir la Figure 9.11), et cliquez sur Ajouter.**

   Pour ouvrir plusieurs pages de démarrage à la fois, il vous suffit de renseigner à nouveau ce champ en cliquant d'abord sur le signe « + Ajouter une nouvelle page ». Un nouveau champ apparaît. Tapez ici une autre adresse Internet. Vous pouvez répéter l'opération plusieurs fois selon ce que vous voulez voir s'afficher lorsque vous lancez Edge.

Les changements que vous apportez ainsi sont immédiatement mémorisés par Edge. Pour refermer le volet des paramètres, cliquez quelque part ailleurs sur la fenêtre (en évitant de préférence les liens, bien sûr).

Lorsque Edge va s'ouvrir par la suite, il va afficher la ou les pages de démarrage que vous avez choisies. Vous pouvez bien entendu choisir ce que vous voulez faire : consulter vos pages, ouvrir un nouvel onglet et y saisir une autre adresse ou un critère de recherche, ou encore cliquer sur un lien.

Pour supprimer une page de démarrage, reprenez les Étapes 1 à 3 ci-dessus. Localisez l'adresse de la page, puis cliquez sur la croix affichée à droite de ce champ.

Figure 9.11

Définir une page de démarrage.

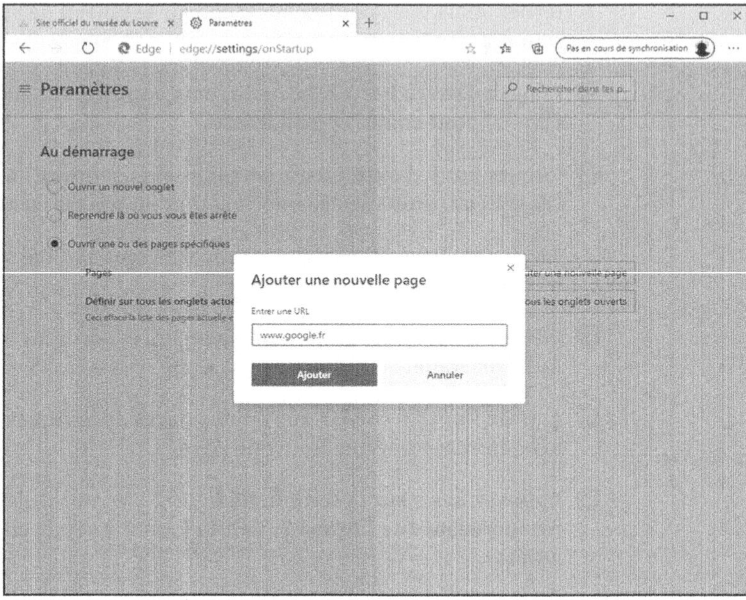

La page d'accueil d'un site Internet est l'équivalent de la page de couverture d'un magazine. Vous la regardez, puis vous en feuilletez les pages en cliquant sur des liens.

Revisiter vos pages favorites

Lors de vos visites, vous voudrez absolument mémoriser l'accès à une page sur laquelle vous avez flashé. Pour pouvoir y retourner rapidement, ajoutez-la à la liste des favoris d'Edge en procédant ainsi :

❶ **Cliquez sur l'icône des favoris, l'icône en forme d'étoile dans la barre d'outils d'Edge.**

❷ **Dans la petite boîte de dialogue qui s'affiche alors, choisissez où vous voulez stocker ce favori (Figure 9.12).**

Dans la liste Dossier, choisissez le dossier de destination ou optez pour Choisir un autre dossier où vous aurez aussi la possibilité de créer un dossier.

❸ **Cliquez sur le bouton Terminé.**

Figure 9.12

Ajouter des favoris.

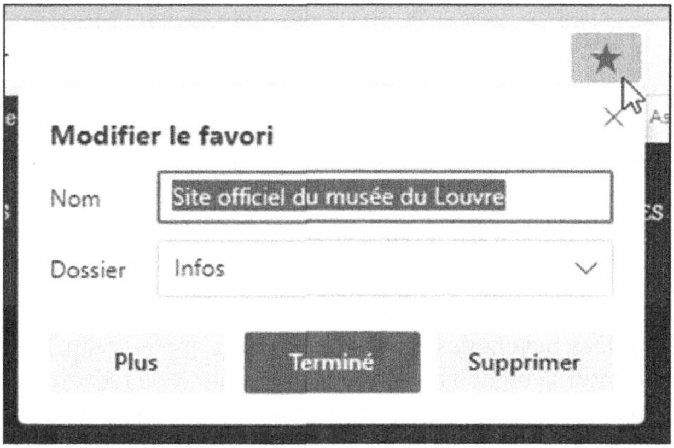

Dans tous les cas (favori ou liste de lectures), vous pouvez éditer à votre convenance le nom donné par défaut à la page.

Pour retourner à la page qui vous a tant plu, cliquez sur le bouton Favoris (l'icône qui fait penser à une étoile filante). Dans le volet qui s'affiche, cliquez sur l'icône souhaitée (l'étoile pour les favoris, ou les barres multiples pour les listes de lectures). Les noms des sites ou pages mémorisés apparaissent. Cliquez sur le nom voulu pour retrouver votre page.

Edge se souvient d'où vous venez

Edge conserve la trace de tous les sites Internet que vous visitez. Bien que sa liste Historique soit très commode, elle peut aussi être un outil de flicage.

Pour voir ce qu'Edge a mémorisé, cliquez sur le bouton Paramètres et plus. Placez le pointeur de la souris sur Historique (celui qui représente une sorte d'horloge). Dans le menu local qui apparaît, choisissez Gérer l'historique. Le contenu de l'historique apparaît.

Pour ôter une page de l'historique, cliquez sur le bouton Supprimer (X). Pour supprimer la liste entière, cliquez sur Effacer les données de navigation du sous-menu Historique. Dans la boîte de dialogue qui apparaît, cochez les données à effacer et décochez celles à conserver, puis cliquez sur Effacer maintenant.

Pour supprimer un élément des favoris, cliquez sur le bouton Plus qui ouvre la boîte de dialogue Modifier le favori.

Trouver des informations sur l'Internet

De même qu'il est quasiment impossible de retrouver un livre dans une bibliothèque sans la fiche qui indique sa cote, il est impossible de retrouver quoi que soit sur l'Internet sans un bon index.

Pour faciliter vos recherches, Edge vous permet d'utiliser un moteur de recherche dans lequel sont indexés des millions de sites Internet.

Tapez quelques mots champ directement dans la barre d'adresse – **orchidées Seychelles**, par exemple – et appuyez sur Entrée. Edge lance aussitôt la recherche avec Bing, le moteur de recherche de Microsoft. Il vous suffit alors de cliquer sur un lien approprié pour apprendre des tas de choses passionnantes sur ces magnifiques fleurs.

Vous pouvez aussi utiliser Cortana pour effectuer cette recherche. Soit vous saisissez **orchidées Seychelles** dans le champ Taper ici pour rechercher, soit vous demandez simplement à Cortana : « as-tu des informations sur les orchidées aux Seychelles ? ». Cortana ouvrira alors Edge et affichera des pages trouvées grâce au moteur de recherche Bing.

Enregistrer les informations provenant de l'Internet

L'Internet est comme une bibliothèque à domicile, mais sans la file d'attente pour déposer la liste de livres à consulter. Et à l'instar des photocopieuses que l'on trouve dans toutes les bibliothèques, Edge propose plusieurs façons d'enregistrer les informations que vous récoltez, à des fins uniquement privées, car tout ce qui est sur l'Internet relève de la législation sur la propriété intellectuelle.

Cette section explique comment copier dans l'ordinateur les informations provenant de l'Internet, qu'il s'agisse d'une page entière, d'une photo, d'un son, d'une vidéo ou d'un programme.

L'impression des pages Internet est expliquée au Chapitre 8.

Enregistrer une page Internet

Vous voulez conserver cette longue page contenant la contre-valeur des euros en francs constants depuis un siècle ? Il vous faut absolument conserver cet itinéraire vers Béton-les-Gruyères ? Quand vous trouvez une information utile, sur l'Internet, vous ne résistez pas à l'envie de la sauvegarder dans l'ordinateur, de peur qu'un jour elle ne disparaisse de l'Internet (ce qui arrive plus fréquemment qu'on ne l'imagine) ou tout simplement pour la partager, voire pour l'imprimer.

En fait, il n'y a rien de plus simple. Microsoft vous permet en effet de sauvegarder des pages Internet en l'ajoutant à votre liste de lectures, comme expliqué plus haut à la section « Revisiter vos pages favorites ».

Enregistrer du texte

Pour n'enregistrer qu'un peu de texte, sélectionnez-le, cliquez dessus du bouton droit, et exécutez la commande Copier (cette commande, ainsi que Couper et Coller, est expliquée au Chapitre 6). Ouvrez votre traitement de texte, collez votre sélection dans un nouveau document, puis enregistrez ce dernier dans votre dossier Documents en lui donnant un nom explicite.

Pour enregistrer la totalité du texte d'une page Internet, il est préférable d'enregistrer l'intégralité de la page comme nous l'avons vu à la section précédente.

Pour enregistrer du texte provenant d'une page Internet, mais sans conserver la mise en page ou les enrichissements (gras, italique...), collez-le d'abord dans le Bloc-notes. Sélectionnez ensuite le texte dans cette application puis collez-le dans le logiciel de traitement de texte de votre choix.

Vous disposez aussi de la possibilité d'ajouter le texte sélectionné à une collection (ou d'en créer une).

Enregistrer une image

Pour enregistrer une image qui se trouve dans une page Internet, cliquez dessus du bouton droit et, dans le menu qui apparaît, choisissez Enregistrer l'image sous (voir la Figure 9.13).

La boîte de dialogue Enregistrer sous apparaît. Elle vous permet de renommer le fichier ou de conserver son nom d'origine. Cliquez sur le

Figure 9.13

Cliquez du bouton droit sur l'image convoitée et choisissez Enregistrer l'image sous dans le menu contextuel.

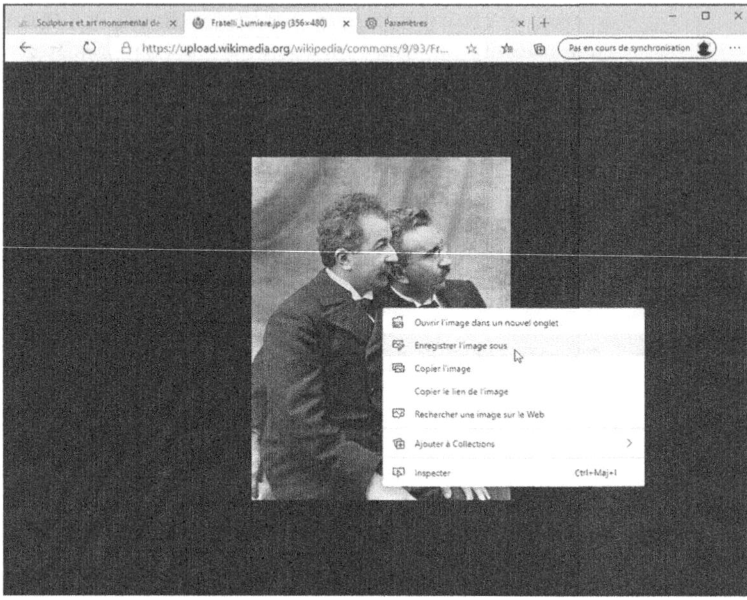

bouton Enregistrer, et le graphisme que vous venez de dérober honteusement sur Internet est stocké dans le dossier Images.

Télécharger un programme, un son ou un autre type de fichier

Microsoft rend un peu plus facile le téléchargement de fichiers sur l'Internet. Mais, surtout, il est plus facile que jamais de *retrouver* ces fichiers une fois que vous les avez chargés.

Pour cela, il vous suffit de cliquer sur le lien associé au fichier, ou encore sur le bouton qui indique Télécharger ou encore Download (ce qui veut dire la même chose). Edge lance alors le téléchargement (ce qui est généralement rapide), et enregistre l'élément dans votre dossier judicieusement appelé Téléchargements.

Avant de cliquer sur un bouton Télécharger/Download, prenez quelques instants pour vérifier que c'est le *bon* bouton. De nombreux sites essaient délibérément de vous induire en erreur pour vous faire télécharger quelque chose de complètement différent, comme un programme malfaisant ou encore payant.

Pour retrouver ce que vous téléchargez, c'est très simple :

» **Dossier Téléchargements :** pour le trouver, ouvrez l'Explorateur de fichiers depuis la barre des tâches. Ce dossier apparaît dans le volet de gauche de l'Explorateur, soit directement dans la liste Accès rapide, soit encore sous la catégorie appelée Ce PC.

» **Historique des téléchargements de Microsoft Edge :** cliquez sur le bouton Paramètres et plus, puis cliquez sur Téléchargements. Edge va afficher l'historique de vos téléchargements. Pour viser un type de téléchargement particulier, ouvrez le menu local en haut à gauche, puis cliquez sur le type de fichiers dont vous souhaitez voir le téléchargement, comme Images, Applications, *etc.*, comme le montre la Figure 9.14. Ce menu donne accès aux paramètres des téléchargements et au dossier Téléchargements de votre ordinateur.

Figure 9.14

Cibler les fichiers téléchargés.

» Beaucoup de programmes téléchargés se trouvent dans un fichier préalablement compressé afin de réduire la durée du téléchargement. Un tel fichier est souvent appelé « fichier Zip » ou « fichier zippé », par allusion à la fermeture à glissière appelée *zip* aux États-Unis. Windows les traite comme s'il s'agissait de dossiers normaux. Vous pouvez donc les ouvrir d'un double-clic. Pour en récupérer le contenu, cliquez du bouton droit sur le fichier Zip et, dans le menu, choisissez Extraire tout.

Chapitre 10

Envoyer des e-mails avec Courrier

DANS CE CHAPITRE

Ajouter un compte de messagerie

•

Découvrir Courrier

•

Configurer le courrier

•

Envoyer et recevoir des fichiers et des photos

•

Gérer vos contacts

Windows vous aide à rester en contact avec vos amis, votre famille, et vos relations professionnelles avec le mode de communication qui a supplanté la fameuse lettre envoyée et reçue par la poste, je veux bien évidemment parler de l'e-mail, ou encore du courrier électronique, ou bien encore du courriel.

L'application mise à votre disposition sans aucun coût supplémentaire par Windows 10 s'appelle : Courrier.

Ajouter un compte de messagerie à Courrier

Pour envoyer et recevoir des messages avec Courrier, vous devez y déclarer un compte de messagerie existant. Par conséquent, si vous n'en possédez pas, créez-en auprès de Microsoft *via* outlook.com, sur Gmail, Yahoo! Mail ou bien encore utilisez celui que vous a communiqué votre FAI (Fournisseur d'Accès à Internet). Pour cela, rendez-vous sur le site où vous souhaitez créer votre adresse e-mail et suivez les instructions.

Notez deux éléments essentiels qui vous serviront dans Courrier : l'adresse mail, comme monnom@gmail.com, monnom@outlook.com, *etc.*, et votre mot de passe !

Ensuite, procédez de la manière suivante :

❶ **Cliquez sur l'icône Courrier située sur la barre des tâches.**

Ou bien ouvrez le menu Démarrer, puis cliquez sur la vignette Courrier affichée dans le groupe Productivité.

Lorsque vous ouvrez Courrier pour la première fois, il commence par vous souhaiter la bienvenue. Il vous demande ensuite d'ajouter votre ou vos comptes de messagerie. Si vous ratez cette étape, passez à l'Étape 2.

2. **Cliquez sur Comptes en haut à gauche.**

   Cette action ouvre le volet Gérer les comptes illustré sur la Figure 10.1.

Figure 10.1

Le volet Gérer les comptes permet d'ajouter vos comptes de messagerie.

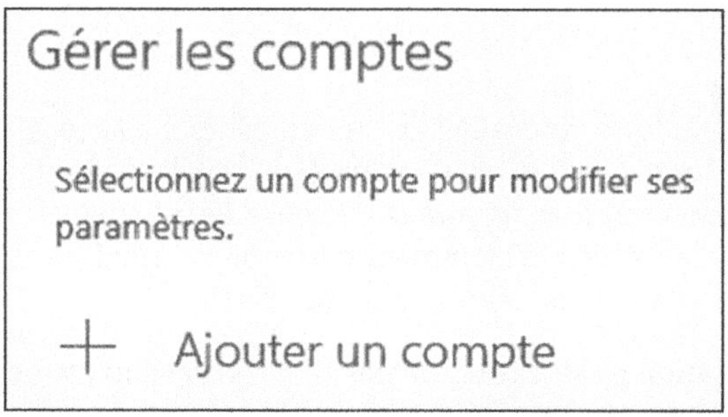

3. **Dans le volet Gérer les comptes, cliquez sur le bouton Ajouter un compte.**

4. **Dans la liste des services de messagerie qui apparaît (Figure 10.2), cliquez sur le service où vous avez déjà créé un compte de messagerie.**

   Il sera possible de créer un compte lorsque vous accéderez à ce service.

   Par exemple, pour ajouter un compte Google, cliquez sur cette proposition de la boîte de dialogue Ajouter un compte.

   Windows affiche une fenêtre sécurisée (en l'occurrence une zone du site Web de Google) dans laquelle il vous invite à entrer votre adresse de messagerie Google par exemple.

5. **Tapez l'adresse de messagerie, et cliquez sur Suivant.**

6. **Saisissez votre mot de passe et cliquez sur Suivant.**

   Il s'agit du mot de passe d'accès à votre messagerie Gmail (ou autre si vous avez un compte auprès d'un autre serveur de messagerie).

Figure 10.2

Ajouter un compte de messagerie.

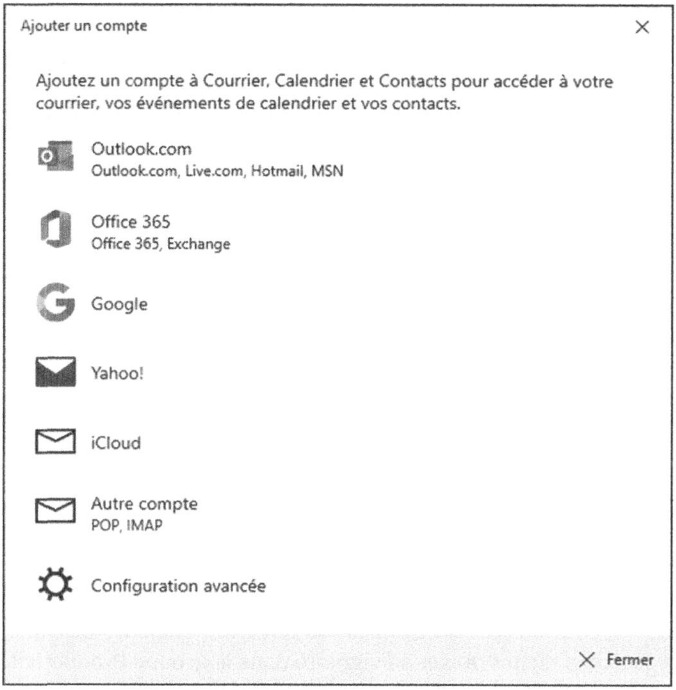

7. **Ensuite, cliquez sur le bouton Autoriser.**

8. **Suivez les potentielles étapes supplémentaires.**

   Il est possible que l'on vous demande, par exemple, d'indiquer le nom à utiliser lors de l'envoi des messages, c'est-à-dire le nom qui apparaîtra pour le destinataire de vos mails.

9. **Enfin, cliquez sur Se connecter.**

10. **Dans le message indiquant le succès de l'opération, cliquez sur OK.**

    Dès que le compte est bien identifié, les messages qu'il contient sont téléchargés dans Courrier.

    Répétez les étapes précédentes pour ajouter d'autres comptes en autorisant chacun d'entre eux, si nécessaire, à partager leurs informations avec votre compte Windows.

11. **Dans la liste des comptes de messagerie affichée dans le volet gauche de Courrier, vous constatez que le nom de votre boîte de réception est Gmail (ou autre). Si nécessaire, cliquez de nouveau sur Comptes pour ouvrir le volet Gérer les comptes.**
12. **Dans le volet Gérer les comptes, cliquez sur le nom du compte.**
13. **Dans le champ Nom du compte de la boîte de dialogue Paramètres du compte Gmail, remplacez le nom par défaut par un nom identifiant votre boîte aux lettres.**

    Votre nom de famille fera très bien l'affaire.

14. **Validez par un clic sur le bouton Enregistrer.**

Découvrir l'application Courrier

Maintenant que vous disposez d'un compte géré par Courrier, les sections qui suivent expliquent comment travailler avec les menus de l'application Courrier, et comment composer, envoyer et lire des messages.

L'interface de l'application Courrier

Pour démarrer l'application Courrier, cliquez sur son icône de la barre des tâches ou sur sa vignette dans le groupe Productivité du menu Démarrer.

L'application Courrier surgit devant vos yeux ébahis (voir la Figure 10.3). Elle liste en particulier les comptes que vous avez définis dans la section précédente.

Si vous cliquez sur un message pour lire son contenu, vous obtiendrez une vue semblable à celle qui est illustrée sur la Figure 10.4.

Pour ouvrir le message dans une fenêtre indépendante, cliquez sur l'icône située en haut à droite du message affiché.

Pour choisir un autre compte, cliquez dessus dans la liste Comptes.

Sous le nom du compte actif, l'application Courrier liste les dossiers qui lui sont associés :

» **Boîte de réception :** elle contient tous les messages reçus par le compte courant. L'application Courrier vérifie automatiquement et très régulièrement l'arrivée de nouveaux messages sur le serveur. Cependant, si vous vous lassez d'attendre, cliquez sur le

Figure 10.3

Les comptes de messagerie et les dossiers s'affichent dans le volet de gauche, les e-mails apparaissant au centre.

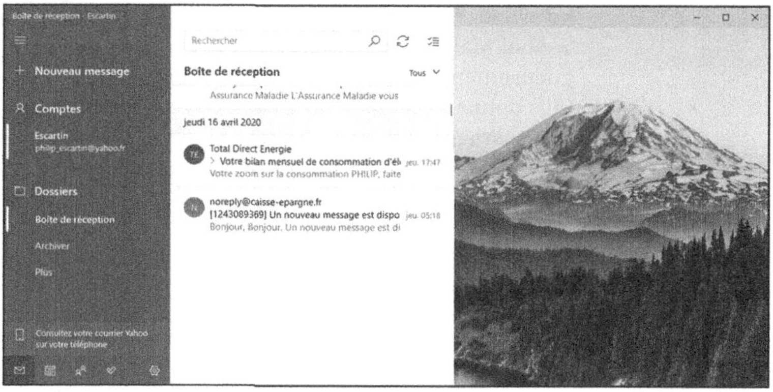

Figure 10.4

Un message et ses options.

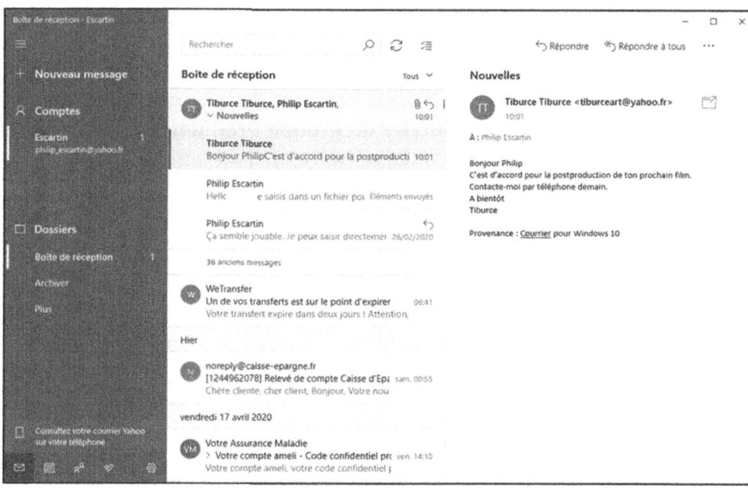

bouton de synchronisation située à droite du champ Rechercher (en haut et au centre de l'interface). L'actualisation est immédiate.

» **Archiver :** contient tous les messages que vous avez archivés *via* un clic-droit sur un courriel et l'exécution de la commande Archiver du menu contextuel qui s'affiche.

» **Plus** : renferme des dossiers comme Messages envoyés, Messages supprimés, Tous les messages, mais aussi tous les dossiers liés à votre compte de messagerie que vous avez créés ou qui sont définis par défaut par votre serveur de messagerie. Ainsi, un compte Gmail ne proposera pas les mêmes dossiers par défaut qu'un compte Yahoo! Mail. Si vous avez créé d'autres dossiers pour y ranger soigneusement vos messages, cliquez ici pour les retrouver. Le dossier Plus donne également accès au dossier Brouillons qui conserve les messages tout ou en partie rédigés, mais que vous n'avez pas encore envoyés. Pour terminer ce message et/ou l'envoyer, cliquez sur Plus puis sur Brouillon. Enfin, cliquez sur le message, complétez-le si besoin, et cliquez sur le bouton Envoyer. Si, finalement, vous préférez renoncer à ce message, cliquez sur le bouton Ignorer (icône de la poubelle).

Les icônes affichées en bas du volet permettent de commuter entre les applications Courrier et Calendrier, d'envoyer des commentaires à Microsoft et d'accéder aux paramètres de l'application.

Écrire et envoyer un message

Maintenant que votre compte est opérationnel, voici comment envoyer un courriel :

1. **Cliquez sur l'icône Courrier de la barre des tâches, ou sur la vignette Courrier du groupe Productivité du menu Démarrer.**

2. **Si nécessaire, choisissez le compte de messagerie à partir duquel envoyer un message.**

   Pour cela, il suffit de cliquer sur son nom dans la liste de la section Comptes du volet gauche.

3. **Dans le volet gauche, cliquez sur Nouveau message.**

   Un message vide apparaît sur la droite.

4. **Entrez l'adresse de messagerie du destinataire dans le champ À.**

   Dès que vous commencez à saisir les premières lettres, l'application Courrier scanne votre liste d'adresses dans l'application Contacts et affiche sous la zone À, une liste de correspondances éventuelles. Si l'adresse de votre destinataire se trouve ici, cliquez simplement dessus. L'application Courrier ajoute alors automatiquement le nom du contact.

Pour envoyer un message à plusieurs personnes, procédez de la même manière en cliquant simplement à la suite du nom précédent.

Pour effacer le dernier nom que vous venez d'ajouter dans le champ À, il vous suffit d'appuyer sur la touche de retour arrière de votre clavier. Et pour effacer un nom quelconque, cliquez dessus puis appuyez sur la touche Suppr.

5. **Pour ajouter des contacts en copie (Cc) ou en copie invisible par les autres (Cci), cliquez sur le bouton Cc et Cci, à droite du champ À.**

6. **Cliquez dans le champ Objet situé au-dessus de la zone de saisie de votre message, et indiquez le sujet de votre message.**

   Bien que techniquement facultatif, l'objet permet aux destinataires d'avoir une idée sur le contenu du mail et de trier leur courrier.

7. **Saisissez le texte de votre message dans la zone vide sous la ligne Objet.**

   Si vous orthographiez mal un mot, l'application Courrier le souligne immédiatement en rouge. Pour le corriger, faites un clic du bouton droit sur le mot souligné et choisissez la bonne orthographe dans la liste des propositions qui vous sont faites.

   Le bandeau qui se trouve juste au-dessus de votre message présente quatre onglets servant à compléter éventuellement votre message :

Vous ne voyez pas ces onglets ? Agrandissez la fenêtre Courrier, ou cliquez sur le petit chevron dirigé vers le bas situé à droite du dernier onglet visible.

- **Format :** commencez par sélectionner une partie du message, puis cliquez sur cet onglet et choisissez vos options de mise en forme, comme sur la Figure 10.5. En cliquant sur les chevrons, vous pouvez ainsi modifier le style de la police de caractères, celui des paragraphes, ou encore utiliser un style prédéfini. Veillez tout de même à ne pas abuser de ces outils sous peine de rendre votre message illisible et inaudible.

  Si votre correspondant(e) lit ses messages sur un smartphone ou une tablette dont vous ne connaissez pas la marque et la référence, ou bien encore s'il ou elle n'arrive pas à se séparer de son vieux logiciel de messagerie, il est possible que la mise en forme

Figure 10.5

Mettre en forme un message.

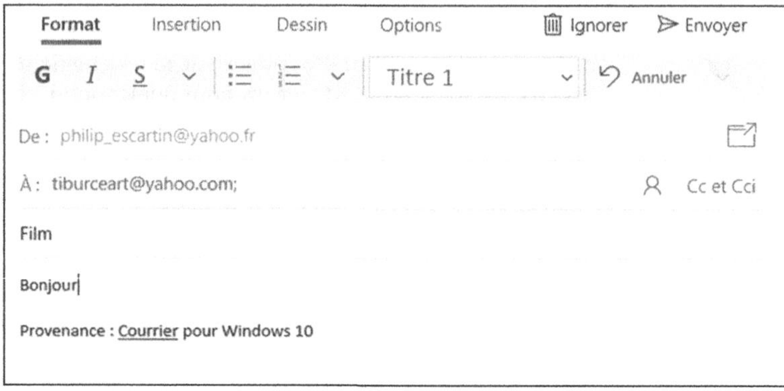

de votre texte ne soit ni reconnue ni acceptée. C'est un point important à prendre en considération.

- **Insertion :** cliquez ici pour joindre un fichier (nous allons y revenir plus loin dans ce chapitre). Vous pouvez également attacher au message un tableau, une image, ou encore transformer un passage sélectionné en lien hypertexte, et insérer des emojis.

La plupart des fournisseurs de services Internet limitent la taille des pièces jointes. Lorsqu'elles atteignent 20 ou 25 Mo, elles ne sont tout simplement pas envoyées. De quoi partager deux ou trois chansons, quelques photos numériques et la plupart des documents. Quant aux vidéos, il vaut mieux oublier... De toute manière, au-delà d'une certaine taille, il est toujours préférable de copier les fichiers sur OneDrive ou un autre nuage Internet, et de communiquer uniquement un lien de téléchargement.

- **Dessin :** permet d'ajouter une zone en bas du message où vous dessinerez à l'aide des divers crayons, surligneurs, et feutres proposés par cet onglet (Figure 10.6). Pour modifier la taille et la couleur d'un de ces outils, cliquez simplement sur le petit chevron qui apparaît à leur base lorsque vous l'activez. Un menu local vous proposera alors des options de personnalisation des outils de dessin.

- **Options :** indiquez ici un ordre d'importance du message. C'est là aussi que vous pouvez faire vérifier l'orthographe du message en sélectionnant la langue dans laquelle il est rédigé.

Figure 10.6

J'espère que vous dessinerez mieux que moi !

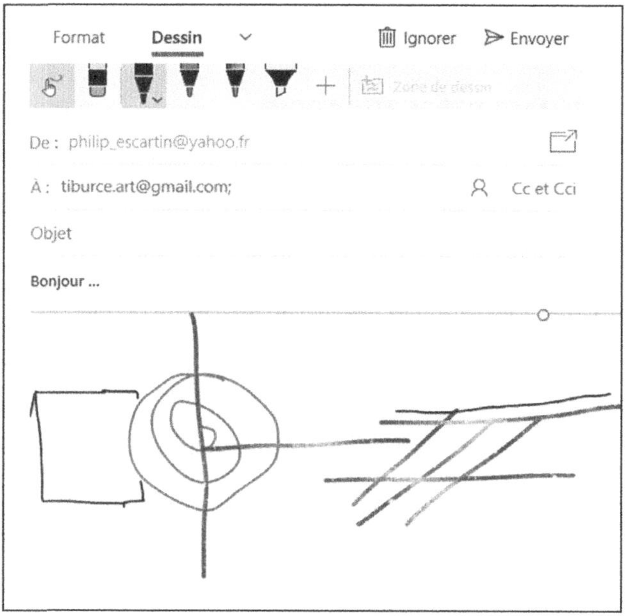

Le correcteur orthographique met en surbrillance les erreurs qu'il détecte et propose des corrections. Cliquez sur celle qui convient, et le mot mal orthographié sera immédiatement corrigé.

Si le correcteur signale systématiquement une erreur sur le même mot, alors que vous savez pertinemment qu'il est correctement écrit (ce qui arrive souvent avec les noms propres), cliquez simplement sur Ignorer tout dans la liste des propositions. Vous avez également la possibilité d'ajouter le mot au dictionnaire en cliquant sur le bouton qui l'affiche en le faisant précéder d'un signe « + ».

8 Cliquez sur le bouton Envoyer dans l'angle supérieur droit de la fenêtre.

L'application Courrier transfère immédiatement votre message par le biais de l'Internet jusqu'à la boîte de réception du/de la/des destinataire(s). Selon le débit de votre connexion et les capacités des serveurs de messagerie, le courrier peut arriver au bout de quelques secondes, mais parfois de quelques jours ; la moyenne étant de quelques petites minutes, et même souvent de quelques secondes.

Si vous *ne voulez pas* envoyer le message, cliquez sur le bouton Ignorer (la poubelle) situé vers l'angle supérieur droit de la fenêtre.

Lire un message reçu

Lorsque votre ordinateur (ou votre smartphone, ou votre tablette) est connecté à l'Internet, la vignette Courrier de l'écran de démarrage vous alerte dès qu'un nouveau message est arrivé. La vignette de l'application Courrier se met à jour automatiquement pour afficher le nombre des messages reçus, ainsi que l'expéditeur et l'objet des derniers messages non lus (du moins, si elle a assez de place pour cela).

Pour lire un message ou y répondre, exécutez les étapes suivantes :

1. **Ouvrez Courrier par un clic sur son icône de la barre des tâches, ou sa vignette dans le groupe Action du menu Démarrer.**

   L'application Courrier s'ouvre et affiche la boîte de réception. Les messages sont répertoriés de manière chronologique, le dernier arrivé étant affiché en haut de la liste.

   Pour trouver rapidement un message particulier, cliquez dans le champ Rechercher situé au-dessus de la liste des messages reçus. Tapez un nom, une phrase, ou un mot et appuyez sur la touche Entrée pour voir tous les messages qui correspondent à votre critère.

2. **Cliquez sur le sujet du message que vous souhaitez lire.**

   Le corps du message va s'afficher dans la partie droite de la fenêtre ou dans sa propre page.

3. **Une fois que vous avez lu le message, plusieurs possibilités s'offrent à vous, chacune étant accessible à partir des boutons situés en haut de la fenêtre (reportez-vous à la Figure 10.7) :**

   - **Ne rien faire** : vous êtes indécis ? Ne faites rien ; le message sera simplement conservé dans la boîte de réception. Cliquez simplement sur la flèche pour revenir en arrière.

   Répondre

   - **Répondre** : cliquez sur ce bouton pour afficher une fenêtre tout à fait semblable à celle qui vous permet de composer vos messages à quelques exceptions près. Tout d'abord, le nom du destinataire et le sujet sont déjà renseignés (celui-ci est précédé de la mention RE:, histoire de bien préciser qu'il s'agit d'une réponse).

Figure 10.7

les options à la lecture d'un message.

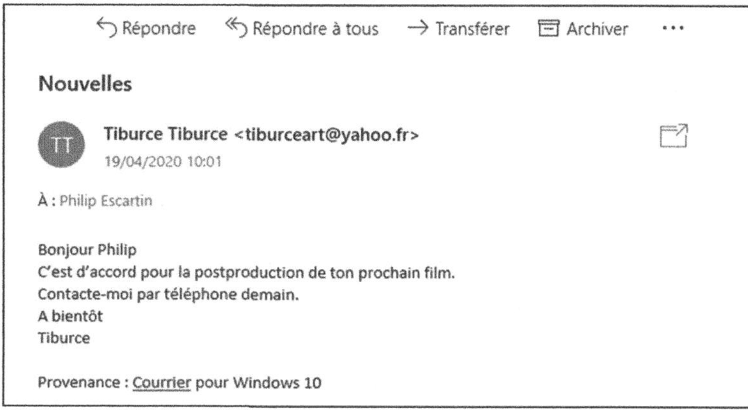

En outre, le message d'origine est généralement conservé au bas de votre réponse.

Répondre à tous

- **Répondre à tous** : certains courriers sont adressés simultanément à plusieurs personnes. Si vous voyez plusieurs destinataires dans un message, vous pouvez répondre à tout le monde en cliquant sur ce bouton.

Transférer

- **Transférer** : vous avez un quelque chose qu'une autre personne doit simplement *voir* ? Cliquez sur ce bouton pour transmettre une copie du message à cette autre personne (ou à plusieurs destinataires).

Archiver

- **Archiver** : archive le message, c'est-à-dire que Courrier le conserve sans l'afficher dans la boîte de réception. Pour retrouver un courrier archivé, il suffit de cliquer sur Tous les messages dans la section Dossiers du volet gauche.

Si vous ne pouvez pas voir toutes les options, cliquez sur le bouton Actions (trois petits points). Vous découvrirez alors les fonctions illustrées à la Figure 10.8. Vous pourrez déplacer le message dans le dossier Éléments supprimés (l'appellation varie selon l'origine des comptes). Pour les détruire définitivement, cliquez sur Plus, puis le dossier Éléments supprimés, sélectionnez ce que vous voulez, puis supprimez une seconde fois ce qui l'était déjà (si vous voyez ce que je veux dire).ce bouton révèle d'autres commandes. Vous noterez en particulier les options Définir un indicateur, qui place un petit drapeau coloré à droite de l'en-tête du message pour rappeler son importance, Imprimer, si vous avez besoin d'une trace d'un message sur papier, et Déplacer, qui vous permet de transférer un message de votre boîte de réception vers un autre dossier

Figure 10.8

Des options supplémentaires.

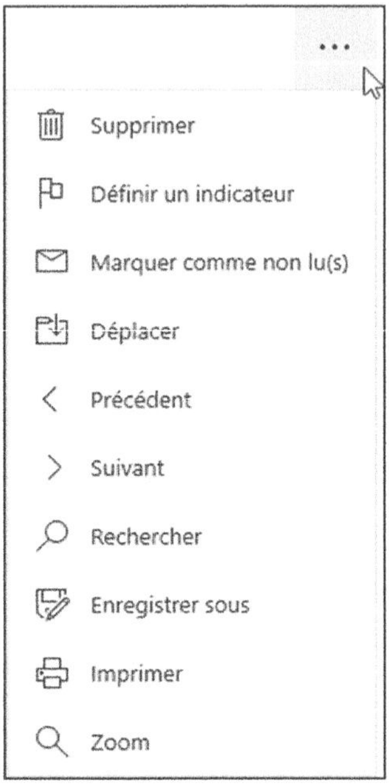

Vous n'êtes pas obligé d'ouvrir un message pour exécuter les actions les plus importantes. Dans votre boîte de réception, les en-têtes des messages que vous survolez affichent de petites icônes pour les archiver, les supprimer ou définir un indicateur. De plus, un clic du bouton droit sur un en-tête affiche un menu proposant cinq outils courants : Archiver, Supprimer, Déplacer, Définir un indicateur, Marquer comme non lu(s) et Déplacer vers le courrier indésirable.

L'application Courrier est un client de messagerie de base. Si vous avez besoin d'une application plus performante, vous pouvez revenir au client de messagerie spécifique à votre messagerie. Sinon, vous pouvez ouvrir votre navigateur Internet habituel et gérer votre messagerie à partir du site dédié, par exemple celui d'Outlook (`www.outlook.com`) ou celui de Google (`www.gmail.com`).

Si jamais vous recevez un message suspect venant d'une banque, d'eBay, d'une administration ou de tout autre site impliquant un compte bancaire, ne cliquez surtout pas sur les liens proposés par le message. Des sites d'hameçonnage envoient des messages qui tentent de récupérer les comptes et les mots de passe des utilisateurs en leur présentant par exemple, une interface de connexion en tous points semblable à celle de leur banque.

Envoyer et recevoir des fichiers

Comme quelques places de cinéma glissées dans une enveloppe avec une lettre, une pièce jointe est un fichier qui se greffe sur un message électronique. Vous pouvez envoyer ou recevoir tout type de fichier en pièce jointe.

Les sections qui suivent décrivent comment envoyer et recevoir un fichier *via* l'application Courrier.

Sauvegarder une pièce jointe reçue avec un courrier

Lorsqu'une pièce jointe est associée à un message, elle se reconnaît facilement grâce à l'icône de trombone qui l'accompagne. Lorsque vous ouvrez le message, vous pouvez voir une image générique ou encore un message qui vous propose de télécharger le fichier.

Sauvegarder le ou les fichiers joints ne demande que quelques étapes :

1. **Faites un clic-droit sur l'icône de la pièce jointe.**
2. **Dans le menu contextuel qui s'affiche, exécutez la commande Enregistrer, comme le montre la Figure 10.9.**

Figure 10.9

Pour enregistrer ou ouvrir une pièce jointe.

La boîte de dialogue Enregistrer sous va s'afficher. Par défaut, c'est le dossier Documents qui vous est proposé. Pour en changer, choisissez un des autres dossiers disponibles dans le volet de gauche de l'Explorateur de fichiers (pourquoi pas Images si s'en est une ?).

Sauvegarder le fichier dans l'un de vos dossiers principaux, comme Documents, Images ou encore Musique est le meilleur moyen de le retrouver plus tard.

Si le résultat proposé ne vous convient pas, vous pouvez aussi en créer un (voyez le Chapitre 5 pour plus de détails). Cliquez sur le bouton Nouveau dossier et entrez ensuite le nom que vous voulez donner à ce dossier. Faites ensuite un double-clic sur le nom du dossier que vous venez de créer pour l'ouvrir.

3. **Une fois le dossier de destination sélectionné, cliquez sur le bouton Enregistrer pour terminer l'opération (vous pouvez aussi changer le nom de fichier proposé par défaut).**

   Même une fois la pièce jointe sauvegardée, elle reste attachée à votre e-mail. En effet, la procédure ci-dessus ne fait qu'en enregistrer une *copie*. Si vous effacez par mégarde le fichier que vous avez sauvegardé, vous pourrez toujours en retrouver l'original dans vos messages, et donc l'enregistrer à nouveau.

L'antivirus intégré à Windows, Windows Defender, analyse automatiquement le courrier électronique et les pièces jointes au fur et à mesure de leur arrivée.

Envoyer un fichier en tant que pièce jointe

L'envoi d'un fichier par l'application Courrier fonctionne un peu comme l'enregistrement d'une pièce jointe, mais en sens inverse : au lieu d'enregistrer ce fichier dans un dossier ou une bibliothèque, vous le sélectionnez dans un dossier ou une bibliothèque, et vous l'associez à un message.

Pour envoyer un fichier en tant que pièce jointe dans l'application Courrier, procédez de la manière suivante :

1. **Ouvrez l'application Courrier et créez un nouveau message, comme décrit précédemment dans ce chapitre.**
2. **Cliquez sur l'onglet Insertion, puis sur le bouton Fichiers (pour envoyer un document) ou Images (pour une photo) dans la fenêtre de composition de message.**

   La boîte Ouvrir de l'Explorateur de fichier va s'afficher. Elle vous montre par défaut le contenu de votre dossier Documents.

   Si le dossier Documents ou Images contient le fichier que vous voudriez transmettre, passez à l'Étape 4. Pour faire un autre choix, suivez l'Étape 3.

3. **Déplacez-vous jusqu'au dossier contenant le fichier que vous souhaitez envoyer.**

Cliquez sur Ce PC et sélectionnez la bibliothèque et/ou le dossier (ou encore l'unité de disque) contenant le fichier. La plupart des fichiers sont stockés dans les bibliothèques Documents, Images, Musique et Vidéos.

Cliquez sur le nom d'un dossier pour voir les fichiers qu'il contient. Si ce n'est pas le bon dossier, cliquez sur la flèche qui pointe vers le haut pour revenir en arrière. Faites un nouvel essai.

4 Cliquez sur le nom du fichier que vous souhaitez envoyer puis cliquez sur le bouton Ouvrir de la fenêtre.

Cliquez sur un fichier pour le sélectionner. Pour joindre plusieurs fichiers, sélectionnez-les tout en maintenant enfoncée la touche Ctrl.

Si vous avez sélectionné trop de fichiers, il suffit de cliquer à nouveau sur les noms des fichiers non désirés *tout en maintenant enfoncée la touche Ctrl* pour les désélectionner. Lorsque vous cliquez sur le bouton Ouvrir, l'application Courrier ajoute le ou les fichiers à votre message.

5 Cliquez sur le bouton Envoyer.

Votre courrier est envoyé à son destinataire avec sa ou ses pièces jointes.

Lorsque vous envoyez un fichier attaché, vous ne faites qu'en transmettre une copie. L'original reste bien sagement dans votre ordinateur.

Chapitre 11

L'ordinateur : une histoire de sécurité

DANS CE CHAPITRE

Windows et ses messages d'avertissement

•

Internet et la sécurité

•

Échapper à l'hameçonnage

Travailler avec Windows, c'est un peu comme conduire une voiture : vous êtes à peu près en sécurité tant que vous respectez les signaux et les distances de sécurité, que vous ne roulez pas à une vitesse excessive sans vous préoccuper des autres, et que vous ne passez pas votre temps à regarder le paysage sur les côtés.

Ce chapitre est donc conçu pour vous aider à ne pas vous fourvoyer dans des rues mal famées, à vous protéger vous-même et à minimiser les risques d'accident.

Windows et ses messages d'avertissement

Après plus d'une vingtaine d'années de développement, Windows reste toujours assez naïf. Il arrive, lorsque vous exécutez un programme ou que vous essayez de modifier un réglage sur votre PC, ou encore quand vous voulez installer un nouveau matériel, qu'il soit incapable de savoir si c'est *vous* qui faites le travail, ou si c'est un *virus* qui tente de s'infiltrer.

Dans ce cas, Windows ne se pose pas trop de questions existentielles. Au moindre risque réel ou supposé, il obscurcit l'écran et affiche un message de sécurité vous demandant d'accorder (ou de refuser) votre autorisation pour poursuivre (ou non) l'opération (voir la Figure 11.1).

Lorsque vous voyez apparaître ce genre de fenêtre, vous savez que Windows se fait bien du souci pour vous, et surtout pour lui. En cas de doute, et si ce n'est pas vous qui avez démarré l'application, cliquez sur le bouton Non, ou Ne pas installer. Mais si c'est bien vous qui êtes à l'origine de l'action, cliquez sur Oui, ou sur Installer.

Figure 11.1

Ce type de message vise à protéger votre ordinateur de l'exécution d'une application que vous n'auriez pas démarrée vous-même.

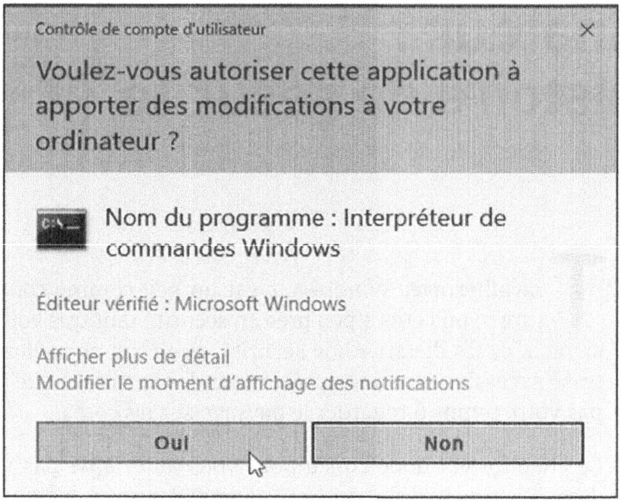

Éviter les virus avec la Sécurité Windows

La Sécurité Windows travaille en arrière-plan sans jamais s'arrêter. Mais rien ne dit qu'un petit malin n'arrive pas un jour à tromper sa vigilance. Si votre PC commence à avoir un comportement qui vous semble étrange, demandez à La Sécurité Windows de passer immédiatement l'ordinateur au scanner en suivant ces étapes :

1. **Ouvrez le menu Démarrer, et cliquez sur l'icône Paramètres (engrenage).**

2. **Dans la fenêtre Paramètres Windows, cliquez sur Mise à jour et sécurité.**

3. **Dans la colonne Mise à jour et sécurité (à gauche), choisissez Sécurité Windows.**

4. **Cliquez sur le bouton Ouvrir Sécurité Windows.**

5. **(Facultatif) Dans la colonne de gauche, cliquez sur l'icône des trois traits située en haut à gauche de la fenêtre La Sécurité Windows.**

   Cette action permet d'afficher le libellé des icônes de cette colonne.

❻ **Cliquez sur l'icône Protection contre les virus et les menaces, comme sur la Figure 11.2.**

Figure 11.2

Pour accéder aux options d'analyse de la Sécurité Windows.

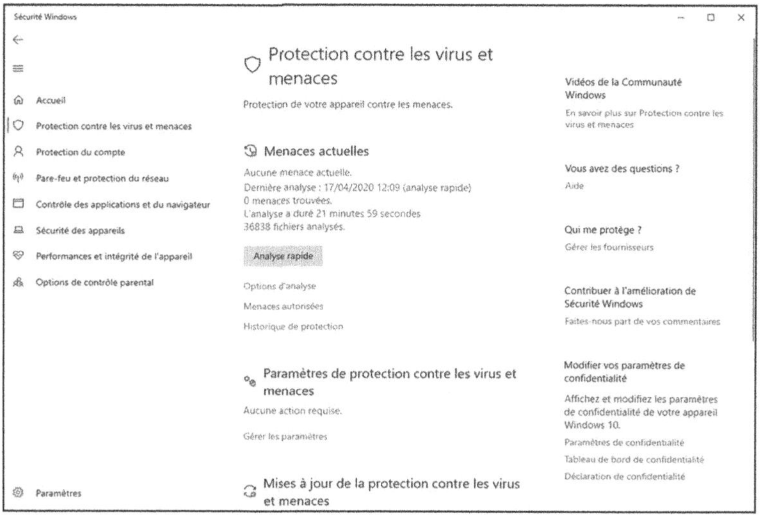

❼ **Cliquez sur le bouton Analyse rapide.**

Pour une analyse plus approfondie qui nécessitera plus de temps, cliquez sur le lien Options d'analyse situé sous le bouton Analyse rapide. Dans la liste des options d'analyse qui apparaît comme sur la Figure 11.3, activez l'option Analyse complète. Cliquez ensuite sur Analyser maintenant.

La Sécurité Windows exécute immédiatement une analyse rapide de votre ordinateur. (Ou complète si vous avez changé l'option d'analyse.)

Même si ma Sécurité Windows se tient derrière votre épaule pour vous protéger, suivez ces quelques règles pour réduire les risques d'infection :

» Les mises à jour de la Sécurité Windows se font automatiquement *via* Windows Update. C'est pourquoi il est important d'être connecté à l'Internet régulièrement, si ce n'est en permanence, pour que la Sécurité Windows dispose toujours des renseignements les plus récents possible. Cependant, si la section Mises à jour de la protection contre les virus et les menaces (visible en bas de la

Figure 11.3

Demandez à la Sécurité Windows d'analyser votre ordinateur.

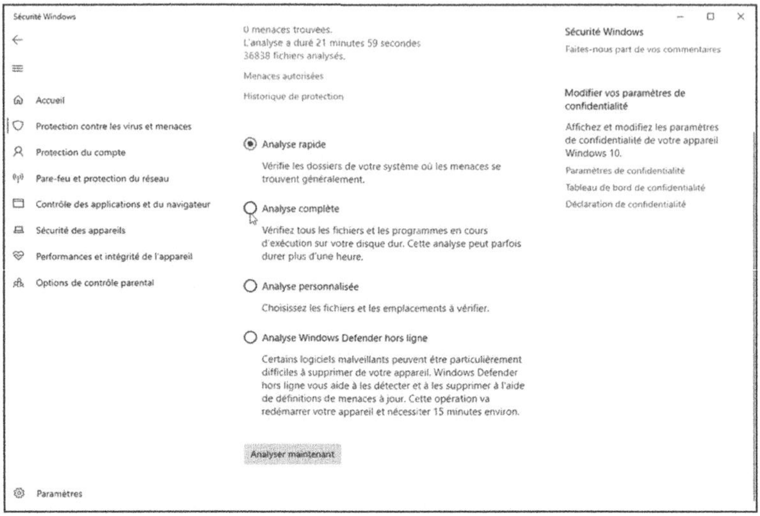

Figure 11.2) indique que la protection n'est pas à jour, cliquez sur le lien Recherchér des mises à jour.

» Dans vos messages, n'ouvrez les pièces jointes que si vous les attendez. Si vous recevez d'un ami un fichier qui vous semble curieux, n'y touchez pas. Contactez immédiatement cette personne pour savoir si elle vous a *réellement* envoyé quelque chose.

» Faites très attention à tous les éléments qui arrivent dans votre boîte de réception et qui vous demandent de cliquer sur un lien. Si ce message vous dit par exemple que telle ou telle personne voudrait être votre ami sur Facebook, ne cliquez pas. Visitez votre page Facebook et vérifiez si cette personne est signalée comme voulant faire partie de vos amis. Plus vous éviterez de toucher aux liens dans les e-mails, et mieux vous vous porterez.

» Si vous recevez un message douteux qui semblant provenir d'une banque ou même de votre opérateur Internet, et qui vous demande de cliquer sur un lien, puis de saisir votre nom ainsi qu'un mot de passe – pire encore, un numéro de compte bancaire ou de carte bancaire –, *n'en faites rien.* Il s'agit presque assurément d'une tentative d'*hameçonnage*, c'est-à-dire d'une escroquerie visant à soutirer votre argent. J'y reviendrais un peu plus loin dans ce chapitre.

Ne faites pas n'importe quoi ! Si vous n'êtes pas un gourou de l'informatique, n'autorisez pas ce que Windows a identifié comme menace grave ou élevée ! N'autorisez rien !

Éviter l'hameçonnage

Un jour, vous recevez un message qui semble provenir de votre banque, d'eBay, de PayPal ou bien encore du ministère des Finances. Ce message vous dit qu'il y a un problème avec votre compte, et que vous devez cliquer sur quelque chose, puis entrer votre nom d'utilisateur et votre mot de passe pour que tout rentre dans l'ordre.

Même si tout paraît normal et que le site Internet vers lequel on veut vous renvoyer ressemble comme deux gouttes d'eau à celui de votre banque, d'eBay, de PayPal ou du ministère des Finances, et ainsi de suite. Ce site est frauduleux et vous risquez d'être une victime d'une arnaque appelée *hameçonnage*, ou encore par l'anglicisme *phishing*. Les fraudeurs envoient des millions de ces messages, dans l'espoir qu'un destinataire naïf ou non prévenu fournira son nom d'utilisateur et son mot de passe.

Bien entendu, si ce message est dans une langue étrangère, en anglais notamment, il n'y a même pas à se poser la question. C'est de l'hameçonnage. Détruisez-le immédiatement.

Parfois, il est presque impossible de faire la différence lors de la lecture entre un vrai message et un faux. Pourtant, c'est très simple : ils sont *tous* faux ! Vous pouvez consulter vos relevés bancaires par Internet, faire des achats ou bien payer vos impôts. Mais jamais, jamais, un de ces organismes ne vous enverra un message contenant un lien demandant votre mot de passe ou votre nom d'utilisateur. *Jamais*.

Si vous êtes victime d'une cyberattaque, ou si vous découvrez par hasard un fait qui vous semble grave, vous pouvez en France communiquer les informations dont vous disposez sur un site spécialisé : `internet-signalement.gouv.fr`.

» **Si vous avez, hélas, déjà entré votre nom et votre mot de passe dans un site d'hameçonnage, il faut réagir immédiatement. Visitez le site authentique et changez votre mot de passe. Contactez l'organisme en cause et demandez leur aide. Faites de même avec votre agence bancaire. C'est le seul moyen de stopper les voleurs avant qu'ils n'aient eu le temps de s'en prendre à votre compte. Soyez réactif : dès leurs mauvais coups faits, ils disparaissent dans la nature généralement en quelques heures.**

» La remarque précédente est encore plus vraie si vous avez communiqué des données concernant votre carte bancaire.

» L'ouverture d'une pièce jointe piégée peut installer un virus qui crypte le contenu de l'ordinateur. Le code de décryptage ne peut être obtenu qu'en payant une rançon. Mais parfois, la rançon payée, le pirate informatique ne s'occupe plus de l'ordinateur qu'il a rendu inutilisable.

La plupart des problèmes liés à des virus, à de l'hameçonnage ou au cryptage de l'ordinateur sont malencontreusement provoqués par le manque de vigilance de l'utilisateur de l'ordinateur.

Se protéger des Ransomwares

Nous en entendons de plus en plus parler. Un ransomware, c'est-à-dire un rançongiciel, un logiciel rançonneur, ou encore logiciel de rançon, voire d'extorsion, est un programme qui prend en otage l'utilisateur. L'arnaque consiste à crypter les données d'un ordinateur auxquelles son propriétaire ne peut plus accéder. Moyennant le paiement d'une certaine somme, le rançonneur envoie à l'utilisateur une clé de déchiffrement pour qu'il retrouve l'usage de son ordinateur.

Un autre type de ransomware est récemment apparu. Bien que techniquement ce chantage soit possible, il s'agit bien souvent d'une esbroufe de la part de son auteur. Le cas classique consiste à recevoir un mail d'un parfait inconnu qui vous dit avoir activé votre webcam pendant que vous visitiez un site pornographique. Il prétend disposer d'une vidéo où l'on vous voit faire ce que vous avez à faire tout en regardant des films pour adultes. L'arnaqueur vous menace d'envoyer cette vidéo à tous vos contacts si, dans les 48 heures, vous ne versez pas sur un compte PayPal (ou autre) une certaine somme d'argent. Certes, ceux d'entre vous qui ne consultent jamais ce genre de sites ne se sentiront pas concernés. En revanche, pour les autres, le mail est suffisamment bien tourné pour que vous entriez dans un moment de panique qui pourrait vous amener à verser cette rançon à l'auteur du chantage. N'en faites rien !

Bien entendu, qu'il s'agisse d'un ransomware qui crypte vos données, ou d'un chantage à la pornographie : NE PAYEZ JAMAIS ! En effet, dites-vous que si cet individu possédait la fameuse vidéo qu'il menace d'envoyer à vos contacts, il ne manquerait pas de vous en joindre un extrait. Or, non seulement il ne le fait pas, mais en plus il n'indique même pas l'adresse du site pornographique où vous avez soi-disant été identifié. Bref, ce rançonneur ne possède absolument rien vous concernant. Pour éviter tout harcèlement, contentez-vous de changer d'adresse mail.

Pour éviter ce genre de déconvenue, utilisez la protection contre les ransomwares de la Sécurité Windows. Elle permet d'indiquer les dossiers à protéger contre toute tentative de modification de la part d'un programme malveillant. Voici comment procéder :

1. **Accédez à la fenêtre Protection contre les virus et menaces, comme expliqué plus haut dans ce chapitre.**

2. **Faites défiler le contenu de cette fenêtre pour afficher la section Protection contre les ransomwares, comme sur la Figure 11.4.**

Figure 11.4

Protégez-vous contre les ransomwares.

3. **Pour définir les dossiers à protéger, cliquez sur le lien Gérer la protection contre les ransomwares.**

4. **Dans la section Dispositif d'accès contrôlé aux dossiers, basculez le commutateur sur Activé.**

5 **Dans le message de contrôle qui apparaît, cliquez sur Oui.**

6 **Gérez les dossiers protégés par un clic sur le lien Dossiers protégés.**

Dans la fenêtre Dossiers protégés, ajoutez ou retirez des dossiers qui seront protégés contre des logiciels malveillants.

7 **Si nécessaire, autorisez des applications dont vous êtes sûr du niveau de sécurité. Cliquez pour cela sur le lien Autoriser une app *via* un dispositif d'accès contrôlé aux dossiers.**

Là, vous définirez ces applications par un clic sur le bouton Ajouter une application autorisée. Vous choisirez alors d'ajouter une application récemment bloquée ou d'accéder à toutes les applications. Faites ensuite votre choix dans la liste affichée, ou *via* l'Explorateur de fichiers.

Si vous avez été victime d'un ransomware, et après avoir réinstallé Windows et perdu vos données, récupérez-les dans la section Récupération de données par ransomware. Cliquez sur le lien Afficher les fichiers. Vous pourrez alors récupérer des données que vous aviez sauvegardées sur OneDrive, le Cloud de Microsoft.

Et voici l'astuce de la mort pour être tranquille en cas de ransomware cryptant vos données, mais aussi et surtout si la protection de Windows en la matière s'est avérée inefficace. Investissez dans un logiciel de clonage de disque comme Acronis True Image, et effectuez un clone de votre disque système une fois par semaine. Ainsi, si votre ordinateur se retrouve bloqué, il suffira de retirer le disque infecté et de le remplacer par le clone. Vous reformaterez le disque rançonné et vous y clonerez alors le disque système que vous venez d'installer à sa place. Faites de même avec vos disques de données. Sauvegardez-les régulièrement sur des disques externes que vous ne connecterez que pour faire vos copies. Vous n'aurez ainsi plus rien à craindre d'un rançonneur quelconque. Vous ne perdrez que les données non sauvegardées entre deux sauvegardes.

Windows Update

Une des manières de sécuriser Windows 10 consiste à effectuer ses mises à jour régulièrement. Par l'intermédiaire de Windows Update, elles permettent deux choses :

» **d'une part d'apporter des améliorations, de corriger les bogues, et d'installer de nouvelles fonctionnalités au système d'exploitation ;**

- d'autre part, d'installer des correctifs de sécurité et de mettre à jour la base de données antivirus de Windows Defender (ou plutôt de la Sécurité Windows).

Un message vous avertit des mises à jour disponibles, mais à vous de décider de les installer ou non en cliquant sur le lien Télécharger et installer maintenant. En revanche, Windows 10 installera automatiquement les correctifs de sécurité et la mise à jour de la base de données antivirus afin d'assurer une protection constante de votre ordinateur. Aucune intervention de votre part ne sera ici nécessaire.

Ouvrir Windows Update

Pour accéder à l'interface de gestion de Windows Update, suivez ces quelques étapes :

1. **Cliquez sur le bouton Démarrer, puis sur Paramètres.**

2. **Dans la fenêtre Paramètres qui apparaît, cliquez sur l'icône Mise à jour et sécurité.**

3. **Dans la fenêtre Mise à jour et sécurité, cliquez si nécessaire sur Windows Update en haut de la colonne de gauche.**

   L'interface de Windows Update facilite l'accès aux réglages les plus importants, comme le montre la Figure 11.5.

Quelques configurations essentielles de Windows Update

Nous ne pourrons pas détailler toutes les fonctionnalités de Windows Update dans la mesure où il faudrait y consacrer tout un chapitre au détriment d'autres aspects essentiels du système d'exploitation. Nous allons voir comment planifier les heures de redémarrage automatique après une mise à jour, suspendre les mises à jour, supprimer des mises à jour, ainsi que les options avancées de Windows Update.

Forcer la recherche des mises à jour

Les mises à jour peuvent être proposées au téléchargement et à l'installation de manière aléatoire. Il peut aussi arriver que, pour une raison inconnue, la recherche automatique ne fonctionne pas.

Si vous avez l'impression que cela fait longtemps qu'aucune mise à jour ne vous a été proposée, ouvrez Windows Update et cliquez sur le bouton Rechercher des mises à jour (Figure 11.5 plus haut dans ce cha-

Figure 11.5

Le nouveau visage de Windows Update.

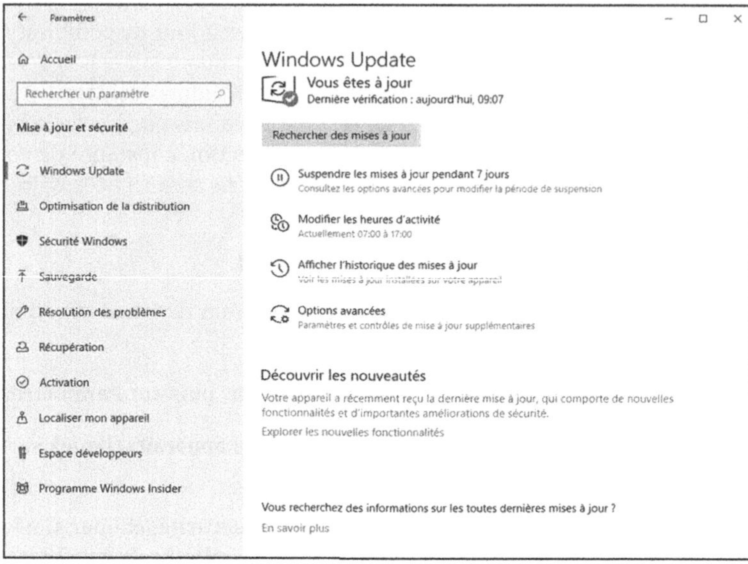

pitre). Au bout de quelques minutes, Windows 10 vous informera de la présence et de la nature des mises à jour.

S'il s'agit de mises à jour des fonctionnalités du système d'exploitation, vous pourrez ou non cliquer sur le lien Télécharger et installer maintenant. S'il s'agit de correctifs de sécurité et de mise à jour de la base de données antivirus, le téléchargement et l'installation se feront alors sans intervention de votre part.

Suspendre les mises à jour

Vous avez la possibilité de suspendre les mises à jour. Pour cela, ouvrez Windows Update, et cliquez simplement sur la mention Suspendre les mises à jour pendant 7 jours. Les mises à jour sont alors interrompues. Au bout de 7 jours, elles reprendront automatiquement.

Vous pouvez mettre fin à cette interruption en cliquant sur le bouton Reprendre les mises à jour. Windows Update profitera de votre action pour chercher immédiatement de nouvelles mises à jour.

Désinstaller des mises à jour

Pour accéder à cette option, cliquez simplement sur Afficher l'historique des mises à jour, puis sur le lien Désinstaller des mises à jour. Choisissez alors la mise à jour à désinstaller dans la boîte de dialogue Mises à jour installées qui apparaît. Cliquez ensuite sur le lien Désinstaller des mises à jour en haut à gauche de la boîte de dialogue.

La boîte de dialogue Mises à jour installées apparaît, comme sur la Figure 11.6. Vous découvrirez ici les détails des nouvelles mises à jour. Cliquez sur la mise à jour à supprimer, puis sur le bouton Désinstaller qui apparaît dans la partie supérieure de la boîte de dialogue.

Figure 11.6

Pour désinstaller des mises à jour.

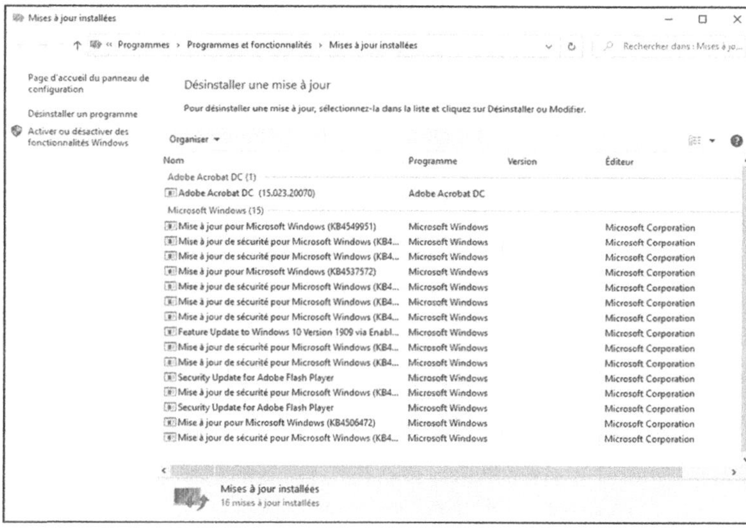

Le bouton Désactiver n'apparaît pas quand vous sélectionnez une mise à jour ? Eh bien cela indique qu'elle ne peut pas être désinstallée... étonnant non ?!

Modifier les heures d'activité

Lorsque vous accepterez de télécharger et d'installer des mises à jour, ou lorsque Windows Update installera automatiquement des correctifs de sécurité ou de nouvelles définitions antivirus, un redémarrage sera souvent nécessaire pour procéder à ces installations. Ce redémarrage peut être manuel ou automatique. S'il est automatisé, il semble important que votre système ne redémarre pas alors que vous êtes en plein travail. Pour éviter cela, Windows 10 a décidé, arbitrairement, que vous vous travaillez de 7 h 00 à 17 h 00. Donc, en dehors de cette période, et dans la mesure où votre ordinateur est allumé, Windows pourra le redémarrer sans vous prévenir afin d'installer ces fameuses mises à jour. Mais peut-être que votre période de travail ne correspond pas du tout à ce que Windows présuppose.

Pour modifier les heures d'activité :

1. **Ouvrez Windows Update et cliquez sur Modifier les heures d'activité.**

2. **Désactivez l'option Ajuster automatiquement les heures d'activité de cet appareil en fonction de l'activité.**

3. **Cliquez alors sur le lien Modifier.**

4. **Dans la boîte de dialogue illustrée sur la Figure 11.7, changez les heures de début et de fin.**

   Pour cela, cliquez sur les heures et les minutes, choisissez l'horaire dans la liste qui apparaît, et validez-la par un clic sur la coche en bas de ce menu local.

Figure 11.7

Modifier la plage horaire d'activité.

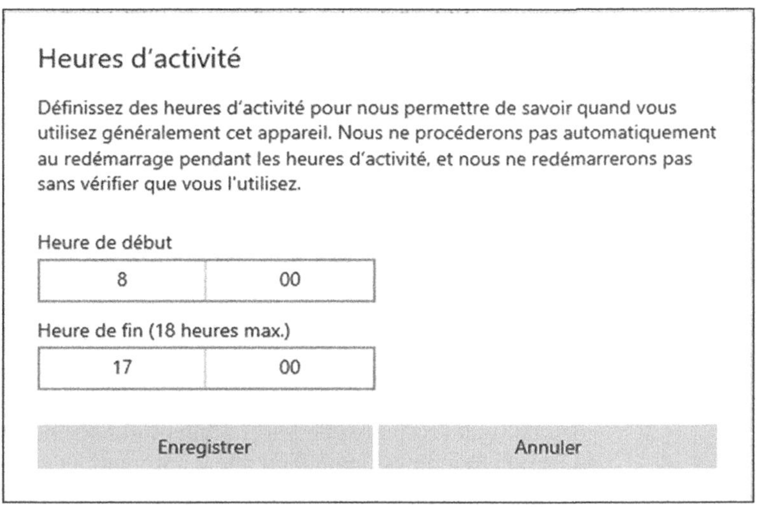

❺ Validez la nouvelle tranche horaire d'activité par un clic sur le bouton Enregistrer.

Attendez-vous à ce que les mises à jour majeures prennent vraiment beaucoup de temps à s'installer. Plusieurs heures sont parfois nécessaires, et cette durée dépend aussi de la rapidité de votre connexion Internet.

Les options avancées

Vous accéderez à ces options en cliquant sur Options avancées. Elles permettent les choses suivantes :

» Activer le redémarrage automatique dont vous avez paramétré les heures plus haut dans ce chapitre.

» Activer les notifications de mise à jour et de redémarrage.

» Interrompre les mises à jour. Bien que cela soit possible directement depuis l'écran principal de Windows Update, vous pouvez limiter cette suspension à une date inférieure à 7 jours. Choisissez-la dans le menu local Suspendre jusqu'à. Vous constaterez que vous ne pouvez pas dépasser une semaine d'interruption des recherches de mises à jour.

» Choisir quand installer les mises à jour. Permet de choisir le nombre de jours durant lesquels ces mises à jour de sécurité et de fonctionnalités seront différées.

Partie 4

Personnaliser et faire évoluer Windows 10

Dans cette partie...

Personnaliser les paramètres de Windows

Aider Windows à fonctionner en douceur

Partager un ordinateur entre plusieurs personnes

Connecter des ordinateurs en réseau

DANS CE CHAPITRE

Modifier l'apparence de Windows
•
Changer de mode vidéo
•
Activer l'éclairage nocturne
•
Installer et supprimer des programmes et des applications
•
Régler le maniement de votre souris
•
Configurer automatiquement la date et l'heure de votre ordinateur

Chapitre 12

Personnaliser Windows avec les Paramètres Windows

La plupart des réglages et actes de personnalisation s'opèrent dans la fenêtre Paramètres Windows. Toutefois, le choix de certains paramètres et le fait de cliquer sur des liens particuliers ouvrira parfois des boîtes de dialogue provenant du Panneau de configuration.

Pour personnaliser Windows, vous devrez accéder à ses réglages *via* le bouton Démarrer puis un clic sur le bouton Paramètres.

Dans les quelques sections qui suivent, nous allons voir comment modifier certains aspects de Windows, et comment y procéder de la manière la plus rapide possible. Ainsi, ne soyez pas étonné de passer de l'écran Paramètres au Panneau de configuration, ou l'inverse, en fonction du réglage à appliquer.

Changer l'arrière-plan du bureau

Un arrière-plan, ou papier peint si vous préférez, est simplement une image qui recouvre votre bureau. Pour le modifier, suivez ces étapes :

1. **Cliquez du bouton droit sur un espace vide du bureau. Dans le menu contextuel qui apparaît, choisissez la commande Personnaliser.**

Windows affiche le panneau Arrière-plan (voir la Figure 12.1).

Figure 12.1

Cliquez sur la liste déroulante pour choisir si votre bureau affichera une splendide photo ou une simple couleur.

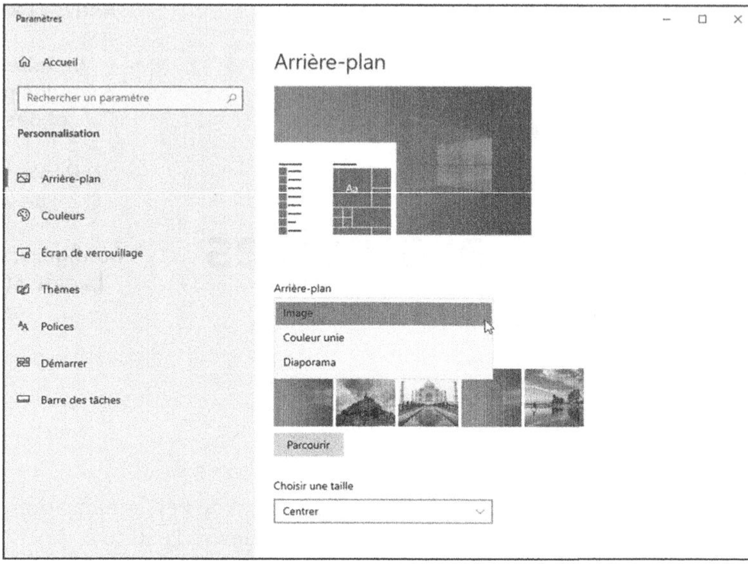

Vous ne pouvez pas cliquer du bouton droit en mode Tablette. Au lieu de cela, vous devrez presser le bouton Démarrer, taper le mot Paramètres, puis toucher l'icône Personnalisation.

2. **Ouvrez le menu local Arrière-plan.**

   Il permet de sélectionner une image, une couleur, et même un diaporama, autrement une série de photos qui s'enchaîneront automatiquement à des intervalles prédéfinis.

   Les images d'arrière-plan peuvent être enregistrées dans de nombreux formats : BMP, GIF, JPG, JPEG, DIB ou encore PNG.

3. **Si vous choisissez Image, la liste Choisir une taille apparaît. Ouvrez-la et optez pour Remplir, Ajuster, Étirer, Vignette, Centrer, ou encore Étendre.**

   Vous pouvez également varier les images en sélectionnant l'option Diaporama dans le menu local Arrière-plan. Il suffit pour cela de les cocher dans la zone d'affichage de leurs vignettes. Le fond du bureau sera alors changé par défaut toutes les trente minutes.

Vous trouvez soudain une magnifique image dont vous aimeriez faire votre arrière-plan alors que vous naviguez sur Internet ? Faites un clic du bouton droit sur cette image et sélectionnez l'option Enregistrer l'image sous. Choisissez la bibliothèque Images de votre ordinateur. Vous pourrez ensuite la choisir comme arrière-plan de votre Bureau.

Personnaliser l'écran de verrouillage

L'écran de verrouillage s'affiche au démarrage de Windows, après une période d'inactivité de l'ordinateur, ou lorsque vous le lancez volontairement pour quitter votre poste de travail sans mettre l'ordinateur en veille.

Voici comment afficher un autre écran de verrouillage :

1. **Cliquez du bouton droit sur le fond du bureau, et dans le menu contextuel qui apparaît, choisissez la commande Personnaliser.**

   Le panneau Arrière-plan que nous venons d'étudier apparaît.

2. **Dans la colonne Personnalisation (à gauche), cliquez sur Écran de verrouillage.**

   Vous accédez à l'écran illustré à la Figure 12.2.

Figure 12.2

Paramétrer l'écran de verrouillage.

3. **Dans le menu local Arrière-plan, cliquez sur l'option voulue.**

Vous avez le choix entre un arrière-plan prédéfini par Windows ou bien une image personnalisée, ou encore un diaporama.

Avec Windows à la une Microsoft change la photo sur l'écran de verrouillage à chaque fois que vous accédez à cet écran.

4. **Servez-vous des autres options pour personnaliser encore plus votre écran de verrouillage.**

Par défaut, vos nouveaux messages devraient être présents. Mais vous pouvez aussi afficher des notifications supplémentaires en cliquant sur un des boutons « + ».

5. **Dans le menu qui apparaît, choisissez l'application dont les notifications seront affichées par l'écran de verrouillage (voir la Figure 12.3).**

Figure 12.3

Ajouter une application à l'écran de verrouillage.

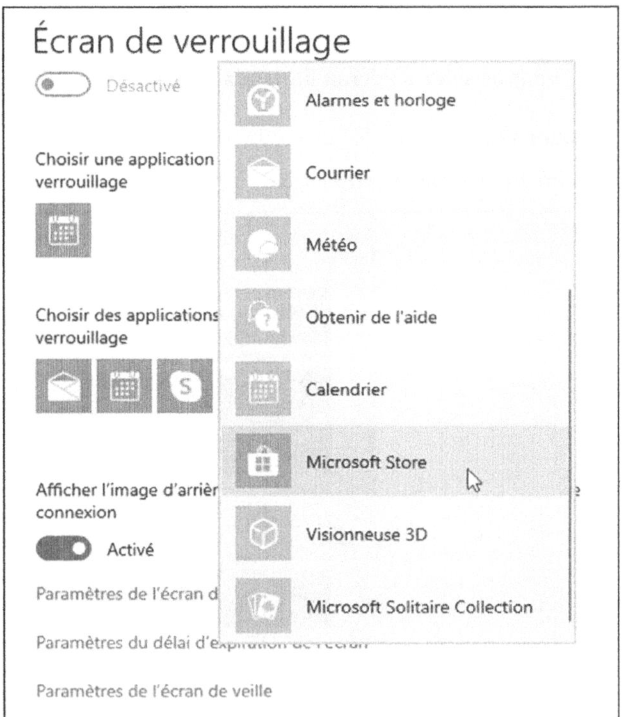

6 Pour supprimer une application de l'écran de verrouillage, cliquez sur sa vignette et, dans le menu local qui apparaît, cliquez sur le bouton Aucun.

7 Si vous le souhaitez, vous pouvez changer l'application par défaut qui affiche ses détails sur l'écran d'accueil. Cliquez sur sa vignette, et choisissez un autre programme dans le menu local qui apparaît.

Changer le thème de Windows

Les *thèmes* sont simplement des ensembles de réglages qui définissent l'apparence de votre bureau. Vous pouvez par exemple enregistrer dans un thème la configuration de votre écran de veille et l'arrière-plan du bureau. Vous n'avez plus ensuite qu'à passer d'un thème à un autre pour changer le costume de votre PC.

Pour essayer l'un des thèmes prédéfinis de Windows, cliquez sur le bouton Démarrer, puis dans la colonne de gauche, choisissez Paramètres. Cliquez sur Personnalisation, puis sur Thèmes. Choisissez un des thèmes proposés dans la section Appliquer un thème visible sur la Figure 12.4.

Figure 12.4

Choisissez un thème prédéfini pour changer l'aspect de Windows et les sons qu'il utilise.

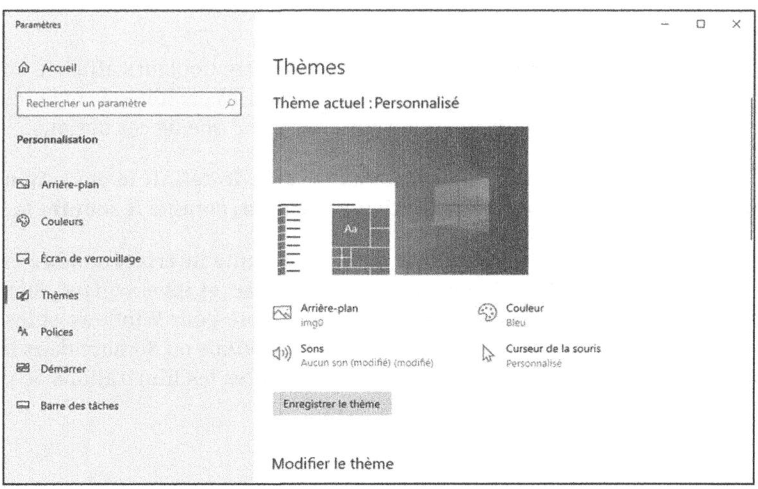

Vous pouvez personnaliser un thème en modifiant les paramètres Arrière-plan, Couleur, Sons, et Curseur de la souris. Une fois les modifications apportées, cliquez sur le bouton Enregistrer le thème. Dans la boîte de dialogue qui apparaît, nommez votre thème et cliquez sur le bouton Enregistrer. Sa vignette s'ajoute à celles des thèmes prédéfinis de Windows.

Vous pouvez supprimer des thèmes personnalisés (donc enregistrés par vos soins) en cliquant-droit sur l'icône d'un de vos thèmes non utilisés. Dans le menu contextuel, exécutez la commande Supprimer.

Pour trouver d'autres thèmes, cliquez sur le lien Obtenir plus de thèmes dans le Microsoft Store. Cette action ouvre l'application éponyme. Faites votre choix parmi les centaines de thèmes gratuits mis à votre disposition.

Personnaliser le mode Windows

Il est possible de personnaliser les couleurs de Windows, en choisissant entre un mode clair et un mode sombre. Voici comment procéder :

1. **Accédez aux paramètres Personnalisation comme expliqué dans les précédentes sections.**

2. **Dans le volet Personnalisation, cliquez sur Couleurs.**

3. **Dans le menu local Choisissez votre couleur, optez pour Clair, Sombre, ou Personnalisé.**

   La Figure 12.5 montre la fenêtre Couleurs affichée en mode clair (à gauche) et en mode sombre (à droite). La couleur des fenêtres change dès que vous choisissez une de ces options.

4. **Optez pour Personnalisé afin de définir le mode Windows et le mode d'application par défaut, comme le montre la Figure 12.6.**

   Ainsi, Windows pourra avoir une interface sombre et les boîtes de dialogue une interface claire, et inversement. Bien entendu, si vous choisissez Clair ou Sombre pour Windows et les applications, cela revient à choisir le mode Clair ou Sombre dans le menu local Choisissez votre couleur. Toutes les illustrations de ce livre ont été réalisées en mode clair.

Figure 12.5

Mode clair (à gauche) et Mode sombre (à droite).

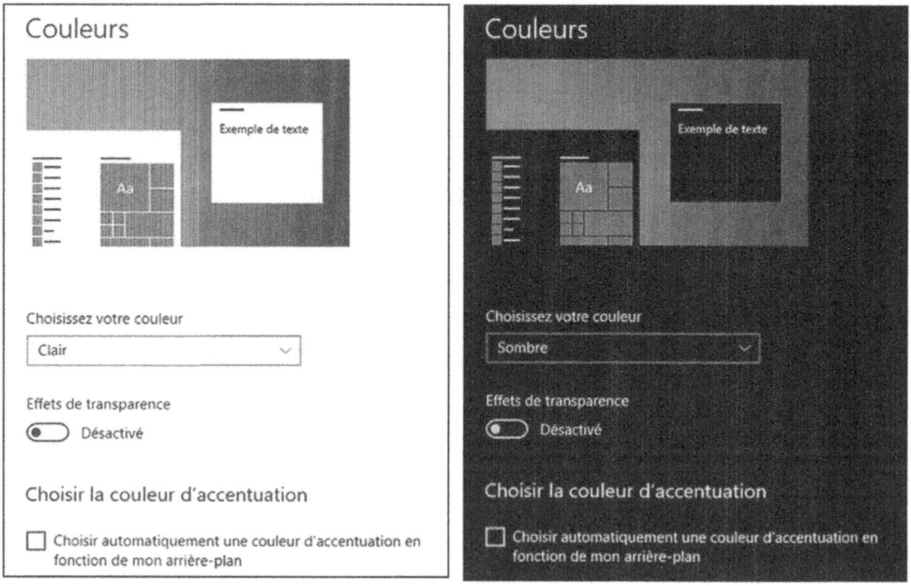

Figure 12.6

Windows et les applications peuvent avoir un mode distinct.

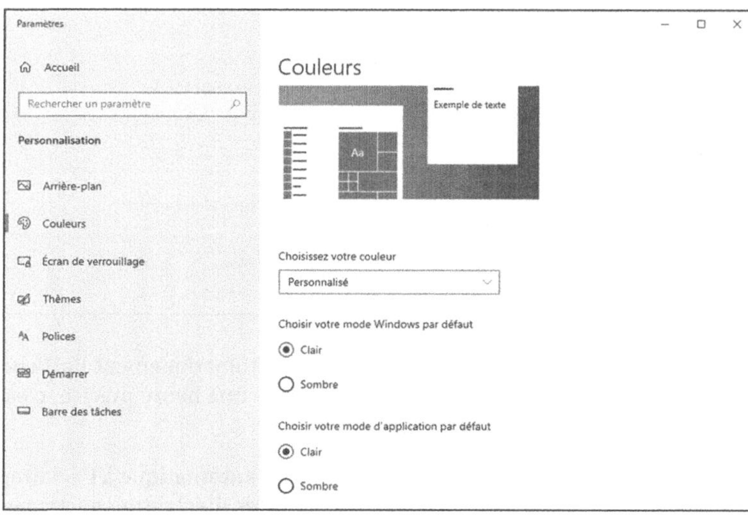

Activer l'éclairage nocturne

Nous avons aujourd'hui conscience que le fait de passer des heures et des heures devant un écran fatigue les yeux et crée du stress. Cela est en grande partie dû au fait que nous supportons mal la lumière bleue.

Windows 10 tient absolument à ce que vous l'utilisiez sans porter atteinte à votre capital vision. Pour cela, il suffit d'automatiser la mise en route d'un éclairage nocturne, ou d'en forcer l'activation afin d'être constamment protégé contre cette lumière toxique. Voici comment procéder :

❶ **Ouvrez les paramètres Affichage de la catégorie Système.**

❷ **Dans la partie droite de la fenêtre des paramètres, activez la fonction Éclairage nocturne, comme sur la Figure 12.7.**

Figure 12.7

Activer l'éclairage nocturne.

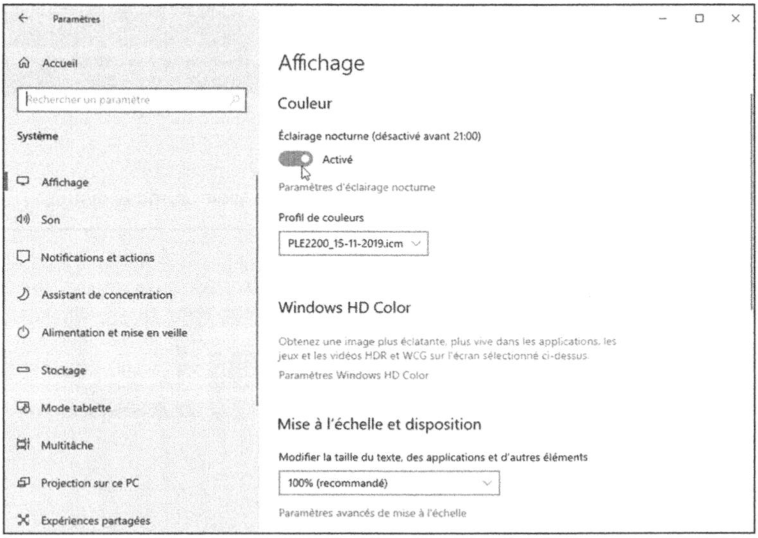

Cette activation basculera automatiquement l'affichage de votre écran en éclairage nocturne à une heure précise, c'est-à-dire au début de la soirée.

❸ **Modifiez l'heure du passage automatique à l'éclairage nocturne en cliquant sur le lien Paramètres d'éclairage nocturne.**

❹ **Pour définir l'heure de ce changement d'affichage, tapez une heure de début et de fin, respectivement dans les champs Activer et Désactiver de la section Définir des heures, comme sur la Figure 12.8.**

Figure 12.8

Définissez l'heure de début et de fin de l'éclairage nocturne.

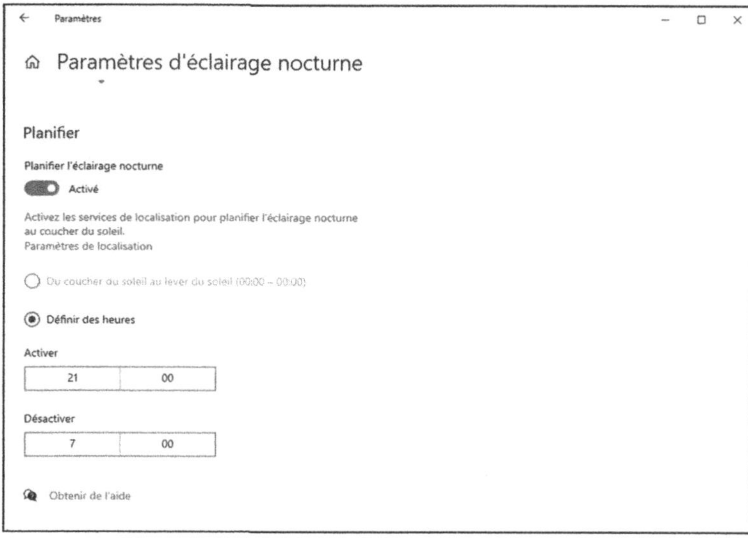

Qu'est-ce que la lumière bleue ?

Il s'agit d'une partie du spectre de la lumière, dont les longueurs d'onde se situent entre 380 et 500 nanomètres. Si cette lumière est émise par le soleil, elle l'est aussi par des ampoules LED et les écrans qui équipent les tablettes, les télévisions, les ordinateurs, et les smartphones. Seule une partie infime de cette lumière est dangereuse pour nous : les longueurs d'onde bleu-violet.

Les écrans diffusent des intensités de lumière bleue identifiées sous l'acronyme HEV (Haute Energie Visible) auxquelles nous sommes désormais exposés dès notre plus jeune âge. À la longue, cela peut provoquer des lésions photochimiques de la rétine et du cristallin.

Pour s'en protéger, vous pouvez utiliser des lunettes anti lumière bleue, mais aussi des écrans équipés d'un filtre, ou bien encore activer une fonction spécifique, notamment sur les smartphones.

Dès cet instant, l'éclairage nocturne prendra effet et s'arrêtera aux heures définies.

5. **Réglez l'intensité de cet éclairage en agissant sur le curseur du même nom en haut de la fenêtre.**

   L'éclairage nocturne génère une lumière plus chaude, c'est-à-dire plus jaune.

Pour forcer la mise en route de l'éclairage nocturne quelle que soit l'heure de la journée, cliquez sur le bouton Activer maintenant de la fenêtre Paramètres d'éclairage nocturne. Windows indique alors l'heure à laquelle cet éclairage prendra fin. Vous pouvez très bien ne pas activer l'automatisation de cet éclairage. Dans ce cas, vous en forcerez la mise en route et l'arrêt en cliquant sur le bouton Activer maintenant puis Désactiver maintenant.

Périphériques

Accessible *via* les Paramètres Windows, cette partie contrôle les éléments de votre PC que vous pouvez toucher physiquement ou brancher. Il est possible ici d'ajuster les réglages de votre affichage, de votre souris, de vos haut-parleurs, de votre clavier, de vos imprimantes, de votre scanner, de votre appareil photo numérique, ou encore de votre tablette graphique, *etc.*

Pour autant, il n'y a pas de motif valable pour passer son temps ici, d'autant que la plupart de ces paramètres se retrouvent ailleurs, par exemple en cliquant droit sur une icône et en choisissant dans le menu la commande Propriétés.

Que vous arriviez à ces pages après avoir ouvert le Panneau de configuration ou *via* un raccourci, les sections qui suivent décrivent les raisons les plus populaires de les visiter.

Régler le volume et les sons

La rubrique Son permet de régler le volume audio de votre PC, ce qui peut être bien pratique si vous essayez de jouer discrètement sur votre tablette Windows pendant une réunion particulièrement ennuyeuse.

Pour régler le volume audio depuis votre bureau, cliquez sur la petite icône de haut-parleur, à droite de la barre des tâches, puis faites glisser le curseur pour augmenter ou réduire le son (voir la Figure 12.9). Si vous ne voyez pas cette icône, faites un clic du bouton droit sur l'horloge, choisissez Paramètres de la barre des tâches. Faites défiler le contenu de la fenêtre qui s'affiche afin de localiser la section Zone de notification. Cliquez alors sur le lien Sélectionner les icônes à afficher dans la barre des tâches. Basculez ensuite le commutateur de l'icône Volume sur Activé.

Figure 12.9

Cliquez sur l'icône de haut-parleur, puis faites glisser le curseur pour ajuster le volume sonore.

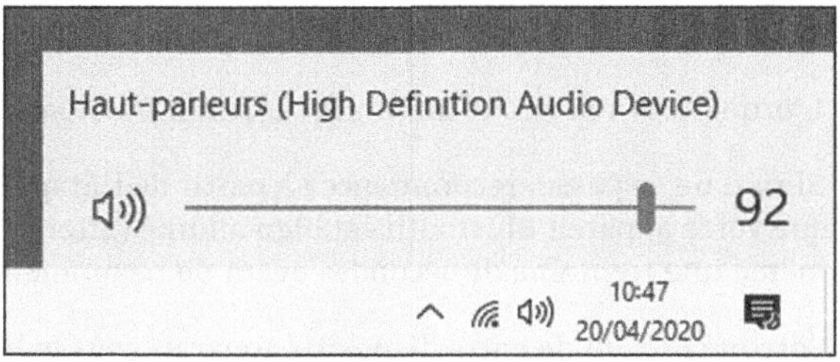

Pour rendre votre PC muet, cliquez sur l'icône du haut-parleur qui se trouve à gauche du contrôle de volume. Vous ouvrez l'interface de réglage du volume. Cliquez une nouvelle fois sur l'icône du haut-parleur pour couper le son. Répétez cette opération pour réactiver le son du PC.

Cliquez du bouton droit sur l'icône de haut-parleur, puis choisissez dans le menu qui apparaît l'option Ouvrir le mélangeur de volume, et vous pourrez alors configurer plus finement le niveau sonore pour différentes applications.

Ajouter un appareil Bluetooth

La technologie Bluetooth vous permet de connecter des appareils sans fil à votre ordinateur, ce qui peut vous aider à faire un peu de ménage sur votre bureau. Avec une tablette, il est possible d'ajouter ainsi une souris et un clavier sans accaparer l'un de vos ports USB.

Les liaisons Bluetooth peuvent aussi permettre une communication sans fil entre votre téléphone portable et votre ordinateur ou votre tablette, du moins si votre matériel et votre fournisseur d'accès vous y autorisent.

Pour ajouter un dispositif Bluetooth à votre système, suivez ces étapes :

1. **Assurez-vous tout d'abord que l'appareil Bluetooth est allumé et opérationnel.**

Parfois, il vous suffit d'actionner un commutateur. Dans d'autres cas, il faut appuyer sur un bouton jusqu'à ce que sa petite lumière commence à clignoter.

2. **Dans le menu Démarrer, cliquez sur l'icône Paramètres.**

3. **Cliquez sur le bouton Périphériques.**

   La liste des dispositifs connectés à votre système va apparaître.

4. **Cliquez sur le bouton Ajouter un appareil Bluetooth ou un autre appareil, et choisissez Bluetooth.**

   L'ordinateur recherche un nouvel appareil Bluetooth situé à portée.

   Si rien ne se passe, recommencez à partir de l'Étape 1 et vérifiez que votre appareil Bluetooth est bien allumé (attendez tout de même une trentaine de secondes avant de recommencer).

5. **Lorsque le nom de votre dispositif apparaît sous le bouton Ajouter un périphérique, cliquez dessus ou tapotez-le.**

6. **Si nécessaire, saisissez le code associé à votre matériel puis demandez à jumeler le tout.**

   Parfois, vous devez entrer une chaîne secrète de chiffres (un *passcode*) aussi bien sur votre dispositif Bluetooth que sur votre ordinateur. En général, ce code se dissimule quelque part dans le manuel de votre appareil. Mais vous devez faire vite avant que l'autre bout de la chaîne se lasse et arrête d'attendre.

   Dans certains cas, par exemple avec une souris Bluetooth, vous devez appuyer à ce moment sur un petit bouton. Les téléphones portables peuvent aussi vous demander d'appuyer ou de cliquer sur quelque chose lorsque les codes sont identiques des deux côtés.

En cas de doute, tapez **0000**. C'est le code universel et par défaut du matériel Bluetooth.

L'ordinateur et le dispositif Bluetooth correctement appariés, le nom et l'icône de celui-ci apparaîtront dans la liste des périphériques de l'écran Paramètres.

Si l'appareil Bluetooth, un smartphone par exemple, n'est pas identifié, vérifiez que vous avez bien activé sa visibilité dans le paramétrage Bluetooth du téléphone.

Ajouter une imprimante

Les constructeurs d'imprimantes étant incapables de se mettre d'accord sur une procédure d'installation standard, deux voies s'offrent éventuellement à vous :

» **Certains fabricants vous demandent simplement de brancher l'imprimante en reliant un câble à un port USB de votre ordinateur. Windows détecte alors automatiquement le nouveau matériel, le reconnaît et l'installe. Il ne vous reste plus qu'à mettre de l'encre ou du toner, insérer du papier dans le bac prévu à cet effet, et c'est tout.**

» **D'autres fabricants utilisent une approche moins souple. Ils vous demandent d'installer leur logiciel *avant* de connecter l'imprimante. Et celle-ci risque de ne pas fonctionner correctement si vous ne respectez pas cet ordre d'installation.**

Il n'y a hélas qu'une seule façon de savoir comment vous y prendre : consulter le manuel de l'imprimante (dans le meilleur des cas, vous trouverez dans le carton de celle-ci un joli document plein de couleurs qui décrit toute la procédure à suivre).

Si votre imprimante n'est pas livrée avec un ou deux CD-ROM, insérez vos cartouches, mettez du papier dans le bas, et suivez ces étapes :

1. **Commencez par installer les pilotes de l'imprimante livrés sur CD ou que vous téléchargerez depuis le site Web du constructeur.**
2. **Windows étant actif et bien éveillé, branchez l'imprimante au PC et allumez-la.**

   Si l'imprimante est Wi-Fi vérifiez que sa fonctionnalité sans fil est bien active. Un témoin lumineux atteste de l'activation du Wi-Fi sur l'imprimante.

   Windows, avec un peu de chance, affichera un message vous informant que l'imprimante a été installée avec succès. Mais ne vous en contentez pas et effectuez quelques tests.
3. **Cliquez sur le bouton Démarrer puis sur l'icône Paramètres.**
4. **Dans la fenêtre Paramètres, cliquez sur Périphériques.**
5. **Dans la colonne de gauche, cliquez sur Imprimantes et scanners.**
6. **Cliquez sur le bouton Ajouter une imprimante ou un scanner.**

La recherche commence et Windows va afficher les périphériques présents, dont les imprimantes. Avec un peu de chance, vous allez y retrouver la vôtre. Si ce n'est pas le cas, cliquez sur Je ne trouve pas l'imprimante recherchée dans la liste. Suivez les différentes étapes de l'assistant qui se propose à vous.

Une fois l'imprimante identifiée, cliquez sur sa vignette dans la fenêtre Imprimantes et scanners, et cliquez sur le bouton Gérer. Dans la fenêtre Gérer votre appareil, cliquez sur le lien Imprimer une page de test, comme sur la Figure 12.10. Si tout se déroule comme vous l'espériez, vous avez terminé. Félicitations.

Figure 12.10

Testez votre imprimante.

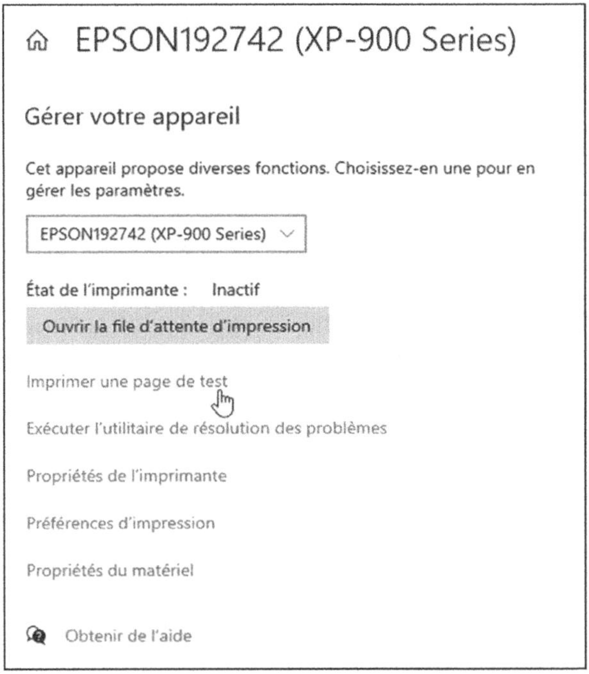

La page de test ne s'est pas imprimée correctement ? Vérifiez que tous les éléments de l'emballage ont bien été retirés de l'imprimante, et qu'elle est bien alimentée en encre ou en toner. Si cela ne suffit pas, il est bien possible que le matériel soit défectueux. Il ne vous reste plus qu'à retourner à la boutique où vous l'avez acheté, ou à contacter le service après-vente adéquat.

Et voilà. Pour la plupart des utilisateurs, tout cela est suffisant et l'imprimante fonctionne très vite parfaitement. Dans le cas contraire, reportez-vous au Chapitre 8 pour plus d'explications sur les problèmes d'impression.

» Pour supprimer une imprimante dont vous ne vous servez plus, accédez à la fenêtre Imprimantes et scanners comme vous l'avez fait pour installer votre imprimante. Cliquez sur la vignette du matériel puis sur le bouton Supprimer le périphérique. Son nom n'apparaîtra plus lorsque vous lancerez une impression à partir d'une application. Si Windows vous propose de désinstaller aussi les pilotes et tout le logiciel associé, cliquez sur Oui (à moins que vous ne pensiez avoir à réinstaller ce matériel à l'avenir).

» Si le logiciel associé à votre imprimante vous semble confus, essayez de cliquer sur un bouton Aide ou son équivalent dans la boîte de dialogue correspondante. Chaque imprimante a ses propres options et paramètres, et Windows ne peut pas tout savoir sur votre modèle particulier.

Heure et langue

Microsoft a conçu cette rubrique pour les utilisateurs itinérants, ceux qui voyagent loin et traversent les fuseaux horaires. Sinon, cette information n'apparaît le plus souvent qu'une seule fois, lors de la première mise en route de l'ordinateur. Windows se souvient de la date et de l'heure, même quand votre PC est éteint.

Les possesseurs d'appareil portable, comme ceux qui doivent travailler dans différentes langues, apprécieront cependant de pouvoir adapter facilement tout cela à leurs besoins.

Vous pouvez facilement régler la date, l'heure, et la région :

1. **Faites un clic-droit sur l'horloge de la Zone de notification (à droite de la barre des tâches).**

2. **Dans le menu contextuel qui s'affiche, choisissez Ajuster la date/l'heure.**

3. **Dans la fenêtre qui s'affiche, décochez l'option Régler l'heure automatiquement, puis cliquez sur le bouton Modifier.**

4. **Dans la boîte de dialogue qui apparaît, réglez la date et l'heure. Validez par un clic sur le bouton Modifier.**

5. **Pour choisir un autre fuseau horaire, désactivez le commutateur Définir le fuseau horaire automatiquement, puis choisissez un fuseau dans le menu local Fuseau horaire.**

Trois autres sections sont proposées :

- **Région :** Vous voyagez au Mexique ? Cliquez sur l'icône de cette catégorie et choisissez ce pays dans la liste Pays ou région. Automatiquement, Windows va basculer vers le format de date et de monnaie de ce pays.
- **Langue :** si vous êtes bilingue ou multilingue, visitez cette zone pour choisir d'autres langages en fonction des documents sur lesquels vous travaillez.
- **Voix :** contient les réglages de la synthèse vocale de Windows.

Ajouter ou supprimer des programmes

Supprimer une application de l'écran de démarrage ne demande aucun effort particulier. Cliquez du bouton droit sur une des vignettes de cet écran. Dans le menu contextuel qui s'affiche, cliquez sur Détacher du menu Démarrer. Simple comme bonjour...

En fait, cette action ne supprime pas réellement l'application. Vous la retrouverez dans la liste des applications du menu Démarrer. Pour se débarrasser totalement d'une application ou d'un programme de votre PC, suivez ces étapes :

1. **Cliquez sur le bouton Démarrer puis faites un clic-droit sur la vignette d'une application ou d'un programme dans la liste du menu Démarrer.**
2. **Choisissez Désinstaller dans le menu contextuel qui s'affiche..**
3. **Si une mini boîte de dialogue apparaît, cliquez sur Désinstaller.**
4. **Si la boîte de dialogue Désinstaller ou modifier un programme apparaît, comme sur la Figure 12.11.**
5. **Sélectionnez l'élément à désinstaller. Plusieurs options sont alors possibles en fonction du programme :**
   - **Modifier** ou **Déplacer :** l'option Modifier permet à l'éditeur du programme de lui apporter des modifications. Si la place commence à manquer dans la mémoire principale de la tablette, le bouton Déplacer permet de déplacer le programme vers la carte

Figure 12.11

Désinstaller certains programmes via cette boîte de dialogue.

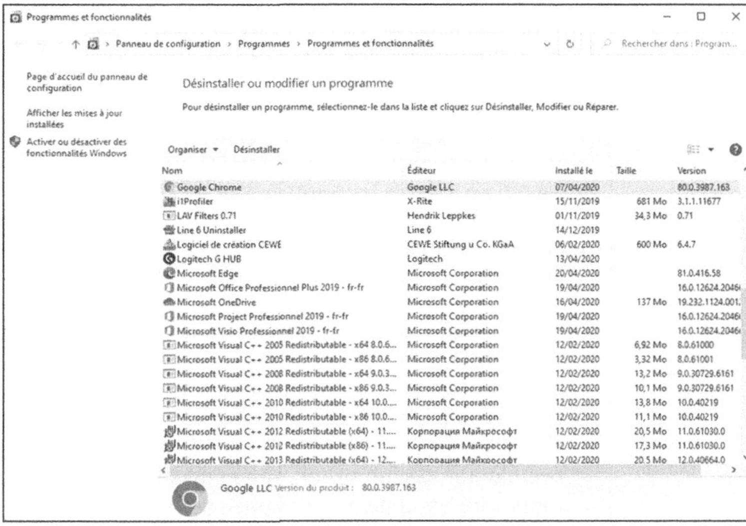

mémoire installée dans l'appareil. Sur un PC, le bouton Déplacer est inopérant.

- **Réparer :** utile quand un programme ne fonctionne pas comme prévu. L'application réinstalle des librairies qui sont peut-être corrompues. Généralement le programme fonctionne de nouveau correctement.
- **Désinstaller :** cliquez sur ce bouton pour supprimer totalement le programme de l'ordinateur. Vous devrez confirmer ce choix.

La désinstallation d'un programme est définitive (vous pourrez toujours le réinstaller si vous avez conservé le fichier d'installation, ou l'adresse du site Internet d'où vous l'avez téléchargé, ou le CD d'origine). Contrairement aux autres éléments que vous supprimez, un programme désinstallé ne laisse aucune trace dans la Corbeille.

Respectez toujours cette procédure pour désinstaller un programme. Ne vous contentez pas d'effacer les fichiers ou les dossiers de l'application. Cela risquerait fort de ne pas résoudre le problème et même de déstabiliser Windows.

Installer de nouveaux programmes

De nos jours, la plupart des programmes ne sont plus livrés sur CD ou DVD mais téléchargés depuis Internet. Dans les deux cas, l'installation démarre avec un double-clic sur le fichier, une fois le téléchargement terminé, ou après l'avoir dézippé.

Si vous n'êtes pas sûr qu'un programme se soit installé correctement, recherchez son nom dans le menu Démarrer. S'il apparaît dans la liste alphabétique Toutes les applications, vous avez gagné.

Dans le cas contraire, voici quelques conseils qui pourraient bien vous aider :

» Pour installer des programmes, vous devez être connecté avec un compte au niveau Administrateur (ce qui est normalement et automatiquement le cas de l'acheteur de l'ordinateur). Cela permet d'éviter que les enfants, des personnes indésirables ou tout autre individu avec un compte limité ou invité, puissent infecter votre ordinateur avec un programme malveillant. Les comptes d'utilisateurs sont expliqués au Chapitre 14.

» Les programmes récupérés sur l'Internet sont normalement stockés dans le dossier Téléchargements de Windows. Ouvrez l'Explorateur de fichiers depuis la barre des tâches. Cliquez ensuite sur Téléchargements, dans la rubrique Accès rapide du volet de gauche. Double-cliquez alors sur le nom du programme que vous venez de télécharger pour l'installer.

» Alors que vous double-cliquez sur le fichier .exe du programme à installer, vous voyez apparaître un message abscons signalant qu'il manque un élément (souvent une librairie dll), empêchant ainsi le programme de s'installer. Pas de panique. Fermez ce message. Ensuite, faites un clic du bouton droit sur le fichier d'installation. Dans le menu contextuel qui apparaît, choisissez l'option Exécuter en tant qu'administrateur. Dans la boîte de dialogue Contrôle de compte d'utilisateur, cliquez sur le bouton Oui. Le programme devrait maintenant s'installer sans aucun problème.

Modifier Windows pour l'adapter à un handicap

La fenêtre Paramètres Windows donne accès aux options d'ergonomie.

Si votre vue est déficiente, vous apprécierez de pouvoir agrandir la taille des caractères affichés à l'écran.

Il est désormais possible de régler les options d'ergonomie depuis l'écran d'accueil, en exécutant la procédure suivante :

❶ **Ouvrez le menu Démarrer puis dans la colonne à gauche, cliquez sur l'icône Paramètres.**

❷ **Dans la fenêtre Paramètres, cliquez sur la catégorie Options d'ergonomie.**

Vous accédez aux sous-catégories et options de la Figure 12.12.

Figure 12.12

Les options d'ergonomie sont accessibles depuis la fenêtre Paramètres.

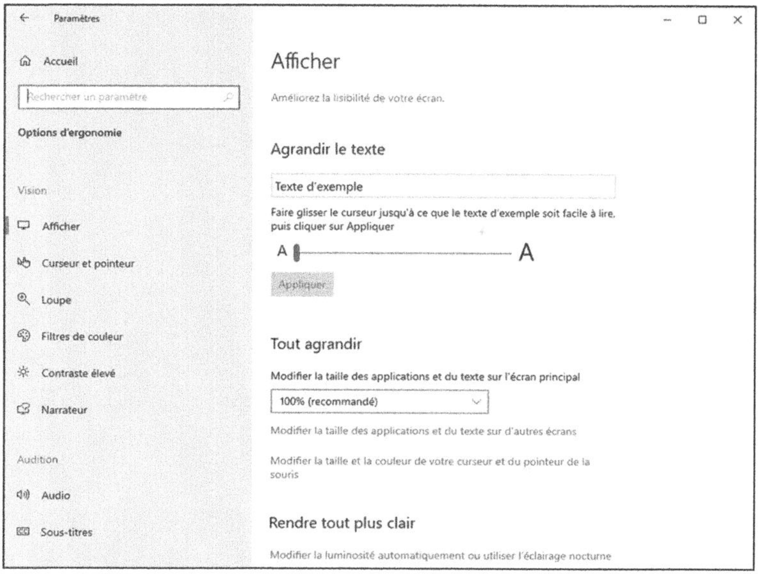

La partie gauche de la fenêtre classe les options par handicap : Vision, Audition, et Interaction :

- **Vision : contient un certain nombre de paramètres destinés aux utilisateurs malvoyants. Ils pourront ainsi ajuster l'affichage, la taille du pointeur de la souris, utiliser la loupe, filtrer les couleurs, augmenter le contraste, ou bien encore utiliser le narrateur qui lira à haute voix le contenu des boîtes de dialogue et des fenêtres. Chaque malvoyant pourra adapter Windows au niveau de son handicap.**

- **Audition :** les deux réglages de ce paramètre permettent d'ajuster le volume sonore, d'accompagner chaque signal sonore d'un signal visuel, et aussi d'activer des sous-titres. Là encore, les malentendants ajusteront Windows au degré de leur handicap.
- **Interaction :** regroupe un certain nombre de paramètres qui vont faciliter l'utilisation de Windows aux personnes atteintes d'un handicap physique. Ainsi, il sera possible de piloter Windows à la voix, d'adapter le comportement du clavier et de la souris pour taper le moins possible et à se passer de la souris. Enfin, Windows propose désormais un contrôle visuel qui se base sur la technologie du suivi oculaire afin de contrôler la souris avec le mouvement des yeux, et pour communiquer *via* la synthèse vocale.

Chapitre 13

Un ordinateur familial

DANS CE CHAPITRE

Les comptes d'utilisateurs

•

Ajouter, supprimer et modifier un compte d'utilisateur

•

S'identifier sur l'écran de démarrage

•

Changer d'utilisateur

•

Comprendre les mots de passe

Windows permet à plusieurs personnes de partager un ordinateur, un portable ou une tablette sans que personne ne puisse jeter un coup d'œil sur les fichiers des autres.

Ce chapitre vous explique comment configurer des comptes d'utilisateurs séparés pour chacun des membres de votre famille, y compris le « propriétaire » de l'ordinateur, ou pour tout autre visiteur occasionnel, susceptible d'accéder à votre système.

Il vous explique aussi comment créer des comptes pour vos enfants, ce qui vous permet de suivre leurs activités et de poser des limites là où vous les pensez nécessaires.

Les comptes d'utilisateurs

Windows préfère, sans tout de même l'exiger, que vous définissiez un compte d'utilisateur pour chaque personne, au sein d'une famille ou d'une communauté, qui utilise un même PC. Dans ce contexte, Microsoft distingue les membres de votre famille des autres utilisateurs. Ainsi, vous créerez des comptes d'adulte et d'enfant, chacun pouvant être standard ou d'administrateur. Pour les autres utilisateurs, vous définirez un compte standard ou d'administrateur, qui peut être local ou basé sur une adresse mail.

Pour commencer à jouer avec le PC, l'utilisateur doit cliquer sur son propre nom dans l'écran de démarrage ou en bas à gauche de l'écran de connexion.

Tous les types de comptes ont des caractéristiques bien précises :

- **Administrateur :** l'administrateur contrôle tout l'ordinateur. Il peut décider qui a le droit de jouer avec le PC, et de ce que chaque autre utilisateur peut ou ne peut pas faire. Dans le cas d'un ordinateur sous Windows, c'est généralement son propriétaire qui détient ce compte seigneurial. L'administrateur crée des comptes pour chacun des autres membres de la famille ou de l'équipe, et il décide des autorisations qu'il délivre ou qu'il refuse.

- **Standard :** les titulaires d'un compte Standard ont accès à la majeure partie de l'ordinateur, mais ils ne peuvent pas lui apporter des changements importants. Ils n'ont par exemple pas le droit d'installer de nouveaux programmes. Mais ils sont autorisés à lancer ceux qui existent, à la condition toutefois que l'administrateur les ait installés pour tout le monde.

Dans la gestion des comptes familiaux, vous pouvez définir des comptes standard ou d'administrateur de type :

- **Enfant :** c'est un compte standard, mais qui permet de définir un contrôle parental afin de « surveiller » et de définir l'activité d'un enfant sur un ordinateur.

- **Adulte :** les comptes d'adultes ne peuvent pas être limités dans leur usage personnel. En effet, vous ne définirez pas, en tant qu'administrateur, des jours et des heures d'utilisation de l'ordinateur. De plus, les comptes d'adultes permettent de gérer les paramètres familiaux en ligne, ainsi que de consulter et de restreindre l'activité des comptes d'enfant.

Voici quelques règles classiques à appliquer lorsqu'un même ordinateur doit être partagé entre plusieurs personnes :

- Dans une famille, les parents ont en général un compte Administrateur, les enfants ont chacun leur compte Enfant ou leur compte Standard.

- Dans un appartement partagé par plusieurs personnes, le propriétaire du PC se réserve le compte Administrateur, et les colocataires possèdent un compte Standard.

Pour que personne d'autre que vous n'ait la possibilité d'accéder à votre propre compte, vous devez le protéger par un mot de passe (nous y reviendrons plus loin dans ce chapitre).

Parfois, quelqu'un se connecte avec son compte, mais l'ordinateur finit par se mettre en veille si aucune action du clavier ou de la souris n'est enregistrée pendant un certain temps. Lorsque le PC se réveille, seuls le nom du compte et l'image associée apparaissent sur l'écran. Windows liste cependant les noms des autres comptes en bas et à gauche de l'écran, ce qui permet de changer facilement d'utilisateur.

Modifier un compte utilisateur ou ajouter un nouveau compte

Windows 10 propose deux méthodes légèrement différentes pour l'ajout de comptes utilisateur. Il peut séparer en effet ces comptes en deux types de personnes, disons celles que vous avez en toute probabilité à ajouter à votre ordinateur.

» **Membres de la famille :** en faisant ce choix, vous pouvez automatiquement définir des contrôles pour les comptes de vos enfants. Et tous les adultes définis ici seront tout aussi automatiquement à même de surveiller l'utilisation de l'ordinateur par les enfants. Tous les membres de la famille doivent posséder un compte Microsoft. Si ce n'est pas le cas, le processus vous aide à les créer.

» **Autres utilisateurs :** ce type de compte concerne logiquement toutes les autres personnes qui sont susceptibles d'utiliser l'ordinateur, notamment des invités, et qui n'ont aucun besoin de savoir ce que font vos enfants.

Les comptes Standard ont moins de droits. Mais le pouvoir *réel* est détenu par l'administrateur. Lui seul peut créer ou supprimer n'importe quel autre compte, supprimant ainsi de l'ordinateur le nom, les fichiers et les paramètres du condamné. C'est pourquoi il ne faut jamais se fâcher avec l'administrateur d'un ordinateur !

Ajouter un compte pour un membre de la famille

Ajouter un membre de la famille introduit une importante distinction dans la nature du compte. Si vous définissez un compte pour un enfant, l'activité de celui-ci pourra être encadrée par les limites que vous imposerez. Et si vous ajoutez un adulte, celui-ci aura également la possibilité de traquer le comportement des enfants.

Si vous voulez créer un compte sans rapport avec votre famille, choisissez l'option Ajouter un autre utilisateur sur ce PC, dans la section Autres utilisateurs de la fenêtre Famille et autres utilisateurs.

Les administrateurs ont le pouvoir d'ajouter tous ces types de comptes en suivant ces étapes :

❶ **Cliquez sur le bouton Démarrer, puis dans la colonne à gauche, cliquez sur l'icône Paramètres (engrenage).**

❷ **Dans la fenêtre Paramètres Windows, cliquez sur le bouton Comptes.**

L'écran Comptes apparaît (voir la Figure 13.1). Il sert à personnaliser votre compte, et à créer ou gérer des comptes pour d'autres utilisateurs

Figure 13.1

Cliquez sur la ligne Famille et autres utilisateurs pour créer un nouveau compte.

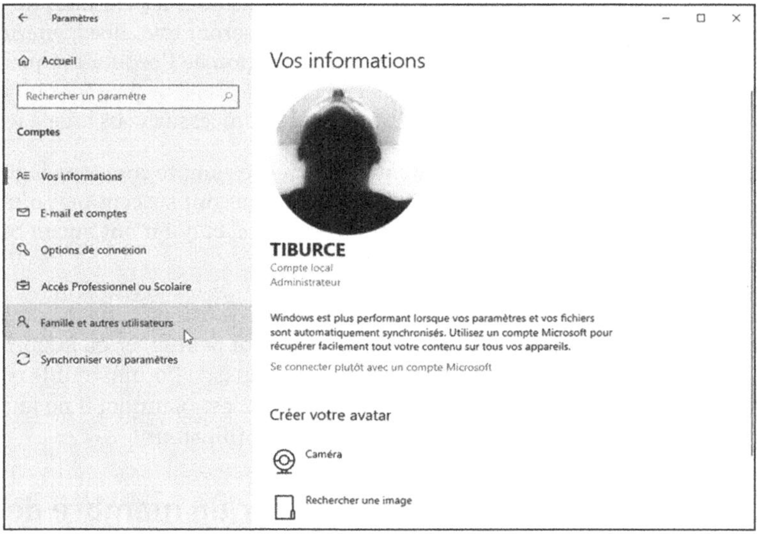

❸ **Cliquez sur l'option Famille et autres utilisateurs (pour créer un compte qui n'a rien à voir avec votre famille, passez à l'Étape 5).**

La fenêtre illustrée sur la Figure 13.2 vous permet d'ajouter deux types de comptes : un pour les membres de la famille (suivez l'Étape 4) et un pour les autres personnes (passez à l'Étape 5). Sur cette figure, vous constatez qu'un compte d'enfant a été créé dans la section Votre famille.

❹ **Cliquez sur Ajouter un membre à la famille (bouton +), et suivez les étapes pour envoyer une invitation à la personne.**

Figure 13.2

Ajoutez les membres de votre famille, enfants y compris, en cliquant sur le premier bouton.

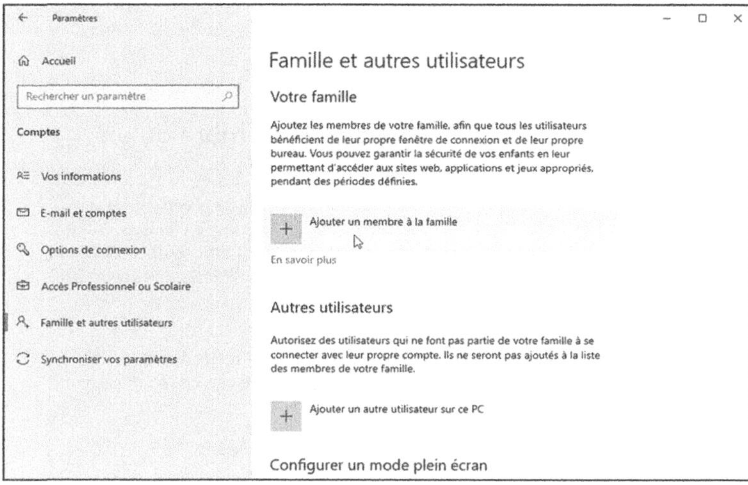

Pour créer un compte pour un membre de la famille, vous devez utiliser Windows 10 avec un compte Microsoft et non pas un compte local.

5. **Dans la fenêtre qui apparaît, vous avez le choix entre membre ou organisateur. Pour un compte d'adulte ou d'enfant, optez pour Membre, comme sur la Figure 13.3.**

6. **Indiquez l'adresse mail du membre.**

   Vous saisirez l'adresse et son mot de passe.

   S'il n'en a pas, cliquez sur le lien Créer une adresse e-mail pour un enfant. Suivez les instructions de cette création.

   Il sera sans doute demandé à l'enfant de recourir à votre aide pour créer son compte sur cet ordinateur. Saisissez alors l'adresse mail de votre compte Microsoft, et cliquez sur le bouton Envoyer un courrier électronique.

7. **Relevez votre courrier et, dans le message envoyé par Microsoft, cliquez sur le bouton C'est parti.**

8. **Signez la législation en indiquant votre nom d'utilisateur Windows, et cliquez sur le bouton Signer.**

Figure 13.3

Ajouter un membre de la famille.

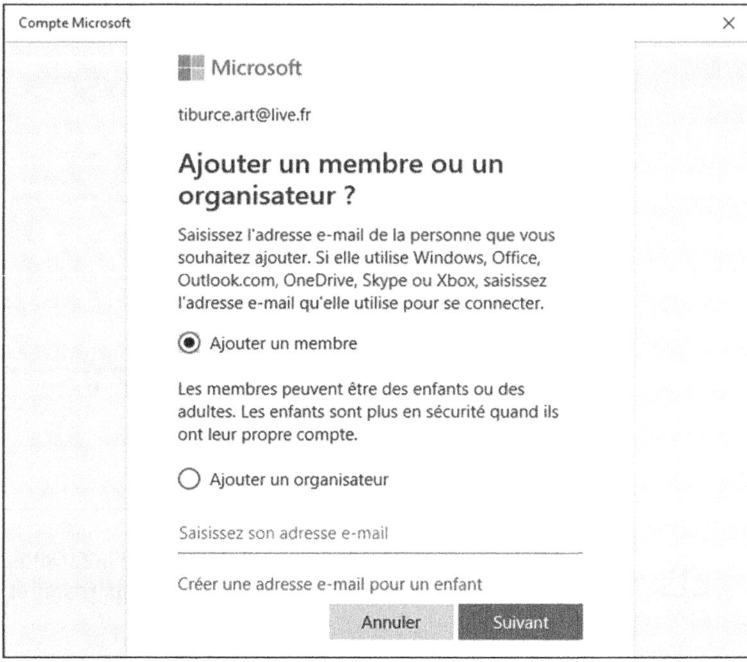

❾ Suivez les étapes de configuration du compte de votre enfant.

Et voilà le compte de votre enfant s'affiche dans la liste Votre famille de la boîte de dialogue des paramètres Windows comme sur la Figure 13.4.

Windows crée par défaut des comptes de type Standard pour tous les nouveaux utilisateurs. Vous pouvez, si vous le souhaitez, les transformer par la suite en compte Administrateur (voir la prochaine section). Mais c'est très vivement déconseillé...

Lorsque vous créez un compte d'adulte, la procédure est plus simple car il n'y a pas tous ces contrôles et autorisations de la part de Microsoft.

Modifier un compte utilisateur existant

Vous avez la possibilité de modifier la nature de votre compte, comme passer d'un compte Administrateur Microsoft à un compte local. Le premier nécessite une adresse mail déclarée comme adresse de compte

Figure 13.4

Le compte de votre enfant est créé.

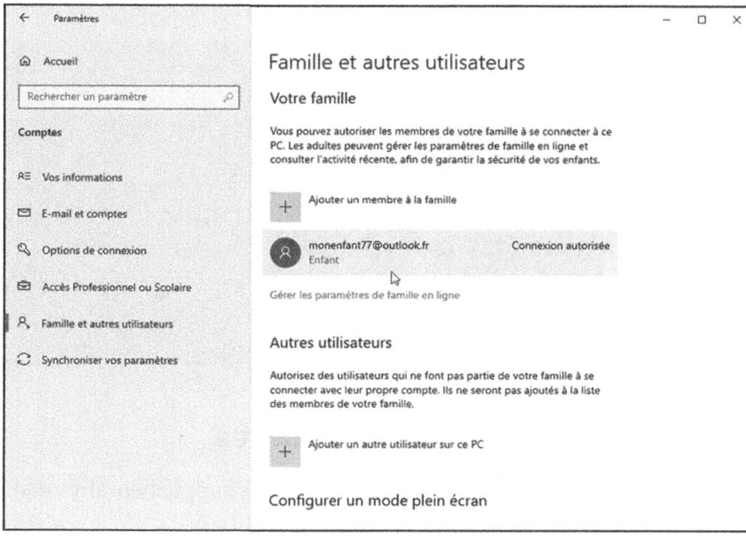

Microsoft, le second ne nécessite qu'un nom d'utilisateur et un mot de passe.

Il est également possible de passer d'un compte Standard à un compte Administrateur comme ceci :

1. **Cliquez sur le bouton Démarrer, puis sur l'icône Paramètres (engrenage).**
2. **Dans la fenêtre Paramètres Windows, cliquez sur Comptes.**
3. **Dans la colonne de gauche, choisissez Famille et autres utilisateurs.**
4. **Cliquez sur la vignette du compte à modifier.**
5. **Cliquez sur le bouton Changer le type de compte.**
6. **Dans la boîte de dialogue Modifier le type de compte, ouvrez le menu local Type de compte, et sélectionnez Administrateur (ou Standard), comme sur la Figure 13.5.**

Vous constatez que c'est également en cliquant sur le nom d'un compte que vous pouvez le bloquer ou le supprimer.

Figure 13.5

Modifier le type de compte.

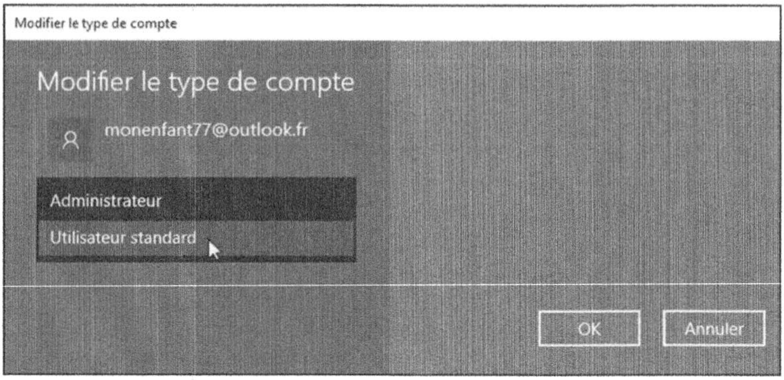

Options supplémentaires

Voici comment disposer d'options supplémentaires dans la gestion des comptes des autres utilisateurs :

❶ **Cliquez dans le champ Taper ici pour rechercher, saisissez Panneau de configuration.**

❷ **Cliquez sur cette proposition dans la liste des résultats et, dans la fenêtre qui s'affiche, cliquez sur Comptes d'utilisateurs, comme sur la Figure 13.6, puis de nouveau sur Comptes d'utilisateurs.**

Figure 13.6

Modifier les comptes d'utilisateurs.

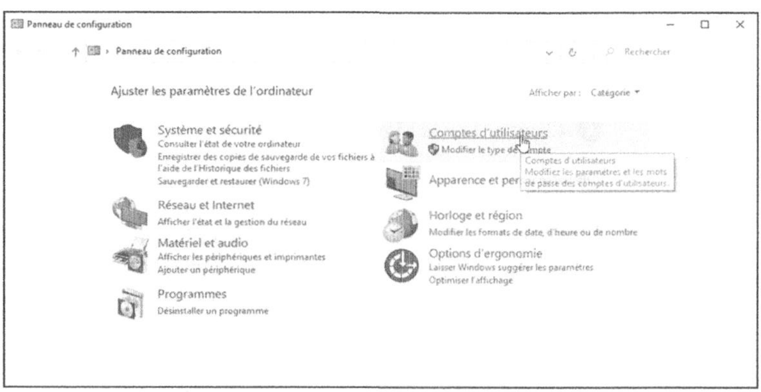

Windows affiche alors les informations de votre compte.

3. **Cliquez sur le lien Gérer un autre compte.**

   Vous obtenez la liste des comptes créés sur cet ordinateur.

4. **Cliquez sur un compte d'un autre utilisateur.**

   Vous disposez alors des options suivantes :

   - **Modifier le type de compte :** vous pouvez ici promouvoir un compte Standard au rang d'Administrateur, ou inversement rétrograder un Administrateur au rang de simple Standard.
   - **Supprimer le compte :** ne choisissez surtout pas cette option à la légère. Supprimer un compte risque fort de supprimer aussi tous les fichiers qui lui sont associés. Pour éviter cela, il vaut mieux choisir l'option Conserver les fichiers dans la fenêtre de confirmation. Cette option place les fichiers personnels de l'utilisateur dans un dossier de votre bureau. D'autre part, vous ne devez même pas songer à supprimer votre compte d'utilisateur principal, celui que vous avez créé en tant que propriétaire. Les conséquences seraient terribles !
   - **Gérer un autre compte :** termine les modifications apportées au compte courant, et vous ramène à la fenêtre Choisir l'utilisateur à modifier.

   Lorsque vous choisissez un compte d'enfant ou d'un autre membre de la famille, vous ne disposez que des commandes Modifier le type de compte et Supprimer le compte.

5. **Quand vous avez terminé, refermez la fenêtre en cliquant sur la croix rouge qui se trouve à droite de sa barre de titre.**

   Toute modification opérée sur un compte d'utilisateur est immédiatement appliquée.

Passer rapidement d'un utilisateur à un autre

Pour passer d'un utilisateur à un autre est facile et rapide. Lorsque quelqu'un d'autre veut accéder à son compte, par exemple pour consulter ses messages, suivez ces étapes :

1. **Ouvrez le menu Démarrer.**

❷ **Cliquez sur l'avatar de votre compte d'utilisateur, en haut de la colonne à gauche.**

Un menu apparaît (voir la Figure 13.7).

❸ **Choisissez le nom de l'utilisateur dont vous voulez activer le compte.**

Windows conserve votre connexion, mais il affiche immédiatement l'écran d'ouverture de session de l'autre personne afin qu'elle puisse saisir son mot de passe. Bien entendu, avec un compte local sans mot de passe, la session de l'utilisateur s'ouvre immédiatement.

Figure 13.7

Le menu liste les noms de tous les comptes d'utilisateurs autorisés à utiliser l'ordinateur.

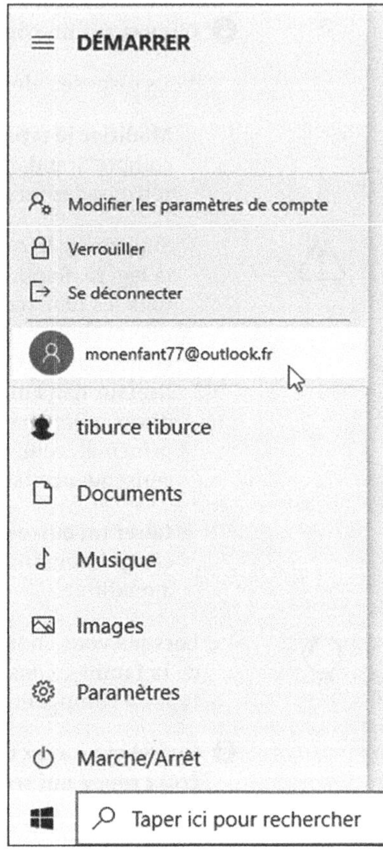

Lorsque l'autre utilisateur n'a plus besoin de l'ordinateur, il lui suffit de reprendre les étapes ci-dessus. Cette fois, la personne va cliquer sur son avatar dans le menu Démarrer, et choisir l'option Se déconnecter. Windows referme alors sa session, ce qui vous permet de reprendre la vôtre, en tapant bien entendu votre mot de passe pour retrouver votre propre bureau.

Changer l'image d'un compte d'utilisateur

Pour modifier l'image associée à un compte d'utilisateur, ouvrez le menu Démarrer et cliquez sur la vignette de votre compte, en haut et à gauche de l'écran. Dans le menu qui s'affiche, choisissez l'option Modifier les paramètres du compte.

La page du compte propose deux méthodes pour modifier votre image (ou *avatar*) :

» **Caméra :** cette option n'est disponible que si une webcam est attachée à votre ordinateur (ce qui est le cas avec les portables comme avec les tablettes). Elle vous permet de choisir entre l'application de gestion de la caméra de Windows, ou un autre programme adapté que vous auriez vous-même installé.

» **Rechercher une image :** permet de choisir une image présente dans l'ordinateur *via* la boîte de dialogue Ouvrir qui s'ouvre sur le dossier Images. Cliquez sur la vignette voulue, puis sur le bouton Choisir une image. Vous pouvez alors refermer la page Paramètres pour revenir à votre bureau et constater que votre nouvel *avatar* est bien là.

Une fois votre photo choisie, elle est attachée à votre compte Microsoft et à tout ce à quoi vous vous connectez avec ce compte : votre téléphone Microsoft, par exemple, les sites Internet de Microsoft, ou encore tout ordinateur sous Windows auquel vous accédez *via* ce compte.

Mots de passe et sécurité

Avoir un compte d'utilisateur n'a aucun intérêt et aucun sens si vous ne lui associez pas un mot de passe. Sinon, n'importe qui peut cliquer sur votre nom dans l'écran de verrouillage et aller voir tout ce que contiennent vos fichiers (et même les détruire !).

Les administrateurs, en particulier, *doivent* avoir des mots de passe. Sinon, cela revient à autoriser tout un chacun à faire ce qu'il veut avec le PC.

Pour créer ou modifier un mot de passe, suivez ces étapes :

Les possesseurs d'un compte Microsoft peuvent changer leur mot de passe à tout instant et depuis n'importe où en accédant au site `https://account.microsoft.com/about`.

1. **Ouvrez le menu Démarrer puis cliquez sur le bouton Paramètres.**
2. **Dans la fenêtre Paramètres, cliquez sur le bouton Comptes.**
3. **Cliquez sur le lien Options de connexion.**
4. **Dans la section Mot de passe, cliquez sur le bouton Modifier.**

Si aucun mot de passe n'a encore été défini, ce bouton indiquera Créer.

5. **Tapez le mot de passe de votre compte Microsoft (pas celui qui vous permet d'ouvrir la session Windows), et cliquez sur Se connecter.**

   En effet, Windows doit s'assurer que c'est bien vous qui demandez le changement de mot de passe. On n'est jamais trop prudent.

6. **Dans l'écran qui apparaît, saisissez votre mot de passe de connexion à Windows 10 actuel (voir la Figure 13.8).**

Figure 13.8

Pour plus de sécurité, changez régulièrement votre mot de passe.

Si vous modifiez un mot de passe existant, vous devez d'abord saisir l'ancienne version dans un premier champ avant de définir le nouveau (cela pour éviter qu'un individu mal intentionné n'arrive à changer votre mot de passe pendant que vous êtes parti faire une pause).

7. **Ensuite, tapez votre nouveau mot de passe dans le champ Nouveau mot de passe (ou Créer un mot de passe), et confirmez-le dans le champ Retapez le mot de passe.**

   Saisir deux fois un mot de passe permet d'éliminer le risque d'erreur.

8. **Cliquez sur Suivant.**

Pour plus d'informations sur les mots de passe, reportez-vous au Chapitre 2.

Créer un disque de réinitialisation du mot de passe

Un disque de réinitialisation du mot de passe est une sorte de clé qui vous permet d'ouvrir à nouveau votre compte *local* dans le cas où vous auriez oublié votre mot de passe.

Vous ne pouvez *pas* créer un disque de réinitialisation du mot de passe avec un compte Microsoft.

Suivez ces étapes :

1. **Cliquez dans le champ Taper ici pour rechercher.**
2. **Saisissez les mots** *Disque de réinitialisation*. **Dès que le bouton Créer un disque de réinitialisation du mot de passe apparaît en haut de la fenêtre, cliquez dessus.**

Un assistant vous guide dans la création de ce « disque » sur une clé USB ou une carte mémoire.

Le jour où vous oubliez votre mot de passe, insérez votre disque de réinitialisation. Windows va vous demander de choisir un nouveau mot de passe, et la vie va reprendre son cours. N'oubliez pas de ranger votre disque de réinitialisation dans un endroit *vraiment* sûr, car toute personne qui le trouverait pourrait accéder à votre compte.

Vous pouvez changer autant de fois que vous le voulez de mot de passe. Le disque de réinitialisation sera toujours là pour vous donner une clé grâce à laquelle vous arriverez à déverrouiller votre compte.

Partie 5

Musique, photos et vidéos

Dans cette partie...

Écouter et gérer de la musique avec Groove Musique

Regarder des films et des séries

Lire des CD et des DVD

Montrer vos photos à votre famille et à vos amis

Copier des photos de votre appareil numérique ou de votre smartphone vers votre PC

Lire des films et des vidéos sur votre ordinateur ou votre tablette

Organiser vos photos en albums

Chapitre 14

Musique, films et TV

DANS CE CHAPITRE

Écouter et gérer de la musique avec Groove Musique

•

Découvrir l'application Films et TV

•

Lire des CD et des DVD

Voici un chapitre qui s'intéresse aux loisirs numériques liés à la musique et à l'image. Quoique minimaliste, l'application Groove Musique s'en tient à l'essentiel. En quelques petits clics, elle se met à jouer de la musique stockée sur votre ordinateur ou sur OneDrive.

Concernant les films et les séries, Microsoft met à votre disposition l'application Films et TV. En revanche, ce système d'exploitation ne propose pas de programme pour lire vos DVD sur un PC équipé d'un lecteur.

Nous allons voir comment utiliser Groove Musique et Films et TV, et nous verrons comment, malgré les lacunes de Windows 10, lire votre DVDthèque.

Groove Musique

Cette application tente de fonctionner sur le même principe, mais avec quelques fonctionnalités en moins. Par exemple, vous ne pouvez pas acheter de la musique avec Groove Musique. Il vous faudra passer par le Windows Store.

Répertorier et lire votre musique

Donc, votre musique est sagement rangée dans le dossier Musique de votre ordinateur, ou sur un autre disque dur directement connecté à votre PC, ou du moins facilement accessible sur votre réseau, ou encore sur OneDrive. Vous êtes donc prêt à passer aux travaux pratiques. Voyons comment :

1. **Touchez ou cliquez sur l'icône Groove Musique dans le groupe de vignettes Lire de la section Explorer située dans la partie droite du menu Démarrer.**

Rien ne vous empêche de poser la question suivante à Cortana : « Peux-tu ouvrir Groove Musique ? ». Et le miracle se réalise.

L'application se lance, et elle commence par rechercher vos fichiers musicaux. Selon l'importance de votre audiothèque, l'opération peut prendre, comment dire, un *certain* temps.

2. **Si l'application ne trouve pas toutes les musiques stockées sur votre système, demandez-lui de pousser les choses plus loin en cliquant ou tapant sur le lien Indiquer l'emplacement de recherche de la musique.**

L'application ouvre une petite fenêtre pas très « groove » comme celle illustrée sur la Figure 14.1.

Figure 14.1

Choisissez ici les emplacements dans lesquels Groove Musique doit rechercher votre musique.

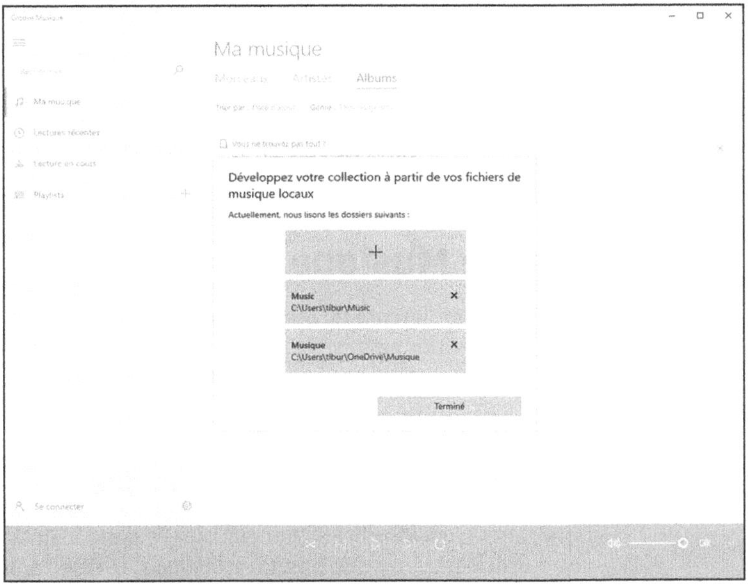

3. **Cliquez ou tapez sur le signe « + ».**

Groove Musique ouvre alors une petite boîte de dialogue où sont répertoriés des dossiers de votre système contenant de la musique.

4. **Naviguez dans l'Explorateur de fichiers vers le dossier à ajouter.**

5. **Sélectionnez le dossier, puis validez par un clic sur le bouton Sélectionner un dossier.**

6. **De retour dans la boîte de dialogue Suggestions de dossier, cliquez sur le bouton Ajouter ce dossier à Musique.**

7. **Cliquez sur le bouton Terminé.**

   Le contenu du dossier est alors répertorié dans le programme.

Si Groove Musique n'a pas répertorié les musiques stockées sur OneDrive, procédez comme vous l'avez fait ci-dessus. Dans la boîte de dialogue Sélectionner un dossier, localisez OneDrive dans le volet de navigation (à gauche), puis cliquez sur le dossier Musique (à droite). Enfin, cliquez sur le bouton Ajouter ce dossier à Musique.

Si vous ne voyez pas le lien indiqué à l'Étape 2, pas de panique ! Vous allez tout de même réussir à indiquer à Groove Musique où localiser vos albums préférés. Dans la partie inférieure gauche de Groove Musique, cliquez sur l'icône de l'engrenage. Cette action ouvre le volet Paramètres. Là, cliquez sur le lien Sélectionnez l'emplacement de recherche de la musique.

8. **Pour mieux choisir les titres à écouter, cliquez sur l'onglet Ma musique puis sur Albums.**

   Tous les albums s'affichent alors sous forme de vignettes représentant la pochette dudit album, comme le montre la Figure 14.2.

Cette pochette est normalement téléchargée en tâche de fond par Groove Musique.

9. **Si l'album apparaît sans pochette, cliquez-droit sur sa vignette. Dans le menu contextuel qui s'affiche, choisissez Modifier les infos.**

   Cela ouvre une boîte de dialogue répertoriant toutes les informations sur l'album.

10. **Si vous possédez un fichier image de la pochette (ou si vous souhaitez changer celle appliquée par défaut), cliquez sur l'icône du crayon en bas à gauche de la vignette de la pochette.**

11. **Dans la boîte de dialogue Ouvrir qui apparaît, parcourez votre disque dur et localisez le fichier graphique de cette pochette, puis cliquez sur Ouvrir. Validez le tout par un clic sur Enregistrer.**

    Voilà ! La nouvelle pochette est en place.

Figure 14.2

Les albums sont identifiés par une vignette.

⓬ **Pour que Groove Musique cherche lui-même la pochette et les noms des morceaux, activez Afficher les options avancées, et cliquez sur Rechercher les infos sur l'album.**

⓭ **Dans la boîte de dialogue qui apparaît, cliquez sur la proposition qui se rapproche le plus de votre version de l'album, puis cliquez sur Terminer.**

⓮ **Pour écouter un album complet, placez le pointeur de la souris sur sa pochette, et cliquez sur le bouton Tout lire (triangle dirigé vers la droite), comme sur la Figure 14.3.**

⓯ **Pour écouter un titre spécifique, cliquez sur la vignette de l'album, placez le pointeur de la souris sur un titre et cliquez sur le bouton de lecture qui apparaît, comme sur la Figure 14.4.**

À la fin de ce titre, Groove Musique enchaînera avec le suivant.

Contrôlez la lecture avec la barre de transport qui apparaît en bas de la fenêtre. Ses boutons permettent d'avancer, de revenir en arrière, de mettre en pause, de modifier le volume sonore, ou encore d'activer les modes de lecture aléatoire ou répétition.

En fait, c'est exactement comme dans n'importe quelle application de même type.

Figure 14.3

Écouter un album.

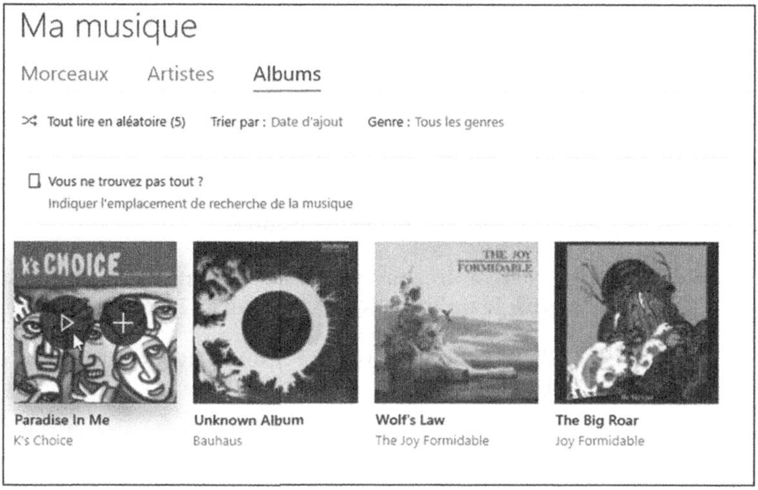

Figure 14.4

Lire un titre particulier.

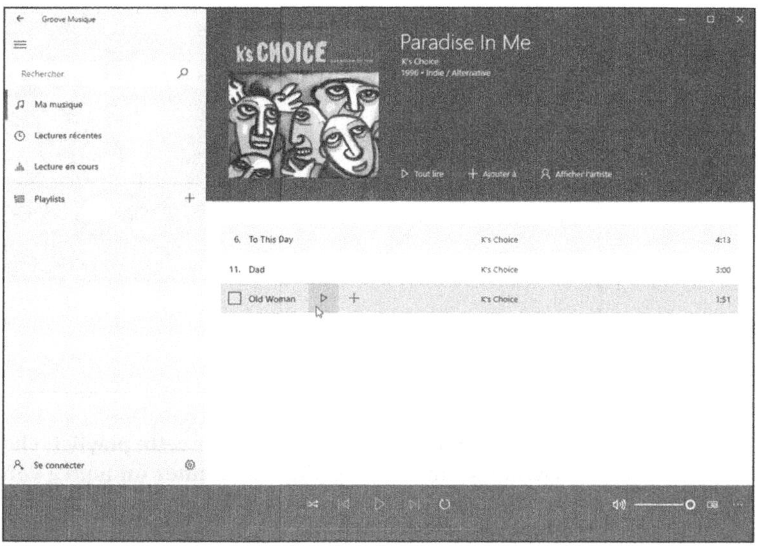

Les playlists de Groove Musique

Une playlist, vous le savez forcément, est une liste de titres que vous voulez traiter comme une compilation. Vous choisissez les morceaux que vous voulez enchaîner les uns derrière les autres, quelle que soit leur provenance, et vous les écoutez normalement du début à la fin. C'est aussi simple que cela.

Les programmes spécialisés offrent généralement des tas de fonctionnalités pour créer, modifier et gérer les playlists. Voici comment créer des playlists avec Groove Musique :

1. **Si nécessaire, ouvrez le volet de gauche par un clic sur le bouton orné de trois traits horizontaux en haut à gauche de l'interface.**

2. **Cliquez sur le bouton Créer une playlist (le signe « + »), comme sur la Figure 14.5.**

Figure 14.5

Créer une playlist.

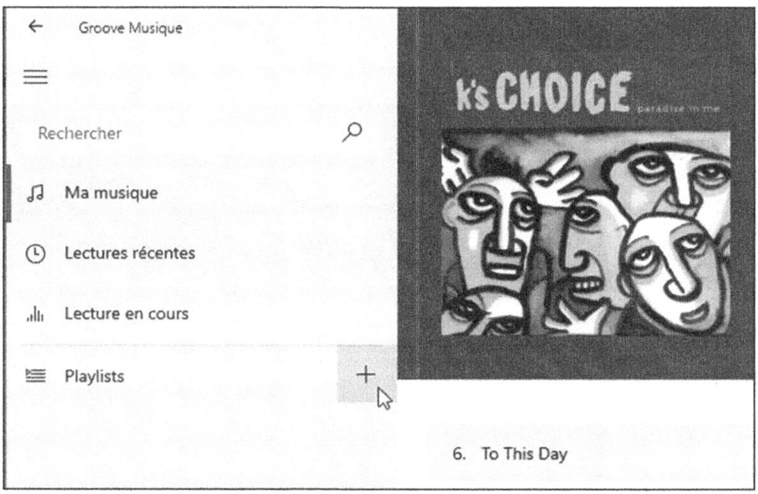

3. **Dans la boîte de dialogue Nommer cette playlist, cliquez dans le champ Nommer cette playlist, donnez un nom à votre liste de lecture, puis cliquez sur le bouton Créer une playlist, comme sur la Figure 14.6.**

   Le nom de votre nouvelle playlist apparaît dans le volet de gauche, et une interface de gestion de cette liste s'affiche sur la droite.

Figure 14.6

Nommer la liste de lecture.

4. **Pour ajouter des chansons à votre playlist, cliquez sur le lien Accéder à Albums de la section Ajouter des morceaux de ma collection.**

5. **Ouvrez un des albums, cochez les titres à importer dans la playlist, puis glissez-déposez-les sur le nom de votre liste de lecture affichée dans la colonne de gauche, comme le montre la Figure 14.7.**

6. **Une autre technique consiste à cliquer sur le bouton + d'un titre qui apparaît lorsque vous y placez le pointeur de la souris. Dans le menu local qui s'affiche, cliquez sur le nom de la liste de lecture.**

7. **Enfin, vous pouvez cliquer-droit sur un titre et, dans le menu contextuel qui apparaît, choisir Ajouter à/<Nom de la playlist>.**

8. **Pour gérer le contenu de la playlist, cliquez ou tapez sur son nom, puis cochez un ou plusieurs titres.**

   Une série d'options simples s'affiche en bas de la fenêtre de l'application (voir la Figure 14.8).

Figure 14.7

Alimenter une playlist par glisser-déposer.

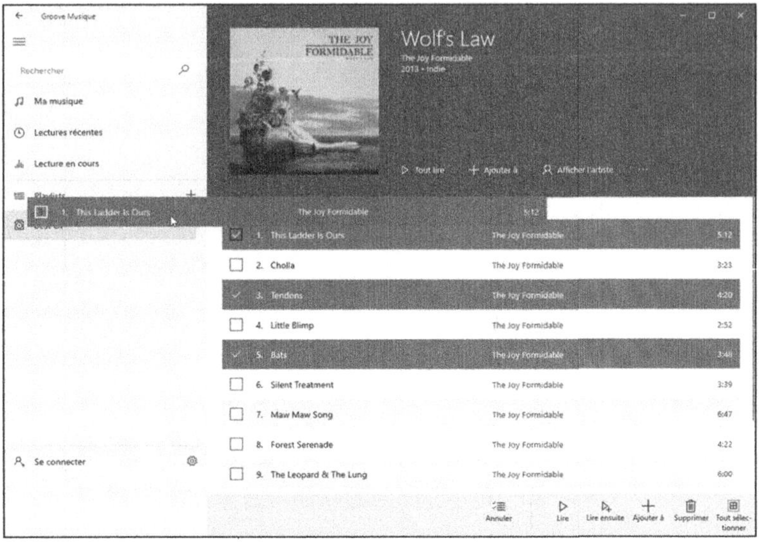

Figure 14.8

Les outils de Groove Musique pour gérer le contenu d'une playlist.

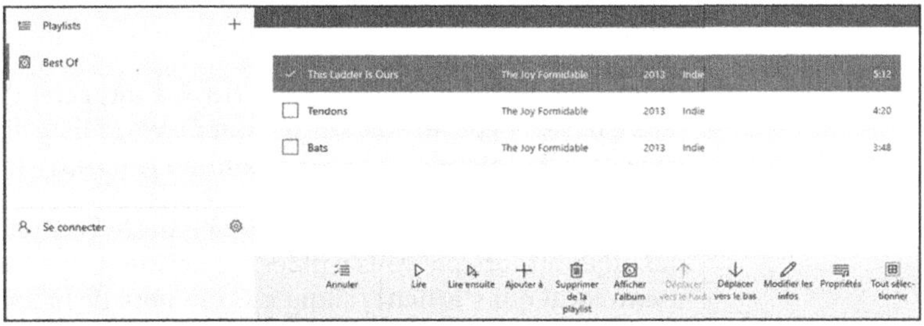

Si vous cliquez sur un titre stocké sur OneDrive, ou même sur plusieurs titres pourtant stockés sur votre disque dur, Groove Musique vous propose d'en effectuer le téléchargement.

Les paramètres de l'application Groove Musique (la roue dentée) vous permettent de modifier ou d'ajouter des dossiers contenant de la musique, de modifier vos paramètres de téléchargement, de synchroniser ou non votre musique avec OneDrive, et de changer le mode de couleurs de l'application.

Quid des CD audio ? Groove Musique ne peut pas les lire ! Comment faire sur PC ? Eh bien consultez la section « Lire des CD et des DVD sous Windows 10 » en fin de chapitre.

Films et TV

L'application universelle Films et TV fonctionne selon les mêmes principes que Groove Musique.

Démarrer Films et TV

Pour démarrer Films et TV, demandez-le vocalement à Cortana, ou bien saisissez **Films** dans le champ Taper ici et rechercher, et cliquez sur Films et TV dans la liste des propositions. Films et TV s'ouvre sur l'écran de bienvenue illustré sur la Figure 14.9.

L'interface de cette application est assez sommaire. Elle se compose des trois onglets suivants :

Figure 14.9

Films et TV lors de son premier démarrage.

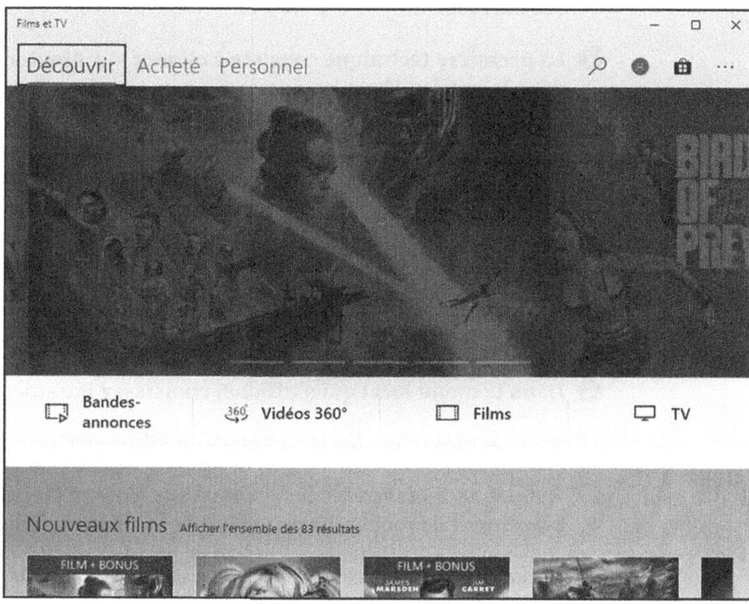

» **Découvrir.** Cet onglet vous propose des films, des séries, et des vidéos à 360°. Il suffit de cliquer sur une vignette pour obtenir une proposition de location ou d'achat sur le Windows Store.

» **Acheté.** Répertorie tous les programmes que vous avez achetés.

» **Personnel.** Contient les vidéos que vous avez répertoriées sur votre ordinateur.

Indiquer l'emplacement de stockage de vos vidéos

Pour le moment, intéressons-nous aux possibilités de gérer et de lire vos propres vidéos avec l'application Films et TV. Voici comment procéder :

1. **Une fois l'application ouverte, cliquez sur l'onglet Personnel.**

   Par défaut, Films et TV répertorie les fichiers vidéo que vous stockez dans le dossier Vidéos de Windows 10. Si vous stockez vos vidéos dans un autre dossier ou sur un autre disque dur, ou si vous souhaitez simplement ajouter un emplacement de recherche, passez à l'Étape 2.

2. **La première technique consiste à cliquer sur Ajouter des dossiers dans la section Tous les dossiers.**

   Ici tout se déroule comme dans Groove Musique. Vous cliquez sur le bouton + et vous cochez les dossiers suggérés ou vous cliquez sur Ajouter un dossier. Dans ce cas, localisez dans la boîte de dialogue Sélectionner un dossier, le dossier dans lequel sont stockés vos fichiers vidéo. Ensuite, cliquez sur Terminé.

3. **La deuxième technique consiste à cliquer sur le bouton Autres options (trois points) en haut à droite.**

4. **Dans le menu local qui s'affiche, choisissez Paramètres.**

   Cette action ouvre les Paramètres de Films et TV.

5. **Dans la section Vos vidéos, cliquez sur le lien Sélectionner l'emplacement de recherche de vidéos, comme sur la Figure 14.10.**

6. **Dans la boîte de dialogue qui apparaît, cliquez sur le bouton +.**

7. **Ensuite, indiquez l'emplacement à ajouter.**

Figure 14.10

Pour indiquer à l'application d'autres dossiers de stockage de vos vidéos.

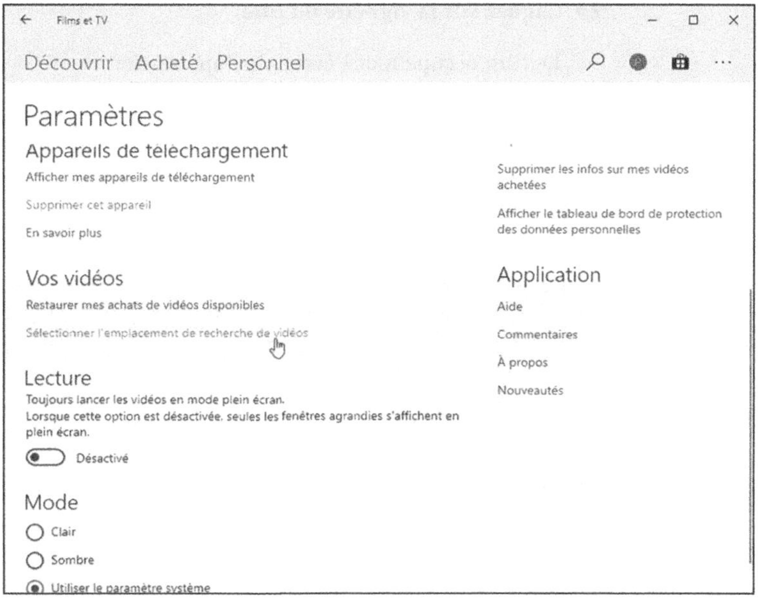

Vous constatez que l'onglet Personnel contient trois sous-onglets :

» **Dossiers vidéo.** Contient les fichiers vidéo stockés dans le dossier Vidéos de Windows 10.

» **Stockage amovible.** Contient les vidéos stockées sur un disque amovible (disque dur externe, carte mémoire, ou clé USB) que vous avez indiqué à Films et TV comme expliqué ci-dessus.

» **Serveurs multimédias.** Si votre Box (ou un autre dispositif) propose une fonction de serveur multimédia, vous accéderez à son contenu *via* cet onglet.

Lire vos fichiers vidéo

Que vous accédiez à des fichiers vidéo *via* Dossiers vidéo, Stockage amovible, ou Serveurs multimédias, leur lecture reste la même :

1. **Ouvrez un des sous-onglets de l'onglet Personnel.**

❷ **Accédez aux sous-dossiers du lecteur répertoriés dans votre onglet et repérez celui qui contient la vidéo à regarder.**

❸ **Cliquez sur la vignette du film.**

Le film occupe tout l'écran de l'application.

❹ **Utilisez les icônes de la partie inférieure du lecteur pour contrôler la lecture de la vidéo, comme le montre la Figure 14.11 :**

Figure 14.11

Un film en cours de lecture.

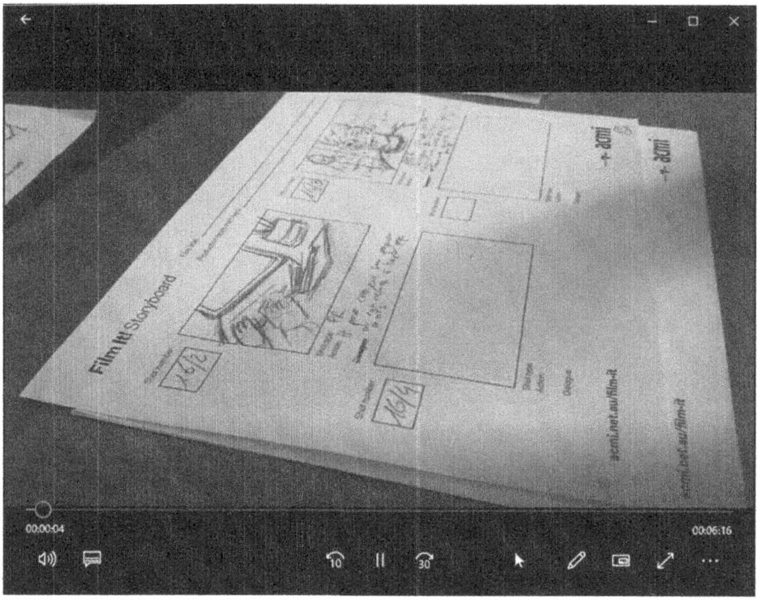

» **Afficher le volume.** Cliquez sur cette icône pour accéder à un curseur de réglage du volume sonore de votre vidéo. Faites-le glisser vers la droite pour augmenter le son, et faire la gauche pour le baisser.

» **Sous-titres.** Ouvre un menu local qui permet de choisir les sous-titres du film. Cliquez sur le lien Sélectionner un fichier de sous-titres, et choisissez-le dans la boîte de dialogue Ouvrir qui apparaît. Bien entendu, si le fichier vidéo en cours de lecture n'est pas accompagné d'un fichier de sous-titrage, aucun sous-titre ne sera disponible.

» **Saut arrière.** Remonte de 10 secondes dans la lecture du film.

» **Lecture/Pause.** Lance la lecture et permet de la mettre en pause.

» **Saut avant.** Permet d'avancer de 30 secondes dans le film.

» **Modifier.** Ouvre un menu local permettant de modifier la vidéo dans l'application Photos, ou d'enregistrer une photo d'après une image de la vidéo. Lorsque vous ouvrez une vidéo dans Photos, les outils d'édition sont rudimentaires. Ainsi, vous pourrez ajouter du texte à une vidéo. En revanche, n'envisagez pas de faire du montage. La commande Créer une vidéo au ralenti ouvre le film dans une interface particulière où vous pouvez définir un moment du film qui se diffusera au ralenti. Vous devrez alors enregistrer une copie de la vidéo en cliquant sur le bouton éponyme.

» **Lire en vue miniature.** Réduit la fenêtre de l'application qui reste incrustée au-dessus des fenêtres des autres programmes ouverts sur votre ordinateur. Cliquez de nouveau sur ce bouton pour afficher l'application dans la taille qui était la sienne lorsque vous l'avez réduite.

» **Plein écran.** La fenêtre de l'application couvre la totalité de l'écran. Cliquez sur l'icône Quitter le mode plein écran pour réduire la taille de la fenêtre.

» **Autres options.** Contient un certain nombre d'options qui ont une incidence sur la lecture de la vidéo. Vous pouvez activer la fonction de répétition de la lecture, ajuster l'image à la fenêtre, *etc.*

Pour atteindre rapidement une scène spécifique de la vidéo, faites glisser le curseur situé juste en dessous de l'image.

L'application Films et TV ne lit pas tous les formats ou plutôt tous les codecs. En effet, en fonction de l'encodeur utilisé ou de son débit binaire, un fichier MP4 par exemple, pourra ne pas être lu par Films et TV.

Louer ou acheter des vidéos

L'application Films et TV permet de consulter un catalogue de films, de séries, et d'émission de TV que vous pouvez alors louer ou acheter. Il suffit pour cela d'afficher l'onglet Découvrir. Pour trouver des films, cliquez alors sur Films. Faites défiler le contenu verticalement pour accéder à diverses catégories, comme Films à la une, Films à prix réduit, Sélections personnalisées, ou encore Parcourir les films. Dans cette section, cliquez sur le lien Filtrer pour accéder à d'autres options de tri des films, comme le montre la Figure 14.12.

Figure 14.12

Trier les films.

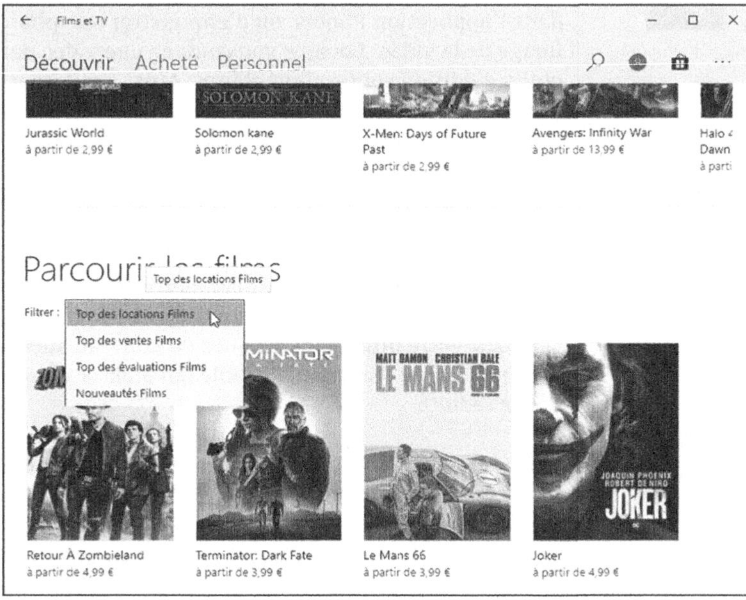

Vous pouvez également rechercher un film ou une série particulière en cliquant sur l'icône de la loupe. Tapez le titre recherché et validez en appuyant sur la touche Entrée de votre clavier, ou en cliquant une nouvelle fois sur la loupe. L'application affichera des résultats et/ou vous renverra vers le Windows Store.

Pour louer ou acheter un contenu :

1. **Cliquez sur l'onglet Films ou TV de l'onglet Découvrir en fonction de ce que vous recherchez.**

2. **Cliquez sur la vignette de la série, de l'émission ou du film qui vous intéresse.**

   Films et TV ouvre l'élément dans le Microsoft Store.

❸ **Choisissez la qualité HD ou SD, puis cliquez sur Louer ou Acheter, comme le montre la Figure 14.13.**

Figure 14.13

Acheter ou louer en HD ou SD.

Le contenu est moins cher en SD car la qualité est réduite.

Lorsque vous louez, un message vous propose de regarder le film en streaming (continu en ligne), c'est-à-dire sur un serveur distant, ou de le télécharger sur votre disque dur. L'avantage du streaming est que le film peut être vu simultanément sur plusieurs appareils. Bien entendu, quel que soit votre choix, le film ne sera plus disponible au bout d'un certain temps.

Lorsque vous achetez, vous devez utiliser les identifiants de votre compte Microsoft pour régler la facture.

Une fois que Films et TV vous a basculé sur le Microsoft Store, restez-y pour poursuivre vos emplettes... culturelles.

Lire des CD et des DVD sous Windows 10

Effet retors de la dématérialisation des films, aucune application par défaut ne sait lire des DVD vidéo sous Windows 10. Alors comment procéder ? Vous allez être obligé de recourir à une application tierce. La première que vous aurez probablement sous la main est celle livrée avec le lecteur/graveur de DVD du constructeur de votre ordinateur ou du lecteur lui-même.

Comme tous les ordinateurs et/ou les lecteurs ne sont pas livrés avec un tel logiciel, vous devrez chercher un programme ou une application gratuite capable de lire ce support spécifique.

Nous n'allons pas dresser ici une liste d'applications qui peuvent lire des DVD (et d'autres formats vidéo), mais simplement vous indiquer comment vous procurer le programme quasi indispensable et qui sait pratiquement tout lire, je veux parler de l'excellent logiciel gratuit VLC. Il existe sous forme d'un programme du bureau, mais aussi d'une application.

Pour vous procurer VLC :

1. **Ouvrez votre navigateur Web.**

2. **Dans votre moteur de recherche préféré, tapez VLC, puis cliquez sur le lien qui renvoie vers le site officiel de son développeur dont l'adresse est :** `www.videolan.org/vlc/index.fr.html`.

3. **Cliquez sur le bouton Télécharger VLC, comme le montre la Figure 14.14.**

   Vous pouvez faire un don, mais cela n'a rien d'obligatoire.

4. **Une fois le téléchargement accompli, double-cliquez sur l'exécutable du fichier.**

   L'installation démarre automatiquement si, dans le message de téléchargement du navigateur Web, vous avez choisi Exécuter au lieu d'Enregistrer.

5. **Choisissez la langue d'installation, en l'occurrence le Français, et cliquez sur OK.**

6. **Dans la boîte de dialogue qui apparaît, cliquez sur Suivant.**

7. **Lisez la Licence utilisateur, et cliquez sur Suivant.**

8. **Vous pouvez personnaliser l'installation, mais nous vous conseillons de ne toucher à rien et de cliquer sur Suivant, puis sur Installer.**

9. **Une fois l'installation terminée, laissez la case Lancer VLC media player cochée, et cliquez sur Fermer.**

   VLC s'ouvre comme sur la Figure 14.15.

Figure 14.14

Téléchargez l'excellent lecteur multimédia VLC

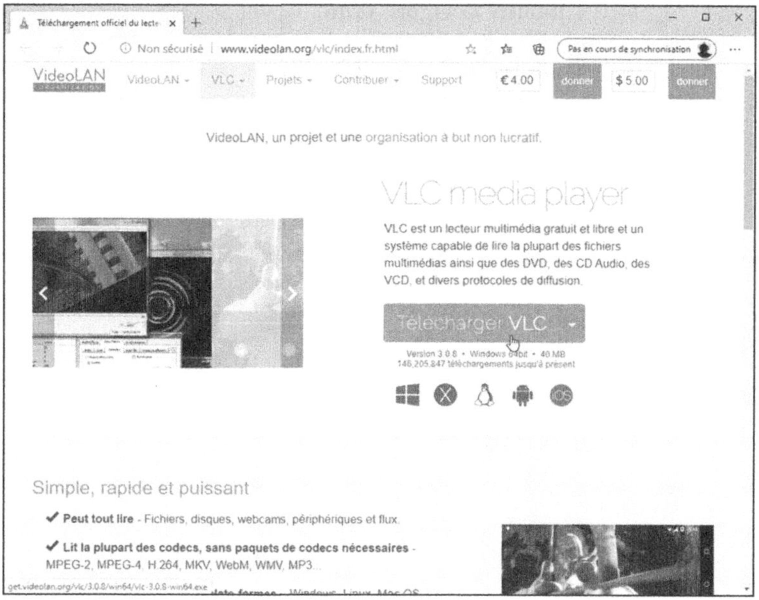

Figure 14.15

VLC prêt à diffuser de la musique, des fichiers vidéo, et des DVD.

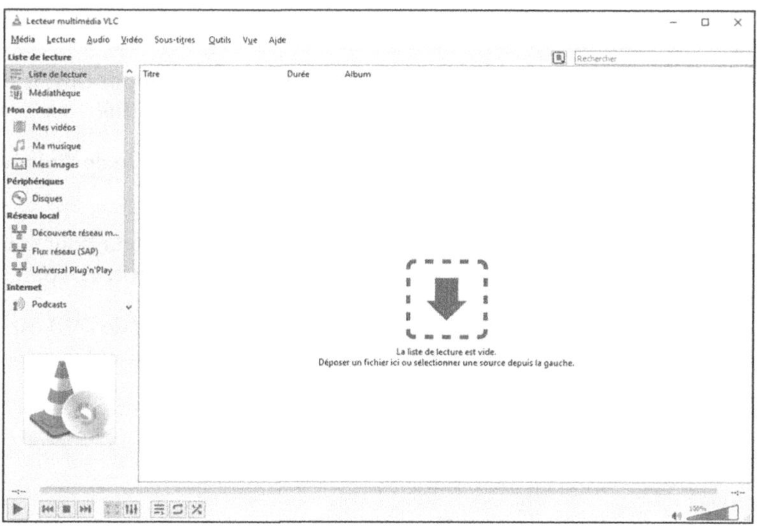

⑩ **Insérez un CD audio ou un DVD vidéo dans votre lecteur de DVD.**

⑪ **Ouvrez le menu Média, et cliquez sur Ouvrir un disque, comme le montre la Figure 14.16.**

Figure 14.16

Pour lire un CD ou un DVD avec VLC.

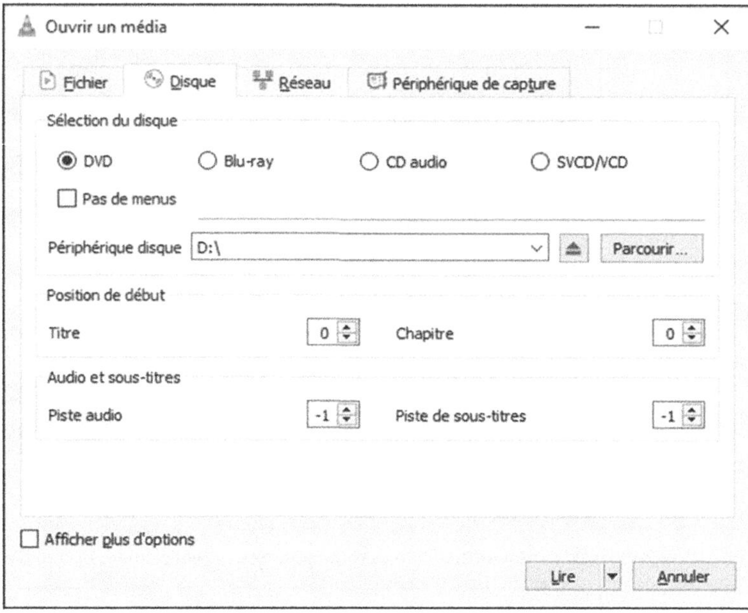

⑫ **Dans l'onglet Disque de la boîte de dialogue Ouvrir un média, vérifiez que votre CD ou DVD a été identifié.**

⑬ **Cliquez alors sur le bouton Lire de la boîte de dialogue Ouvrir un média.**

Utilisez les boutons situés en bas du lecteur pour contrôler la lecture et notamment diffuser le film en plein écran.

Et voilà, votre problème de lecture de CD ou de DVD est réglé.

Chapitre 15

Gérer ses photos

DANS CE CHAPITRE

Copier des photos et des vidéos depuis un appareil numérique ou un smartphone

•

Visualiser des photos

•

Modifier des photos

De nos jours, bon nombre d'appareils photo numériques sont de vrais petits ordinateurs. Mais le plus impressionnant dans tout cela reste les smartphones dont la qualité photographique des appareils haut de gamme est tout à fait exceptionnelle. *De facto*, le smartphone est de plus en plus utilisé par le grand public pour rapporter des souvenirs de voyage. Immédiatement disponible et moins encombrant qu'un compact ou qu'un Reflex numérique, le téléphone mobile est devenu l'appareil photo de prédilection du plus grand nombre. Il est naturel que Windows les traite comme de nouveaux amis. Branchez un appareil photo numérique ou un smartphone sur votre PC, allumez-le, et Windows va saluer le nouveau venu en lui proposant de copier son contenu sur votre disque dur.

Windows traite de la même manière une clé USB ou une carte SD remplie de photos.

Ce chapitre vous explique donc comment transférer vos photos et vos vidéos de l'appareil numérique (ou du smartphone) vers l'ordinateur, les montrer à votre famille et vos amis, les envoyer par e-mail et les stocker là où vous pourrez facilement les retrouver plus tard.

Vous découvrirez aussi comment utiliser l'application Éditeur de vidéo, qui est une extension de l'application Photos afin de monter vos propres films.

Mais avant tout, voici un bon conseil : sauvegardez vos photos numériques sur un disque dur externe immédiatement après les avoir importées sur votre ordinateur.

Copier des photos dans votre ordinateur

La plupart des appareils photo numériques sont fournis avec un logiciel servant à transférer le contenu de la carte mémoire de l'appareil vers votre ordinateur. Mais vous n'avez en fait même pas besoin d'installer ce genre de programme : Windows est là !

Windows est capable d'extraire le contenu de pratiquement n'importe quelle marque et n'importe quel modèle d'appareil photo numérique (ou de smartphone). Il vous permet notamment de regrouper vos sessions photographiques en différents dossiers, chacun étant nommé selon l'événement concerné.

Pour importer dans votre ordinateur des images stockées sur votre appareil photo numérique (disons, APN pour simplifier) ou votre smartphone, suivez ces étapes :

1. **Branchez le câble USB fourni avec votre appareil photo sur votre ordinateur.**

   La plupart des APN sont livrés avec deux câbles : un pour le relier à votre poste de télévision, et un autre pour le connecter à votre ordinateur. Vous avez bien sûr besoin ici du second.

   Pour un smartphone, utilisez le câble USB qui sert également à recharger l'appareil.

   Insérez le connecteur le plus petit du côté de votre appareil photo, et le plus gros (il est rectangulaire et assez plat) dans un port USB de l'ordinateur ou de la tablette. Normalement, il n'est pas possible de se tromper : si cela ne rentre pas d'un côté, il suffit d'essayer l'autre...

2. **Allumez votre appareil photo et attendez que Windows identifie sa présence.**

   Un smartphone étant déjà allumé, Windows va identifier immédiatement sa présence.

3. **Une notification apparaît en bas de l'écran au niveau de la Zone de notification de Windows. Cliquez dessus afin d'ouvrir une boîte de dialogue permettant d'indiquer à Windows comment gérer la prochaine connexion de votre appareil.**

   Pour répertorier vos images et les retoucher sans investir dans un autre logiciel, indiquez que vous souhaitez utiliser l'application Photos de Windows en optant pour Importer des photos et des vidéos avec Photos. Elle sera alors capable d'afficher le contenu de la carte mémoire de votre appareil photo numérique ou de la mémoire interne de votre smartphone, comme sur la Figure 15.1.

Lorsque vous connectez un smartphone, vous devez indiquer sur l'appareil comment l'ordinateur doit l'utiliser. Pour gérer plus facilement vos images, optez pour Appareil photo (PTP), ou une commande équivalente.

Figure 15.1

Photos propose d'importer les photos de votre appareil.

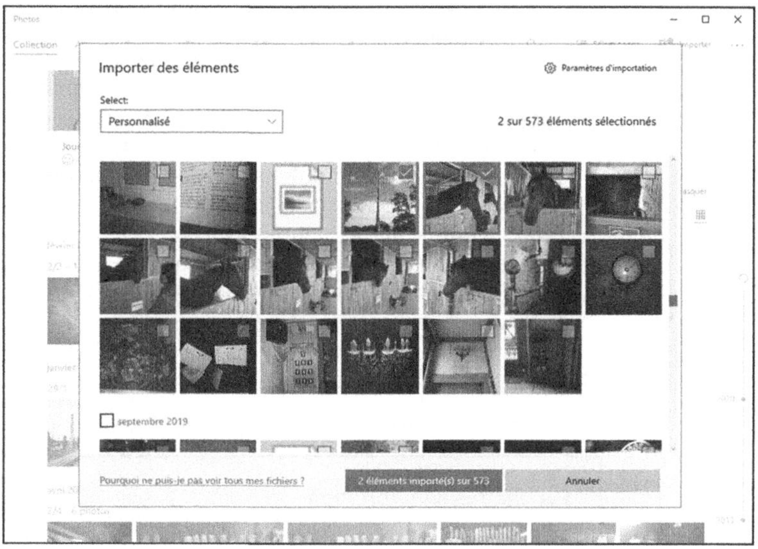

❹ **Cochez les vignettes des images à importer et décochez les autres.**

Vous observerez, notamment sur smartphone, que certaines vignettes n'affichent pas d'image mais une illustration générique. Difficile dans ce cas de savoir si la photo correspondante vaut ou non la peine d'être importée.

Les fichiers vidéo sont identifiés par l'icône d'un bouton de lecture affichée au centre de leur vignette.

Si la boîte de dialogue d'importation n'apparaît pas, cliquez sur le bouton Importer en haut à droite. Dans le menu local, vous avez le choix entre À partir d'un dossier ou À partir d'un périphérique USB.

5. **Ouvrez le menu local Sélection en haut à gauche et choisissez entre Tous les éléments, Éléments depuis la dernière importation, et Personnalisé.**

   - **Tous les éléments :** coche toutes les vignettes afin d'importer la totalité du contenu de l'appareil.
   - **Éléments depuis la dernière importation :** ne coche que les nouvelles photos depuis la précédente importation. Cela évite d'importer plusieurs fois les mêmes images si vous n'avez pas vidé votre carte mémoire.
   - **Personnalisé :** à vous de cocher les images à importer.

Par défaut, les photos sont importées dans le dossier Images de Windows. Pour indiquer un autre dossier, notamment si vous réservez un disque dur spécialement au stockage de vos photos, cliquez sur Paramètres d'importation en haut à droite de la boîte de dialogue d'importation. Dans la fenêtre Paramètres d'importation qui s'affiche, cliquez sur le lien Modifier la destination d'importation, comme sur la Figure 15.2. Dans la boîte de dialogue Sélectionner un dossier, choisissez le disque dur et/ou le dossier où vous souhaitez importer vos images. Une fois ce choix opéré, cliquez sur le bouton Ajouter ce dossier à Images.

Figure 15.2

Pour modifier le dossier d'importation de vos images.

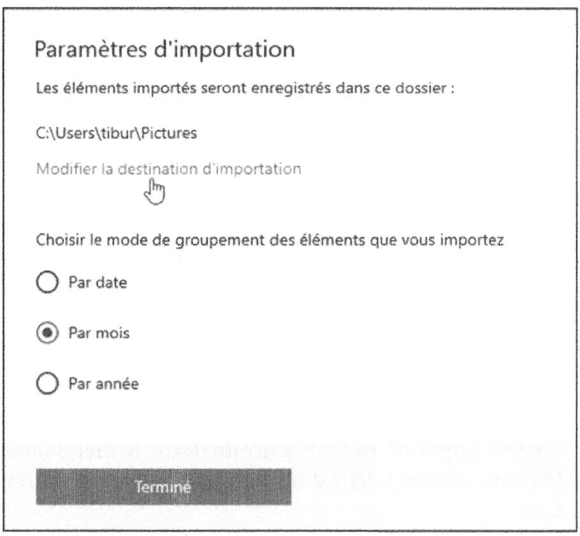

❻ Une fois la sélection effectuée, cliquez sur *x* éléments importés sur *x*.

Vos photos sont désormais copiées sur votre ordinateur et classées par date dans Photos qui en affiche des miniatures dans son onglet Collection, comme le montre la Figure 15.3.

Figure 15.3

Une importation réussie.

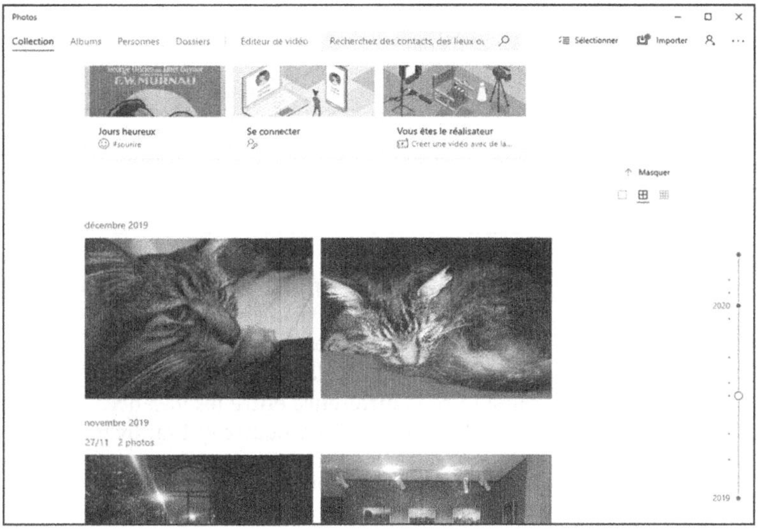

Importer sans l'application Photos

Certains utilisateurs seront perturbés par l'application Photos, et souhaiteront importer simplement les images dans l'ordinateur et ne pas se sentir otage de ce programme.

Ouvrez l'Explorateur de fichiers depuis la barre des tâches (si Windows ne le fait pas automatiquement). Cliquez sur l'icône Ce PC dans le volet de gauche. Votre appareil amovible, quel qu'il soit, va apparaître dans la liste Périphériques et lecteurs dans la partie droite de l'Explorateur de fichiers. Cliquez du bouton droit sur le nom de votre appareil, puis cliquez sur Importer les images et les vidéos dans le menu contextuel qui s'affiche.

Une fois l'analyse terminée, la boîte de dialogue Importer des images et des vidéos vous propose pour cela deux options (voir la Figure 15.4) :

Figure 15.4

La fenêtre d'importation vous permet de recopier les fichiers de votre appareil numérique sur votre ordinateur.

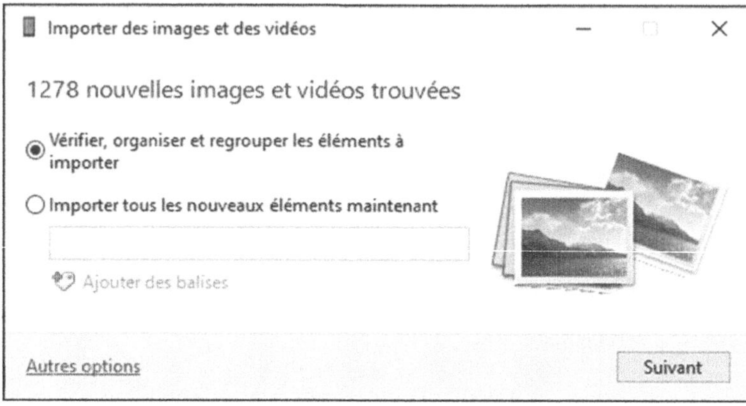

- **Vérifier, organiser et regrouper les éléments à importer** : si vous avez des tas de séances photo, cette option vous permet de les classer par groupes, chaque groupe étant copié dans un dossier différent. Cela prend plus de temps, mais vous pouvez ainsi faire la différence entre les vacances d'hiver à la montagne, le week-end chez Tata Louise et l'anniversaire du petit dernier.
- **Importer tous les nouveaux éléments maintenant** : si vous sauvegardez vos photos au fur et à mesure des séances de prise de vue, cette approche plus simple et plus rapide recopie toutes vos images dans le même dossier. Pour utiliser cette option, voyez l'Étape 4.

Le lien Autres options, en bas de la boîte de dialogue, vous permet de changer l'emplacement dans lequel Windows place vos photos importées (par défaut, le dossier Images), de définir un mode pour nommer les sous-dossiers et les fichiers, ou encore de supprimer les images de l'appareil photo une fois l'importation terminée. Jetez-y un coup d'œil pour le cas où les options par défaut ne vous conviendraient pas.

1 Sélectionnez Importer tous les nouveaux éléments maintenant.

Essayez de saisir une description courte, mais explicite, comme par exemple **Eté 2020**. Windows va copier tous les fichiers trouvés dans un dossier dont le nom sera formé par défaut de la date d'importation et de la légende « Ski 2019 ». Chaque fichier sera renommé de la même manière, en y ajoutant un numéro d'ordre. Exemple : `2020-07-30 Eté 2020 001.jpg`, et ainsi de suite.

Ajouter un mot ou une phrase explicite facilite par la suite la recherche de vos photos en saisissant ce critère dans le champ Rechercher du bureau. Dans la fenêtre d'importation, vous pouvez d'ailleurs saisir plusieurs mots-clés en cliquant sur le bouton Ajouter des balises.

2. **Tapez une courte description dans le champ Entrer un nom, puis cliquez sur le bouton Importer.**

C'est terminé pour vous...

3. **Si vous souhaitez davantage de contrôle, cliquez sur le bouton Vérifier, organiser et regrouper les éléments à importer, puis sur Suivant.**

Windows va examiner la date et l'heure de chacune des prises de vues. Il vous propose ensuite un classement en une série de groupes qu'il vous propose d'importer.

4. **Ajustez si nécessaire le regroupement des images en fonction de ce que vous souhaitez obtenir.**

Vous n'aimez pas la méthode de classement de Windows ? Modifiez-la en faisant glisser la barre Ajuster les groupes vers la gauche ou vers la droite. Dans le premier cas, vous multipliez le nombre de groupes en réduisant l'intervalle entre les prises de vue (jusqu'à trente minutes). Dans le second, vous obtenez des groupes moins nombreux, mais bien sûr plus volumineux. En poussant le curseur jusqu'à l'extrémité de la barre, toutes vos photos seront placées dans un seul et même dossier.

Si vous ne voyez pas trop ce que peut bien contenir un groupe, cliquez sur son bandeau pour le développer (et ensuite pour le refermer).

5. **Approuvez les groupes choisis, donnez-leur une appellation en cliquant sur la ligne Entrer un nom, ajoutez éventuellement une ou plusieurs balises descriptives (séparés les mots-clés par un point-virgule), décochez éventuellement les photos ou les groupes que vous ne voulez pas copier, puis cliquez sur le bouton Importer.**

Le titre que vous donnez à un groupe dans le champ Entrer un nom devient le nom du dossier dans lequel sera placé son contenu.

Par défaut, Windows n'efface pas les photos de votre appareil une fois la copie terminée sur votre ordinateur. Simple prudence de sa part. Mais vous risquez ensuite de ne plus avoir assez de mémoire pour prendre de nouveaux clichés. Vous pouvez donc changer d'avis en cours de route en cliquant sur le lien Autres options, et en cochant la case Supprimer les fichiers du périphérique après l'importation. Il est malgré tout conseillé de vérifier les images importées avant de procéder à leur suppression sur l'appareil pour les réimporter en cas de souci. Par conséquent, nous recommandons d'effacer les images *via* les fonctions adéquates de l'appareil.

Une fois la copie terminée, Windows affiche le dossier contenant vos nouvelles images.

Copier les photos avec l'Explorateur de fichiers

Vous pouvez aussi décider de copier manuellement les fichiers de l'appareil photo vers le ou les dossiers que vous voulez. Dans ce cas, choisissez l'option Ouvrir le dossier et afficher les fichiers (Explorateur de fichiers) de la boîte de dialogue qui apparaît lorsque vous cliquez sur le bandeau d'insertion.

Si vous n'avez pas eu le temps de cliquer sur ce bandeau, ouvrez tout simplement l'Explorateur de fichiers comme vous le feriez pour copier et coller des fichiers quelconques.

Dans le volet de navigation, cliquez sur l'icône de votre carte mémoire ou de votre appareil photo numérique, ou encore de votre smartphone. Il arrive que l'icône de l'appareil soit identifiée sous le nom de Disque amovible. Ensuite, double-cliquez sur les différents dossiers de ce périphérique d'images jusqu'à l'affichage de son contenu dans le volet droit de l'Explorateur de fichiers.

Sélectionnez alors les photos à importer. Pour tout sélectionner rapidement, exécutez le raccourci clavier Ctrl + A. Pour sélectionner plusieurs images qui se suivent, cliquez sur la première d'entre elles. Ensuite, maintenez la touche Maj enfoncée, et cliquez sur la dernière. Pour ajouter à la sélection d'autres photos de ce même dossier, maintenez la touche Ctrl enfoncée, et cliquez sur leur vignette.

Une fois votre sélection effectuée, cliquez sur le bouton Copier vers de l'onglet Organiser de l'Explorateur de fichiers. Choisissez-y un des dossiers proposés par Windows. Si aucun ne correspond à l'emplacement où vous désirez importer vos photos, cliquez sur l'option Choisir un emplacement. Parcourez ensuite vos disques durs et dossiers pour localiser l'emplacement de votre importation. Vous pouvez également créer un dossier par un clic sur le bouton Créer un nouveau dossier. Une fois le dossier choisi, cliquez sur le bouton Copier.

Voir des photos avec l'application Photos

Bien que vous puissiez visualiser des photos sous forme de vignettes dans l'application Photos, vous n'aurez guère d'autre choix, pour les afficher dans leur dimension d'origine que de passer par Paint 3D ou Photos.

L'application Photos vous propose quatre modes de visualisation de vos clichés :

» **Collection :** lorsque vous l'ouvrez, l'application Photos vous montre *toutes* les photos qu'elle localise en les classant par date. Bien que ce mode ne laisse rien de côté, cette accumulation peut être fastidieuse à consulter, sauf si vous savez exactement ce que vous recherchez.

» **Albums :** les photos sont présentées selon une approche plus précise, en les partageant en groupes selon la date et le nom du dossier dans lequel elles sont enregistrées. Les doublons sont automatiquement éliminés, ce qui vous permet de vous y retrouver plus facilement.

» **Personnes :** Photos répertorie les images comportant des visages afin de vous permettre de les identifier dans l'application. Par la suite, chaque fois qu'elle trouvera ces personnes sur une photo, elle les ajoutera à cette « collection ».

» **Dossiers :** liste tous les dossiers dans lesquels Photos doit idenfier des images. Pour ajouter des dossiers, cliquez sur la vignette Ajouter un dossier. Dans la boîte de dialogue sélectionnez le dossier concerné, comme le dossier Images de OneDrive.

» **Éditeur vidéo :** permet de créer des vidéos à partir de photos ou de fichiers vidéo comme cela est expliqué à la fin de ce chapitre.

Nous avons vu comment importer vos photos dans cette application, voyons maintenant comment utiliser ces deux modes plus précisément.

Visualiser votre photothèque

Lorsque vous l'ouvrez, l'application Photos balaie automatiquement vos images et les affiche dans sa fenêtre sous la forme de grandes vignettes. Le classement est effectué par date de prise de vue. Ceci facilite la visualisation des photos des dernières vacances (par exemple) sur une tablette, un smartphone, ou même un PC disposant d'un grand écran ou raccordé à un téléviseur.

Au passage, l'application effectue quelques réglages subtils afin notamment d'en améliorer la luminosité.

Pour lancer l'application Photos et visualiser vos souvenirs, suivez ces étapes :

1. **Cliquez sur la vignette Photos localisée dans le groupe Productivité du menu Démarrer.**

   Vous pouvez aussi saisir Photos dans le champ Taper ici pour rechercher de Cortana, ou bien invoquer Hey Cortana et demander simplement : « Peux-tu ouvrir l'application Photos ? ».

   Lorsque vous ouvrez Photos, un écran de démarrage vous en présente les principales fonctionnalités. Pour que cet écran ne s'ouvre pas au prochain démarrage, décochez la case Afficher l'écran d'accueil au démarrage en bas à gauche.

   L'affichage est presque instantané (voir la Figure 15.5). L'application Photos recherche les photos dans votre dossier Images, ainsi que dans ceux de OneDrive, et les affiche en partant des plus récentes.

2. **Faites défiler la collection pour trouver la photo que vous voulez voir ou modifier.**

   Le mode Collection déroule vos photos comme un long flux, sans aucun regroupement par dossier. Les images les plus récentes sont placées en tête, les plus anciennes à la fin, et le reste entre les deux.

   Vous pouvez vous servir de votre souris pour accéder plus rapidement à ce que vous recherchez grâce à la barre de défilement placée sur le bord droit de la fenêtre. Sur un écran tactile, il vous suffit d'effleurer la surface vers le haut ou vers le bas pour obtenir le même résultat.

3. **Cliquez sur une photo pour l'afficher en grand dans la fenêtre, puis choisissez une des options proposées.**

   Lorsqu'une photo remplit l'écran, il arrive que les menus soient cachés. Dans ce cas, cliquez sur la photo ou bougez tout simplement votre souris pour qu'ils réapparaissent.

Figure 15.5

L'application Photos affiche les images stockées sur votre ordinateur ainsi que sur OneDrive.

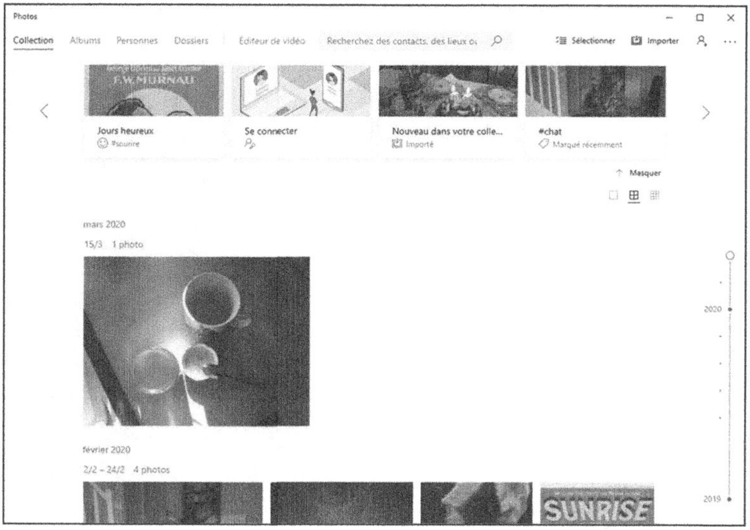

Vous pouvez effectuer diverses actions sur vos photos (voir la Figure 15.6) :

- **Photo précédente/Suivante :** placez la souris dans la partie vide à gauche ou à droite de la photo, puis cliquez sur un des chevrons qui apparaissent en bas de l'écran pour reculer (à gauche) ou avancer (à droite) dans la liste des images.
- **Afficher la collection :** chevron situé en haut à gauche et qui revient au mode par défaut, Collection.

- **Ajouter à une création.** Photos permet de créer des vidéos musicales à partir de photographies. Cliquer sur cette icône permet de lancer cette création ou de définir un nouvel album.

- **Zoomer :** cliquez sur cette loupe pour activer un curseur qui permet de grossir l'image, ou à l'inverse de la réduire.

- **Supprimer :** si une photo est totalement floue, par exemple, autant s'en débarrasser tout de suite. Cliquez sur ce bouton situé en bas de l'écran, et c'est parti.

- **Ajouter aux favoris :** ajoute l'image à vos photos préférées.

Figure 15.6

Choisissez les actions à réaliser sur vos photos à l'aide des icônes de l'application Photos.

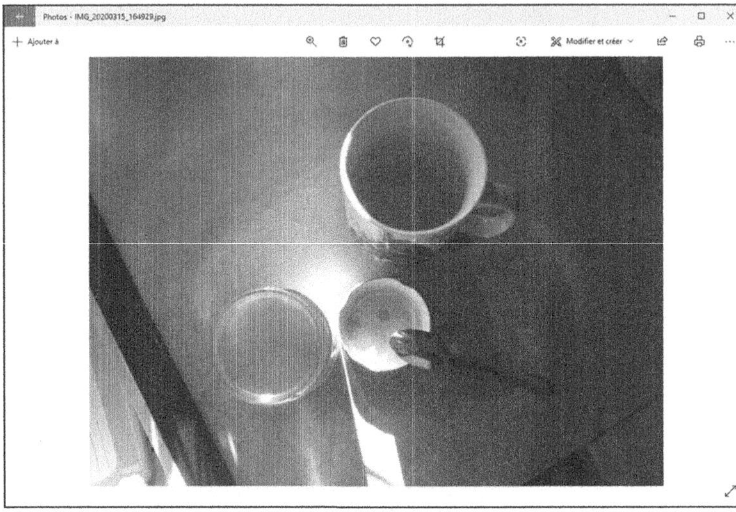

- **Pivoter :** fait tourner la photo de 90 degrés dans le sens horaire. Pour une rotation de 90 degrés dans le sens contraire, cliquez trois fois.

- **Rogner :** permet d'appliquer un recadrage qui élimine certaines parties de l'image.

- **Rechercher une image sur le web :** permet d'autoriser le moteur de recherche Bing d'envoyer l'image sur le Web. Si plusieurs navigateurs Web sont installés sur votre ordinateur, Photos vous demande lequel utiliser. Une fois le choix effectué, le navigateur affiche des images semblables à celle pour laquelle vous avez demandé cette recherche.

- **Modifier et créer :** ce menu local propose un certain nombre d'actions, comme le montre la Figure 15.7. Vous pouvez Modifier, Dessiner, Créer une vidéo avec de la musique, Ajouter du texte animé, Ajouter des effets 3D, et Créer une vidéo avec de la musique.

- **Partager :** utilisez ce bouton pour partager la photo actuelle. Il se peut que Windows vous demande de choisir une application, par exemple votre messagerie, ou vous propose plusieurs choix.

- **Imprimer :** pour imprimer vos photos.

Figure 15.7

Une application Photos plus créative qu'auparavant.

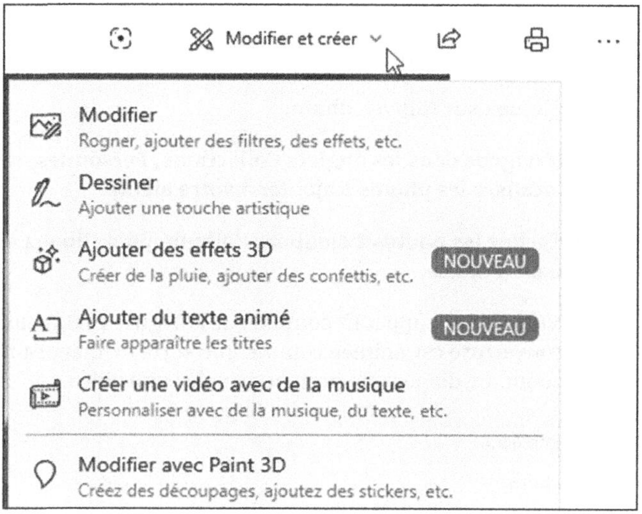

- **Plein écran :** cliquez sur ce bouton pour afficher la photo en plein écran.

D'autres options sont disponibles sous le bouton En savoir plus (trois petits points) en haut à droite. Vous pourrez y lancer un diaporama, enregistrer l'image sous un autre nom, copier, ouvrir l'image dans un autre programme, la définir en tant qu'image d'arrière-plan, *etc.*

4 Pour refermer l'application Photos, cliquez sur la croix qui se trouve dans son coin supérieur droit.

Créer et afficher des albums

Tout le monde aime prendre des photos, mais seuls les gens vraiment méticuleux aiment passer des heures à les organiser, éliminer celles qui sont ratées, ainsi qu'à les classer dans des dossiers facilement accessibles.

C'est dans ce registre que l'application Photos se débrouille le mieux. Elle jette un œil robotisé sur toutes vos photos, élimine les doublons, trouve celle qui conviendrait le mieux comme couverture, et classe les clichés en fonction de leur date de prise de vue.

Pour afficher vos albums dans l'application Photos, suivez ces étapes :

1. Dans le menu Démarrer, cliquez sur la vignette de l'application Photos située dans le groupe Productivité.

Par défaut, la fenêtre s'affiche en mode collection.

2. En haut de l'interface, cliquez sur Albums.

3. Cliquez sur Nouvel album.

4. Naviguez dans les onglets Collections, Personnes, et Dossier pour localiser les photos à ajouter à votre album.

5. Cochez les photos à ajouter à l'album, puis cliquez sur Créer en haut à droite.

Votre album apparaît comme sur la Figure 15.8. Vous notez que sa couverture est animée comme une sorte de diaporama avec effet de zoom. Ce diaporama permet de créer une vidéo.

Figure 15.8

Un album.

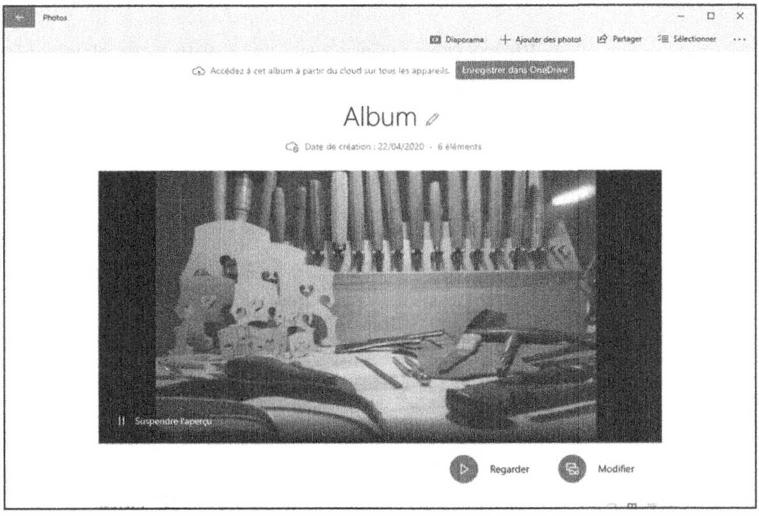

6. Pour nommer l'album, cliquez sur le mot Album et saisissez le nouveau titre. Validez en appuyant sur la touche Entrée du clavier.

7. Pour ajouter des photos à l'album, cliquez sur le bouton Ajouter des photos en haut de l'album.

8. **Dans l'interface d'ajout de photos à l'album, parcourez vos vignettes pour choisir les photos à ajouter à votre album.**

   Pour retrouver plus vite une photo, cliquez dans le champ Rechercher des contacts, des lieux ou des objets, et choisissez parmi les étiquettes (mots-clés qui ont été assignés aux images).

9. **Cochez les photos à ajouter, et cliquez sur le bouton Ajouter en haut à droite.**

   Les photos déjà présentes dans l'album sont grisées. Vous ne pouvez donc pas les cocher.

10. **Pour retirer une photo d'un album, faites éventuellement défiler le contenu de l'album pour en afficher toutes les vignettes et cochez sa miniature, puis cliquez sur le bouton Supprimer de l'album en haut à droite.**

11. **Pour supprimer un album, ouvrez l'onglet Albums de Photos. Cochez la vignette de l'album à effacer, puis cliquez sur le bouton Supprimer en haut à droite.**

Améliorer vos images

Voici comment apporter quelques améliorations à vos images dans l'application Photos :

1. **Affichez une photo en cliquant dessus dans une collection ou un album.**

2. **Cliquez sur le bouton Modifier et créer et, dans le menu contextuel qui apparaît, choisissez Modifier.**

   La photo s'affiche dans une interface de modification illustrée sur la Figure 15.9.

3. **Pour améliorer l'image, cliquez sur Ajustements.**

4. **Agissez sur les différents réglages qui s'affichent lorsque vous cliquez sur le petit chevron situé à gauche du nom des réglages.**

   Par exemple, Lumière permet d'agir sur le Contraste, l'Exposition, la Surbrillance, les Ombres, comme sur la Figure 15.10.

5. **Pour donner du caractère aux images, cliquez sur le bouton Filtres et appliquez un des filtres proposés comme sur la Figure 15.11.**

Figure 15.9

Modifier une photo.

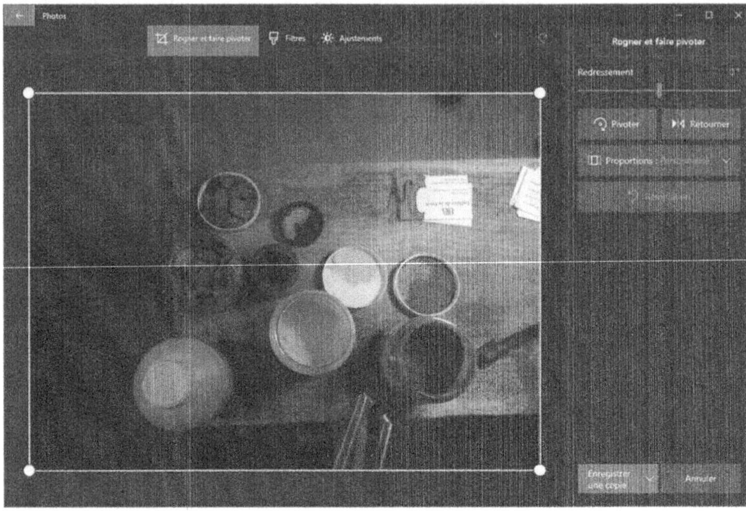

Figure 15.10

Ajuster les réglages de votre image.

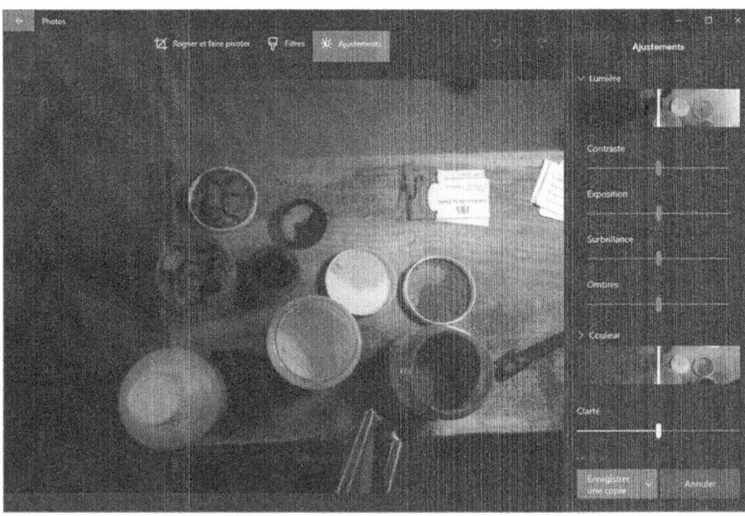

Figure 15.11

Appliquer des filtres.

❻ **Si besoin, utilisez le bouton Rogner et faire pivoter pour recadrer votre image et modifier son orientation.**

❼ **Enfin, une fois l'image correctement ajustée, cliquez sur Enregistrer une copie.**

Cela permet de préserver votre photo d'origine. Si vous souhaitez la remplacer par votre image modifiée, ouvrez le menu local d'enregistrement en bas à droite de la fenêtre, et exécutez la commande Enregistrer.

Partie 6
Au secours !

Dans cette partie...

Réparer Windows

Comprendre d'étranges messages

Windows et son système d'aide

Chapitre 16

Réparer Windows

DANS CE CHAPITRE

Windows, un adepte de la nouvelle magie

•

Gérer les messages d'autorisation de Windows

•

Retrouver un mot de passe disparu

•

Récupérer des icônes et des fichiers évaporés, des menus avalés, et des écrans gelés

Nous avons, au fil des mois, un rapport assez intime avec notre ordinateur et son système d'exploitation Windows. C'est un peu comme avec un nouveau-né. Nous sommes attentifs à une quantité de petits signes qui témoignent de sa bonne santé. Alors, forcément, lorsque quelque chose semble inhabituel, nous commençons à nous inquiéter. Ce sera le cas quand nous observerons une certaine lenteur dans l'ouverture des applications et des programmes, quand la souris réagira avec du retard, lorsque l'écran affichera des couleurs bizarres, et bien d'autres dysfonctionnements encore.

D'autres fois, la situation est encore bien pire. Certains programmes semblent gelés, les menus n'arrivent plus à se fermer, ou encore Windows affiche des messages terrifiants chaque fois que vous allumez votre ordinateur.

La plupart du temps, ces problèmes qui vous semblent énormes peuvent être résolus à l'aide de solutions qui vous paraîtront à l'inverse minimalistes. Ce chapitre essaie de vous expliquer ces deux faces de Janus.

Windows, un adepte de la nouvelle magie

Depuis des années, la Restauration du système a été le principal mode d'intervention de Windows quand l'ordinateur commençait à perdre la tête. Cette Restauration du système existe toujours sous Windows 10 (voir l'encadré qui suit). Mais celui-ci offre également d'autres outils puissants pour que votre ordinateur reprenne goût à la vie.

Cette section vous explique ce que sont ces outils, quand vous pouvez les trouver, et comment les utiliser (autrement dit, pour résoudre vos problèmes).

Rafraîchir l'ordinateur

Si votre ordinateur attrape une maladie particulièrement sérieuse, réinstaller Windows est parfois le seul remède. Auparavant, cela prenait beaucoup de temps et demandait de gros efforts. Si vous additionniez le temps passé rien qu'à cela, plus celui qu'il vous fallait pour réinstaller vos applications et recopier vos fichiers pour remettre votre ordinateur en état de marche, cela pouvait vous prendre jusqu'à une journée

C'est à essayer en premier

Une vague frustration commence à vous envahir. Votre connexion réseau, avec ou sans fil, fonctionne parfaitement. Mais l'imprimante ne se connecte pas. Les sites Web semblent interminables à charger. Un programme ne peut pas coopérer. Des dizaines de problèmes commencent de cette manière.

La plupart du temps, la solution la plus simple consiste à redémarrer l'ordinateur. Pour cela, cliquez droit sur le menu Démarrer, et cliquez sur le bouton Marche/Arrêt. Dans le menu local qui s'affiche, choisissez Arrêter ou Redémarrer.

Vos programmes vont alors se fermer. Si l'un d'eux demande de sauvegarder ses données, donnez-lui satisfaction. Votre ordinateur va continuer à refermer votre session. Au bout de quelques secondes, il devrait sombrer dans la léthargie, ce qui vous laisse prêt à faire une nouvelle tentative.

Vous pouvez aussi tenter de vous déconnecter de votre compte Windows, puis de vous y reconnecter, c'est-à-dire d'y rouvrir votre session. Pour cela, cliquez sur le bouton Démarrer, puis sur l'icône de votre avatar dans la colonne de gauche du menu Démarrer. Dans le menu local qui apparaît, choisissez Se déconnecter. Vous basculez alors vers l'écran d'ouverture de session de Windows. Saisissez votre mot de passe et entrez de nouveau dans le système d'exploitation. Si rien ne change, redémarrez.

Lorsqu'un redémarrage n'arrange rien, alors arrêtez votre ordinateur *via* le bouton Marche/Arrêt du menu Démarrer. Ensuite, débranchez la prise de l'alimentation de votre PC afin d'être certain de bien vider sa mémoire de toute trace d'activités. En effet, lorsque vous éteignez simplement l'ordinateur, sa carte mère continue à être alimentée (dans la majorité ces cas). Attendez 30 secondes, rebranchez, et redémarrez !

Qu'un redémarrage vous donne juste un sursis ou qu'il règle vos soucis durablement, cette méthode est souvent le meilleur moyen de résoudre vos problèmes. C'est donc elle que vous devez essayer avant toute autre tentative.

entière (disons, une bonne moitié de journée si vous n'aviez pas trop de programmes sur votre ordinateur avant que les ennuis ne commencent).

L'outil de rafraîchissement de Windows a pour vocation de résoudre ce genre de problème. En cliquant sur quelques boutons, vous pouvez demander à Windows de se réinstaller lui-même sur votre ordinateur. Il sauvegarde alors votre compte d'utilisateur, vos fichiers personnels, les applications que vous avez téléchargées depuis la boutique Windows, et certains de vos plus importants réglages.

Effectuer une réinstallation de Windows sauvegarde en même temps votre connexion sans fil ainsi que votre connexion cellulaire. Vous conservez également vos paramètres BitLocker (d'accord, vous ne savez même pas de quoi il s'agit, et vous n'avez pas tort), les affectations des unités de disques, vos réglages de personnalisation ou encore le papier peint de votre bureau.

Lorsque votre ordinateur a d'évidence besoin d'être rafraîchi avec une copie toute neuve de Windows, vous n'avez en fait besoin que de réinstaller les programmes qui étaient enregistrés sur votre bureau (fort gentiment, cet outil laisse sur le bureau une liste récapitulant ce que vous devrez réinstaller, y compris les noms des sites Web des éditeurs, pour que vous sachiez exactement ce qu'il va vous rester à faire).

Pour rafraîchir votre ordinateur, suivez ces étapes :

1. **Cliquez sur le bouton Démarrer, puis sur l'icône Paramètres (engrenage).**

   La fenêtre Paramètres Windows apparaît.

2. **En bas du volet Paramètres, cliquez sur le bouton Mise à jour et sécurité.**

3. **Dans la colonne de gauche de la fenêtre qui apparaît, cliquez sur Récupération.**

4. **Dans section Réinitialiser ce PC, cliquez sur le bouton Commencer.**

   Si Windows vous le demande, insérez votre disque, votre lecteur flash, ou tout autre dispositif à l'aide duquel vous avez installé Windows. Vous n'avez rien de tout cela ? Désolé, vous ne pouvez pas utiliser cette option, et il ne vous reste plus qu'à tout annuler...

Windows affiche un écran pour vous expliquer ce qui va arriver à votre ordinateur (voir la Figure 16.1).

L'outil de réinitialisation vous propose deux options :

- **Conserver mes fichiers :** c'est le choix prioritaire. Il réinstalle Windows tout en préservant les comptes d'utilisateurs et les fichiers de chacun. La seule chose que vous perdez, ce sont les *programmes de bureau* qui devront donc être réinstallés à partir de leurs disques ou de leurs fichiers d'installation. Si vous choisissez cette option, passez à l'Étape 7.
- **Supprimer tout :** ne choisissez cette option que si vous voulez *réellement* redonner une virginité totale à votre ordinateur. Elle efface absolument tout, y compris les comptes et les fichiers des utilisateurs, et réinstalle Windows 10. Vous pourrez alors repartir à zéro, ou bien encore revendre (ou donner) votre PC. Si c'est ce que vous voulez, passez à l'Étape 6.

Figure 16.1

À moins d'avoir une excellente raison, choisissez Conserver mes fichiers.

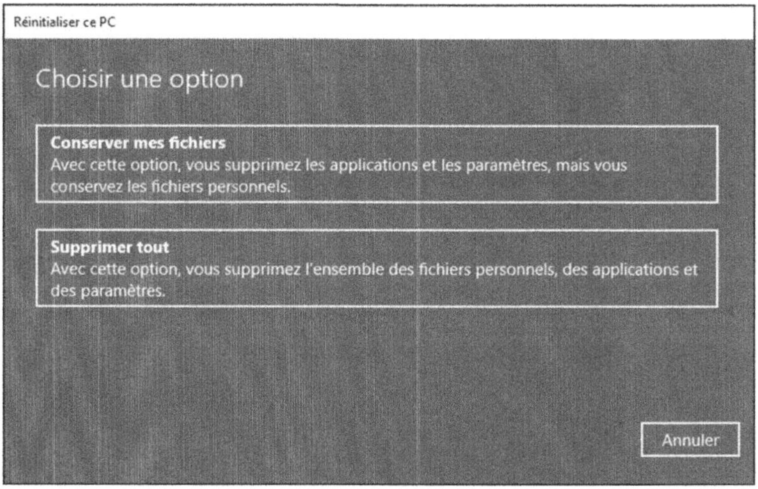

❺ **Choisissez une option et cliquez sur le bouton Suivant pour lancer le processus.**

Si vous optez pour Supprimer tout, vous pouvez personnaliser cette suppression par un clic sur Modifier les paramètres. Deux nouvelles options se présentent à vous, comme sur la Figure 16.2 :

Figure 16.2

Les options d'une réinitialisation de Windows.

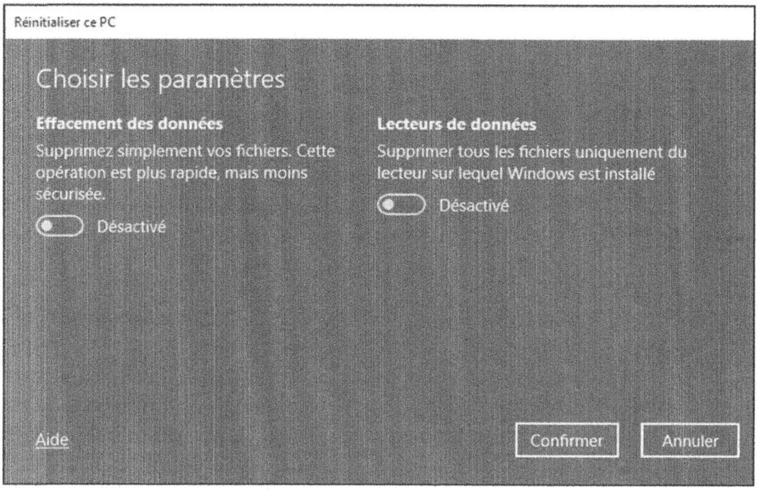

- **Effacement des données :** désactivée par défaut, cette option se contente de supprimer les fichiers. De ce fait, la réinitialisation est plus rapide, mais bien moins sécurisée. Si vous l'activez, les fichiers sont supprimés, mais le disque dur est alors nettoyé. Cette fois, la réinitialisation prendra plusieurs heures.
- **Lecteurs de données :** désactivée par défaut, cette option indique à Windows de ne modifier que le disque sur lequel Windows est installé. En revanche, quand vous l'activez, tous les fichiers présents sur tous vos autres disques durs seront supprimés. Radical !

6 Si vous optez pour Conserver mes fichiers, cliquez sur le lien Liste des applications à supprimer.

7 Dans la liste affichée par Windows, prenez note de tous les programmes de bureau que vous aurez à réinstaller.

Bon courage si vous effectuez cette opération après des années d'utilisation de Windows. La liste risque d'être longue. Dans ce cas, photographiez votre écran avec votre smartphone autant de fois que nécessaire jusqu'à consultation de la totalité de cette liste. Ce sera moins pénible que de tout noter manuellement.

8 Quand c'est fait, cliquez le bouton Retour, puis sur Réinitialiser.

Windows se réinstalle lui-même sur votre ordinateur, ce qui peut prendre selon les configurations à 15 à 60 minutes.

Lorsque votre ordinateur sort de son dernier sommeil, il devrait être frais et vaillant. Mais attendez-vous à diverses choses au cours de la procédure :

» Si vous avez inséré un DVD Windows lors de l'Étape 2, faites attention lorsque l'ordinateur redémarre. Le DVD étant toujours dans son lecteur, il vous demande en effet d'appuyer sur une touche quelconque pour démarrer à partir du disque. *Ne touchez à rien !* Windows *doit* se relancer depuis le disque dur de votre ordinateur, et pas depuis le DVD.

» Lorsque votre ordinateur se réveille, vous devriez trouver sur votre bureau un raccourci servant à vous renseigner sur les applications supprimées en cours de route. Cliquez dessus, et votre navigateur Web va afficher une page contenant des liens associés à tous les programmes et toutes les applications que vous allez devoir réinstaller, si vous en avez besoin, bien sûr. Dans ce cas, vous devrez avoir à votre disposition tous les disques, fichiers et codes d'enregistrement éventuels nécessaires à l'installation de ces programmes.

» Peu de temps après que Windows a retrouvé toute sa vigueur, son compagnon Windows Update va se mettre au travail pour trouver, charger et installer les dernières mises à jour de sécurité du système d'exploitation.

» Une fois l'ordinateur rafraîchi, réinstallez vos programmes un par un, en redémarrant de préférence à chaque fois. De cette manière, vous pourrez plus facilement détecter celui qui pourrait bien avoir provoqué tous vos ennuis. D'accord, cela risque de vous donner encore plus de travail, mais vous saurez du moins à quoi vous en tenir.

» Après un nettoyage intégral, vous pouvez utiliser une sauvegarde réalisée grâce à l'Historique des fichiers pour récupérer le contenu de vos dossiers Documents, Images, Musique et Vidéos.

Vous pouvez également repartir de zéro. N'utilisez cette fonction que si les choses ne s'arrangent pas malgré la réinitialisation de Windows. Pour lancer cette procédure de remise à zéro, ouvrez le menu Démarrer et cliquez sur l'icône Paramètres. Dans la fenêtre des paramètres Windows, cliquez sur Mise à jour et sécurité. Dans la colonne de gauche, choisissez Sécurité Windows, puis Performances et intégrité de l'appareil. Affichez la section Redémarrage

Revenir en arrière grâce aux points de restauration

Les programmes d'actualisation et de réinstallation de Windows fonctionnent très bien pour ressusciter un ordinateur moribond, et ils sont plus puissants que la technologie antérieure, basée sur la notion de *point de restauration*. Mais si vous avez l'habitude depuis des années de faire confiance au programme de restauration présent depuis Windows XP, sachez que Windows 10 ne l'a pas mis de côté. Encore faut-il savoir le retrouver...

Pour rétablir un état antérieur plus satisfaisant de votre PC, vous pouvez donc aussi suivre ces étapes :

1. **Cliquez dans le champ Taper ici pour rechercher, et saisissez Créer un point de restauration. Cliquez sur la vignette idoine affichée dans les résultats de la recherche.**

   Cette action ouvre la boîte de dialogue Propriétés système.

2. **Dans l'onglet Protection du système, cliquez sur le bouton Restauration du système.**

3. **Cliquez sur le bouton Suivant, puis sur le point de restauration qui vous semble convenir.**

   Vous pouvez en voir d'autres en cochant la case Afficher d'autres points de restauration.

4. **Cliquez sur le bouton Rechercher les programmes concernés de manière à voir quelles sont les applications qui seront affectées par la restauration.**

   Les noms que vous voyez concernent les programmes que vous devrez probablement réinstaller (ou pas si vous pensez qu'ils sont la cause de vos problèmes, ou bien si vous n'en avez pas vraiment besoin).

5. **Cliquez sur le bouton Suivant, puis sur Terminer pour confirmer votre décision et lancer la procédure de restauration.**

   Votre ordinateur va faire différents bruits avant de redémarrer en utilisant les réglages qui fonctionnaient bien auparavant (enfin, souhaitons-le).

Si votre système fonctionne *déjà* sans accrocs, sachez que vous pouvez à tout moment créer vos propres points de restauration. Donnez-leur un nom parlant. Par exemple : *Avant de laisser la nounou utiliser l'ordinateur* (comme cela, vous saurez quel point de restauration utiliser si quelque chose ne va pas quand vous rentrez chez vous).

à zéro du volet droit, et cliquez sur son lien Informations supplémentaires. Pour obtenir des informations plus précises sur cette opération, cliquez sur le lien En savoir plus. Cela ouvre la page Web Support de sécurité Windows qui explique les enjeux de cette remise à zéro :

- L'opération supprime les logiciels antivirus tiers et toutes les applications qui ne sont pas fournies avec Windows. Cela englobe les applications Microsoft telles qu'Office, toutes les applications de bureau préinstallées sur votre appareil, et toutes les applications de bureau Windows, telles que les applications du fabricant de votre appareil, les applications de support et les pilotes. Seules sont conservées les applications du Microsoft Store installées par votre fabricant.
- Vous ne pourrez pas récupérer les applications qui sont supprimées. Vous devrez les réinstaller manuellement.
- Il est possible que vous perdiez vos licences numériques, le contenu numérique associé aux applications ou autre autorisation numérique d'utilisation d'application, ce qui peut vous empêcher d'utiliser les applications (ou le contenu associé aux applications) que vous avez payées.

Pour lancer l'opération, cliquez sur le bouton Prise en main. Un message résume l'impact de cette remise à zéro sur vos applications et fichiers. Si vous êtes toujours décidé, cliquez sur Suivant.

Windows me demande toujours des autorisations

Comme dans ses versions antérieures, Windows 10 continue à utiliser deux principaux types de compte : Administrateur et Standard. Le compte Administrateur est destiné au propriétaire de l'ordinateur, celui qui est censé détenir tous les pouvoirs. Par contraste, les possesseurs de comptes Standard ne sont pas autorisés à effectuer des choses considérées comme potentiellement dangereuses pour l'ordinateur ou ses fichiers.

Mais quel que soit le type de compte que vous utilisez, Windows va de temps à autre dresser une barrière entre vous et ce que vous lui demandez de faire. Lorsqu'un programme essaie de changer quelque chose sur votre ordinateur, Windows affiche immédiatement un message d'alerte. La Figure 16.3 en propose un exemple.

Figure 16.3

Les demandes d'autorisation de Windows s'affichent lorsqu'un programme tente de changer quelque chose sur votre ordinateur.

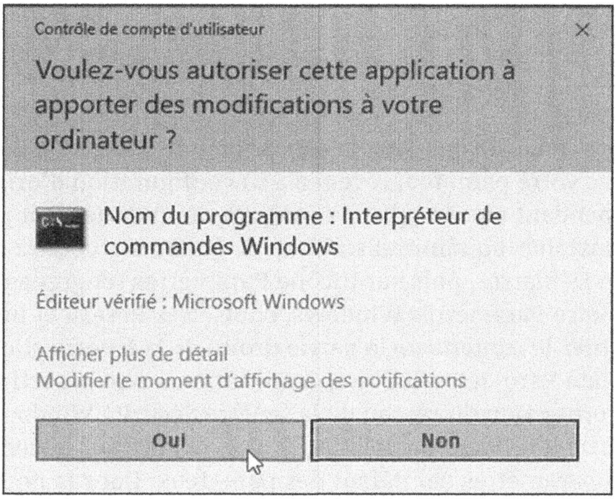

Dans le cas d'un compte Standard, le message sera un peu différent, en demandant que le titulaire du compte Administrateur saisisse son nom et son mot de passe.

Bien entendu, lorsque ce genre d'écran apparaît trop souvent, la plupart des gens les ignorent et donnent leur accord. Même s'il s'agit simplement de permettre à un virus de s'installer sur leur ordinateur...

Est-ce que Windows m'a demandé une autorisation pour quelque chose que j'ai fait ou que j'ai demandé ? Si la réponse est Oui, vous pouvez répondre positivement à son avertissement. Mais s'il le fait *via* un écran dont le fond est tout bleu, et que vous n'avez rien demandé, alors cliquez sur Non ou sur Annuler. Cela évitera certainement que des intrus malveillants n'arrivent à pénétrer dans votre PC.

Si votre temps est tellement compté que les couches de sécurité de Windows vous semblent superflues, et que vous acceptez les conséquences de vos actes.

J'ai perdu mes réglages !

Parfois, vous voudriez revenir à une situation antérieure, avant que quelque chose n'aille plus. Pour autant, il n'y a tout de même pas de quoi réinstaller Windows, ni même déclencher un point de restauration. En revanche, vous pouvez trouver à des endroits disposés stratégiquement dans Windows un bouton ou une commande proposant de restaurer les valeurs par défaut de certains paramètres (c'est-à-dire dans l'état où ils se trouvaient lorsque Windows a été configuré à l'origine).

Voyons certains de ces boutons (ou commandes) que vous pourriez bien trouver utiles un jour :

» **Pare-feu :** si vous avez la sensation que quelqu'un de suspect joue avec votre pare-feu, revenez à sa configuration d'origine. Sachez cependant que certains de vos programmes devront peut-être être réinstallés ou réinitialisés. Depuis le bureau, cliquez sur le bouton Démarrer, puis sur l'icône Paramètres (engrenage). Dans la fenêtre Paramètres Windows, choisissez Réseau et internet. Faites défiler le contenu de la partie droite de la fenêtre et cliquez sur le lien Pare-feu Windows. Cette action ouvre la section Pare-feu et protection du réseau de la fenêtre Sécurité Windows. Dans la partie inférieure du volet de droite, cliquez sur le lien Restaurer les paramètres par défaut des pare-feux. Dans la nouvelle fenêtre qui apparaît, cliquez sur le bouton Paramètres par défaut. Dans le message demandant confirmation de cette restauration, cliquez sur Oui.

Soyez prudent avec cette manipulation, car vous aurez peut-être ensuite à réinstaller certaines applications ou certains programmes.

» **Couleurs :** Windows vous permet de personnaliser couleurs et sons associés à votre bureau. Mais le résultat peut parfois devenir, comment dire, insupportable. Pour revenir aux couleurs et sons par défaut de Windows, faites un clic du bouton droit sur le fond du bureau, choisissez dans le menu l'option Personnaliser. Dans la colonne de gauche Personnalisation, cliquez sur Thèmes, puis sélectionnez le thème par défaut de Windows dans la section Modifier le thème.

» **Polices :** vous avez des polices de caractères bizarres dont vous n'arrivez pas à vous défaire ? Dans le champ Taper ici pour rechercher, saisissez Panneau de configuration et cliquez sur sa vignette qui apparaît en haut de la liste des résultats. Dans la fenêtre du Panneau de configuration, ouvrez le menu local Afficher par et choisissez Grandes icônes. Localisez ensuite la catégorie Polices, et cliquez dessus. Dans la partie gauche de la boîte de dialogue, choisissez Paramètres de police. Enfin, cliquez sur le bouton Restaurer les paramètres de police par défaut.

- **Bibliothèques :** dans Windows 10, les bibliothèques sont cachées par défaut (j'explique dans le Chapitre 5 comment les afficher). Lorsqu'elles sont activées, le volet de navigation de l'Explorateur de fichiers affiche ces bibliothèques. Si une d'entre elles manque à l'appel, vous pouvez la récupérer. Faites un clic du bouton droit sur le mot Bibliothèques dans le volet de navigation, et choisissez la commande Restaurer les bibliothèques par défaut dans le menu contextuel. Vos bibliothèques par défaut (Documents, Images, Musique et Vidéos) réapparaissent alors.
- **Dossiers :** Windows dispose de réglages « cachés » qui concernent les dossiers, leur volet de navigation, les éléments qu'ils montrent, leur comportement et la manière dont ils effectuent des recherches. Pour personnaliser ces options, ou les rétablir dans leur état originel, ouvrez une fenêtre de dossier puis cliquez sur l'onglet Affichage, au-dessus du ruban. Cliquez sur le bouton Options, à droite du ruban. La boîte de dialogue qui apparaît contient trois onglets : Général, Affichage et Rechercher. Chacun dispose d'un bouton intitulé Paramètres par défaut. Cliquez sur ce bouton, puis sur Appliquer pour que les changements soient immédiatement pris en compte.

Enfin, n'oubliez pas non plus l'option de réinitialisation de Windows (revoyez le début de ce chapitre). Elle est certainement trop puissante pour les petits bobos quotidiens, mais au moins elle rétablit la plupart des paramètres de Windows à leurs valeurs par défaut.

J'ai oublié mon mot de passe !

Si Windows refuse d'accepter votre mot de passe dans l'écran d'accueil, vous vous sentez évidemment très mal. Avant de commencer à paniquer, effectuez les vérifications suivantes :

- **Verrouillage des majuscules :** les mots de passe sont sensibles à la *casse*, autrement dit, ils différencient majuscules et minuscules (**sesameouvrestoi**, et **SesameOuvreToi**, ce n'est pas du tout pareil). Si la touche de verrouillage des majuscules est activée, appuyez dessus (ou sur la touche de majuscule) pour la désactiver. Essayez ensuite d'entrer à nouveau votre mot de passe.
- **Utilisez votre disque de réinitialisation du mot de passe :** j'explique dans le Chapitre 13 comment créer un disque de réinitialisation du mot de passe. Lorsque vous avez oublié celui-ci, insérez ce disque. Windows va vous permettre d'ouvrir votre compte pour que vous puissiez immédiatement créer un nouveau mot de passe que vous retiendrez plus facilement.

» **Demandez à votre administrateur de redéfinir votre mot de passe :** la personne qui possède le compte Administrateur a le droit de changer votre mot de passe. Pour cela, l'administrateur doit ouvrir le Panneau de configuration, et choisir la catégorie Comptes d'utilisateurs. De là, il peut voir les comptes de chacun, sélectionner le vôtre, et utiliser le lien Modifier le mot de passe pour choisir quelque chose que vous mémoriserez plus facilement.

Si rien de tout cela ne marche, vous êtes dans de mauvais draps. Il ne vous reste plus qu'à comparer la valeur de vos données et le coût que représenterait l'intervention d'un spécialiste...

Mon programme est figé !

Il arrive qu'un programme se fige complètement, au point que la commande Fermer devienne inaccessible, et que même son bouton de fermeture (la fameuse croix) ne réagisse plus. Voici comment résoudre ce problème (dans la plupart des cas) en quatre étapes :

1. **Appuyez en même temps sur les touches Ctrl, Maj et Échap.**

   C'est un grand classique qui retient pratiquement toujours l'attention de Windows, quand bien même il serait parti naviguer dans les eaux arctiques. Lorsqu'un écran rempli d'options apparaît, passez à l'Étape 2.

   Si Windows n'entend même pas la corne de brume, commencez par enregistrer tous les fichiers et documents ouverts (sauf bien sûr dans le programme qui est gelé). Refermez normalement les applications encore vivantes, puis appuyez sur le bouton Marche/Arrêt de votre PC jusqu'à ce qu'il s'éteigne. Attendez quelques instants, rallumez le PC et voyez si Windows est en meilleure forme.

2. **Cliquez sur Plus de détails.**

   La fenêtre du Gestionnaire des tâches apparaît.

3. **Cliquez si nécessaire sur l'onglet Processus pour l'activer, puis sur le programme qui ne répond pas.**

4. **Cliquez sur l'option Fin de tâche.**

   Windows devrait alors renvoyer le programme qui vous ennuie à ses chères études.

Si votre ordinateur semble un peu groggy après ce traitement, il vaut peut-être mieux enregistrer vos documents en cours, refermer vos applications et redémarrer le PC.

Mon ordinateur est bloqué !

C'est parfois Windows lui-même qui prend un grand coup de fatigue. Plus rien ne bouge ou ne clignote dans l'ordinateur. Et des clics paniqués n'y font absolument rien. Pas plus que des appuis frénétiques sur les touches du clavier. Pire encore, celles-ci se mettent à faire des « bips » au bout de quelques instants.

Quand plus rien n'a l'air de réagir (sauf peut-être le pointeur de la souris, et encore), c'est que votre ordinateur est entré dans un état avancé d'hibernation. Essayez alors ce qui suit, dans l'ordre indiqué :

» **Approche 1 :** appuyez deux fois sur la touche Échap.

  Cela marche rarement, mais au moins vous aurez essayé.

» **Approche 2 :** appuyez en même temps sur les touches Ctrl, Maj et Échap pour ouvrir le Gestionnaire des tâches (s'il apparaît !).

  Vous pouvez également faire appel à la combinaison Ctrl + Alt + Suppr, puis choisir l'option Gestionnaire des tâches.

  Si vous avez de la chance, le Gestionnaire des tâches va s'éveiller et indiquer qu'il a découvert une application gravement atteinte. Le Gestionnaire des tâches liste les noms des programmes actuellement en cours d'exécution, y compris celui qui embête tout le monde. Sous l'onglet Processus, cliquez droit sur le nom du programme bloqué, puis sur l'option Fin de tâche. Même si vous perdez un peu de travail en cours de route, il vaut mieux être un peu brutal que prendre davantage de risques. Et si vous ouvrez par mégarde le Gestionnaire de tâches, appuyez simplement sur la touche Échap pour refermer sa fenêtre.

» Si rien de tout cela ne suffit, appuyez sur Ctrl, Alt et Suppr, cliquez sur le bouton d'arrêt, en bas et à droite de l'écran, et choisissez dans le menu qui s'affiche l'option Mettre à jour et redémarrer. Cela devrait aider à tout remettre en ordre.

» **Approche 3 :** rien n'est encore réglé ? Appuyez sur le bouton Marche/Arrêt de l'ordinateur. Si un menu apparaît alors sur l'écran, choisissez l'option Redémarrer.

» **Approche 4 :** en désespoir de cause, maintenez enfoncé le bouton Marche/Arrêt de l'ordinateur pendant plusieurs secondes. Il va finir par s'arrêter après quelques moments de résistance.

Chapitre 17

Messages de l'au-delà

DANS CE CHAPITRE

Les notifications

Décrypter les messages de sécurité

Répondre aux messages du bureau

Ne soyez pas inquiet du titre de ce chapitre. Windows ne communique pas avec notre au-delà de pauvre mortel (ou du moins pas encore), mais force est de constater qu'il existe de sombres espaces informatiques d'où émergent des boîtes de dialogue au contenu abscons qui, sincèrement, n'a pas pu être rédigé par une intelligence humaine. Il y a quelques années, travaillant avec un programme dont j'ai oublié le nom, je me souviens y avoir réalisé une opération des plus élémentaires. À ma grande surprise, le logiciel se mit à réfléchir un très long moment, puis à fermer mon fichier, et à faire surgir de l'au-delà le message suivant : « Cette erreur n'aurait pas dû se produire ! » Génial !

Heureusement, Windows ne devrait pas trop vous confronter à ce genre de situation. Les messages d'erreur sont assez faciles à comprendre dans notre vie quotidienne : une horloge digitale qui clignote signifie que vous devez régler l'heure ; un tableau de bord de voiture qui clignote ou émet des séries de bips, et vous comprenez que vous avez dû oublier vos clés. Mais les messages d'erreur de Windows, eux, n'ont pas de racines culturelles ou autres. Ils ont été écrits par des personnes qui ne sont pas forcément des spécialistes en communication et en science du comportement humain… C'est pourquoi ils décrivent rarement ce qui a provoqué leur affichage, et, encore pire, comment résoudre le problème.

Dans ce chapitre, j'ai en quelque sorte collecté certains des messages d'erreur, notifications et autres tentatives de rencontres du troisième type de Windows. Je vais essayer de vous les présenter et de vous expliquer ce qu'il convient de faire dans chaque situation.

Vous voulez installer ce pilote de périphérique ?

Message : Windows vous demande confirmation lors de l'installation d'un nouveau pilote de périphérique pour savoir s'il est digne de confiance, c'est-à-dire vierge de toute menace, virus et autre intrus potentiel.

Cause probable : vous essayez d'installer ou de mettre à jour un pilote de périphérique, et celui-ci ne fait pas partie de la liste de ceux que Windows reconnaît comme étant sûrs. Il affiche alors une fenêtre semblable à l'illustration de la Figure 17.1.

Figure 17.1

Pensez-vous que ce programme est sûr ?

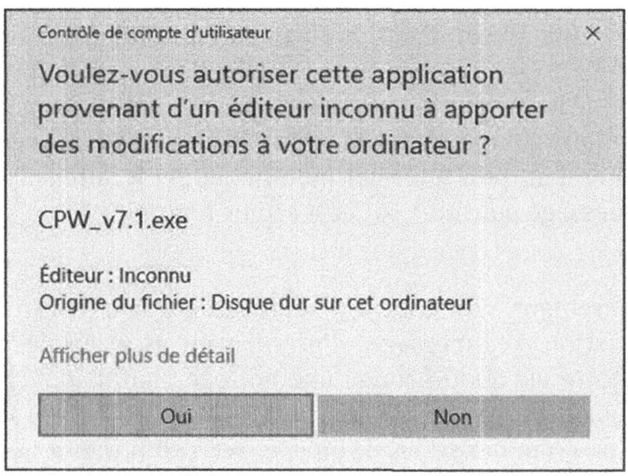

Solutions : si vous êtes certain que le fichier est parfaitement innocent, cliquez sur le bouton Installer. Sinon, et si ce message vous contrarie, il vaut mieux choisir d'annuler l'opération.

Voulez-vous enregistrer les modifications ?

Message : il vous signale que vous n'avez pas enregistré votre document dans un programme, et que vous risquez de perdre votre travail (voir Figure 17.2).

Figure 17.2

Voulez-vous enregistrer votre travail ?

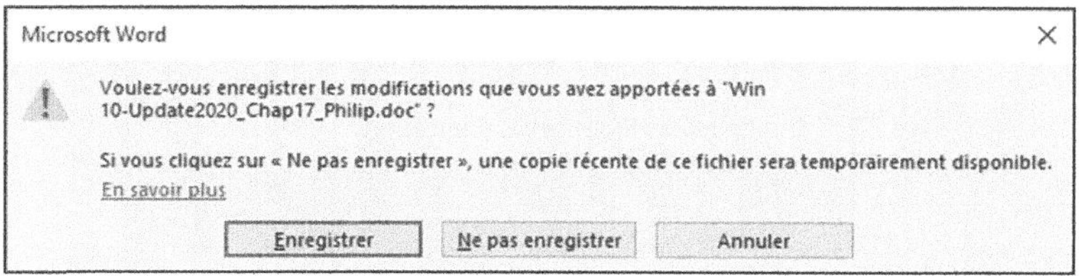

Cause probable : vous essayez de refermer une application, ou bien de vous déconnecter, ou encore d'arrêter votre ordinateur, mais vous n'avez pas enregistré votre travail dans un programme.

Solutions : recherchez le nom du programme. Ouvrez à nouveau sa fenêtre (soit elle est déjà visible sur le bureau, soit son icône doit apparaître dans la barre des tâches). Utilisez la commande d'enregistrement de l'application, ou le bouton correspondant dans sa barre d'outils ou bien son ruban (voyez aussi à ce sujet le Chapitre 6). Vous avez bien sûr parfaitement le droit de cliquer sur le bouton Ne pas enregistrer si tel est votre choix !

Comment voulez-vous ouvrir ce fichier ?

Message : une fenêtre semblable à celle illustrée sur la Figure 17.3 apparaît lorsque Windows ne sait pas quel programme a bien pu créer le fichier que vous essayez d'ouvrir.

Cause probable : les programmes Windows utilisent une sorte de code secret, appelé *extension de fichier*, qu'ils placent à la fin du nom des fichiers qu'ils créent ou ouvrent. Lorsque par exemple vous double-cliquez sur un fichier ayant pour extension *.txt*, Windows sait tout de suite de quoi il s'agit, et il ouvre automatiquement le bloc-notes pour lire le document. Si ce n'est pas le cas, il affiche ce message pour que vous l'aidiez à trouver (si possible) le bon programme.

Solutions : si vous savez qui a produit le fichier, cliquez sur Plus d'options, puis sur son nom dans la liste que vous propose Windows. Sinon, faites défiler cette liste vers le bas jusqu'à ce que vous trouviez l'option Rechercher une autre application sur ce PC. Ce n'est pas encore suffisant ? Essayez de rechercher une application dans le Windows Store (voyez aussi à ce sujet le Chapitre 6). Souvenez-vous que l'application adéquate peut ne pas être gratuite…

Figure 17.3

Avec quel programme Windows devrait-il ouvrir ce type de fichier ?

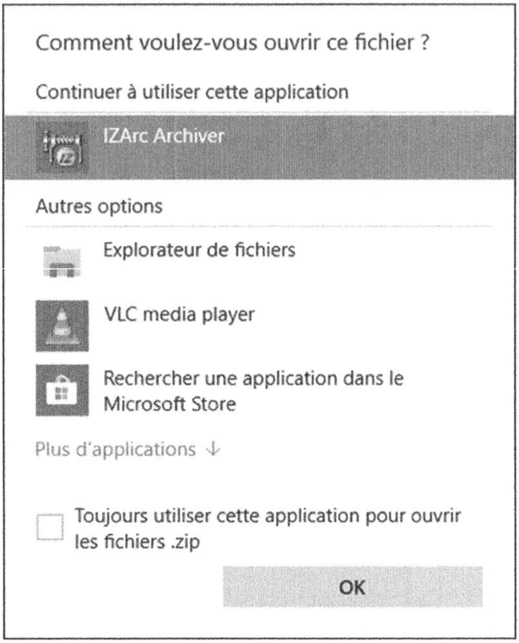

Faut-il accepter d'être localisé ?

Message : une application demande l'autorisation de déterminer le lieu où vous vous trouvez, et Windows veut savoir si vous êtes ou non d'accord.

Cause probable : l'application en question a besoin de connaître votre position pour faire quelque chose, par exemple pour vous communiquer des informations sur votre environnement proche.

Solutions : si vous avez confiance dans l'application ou le programme, et qu'être géolocalisé ne vous pose pas de problème, cliquez sur Oui. Dans ce cas, l'application utilisera par la suite votre localisation sans plus vous poser de question. Si vous trouvez qu'elle est un peu trop intrusive, cliquez sur Non. Bien entendu, la même question vous sera probablement reposée la prochaine fois. Windows peut également vous indiquer comment activer la localisation directement depuis l'application.

Quand Windows Defender entre en piste

Message : quand l'antivirus intégré à Windows, Windows Defender, détecte sur votre ordinateur un fichier qu'il juge potentiellement ou certainement dangereux, il affiche d'abord un message pour vous en prévenir (ce message apparaît en bas et à droite de l'écran). Il s'attaque ensuite au fichier malfaisant pour le détruire.

Cause probable : un fichier dangereux (un *malware*) est arrivé probablement *via* un e-mail, un ordinateur en réseau, un site Internet ou encore un support USB externe. Windows Defender veut le supprimer pour protéger votre ordinateur.

Solutions : vous n'avez rien à faire de particulier. Windows Defender s'est déjà occupé du problème et l'a résolu (du moins, il faut l'espérer).

Choisir l'action pour les lecteurs amovibles

Message : lorsque ce type de message apparaît, indiquez à Windows ce que vous voulez faire avec le disque ou la clé USB, ou bien encore la carte mémoire, que vous avez inséré dans un port de votre ordinateur. Lorsque vous cliquez sur ce message, la fenêtre illustrée sur la Figure 17.4 s'affiche en haut et à droite de l'écran.

Figure 17.4

Indiquez à Windows ce qu'il doit faire avec la clé USB ou la carte mémoire que vous venez d'insérer dans votre ordinateur.

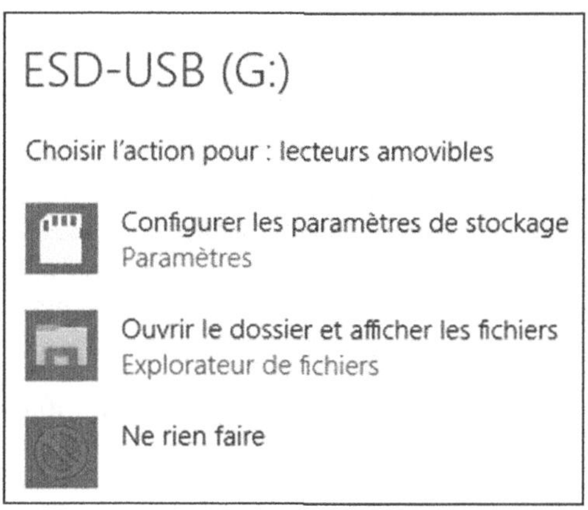

Cause probable : vous venez d'insérer un support mémoire quelconque dans un port USB de votre PC, ou bien vous venez de connecter un appareil photo numérique ou tout autre dispositif entraînant la lecture d'un disque ou d'une carte mémoire flash.

Solutions : la plupart du temps, vous cliquerez sur l'option Ouvrir le dossier et afficher les fichiers. Cela vous permettra de voir le contenu du support dans l'Explorateur de fichiers Windows.

Une lettre entre parenthèses suit dans le message le nom du matériel que vous avez connecté. C'est la lettre de lecteur que Windows lui a attribuée.

Se connecter avec un compte Microsoft

Message : vous devez vous connecter avec un compte Microsoft pour effectuer certaines tâches dans Windows. Si vous n'avez pas de compte Microsoft, vous risquez de voir un message rappelant la nécessité d'utiliser ce type de compte. Pour plus d'informations à ce sujet, reportez-vous au Chapitre 2.

Cause probable : vous avez peut-être essayé d'utiliser les applications Skype, Courrier, Contacts ou Calendrier. Un compte Microsoft est également nécessaire pour accéder à Windows Tore ou encore à OneDrive.

Solutions : enregistrez-vous auprès de Microsoft afin de créer votre compte (voir le Chapitre 2).

Impossible de partager des photos dans un e-mail

Message : l'application Courrier vous signale qu'elle a bien tenté d'envoyer les photos jointes à votre message, mais que la tentative a échoué. Votre e-mail n'a donc pas été envoyé.

Cause probable : ce message apparaît généralement si le « poids » du message est trop important. Les messageries peuvent buter sur des fichiers trop grands, et n'oubliez pas que les appareils numériques produisent des photos si volumineuses qu'il n'est bien souvent pas possible d'en envoyer plus de deux ou trois à la fois.

Solutions : avant tout, vérifiez si votre connexion Internet est active et opérationnelle. Si tout va bien de ce côté-là, recommencez votre message, mais en limitant la taille des pièces jointes. Vous pouvez aussi choisir la proposition de l'application d'essayer l'option Envoyer avec OneDrive à la place. Cela vous permet de transférer les photos vers un stockage sur l'Internet, et votre destinataire pourra les y récupérer sans que votre messagerie ne soit encombrée.

Il existe bien entendu d'autres solutions que OneDrive. Votre fournisseur d'accès Internet vous offre certainement votre propre espace gratuit sur ses ordinateurs pour sauvegarder et partager des fichiers. Il existe également nombre d'outils gratuits (du moins, jusqu'à un certain volume de données) du même type sur l'Internet.

Aucun programme de messagerie n'est associé

Message : ce message particulièrement ésotérique vous indique que vous tentez d'envoyer un document par e-mail, mais que vous n'avez pas installé de programme de messagerie.

Cause probable : pour une raison indéterminée, Windows ne vous donne pas accès à l'application Courrier.

Solutions : il ne vous reste plus qu'à télécharger et installer un programme de messagerie, ou encore à configurer celle-ci sur un des nombreux sites qui proposent ce type de service *via* un navigateur Internet (ce qui est certainement le cas de votre fournisseur d'accès Internet). Pour plus d'informations sur la messagerie, revoyez le Chapitre 10.

Le dispositif USB n'est pas reconnu

Message : vous essayez de connecter un dispositif USB sur votre ordinateur, mais il n'est pas reconnu et Windows vous en avertit.

Cause probable : le matériel n'est pas compatible avec Windows, ou bien celui-ci n'est pas capable de trouver tout seul un pilote adapté, ou bien encore le matériel a un problème technique.

Solutions : commencez par débrancher le dispositif. Attendez ensuite une trentaine de secondes. Rebranchez-le dans un autre port USB. Toujours pas de chance ? Laissez l'appareil en place, et redémarrez votre ordinateur.

Si cette méthode ne donne rien, vous avez très vraisemblablement besoin d'un *pilote*, c'est-à-dire d'un petit logiciel qui permet au matériel et à Windows de communiquer dans une langue qu'ils reconnaissent tous les deux. La recherche et l'installation de pilotes sont abordées dans le Chapitre 13.

L'autorisation d'accès à un dossier est refusée

Message : lorsqu'un message indique que l'accès à un dossier vous est refusé, cela signifie que Windows ne vous autorise pas à accéder au dossier que vous tentez d'ouvrir (le nom de ce dossier est indiqué dans la barre de titre). Vous pouvez aussi avoir un avertissement semblable en essayant d'ouvrir un fichier.

Cause probable : le dossier ou le fichier appartient à quelqu'un d'autre qui a un compte utilisateur différent du vôtre.

Solutions : si vous avez un compte de type Administrateur, vous pouvez ouvrir les dossiers et les fichiers des autres en cliquant sur le bouton Continuer. Sinon, vous n'avez aucun droit sur ces contenus.

L'impossible retour

Message : vous essayez de revenir à une ancienne version de Windows, mais celui-ci vous indique que cette version n'est plus disponible sur votre ordinateur.

Cause probable : ceci se produit dans certaines circonstances. Vous avez effectué une mise à jour vers Windows 10 à partir d'une ancienne version, et vous avez ensuite exécuté le programme Nettoyage de disque afin de libérer de la place sur votre disque dur. Pour libérer un maximum d'espace, l'outil de nettoyage a effacé votre ancienne version de Windows.

Solutions : malheureusement, il n'y en a aucune. Sauf à trouver une boutique spécialisée capable de récupérer votre ancienne version ainsi que vos fichiers. Cependant, vous devrez réinstaller tous vos programmes vous-même...

Chapitre 18

S.O.S Windows !

DANS CE CHAPITRE

Trouver rapidement de l'aide

•

Rechercher une aide sur un problème ou un programme spécifique

•

Se faire aider à distance

•

Contacter le support de Microsoft

Avant même de vous lancer dans la lecture de ce chapitre, voyons tout de suite comment trouver rapidement de l'aide quand vous séchez devant un problème :

» **Appuyez sur F1 :** c'est la touche magique pour activer l'aide de Windows, comme de n'importe quel programme.

» **Point d'interrogation :** si vous voyez un petit point d'interrogation dans l'angle supérieur droit d'une fenêtre, cliquez dessus pour afficher l'écran d'aide du programme.

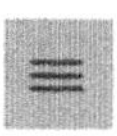

» **Paramètres :** dans les applications Windows 10, cliquez sur l'icône de trois traits ou de trois points pour ouvrir un panneau de paramètres sur le côté droit de l'interface. Là, cliquez sur le mot Aide.

» **Cortana :** posez une question par écrit dans le champ Taper ici pour rechercher, ou oralement, et Cortana fera de son mieux pour trouver une réponse adaptée à vos besoins.

Pour trouver plus rapidement une aide sur les réglages de Windows, ouvrez le menu local Plus, et choisissez Paramètres, comme sur la Figure 18.1.

» **Obtenir de l'aide :** application que vous trouverez sous la lettre O du menu Démarrer, ou en saisissant Ob dans le champ Taper ici pour rechercher. Expliquez votre problème sommairement et laissez-vous guider dans les solutions.

Dans tous les cas, Windows va lancer une aide soit stockée en local, soit disponible en ligne, qui vous promulgue connaissances, listes, conseils, procédures à suivre, *etc.*

Figure 18.1

Cortana permet de mieux cibler ses réponses.

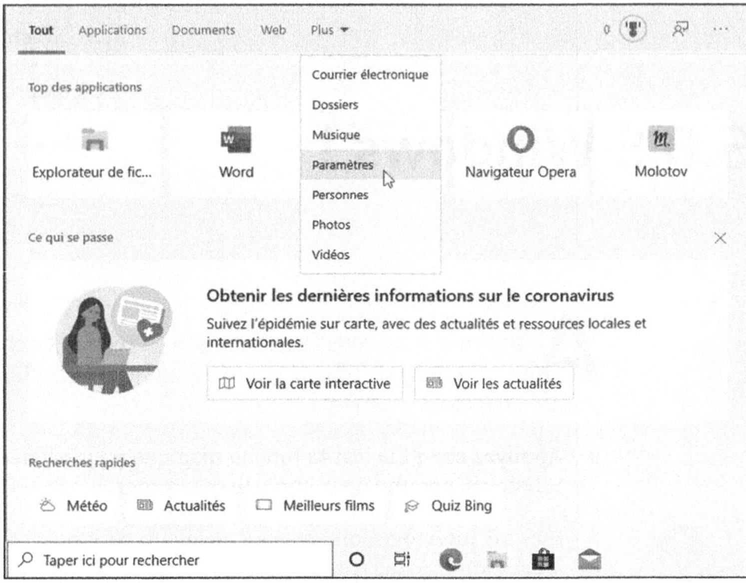

Le programme d'aide va fréquemment rechercher des informations récentes sur les sites de Microsoft de manière à vous fournir les renseignements les plus actuels possible.

Ce chapitre vous explique comment utiliser au mieux l'aide proposée par Windows.

Consulter le gourou informatique des programmes

Pratiquement tous les programmes Windows ont leur propre système d'aide. Pour l'activer, appuyez sur F1, choisissez la commande Aide dans un menu, ou encore cliquez sur le petit point d'interrogation affiché en haut et à droite de la fenêtre.

Dans la plupart des fonctions et des applications Windows, cette action va vous renvoyer vers une page Web de Microsoft. Vous pouvez alors parcourir les rubriques affichées dans la partie inférieure de la fenêtre. Ainsi, cliquez sur le chevron à droite de la section Prise en main, puis sur le sujet qui vous intéresse.

Pour trouver rapidement de l'aide sur un sujet précis, cliquez dans le champ Rechercher de l'aide. Par exemple, tapez Historique des fichiers. Au fur et à mesure que vous saisissez des lettres, Windows affine ses résultats. Cliquez alors sur celui qui semble traiter du sujet. Une nouvelle liste de supports apparaît. Cliquez sur le lien qui se rapproche le plus de votre problème.

Le mieux est d'afficher côte à côte la fenêtre de Microsoft Edge et celle du programme concerné. De cette manière, vous pourrez plus facilement lire les étapes dans l'aide, et les appliquer au fur et à mesure dans votre programme, sans avoir à passer d'une fenêtre à l'autre, en oubliant éventuellement au passage ce que vous devez faire précisément...

Le système d'aide Windows est, comme vous pouvez l'imaginer, quelque chose d'extrêmement complexe, ce qui vous force à cliquer sur des tas de liens avant de trouver l'information spécifique que vous recherchiez. Il vaut donc parfois mieux y faire appel en dernier recours, si vous n'avez pas trouvé ailleurs la bonne réponse. Certes, c'est sans doute aussi moins embarrassant que d'aller demander au fils des voisins de vous dépanner...

Si vous trouvez une certaine page d'aide particulièrement intéressante et utile, n'hésitez pas à l'éditer en cliquant sur le triple point, à droite de la barre d'outils de Microsoft Edge, et en choisissant ensuite la commande Imprimer. Rangez vos découvertes dans une pochette qui leur sera dédiée. Vous pourrez plus tard les retrouver rapidement, sans avoir à cliquer sur des hordes de liens.

Si la page courante ne vous renseigne pas suffisamment, cliquez dans le champ Rechercher, à gauche du menu de la page (pas de Microsoft Edge), et saisissez votre demande. N'essayez pas de faire des phrases ! Tapez juste deux ou trois mots qui décrivent le mieux possible votre requête.

Obtenir de l'aide

La fenêtre Paramètres Windows propose une rubrique Obtenir de l'aide qui permet d'accéder à des informations sur divers réglages de Windows. Voici comment l'utiliser :

1. **Cliquez dans le champ Taper ici pour rechercher, et saisissez Ob.**

2. **Dans la liste des résultats affichés, cliquez sur Obtenir de l'aide.**

Cette action ouvre la fenêtre Obtenir de l'aide, comme sur la Figure 18.2.

Figure 18.2

Pour une aide plus efficace.

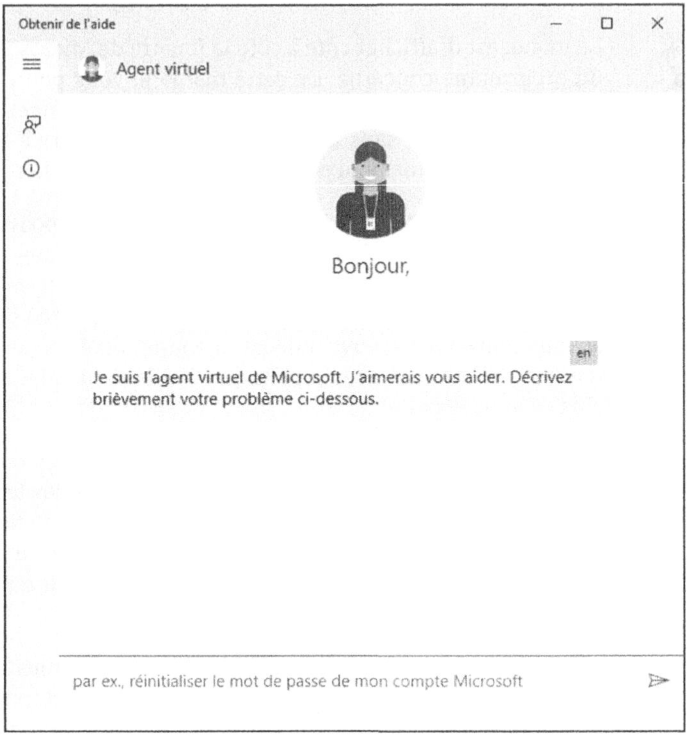

❸ **Dans la fenêtre Obtenir de l'aide qui apparaît, décrivez votre problème dans le champ Saisissez votre description, comme sur la Figure 18.3, et cliquez sur l'icône Envoyer un message.**

❹ **L'aide Windows vous propose alors un article. S'il ne répond pas du tout à votre question, cliquez sur Non dans la section Votre problème est-il résolu ?**

Un autre article vous est alors proposé.

❺ **Consultez l'article qui semble traiter du problème, par un clic sur le bouton Lire l'article complet.**

Cette action ouvrira une page Web d'aide qui détaille la solution au problème.

Figure 18.3

Décrivez votre problème.

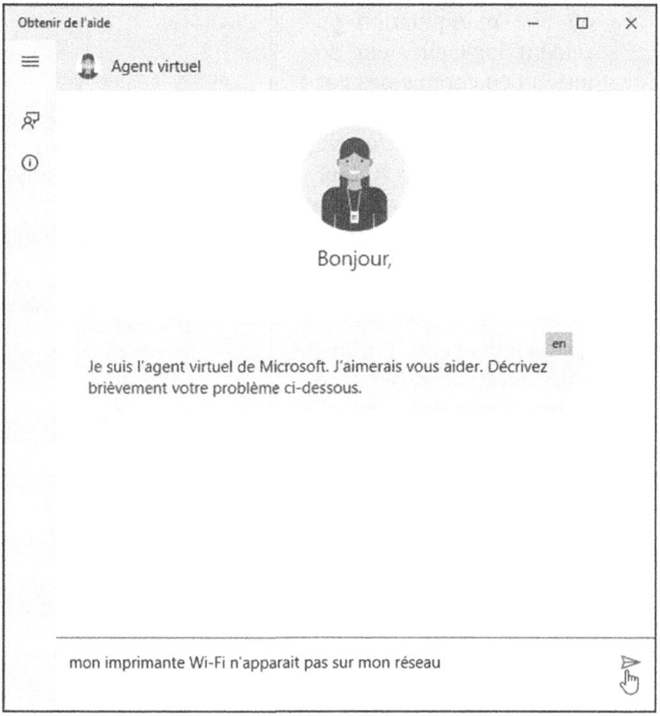

6. **Si votre problème est résolu, cliquez sur Oui tout en bas de la page.**

   Sinon, cliquez sur Non et expliquez pourquoi cette aide ne vous a été d'aucun secours.

Windows 10 propose des rubriques d'aide *via* la fenêtre Paramètres Windows. Cliquez sur Mise à jour et sécurité, puis sur Résolution des problèmes. Cliquez ensuite sur la rubrique qui semble vous concerner, comme Carte réseau si, par exemple, vous ne pouvez plus vous connecter à Internet.

Se faire aider par une autre personne

L'idéal pour se faire aider est bien sûr d'avoir dans son entourage quelqu'un s'y connaissant bien en informatique. Il existe aussi des boutiques de dépannage et de maintenance qui peuvent vous dépanner à un tarif raisonnable.

Si le PC n'est pas physiquement en panne, et ne nécessite qu'un paramétrage ou une manipulation purement logicielle, une solution peu connue des particuliers est l'assistance à distance par un autre utilisateur équipé d'un PC tournant sous la version la plus récente de Windows 10. Les ordinateurs doivent être connectés à l'Internet.

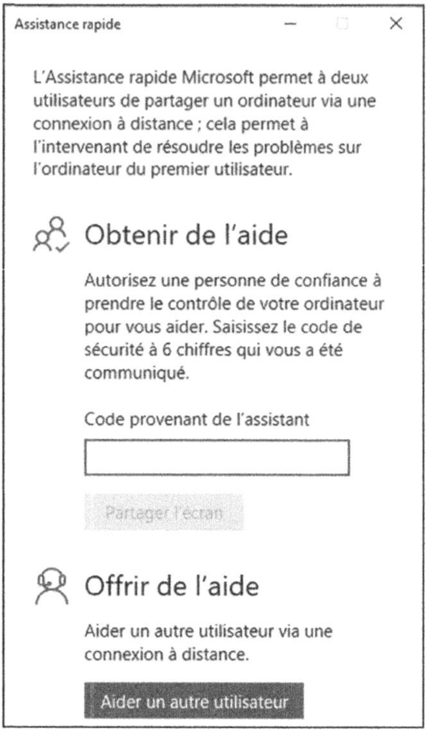

Figure 18.4
L'Assistance rapide de Windows 10.

Le technicien et l'utilisateur dans la misère devront cliquer sur le bouton Démarrer puis sur Accessoires Windows, et choisir l'application Assistance rapide. Le panneau qui apparaît contient deux options, comme sur la Figure 18.4 :

» **Obtenir de l'aide : l'utilisateur à dépanner clique sur ce bouton.**

» **Offrir de l'aide :** le technicien clique sur cette icône.

C'est le technicien qui prend l'initiative des opérations en cliquant sur l'icône Offrir de l'aide. Il doit indiquer son compte Microsoft. Un code à six chiffres apparaît qu'il communique à l'utilisateur à dépanner, par courrier par exemple. Ce dernier entre le code. Dès que la communication est établie, le technicien contrôle l'ordinateur distant comme s'il était installé devant son clavier.

Le technicien possède un accès complet à l'ordinateur qu'il contrôle. Si une manipulation paraît risquée ou intrusive, la prise de contrôle à distance peut être immédiatement interrompue en appuyant sur la touche Échap.

Et si, par hasard, rien de tout cela n'était encore suffisant, voyez dans nos collections les ouvrages de référence dédiés à Windows 10 !

Livre 2
Internet

Partie 1

Le monde sera cyber ou ne sera pas !

Dans cette partie...

Depuis une quinzaine d'années, Internet est entré dans le quotidien de tout un chacun. Pourtant, il demeure encore assez mystérieux pour certains d'entre nous. Même les générations les plus aguerries ont tendance à croire que le Web est une sorte de donnée universelle acquise, un peu comme si nous étions nés avec. Sachez qu'il n'en est rien et que bien souvent nous n'utilisons qu'une infime partie de ce média aussi extraordinaire qu'aussi parfois décrié. En effet, à chaque instant, il s'y passe quelque chose. Donc pour bien comprendre l'enjeu de cet univers abstrait, commençons par découvrir Internet et ses dangers. Nous verrons également comment utiliser le Net dans le cadre privé, y compris pour les enfants. Vous apprendrez à vous protéger gratuitement en utilisant le pare-feu de Windows 10 ainsi que Windows Defender. Ces deux fonctionnalités ont considérablement évolué dans la version Fall Creator Update du système d'exploitation de Microsoft. Qui que vous soyez, ce chapitre démythifie un univers qui impressionne le néophyte tout en l'attirant.

Chapitre 1

Vices et vertus d'Internet

DANS CE CHAPITRE

Qu'est-ce qu'Internet, telle est la question ?

•

Qu'est-ce qu'un réseau ? Quel est l'intérêt d'Internet ?

•

Internet est-il un lieu sûr ?

•

Les virus et autre hameçonnage

Internet est un réseau d'ordinateurs connectés les uns aux autres et qui échangent des informations. Découvrons ensemble comment fonctionne ce petit monde.

C'est quoi Internet au juste ?

Internet est un réseau d'ordinateurs connectés les uns aux autres.

Il s'agit d'un moyen de communication qui a affecté notre existence au même titre que le téléphone, la télévision, voire l'invention de l'imprimerie en son temps. Si vous utilisez un téléphone, écrivez du courrier, lisez un journal, et vous adonnez aux jeux vidéo ou à un travail, Internet changera radicalement votre perception du monde, et peut-être même votre façon de penser.

Voici les aspects les plus marquants d'Internet :

» **Le courrier électronique** (*e-mail*, « mél », ou « courriel »). C'est sans doute le service le plus largement utilisé. Il permet de correspondre avec des gens partout dans le monde. Des serveurs de courrier ou serveurs de *mail*, des programmes répondant automatiquement aux messages *e-mail*, permettent de recevoir toutes sortes d'informations.

» **Le World Wide Web** (le Web, en abrégé, ou à la rigueur la *Toile*). Ces gens-là prétendent « surfer sur le Net » ? Cela signifie que vos interlocuteurs se branchent sur (attention le jargon !) des *sites informatiques de type multimédia interconnectés afin de constituer une hyperbase de données mondiale.*

Le programme qui permet de parcourir le Web est appelé *navigateur*. Les navigateurs les plus répandus sont Firefox, Chrome et Microsoft Edge, précisément illustré à la Figure 1.1.

Figure 1.1

Edge, le nouveau navigateur Web de Microsoft.

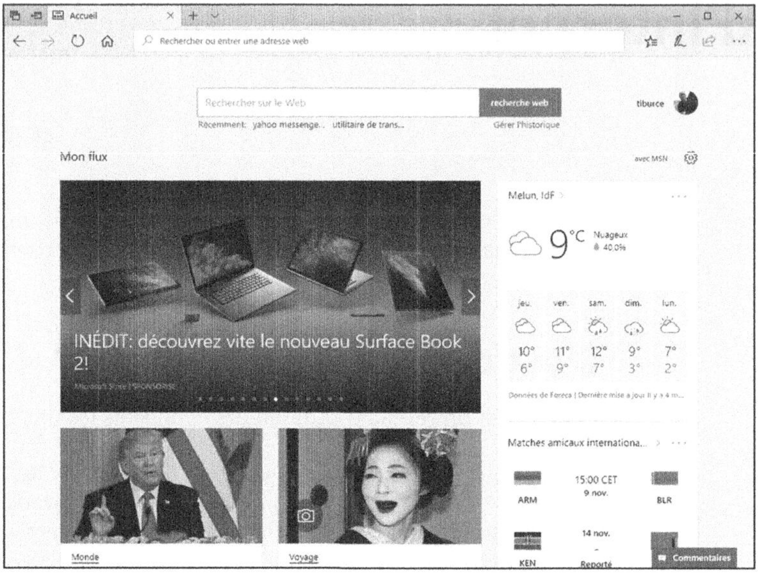

Microsoft Edge est une évolution majeure d'Internet Explorer introduite dans la première mouture de Windows 10. Ce navigateur simplifie le paramétrage et l'utilisation que l'on pouvait avoir d'Internet Explorer qui reste accessible sous Windows 10 mais que Microsoft a bien dissimulé pour « forcer » l'utilisation d'Edge. Ce livre ne traitera que de Microsoft Edge.

» **Les conversations en ligne** ou *chat* (prononcez à l'anglaise « tchate »). Avec un ordinateur et une connexion Internet, les gens peuvent communiquer d'un point du globe à l'autre pour discuter de n'importe quel sujet.

» **La messagerie instantanée.** À l'aide de programmes installés sur votre ordinateur et celui de votre interlocuteur, vous entamerez une conversation en un clin d'œil. Les programmes de messagerie instantanée comme Skype, Facebook, Yahoo! Messenger, AOL Messagerie instantanée (AIM, c'est-à-dire *AOL Instant Messenger*), et tout autre serveur de *chat* de votre fournisseur d'accès à Internet, permettent l'envoi de messages qui apparaissent sur l'écran du destinataire.

» **Les blogs.** Sorte d'extension de la page Web personnelle ; à l'origine, le *blog* comprenez *weblog*, « journal Web » - était un journal intime publié sur le Web.

» **Les réseaux sociaux.** Ces sites d'un nouveau genre ont pour noms Skyrock Network, MySpace, Badoo, ou encore Facebook, Wikipédia, YouTube, DailyMotion, et Tweeter. Le contenu de ces sites est créé par les internautes qui s'y inscrivent.

Les avantages du Net

Voici quelques-uns des usages les plus fréquents d'Internet :

» **Recherche d'informations :** les sites Web sont riches en informations, la plupart gratuites. Cela va des formulaires de déclaration d'impôts que vous pouvez remplir en ligne, aux offres d'emploi et autres annonces immobilières en passant par les recettes de cuisine. En d'autres termes, vous trouvez tout mais aussi n'importe quoi sur le Net, ce qui doit vous pousser à une certaine vigilance.

» **Recherche de personnes :** vous pouvez utiliser un service de recherche pour consulter tous les annuaires téléphoniques ou écumer les sites d'anciens des écoles et lycées (`http://copainsdavant.linternaute.com/`).

» **Recherche d'adresses de commerces et de prestataires de services :** de nouveaux types d'annuaires vous permettent de trouver une entreprise. En France, le site `www.pagesjaunes.fr` (qui propose également un lien vers les pages blanches) remplace l'annuaire de France Télécom et le Minitel.

» **Enseignement :** des enseignants intègrent, dans leurs projets pédagogiques, un échange avec des classes du monde entier. Les étudiants font des recherches à l'aide de leur ordinateur familial. Certaines encyclopédies sont en ligne (pas toujours gratuitement). Les étudiants éloignés de leur famille communiquent avec celle-ci par le courrier électronique ou mieux, grâce à la téléphonie par Internet, ce qui diminue considérablement leurs frais de téléphone.

» **Achat et vente d'objets :** sur Internet, vous pouvez tout acheter, des livres aux voitures en passant par des vêtements. Vendez vos vieilleries sur Leboncoin, eBay, PriceMinister (Figure 1.2), ou encore 2xmoinscher (pour ne citer qu'eux).

Figure 1.2

Marre des vide-greniers ? Vendez sur le Net !

» **Voyages :** Internet permet de trouver des informations météorologiques, des horaires de train et les heures d'ouverture des musées. Vous pouvez acheter vos billets de train et d'avion en ligne et les imprimer depuis chez vous.

» **Marketing et vente :** Les éditeurs de logiciels vendent leurs produits et proposent des mises à jour sur le Net. Même des bouquets de fleurs peuvent être commandés en ligne !

» **Jeux et bavardage :** Grâce à Internet vous affronterez, en ligne, des joueurs du monde entier.

» **Amour :** Les sites pour célibataires et les agences matrimoniales fleurissent un peu partout, tant il est vrai que la solitude est un marché porteur. La Figure 1.3 présente la page d'accueil d'un des sites de rencontre les plus connus : Meetic.

» **Santé :** Patients et médecins se tiennent au courant des derniers progrès de la médecine, les malades partagent leur expérience et se réconfortent mutuellement. Vous pouvez même obtenir des rendez-vous plus rapidement avec un généraliste ou un spécialiste grâce à un service gratuit comme Doctolib.

Figure 1.3

Et si vous refaisiez votre vie grâce à Internet ?!

- **Investissements :** Les achats et ventes d'actions se font de façon courante sur Internet. Certaines entreprises ont pignon sur le Web et y vendent directement leurs actions.
- **Organisation de manifestations :** Pour les organisateurs de conférences et de salons commerciaux, le Web est un excellent moyen de diffuser leurs informations, de contacter les services de communication et d'enregistrer les inscriptions des participants.
- **Organisations sans but lucratif :** Les associations utilisent abondamment le Web pour communiquer entre elles et préparer leurs actions.

Sécurité et confidentialité

Soyons clairs : il est impossible d'utiliser toutes les possibilités d'Internet de façon totalement anonyme. Donc, si vous souhaitez surfer en toute confidentialité, il est préférable d'utiliser un pseudonyme comme l'expliquent les quelques lignes qui suivent :

» Vous exercez une profession bien spécifique (médecin, par exemple) et vous voulez participer à un forum de discussion sans avoir à donner de consultation gratuite.

» Vous voulez parler d'un problème personnel, sans que votre entourage puisse se douter que c'est de vous qu'il s'agit.

» Vous faites du commerce sur le Net et vous utilisez aussi votre nom d'utilisateur à des fins personnelles, mais vous ne souhaitez pas que les deux activités soient confondues.

L'anonymat d'Internet étant illusoire, nous vous recommandons de ne jamais utiliser votre nom complet et encore moins de fournir vos coordonnées (nom, adresse et numéro de téléphone) à un étranger, *a fortiori* sur le Net. Ne faites jamais confiance à qui que ce soit prétendant faire partie de l'assistance technique de votre fournisseur d'accès ou à tout autre organisme vous demandant votre mot de passe. Aucune entité légale ni bancaire ne vous demandera jamais votre mot de passe ou un code. Méfiez-vous également des organismes et commerçants qui pourraient se servir de vos coordonnées personnelles pour vous inonder de publicités.

Voici également quelques conseils si vous projetez une rencontre physique avec une personne contactée sur le Net soit *via* un site spécialisé, soit par le biais d'un réseau social :

» Conversez au téléphone avant de convenir d'un véritable rendez-vous. Si un détail vous intrigue ou pire, vous inquiète (le ton de la voix, la manière de s'exprimer, le tour que prend la conversation...), ne donnez pas suite.

» Si vous êtes une femme, convenez d'un rendez-vous dans un lieu public, un café ou une brasserie.

» Parents, ne laissez jamais un mineur converser sans surveillance sur Internet ! Les maniaques usent et abusent du Net pour extirper des renseignements aussi vagues que le nom d'une ville, celui d'un sport pratiqué, le nom d'un établissement scolaire, le jour d'un entraînement sportif, qu'ils sauront exploiter le moment venu. Il est important de sensibiliser les enfants aux problèmes d'Internet, leur dévoiler les pièges et surtout contrôler leurs conversations. Conseillez-leur d'utiliser un nouveau pseudonyme à chaque connexion. Vous mesurez mal les risques ? Connectez-vous à un *chat* pour adolescents et faites-vous passer pour une gamine de 13 ans. Vous comprendrez très vite ! D'autant que si vous avez pu vous faire passer pour une adolescente, songez que n'importe qui peut faire de même...

Le Net est un endroit merveilleux qui permet d'agrandir le cercle de ses relations, mais où la candeur et la naïveté peuvent se payer très cher.

Virus and Co

Les nouvelles technologies nous rendent certes de grands services, mais elles contribuent aussi à nous espionner. Tout participe à cette surveillance : les cartes bancaires, les téléphones mobiles, les cartes de fidélité électroniques, le GPS, et bien sûr Internet. Dès que l'ordinateur est connecté, vous êtes « surveillé ».

La pêche aux gogos, ou hameçonnage

L'*hameçonnage* (ou *phishing)* est une forme de délit sur Internet, dont chacun peut être victime. Il est heureusement facile à déjouer tant la ficelle est grosse et l'hameçon visible.

Il s'agit d'un courrier électronique envoyé à des millions d'internautes en espérant que dans la masse certaines personnes naïves ou inconséquentes cliquent sur l'un des liens.

Ce genre de message vous invite généralement à indiquer le numéro de la carte bancaire sous prétexte qu'un paiement a été refusé par votre banque, ou bien encore que les impôts doivent vous verser un trop-perçu. À la lecture d'un message de ce genre, quelques indices devraient vous mettre la puce à l'oreille :

» **Le message contient souvent du texte en français et en anglais.**

» **L'adresse de l'expéditeur est usurpée, mais il est difficile de savoir si cette personne existe ou pas.**

» **Une connaissance approximative de la langue française (fautes d'orthographe et de grammaire, jargon technique abscons, anglicismes, *etc.*) révèle un message rédigé à l'étranger.**

» **Le message demande de cliquer sur des liens. Or, jamais – et ce « jamais » est impératif – une banque ne demandera de cliquer sur un lien. Ce sera toujours à vous de taper l'adresse dans le navigateur Web, ce qui est le moyen le plus sûr d'aller directement vers le site Web visé.**

Si vous cliquez sur un des liens, votre navigateur Web ouvre une page Web imitant parfaitement celle de la banque (ou de tout autre organisme). Dès que vous avez saisi votre nom d'utilisateur et votre mot de passe, une autre page à l'aspect tout aussi officiel s'affiche. Elle vous invite à entrer votre numéro de carte bancaire, un PIN (c'est-à-dire un numéro d'identification personnel, *Personal Identification Number*), une adresse de facturation, le détail de votre compte, votre numéro de sécurité sociale, voire le code confidentiel de votre carte bancaire. Cette page frauduleuse est suffisamment intelligente pour refuser un numéro de carte bancaire non valide. Si vous communiquez toutes les informations demandées et que vous cliquez sur le bouton Suivant ou Poursuivre, une page affiche un message indiquant que vous êtes déconnecté du site. Et maintenant ? C'est aux fraudeurs de jouer, et sans perdre de temps. Ils utiliseront les informations dans un jour, mais peut-être aussi plus tard. Ils paieront leurs achats avec votre numéro de carte bancaire.

La règle de sécurité fondamentale est simple : il ne faut jamais taper de mots de passe, de numéros de carte bancaire, ou toute autre information personnelle sur une page Web à laquelle vous avez accédé par un clic sur un lien situé dans un courrier électronique.

Les cookies ne sont pas forcément vos ennemis

Lorsque vous naviguez sur le Web, certains sites ont besoin de vous identifier afin de vous connecter en tant qu'utilisateur fidèle. Cette identification n'est pas forcément dommageable ou à visée commerciale. Elle évite parfois de ressaisir plusieurs fois votre mot de passe et nom d'utilisateur pour accéder à certaines pages. Les éléments informatiques qui permettent ce suivi sont de petits fichiers de texte appelés *cookies* que le serveur du site installe dans votre ordinateur. Ils contiennent l'adresse du site Web ainsi que des codes d'identification. En général, les cookies ne comportent pas d'informations personnelles ou de nature dangereuse. Ils sont uniquement là pour faciliter la navigation dans des sites spécifiques.

Les virus arrivent... d'un peu partout

Les virus informatiques sont des programmes qui se transmettent d'un ordinateur à un autre. L'infection se produit par l'intermédiaire de n'importe quel système de communication, comme un réseau, des disques optiques, et même une liaison infrarouge. Les virus sont principalement diffusés par courrier électronique, sous forme de pièces jointes ou par la messagerie instantanée, mais aussi lorsque vous accédez à certaines pages Web. En revanche, un message sans pièce jointe ne peut pas transporter de virus.

Ne devenez pas paranoïaque ! Tous les sites Web n'envoient pas des virus à votre insu. Les sites dangereux sont ceux qui recèlent généralement des logiciels, des musiques, des films et des séries piratés. La procédure d'accès aux fichiers recherchés est si complexe que chaque clic sur le lien indiquant un téléchargement se solde par l'ouverture d'une nouvelle page Web que vous devez fermer immédiatement sous peine d'être envahi. Bien souvent, ce clic installe un virus sur votre ordinateur. Si votre logiciel antivirus (à jour) analyse votre navigation Internet, il détectera tout virus (ou spyware) entrant. De plus, si votre navigateur Web est correctement paramétré, il bloquera l'accès aux pages susceptibles de contenir des virus. Quoi qu'il en soit, je vous conseille de lancer une analyse antivirus de votre système après chaque session de navigation sur des pages que vous ne connaissez pas.

Le virus est un mini-programme informatique qui, pour fonctionner, doit être exécuté, c'est-à-dire démarré. Ce démarrage peut s'effectuer dès le téléchargement par un simple clic de votre part, ou être déclenché par un événement extérieur comme une date ou, beaucoup plus rarement, la présence de tel ou tel fichier.

En règle générale, un virus commence par localiser un carnet d'adresses, et s'auto-expédie vers chacun des contacts. Ce premier forfait accompli, il exécute la mission pour laquelle il a été réellement créé. Il mémorisera par exemple toutes les séquences de touches du clavier sur lesquelles vous appuyez (y compris vos mots de passe) afin de les transmettre à son seigneur et maître, qui en fera assurément un usage répréhensible. Il peut également lancer une attaque sur des cibles spécifiques ou aléatoirement choisies tandis que vous surfez sur le Web. Il peut aussi transformer votre PC en PC zombie qui envoie ou relaie à votre insu des millions de spams. Si votre ordinateur se comporte étrangement, révèle une lenteur anormale, il est probablement infecté par un ou plusieurs virus.

Comment lutter contre les virus ?

Ne paniquez pas à l'idée que des virus puissent sévir par courrier électronique. Il suffit d'installer un programme antivirus pour être à l'abri de leurs méfaits.

Windows 10 est livré avec Windows Defender dont la Figure 1.4 montre la nouvelle interface de la version Fall Creator Update. Si vous jugez sa protection inefficace, achetez un autre antivirus ou bien cherchez un antivirus gratuit réputé pour sa vigilance.

Figure 1.4

La nouvelle version de Windows Defender, le système antivirus de Windows 10.

Vous trouverez deux excellents antivirus gratuits aux adresses suivantes : `https://www.avg.com/fr-fr/free-antivirus-download` (Figure 1.5) et `http://www.zonealarm.com/fr/`.

Les vers sont dans le fruit

Un *ver* est comme un virus, sauf qu'il ne se transmet pas par courrier électronique. Il s'introduit dans votre machine directement par la connexion Internet. Pour limiter cette invasion, vous devez mettre Windows régulièrement à jour. Ces correctifs comblent les failles de sécurité par lesquelles les vers s'introduisent. Cependant, ces mises à jour ne s'installent pas en moins d'une minute. Je vous encourage donc vivement à utiliser une connexion Internet protégée par un pare-feu logiciel (Windows 10 en possède un) ou matériel (boîtier installé entre le modem et l'ordinateur). Les routeurs placés entre un réseau local et Internet sont équipés d'un pare-feu. Vérifiez que c'est bien le cas du vôtre, si vous en possédez un.

Les espiogiciels proviennent des sites Web

Un *espiogiciel* (c'est-à-dire un *logiciel espion*) est un virus qui arrive dans l'ordinateur par téléchargement depuis votre navigateur Web.

Figure 1.5

Un antivirus, ne serait-ce que gratuit, est indispensable.

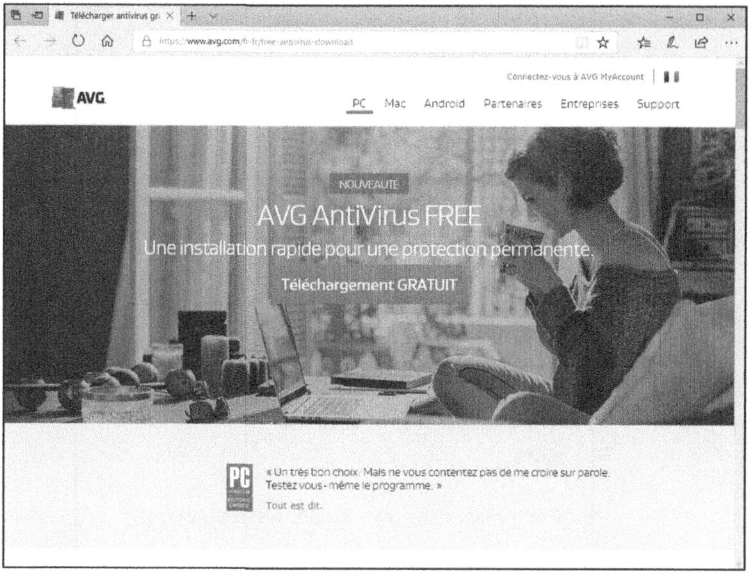

Il suffit de cliquer sur un lien par curiosité pour en lancer le téléchargement et l'installation.

L'espiogiciel mémorise vos saisies au clavier et vos clics. L'ensemble des informations ainsi collectées est envoyé à votre insu vers des destinataires peu scrupuleux. Une fois installé dans l'ordinateur, il vous assaille de fenêtres publicitaires qui surgissent chaque fois que vous activez votre navigateur Web. Ces fenêtres sont parfois appelées *pop-up*.

Bien sûr, ces publicités sont assez faciles à bloquer ou du moins à limiter. Des navigateurs comme Microsoft Edge sont dotés d'un bloqueur de publicités intempestives qu'il faut activer, comme à la Figure 1.6 ; il est appelé bloqueur de fenêtres contextuelles.

Les espiogiciels sont également capables d'envoyer des courriers indésirables, ou *spams*, depuis votre ordinateur.

La gratuité de certains programmes découverts sur des sites Web ou reçus par courrier électronique n'oblige pas à les installer. Si vous avez un doute sur un programme gratuit qui vous tente, renseignez-vous à son sujet sur Internet (tapez son nom dans Google et recherchez sur les sites francophones, c'est souvent édifiant).

Figure 1.6

Activer le bloqueur de fenêtres publicitaires de Microsoft Edge.

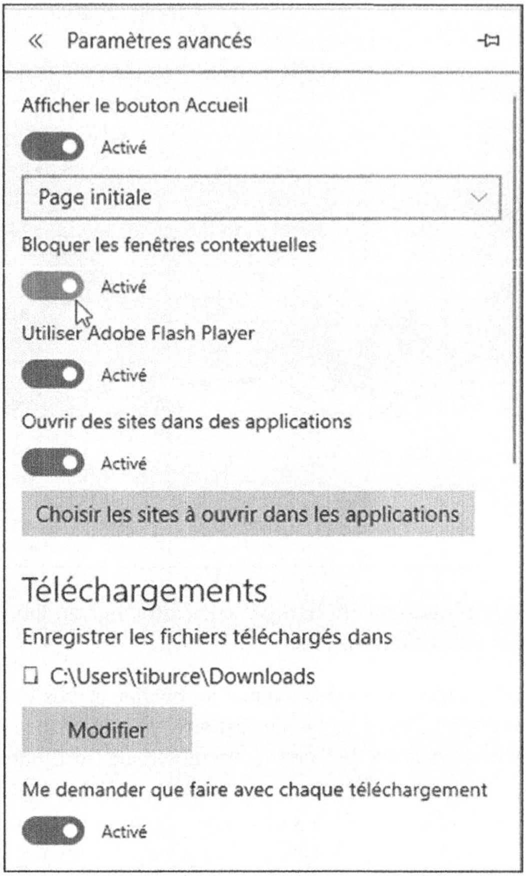

Les espiogiciels sont des programmes très difficiles à désinstaller. Donc, avant d'en arriver à des extrêmes, évitez purement et simplement leur installation. Pour bloquer un espiogiciel, il suffit d'être attentif aux éléments sur lesquels vous cliquez. Installez également un programme anti-espiogiciel comme Spybot, dont la page d'accueil est illustrée à la Figure 1.7, et lancez régulièrement l'analyse de votre ordinateur afin de déloger ces logiciels de votre machine.

Figure 1.7

Spybot, un logiciel gratuit et efficace.

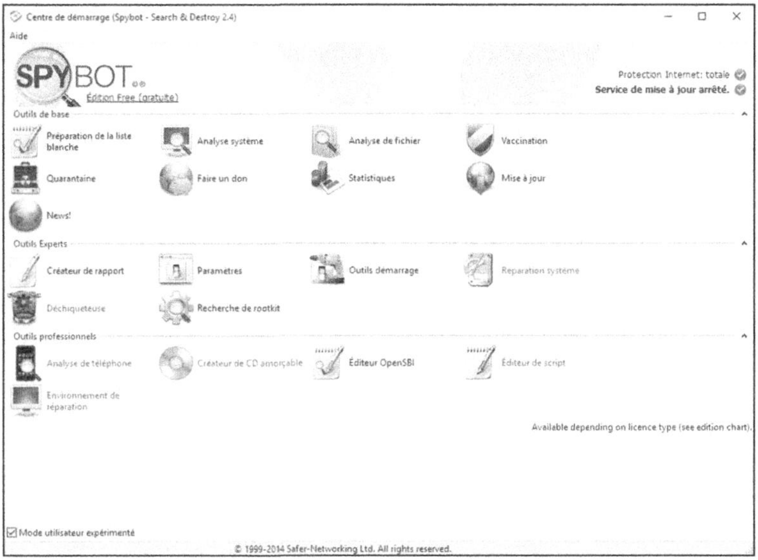

Spam, pourriel, polluriel, etc.

Les spams sont des millions de copies d'un même message envoyées à autant de millions d'internautes, ou de groupes de discussion, de bulletins d'information, et même de messageries instantanées. Généralement, le message de ces mails est pauvre : comment devenir riche en un rien de temps, comment hypertrophier telle ou telle partie de son anatomie que l'on estime peu avantagée par la nature (il y en a pour les hommes et pour les dames), comment frimer avec une montre de prestige, évidemment contrefaite, acheter des médicaments au risque de mettre sa santé en péril, *etc.*

Un filtre antispam peut être souscrit auprès de votre FAI (Fournisseur d'accès à Internet), mais le filtrage n'est pas totalement sûr : vous pourriez perdre des courriers importants considérés par erreur comme des spams (ce que l'on appelle des faux négatifs) et voir quand même arriver des courriers indésirables (les faux positifs).

De nombreux spams affichent un lien pour supprimer votre adresse courrier électronique de leur liste. Confiant et naïf, vous pensez vous libérer ainsi de cette occupation excessive et vider enfin le contenu de votre boîte de réception. Or, très souvent, ce lien sert simplement à vérifier que l'adresse est toujours active, autrement dit qu'il existe un gogo au bout de la ligne. Ces adresses involontairement confirmées par leur destinataire sont très prisées des *spammers*. En croyant se désinscrire, le malheureux internaute devient en réalité la proie d'un nombre encore plus grand de *spammers*.

Vous ne pouvez malheureusement pas faire grand-chose contre les spams. Les filtres empêchent bon nombre de spams d'arriver jusqu'à vous, mais pas les *spammers* de les envoyer.

Quel est le mot de passe ?

Sur Internet, vous serez très souvent amené à saisir des mots de passe. Voici quelques conseils émanant des experts en sécurité informatique :

» **Créez des mots de passe aléatoires, longs et compliqués pour que personne ne puisse en découvrir la logique, donc le contenu. N'utilisez jamais un mot commun, un prénom, le nom du chien, celui du chat, *etc.* Faites un savant mixage de lettres et de chiffres.**

» **N'utilisez jamais le même mot de passe pour tous vos comptes.**

» **Mémorisez vos mots de passe. Ne les inscrivez nulle part.**

» **Changez régulièrement vos mots de passe.**

Sortez couvert sur le Web

Avec tous ces virus, espiogiciels, hameçonnages, *pop-up* et spams, Internet ne peut apparaître que comme un lieu de tous les dangers. Il suffit pourtant d'un peu de vigilance pour vagabonder en toute sécurité sur le Web. Voici quelques bonnes attitudes :

» **Soyez toujours sur vos gardes.** Personne ne partagera avec vous les 30 millions d'euros ou de dollars ayant appartenu à un dictateur sanguinaire, qu'un courrier électronique vous propose de faire transiter par votre compte bancaire.

» **Mettez vos programmes à jour.** Les correctifs des systèmes d'exploitation Windows, y compris Windows Update, comblent de nombreuses failles de sécurité. Sous Windows 10, les mises à jour sont obligatoires et automatiques.

» **Activez un pare-feu.** Par défaut, le pare-feu de Windows 10 est actif, comme le montre la Figure 1.8.

Figure 1.8

Le pare-feu de Windows 10.

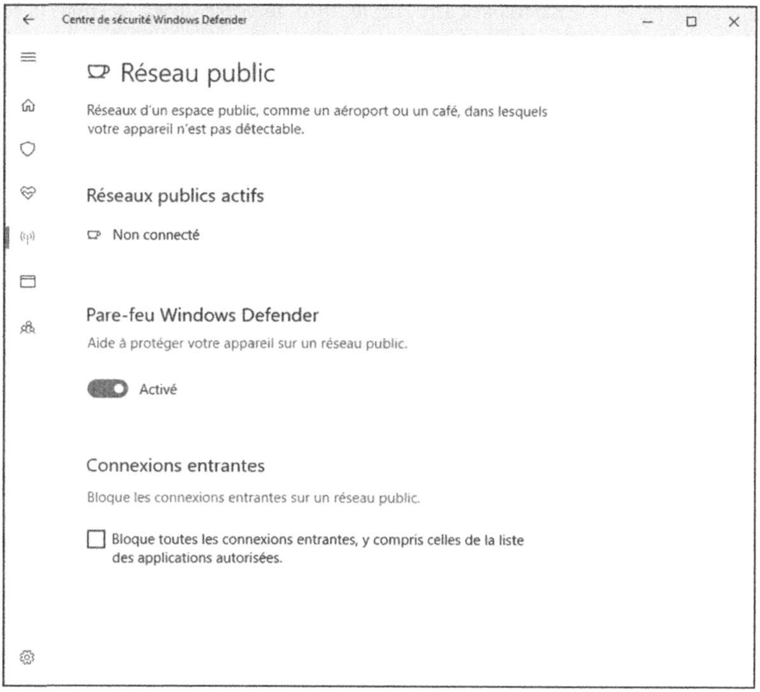

» **Installez des antivirus et anti-espiogiciels fréquemment mis à jour.** Un excellent antivirus ne coûte guère plus de 40 euros pour deux ans de mises à jour gratuites en général. De nombreux programmes anti-espiogiciels sont gratuits.

Un antivirus n'assure une protection efficace que si vous le mettez à jour régulièrement. L'idéal est d'y procéder quotidiennement. Vous devez lancer régulièrement une analyse complète de l'ordinateur pour détecter et détruire d'éventuels virus qui auraient pu s'y introduire. La mise à jour et l'analyse peuvent se paramétrer de manière à s'exécuter automatiquement à un jour et une heure précise de la semaine, voire à une heure précise chaque jour.

» **N'ouvrez jamais une pièce jointe d'un message électronique, sauf si vous en connaissez l'expéditeur et qu'il vous a dûment informé que cet envoi comportait une pièce jointe.** En cas de doute, envoyez une demande de confirmation à l'expéditeur.

» **Dans un courrier électronique, ne cliquez sur un lien que si vous savez exactement vers quel site il va vous conduire.** Si vous cliquez et que le site demande la saisie d'un mot de passe, d'un numéro de carte bancaire, ou le nom de votre chien, fermez la fenêtre de votre navigateur Web. Ne communiquez jamais la moindre information à des sites auxquels vous accédez par un clic sur un lien contenu dans un message.

» **Créez des mots de passe compliqués et ne les communiquez à personne.**

» **Communiquez !** Ne gardez pas ces conseils pour vous.

Sécuriser gratuitement votre ordinateur

La gratuité existant toujours un peu sur Internet, il reste possible de protéger son ordinateur gratuitement.

Pour illustrer mon propos, mon choix s'est porté sur ZoneAlarm, mais rien ne vous empêche d'en chercher un autre dans un moteur de recherche comme Google.

Télécharger et installer ZoneAlarm

Voici comment télécharger et installer ce système de protection Internet gratuit, mais performant :

1. **Ouvrez Microsoft Edge.**

   Je rappelle qu'il s'agit du nouveau navigateur Web livré avec Windows 10. Nous en détaillons l'utilisation plus loin dans ce livre.

2. **Dans le champ situé sous Où aller ensuite de Microsoft Edge, tapez** `http://www.clubic.com/telecharger-fiche10494-zonealarm-free-antivirus-firewall.html`**, et appuyez sur la touche Entrée.**

   Vous accédez à la page de téléchargement de la version gratuite de ZoneAlarm compatible Windows 10.

3. **Sur la page de téléchargement, cliquez sur le bouton Télécharger, comme à la Figure 1.9.**

   Le téléchargement commence comme l'indique la partie inférieure d'Edge.

4. **Cliquez sur le bouton Exécuter (Figure 1.10).**

Figure 1.9

Télécharger ZoneAlarm sur Clubic.

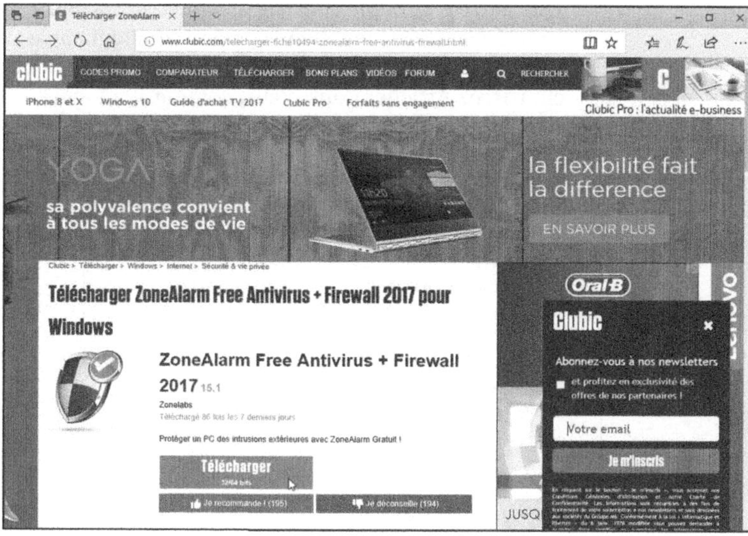

Figure 1.10

Lancer l'installation par un clic sur Exécuter.

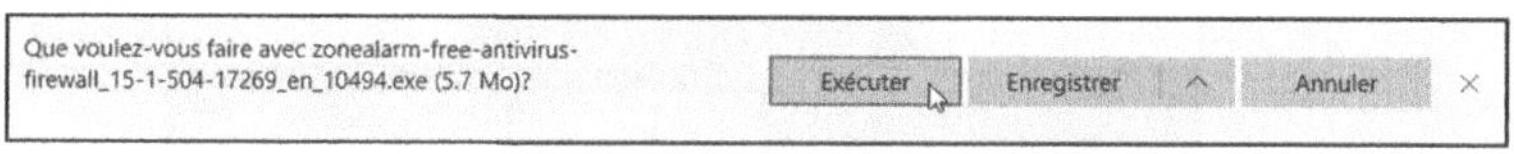

5. **Dans le message du contrôle du compte de l'utilisateur, cliquez sur Oui.**

   L'assistant d'installation apparaît.

6. **Cliquez sur le bouton Installation rapide.**

7. **Cliquez sur Accepter.**

   Le programme commence le téléchargement des éléments nécessaires à l'installation de la protection Internet. Cela peut durer un long moment, car il y a plus de 200 Mo de données à récupérer.

8. **À la demande de saisie d'une adresse mail, tapez la vôtre ou bien laissez ce champ vide, et cliquez sur Terminer.**

   Cette action ouvre la page Web de ZoneAlarm. Fermez-la, car il n'y a rien d'intéressant à y faire.

9. **Si ZoneAlarm ne s'ouvre pas automatiquement suite à l'installation, double-cliquez sur son icône du Bureau.**

Une autre technique consiste à cliquer sur la petite flèche de la zone de notifications. Dans le menu local qui apparaît, effectuez un clic droit sur l'icône de ZoneAlarm. Dans le menu contextuel choisissez Afficher Contrôleur, comme à la Figure 1.11.

Figure 1.11

Pour exécuter ZoneAlarm depuis la zone de notifications.

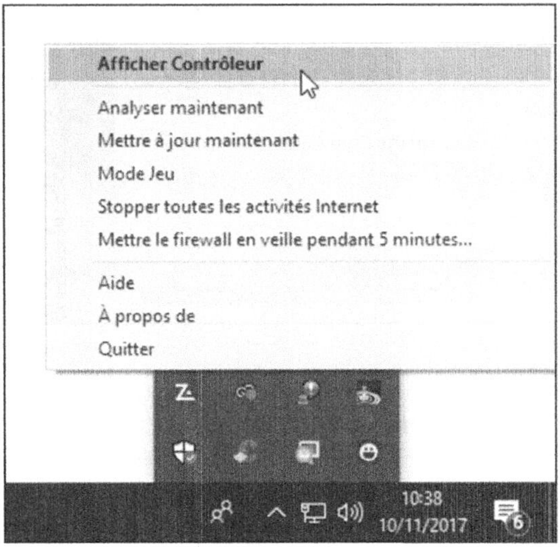

Par défaut, la protection accordée est très efficace. La personnalisation des paramètres ne doit être réalisée que par des utilisateurs avancés. Il vous faudra donc patienter encore quelques mois (ou années) avant de pouvoir maîtriser tous les aspects de la sécurité Internet et ainsi entreprendre la personnalisation de votre système Pare-feu et antivirus.

Mettre à jour ZoneAlarm

Par défaut, ZoneAlarm est programmé pour mettre à jour le produit en lui-même, c'est-à-dire le pare-feu, et l'antivirus. Celui-ci se met automatiquement à jour toutes les 24 heures. Pour personnaliser cette périodicité, conformez-vous aux étapes suivantes :

1. **Ouvrez l'interface de ZoneAlarm par un double-clic sur son raccourci du Bureau ou via la zone de notifications, comme expliqué dans la précédente section.**

2. **Cliquez sur Outils/Tâches programmées.**
3. **Dans la boîte de dialogue qui apparaît, modifiez la périodicité de la mise à jour dans le menu local Mise à jour de l'antivirus, comme le montre la Figure 1.12.**

Figure 1.12

Modifiez la périodicité des mises à jour de ZoneAlarm.

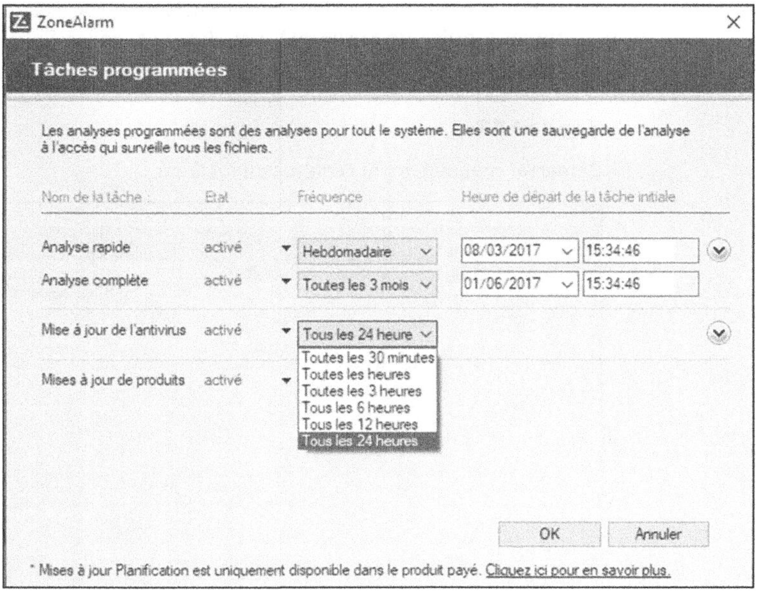

4. **Validez par un clic sur OK.**

Lorsque vous n'avez pas utilisé votre ordinateur depuis un certain temps, et/ou que vous n'êtes pas certain que la mise à jour se soit bien déroulée, effectuez-la manuellement en cliquant sur Mise à jour dans la partie supérieure droite de l'interface de ZoneAlarm. Une fois la mise à jour terminée, cliquez sur le bouton Fermer.

Analyser l'ordinateur

ZoneAlarm est configuré pour lancer des analyses rapides et complètes à des périodes plus ou moins espacées. Donc, vous n'avez pas à vous en préoccuper. Toutefois, si vous avez l'impression que votre système fonctionne au ralenti ou que les programmes ne répondent pas comme ils devraient, lancez une analyse manuellement :

❶ **Affichez l'interface de ZoneAlarm comme expliqué précédemment.**

❷ **Dans la partie supérieure droite, cliquez sur Analyse.**

❸ **Dans le menu local qui apparaît, comme à la Figure 1.13, choisissez Analyse rapide ou complète.**

La différence entre les deux est que l'analyse rapide se limite à des zones sensibles du système, notamment sur le disque dur système, tandis que la complète analysera tous les fichiers de tous vos disques.

Figure 1.13

Démarrer manuellement l'analyse du système.

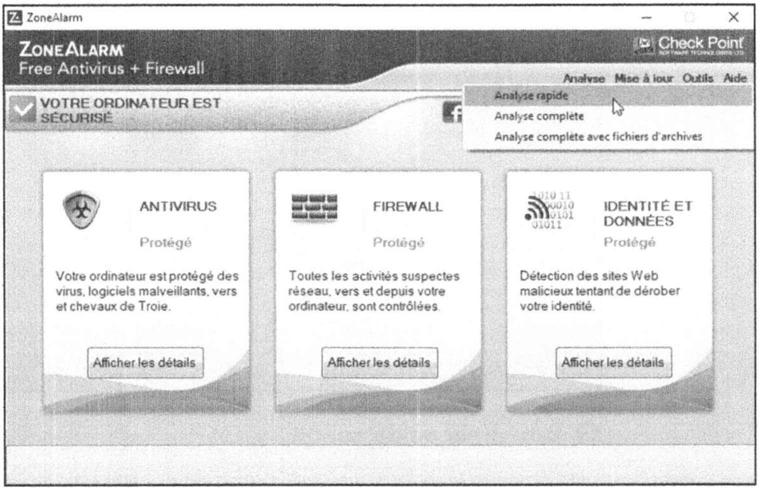

Chapitre 2

Les enfants et le Net

DANS CE CHAPITRE

Aspects positifs d'Internet pour les enfants.

Quelques problèmes à propos d'Internet.

Conseils aux parents.

Protéger ses enfants.

Comme des millions d'enfants surfent sur le Net, une petite discussion sur l'Internet familial s'impose. Bien évidemment, si cela ne vous concerne pas, n'hésitez pas à passer directement au Chapitre 3.

Deux ou trois mots sur nos enfants

Les enfants étant continuellement connectés à Internet, ce chapitre leur est directement destiné. Nous continuons de penser qu'il est préférable que vos parents aient un mot à dire sur ce que vous faites en ligne, mais ne nous voilons pas la face : ils en connaissent beaucoup moins que vous sur Internet. Et si cette fois vous les éduquiez en les incitant à vous protéger sur le Net ? Nous nous adressons donc aux enfants, en ajoutant quelques commentaires à l'attention des parents, qui ne manqueront pas de lire ces quelques pages.

Que propose Internet aux enfants ?

Les enfants sont souvent les premiers à découvrir les innombrables aspects intéressants d'Internet, car :

- » **Il fournit des informations sur d'innombrables sujets, ce qui aide à la rédaction d'exposés pour l'école, et à se forger une opinion sur des sujets sensibles.**
- » **C'est un bon moyen de papoter avec les amis tout en restant à la maison.**
- » **C'est un lieu de prédilection pour chercher et trouver de la musique et des vidéos.**
- » **Il permet de rencontrer des gens et de découvrir de nouvelles cultures.**

» Il facilite la lecture, l'écriture, les recherches et l'apprentissage des langues étrangères.

» Il peut aider les familles dans bien des domaines.

» Il offre un nouveau moyen d'expression artistique.

Voici donc quelques activités en ligne classées en quatre catégories : trop cool, pas mal, pas terrible et vraiment naze.

Les aspects trop cool d'Internet

Vous impressionnerez vos parents en utilisant Internet pour les activités suivantes :

» **Effectuer des recherches pour les devoirs :** Internet est un incroyable moyen de repousser les murs de l'école. Le Net peut vous connecter à d'autres écoles, bibliothèques, ressources de recherche, musées et autres entités. Vous pouvez par exemple visiter le musée d'Orsay sur `http://www.musee-orsay.fr/fr/accueil.html` ou contempler une impressionnante photo panoramique de la cité de Pétra sur `http://www.panoramas.dk/fullscreen2/full24.html`, observer des tritons dans leur habitat (pourquoi pas !), écouter de nouveaux morceaux et vous faire de nouveaux amis. Attention, il ne s'agit pas de copier bêtement mot à mot ce que vous trouverez sur Internet pour faire vos devoirs, le plagiat est toujours sanctionné !

» **Évaluer les informations :** Au cours de vos recherches, vous tomberez sur des informations rédigées par le spécialiste mondial du sujet tout aussi bien que par un illuminé, des écoliers ou un véritable nul se prenant pour un génie. Certains sites Web au contenu haineux ou dépravé doivent être évités. Attention aussi aux canulars et rumeurs (appelées *hoax*) qui circulent abondamment sur le Web. Un site les répertorie à l'adresse `www.hoaxbuster.com/`. Vous y trouverez tous les canulars en vogue sur le Net et vous pourrez aussi soumettre le contenu d'un de vos courriers au moteur de recherche de ce site pour savoir si le curieux message que vous venez de recevoir en est un.

» **Se faire des** *e-amis* **à l'étranger :** Les projets d'école, comme Global Schoolhouse, proposent à des enfants du monde entier de travailler en équipe sur divers projets.

» **Pratiquer des langues étrangères :** Vous pouvez vous rendre dans des salons de *chat* pour pratiquer votre allemand, anglais, espagnol, portugais, russe, japonais ou même l'espéranto (rien pour le volapük ?).

» **Télécharger légalement de la musique :** Les sites commerciaux consacrés à la musique sont nombreux sur Internet. Qui n'a jamais entendu parler d'iTunes, un logiciel conçu pour le Mac, mais dont vous pouvez télécharger une version pour Windows à l'adresse suivante : `www.apple.com/fr/itunes/store/` (Figure 2.1) ? Il vous donnera accès au magasin iTunes Music Store où vous trouverez des titres et des albums à des prix très attractifs.

Attention ! iTunes Store n'est pas le seul magasin de musique en ligne. Certes, il est étroitement lié à l'utilisation des iPod et autres iPhone, mais rien ne vous oblige à acheter de la musique ou des films sur iTunes Store.

Figure 2.1

Téléchargez gratuitement iTunes, mais payez votre musique !

» **Écouter de la musique en ligne :** Il existe un certain nombre de plateformes d'écoute de musique en ligne. Les plus connus sont Deezer (`www.deezer.com/fr`), Spotify (`www.spotify.com/fr/`), Groove Musique (intégré à Windows 10), ou encore Qobuz (`https://qobuz.com/`). Il est possible sur certains d'entre eux de créer un compte gratuitement et de profiter d'un service d'écoute gratuit limité et où règne la publicité en abondance. Un abonnement d'une dizaine ou d'une vingtaine d'euros permet de profiter d'un catalogue d'une dizaine de millions de titres. L'écoute est disponible sur la plupart des appareils numériques dès l'instant où vous disposez d'une connexion à Internet. Enfin, il est possible de télécharger des morceaux que vous pourrez écouter hors ligne.

» **Contribuer à une encyclopédie géante :** Wikipédia (découvrez-la sur `http://fr.wikipedia.org/wiki/Accueil`) est une encyclopédie en ligne gratuite à laquelle chacun peut contribuer. C'est un excellent outil de recherche qui permet de centraliser les résultats de vos requêtes pendant que vous en effectuez d'autres. Vous avez également la possibilité d'enrichir le contenu de certains articles.

» **Créer son propre site Web :** Une page Web peut être sérieuse ou drôle, cela ne tient qu'à vous. Placez-y des articles ou des dessins que votre famille et vos amis pourront admirer. Vous pouvez aussi créer une page Web pour une cause que vous soutenez.

» **Créer un blog :** D'abord journal personnel, mais aussi lieu d'échange entre l'auteur du blog et ceux qui réagissent à ses propos, le blog est le moyen le plus simple et le plus rapide de regrouper une communauté d'idées, d'échanges, voire de contestations. Nouvelle liberté d'expression, la dérive de certains blogs incite les FAI à la prudence, car en ce domaine, c'est la législation de la presse qui est appliquée : gare aux propos diffamants ou tombant sous le coup de la loi, car cette dernière est sans pitié.

Moyens pas mal d'employer le Net

Voici quelques idées que vos parents considéreront sans doute comme une perte de temps :

» **Jouer :** De nombreux jeux tant traditionnels (comme les échecs, le bridge, les dames, *etc.*) que vidéo permettent de se mesurer à d'autres joueurs à travers le monde sur Internet.

» **Échanger des messages instantanés avec vos amis :** La messagerie instantanée (notamment celle des réseaux sociaux) est devenue le moyen cool pour être en contact – instantanément. Surveillance parentale obligatoire, car les médiateurs ne peuvent pas tout contrôler !

» **Communiquer par visiophone :** Des logiciels comme Yahoo! Messenger, AIM ou Skype permettent de voir vos amis tout en leur parlant (peu recommandé les jours où vous vous êtes coiffé avec un pétard).

- **Acheter (et vendre) :** Le shopping sur Internet ressemble au shopping en galerie commerciale, sauf que c'est toujours ouvert, que le parking est gratuit, et qu'il peut se dérouler dans un autre pays.
- **Pratiquer les jeux de rôle :** De nombreux sites Internet vous permettent d'incarner un personnage de roman de science-fiction.

Moyens pas terribles d'employer le Net

Ne vous laissez pas tenter par ces comportements qui ne peuvent que vous attirer des ennuis :

- **Plagier :** Le plagiat consiste à vous approprier le travail d'un autre (ses textes, ses photos, sa musique, *etc.*). Le plagiat à partir d'Internet est aussi incorrect que le plagiat d'un livre et beaucoup plus facile à détecter par les enseignants.
- **Tricher :** Utiliser un logiciel de traduction pour faire vos devoirs n'est pas bon non plus. Non seulement ils sont approximatifs (pour ne pas dire nuls), mais en plus, vous vous ferez prendre, alors épargnez-vous l'humiliation !
- **Trop en révéler sur vous-même :** Lorsque vous « chattez » sur le Net avec des personnes que vous ne connaissez pas, il est tentant de donner des informations susceptibles de vous identifier, vous ou votre famille, mais c'est risqué. Des questions à première vue innocentes ne le sont pas tant que cela. Même révéler votre adresse e-mail peut déclencher la réception de courriers dont vous vous passeriez certainement.
- **Échanger des musiques et des vidéos commerciales :** Il est devenu très facile d'acheter de la musique en ligne. De ce fait, l'adhésion aux réseaux P2P dans le seul but d'échanger, en toute illégalité, musiques et vidéos ne trouve plus aucune excuse. Ces comportements illégaux sont sévèrement punis par la loi, qui n'a pas fini de faire des exemples. Un artiste vit de sa création, télécharger ses créations revient à le voler.
- **Visiter des sites pornographiques et d'incitation à la haine :** C'est le côté obscur de la Force, je veux dire, du Web. Il faut avoir une bien piètre opinion de soi et des autres pour mettre les pieds là-dedans. C'est tout sauf une image d'amour. Méfiez-vous, à votre âge, on est fragile face à la puissance de certaines représentations.
- **Se faire passer pour quelqu'un d'autre :** Le pseudonyme évite d'utiliser son vrai nom, ce qui ne vous autorise toutefois pas à prétendre que vous êtes Britney Spears, en quête de nouveaux musi-

ciens, ou une nouvelle star à la recherche d'une fiancée. D'ailleurs, qui vous croira ?

» **Intervenir dans les salons de chat (miaou !) pour adultes :** Cela peut vous attirer de gros ennuis, ainsi qu'aux membres du salon.

» **Laisser Internet envahir votre existence :** Si la seule chose qui vous intéresse après les cours est de vous scotcher à votre ordinateur pour surfer sur le Web, il est peut-être temps de vous interroger sur vous-même. Il y a eu une vie avant Internet, il y aura une vie après Internet, et il y a une vie malgré Internet. Profitez de la vraie vie, car après – c'est-à-dire bientôt – il sera trop tard.

Idées vraiment nazes (Eh ! Ça s'fait pas !)

Voici quelques idées à ne jamais, jamais envisager. Nous insistons.

» **Rencontrer en personne des e-amis sans le dire à vos parents :** Si vous rencontrez en ligne quelqu'un d'intéressant et que vous voulez le rencontrer en personne, ce n'est pas un problème en soi. Mais prenez des précautions ! Tout d'abord, dites-le à vos parents et décidez avec eux de la marche à suivre. Ensuite, ne rencontrez jamais dans un lieu privé quelqu'un que vous avez contacté en ligne : donnez toujours vos rendez-vous dans un lieu public, un café par exemple. Enfin, venez toujours accompagné(e) (de préférence de vos parents).

» **Tomber dans l'illégalité :** Internet paraît totalement anonyme, mais ne l'est pas. En cas de délit, la police peut accéder aux journaux de connexion Internet auprès de votre fournisseur d'accès à Internet (FAI) et découvrir qui était connecté tel jour à telle heure, avec tel modem et telle adresse numérique Internet (IP). Elle remonte une piste virtuelle avec autant de flair qu'un chien policier.

» **S'introduire dans les ordinateurs d'autrui ou programmer des virus :** Certes, cela exige de bonnes connaissances en informatique, mais rien ne vous mettra à l'abri des poursuites si vous êtes découvert. Le petit génie du piratage ne fait plus l'admiration des foules, il en subit la vindicte.

Surf sécurisé

La règle numéro un est de ne jamais révéler votre véritable identité, JAMAIS : n'utilisez que votre prénom, jamais votre nom. Ne divulguez ni votre adresse, ni votre numéro de téléphone, ni le nom de votre école. Ne communiquez jamais votre mot de passe. Aucune personne honnête ne vous le demanderait !

Les enfants sont candides et confiants. Ils révèlent beaucoup d'eux-mêmes sans s'en rendre compte. Ils citeront par exemple le nom de l'équipe de foot de leur ville. Ils parleront d'un enseignant qu'ils détestent. Ils dévoileront la profession de leurs parents. De telles informations peuvent être distillées au long de nombreux messages, sur des semaines ou des mois. Ces bribes d'informations, qui semblent sans importance, permettent à une personne déterminée de localiser peu à peu un enfant. Faites très attention à ce que vous dites en ligne lorsque vous « chattez » dans un salon, sur une messagerie instantanée ou par courrier électronique. Méfiez-vous des étrangers qui semblent en savoir long sur vous. Ils affirmeront par exemple être amis avec vos parents et prétendront qu'ils leur ont demandé de venir vous chercher après l'école, ou de venir prendre un paquet à la maison. Ne partez jamais avec un étranger, ne le laissez jamais entrer dans la maison.

Voici quelques autres règles :

» **Réfléchissez avant de donner votre adresse électronique.** De nombreux sites Web vous demandent de vous inscrire, beaucoup réclament aussi que vous leur fournissiez une adresse électronique valide, qui sera vérifiée par l'envoi d'un message. Avant de vous inscrire sur un site Web, vérifiez qu'il est tenu par une entreprise réputée qui ne vous inondera pas de spams.

» **N'acceptez pas de parler à quelqu'un au téléphone ou de le rencontrer en personne sans en aviser préalablement vos parents.** La majorité des gens rencontrés en ligne sont corrects, mais quelques individus peu recommandables ont fait d'Internet leur terrain de chasse.

» **Ne partez pas du principe que les gens disent nécessairement la vérité**. Cet enfant de votre âge qui partage les mêmes centres d'intérêt et les mêmes loisirs que vous est peut-être une personne d'âge mûr, qui a une idée peu avouable derrière la tête.

» **Si quelqu'un vous inquiète ou vous met mal à l'aise, dites-le à vos parents** (tout particulièrement si cette personne vous dit de ne pas le faire) ! Demandez à vos parents de signaler l'incident à votre fournisseur d'accès à Internet. Cessez de fréquenter le site que cette personne hante.

Un site à visiter absolument si vous avez des enfants : Internet sans Crainte (`www.internetsanscrainte.fr`) explique tout ce qu'il faut savoir pour les protéger sur Internet (Figure 2.2).

Figure 2.2

Ce site vous aide à mieux protéger vos enfants sur Internet.

Classe virtuelle ?

Avec la puissance d'Internet, vous n'avez même plus à être présent en classe pour suivre des cours. Vous trouverez en ligne des cours sur la plupart des sujets. Dans certains cas, le Net *est* l'université (quoiqu'il semble difficile qu'un écran possède les compétences pédagogiques d'un vrai professeur).

Le répertoire des universités

La plupart des écoles et des universités ont aujourd'hui leur site Web sur le Net. Si vous cherchez une université, vous pouvez faire le tour d'une dizaine de campus en une soirée sur Internet. La visite des sites des universités est un bon moyen de découvrir la personnalité de chaque institution et de trouver quelqu'un avec des intérêts similaires aux vôtres, avec lequel vous pourrez correspondre de façon électronique. Pour une liste des sites créés par les universités françaises, par exemple, vous pouvez consulter la page Web `http://www.amue.fr` de l'Agence de mutualisation des universités et établissements. N'hésitez pas à visiter ce site qui contient une multitude d'informations et d'autres liens utiles dans le domaine éducatif.

Revenir à l'école

Lorsque vous quittez le lycée ou l'université, l'acquisition du savoir ne cesse pas pour autant : vous pouvez continuer à apprendre, à approfondir vos connaissances et à élargir vos horizons… sur le Net. Par ailleurs, il est à présent possible de suivre toutes sortes de formations en ligne, de la formation professionnelle continue aux diplômes supérieurs. Certains cours existent uniquement en ligne, d'autres se font à la fois en salle, en laboratoire et en ligne.

Il existe dans le monde entier des écoles qui offrent des enseignements en ligne. Si le cours est sur le Net, il importe peu que l'école soit de l'autre côté de la rue ou de l'océan (sauf pour des raisons de langue). Pour en savoir plus, visitez `https://www.maddyness.com/innovation/2017/09/11/ia-education-futur-france/` (Figure 2.3).

Figure 2.3

Formez-vous sur Internet.

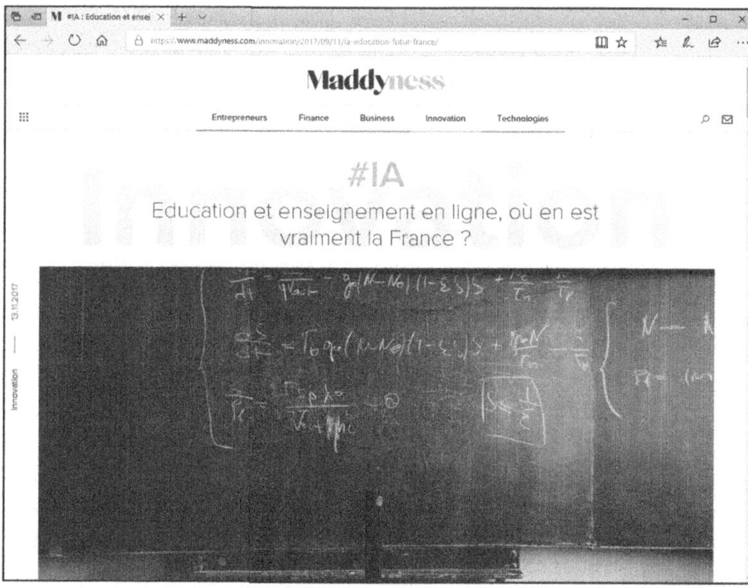

Qui est en ligne ?

Un grand nombre d'enfants – et des adultes – créent des sites Web ou développent une page sur des réseaux sociaux sur eux et leur famille. Dans ce cas, nous vous encourageons à ne pas employer vos vrais noms ou tout au moins pas complets. Nous conseillons également de ne jamais indiquer vos adresses, numéro de téléphone, numéro de Sécurité sociale ou mots de passe à ceux qui demandent ce genre d'information en ligne ou hors-ligne. Ce conseil est particulièrement valable lorsque vous recevez des demandes d'informations émanant de personnes qui revendiquent une position d'autorité, par exemple des messages instantanés émanant soi-disant de l'assistance technique du fournisseur d'accès.

Les gens réellement investis d'une autorité ne demandent jamais ce genre de renseignements.

Plus que jamais, les enfants doivent développer une attitude critique. Ils doivent être capables d'évaluer ce qu'ils lisent et voient, particulièrement sur le Web.

Le Net à la maison : une histoire de parents

Le Net modifie de bien des façons notre mode de vie. Si vous êtes à la recherche d'un logement, vous pouvez directement prospecter de chez vous en visitant les sites Web des agences immobilières, simuler des prêts, consulter la météo de votre nouveau lieu de résidence et rechercher un nouvel emploi. Dès votre arrivée dans votre nouvelle demeure, vous pourrez même la décorer avec toutes sortes de meubles dénichés sur le Net ou y trouver les entrepreneurs qui viendront la repeindre, la réparer et vous livrer les stères de bois pour l'hiver.

Internet peut également vous aider à faire vos comptes. Vous pouvez télécharger des logiciels de comptabilité très performants ou même les utiliser directement sur le Web si vous ne tenez pas à les installer sur votre ordinateur. Vous pouvez calculer et déclarer vos impôts en ligne et obtenir des conseils pour remplir votre déclaration, sans avoir à perdre des heures au téléphone ou à vous déplacer jusqu'à votre centre des impôts. La plupart des banques ont développé un système de consultation et de téléchargement des relevés de compte en ligne. Votre budget ne sera plus jamais pris au dépourvu. Si vous possédez plusieurs comptes, rien ne vous empêche de réaliser des virements d'un compte à l'autre, l'ordre étant passé à la banque par simple connexion Internet sécurisée.

Vous pouvez tout acheter et tout vendre sur le Net, des chaussures à la maison en passant par les cadeaux de Noël. Cependant, pour les chaussures, mieux vaut les acheter sur place, dans un magasin où vous pourrez les essayer. Sur le Net, vous trouverez aussi des recettes de cuisine, des billets d'avion ou de train, et toutes sortes d'informations sur tous les sujets. Vous pourrez même acheter vos produits à l'autre bout du monde.

Bien entendu, Internet recèle tout ce dont vous avez besoin pour organiser vos loisirs et vos vacances !

Le Net à l'école

En quelques années, Internet s'est tranquillement (aux États-Unis comme en France) ou péniblement frayé un chemin dans la plupart des établissements scolaires, même si nous n'en voyons pas vraiment l'intérêt pour les plus petits.

Certaines écoles se servent de logiciels pour filtrer l'accès à Internet des enfants. Il existe divers systèmes de filtrage, à des prix variables et de différents niveaux de difficulté d'installation, qui promettent de filtrer le Web pour bloquer l'accès aux sites inappropriés et dangereux. C'est alléchant, mais de nombreux jeunes sont suffisamment doués pour trouver les moyens de contourner les règles et les logiciels conçus pour les protéger. Certaines institutions fonctionnent bien sur la base d'un contrat signé avec l'élève. Ce contrat détaille explicitement les usages admis et non admissibles du système. L'élève qui enfreint son contrat perd son accès à Internet ou ses privilèges informatiques.

Utilisé efficacement, Internet est une incroyable ressource éducative. Exploité de façon inappropriée, c'est une terrible perte de temps et d'argent. La différence tient dans la recherche et l'organisation.

Comment bien protéger ses enfants

Nous les adorons. Qui ça ? Ben nos enfants que diable ! Certes, ils peuvent nous en faire voir de toutes les couleurs, mais nous les adorons.

Vous faites attention à leur sécurité de tous les jours. Traverser sur les passages piétons, attendre que le bonhomme soit vert, ne pas parler à des inconnus, ne pas s'approcher d'une voiture quand le conducteur demande un renseignement, mettre un casque quand on fait du vélo, ne pas allumer le gaz, ne pas jouer à des jeux violents, ne pas passer son temps sur Internet, ne pas écouter la musique trop forte au casque... la liste est longue. Donc, dans la vie quotidienne, vous veillez et assurez la sécurité de vos enfants. Mais, dès qu'il s'agit d'Internet, vous êtes perdu, comme si ce média dictait sa loi aux enfants et aux parents.

Pendant de nombreuses années, contrôler Internet avec les possibilités d'un système d'exploitation comme Windows, n'était pas chose facile. En effet, plus on élevait le niveau des paramètres de sécurité d'Internet Explorer, et plus il devenait difficile de surfer confortablement. Très vite, tout le monde revenait à un niveau relativement faible, ouvrant la porte à tous les excès bien connus du Web, dont les fameux pop-up (fenêtres intempestives) délivrant trop souvent un contenu pornographique, ou des informations erronées prétendant que votre ordinateur se trouvait face à un danger imminent.

Si vous possédez Windows 10, vous pouvez protéger vos enfants contre les problèmes liés à Internet :

» **Gérer la façon dont vos enfants utilisent l'ordinateur.**

» **Limiter l'accès de vos enfants à Internet.**

» **Limiter les jours et les heures auxquels ils peuvent se connecter à l'ordinateur.**

» **Contrôler les jeux auxquels ils peuvent s'adonner.**

» **Gérer les programmes qu'ils peuvent exécuter.**

DANS CE CHAPITRE

Créer un réseau domestique.

•

Établir une communication sans câble entre tous vos ordinateurs.

•

Connecter votre ordinateur portable à la maison et en voyage.

Chapitre 3

Internet ça se partage !

Quel foyer ne dispose pas de plusieurs appareils capables de se connecter à Internet ? Entre l'ordinateur de bureau de papa, la tablette de maman et d'Élodie, le portable d'Éric, et les smartphones divers et variés, les membres de la famille sont on ne peut plus connectés.

La bonne nouvelle est que votre abonnement Internet actuel pourra être utilisé par tous vos périphériques capables de se connecter à la toile. Il suffit de les raccorder à un réseau – soit avec des câbles spéciaux, soit par un système sans fil, soit par courant porteur (CPL) – et de les configurer pour qu'ils partagent le même routeur et accèdent ainsi au Net les uns indépendamment des autres.

Internet pour tous vos ordinateurs

Les ordinateurs de l'ère informatique moderne sont de plus en plus petits, et il devient difficile de trouver un foyer où il n'y en a pas au moins un. Lorsque plusieurs ordinateurs se trouvent sous un même toit, pourquoi ne pas faire en sorte qu'ils puissent tous se connecter en même temps à Internet ?

Les connexions haut débit facilitent la mise en place de systèmes où chacun des ordinateurs peut se connecter au Net, quel que soit leur zone d'utilisation : la chambre des parents, le salon et la salle de jeux des enfants, une mansarde, un garage ou, pour les privilégiés, la terrasse au bord de la piscine à vagues. Cette connexion à Internet est d'autant plus agréable à utiliser qu'elle est partagée. Chacun peut simultanément aller sur Internet, envoyer et recevoir des e-mails, discuter dans un *chat room* ou par une messagerie instantanée (comme Skype), regarder la télévision, et même téléphoner par Internet si ces options ont été souscrites. Bien entendu, votre tablette et votre téléphone mobile profiteront de cette connexion partagée.

Pour partager une même connexion Internet entre plusieurs ordinateurs, vous devez les connecter à un réseau local, parfois appelé LAN (*Local Aera Network*) par les techniciens ; ces initiales figurent aussi souvent sur le matériel, comme les routeurs, commutateurs et autres équipements. Ensuite, vous connectez ce réseau – et non pas chaque ordinateur – à Internet. Comme l'indique son nom, un réseau local est limité à un lieu bien précis, un immeuble par exemple.

Il n'est pas impératif que tous les ordinateurs d'un réseau local utilisent la même version de Windows – voire même Windows. Vous pouvez connecter au même réseau local des PC tournant sous Windows ou Linux, et des Mac qui, par définition, fonctionnent sous macOS. Vous pourrez également connecter au réseau des smartphones Android et iOS. Tous ces appareils communiquent par le même protocole réseau, c'est-à-dire celui utilisé par Internet lui-même.

Commencer par créer un réseau local

Aujourd'hui, ne cherchons pas plus loin que la réalité comme nous le faisions dans les anciennes éditions de ce livre. Tout un chacun en général, et *les nuls* en particulier, utilise une *box* qui sert de routeur. Elle permet généralement de créer un réseau Wi-Fi, mais aussi de connecter directement des ordinateurs à ses prises Ethernet, ce qui permet de créer un réseau CPL si vous ne souhaitez pas recourir au Wi-Fi.

Les instructions de configuration de votre box sont génériques. Il suffit d'effectuer les branchements et d'attendre que l'appareil se synchronise. Dès que la synchronisation est terminée, toutes les fonctionnalités de la box sont opérationnelles, dont le Wi-Fi.

Si vous ne parvenez pas à identifier votre box sur le réseau Wi-Fi, cela tient au fait qu'elle exige une activation du Wi-Fi *via* votre compte sur le site Web du FAI.

Une fois le routeur configuré, le réseau local ne peut être créé qu'avec des câbles s'il s'agit d'un réseau filaire, ou des adaptateurs CPL si vous optez pour le courant porteur, c'est-à-dire les prises électriques de votre logement, celles-là mêmes où vous branchez votre téléviseur ou votre four à micro-ondes. Un réseau local filaire ou CPL utilise des câbles Ethernet que vous trouverez dans toutes les boutiques de fournitures informatiques, électriques, électroniques, voire au rayon informatique des grandes surfaces ou de certains magasins multimédias.

À chaque extrémité d'un câble Ethernet se trouve une prise RJ-45 qui ressemble à un gros connecteur téléphonique. Vous aurez besoin d'un câble pour chaque ordinateur à relier au réseau, plus un autre pour la liaison avec la box (Figure 3.1).

Figure 3.1
Un câble Ethernet.

Avec une *box* qui joue le rôle de routeur, vous reliez directement votre ordinateur à la *box via* un câble Ethernet. En effet, la plupart des ordinateurs récents disposent d'un adaptateur réseau Ethernet installé sur leur carte mère. Dès lors, l'ordinateur est reconnu sur le réseau, et vous pouvez immédiatement surfer sur le Web.

Figure 3.2
Une prise CPL.

Si votre ordinateur de bureau se situe à l'étage, et la box au rez-de-chaussée, utilisez une prise CPL (Figure 3.2). Branchez-la à une prise secteur de votre maison, puis raccordez-y un câble Ethernet. Branchez l'autre extrémité du câble au port Ethernet de votre PC.

Wi-Fi : l'Internet sans fil

Si vos ordinateurs et vos tablettes sont répartis à plusieurs endroits de votre habitation, par exemple à un étage et au rez-de-chaussée, il n'est pas très aisé de tirer des câbles dans toute la maison pour créer un réseau local. Un réseau sans fil au standard Wi-Fi – le plus répandu actuellement – s'impose.

De nombreux ordinateurs portables intègrent des fonctionnalités Wi-Fi. Si ce n'est pas le cas, vous devrez ajouter un adaptateur Wi-Fi sous la forme d'une carte PCI interne, d'une sorte de clé USB, ou encore d'une PC *Card*. Les constructeurs d'équipement Wi-Fi ont fait un effort remarquable pour standardiser ce protocole de communication, ce qui est une très bonne chose pour le consommateur. Si le protocole semble donc bien établi, le point sensible du Wi-Fi est de savoir jusqu'à quelle distance de la box (ou du routeur) les ordinateurs peuvent capter un signal suffisamment fort pour être en liaison avec le réseau, et par conséquent pour accéder à Internet. Seuls les systèmes équipés d'une antenne directionnelle pourront se trouver assez loin du routeur. Théoriquement, la portée du signal Wi-Fi est d'une centaine de mètres sans obstacle entre le routeur et l'ordinateur, mais dans une habitation, cette distance est beaucoup plus réduite. Murs, cloisons, bibliothèque bourrée de livres et autres obstacles font barrage aux rayons hertziens. La portée n'excède alors guère vingt ou trente mètres et le débit maximal de 54 Mb/s (300 et 450 Mb/s pour certains) est considérablement réduit.

Les *box* nécessitent souvent d'activer les fonctionnalités Wi-Fi exactement comme vous activez celle du routeur, c'est-à-dire sur votre compte haut débit accessible depuis le site Web du FAI. Aucun adaptateur Wi-Fi n'est nécessaire sur votre *box*. En revanche, il faudra en équiper vos ordinateurs de bureau. Contrairement aux portables, il est rare que le Wi-Fi soit intégré dans les ordinateurs de bureau.

Définir un mot de passe

Il serait singulier et même inquiétant qu'un individu se promène dans votre maison et se connecte à votre réseau sans fil. Comme le Wi-Fi est un réseau sensible et perméable, quelques sérieuses précautions s'imposent.

La plus sûre est l'adoption d'un mot de passe crypté au format *WEP*. On parle de clé WEP (*Wired Equivalent Privacy*, confidentialité équivalente au filaire). Cette clé est un code alphanumérique codé sur 64 ou 128 bits. Pour éviter qu'un pirate puisse facilement craquer votre clé WEP, choisissez le codage sur 128 bits. Certes, cela vous fait entrer une clé de vingt-six caractères, mais plus elle est longue, plus elle est sûre, ou du moins réputée telle. Chaque ordinateur devra utiliser cette clé WEP lors de son premier accès au réseau Wi-Fi.

Des équipements Wi-Fi plus sécurisés utilisent un mot de passe de type *WPA* (*Wi-Fi Protected Access*). Si vos matériels le permettent, utilisez une clé WPA plutôt que WEP, car la longueur d'une clé WPA n'est pas limitée.

Établir la connexion Wi-Fi

Voici comment créer un réseau Wi-Fi :

❶ **Activez l'adaptateur réseau, si nécessaire.**

Sur de nombreux ordinateurs portables, l'adaptateur Wi-Fi est inactif afin d'économiser la batterie. Pour l'activer, cliquez sur le bouton Démarrer de Windows 10, puis sur Paramètres. Dans la fenêtre qui apparaît, cliquez sur Réseau et Internet, puis sur Wi-Fi. Basculez le commutateur Wi-Fi du volet droit sur la position Activé en cliquant simplement sur Désactivé. Cliquez sur le lien Afficher les réseaux disponibles pour obtenir la liste des réseaux Wi-Fi disponibles dans votre secteur, comme le montre la Figure 3.3.

Figure 3.3

Activez le sans-fil, Wi-Fi, dans les paramètres Réseau et Internet.

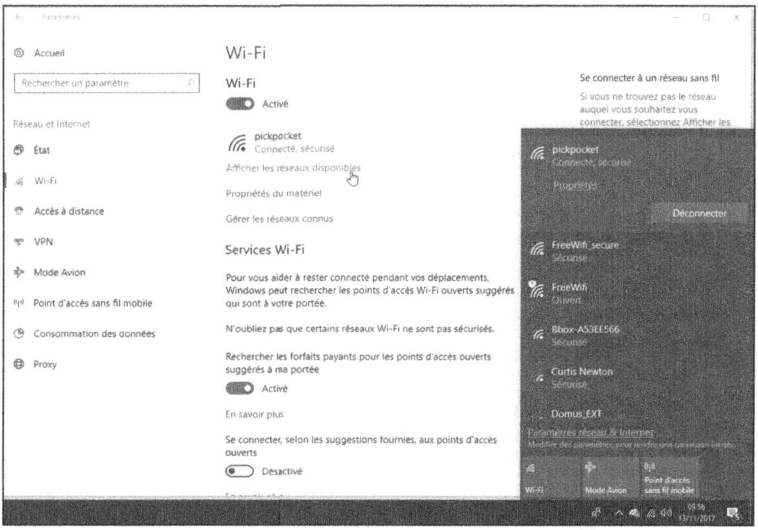

Sur un ordinateur de bureau, vous devez connecter l'adaptateur à un port USB, et installer le pilote qui va permettre à votre ordinateur d'utiliser le Wi-Fi présent dans votre maison. Reportez-vous au manuel d'installation de votre adaptateur Wi-Fi. Un adaptateur Wi-Fi qui se connecte à une prise USB de votre ordinateur ressemble à celui illustré à la Figure 3.4.

❷ Sous Windows 10, dès que la connexion sans fil est activée, l'icône ci-contre apparaît dans la zone des notifications. Cliquez dessus pour ouvrir un panneau listant tous les réseaux sans fil situés à portée de votre ordinateur, comme le montre la Figure 3.3 un peu plus haut dans ce chapitre.

Figure 3.4

Un adaptateur Wi-Fi USB permet à un ordinateur de bureau de se connecter à votre réseau local sans fil.

❸ **Connectez-vous en cliquant sur le nom de votre réseau puis sur le bouton Se connecter.**

Si vous vous connectez à un routeur (réseau) non sécurisé, sans mot de passe, Windows vous prévient de cette particularité. Cliquez sur Se connecter et vous voilà en ligne.

Mais si vous vous connectez à un routeur (réseau) sécurisé, Windows exige un mot de passe, comme cela est expliqué à la prochaine section.

❹ **Entrez la clé de sécurité réseau, puis cliquez sur Suivant.**

Lorsque vous tentez de vous connecter à une connexion sans fil sécurisée, Windows 10 ouvre un panneau (Figure 3.5) dans lequel vous devez taper la clé WEP ou WAP.

La clé WEP ou WAP vous a généralement été fournie avec votre équipement, mais vous pouvez en changer en accédant à la page de configuration du routeur (reportez-vous à la section « Configurer un routeur », précédemment dans ce chapitre) et en recherchant les options de sécurité.

Si le nom du réseau sans fil est affiché, ignorez l'Étape 5.

❺ **Connectez-vous au routeur puisque le nom du réseau sans fil n'apparaît pas.**

Si le nom du routeur n'apparaît pas, c'est peut-être parce que le signal est trop faible. À l'instar des stations de radio et des émetteurs de téléphones mobiles, les réseaux sans fil ont une portée limitée. En terrain libre, sans obstacle, le signal Wi-Fi porte à une centaine de mètres, mais en intérieur, les murs, planchers et plafonds réduisent sensiblement la zone couverte. Dans ce cas, essayez de rapprocher l'ordinateur du point d'accès ou du routeur sans fil. Essayez différents emplacements en cliquant chaque fois sur le bouton Actualiser jusqu'à ce le réseau apparaisse.

Lorsque cela vous sera demandé, entrez le nom du routeur et, si exigée, la clé de sécurité réseau. Après avoir obtenu ces deux informations, Windows ouvre la connexion. Le réseau sans fil est créé.

Figure 3.5

Entrez la clé de sécurité réseau du routeur.

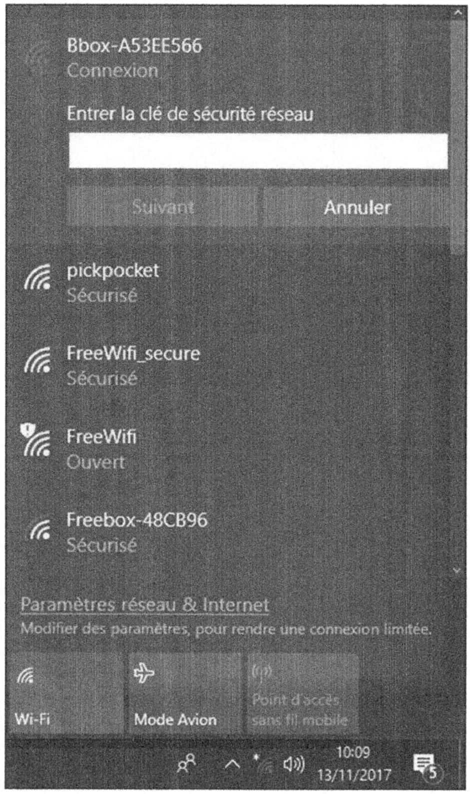

Si votre maison à étage(s) est constituée de murs tellement épais que le signal Wi-Fi de votre box est vite perdu dès que vous vous en éloignez, investissez dans un répéteur Wi-Fi pour résoudre ce problème. Il s'agit d'un petit appareil illustré à la Figure 3.6. Il sert de relais Wi-Fi afin d'augmenter la portée de votre signal initial. Vous branchez le répéteur sur une prise de courant standard située à la limite de la portée Wi-Fi de votre box. Le répéteur va capter ce signal et le diffuser depuis sa position. En d'autres termes, le répéteur augmente la portée du signal Wi-Fi permettant alors de le capter dans des parties de votre habitation qu'il ne couvrait pas.

Une fois connectés, les autres ordinateurs du réseau peuvent tous accéder à Internet et partager leurs ressources (fichiers, imprimante, *etc.*).

Le seul avantage d'un ordinateur portable est de l'emmener avec vous pour travailler. *De facto*, un réseau Wi-Fi semble indispensable pour profiter de la mobilité de votre machine.

Partie 2
Un Web peut en cacher un autre

Dans cette partie...

Aucun doute sur ce point : le Web est l'endroit le plus populaire d'Internet. Il a d'ailleurs pris un tel essor ces dernières années que le grand public a tendance à l'assimiler à Internet. Nous vous expliquons ici ce qu'est exactement le Web et comment en tirer parti. Nous vous donnons également de bonnes astuces pour y trouver plus facilement ce que vous cherchez.

Chapitre 4

Le monde merveilleux et farfelu du Web

DANS CE CHAPITRE

Hyper quoi ?

Connaître les URL.

Pointer, cliquer, parcourir, surfer et autres connaissances de base.

Introduction à Microsoft Edge.

Ce chapitre explique ce qu'est le Web, d'où il vient et comment utiliser le navigateur Microsoft Edge introduit par la toute première version de Windows 10. Vous apprendrez à employer votre navigateur Web pour afficher des pages Web. Si vous êtes déjà un habitué du Net, passez directement au Chapitre 5.

Présentation du Web

Le Web est un ensemble de « pages » contenant des informations reliées logiquement les unes aux autres et réparties sur toute la surface du globe. Chaque page peut contenir du texte, des images, des sons, des animations, de la vidéo. Ce sont ces liens, dits *hypertextes,* entre les pages qui rendent le Web si intéressant. Chacun pointe vers une autre page et l'ouvre lorsque vous cliquez dessus. L'affichage de ces pages s'effectue avec un programme spécialisé : le *navigateur.*

Les liens hypertextes peuvent ouvrir des pages situées à Sydney, Johannesburg, Darmstadt, Oslo ou bien simplement de l'autre côté de votre rue.

Les liens

Le système hypertexte crée des liens entre diverses bribes d'informations. Au fur et à mesure que vous établissez ces liens informatiques, vous contribuez à tisser cette toile d'araignée d'où le Web (« toile » en anglais) tire son nom. Les pages visées peuvent se trouver n'importe où dans le monde.

Toutes les informations peuvent être consultées de façon automatisée par des logiciels, appelés *moteurs de recherche*, qui permettent d'obtenir en quelques secondes toutes les références et occurrences des termes recherchés.

C'est ce système de documents pointant les uns vers les autres qu'on appelle *hypertexte*. La Figure 4.1 montre comment se présente une page Web. Chaque mot ou groupe de mots en gras et de couleur bleu marine est en réalité un *lien* pointant vers une autre page.

Figure 4.1

Sur cette page, les mots ou expressions en gras et en bleu marine, ainsi que les images sont des liens susceptibles d'ouvrir d'autres pages.

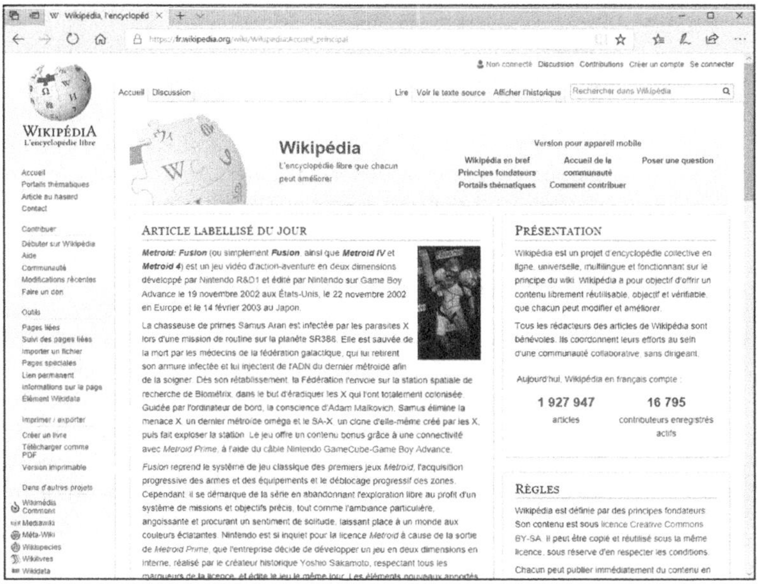

L'*hypertexte* est un moyen de relier des informations de façon à faciliter leur découverte. Dans les bibliothèques traditionnelles, les informations sont classées de façon arbitraire, souvent par ordre alphabétique d'auteur, parfois par sujet. Ce type de classement ne reflète pas nécessairement l'existence d'un lien logique d'un ouvrage à l'autre. Dans le monde de l'hypertexte, en revanche, les informations sont organisées selon les liens logiques qui existent entre elles, ce qui semble plus... logique !

Un nom pour chaque pagePour trouver une page particulière sur le Web, vous devez en connaître l'adresse. Dans le monde de l'Internet, cette adresse s'appelle une *URL* (*Uniform Resource Locator*, adresse de ressource unifiée). Elle repose sur un système d'adressage universel permettant une identification unique. Une URL est une succession de termes commençant par `http://` et continuant souvent par `www`. Vous en savez désormais suffisamment pour vous lancer dans la navigation.

La navigation

Pour « surfer » sur le Web, vous devez utiliser un *navigateur*, c'est-à-dire un logiciel qui récupère les pages Web et les affiche sur votre écran.

Sous Windows 10, Internet Explorer a été remplacé par défaut par Microsoft Edge, dont la page d'accueil est illustrée à la Figure 4.2. Ce livre traitera uniquement de la navigation avec ce nouvel utilitaire qui est détaillé au Chapitre 5.

Microsoft Edge ne peut être utilisé avec les anciennes versions de Windows !

Figure 4.2

Microsoft Edge, le nouveau navigateur Web de Microsoft sous Windows 10.

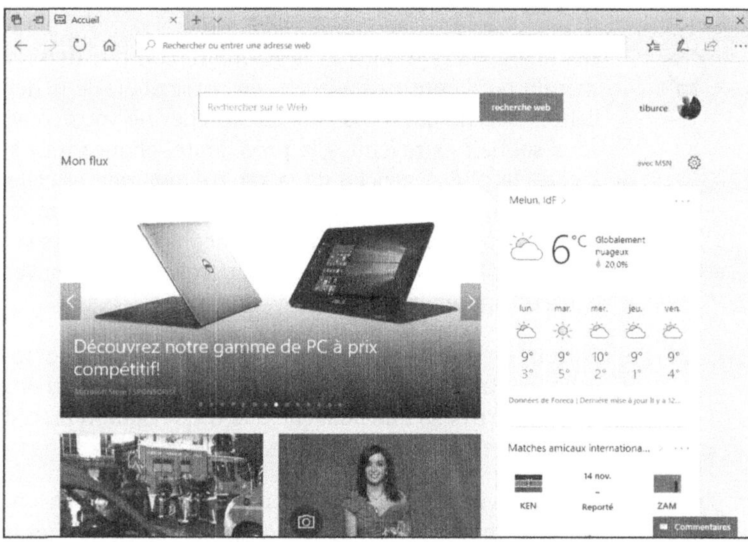

Surfer avec votre navigateur

Lorsque vous ouvrez Microsoft Edge, vous affichez une page par défaut qui ne correspondra certainement pas à ce que vous souhaitez consulter chaque fois que vous démarrez ce programme. Microsoft l'appelle la page de démarrage. Elle affiche le flux d'actualité du site Web MSN de Microsoft bien entendu.

Microsoft Edge se voulant être un navigateur Web innovant, cette page de démarrage n'a rien en commun avec feu Internet Explorer. Par défaut, elle ouvre un onglet Accueil. Il suffit de cliquer dans le champ Rechercher sur le web pour taper un mot, une question, une phrase, ou une adresse de site afin d'obtenir une liste de résultats. Cliquez alors sur celui correspondant à l'objet de votre requête.

Petite exploration

Pour aller d'une page à une autre sur le Web, il suffit de cliquer sur un lien. À l'écran, il peut se présenter sous la forme d'une image, d'un mot ou d'une suite de mots affichés dans une autre couleur que le texte normal (en bleu, le plus souvent) et souligné. Si vous n'êtes pas certain que ce soit bien un lien, observez le pointeur de la souris : de flèche, il se change en main lorsqu'il est placé sur un lien.

Arrière toute !

Les navigateurs n'ont pas la mémoire courte : ils se souviennent du chemin qu'ils ont parcouru et, en particulier, de la dernière page affichée. Si celle que vous venez d'afficher ne vous convient pas et que vous souhaitiez revenir à la précédente, cliquez tout simplement sur l'icône la plus à gauche de la rangée supérieure, celle qui porte une flèche tournée vers la gauche. Vous pouvez également passer par le clavier : appuyez sur la touche fléchée pointant vers la gauche tout en maintenant enfoncée la touche Alt (celle qui se trouve à gauche de la barre d'espacement).

Parfois, en cliquant sur un lien, la page atteinte s'ouvre dans une nouvelle fenêtre du navigateur Web, ou dans un nouvel onglet. Lorsqu'un lien s'ouvre dans une nouvelle fenêtre, le bouton Précédent ou Reculer d'une page n'est pas accessible.

Vous pouvez demander à Microsoft Edge d'ouvrir un lien dans une nouvelle fenêtre ou un nouvel onglet. Pour cela, faites un clic droit sur le lien en question qu'il s'agisse d'un texte ou d'une image. Dans le menu contextuel qui apparaît, exécutez la commande Ouvrir dans un nouvel onglet ou Ouvrir dans une nouvelle fenêtre. Une autre méthode consiste à maintenir la touche Ctrl enfoncée tout en cliquant sur le lien pour l'ouvrir dans un nouvel onglet, et d'utiliser la touche Maj pour l'ouvrir dans une nouvelle fenêtre.

Où aller ? On appelle *page d'accueil* la page principale d'un site Web. La page d'accueil est comparable à la page de couverture d'un magazine : elle donne une idée de ce que vous trouverez dans le site. Voici comment accéder à une page d'accueil :

1. **Dans la page de démarrage de Microsoft Edge, cliquez dans le champ Rechercher sur le web.**

2. **Saisissez simplement quelques mots du nom du site.**

   Exemple : `éditions first`.

3. **Cliquez sur une des propositions, comme le montre la Figure 4.3.**

Figure 4.3

Quelques mots suffisent bien souvent à trouver ce que vous cherchez.

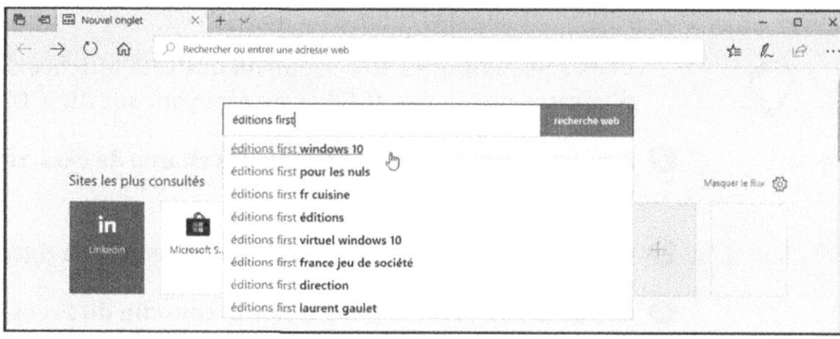

Bien entendu, vous pouvez saisir directement l'adresse du site Web. Dans ce cas, le premier résultat correspondra au site en question et sera sélectionné par défaut. Vous n'aurez plus qu'à appuyer sur la touche Entrée de votre clavier.

Vous pouvez également taper l'objet de votre recherche dans la barre d'adresse située dans la barre d'outils en haut de l'interface, comme le montre la Figure 4.4.

Si l'URL de la page que vous désirez charger figure dans un courrier électronique, un message lu sur un forum ou dans un traitement de texte, vous pouvez la transférer dans la boîte de saisie de votre fenêtre de navigation au moyen d'un classique copier/coller, ce qui vous évite de la retaper avec les risques d'erreur que cela implique :

1. **Sélectionnez l'URL que vous souhaitez copier.**

   En général, en la balayant du pointeur de votre souris, tout en maintenant enfoncée la touche Maj.

Figure 4.4

La barre d'adresse de Microsoft Edge.

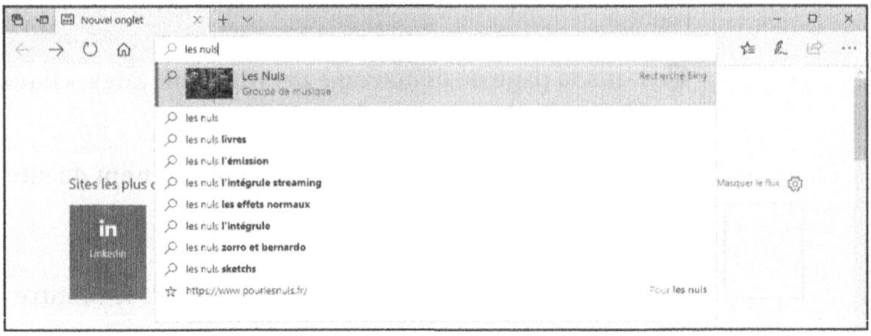

Vous pouvez également faire un clic droit sur le lien, et exécuter la commande Copier l'adresse du lien (ou équivalent) du menu contextuel qui apparaît.

Vous sélectionnerez très rapidement l'URL affichée dans la barre d'adresse de Microsoft Edge en appuyant sur Alt + D.

2 Appuyez sur Ctrl + C pour copier la chaîne de caractères dans le Presse-papiers.

3 Cliquez dans le champ de saisie d'adresse du navigateur.

4 Appuyez sur Ctrl + V pour coller le contenu du Presse-papiers et appuyez sur Entrée.

De nombreux autres logiciels de courrier font mieux encore : ils interprètent automatiquement les URL placées dans leurs messages e-mail de sorte que, lorsque vous passez le pointeur de la souris sur une adresse que vous avez reçue, celui-ci se change en main. Il suffit alors de cliquer ou de double-cliquer pour démarrer le navigateur et afficher la page Web correspondante.

De malfaisants personnages, auteurs de pages Web frauduleuses, peuvent facilement créer des courriers contenant des URL qui, lorsque vous cliquez dessus, ne vous envoient pas du tout là où vous pensiez aller. Bien évidemment, vous ne vous rendez compte de rien. Méfiez-vous des messages dont l'origine semble suspecte. Par exemple, si vous recevez un message émanant soi-disant de votre banque, ne cliquez pas sur le lien proposé. En effet, vous risquez de tomber sur une fausse page identique à celle du site Web de votre banque. On vous demande votre nom d'utilisateur, votre mot de passe et votre numéro de compte bancaire. (Consultez le Chapitre 1 pour plus d'informations sur cette technique appelée *hameçonnage*.) Rendez-vous toujours sur le site de votre banque en saisissant son adresse dans la barre d'adresse de votre navigateur Web, mais jamais en cliquant sur un lien figurant dans un courrier.

Sortez-moi de là !

Tôt ou tard, il va bien falloir que vous vous arrêtiez de surfer sur le Web, ne serait-ce que pour aller manger ou satisfaire quelque besoin naturel. Avec Microsoft Edge, vous n'avez que deux techniques pour fermer le programme :

» **Cliquez sur le bouton de fermeture X situé dans l'angle supérieur droit de la fenêtre.**

» **Exécutez le raccourci Alt + F4.**

Chapitre 5

Microsoft Edge

DANS CE CHAPITRE

Ouvrir et Personnaliser Microsoft Edge.

Naviguer avec Edge.

Appliquer des paramètres avancés.

Bloquer les fenêtres contextuelles.

Naviguer en privé.

Découvrir le Hub.

Créer des listes de lecture.

Utiliser le mode Lecture et Annoter les pages.

Gérer les Favoris

Accéder à des sites depuis la barre des tâches

Enregistrer des images

Imprimer des pages Web.

Demander au navigateur de mémoriser les noms d'utilisateur et les mots de passe.

Avec Windows 10, Microsoft propose une nouvelle version d'Internet Explorer qui fonctionne aussi bien en mode tablette qu'en mode standard, et qui répond au nom de Microsoft Edge, ou Edge pour les intimes. La version développée avec la mise à jour Fall Creator Update de Windows 10 d'octobre 2017 a ajouté quelques fonctionnalités dont nous évoquerons ici les plus importantes. Microsoft Edge change radicalement d'Internet Explorer qui reste utilisable sous Windows 10, mais que Microsoft s'est empressé de dissimuler aux yeux des utilisateurs pour l'inviter à porter son dévolu sur Edge.

Bien entendu, rien ne vous empêche d'utiliser sous Windows 10 un autre navigateur Web comme Chrome ou Firefox. Il suffit de les télécharger sur Google pour le premier, et sur le site Mozilla pour le second.

Ouvrir et Personnaliser Microsoft Edge.

La nature Microsoft est bien faite puisque dès que vous arrivez sous Windows 10 pour la première fois, vous observez la présence d'une icône d'Internet Explorer bien différente de celles des versions antérieures de Windows, et représentée ci-contre. Il s'agit d'un raccourci qui ouvre le nouveau navigateur Web de Microsoft, c'est-à-dire Edge.

Exécuter et quitter Microsoft Edge

Pour utiliser Edge et ainsi surfer sur le Web, suivez ces quelques étapes :

1. **Cliquez sur l'icône Microsoft Edge située à gauche de la Barre des tâches de Windows 10.**

   Si par une incroyable malchance, cette icône était absente de votre Barre des tâches, cliquez dans le champ Taper ici pour rechercher de Cortana (à droite du bouton Démarrer) et tapez immédiatement **edge**. Il ne vous restera plus qu'à cliquer sur Microsoft Edge qui apparaît en premier choix de la liste des résultats.

   Vous pouvez également activer le champ de recherche de Cortana en appuyant sur la touche Windows de votre clavier.

   L'interface apparaît comme sur la Figure 5.1.

Figure 5.1

Microsoft Edge prêt pour surfer sur le Net.

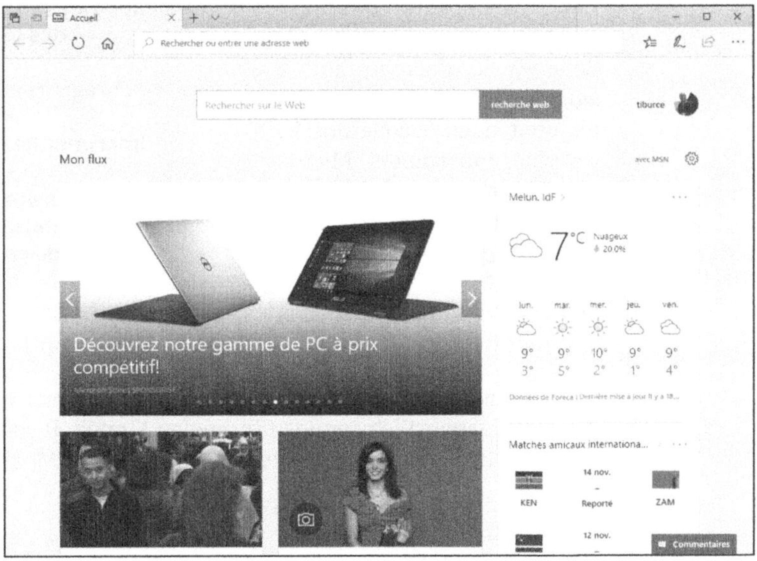

2. **Si Edge ne vous passionne pas et que vous préférez un autre navigateur, quittez le programme par un clic sur le bouton de fermeture X situé dans son angle supérieur droit.**

Une autre technique consiste à exécuter le raccourci clavier Alt + F4. Ne cherchez pas de barre de menus, Microsoft Edge en est dépourvu !

Personnaliser Edge

L'interface d'Edge est simple donc limpide. Bien que limitée, la personnalisation du programme est possible en suivant ces quelques étapes :

1. **Pour personnaliser Microsoft Edge, cliquez sur le bouton Paramètres et plus situé dans l'angle supérieur droit de la fenêtre.**

2. **Dans le volet qui apparaît, cliquez sur Paramètres tout en bas de la liste des options.**

   Le volet Paramètres s'affiche.

3. **Changez la couleur de l'interface via le menu local Choisir un thème.**

Figure 5.2

Pour changer la couleur de l'interface.

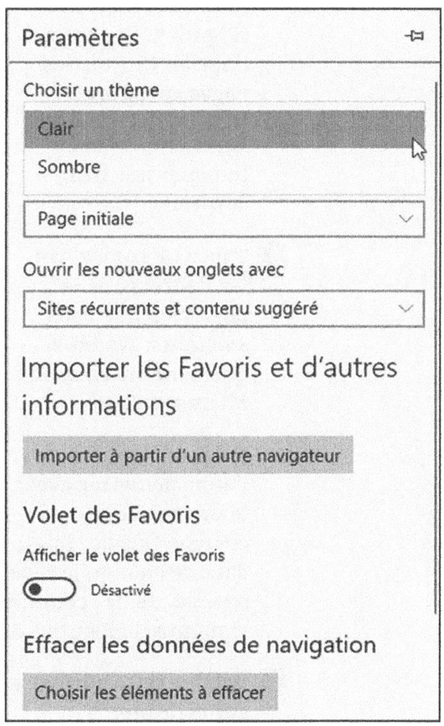

   Comme le montre la Figure 5.2, vous avez le choix entre Clair et Sombre. Clair est la couleur gris clair par défaut. Sombre appliquera un gris très, mais alors très foncé.

   Edge applique instantanément vos modifications. Il est donc inutile de rechercher un bouton de type Enregistrer ou Appliquer.

4. **Si vous souhaitez afficher la barre des Favoris sous la barre d'adresse, basculez le commutateur Afficher le volet des Favoris de la position Désactivé à la position Activé.**

   Il suffit de cliquer dessus. Le commutateur

devient bleu attestant ainsi de l'activation de la fonction. Le volet (ou plutôt la barre) apparaît sous la barre d'adresse. Bien entendu, comme vous débutez avec Microsoft Edge, elle ne contient aucuns Favoris.

5. **Quittez les Paramètres en cliquant sur un espace vide d'Edge.**

   Toutes vos modifications sont alors validées.

Choisir votre page de démarrage

Par défaut, Edge affiche une page d'informations MSN chaque fois que vous démarrez le programme. Voici comment ouvrir Edge sur la page de votre choix :

1. **Démarrez Edge.**

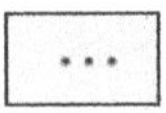

2. **Cliquez sur le bouton Paramètres et plus situé dans l'angle supérieur droit de la fenêtre. Dans le volet qui apparaît, cliquez sur Paramètres.**

3. **Dans la section Ouvrir Microsoft Edge avec (Figure 5.3) activez l'option Une ou des pages spécifiques.**

   Un champ de saisi Indiquer une URL apparaît.

4. **Tapez ou copiez-collez l'adresse de la page Web que vous souhaitez systématiquement ouvrir avec Microsoft Edge.**

   Personnellement, j'aime démarrer avec le moteur de recherche Google. Donc, dans ce champ, je tape `www.google.fr`, comme le montre la Figure 5.4.

Figure 5.3

Pour choisir la page de démarrage de Microsoft Edge.

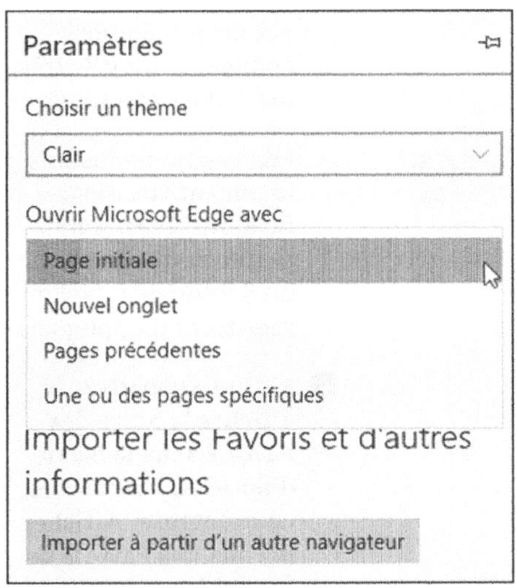

5. **Validez cette adresse par un clic sur l'icône de la disquette affichée sur la droite.**

6. **Pour ouvrir d'autres pages dans des onglets, cliquez sur le lien Ajouter une nouvelle page.**

   Microsoft Edge ouvrira dans des onglets, à son démarrage, toutes les pages ainsi ajoutées.

7. **Pour supprimer une page ainsi ajoutée, cliquez sur l'icône X située à droite de son URL.**

8. **Pour vérifier que votre modification fonctionne, fermez Edge par un clic sur son bouton de fermeture X, puis redémarrez-le.**

Figure 5.4

Pour démarrer sur une page spécifique.

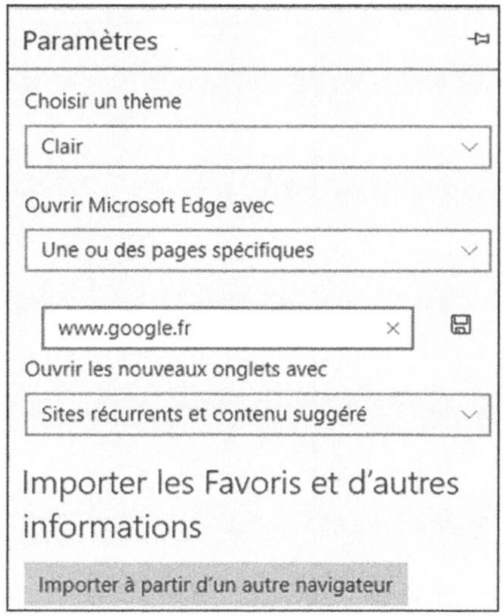

Comme le montre la Figure 5.5, mon Microsoft Edge ouvre bien Google comme premier onglet. Le second étant réservé au site Adobe (éditeur de Photoshop).

Vous pouvez aussi définir la Page initiale, la page Nouvel onglet, et les pages précédentes. Attention, car Edge ne démarrera que sur l'option définie dans cette section des Paramètres du navigateur. Donc, pour ouvrir sur Google, je dois activer Une ou des pages personnalisés.

Naviguer avec Edge

La navigation avec Microsoft Edge ne diffère pas beaucoup de celle que vous aviez l'habitude de mener avec Internet Explorer. Nous dirons qu'elle se retrouve tout aussi épurée que l'interface elle-même du navigateur.

Naviguer jusqu'à un site Web

Edge permet de naviguer jusqu'à un site Web de deux manières :

» Depuis la page de démarrage par défaut.

» Depuis la barre d'adresse.

Figure 5.5

Deux onglets définis comme pages de démarrage de Microsoft Edge.

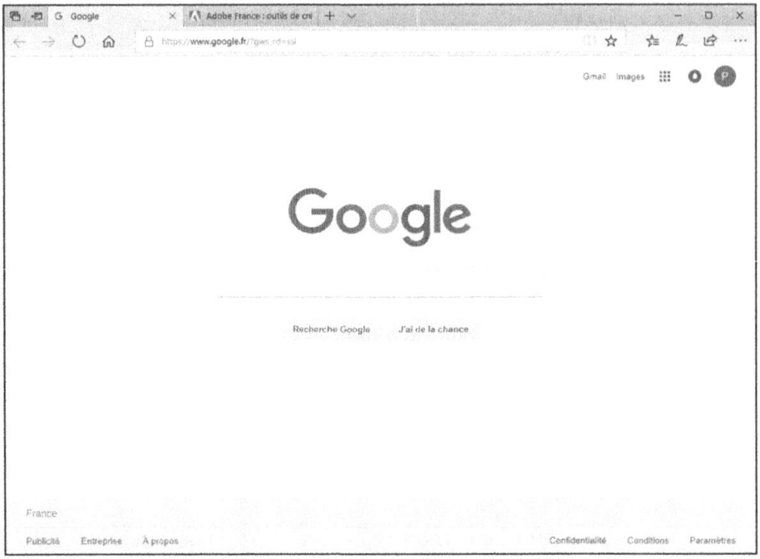

Depuis la page de démarrage par défaut

Nous partons de l'hypothèse selon laquelle vous n'avez pas modifié la page de démarrage comme expliqué dans la précédente section. Conformez-vous alors aux étapes suivantes :

1. **Dans le champ Rechercher sur le web, saisissez un mot, une phrase, une question, ou bien directement l'adresse du site.**

   Sur la Figure 5.6, j'ai tapé Windows 10 afin de trouver des sites donnant des informations sur le nouveau système d'exploitation de Microsoft.

2. **Cliquez sur la proposition se rapprochant le plus de l'objet de votre requête.**

   Si aucune proposition ne vous donne satisfaction, choisissez tout simplement la première. Vous accéderez alors à la page Web du moteur de recherche Bing de Microsoft. Pour changer ce moteur de recherche par défaut, consultez la section « Changer le moteur de recherche par défaut d'Edge » plus loin dans ce chapitre.

   Si vous saisissez directement l'adresse d'un site, en tapant par exemple `www.microsoft.fr`, contentez-vous d'appuyer sur la touche

Figure 5.6

Recherche de sites sur Windows 10.

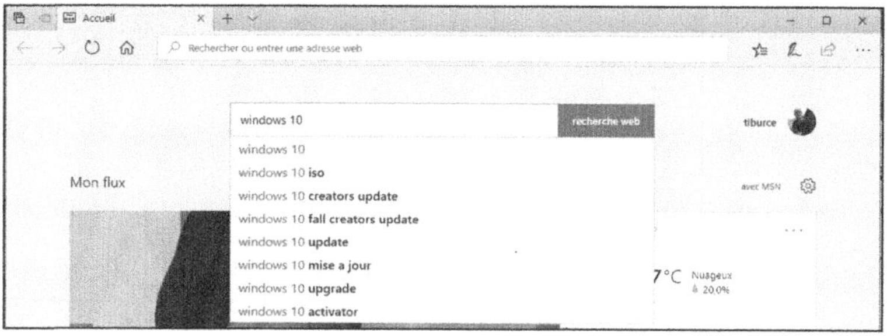

Entrée de votre clavier afin d'accéder à la page Web d'accueil du site.

C'est une technique simple et efficace. L'autre consiste à utiliser la barre d'adresse d'Edge.

Depuis la barre d'adresse

Cette technique vous sera utile depuis la page de démarrage du navigateur, mais aussi et surtout dans d'autres pages ouvertes dans des onglets ou dans d'autres fenêtres d'Edge (voir sections suivantes).

La barre d'adresse n'est pas affichée par défaut dans la page de démarrage ou lorsque vous créez un nouvel onglet.

Voici comment utiliser la barre d'adresse lorsque vous n'êtes pas sur un site Web :

1. **Cliquez directement sur la barre d'outils.**

   La Figure 5.7 montre la barre d'adresse de Microsoft Edge qui apparaît alors dans la barre d'outils.

2. **Utilisez cette barre d'adresse comme le champ de recherche de la page de démarrage par défaut d'Edge, selon les explications données dans la précédente section.**

   Tout ce qui a été expliqué sur la saisie des requêtes dans la section Où aller ensuite est valable pour la barre d'adresse d'Edge.

Naviguer parmi les pages

Très rapidement, vous allez naviguer de page en page au sein d'un même onglet, c'est-à-dire de l'onglet de démarrage de Microsoft Edge.

Figure 5.7

La barre d'adresse de Microsoft Edge.

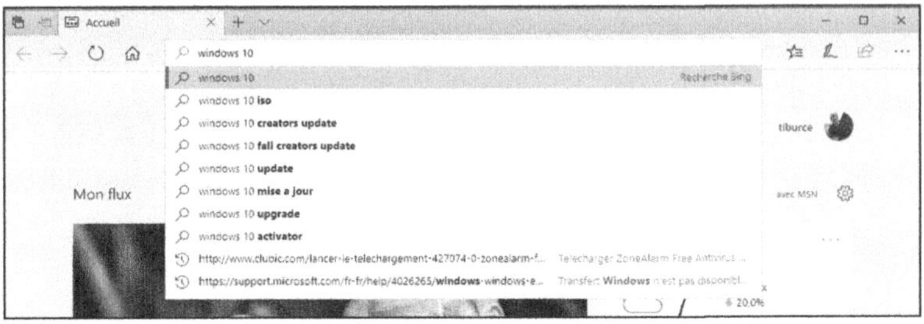

Nous verrons dans la prochaine section comment naviguer avec plusieurs onglets, c'est-à-dire comment accéder à plusieurs pages Web sans quitter celles déjà ouvertes.

La navigation dans une page Web se fait par des clics sur des textes mis en évidence (en gras et ou en bleu et souvent soulignés) ou des images. On parle de liens hypertextes. En règle générale, la nouvelle page qui apparaît remplace l'ancienne.

Voici quelques astuces pour naviguer plus rapidement parmi les pages d'un même site ou entre divers sites visités :

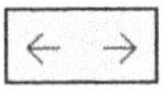

» **Précédent et Tranférer :** Lorsque vous naviguez dans les pages d'un site, les deux boutons illustrés ci-contre deviennent actifs. Ainsi, pour revenir sur la page précédente, c'est-à-dire celle depuis laquelle vous avez cliqué sur un lien, utilisez le bouton Précédent (flèche vers la gauche). Donc, vous cliquerez logiquement sur le bouton Suivant (étrangement appelé Transférer par Microsoft) pour revenir à la page que vous avez quittée en cliquant sur le bouton Précédent.

» **Accueil :** Si vous êtes un peu perdu dans votre navigation, revenez à votre domicile exactement comme vous le feriez avec un GPS. Cliquez simplement sur le bouton Accueil (maison) de la barre d'outils. Edge affichera alors la page de démarrage, c'est-à-dire celle qui s'affiche lorsque vous ouvrez une nouvelle session Microsoft Edge.

Comment ? Vous ne voyez pas cette icône. Edge est un farceur. Voici comment l'afficher :

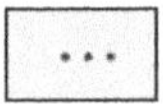

1. **Cliquez sur le bouton Paramètres et plus.**
2. **Dans le volet qui apparaît, cliquez sur Paramètres.**

❸ **Faites défiler le contenu de ce volet et cliquez sur Afficher les paramètres avancés.**

❹ **Dans la section Afficher le bouton Accueil, basculez le commutateur en position Activé.**

Le bouton apparaît dans la partie supérieure droite de l'interface.

Vous cliquerez sur le bouton Actualiser lorsque le contenu d'une page ne parviendra pas à s'afficher correctement, ou lorsque la page mettra beaucoup de temps à apparaître. Vous utiliserez aussi ce bouton lorsque vous aurez l'impression que la page affichée présente des informations obsolètes. Le fait d'actualiser son contenu rechargera la dernière version de la page en question.

Retrouver rapidement une page avec l'Historique

Surfer sur le Net peut vous conduire un peu n'importe où au point de ne plus trop savoir comment retrouver une page Web qui vous intéresse, mais que vous avez consultée il y a quelques minutes, heures, semaines, voire plus. Dans ce cas, les boutons Précédent et Suivant ne suffiront pas. Ainsi, pour retrouver rapidement une page ou un site précis, utilisez la fonction d'historique de Microsoft Edge en suivant cette procédure :

❶ **Cliquez sur le bouton d'ouverture du Hub situé dans la partie supérieure droite d'Edge.**

L'utilisation détaillée est étudiée à la section « Découvrir le Hub », plus loin dans ce chapitre.

❷ **Dans le menu local qui apparaît, cliquez sur le bouton Historique.**

Comme le montre la Figure 5.8, vous accédez à une série de dates ou de périodes sous lesquelles sont mémorisées toutes les pages que vous avez visitées.

❸ **Cliquez sur la petite flèche située à gauche d'une date ou d'une période pour accéder à la liste des pages visitées antérieurement.**

❹ **Cliquez sur la page que vous recherchiez afin d'y accéder instantanément (Figure 5.9).**

❺ **Pour supprimer une entrée de l'historique, c'est-à-dire l'adresse d'une page ou une périodicité, placez le pointeur de la souris dessus, puis cliquez sur le bouton de suppression X qui apparaît sur sa droite.**

Figure 5.8

L'Historique de navigation de Microsoft Edge.

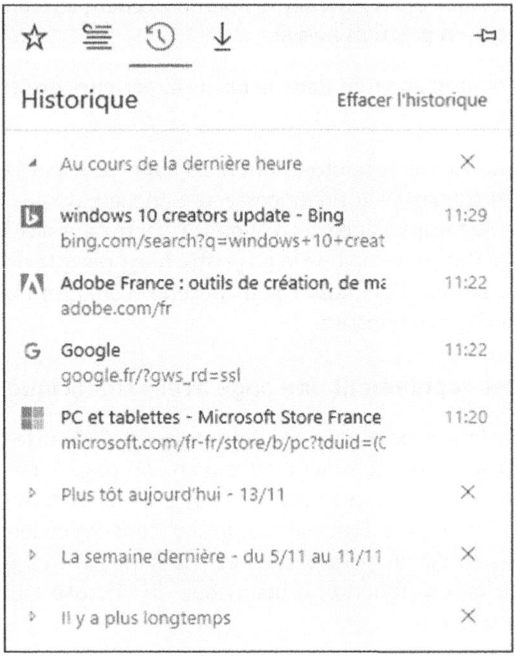

❻ **Si le contenu de l'historique devient trop important, ou si vous ne souhaitez pas qu'un autre utilisateur de l'ordinateur puisse connaître votre navigation, cliquez sur le lien Effacer tout l'historique.**

La suppression de l'historique libère de l'espace sur votre disque dur.

Utiliser les onglets

Comme tous les navigateurs modernes, Microsoft Edge permet de naviguer en utilisant des onglets. Cela évite d'ouvrir plusieurs fenêtres du programme pour afficher plusieurs pages Web. Grâce aux onglets, vous pouvez passer très rapidement d'une page à une autre. Voici comment utiliser la navigation par onglets de Microsoft Edge :

❶ **Pour utiliser un autre onglet, cliquez simplement sur le signe + situé à droite du dernier onglet de la fenêtre d'Edge.**

Figure 5.9

Cliquez sur la page à consulter.

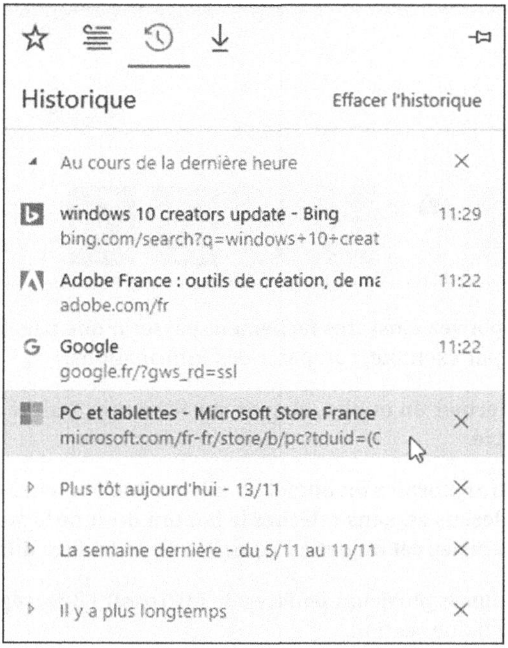

Le contenu de cet onglet dépend de ce que vous avez défini dans les paramètres des pages de démarrage d'Edge. Par défaut, tout nouvel onglet affiche la liste des sites les plus consultés comme le montre la Figure 5.10. Pour changer ce contenu par défaut, reportez-vous à la section « Choisir votre page de démarrage » plus haut dans ce chapitre.

Vous pouvez personnaliser ce contenu par un clic sur l'icône de l'engrenage à droite de la mention Masquer le flux. Si vous privilégiez la première option, choisissez vos sujets favoris dans la liste qui devient active. Validez votre choix par un clic sur le bouton Enregistrer.

2. **Utilisez ce nouvel onglet pour accéder à un site Web comme cela est expliqué un peu plus haut dans ce chapitre.**

3. **Pour passer d'un onglet à un autre, cliquez dessus dans la barre d'onglets d'Edge.**

Vous passerez d'un onglet à un autre *via* le raccourci clavier Ctrl + Tab ou Ctrl + Maj + Tab.

Figure 5.10

Un nouvel onglet ouvert dans Microsoft Edge.

Vous pouvez ainsi très facilement passer d'une page à une autre pour, par exemple, comparer des informations.

4 Pour fermer un onglet, cliquez sur le bouton X situé à droite de son titre.

5 Pour transformer un onglet en une nouvelle fenêtre d'Edge, cliquez dessus et, sans relâcher le bouton droit de la souris, glissez-déposez cet onglet à l'extérieur de la fenêtre d'Edge.

Pour ouvrir plusieurs fenêtres de Microsoft Edge, reportez-vous à la prochaine section.

Ouvrir plusieurs fenêtres de Microsoft Edge

Nous avons vu qu'il était facile de naviguer avec des onglets. Pourtant, certains utilisateurs préféreront ouvrir plusieurs fenêtres d'Edge afin d'y afficher un contenu spécifique. La juxtaposition de ces fenêtres permettra de comparer des informations.

Contrairement aux autres programmes fonctionnant sous Windows 10, vous ne pouvez pas ouvrir une nouvelle fenêtre d'Edge en cliquant-droit sur son icône de la barre des tâches et en choisissant Microsoft Edge dans le menu contextuel qui apparaît. Cette action ne fait qu'afficher la fenêtre d'Edge en cours d'utilisation.

Voici les techniques permettant d'ouvrir une nouvelle fenêtre d'Edge :

- **Glisser-déposer un onglet d'Edge à l'extérieur de sa fenêtre.**
- **Faire un clic droit sur un lien d'une page Web et, dans le menu contextuel qui apparaît, choisir Ouvrir dans une nouvelle fenêtre, comme le montre la Figure 5.11.**

Figure 5.11

Pour ouvrir une nouvelle fenêtre de Microsoft Edge.

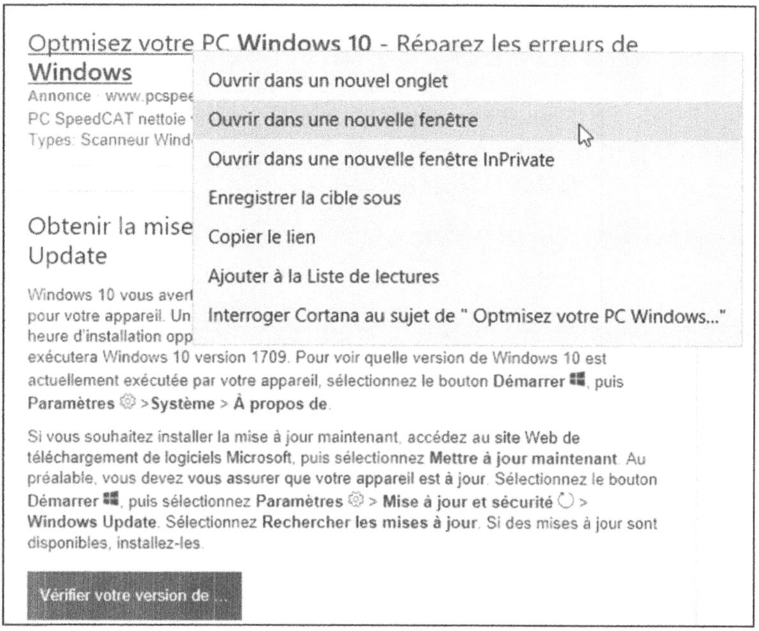

Naviguer en privé

La navigation privée permet de limiter les traces que vous laissez sur le Web. Voici comment la mettre en œuvre avec Microsoft Edge :

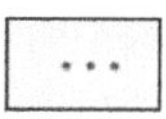

1. **Cliquez sur le bouton Paramètres et plus situé dans l'angle supérieur droit de la fenêtre d'Edge.**
2. **Dans le volet qui apparaît, choisissez Nouvelle fenêtre InPrivate, comme le montre la Figure 5.12.**
3. **Dans la fenêtre InPrivate d'Edge qui s'affiche (Figure 5.13), naviguez comme vous avez l'habitude de le faire.**

   InPrivate permet de ne pas enregistrer de cookies, d'historique, et de fichiers temporaires. Dès que vous fermez la navigation InPrivate, toutes les pages qui ont été téléchargées au cours de cette session sont effacées de votre ordinateur.

Figure 5.12

Pour naviguer en laissant le moins de traces possible.

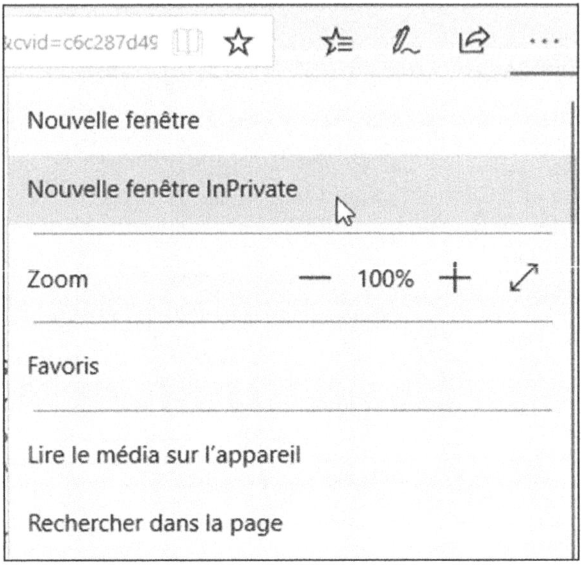

Figure 5.13

La navigation privée avec Microsoft Edge.

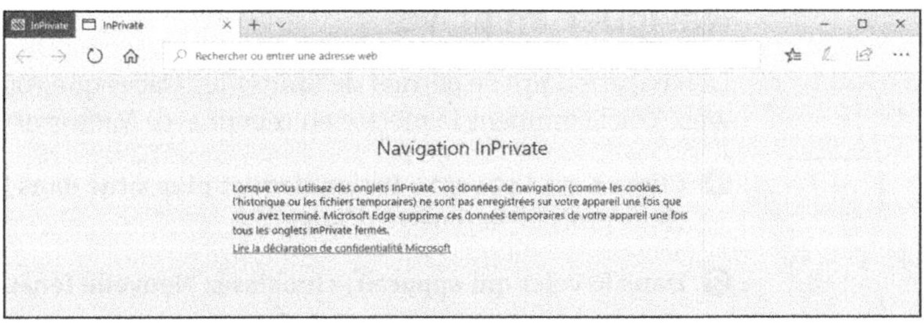

Naviguer sur votre téléphone et poursuivre sur votre PC

Soucieux de maintenir les pauvres individus que nous sommes dans un monde connecté, Microsoft fait le pari d'assurer une navigation Internet sans discontinuité entre votre smartphone et votre PC. En d'autres termes, commencez une navigation depuis votre téléphone et poursuivez-la sur votre ordinateur Windows 10. Théoriquement, il semble possible de déplacer vos contenus Web entre PC et smartphone, de personnaliser votre navigateur Edge sur votre mobile, et d'assurer la cohérence de vos favoris et de vos listes de lecture entre ces deux appareils.

Tentons d'en comprendre le fonctionnement. Tout commence par le téléchargement de l'application Microsoft Edge pour Android ou iOS sur votre téléphone (bien évidemment). Pour cela, il suffit de lancer l'application Google Play ou l'App Store, puis de saisir Microsoft Edge dans le champ de recherche. Une fois cette version pour Android ou iOS localisée, touchez le bouton Installer comme sur la Figure 5.14.

Figure 5.14

Installer Microsoft Edge sur votre téléphone Android.

Dès que l'installation est terminée, touchez le bouton Ouvrir. Pour que l'utilisation de Microsoft Edge sur smartphone puisse se poursuivre sur PC, vous devez utiliser le même compte Microsoft, c'est-à-dire celui que vous avez créé (ou utilisé) pour accéder à Windows 10. Dans l'application, vérifiez que le bon compte est ainsi proposé. Si ce n'est pas le cas, touchez Use another account (eh oui, désolé mais c'est en anglais pour le moment). Sinon, touchez la proposition telle que Continue as <adresse mail du compte Microsoft>. Microsoft vous demande ensuite si vous souhaitez partager avec Microsoft votre historique de navigation. Bien que l'on vous assure qu'aucune de vos données privées ne sera divulguée, à vous de prendre vos responsabilités. Personnellement, je réponds Not Now (c'est-à-dire Pas maintenant). Et voilà ! Vous êtes sur Internet avec Microsoft Edge sur votre smartphone, comme le montre la Figure 5.15.

Au moment où nous écrivons ces lignes, l'application Microsoft Edge sur smartphone Android est en anglais. En effet, la fonctionnalité n'en est encore qu'en phase de test, mais sa version définitive sera très proche de ce que nous expliquons aujourd'hui.

Figure 5.15

Navigation avec l'application Microsoft Edge.

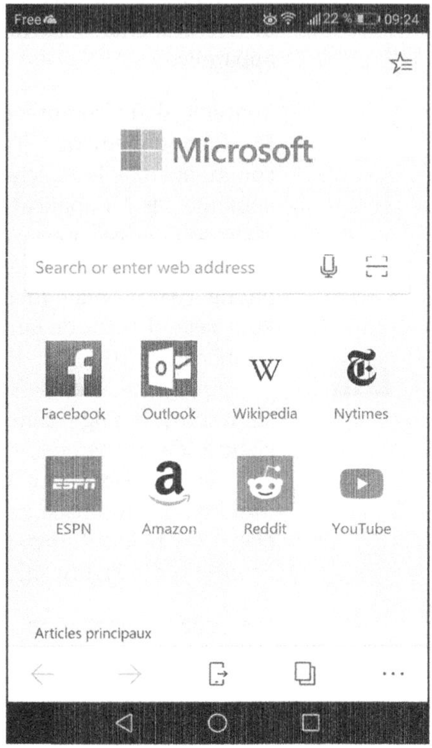

Voici comment établir un lien entre l'application Microsoft Edge sur smartphone et sur PC (ou tablette Windows 10) :

1. **Touchez l'icône de partage située en bas et au centre de l'application Microsoft Edge sur votre smartphone.**

   Se basant sur votre compte Microsoft, Edge recherche les appareils avec lesquels la connexion est possible.

2. **Dans la liste des appareils détectés, identifiez le nom de votre PC ou de votre tablette, et touchez-le.**

   Une requête est alors envoyée au PC (ou à la tablette) sur lequel Microsoft Edge s'ouvre, affichant exactement le contenu de la version smartphone du navigateur Web.

   L'utilisation est donc très simple. Naviguez avec votre téléphone lorsque vous n'avez ni ordinateur ni tablette à portée de main. Au moment de rentrer chez vous, touchez simplement l'icône de l'envoi du contenu vers votre PC (ou tablette), et reprenez là où vous aviez interrompu votre déambulation sur le Web.

Appliquer des paramètres avancés

Les paramètres avancés de Microsoft Edge vont permettre de personnaliser le comportement du programme et de mettre en œuvre quelques options de sécurité.

Changer le moteur de recherche par défaut d'Edge

Edge utilise le moteur de recherche Bing de Microsoft pour lister les résultats de vos requêtes faites dans la barre d'adresse du navigateur ou depuis le champ Rechercher sur le web. Voici comment imposer à Microsoft Edge le moteur de recherche de votre choix :

1. **Dans Edge, allez sur la page d'accueil du moteur de recherche que vous souhaitez utiliser comme Google ou Qwant.**

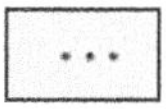

2. **Cliquez sur le bouton Paramètres et plus situé dans l'angle supérieur droit de l'interface d'Edge.**
3. **Dans le volet qui apparaît, choisissez Paramètres.**
4. **Faites défiler le contenu du volet Paramètres, et cliquez sur le bouton Afficher les paramètres avancés.**
5. **Si nécessaire, faites défiler le contenu de ces paramètres pour localiser le bouton Changer de moteur de recherche.**
6. **Cliquez sur ledit bouton, et sélectionnez le moteur en question.**

   La liste des moteurs de recherche s'enrichit de chaque nouveau moteur dont vous affichez la page dans Edge.

7. **Cliquez ensuite sur le bouton Définir par défaut, comme sur la Figure 5.16.**

   Désormais, les recherches depuis la barre d'adresse et depuis le champ de la section Où aller ensuite utiliseront ce nouveau moteur de recherche.

Bloquer les fenêtres contextuelles

Pour éviter d'être assailli, pour ne pas dire agressé, par des fenêtres publicitaires (ou autres) qui s'ouvrent de manière intempestive, activez le bloqueur de fenêtres contextuelles de Microsoft Edge comme ceci :

1. **Cliquez sur le bouton Paramètres et plus situé dans l'angle supérieur droit de l'interface d'Edge.**
2. **Dans le volet qui apparaît, choisissez Paramètres.**
3. **Faites défiler le contenu du volet Paramètres, et cliquez sur le bouton Afficher les paramètres avancés.**

Figure 5.16

Définir le moteur de recherche par défaut.

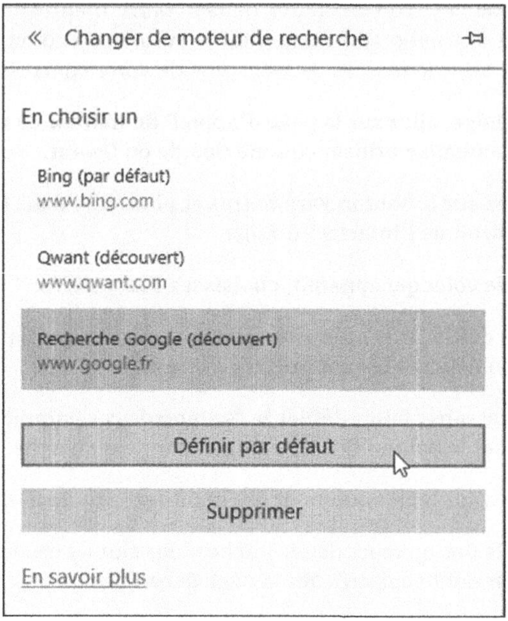

❹ **S'il est désactivé, basculez le commutateur Bloquer les fenêtres contextuelles en position Activé (bleue), comme à la Figure 5.17.**

La modification prend immédiatement effet.

Gérer les cookies

Les cookies sont de petits fichiers textes que les sites peuvent installer dans votre ordinateur pour faciliter et accélérer la navigation. Ainsi, c'est grâce aux cookies que certaines pages afficheront des informations qui vous intéressent plus que d'autres, ou encore qui vous éviteront d'avoir à taper votre mot de passe pour accéder à votre compte sur un site particulier. *De facto*, les cookies ne sont pas forcément mauvais. Si vous souhaitez définir le comportement d'Edge vis-à-vis des cookies, conformez-vous aux étapes suivantes :

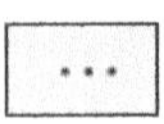

❶ **Cliquez sur le bouton Paramètres et plus situé dans l'angle supérieur droit de l'interface d'Edge.**

❷ **Dans le volet qui apparaît, choisissez Paramètres.**

Figure 5.17

Pour bloquer les fenêtres intempestives.

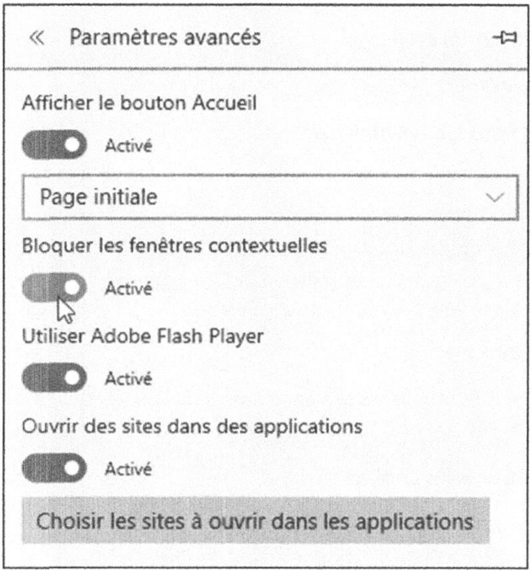

3. **Faites défiler le contenu du volet Paramètres, et cliquez sur le bouton Afficher les paramètres avancés.**

4. **Faites défiler le contenu du volet des paramètres, et ouvrez le menu local de la section Cookies.**

5. **Choisissez un des trois comportements suivants (Figure 5.18) :**

   - **Bloquer tous les cookies :** Avec cette option, aucun cookie ne sera installé sur votre ordinateur.
   - **Bloquer les cookies tiers uniquement :** Bloque les cookies qui sont enregistrés par les services Web externes, tels que les publicités incorporées sur les pages Web auxquelles vous avez accédé.
   - **Ne pas bloquer les cookies :** Option par défaut qui permet à tous les types de cookies d'être installés sur votre ordinateur.

   Votre choix prend immédiatement effet.

Figure 5.18

Choisissez le comportement d'Edge vis-à-vis des cookies.

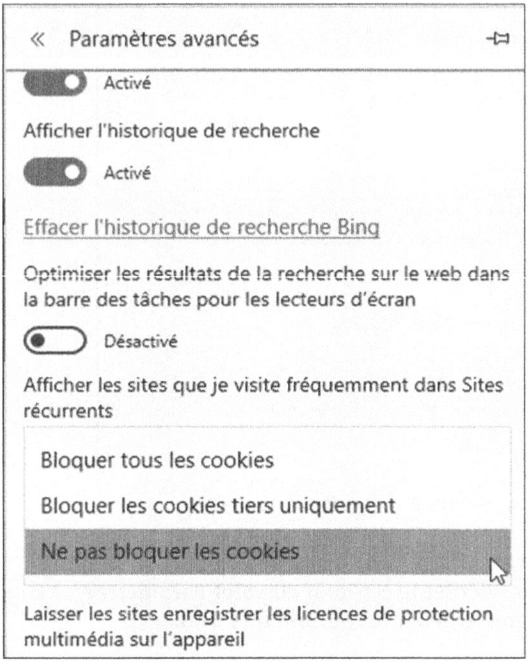

Activer le filtre SmartScreen

Le Filtre SmartScreen tente de détecter les programmes malveillants, les sites Internet d'hameçonnage et les fraudes en ligne lorsque vous naviguez sur Internet. Pour cela, le filtre effectue un certain nombre de choses :

» **Vérification des sites Internet selon une liste régulièrement mise à jour de sites de programmes malveillants et d'hameçonnage répertoriés.**

» **Vérification des téléchargements de logiciels selon une liste régulièrement mise à jour de sites de logiciels malveillants répertoriés.**

» **Informer l'utilisateur sur l'existence des sites Internet d'hameçonnage et d'autres sites Internet qui contiennent un programme malveillant qui peut conduire à l'usurpation d'identité.**

Lorsque le Filtre SmartScreen est activé, un écran d'avertissement d'un danger imminent apparaît dans le navigateur Web.

Voici comment activer le filtre SmartScreen :

1. **Cliquez sur le bouton Paramètres et plus situé dans l'angle supérieur droit de l'interface d'Edge.**
2. **Dans le volet qui apparaît, choisissez Paramètres.**
3. **Faites défiler le contenu du volet Paramètres, et cliquez sur le bouton Afficher les paramètres avancés.**
4. **Tout en bas du volet qui s'affiche, basculez le commutateur Me protéger contre les sites et les téléchargements malveillants avec Windows Defender SmartScreen, comme le montre la Figure 5.19.**

Figure 5.19

Activer le filtre SmartScreen.

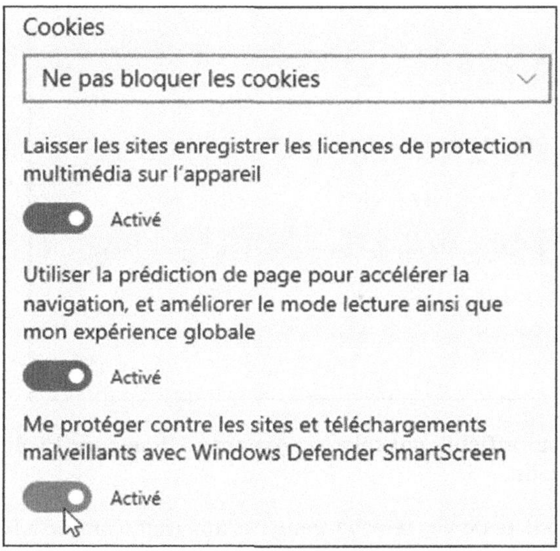

Le filtre est immédiatement actif.

Découvrir le Hub

Le Hub de Microsoft Edge est un volet qui permet de gérer votre historique (voir plus haut dans ce chapitre), vos Favoris, vos téléchargements et vos listes de lecture (une nouveauté Microsoft Edge). Cette section explique l'utilisation du Hub.

Gérer vos téléchargements

Lorsque vous téléchargez des fichiers avec Microsoft Edge, vous pouvez cliquer sur le bouton Afficher les téléchargements qui apparaît une fois le téléchargement terminé. Si vous ratez cette étape, voici comment accéder à vos téléchargements depuis Microsoft Edge :

1. **Cliquez sur le bouton représenté ci-contre de Microsoft Edge afin d'ouvrir le Hub, comme à la Figure 5.20.**

Figure 5.20

Le Hub de Microsoft Edge.

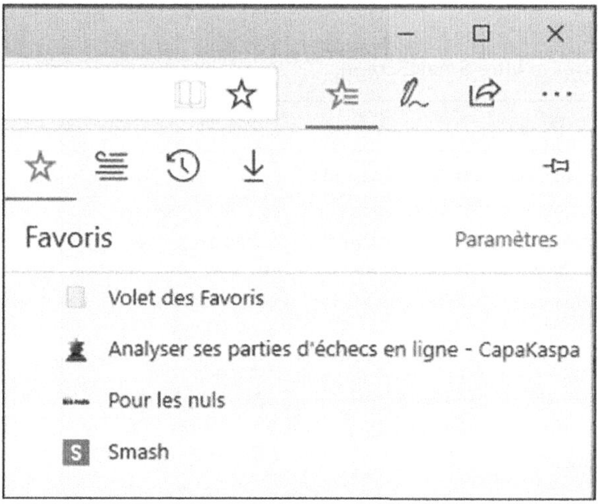

2. **Pour afficher vos téléchargements, cliquez sur l'icône située à droite.**

   La liste de vos téléchargements apparaît, comme à la Figure 5.21.

3. **Pour exécuter ou ouvrir un élément téléchargé, double-cliquez dessus.**

4. **Pour accéder au dossier des téléchargements** *via* **l'Explorateur de fichiers, cliquez sur le lien Ouvrir le dossier.**

Vous pouvez supprimer la liste des téléchargements par un clic sur le lien Effacer tout. Cette action ne supprime pas de votre disque dur les fichiers téléchargés, mais simplement leur référencement dans le volet Téléchargements du Hub. Par conséquent, vous retrouverez lesdits fichiers dans le dossier Téléchargements accessible *via* l'Explorateur de

Figure 5.21

La section Téléchargements du Hub.

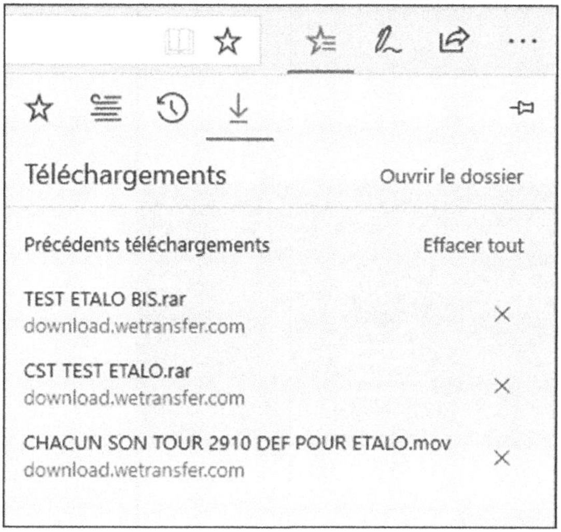

fichiers de Windows 10. Pour supprimer un élément de la liste, cliquez simplement sur le bouton X situé à droite de son nom.

Créer des listes de lecture

Les listes de lecture permettent de stocker des pages Web auxquelles vous accéderez en un clic de souris. Ces listes peuvent également se composer de pages annotées que vous pourrez alors consulter lorsque vous aurez le temps. Cette fonction permet par exemple de faire rapidement une revue de presse que vous étudierez à la pause déjeuner ou le soir en rentrant du travail. Les listes de lecture sont également idéales pour répertorier des pages lors de recherches personnelles pour une thèse, un mémoire, ou pour se documenter sur un sujet très précis.

Voici comment créer, consulter, et gérer des listes de lecture :

1. **Démarrez Microsoft Edge, et naviguez sur le net.**

2. **Dès qu'une page attire votre attention, cliquez sur l'icône d'ajout aux favoris (étoile).**

3. **Dans le volet qui apparaît, cliquez sur l'icône Listes de lecture, comme à la Figure 5.22.**

Figure 5.22

Pour ajouter une page Web à vos listes de lecture.

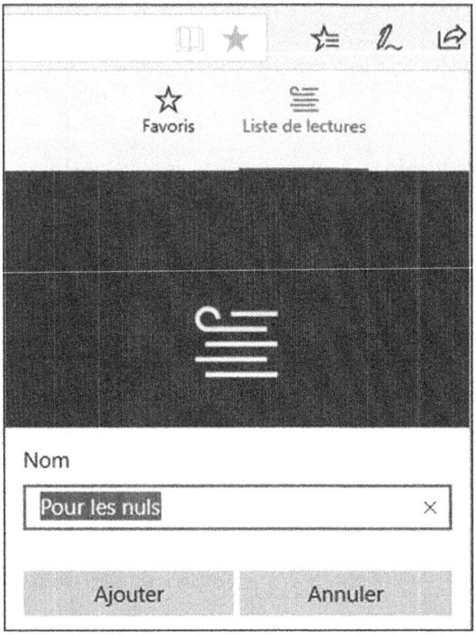

❹ **Renommez cette page si vous le souhaitez, et cliquez sur le bouton Ajouter.**

❺ **Pour consulter la page ainsi ajoutée, cliquez sur l'icône Hub, puis sur Listes de lecture, et enfin sur la page Web à consulter comme à la Figure 5.23.**

La page s'affiche. Prenez connaissance de son contenu !

❻ **Pour supprimer une page de vos listes de lecture, accédez aux listes *via* l'icône du Hub (comme précédemment). Faites un clic droit sur le visuel d'une page et, dans le menu contextuel qui apparaît, exécutez la commande Supprimer.**

Vous pouvez ainsi vous constituer un grand nombre de pages à lire quand vous en aurez le temps.

Figure 5.23

Consulter vos listes de lecture.

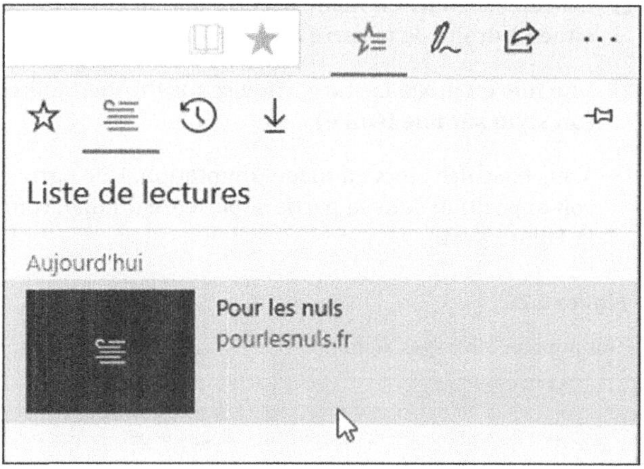

Utiliser le mode Lecture et Annoter des pages

L'annotation est une grande nouveauté uniquement disponible dans Microsoft Edge, c'est-à-dire que la version Internet Explorer classique ne le permet pas.

Cette fonction met à votre disposition les outils suivants :

» **Stylet :** Il permet d'écrire directement sur la page Web. Si vous disposez d'une tablette graphique, l'écriture n'en sera que facilitée.

» **Surligneur :** Comme son nom l'indique, il permet de surligner les éléments les plus importants d'une page.

» **Gomme :** Pour effacer vos annotations et autre surlignage.

» **Note :** Permet de saisir une note sur une sorte de sticker virtuel qui prend place sur la page.

» **Marquer :** La fonction Marquer pour partage permet de mettre en évidence une zone de la page et ainsi de l'extraire afin de la conserver à titre personnel, ou bien de l'envoyer à des collaborateurs.

Voici comment annoter des pages avec les outils de Microsoft Edge :

1 Accédez à une page Web dont vous souhaitez annoter le contenu.

Les pages idéales pour l'annotation sont celles qui contiennent du texte, comme un journal.

❷ Basculez ensuite en mode Lecture par un clic sur l'icône du livre située à droite de la barre d'adresse.

❸ Une fois en mode Lecture, cliquez sur l'icône Ajouter des notes (un stylo sur une feuille).

Vous basculez alors en mode Annotation. Une barre d'outils fait son apparition dans la partie supérieure d'Edge, comme le montre la Figure 5.24.

Figure 5.24

Pour annoter les pages Web.

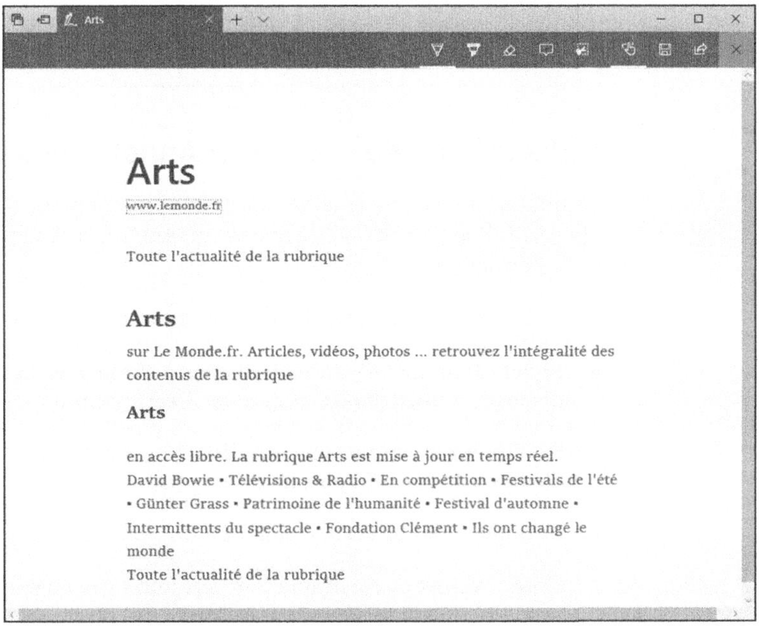

❹ Pour écrire une note à main levée, activez le stylet, et cliquez sur sa petite flèche afin de choisir sa couleur et sa taille. Écrivez directement sur la page avec la souris ou le stylet d'une tablette graphique.

Je ne vous cache pas qu'écrire à la souris est un vrai cauchemar.

❺ **Pour surligner un texte, activez l'outil Surligneur, puis faites glisser le pointeur de la souris sur le texte à surligner, comme à la Figure 5.25.**

Figure 5.25

Surlignez du texte dans une page Web.

Comme pour le stylet, vous pouvez choisir la couleur et la taille du surlignage.

❻ **Si votre note ou le surlignage ne vous convient pas, activez l'outil Gomme et faites glisser le pointeur de la souris sur l'élément à effacer.**

❼ **Pour taper une note, activez l'outil idoine dont l'icône ressemble à une bulle de bande dessinée.**

❽ **Cliquez sur la page. Dans la zone de texte qui apparaît, saisissez votre note.**

Elle se valide automatiquement dès que vous cliquez sur une zone de la page.

Pour supprimer une note en cours d'édition, cliquez sur l'icône de la poubelle. Attention, car cette action est irréversible. La suppression est impossible une fois la page sauvegardée !

9 Pour extraire un élément de la page, cliquez sur l'icône Marquer pour partage.

10 Comme l'indique alors l'incrustation qui apparaît sur la page, faites glisser le pointeur de la souris sur la zone à copier, comme sur la Figure 5.26.

Figure 5.26

Extraire un élément de la page.

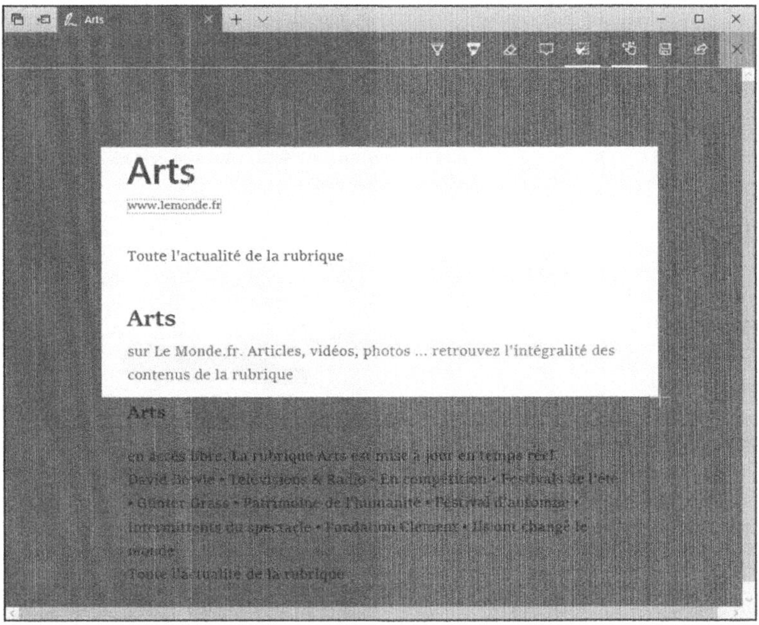

L'extraction n'aura lieu qu'à l'enregistrement de votre action, comme l'explique la prochaine étape.

11 Quel que soit le type d'annotation réalisé, enregistrez-la ou partagez-la :

- **Enregistrer :** Cliquez sur l'icône de la disquette ! Choisissez alors de sauvegarder les annotations dans OneNote (suite Office), dans vos favoris, ou dans vos listes de lecture.

- **Partager :** Cette action ouvre le volet Partager qui permet un partage *via* l'application Courrier, OneNote, et Twitter.

⓬ **Pour sortir du mode des annotations, cliquez sur Quitter.**

⓭ **Consultez vos annotations *via* l'icône Hub.**

La Figure 5.27 montre une zone d'une page extraite avec l'outil Marquer pour partager et enregistrée dans une liste de lecture.

Figure 5.27

Consulter un élément annoté avec Edge.

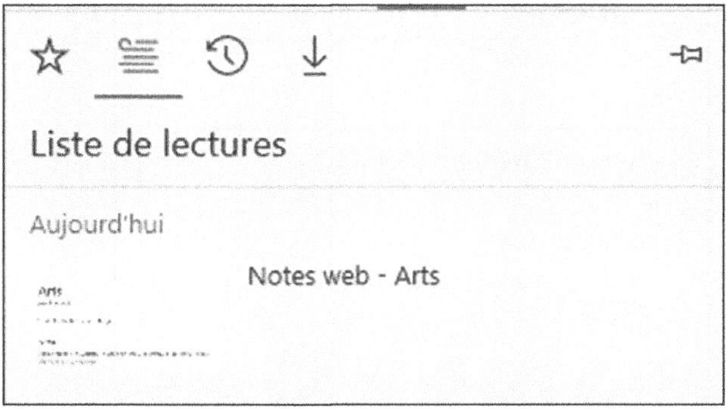

Gérer les Favoris

Les Favoris sont des sortes de marques-pages qui permettent de retrouver facilement des pages Web dont vous souhaitez consulter régulièrement le contenu. Par exemple, si vous visitez régulièrement un même site Web, autant en faire un favori afin d'y accéder en un clic de souris. Voici comment constituer et gérer une liste de favoris :

❶ **Accédez à une page Web que vous souhaitez ajouter à vos Favoris.**

❷ **Cliquez ensuite sur l'icône de l'étoile.**

❸ **Dans le volet qui apparaît, cliquez si besoin sur l'icône de l'étoile. Ensuite, renommez la page si vous le jugez nécessaire (Figure 5.28).**

❹ **Ouvrez le menu local Enregistrer dans afin d'indiquer l'emplacement de stockage de ce favori.**

Vous disposez des possibilités suivantes :

Figure 5.28

Pour ajouter une page Web à vos Favoris.

- **Favoris :** Le lien vers la page Web est ajouté au dossier Favoris d'Edge.

- **Volet de Favoris :** Le lien vers la page s'affichera dans la barre des Favoris d'Edge. Si cette barre n'est pas visible, cliquez sur le bouton Autres actions, puis sur Paramètres. Activez alors l'option Afficher le volet des Favoris. La barre des Favoris apparaît alors sous celle de la barre d'adresse. Le favori affiche un logo de la page et son nom.

- **Créer un dossier :** Cliquez sur ce bouton pour créer un dossier dans lequel sera stocké le favori. Les dossiers permettent de sérialiser vos Favoris, c'est-à-dire de les classer par catégories. Vous pouvez avoir un dossier Voyage, Art, Littérature, Presse, *etc.* Une fois le nom donné, cliquez sur le bouton Enregistrer. À partir de cet instant, le nom du dossier apparaîtra dans le menu local Enregistrer dans.

❺ **Pour gérer ces dossiers (mais aussi en créer d'autres d'une autre manière), cliquez sur le bouton du Hub.**

6. **Dans le volet qui apparaît, choisissez Favoris.**

Comme le montre la Figure 5.29, vous accédez à la liste des dossiers et des favoris eux-mêmes.

Figure 5.29

Les Favoris d'Edge.

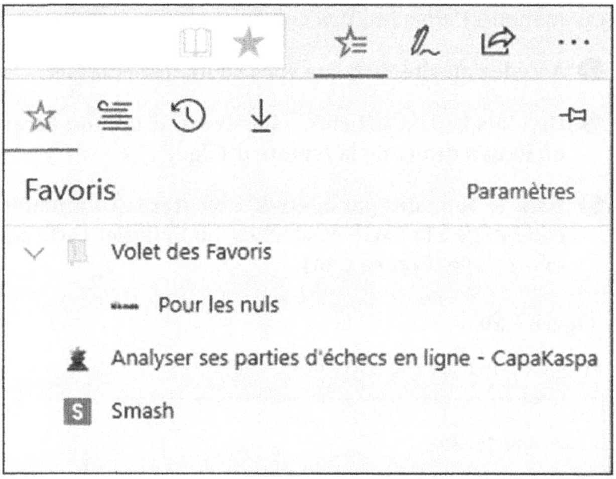

7. **Pour supprimer un dossier des Favoris, faites un clic droit sur son icône. Dans le menu contextuel qui apparaît, choisissez Supprimer.**

8. **Pour créer un dossier, répétez l'étape précédente. Cette fois, dans le menu contextuel, choisissez Créer un nouveau dossier.**

9. **Nommez ce dossier et validez en appuyant sur la touche Entrée de votre clavier.**

Il est également possible de créer des sous-dossiers dans un dossier de Favoris. Pour cela, ouvrez un dossier en double-cliquant dessus. Faites un clic droit sur un lien vers une page et, dans le menu contextuel qui apparaît, exécutez la commande Créer un nouveau dossier. Nommez-le et validez-le en appuyant sur Entrée. Voilà ! le dossier contient désormais un sous-dossier.

10. **Pour accéder à un lien vers une page Web, ouvrez un dossier en double-cliquant dessus. Ensuite, cliquez sur le lien de la page correspondante.**

Accéder à des sites depuis la barre des tâches ou le menu Démarrer

L'intérêt des Favoris d'un navigateur Web est de permettre d'accéder à un site en quelques clics et sans perdre de temps à rechercher son adresse. Sachez que Windows 10 donne désormais un accès encore plus rapide à vos pages Web préférées en les épinglant à la barre des tâches ou au menu Démarrer. Voici comment procéder :

1. **Accédez au site Web que vous souhaitez épingler.**
2. **Une fois la page affichée, cliquez sur le bouton Paramètres et plus en haut à droite de la fenêtre d'Edge.**
3. **Dans le volet des paramètres, exécutez la commande Épingler cette page à la barre des tâches, ou Épingler cette page à l'écran de démarrage (Figure 5.30).**

Figure 5.30

Épingler une page à la barre des tâches.

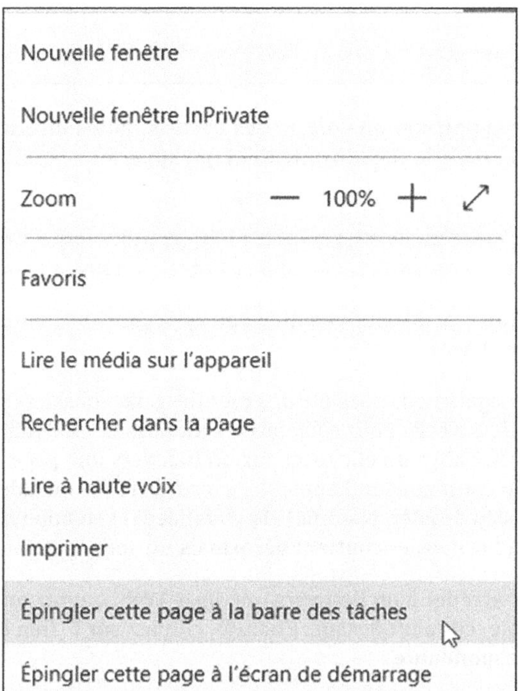

Sachez que sous la version Fall Creator Update de Windows 10, l'écran de démarrage correspond à la partie droite du menu Démarrer, c'est-à-dire à la partie contenant des vignettes d'application. Confirmez alors votre intention par un clic sur le bouton Oui.

La Figure 5.31 montre l'icône d'un site Web épinglée à la barre des tâches et la Figure 5.32 cette même icône épinglée au menu Démarrer.

Figure 5.31

Icône d'un site Web épinglée sur la barre des tâches.

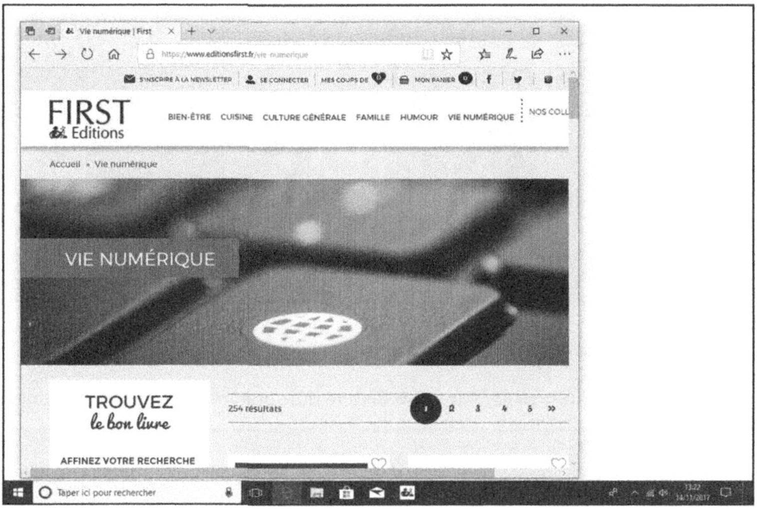

4 Cliquez sur l'icône pour que le site Web s'affiche dans Microsoft Edge.

5 Pour supprimer ces icônes, cliquez droit dessus et, dans le menu contextuel qui apparaît, exécutez la commande Détacher de la barre des tâches ou Détacher du menu Démarrer.

Les images avec Microsoft Edge

Il est très facile d'enregistrer, de partager et de copier des images avec Microsoft Edge. Voici la procédure générique permettant d'exécuter ces actions :

1 Affichez une image dans Edge, puis cliquez dessus avec le bouton droit de la souris.

❷ **Dans le menu contextuel, choisissez la commande Enregistrer l'image sous, comme le montre la Figure 5.33.**

Figure 5.32

Cette même icône épinglée au menu Démarrer.

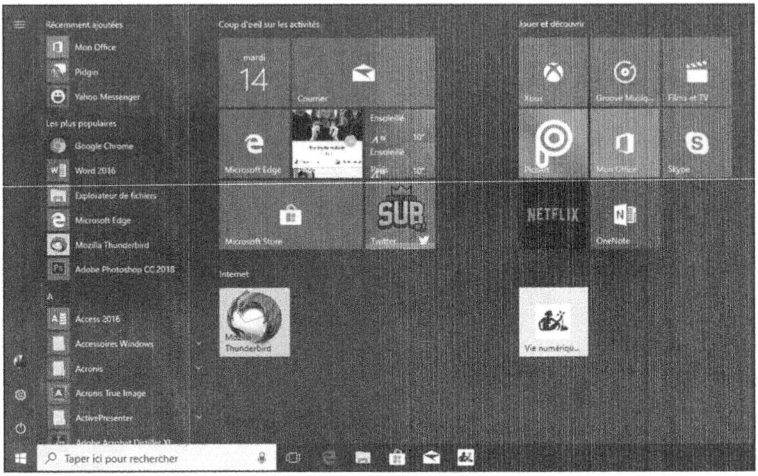

Figure 5.33

Enregistrez, sur votre disque dur, une image trouvée sur une page Web.

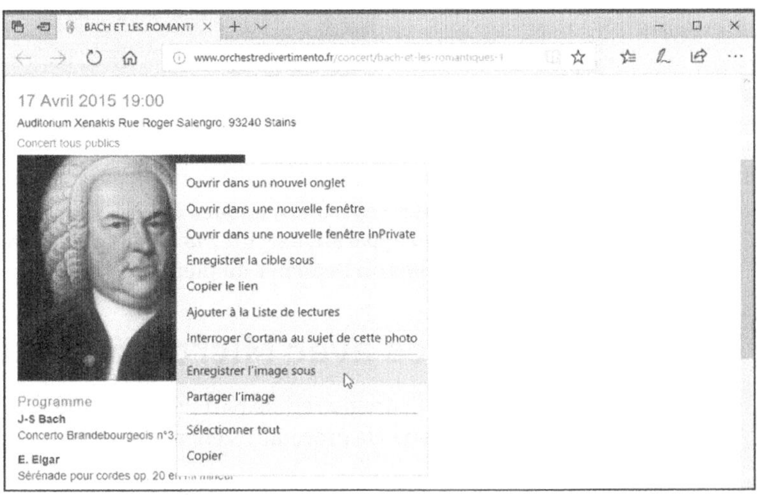

❸ Dans la boîte de dialogue Enregistrer sous qui apparaît, choisissez l'emplacement de stockage dans le volet de navigation (colonne gauche).

Par exemple, choisissez Bureau pour enregistrer l'image sur votre Bureau, ou bien un de vos lecteurs (disque interne ou périphérique amovible) pour y localiser le dossier dans lequel vous stockerez l'image.

❹ Ensuite, dans le volet de droite, localisez le disque dur et/ou le dossier ou le sous-dossier de stockage.

❺ Dans le champ Nom du fichier, modifiez si besoin le nom assigné par défaut.

❻ Enfin, dans le champ Type, choisissez le format graphique sous lequel vous désirez enregistrer cette image. Cliquez sur le bouton Enregistrer.

N'oubliez jamais que tout ce que vous voyez sur le Net est protégé par la loi sur les droits d'auteur. Par conséquent, vous ne pouvez pas utiliser les textes, les images, les vidéos, la musique, *etc.*, comme bon vous semble, car vous n'en avez pas la propriété artistique. En d'autres termes, vous ne pouvez jamais utiliser, sans autorisation écrite des auteurs, tout document dont vous n'êtes pas vous-même le créateur. Conclusion : n'utilisez jamais ces éléments sur votre site Web !

Vous constatez que ce menu contextuel propose deux autres options intéressantes : Copier l'image et Partager l'image. Si vous copiez l'image, vous la placez temporairement dans le Presse-papiers de Windows. Vous pourrez alors la coller dans un autre programme, comme Word. Si vous optez pour Partager l'image, le volet de partage s'ouvre sur le côté droit de Windows 10. Vous pourrez alors envoyer cette image par courrier électronique, la publier sur Twitter, ou bien la partager *via* PicsArt.

Imprimer des pages Web

Aux premières années du Web, toutes les pages affichaient une commande d'impression qui ne fonctionnait pas ! On pensait à l'époque que l'internaute ne souhaitait consulter les informations qu'en ligne.

Or, de nombreux internautes aiment se constituer des dossiers complets à titre privé, professionnel, ou encore dans le cadre de leurs études. Aujourd'hui, l'impression du contenu d'une page Web est très simple à réaliser.

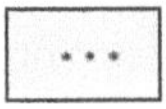

Voici comment imprimer une page Web avec Microsoft Edge :

1. **Affichez la page à imprimer.**
2. **Cliquez sur le bouton Paramètres et plus.**
3. **Dans le volet qui apparaît, choisissez Imprimer.**

   Cette action ouvre la boîte de dialogue d'impression illustrée à la Figure 5.34.

Figure 5.34

Pour imprimer une page Web avec Edge.

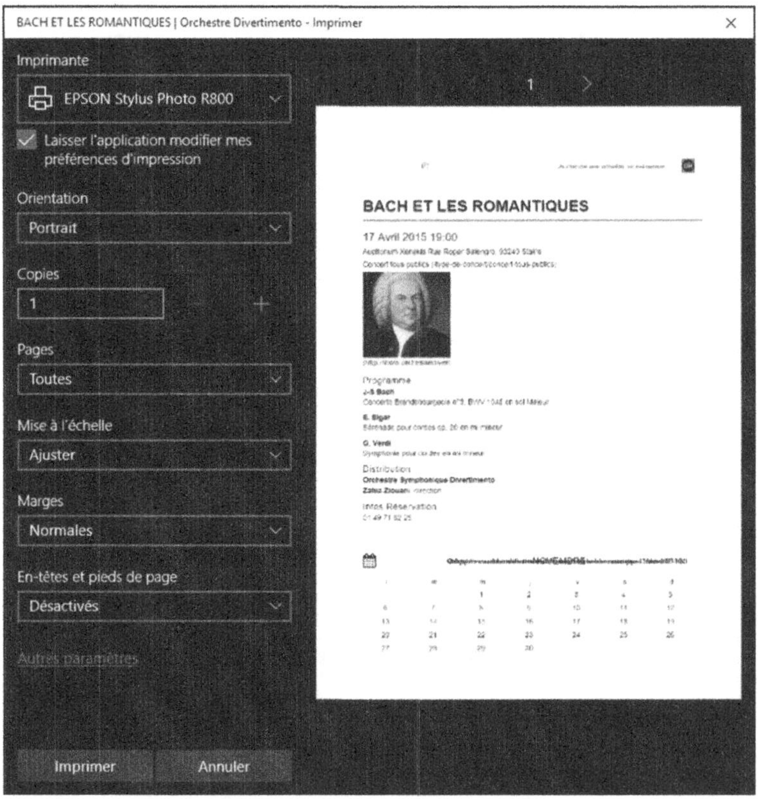

4. **Dans le menu local Imprimante, choisissez l'imprimante vers laquelle vous voulez imprimer la page.**

Si vous possédez Office 2016 ou Adobe Acrobat Pro, vous aurez la possibilité de convertir (et non pas imprimer) la page sous la forme d'un document PDF.

5. **Définissez les autres options d'impression comme vous avez l'habitude de le faire avec Word ou tout autre programme à partir duquel vous avez l'habitude d'imprimer.**

6. **Pour choisir la qualité d'impression et celle du papier utilisé, cliquez sur le lien Autres paramètres. Une fois vos différents choix opérés, cliquez sur OK.**

7. **Pour lancer l'impression, cliquez sur le bouton Imprimer.**

Chapitre 6

Google Chrome : une alternative à Microsoft Edge

DANS CE CHAPITRE

Télécharger et installer Chrome.

Changer la page d'accueil.

Définir un autre moteur de recherche par défaut.

Afficher des pages Web dans des onglets.

Naviguer dans plusieurs fenêtres à la fois.

Marquer vos pages préférées.

Enregistrer et imprimer des pages Web.

Contrôler les cookies.
Arrêter les pop-up.

Vous avez appris au Chapitre 5 que Windows 10 mettait désormais en avant le tout nouveau navigateur Web de Microsoft c'est-à-dire Edge. Cependant, rien ne vous empêche d'utiliser un autre navigateur comme le très prisé Google Chrome.

Toutefois, comme Microsoft souhaite inciter les utilisateurs à privilégier Edge, vous imaginez aisément que Chrome n'est pas livré en standard avec Windows 10. Vous allez donc être obligé de le télécharger et de l'installer.

Télécharger et installer Chrome de Google

La marche à suivre est on ne peut plus simple comme en témoignent les étapes ci-dessous:

1. **Ouvrez Microsoft Edge.**

   Eh oui, le navigateur de Microsoft sera lui-même le traitre qui vous permettra d'utiliser Google chrome.

2. **Dans la barre d'adresse, saisissez google.fr, et validez la proposition faite par Edge.**

Vous voici sur la page Web du moteur de recherche le plus connu au monde. Comme le montre la Figure 6.1, Google vous propose de tester Chrome.

Figure 6.1

Répondez oui !

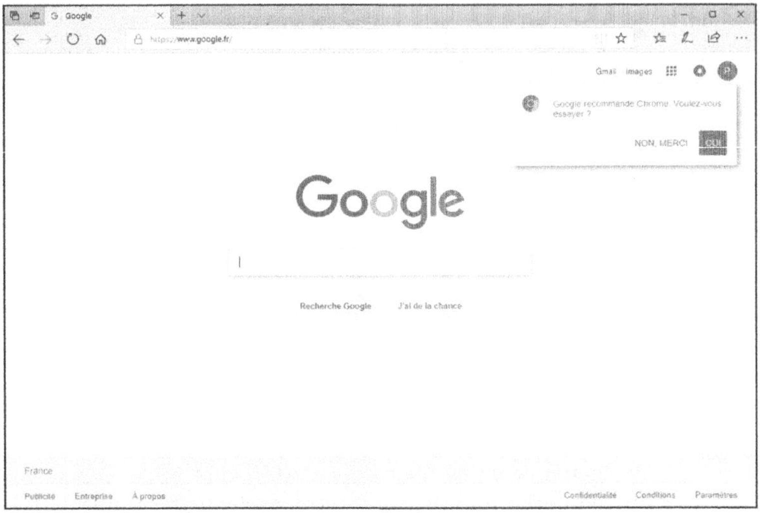

❸ **Cliquez sur le bouton Oui afin de lancer le téléchargement de Chrome sur votre ordinateur ou votre tablette Windows.**

❹ **Dans la nouvelle page qui apparaît, cliquez sur Télécharger Chrome.**

❺ **Lisez les conditions d'utilisation de Chrome, et cliquez sur le bouton Accepter et installer.**

❻ **Dans la partie inférieure d'Edge, cliquez sur Exécuter !**

❼ **Dans le message qui s'affiche, cliquez une fois encore sur Exécuter.**

❽ **Dans la boîte de dialogue du contrôle d'utilisateur, cliquez sur Oui.**

C'est parti ! Patientez quelques minutes. Pendant ce temps, Chrome vous propose de télécharger sa version mobile pour téléphone et tablette. Rien ne vous oblige à y procéder.

Une fois le téléchargement terminé, Chrome s'offre à vos exigences Web avec beaucoup de consentement.

Surfer avec Chrome

Avant de surfer encore faut-il savoir comment démarrer Chrome sous Windows 10. Une fois le logiciel ouvert, nous en découvrirons les grands principes avant de nous intéresser aux détails.

Exécuter Chrome sous Windows 10

Certes, Chrome démarre automatiquement après son installation. Mais comme il faudra bien que vous quittiez votre ordinateur ou votre tablette un de ces quatre, comment allez-vous exécuter Chrome lors du redémarrage de votre machine ?

Pour localiser Chrome sous Windows 10, conformez-vous à ces quelques étapes suivantes :

1. **Cliquez sur le bouton Démarrer de Windows 10 ou bien dans le champ de recherche de Cortana.**

   Le champ de recherche de Cortana indique « Taper ici pour rechercher ».

2. **Saisissez immédiatement** Chrome.

3. **Dans la liste des résultats qui apparaît (Figure 6.2), cliquez sur Google Chrome.**

Le programme s'ouvre par défaut sur le moteur de recherche Google et affiche les sites récemment consultés dans sa partie inférieure comme le montre la Figure 6.3. Bien entendu, cette liste est inexistante lorsque vous utilisez Chrome pour la première fois.

Petite exploration

Pour aller d'une page à une autre sur le Web, il suffit de cliquer sur un lien. À l'écran, il peut se présenter sous la forme d'une image, d'un mot ou d'une suite de mots affichés dans une autre couleur que le texte normal (en bleu, le plus souvent) et souligné. Si vous n'êtes pas certain que ce soit bien un lien, observez le pointeur de la souris : de flèche, il se change en main lorsqu'il est placé sur un lien.

Arrière toute !

Les navigateurs n'ont pas la mémoire courte : ils se souviennent du chemin qu'ils ont parcouru et, en particulier, de la dernière page af-

Figure 6.2

Exécuter Chrome sous Windows 10.

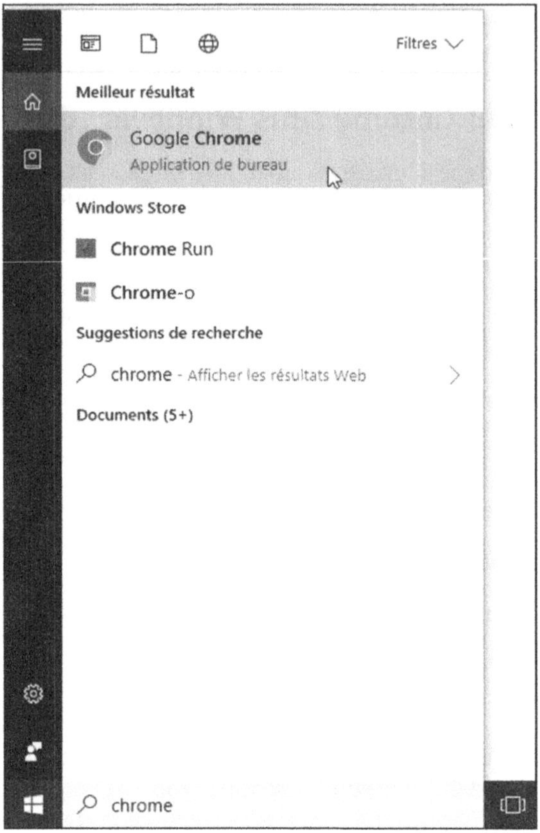

fichée. Si celle que vous venez d'afficher ne vous plaît pas et que vous souhaitiez revenir à la précédente, cliquez tout simplement sur l'icône la plus à gauche de la rangée supérieure, celle qui porte une flèche tournée vers la gauche. Vous pouvez également passer par le clavier : appuyez sur la touche fléchée pointant vers la gauche tout en maintenant enfoncée la touche Alt (celle qui se trouve à gauche de la barre d'espacement).

Lorsqu'un lien s'ouvre dans une nouvelle fenêtre, le bouton Précédent ou Avancer d'une page n'est pas accessible.

Figure 6.3

Chrome ouvert sous Windows 10.

Où aller ?

On appelle *page d'accueil* la page Web principale d'un site Web. La page d'accueil est comparable à la page de couverture d'un magazine : elle donne une idée de ce que vous trouverez sur le site. La page d'accueil par défaut de Chrome est tout naturellement le moteur de recherche Google puisque, dans la logique des choses, toute session Internet est fondée sur une recherche. Mais le gros avantage de Chrome tient dans le fait que sa barre d'adresse est directement liée à Google. *De facto*, vous pouvez lancer une recherche d'informations et de sites Web directement dans cette barre, et ceci depuis n'importe quelle page Web.

Voici comment procéder :

1. **Cliquez dans la zone de saisie de l'adresse, située dans la partie supérieure gauche de Chrome.**

   Vous pouvez sélectionner le contenu de la barre d'adresse en exécutant le raccourci clavier Alt + D.

2. **Saisissez l'URL de la page que vous voulez atteindre.**

Exemple : `http://www.editionsfirst.fr/`. En général, vous pouvez vous contenter de taper `www.editionsfirst.fr/` (et même, lorsque le site se termine par `.com`, en tapant `editionsfirst` et en appuyant ensuite sur Ctrl + Entrée).

Par défaut, la barre d'adresse est programmée pour effectuer une recherche avec le moteur Google.

❸ **Dans la liste des propositions, cliquez sur celle qui correspond au site à visiter, comme sur la Figure 6.4.**

Figure 6.4

Les choix proposés par Google.

Il s'agit là de l'approche standard de la navigation Web. Une fois que vous aurez atteint une page, il y a de grandes chances pour que vous naviguiez de lien en lien. Pour toute nouvelle recherche, vous répéterez la procédure ci-dessus.

Cette page est bizarre

Il arrive qu'une page Web soit abîmée ou que vous l'interrompiez (en cliquant sur le bouton Arrêter en haut à gauche ou en appuyant sur la touche Échap).

Pour indiquer à Chrome de recharger le contenu de la page, cliquez sur le bouton Actualiser, ou appuyez sur F5.

Sortez-moi de là !

Tôt ou tard, il va bien falloir que vous vous arrêtiez de surfer sur le Web. Pour quitter Chrome, cliquez tout simplement sur son bouton de fermeture en haut à droite, ou exécutez le raccourci clavier Alt + F4.

Une autre technique consiste à cliquer sur le bouton Personnaliser et contrôler Google Chrome (les trois points verticaux en haut à droite), et à exécuter la commande Quitter localisée en bas de ce menu local. Enfin, sous Windows 10, vous pouvez effectuer un clic droit sur l'icône Chrome de la barre des tâches. Dans le menu contextuel qui s'affiche, exécutez la commande Fermer la fenêtre comme sur la Figure 6.5.

Figure 6.5

Quitter Chrome par la barre des tâches.

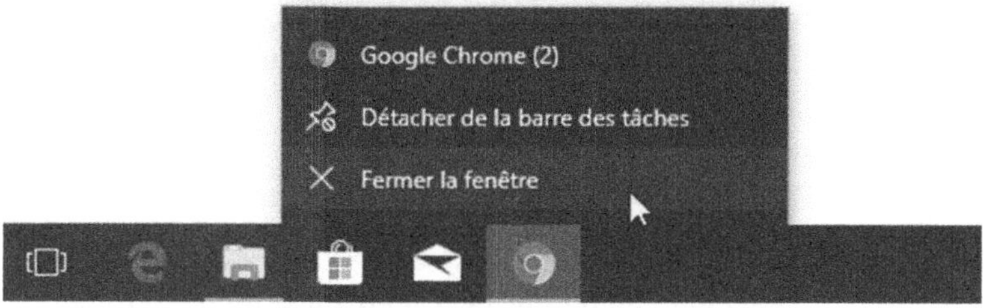

Personnaliser Chrome

Il est très facile de configurer Chrome pour qu'il réponde à vos besoins propres.

Changer la page de démarrage

Par défaut, Chrome démarre sur la page du moteur de recherche Google. Suivez ces étapes pour démarrer avec une page spécifique au lancement de Chrome :

1. **Affichez la page Web à utiliser comme page de démarrage.**

   Il s'agira peut-être de la page Web d'un journal que vous lisez tous les matins.

   Il n'est pas nécessaire d'afficher cette page. En effet, si vous connaissez son adresse, vous pourrez directement la taper dans les paramètres de Chrome auxquels vous accéderez en poursuivant cette procédure.

2. **Cliquez sur les trois points verticaux en haut à droite.**

3. **Dans le menu local qui apparaît, choisissez Paramètres.**

4. **Si nécessaire, faites défiler le contenu de la page pour accéder à la section Au démarrage.**

   Cette section contient trois propositions :

- **Ouvrir la page Nouvel onglet :** au démarrage de Chrome, vous accéderez à un nouvel onglet affichant le moteur de recherche Google et vos sites les plus fréquemment visités.
- **Reprendre mes activités là où je m'étais arrêté :** permet de revenir aux onglets qui étaient ouverts lorsque vous avez quitté Chrome.
- **Ouvrir une page ou un ensemble de pages spécifiques :** c'est cette option qui nous intéresse afin d'ouvrir systématiquement les mêmes pages dans les mêmes onglets.

❺ **Activez cette dernière option.**

Deux liens apparaissent : Ajouter une page et Utiliser les pages actuelles.

❻ **Pour ajouter une page dont vous connaissez l'adresse (URL), cliquez sur le lien éponyme. Dans la boîte de dialogue qui apparaît, tapez l'adresse précise de la page, et cliquez sur le bouton Ajouter.**

Sur la Figure 6.6, j'ai ajouté l'URL du site du journal *Le Monde.*

Figure 6.6

Chrome démarrera désormais sur la page Web du journal Le Monde.

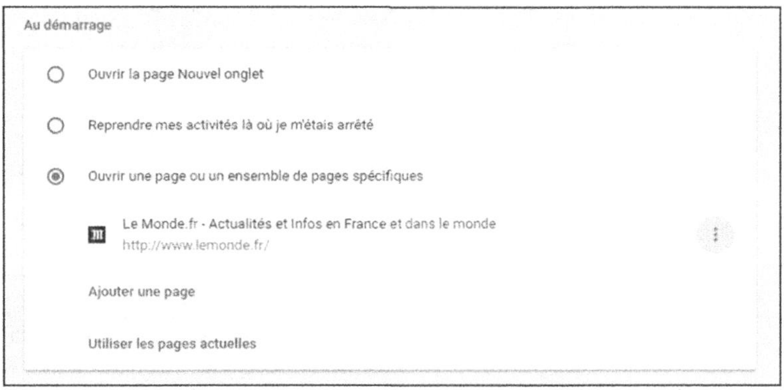

❼ **Si au contraire vous souhaitez ouvrir Chrome avec les pages Web actuellement affichées dans ses onglets, cliquez sur le lien utiliser les pages actuelles.**

❽ **Pour retirer une page, cliquez sur les trois petits points verticaux situés à droite de son nom dans la section Au démarrage. Dans le menu local qui s'affiche, choisissez Supprimer.**

9. **Quittez Chrome et redémarrez-le.**

Pour que le changement de page de démarrage soit pris en compte, vous devez fermer toutes les fenêtres ouvertes de Chrome avant de redémarrer le navigateur.

Pour accéder rapidement à cette page d'accueil, ouvrez les paramètres en répétant cette procédure. Ensuite, dans la section Apparence, activez l'option Afficher le bouton d'accueil. L'icône d'une maison s'affiche immédiatement en haut à gauche de l'interface. Il vous suffira de cliquer dessus pour accéder instantanément à la page de démarrage que vous avez définie dans cette section du livre.

Définir un autre moteur de recherche par défaut

Google est logiquement le moteur de recherche utilisé par défaut dès que vous saisissez des informations dans la barre d'adresse de Chrome. Voici comment utiliser un autre moteur, tel que Bing ou Yahoo! :

1. **Cliquez sur les trois points verticaux en haut à droite de Chrome.**
2. **Si nécessaire, faites défiler le contenu de la page des paramètres pour afficher la section Moteur de recherche.**
3. **Ouvrez le menu local Moteur de recherche utilisé dans la barre d'adresse, et choisissez parmi les propositions de Chrome comme sur la Figure 6.7.**

   Désormais, Chrome effectuera ses recherches avec le moteur que vous venez de choisir.

Figure 6.7

Pour changer le moteur de recherche de la barre d'adresse.

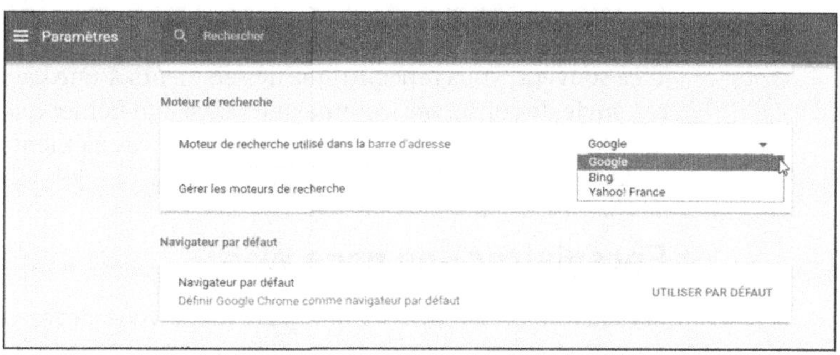

Si le moteur de recherche qui vous intéresse ne figure pas dans la liste proposée par Chrome, cliquez sur Gérer les moteurs de recherche. La page qui s'ouvre liste un nombre impressionnant de moteurs de recherche ou de pages Web dans lesquelles vous avez effectué des recherches. Profitez de cet espace pour supprimer ou modifier des moteurs plus ou moins bien répertoriés par Chrome. Si vous ne trouvez toujours pas le moteur qui vous sied, cliquez sur Ajouter et saisissez son URL dans la boîte de dialogue qui s'affiche. Validez avec le bouton Ajouter. Pour définir un moteur de recherche par défaut, cliquez sur les trois points verticaux situés à droite de son nom et, dans le menu local qui s'affiche, choisissez Utiliser par défaut.

Effacer l'historique

Tous les navigateurs contiennent une fonction d'historique très utile. Près de la boîte dans laquelle vous entrez les URL des pages que vous souhaitez afficher se trouve une petite flèche pointant vers le bas. Lorsque vous cliquez dessus, la liste des dernières pages Web affichées apparaît.

Pour afficher l'historique dans un volet indépendant de Chrome, cliquez sur les fameux trois points verticaux. Ensuite, choisissez Historique, et cliquez sur Historique. Pour vider cet historique, cliquez sur Effacer les données de navigation présent dans la partie supérieure gauche de Chrome. Dans la boîte de dialogue qui apparaît, cochez les éléments à supprimer et décochez ceux à conserver. Pour déterminer la portée de cette suppression, ouvrez le menu local qui affiche « des dernières 24 heures ». Pour supprimer toutes vos traces, choisissez Tous. Une fois ce choix déterminé, cliquez sur le bouton Effacer les données de navigation.

Enregistrer des éléments du Web

Très souvent, vous rencontrerez des éléments d'une page que vous aurez envie de conserver, comme une image, un fichier quelconque, voire une page Web entière. L'enregistrement de ces éléments est très facile à réaliser.

Enregistrer une page Web

Lorsque vous enregistrez une page Web, vous devez décider si vous n'en gardez que le texte ou si vous sauvegardez sa version HTML. Cette dernière version inclut tous les codes qui président à la mise en forme de la page.

Voici comment enregistrer une page Web affichée dans Chrome :

1. **Faites un clic droit sur la page.**

2. **Dans le menu contextuel, exécutez la commande Enregistrer sous.**

3. **Dans la boîte de dialogue éponyme, donnez un nom à cette page dans le champ Nom du fichier, ou bien laissez le nom affiché par défaut.**

4. **Dans la liste Type, choisissez la forme sous laquelle vous allez sauvegarder cette page sur votre disque dur.**

   Choisissez Page Web HTML uniquement ou Page Web complète pour conserver cette page dans sa mise en forme actuelle, c'est-à-dire exactement telle que vous la voyez à l'écran.

5. **Cliquez sur le bouton Enregistrer.**

Enregistrer une image

Pour enregistrer une image affichée sur une page Web dans Chrome :

1. **Cliquez sur l'image du bouton droit de la souris.**

2. **Dans le menu contextuel, choisissez la commande Enregistrer l'image sous, comme le montre la Figure 6.8.**

3. **Dans la boîte de dialogue Enregistrer sous, choisissez l'emplacement de stockage dans le volet de navigation (colonne gauche).**

   Par exemple, choisissez Bureau pour enregistrer l'image sur votre Bureau, ou bien un de vos lecteurs (disque interne ou périphérique amovible) pour y localiser le dossier dans lequel vous stockerez l'image.

4. **Ensuite, dans le volet de droite, localisez le disque dur et/ou le dossier ou le sous-dossier de stockage.**

5. **Dans le champ Nom du fichier, modifiez si besoin le nom assigné par défaut.**

6. **Enfin, dans le champ Type, choisissez le format graphique sous lequel vous désirez enregistrer cette image. Cliquez sur Enregistrer.**

N'oubliez jamais que tout ce que vous voyez sur le Net est protégé par la loi sur les droits d'auteur.

Figure 6.8

Enregistrez, sur votre disque dur, une image trouvée sur une page Web.

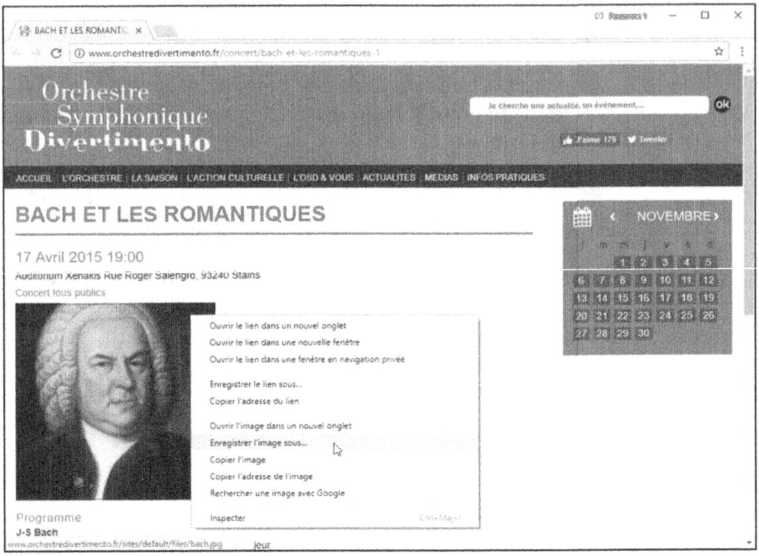

Imprimer des pages Web

Pour imprimer une page Web avec Chrome, il suffit soit de cliquer sur les trois points en haut à droite et d'exécuter la commande Imprimer, soit d'utiliser le raccourci clavier Ctrl + P.

Ces actions ouvrent l'interface d'impression de Chrome illustrée à la Figure 6.9. Choisissez votre imprimante *via* le bouton Modifier, définissez la mise en page et l'impression en noir et blanc ou en couleur. Enfin, cliquez sur le bouton Imprimer en haut à gauche.

Les pages Web sécurisées

Lorsque vous remplissez un formulaire en ligne, vous êtes amené à communiquer des informations confidentielles, votre numéro de carte bancaire, par exemple. Heureusement, les pages Web savent crypter les données que vous envoyez et que vous recevez d'un *serveur Web sécurisé.*

L'icône d'un petit cadenas affichée à droite de l'adresse, dans la page de navigation, indique que toutes les transactions effectuées à partir

Figure 6.9

Imprimer depuis Chrome.

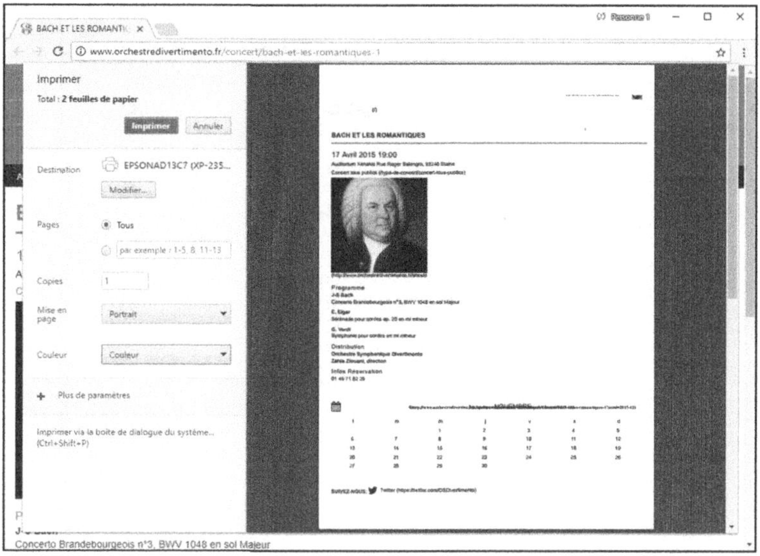

de cette page sont cryptées. Si ce fameux petit cadenas est ouvert ou absent, cela signifie que la page n'est pas cryptée.

Chrome permet de surfer en mode privé, c'est-à-dire un mode dans lequel aucune donnée personnelle n'est transmise aux sites Web. Pour cela :

1. **Cliquez sur les trois points verticaux en haut à droite.**
2. **Dans le menu local qui apparaît, exécutez la commande Nouvelle fenêtre de navigation privée, comme sur la Figure 6.10.**
3. **Pour quitter la mode privé, fermez cette fenêtre.**

La fenêtre d'une navigation privée présente une barre d'outils plus sombre que la navigation normale.

Des fenêtres ouvertes sur le monde

Chrome sait faire plusieurs choses à la fois, notamment afficher plusieurs pages Web simultanément. Lorsque nous cliquons çà et là dans les pages Web, nous aimons bien ouvrir de multiples fenêtres pour retourner rapidement à une page précédente en basculant simplement

Figure 6.10

Navigation privée avec Chrome.

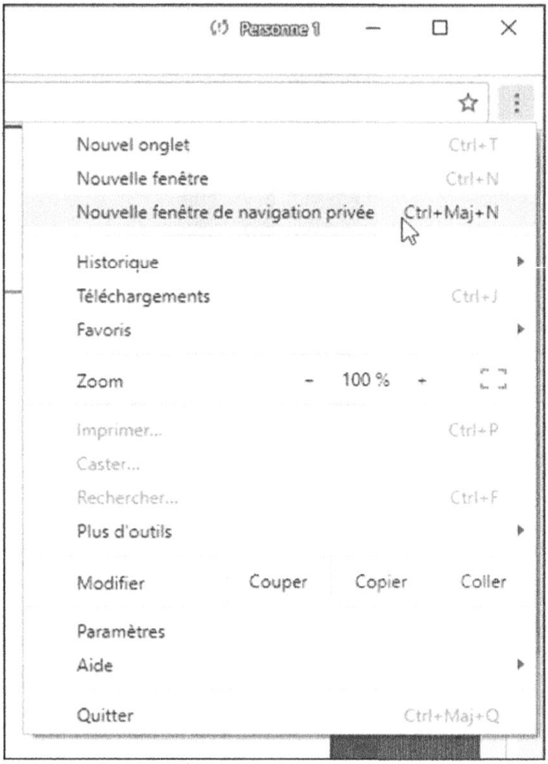

d'une fenêtre à l'autre, ou mieux, dans des onglets. Dès que vous désirez afficher une nouvelle page, il suffit de l'ouvrir dans un onglet pour la conserver à disposition. Cliquez sur l'onglet d'une page pour en afficher le contenu.

Des fenêtres un peu partout

Pour ouvrir une nouvelle page dans Chrome, cliquez du bouton droit de la souris sur un lien et, dans le menu contextuel qui apparaît, choisissez la commande Ouvrir le lien dans une nouvelle fenêtre. Pour fermer une fenêtre, cliquez sur sa case de fermeture (représentée par une croix dans le coin supérieur droit) ou appuyez sur Alt + F4.

Vous pouvez également ouvrir une nouvelle fenêtre sans pour autant suivre un autre lien. Pour cela, appuyez sur Ctrl + N ou exécutez cette commande dans le menu local qui s'affiche lorsque vous cliquez sur les trois points verticaux en haut à droite. Une nouvelle occurrence de Chrome est alors lancée affichant la page qui était active dans le programme au moment où vous avez exécuté cette commande.

Ouvrez également une nouvelle fenêtre de Chrome en cliquant-droit sur son icône de la barre des tâches. Dans le menu contextuel qui apparaît, choisissez Google Chrome.

Jeux d'onglets

Chrome permet de naviguer parmi plusieurs pages Web grâce à des onglets, donc sans ouvrir une nouvelle fenêtre du navigateur pour chacune des pages visitées. La Figure 6.11 montre trois onglets ouverts dans Chrome. Pour afficher une des pages, il suffit de cliquer sur son onglet en haut de la fenêtre. Cliquez sur le minuscule onglet vide, à droite de ceux déjà ouverts (ou appuyez sur Ctrl + T), pour créer un nouvel onglet ou sur la croix X à droite de l'onglet courant pour le fermer.

Figure 6.11

Une fenêtre de Chrome avec trois onglets.

Favoris et signets

Pour revisiter rapidement des sites qui vous intéressent plus que d'autres, utilisez la fonction Favoris de Chrome. Il suffira alors de consulter ces Favoris pour cliquer sur le lien d'une page Web spécifique.

Voici comment désigner comme Favoris la page actuellement affichée dans Chrome :

1. **Dans la partie supérieure droite de Chrome, cliquez sur l'icône représentant une étoile.**

2. **Dans le menu local qui apparaît (Figure 6.12), modifiez le nom assigné par défaut à ce favori, indiquez où le favori sera répertorié, et cliquez sur OK.**

   Vous pouvez créer des dossiers afin de classer vos favoris par thèmes.

Figure 6.12

Ajout d'une page Web aux favoris de Chrome.

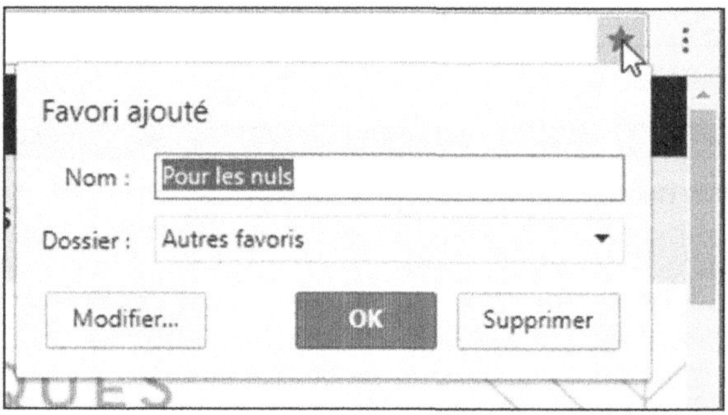

3. **Pour réorganiser vos Favoris, cliquez sur les trois points en haut à droite.**

4. **Pointez sur Favoris puis cliquez sur Gestionnaire de favoris.**

   La fenêtre Gestionnaire de Favoris (Figure 6.13) permet de créer des dossiers pour les favoris, de déplacer les favoris, de les modifier et de les supprimer.

5. **Pour voir le contenu d'un dossier, cliquez dessus.**

6. **Lorsque vous avez fini d'organiser vos favoris, cliquez sur le bouton Fermer.**

Figure 6.13

Dans cette fenêtre, organisez les favoris définis dans Chrome.

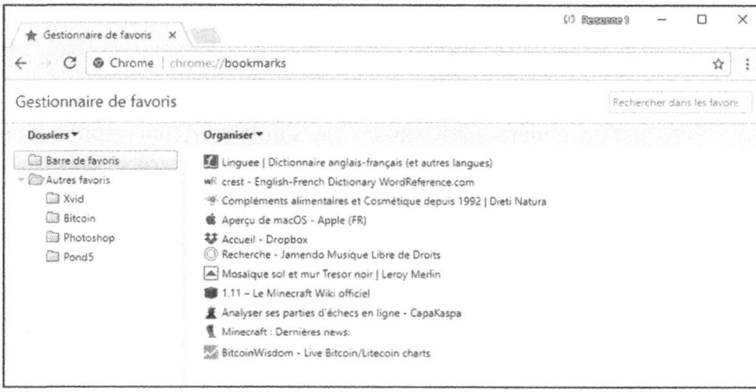

Les dossiers créés dans la fenêtre Organiser les Favoris apparaissent dans le menu Favoris. Les éléments placés dans les dossiers apparaissent dans des sous-menus. Pour revenir à une page Web ajoutée au dossier Favoris, cliquez dessus dans le menu Favoris.

Favoris en un clic

La barre des favoris apparaît habituellement juste au-dessous de la zone Adresse. Si ce n'est pas le cas, cliquez sur les trois points verticaux en haut à droite et choisissez Paramètres. Ensuite, localisez la section Apparence, et activez l'option Afficher la barre des favoris. Pour ajouter un bouton d'accès rapide à un site favori :

1. **Affichez la page Web à laquelle vous désirez accéder en un clic de souris.**

2. **Cliquez sur l'icône de l'étoile en haut à droite.**

3. **Dans son menu local Dossier, choisissez Barre de Favoris, et cliquez sur OK.**

   Un « bouton » d'accès direct au site apparaît dans la barre des favoris.

4. **Pour supprimer un favori dans la barre des favoris, faites un clic droit sur son bouton. Dans le menu contextuel, exécutez la commande Supprimer.**

Contrôler les cookies

Pour améliorer votre vie en ligne, les éditeurs de navigateur Web ont inventé un type spécial de message qui permet à un site Web de vous reconnaître lorsque vous visitez à nouveau ce site. Ces informations, baptisées *cookies*, sont stockées sur votre propre machine.

En général, les cookies ne sont pas dangereux et se révèlent même utiles. Toutefois, vous pouvez les contrôler sans souci dans Internet Explorer. Il existe plusieurs formes de cookies :

» **Cookies internes : Ce sont les cookies venant directement du serveur qui vous a fourni la page Web actuellement affichée. Ces cookies sont utilisés pour se souvenir de vous lorsque vous vous inscrivez comme membre du site. Le confort, c'est de ne pas avoir à saisir de nouveau, à chaque visite, votre nom d'utilisateur et votre mot de passe. Vous avez le choix entre Accepter, Bloquer ou Demander, auquel cas il vous sera demandé de choisir. Cette dernière option devient vite fastidieuse si vous tombez sur de nombreux cookies. Certains sites stockent plus de trois cookies par page.**

» **Cookies tiers : De nombreux sites Web font appel à des entreprises spécialisées pour fournir des publicités à leurs pages Web, et ces publicités, tierce partie, placent habituellement des cookies dans votre ordinateur afin de collecter des données marketing. Les options sont les mêmes que précédemment. Les cookies tiers font les choux gras des officines de publicité ; il n'y a aucune raison de les accepter.**

Dans Chrome, affichez les paramètres *via* les trois petits points verticaux en haut à droite. Cliquez sur Paramètres avancés. Dans cette section de la fenêtre, choisissez Paramètres du contenu. Dans ces paramètres, cliquez sur Cookies. Un ensemble de réglages permettent de gérer au mieux les cookies de vos sessions web comme le montre la Figure 6.14.

Bloquer les fenêtres intempestives

Une des inventions dont nous nous serions bien passés est celle des fenêtres intempestives, ou *pop-up*, qui surgissent inopportunément sur votre écran. Certaines apparaissent immédiatement, d'autres sont masquées par votre fenêtre principale et vous les découvrez en la fermant. Le plus souvent, les *pop-up* sont des publicités. Vous serez heureux d'apprendre que Chrome peut bloquer la majorité d'entre elles.

Figure 6.14

Contrôle des cookies avec Chrome.

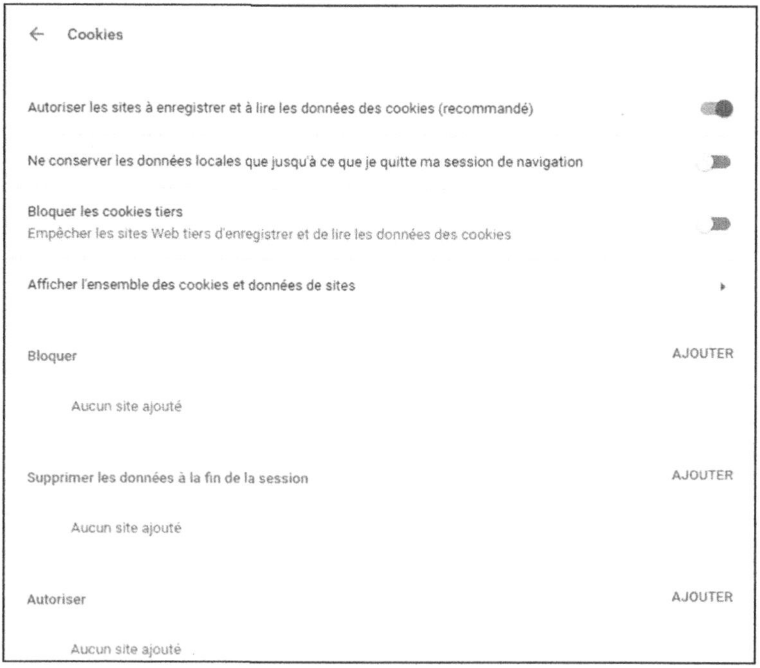

Figure 6.15

Blocage et gestion des pop-up dans une page Web affichée par Chrome.

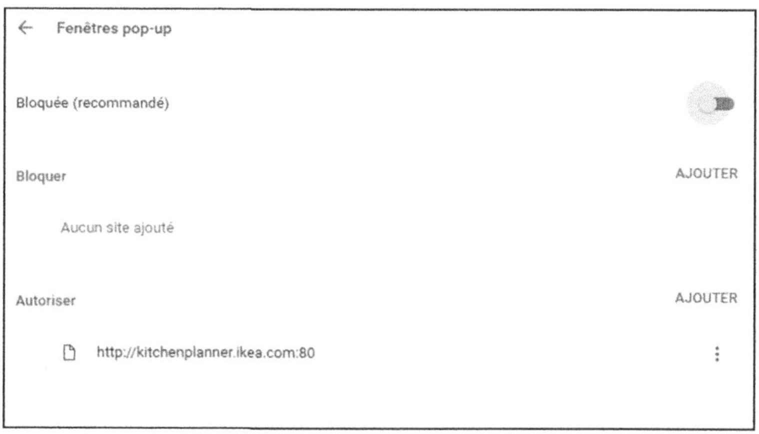

Pour bloquer ces fenêtres, accédez aux paramètres avancés, puis aux paramètres du contenu. Faites défiler le contenu de la page et cliquez sur Fenêtres pop-up. Activé l'option Bloquée (recommandé) comme sur la Figure 6.15). Lorsque les pop-up ne sont pas bloqués, cette section indique Autorisé.

Chapitre 7

Rechercher sans temps perdu (hein Marcel ?)

DANS CE CHAPITRE

Stratégies de base.

•

Trouver des informations sur le Web.

•

Rechercher des personnes sur le Web.

•

Modules de recherche intégrés.

Rechercher est le propre d'Internet. Sans la recherche, vous ne découvrez rien, n'apprenez rien. *De facto*, pour gagner du temps sur le Net, vous devez réaliser des recherches précises.

Pour structurer cette étude, nous avons défini plusieurs sortes de recherches :

» **Thèmes.** Endroits, choses, idées, entreprises – tout ce que vous désirez savoir sur le sujet.

» **Recherches intégrées.** Recherches par thème qu'un navigateur est capable de lancer automatiquement.

» **Personnes.** Des gens que vous voudriez contacter ou espionner.

» **Produits et services.** Tout ce que vous pouvez acquérir, depuis un prêt hypothécaire jusqu'à du dentifrice.

Pour trouver quelque chose sur un sujet donné, nous allons étudier l'outil le plus utilisé au monde, je veux parler du moteur de recherche. Dans ce secteur spécifique, force est de constater que Google règne en maître malgré la concurrence de Bing, le moteur de recherche développé par Microsoft.

Stratégies de base

Pour rechercher un sujet précis sur le Web, nous lancerons un moteur de recherche, comme l'explique la procédure suivante :

1. **Démarrez Microsoft Edge.**

   Pour une utilisation détaillée d'Edge, reportez-vous au Chapitre 5.

Si vous utilisez un autre navigateur Web comme Chrome ou Firefox, exécutez-le selon vos habitudes.

❷ Accédez à votre moteur de recherche préféré, comme Google, illustré à la Figure 7.1.

Figure 7.1

Google affiché dans Microsoft Edge.

Comme l'objectif d'Internet est d'y rechercher des informations, il peut être judicieux de faire de Google votre page de démarrage selon les explications données au Chapitre 5.

❸ Dans le champ de saisie du moteur, tapez les mots-clés de la recherche. Dès que vous voyez apparaître un résultat qui vous convient dans la liste qui se déroule sous vos yeux, sélectionnez-le avec la souris ou les flèches du pavé directionnel de votre clavier, et appuyez sur la touche Entrée.

Vous pouvez également cliquer sur l'icône de la loupe.

Après un délai plus ou moins long, une page d'index est renvoyée, contenant des liens pointant vers les pages correspondant à vos critères de recherche, comme l'illustre la Figure 7.2.

❹ Affinez votre recherche jusqu'à ce que vous trouviez quelque chose qui vous convienne.

De clic en clic, vous finirez par trouver ce que vous recherchez.

Figure 7.2

Les résultats d'une recherche sur Albert Einstein.

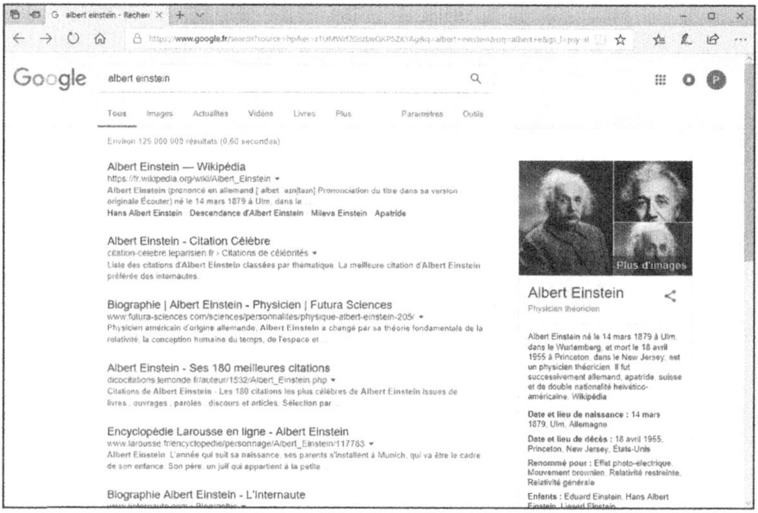

Cliquez sur le sujet qui vous intéresse. Dans cette approche spécifique d'une recherche sur Internet, partez du général pour arriver au particulier. À chaque clic, la recherche s'affine, et il est rare que vous ne finissiez pas par trouver ce qui vous intéresse.

Rechercher avec Google

Tout ce que nous venons de dire est un peu une vue de l'esprit. Concrètement, nous allons vous expliquer comment nous procédons. Nous utiliserons pour cela notre moteur de recherche favori : Google.

Procédure élémentaire

Pour exploiter efficacement Google, vous devez deviner les mots figurant dans les pages que vous recherchez. Par exemple, si vous cherchez des produits du terroir, tapez simplement « produits terroir » dans le champ de saisie de la recherche de Google. En revanche, d'autres recherches risquent d'être plus périlleuses, et ainsi accaparer beaucoup plus de temps.

Essayez maintenant quelques recherches sur Google. Dans la barre d'adresse de Microsoft Edge, tapez `google.fr`. Validez le premier résultat qui apparaît en appuyant sur la touche Entrée de votre clavier. Vous obtenez un écran comme sur la Figure 7.1 plus haut dans ce chapitre.

Saisissez certains termes de recherche. Google trouvera les pages qui répondent le mieux aux critères. Nous avons bien dit « le mieux » pas « exactement ». S'il ne peut trouver tous les termes, il trouve les pages qui s'approchent le plus du groupe de mots. Google ignore les mots qui reviennent trop souvent pour être utilisables en tant que termes d'index, comme « et », « le » ou « de » ainsi que des termes comme « internet » et « mail » (cependant, il est parfois intéressant d'employer des articles et prépositions). Pour réaliser une recherche fructueuse, il suffit simplement de penser aux bons termes de recherche. Par exemple, tapez « recette des tomates farcies » et cliquez sur l'icône de la loupe, ou appuyez sur la touche Entrée de votre clavier. Vous obtenez les résultats illustrés à la Figure 7.3.

Figure 7.3

Des pages sur les tomates farcies.

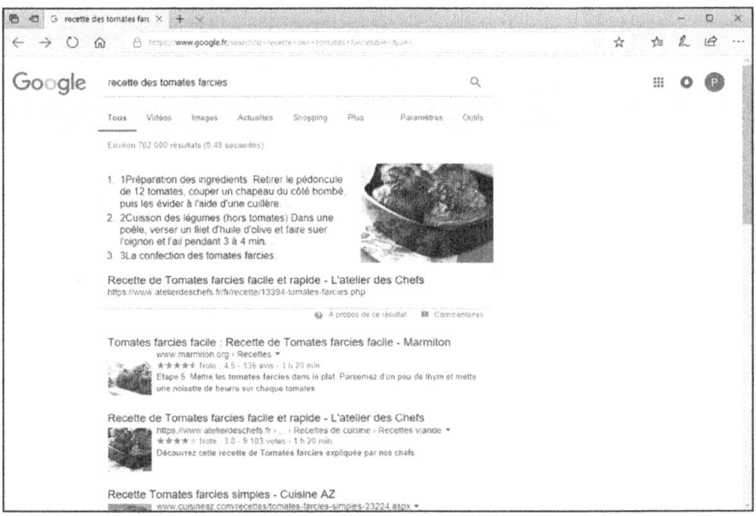

Au moment où vous suivrez cette procédure, les liens proposés par Google ne seront probablement pas les mêmes que sur la Figure 7.3, car Google aura actualisé sa base de données d'ici là. Google indique avoir trouvé 702 000 occurrences en 0,48 seconde. Bien entendu, la page est trop petite pour les afficher en totalité.

Le nombre de sites affichés simultanément peut être défini par un clic sur Paramètres, puis sur Paramètres de recherche. Dans la section Résultats par page, faites glisser le curseur pour indiquer le nombre de résultats à afficher par page Google. Plus le nombre est élevé, plus la recherche est lente.

Malgré les 10 premiers résultats pertinents, consultez au moins deux autres pages de réponses si la première ne comporte pas ce que vous voulez. Pour y accéder, faites défiler le contenu de la page afin d'afficher les numéros de page situés en bas de l'interface de Google. Cliquez sur Suivant pour afficher la page suivante de sites, ou directement sur le numéro de la page à consulter (Figure 7.4).

Figure 7.4

Consultez les autres pages trouvées par Google.

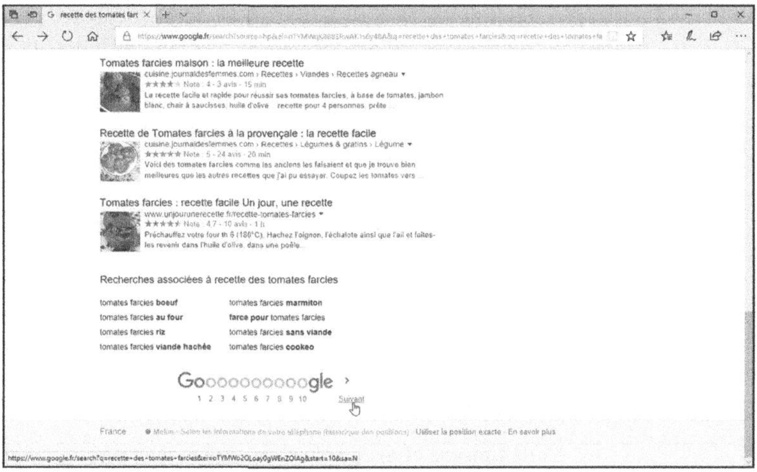

En bas de la page, vous constatez que Google affiche une section nommée « Recherches associées à ». Cela permet d'affiner rapidement votre recherche en cliquant sur un des liens proposés. Par exemple, dans le cadre des tomates farcies, vous pouvez obtenir des résultats ciblés si vous cliquez sur le lien « tomates farcies chair à saucisse ».

Encore plus d'options dans Google

Bien que simple d'utilisation, Google est rempli d'options :

» **Vous pouvez trouver un itinéraire.** Saisissez une adresse et Google vous propose un lien vers un site spécialisé dans les plans et les itinéraires. Vous pouvez saisir le nom d'une personne, un code postal et même un numéro de téléphone. Par exemple, essayez « 202-456-1414 ». Les informations sont collectées sur des

Conseils pratiques pour rechercher avec Google

Google facilite l'affinage de votre requête pour cibler plus exactement ce que vous cherchez. Après chaque recherche, les termes associés apparaissent dans une case en haut de la page pour que vous puissiez les modifier et réessayer. Voici quelques conseils sur la modification des termes :

» Saisissez la plupart des termes de recherche en minuscules. Tapez les noms propres avec une capitale initiale, comme « Elvis ». Ne tapez pas de mots entièrement en capitales.

» Si plusieurs mots doivent être recherchés ensemble, placez-les entre guillemets, comme « Elvis Presley ».

» Utilisez + et - pour indiquer les mots devant apparaître ou ne pas apparaître, comme +Elvis +Costello -Presley si vous faites une recherche sur l'Elvis moderne, et non sur l'Elvis classique.

» Pour trouver des fichiers très particuliers, par exemple de la musique au format MP3 d'un groupe spécifique tel que The Cure, saisissez ceci : « index the cure *.mp3 ». Cela fonctionne pour n'importe quelle extension de fichier.

sources publiques. Par conséquent, vous ne trouverez jamais quelqu'un qui veut rester anonyme (inscrit dans une liste rouge, par exemple).

» **Vous pouvez chercher des images et du texte.** Si vous désirez que votre recherche affiche des images, cliquez simplement sur l'onglet Images en haut de la fenêtre. Par exemple, avec « tomates farcies », vous obtiendrez de belles photos de tomates farcies, comme le montre la Figure 7.5.

» **Vous pouvez obtenir des informations.** Pour obtenir des infos, cliquez sur le lien Actualités. Ou bien rendez-vous sur la page d'actualités de Google à l'adresse suivante `http://news.google.fr/news` Sachez que si un sujet d'actualité vous passionne, vous risquez de passer la journée à cliquer sur des liens qui s'y rapportent.

» **Vous pouvez facilement trouver des documents dans une langue étrangère.** Il n'y a aucun intérêt à chercher des pages dont vous ne savez pas lire le contenu. Cependant, Google peut essayer de les traduire, avec un succès assez mitigé.

Figure 7.5

Une recherche bien trop calorique !

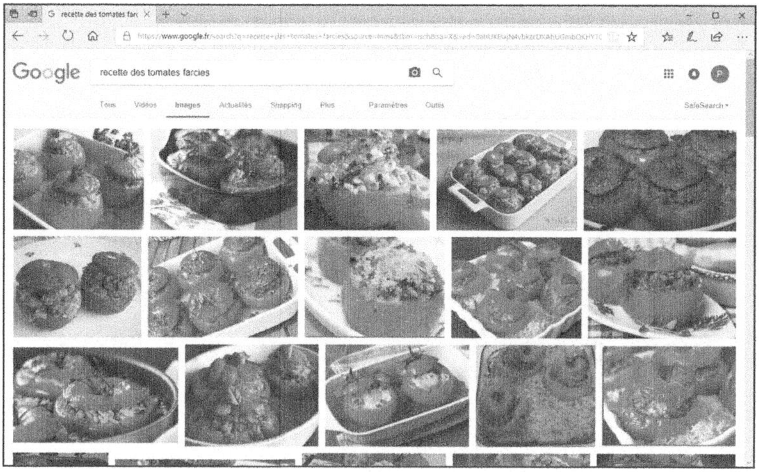

» **Google sait calculer.** Tapez « 2 + 2 » et Google vous répond « 2 + 2 = 4 », et affiche une calculette très performante.

» **Google sait convertir.** Il est très facile de convertir des mesures et des monnaies. Par exemple, si vous désirez convertir 15 pouces en centimètres, tapez « 15 pouces » dans le champ Rechercher, et cliquez sur le bouton éponyme. Le premier résultat donné par Google sera « 15 pouces = 38,1 centimètres ». *Idem* pour les monnaies. Si vous désirez convertir 150 dollars en euros, tapez « 150 dollars » dans le champ Rechercher. Comme le montre la Figure 7.6, la conversion est effectuée à titre indicatif, mais reste un bon enseignement. Pour en savoir plus sur les fonctions de conversion de Google, cliquez sur le lien Plus d'informations.

» **Vous pouvez trouver rapidement des fichiers sur votre ordinateur.** Google permet de télécharger un programme appelé Google Desktop que vous installez sur votre PC. Dès cet instant, Google effectue, sur votre ordinateur, des recherches de fichiers stockés sur vos différents disques durs.

Pour des faits concrets, essayez d'abord Wikipédia

Wikipédia, `http://fr.wikipedia.org/wiki/Accueil`, est une encyclopédie gratuite sur Internet (Figure 7.7). En hawaïen, *Wiki* signifie *rapide*. Le projet Wikipédia, qui a démarré en 2001, compte désormais plus de

Figure 7.6

Les talents de convertisseur de Google !

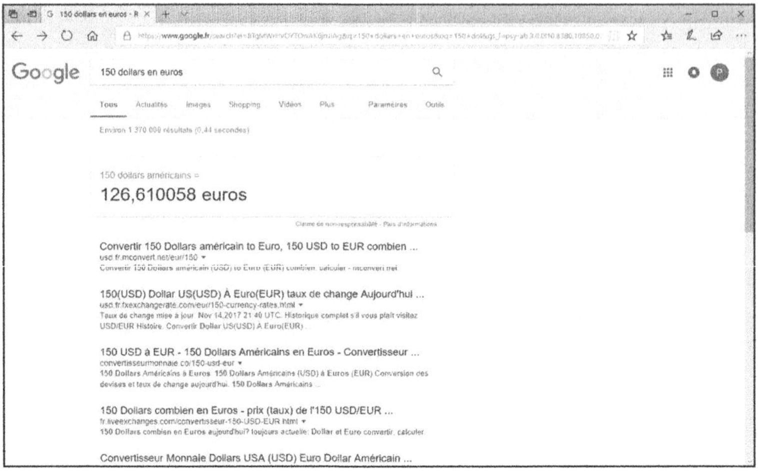

30 millions d'articles disponibles dans plus de 280 langues, dont plus de 1,6 million d'articles en français. Bien évidemment, vous y trouverez des articles sur les tomates farcies, mais peut-être pas sur les tomates farcies d'Iran !

Figure 7.7

La page d'accueil de Wikipédia.

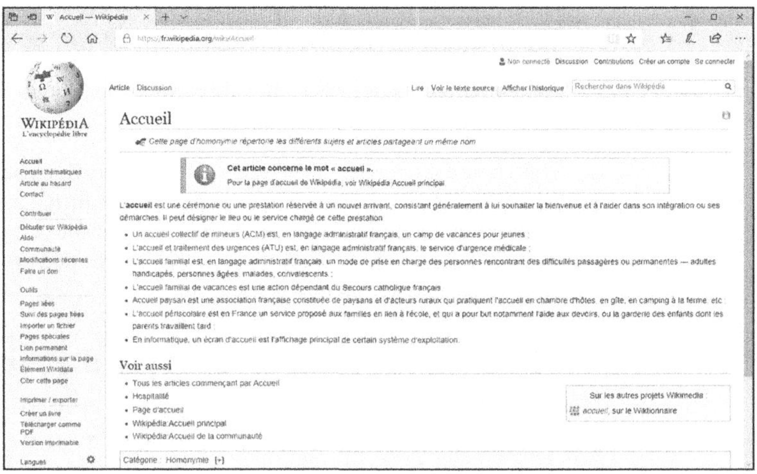

Tout le monde peut écrire un article sur Wikipédia, ce qui est sa force, mais aussi et surtout sa faiblesse. Des modérateurs empêchent la publication d'articles ne respectant pas la déontologie du site, mais il n'y a pas de comité de lecture validant l'exactitude des informations.

Les articles sont censés être purement informatifs. Il ne s'agit donc pas d'adopter une attitude partisane. La neutralité est de mise. Des sujets comme l'avortement, la peine de mort, la religion, la politique internationale sont de nature à créer des débats. Wikipédia ne fait pas autorité comme une œuvre aussi colossale et sérieuse que l'*Encyclopædia Universalis*, mais ses articles sont généralement à jour et la quantité d'informations suffisante pour se forger une opinion ou argumenter des discussions.

Si vous effectuez une recherche sur un sujet précis dans Google, il y a de fortes chances pour que vous tombiez sur un article publié sur Wikipédia.

Partie 3

Tout ce que vous avez toujours voulu faire sur le Net sans jamais oser le demander

Dans cette partie

Internet fascine autant qu'il intimide. D'aucuns vous ont sans doute déjà raconté des histoires aussi incroyables qu'effrayantes à propos d'Internet au point d'avoir des angoisses à la simple idée de vous y connecter. En d'autres termes, vous avez la dérangeante impression que le Web et ses variantes ne poursuivent qu'un seul objectif : vous nuire. Eh oui, qui aurait dit que le « malin » était Cyber ? Pourtant, Internet doit être dédiabolisé. Certes, c'est un lieu où vous rencontrerez quelques dangers mais bien moins fréquemment que lorsque vous sortez au volant de votre voiture. Plus vous utiliserez Internet et plus vous découvrirez ses vertus, plus vous apprécierez ses contenus pratiques, ludiques et culturels. Toutefois, par peur de passer pour un boulet, vous n'osez pas demander comment accomplir les exploits qui seront traités dans cette partie, c'est-à-dire :

» Télécharger, acheter, et écouter vos musiques et vos vidéos (Chapitre 8).

» Acheter et vendre tout et n'importe quoi sur des sites qui vendent du neuf, de l'occasion, et même faire vos courses dans des supermarchés virtuels (Chapitre 8).

» Vous cultiver et vous informer en achetant vos billets de concert, musée, cinéma, théâtre, vos livres, et en écoutant la radio ou en téléchargeant des podcasts audio et vidéo (Chapitre 9).

Vous comprenez que l'apprentissage d'Internet et la visite des sites qu'il recèle n'ont de valeur que s'ils ont une véritable utilité. C'est de cette utilité dont il est question tout au long de cette partie.

Chapitre 8

Loisir et consommation cyber

DANS CE CHAPITRE

Écouter de la musique tout en surfant.

•

Écouter toutes les radios.

•

Les bons plans pour acheter ou écouter de la musique en toute légalité.

•

Achats en ligne : le pour et le contre.

•

Le problème des cartes bancaires.

•

Courses, prix, et supermarchés.

•

Les enchères.

Les connexions Internet haut débit et les disques durs des ordinateurs sont si volumineux et si bon marché que tout ordinateur moderne peut largement profiter des dernières technologies du Web. Ainsi, vous pouvez, sans difficulté, écouter la radio et regarder la télévision de tous les pays du monde. Dans ce chapitre, nous verrons également comment procéder à des achats sur le Net, notamment auprès de supermarchés virtuels.

Toute la musique que j'aime

Dans ce livre consacré à Internet, nous n'allons pas détailler ce que vous trouverez dans un livre comme *Windows 10 tout en 1 pour les Nuls*, c'est-à-dire les différents lecteurs multimédias fonctionnant sous ce système d'exploitation.

Par conséquent, nous partons du principe que des programmes comme iTunes d'Apple, le Lecteur Windows Media et Groove Musique de Windows sont opérationnels sur votre ordinateur.

Toutefois, nous allons voir comment acheter de la musique avec iTunes et Microsoft Store.

Pourquoi pas Groove Musique qui est un des lecteurs majeurs de Windows 10 ? Parce que cette application ne vend pas de musique. Jusqu'à la mise à jour Fall Creator Update de Windows, vous pouviez acquérir, *via* Groove Musique, un Groove Music Pass afin d'utiliser Groove

Musique comme les plateformes Deezer ou Spotify. Il s'agissait d'un abonnement ouvrant une bibliothèque contenant des millions de chansons. Depuis octobre 2017, le Groove Musique Pass n'existe plus. Microsoft a passé un partenariat avec Spotify. *De facto*, lorsque vous ouvrez Groove Musique, un lien en bas à gauche de son interface permet de vous abonner à Spotify. Sous Windows, le Microsoft Store reste le seul moyen Microsoft d'acheter de la musique.

Pour info, Microsoft Store est le nouveau nom de Windows Store.

Acheter votre musique sur iTunes Store

Comme nous le savons, iTunes est l'œuvre d'Apple. C'est un lecteur qui vous met en relation directe avec iTunes Store, la boutique de vente de musique en ligne. Les utilisateurs de Mac, comme ceux de PC, peuvent profiter d'iTunes pour acheter des morceaux et les organiser sur leur ordinateur.

Apple pense qu'il est plus pratique pour l'utilisateur de gérer et d'acheter ses musiques dans une même interface. Cette acception de la consommation de la musique fait d'iTunes une réussite en la matière. Donc, si vous acceptez de rester liés avec l'offre de musique en ligne légale d'Apple, utilisez son service iTunes Store de la manière suivante :

1. **Commencez par démarrer iTunes.**

2. **Dans la partie supérieure droite de l'interface, cliquez sur le bouton Store.**

   Lorsque vous exécutez iTunes pour la première fois, c'est-à-dire que vous n'avez encore répertorié aucune musique stockée sur votre PC, la catégorie Musique du programme vous propose de vous connecter au Store. Si c'est votre cas, validez cette proposition du programme.

   Comme le montre la Figure 8.1, vous accédez au magasin en ligne d'Apple. Bien entendu, vous devez être connecté à Internet, sans quoi l'iTunes Store ne vous ouvrira pas ses portes.

3. **Si vous connaissez le nom du groupe ou le titre de la chanson qui vous intéresse, tapez-le dans le champ de recherche situé en haut à droite de l'interface d'iTunes.**

   iTunes Store affiche les résultats de la recherche.

4. **Cliquez sur la proposition qui correspond le mieux à votre recherche, comme la pochette d'un nouvel album.**

Figure 8.1

Accédez à l'iTunes Store pour faire vos emplettes musicales.

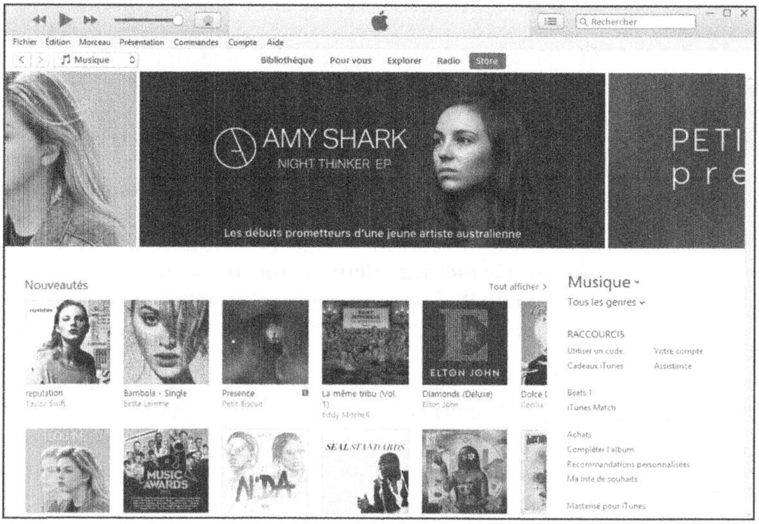

❺ **Pour écouter un extrait d'une chanson, placez le pointeur de la souris sur le titre en question. Cliquez alors sur le bouton de lecture qui apparaît sur la gauche du titre, comme à la Figure 8.2.**

Figure 8.2

Cliquez sur le bouton de lecture du titre dont vous désirez entendre un extrait.

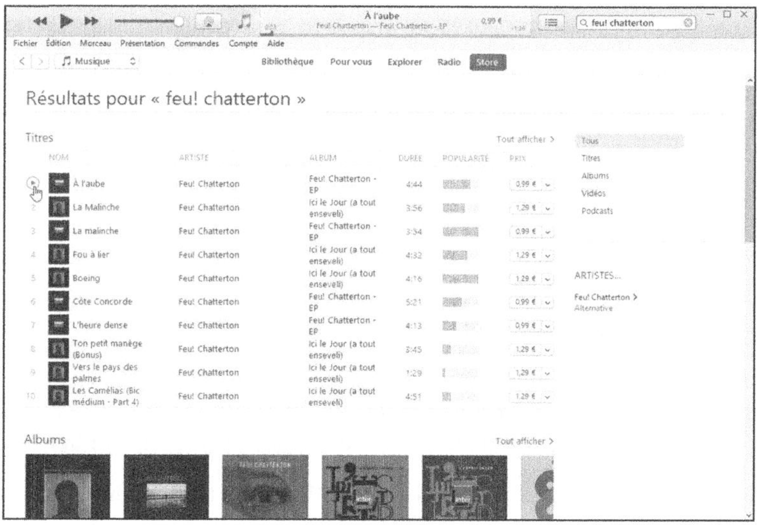

Vous pouvez également double-cliquer sur le titre de la chanson.

6. **Si vous désirez acheter le morceau que vous écoutez, cliquez sur le bouton affichant un prix situé dans la colonne Prix.**

7. **Dans la boîte de dialogue des identifiants, tapez votre identifiant Apple et votre mot de passe.**

   Si vous n'en avez pas, il faudra vous en créer un.

8. **Une fois votre identifiant et votre mot de passe saisis, cliquez sur le bouton Acheter.**

9. **Dans le message demandant confirmation de votre achat, cliquez sur Acheter pour procéder au téléchargement ou sur Annuler pour y renoncer.**

   Dès que vous achetez, le morceau est automatiquement téléchargé dans le dossier iTunes de votre ordinateur. Il sera disponible dans votre bibliothèque iTunes et donc facilement transférable sur votre iPod (ou sur un autre lecteur portable, en passant tout simplement par l'Explorateur de fichiers de Windows).

L'achat d'un album se déroule de la même façon. La seule différence est que vous devez cliquer sur le bouton indiquant le prix et qui est situé sous l'illustration de la pochette de l'album.

Acheter votre musique avec Microsoft Store

Si vous souhaitez limiter votre expérience musicale informatique aux outils proposés par Windows 10, le seul moyen d'acheter de la musique sur Internet repose sur l'application Microsoft Store anciennement Windows Store.

Voici comment procéder :

1. **Cliquez sur l'icône Microsoft Store de la barre des tâches.**

   Elle représente un sac de supermarché.

Si cette icône est absente de la barre des tâches pour une raison que toute raison informatique ignorerait, cliquez sur le bouton Démarrer puis sur la vignette Microsoft Store de la section Coup d'œil sur les activités. Une dernière technique consiste à cliquer dans le champ Taper ici pour rechercher de la barre des tâches (ou plus précisément de Cortana). Saisissez Microsoft Store.

Cette action ouvre le Microsoft Store comme à la Figure 8.3.

Figure 8.3

Le Microsoft Store permet d'acheter la musique.

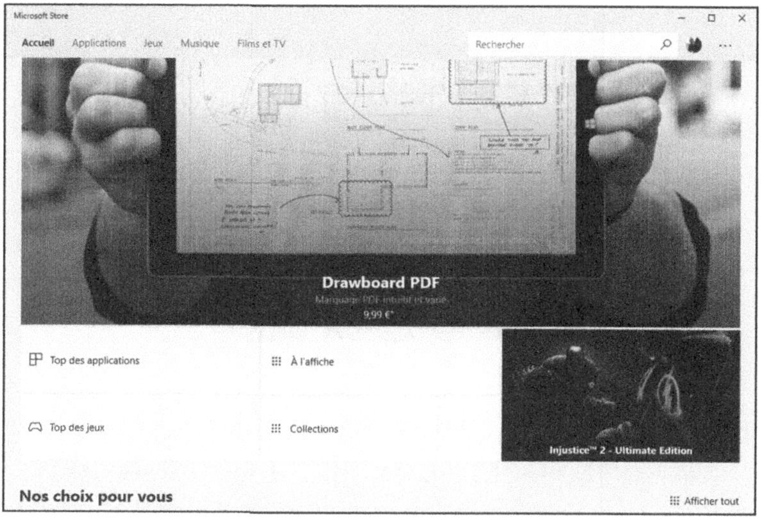

❷ **Cliquez sur l'onglet Musique.**

❸ **Consultez les offres par défaut ou bien saisissez le nom d'un artiste, d'un album, d'une chanson dans le champ Rechercher situé en haut à droite. Validez en appuyant sur Entrée.**

Les résultats de la recherche apparaissent comme à la Figure 8.4.

❹ **Pour écouter un morceau avant achat, cliquez sur le nom d'un album ou d'une chanson.**

Le contenu de l'album apparaît, et ceci même si vous avez cliqué sur le titre d'une chanson.

❺ **Placez le pointeur de la souris sur la chanson à écouter, puis cliquez sur le bouton de lecture qui apparaît, comme à la Figure 8.5.**

❻ **Pour acheter une chanson ou un album, cliquez sur son prix.**

Vous devez disposer d'un compte Microsoft (ou une adresse mail déclarée comme tel auprès de Microsoft, notamment lors de l'installation de Windows 10 sur votre PC) pour acheter de la musique en ligne. Si vous ne possédez pas ce compte, Microsoft vous propose d'en créer un.

Figure 8.4

Les résultats d'une recherche effectuée dans le Microsoft Store.

Figure 8.5

Écouter une musique dans le Microsoft Store.

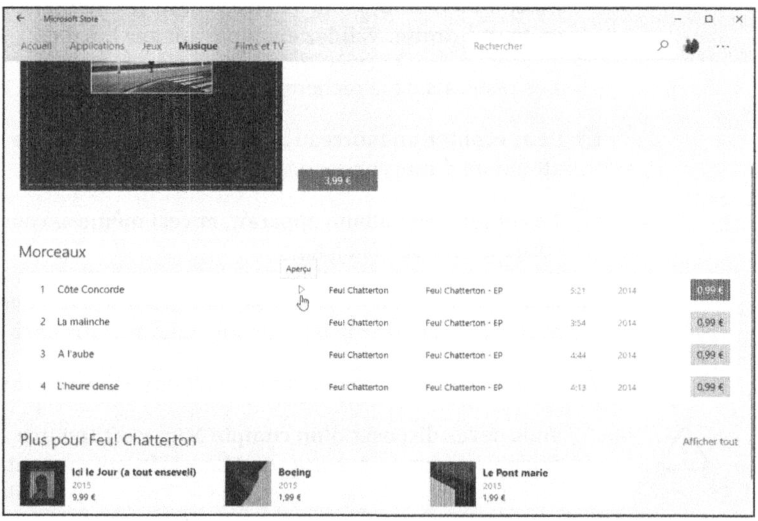

❼ Connectez-vous avec votre compte Microsoft (un e-mail et un mot de passe). Une fois connecté, Microsoft vous invite à ajouter un moyen de paiement afin de procéder à votre achat. Cliquez sur le lien Ajouter un nouveau mode de paiement (Figure 8.6).

Figure 8.6

Si vous achetez, eh bien… il faut payer !

Indiquez un numéro de carte bancaire ou votre compte PayPal.

❽ Il ne vous reste plus qu'à suivre les instructions de téléchargement.

Le numéro de carte indiqué sera utilisé par défaut chaque fois que vous souhaiterez acheter de la musique. Donc, gare à votre compte en banque !

La radio sur Internet

Si vous aimez écouter de la musique pendant que vous travaillez, branchez-vous sur les stations radio d'Internet. Comme les stations qui émettent en FM ou sur les grandes et petites ondes, vous y trouverez des programmes musicaux (ou autres) tout à fait séduisants. En revanche, contrairement aux radios classiques, les radios sur Internet proposent souvent un programme en boucle qui n'est renouvelé que quelques jours par semaine. Très peu de radios marginales ont les moyens d'émettre en direct. Dans tous les cas de figure, vous les écoutez en *streaming*, c'est-à-dire sans téléchargement préalable de la totalité du programme radiophonique.

Écouter la radio avec Microsoft Edge (ou autre)

Puisque vous disposez d'un accès à Internet, profitez-en pour écouter de la musique directement sur le Web. Voici comment procéder avec Microsoft Edge :

1. **Démarrez Edge.**
2. **Si vous n'avez pas décidé quelle radio écouter, tapez** Radio Internet **dans le champ de recherche du moteur Google.**

   Une multitude de sites seront mis à votre disposition. Difficile de faire le choix pour vous.

   Le site radio.fr, que vous trouverez à l'adresse `www.radio.fr`, répertorie un grand nombre de stations qui émettent sur Internet.
3. **Cliquez sur le lien de la radio que vous souhaitez écouter.**
4. **Pour trouver des radios par genre sur radio.fr, faites défiler le contenu de la fenêtre, et cliquez sur un des thèmes des sections Genres et Thèmes.**

   Vous pouvez également taper un genre ou le nom d'une station dans le champ de recherche situé dans la partie supérieure droite de la page. Cliquez ensuite sur l'icône de la loupe.
5. **Dans la liste des choix qui s'affiche, cliquez sur la station à écouter.**

   Les choix sont nombreux et clairement définis, comme le montre la Figure 8.7.
6. **Cliquez sur l'icône de la radio à écouter.**

   La page de la radio apparaît et la lecture commence.

De radio en radio, vous allez disposer d'une liste de stations préférées qui couvrira toute votre sensibilité musicale.

Figure 8.7

Trouvez et écoutez facilement des radios sur radio.fr.

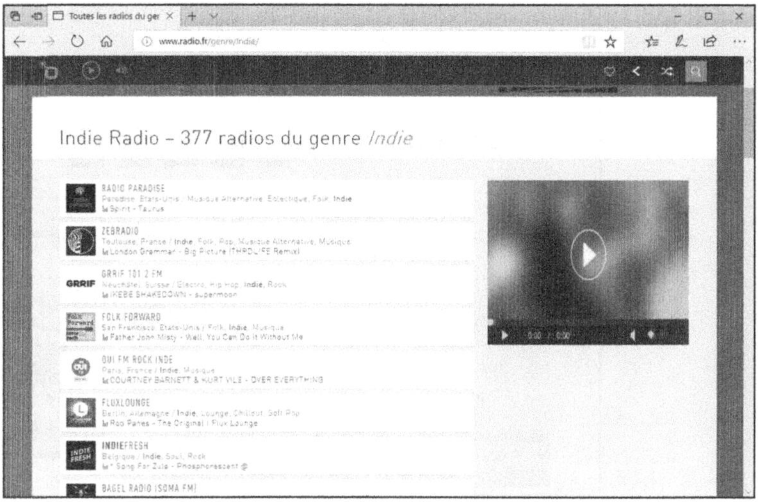

Écouter des stations de radio standard avec Microsoft Edge

Si vous êtes intéressé par un autre type de radio, accédez alors directement au site de la station en question via votre navigateur Web.

Pour illustrer mon propos, je vais vous expliquer comment écouter une station de Radio France via Microsoft Edge :

1. **Ouvrez Microsoft Edge.**

2. **Dans la barre d'adresse ou le champ de recherche, tapez le nom de la radio que vous désirez écouter, en l'occurrence** Radio France, **et appuyez sur la touche Entrée de votre clavier.**

   Le moteur de recherche que vous utilisez par défaut affichera le lien direct vers cette station de radio.

3. **Cliquez sur le lien Radio France.**

   Comme le montre la Figure 8.8, vous accédez à toutes les stations de Radio France.

4. **Cliquez sur le logo de la station de Radio France à écouter, comme FIP.**

Figure 8.8

Choisissez la station de Radio France à écouter.

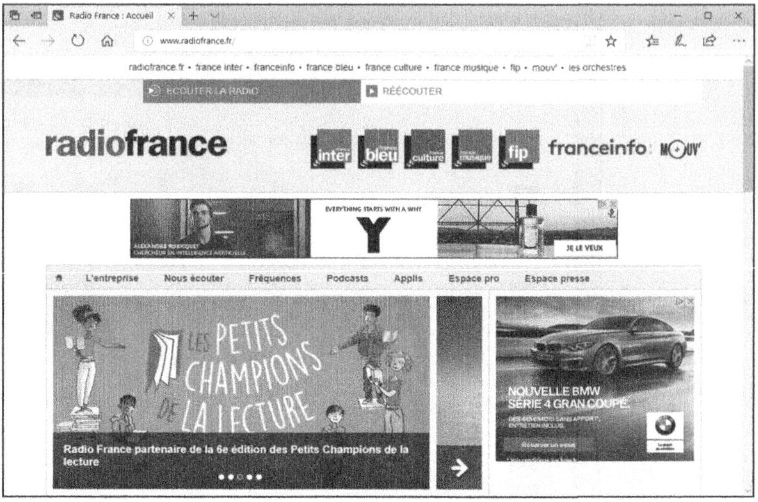

❺ **Cliquez alors Écouter la radio qui apparaît en haut de la page dans la couleur du logo de cette radio.**

Le site va télécharger sur votre ordinateur son propre *player* (lecteur) qui va vous permettre d'écouter correctement les émissions de la radio en direct.

Ce lecteur permet de mettre en pause, de reprendre le direct, de monter ou encore de baisser le son.

❻ **Pour interrompre l'écoute de cette radio, il vous suffit de fermer votre lecteur en cliquant sur le bouton de fermeture situé dans son coin supérieur droit.**

Cet exemple, basé sur Radio France, vaut pour la majorité des autres stations de radio qui émettent à la fois sur les ondes traditionnelles et sur Internet. Rendez-vous sur le site de ces radios et écoutez !

Comme ce lecteur propriétaire est ouvert, vous pouvez utiliser Internet Explorer pour surfer vers d'autres cieux du Web tout en écoutant votre radio préférée.

Vidéos sur Internet

Le standard Web de la vidéo est le format MPEG et MOV. Il s'agit de *codecs* (codeur/décodeur) vidéo qui permettent de produire des fichiers vidéo de petite taille à la qualité d'images très variable. Les fichiers MPEG rencontrés sur Internet portent l'extension .mpeg ou .mpg.

Microsoft, comme à son habitude, prend le train en marche en tentant d'imposer un format concurrent basé sur son propre format vidéo non compressé AVI (*Audio Video Interleaved*). Une fois compressé, ce format devient .asf ou .asx. Il permet de délivrer du son et des images en *streaming*.

Trouver des vidéos

Un navigateur Web ne peut pas lire de la vidéo. Pour cela, il faut un lecteur spécial. Vous avez également besoin d'un ordinateur assez rapide pour afficher des vidéos en temps réel. Les lecteurs multimédias RealPlayer, Lecteur Windows Media, VLC, et QuickTime/iTunes prennent en charge les fichiers vidéo. Parfois, vous rencontrerez des animations, voire de petits films, au format Flash d'Adobe (ou Shockwave) qui portent l'extension .flv. Il ne s'agit pas à proprement parler de fichiers vidéo, mais plutôt d'images vidéo intégrées dans une animation Flash.

Pour que Microsoft Edge lise les vidéos publiées en Flash sur Internet, cliquez sur le bouton Paramètres et plus situé dans la partie supérieure droite de l'interface. Cliquez ensuite sur Paramètres, puis sur le bouton Paramètres avancés. Activez l'option Utiliser Adobe Flash Player, comme à la Figure 8.9.

Lorsque votre navigateur Web arrive sur une page intégrant une animation Flash qu'il ne parvient pas à lire, il vous propose de télécharger le lecteur adéquat. Laissez-vous séduire par cette offre.

Si vous désirez voir rapidement des bandes-annonces ou des extraits de films récents, connectez-vous au site `www.allocine.fr/video/`.

Il est difficile de ne pas parler aujourd'hui des services de publication vidéo en ligne que sont DailyMotion ou YouTube. Vous y trouverez des millions de vidéos en tout genre et sur tous les sujets publiés par des gens comme vous et moi. Consultez-les ! Le virus de la publication vidéo en ligne ne va pas tarder à vous gagner.

Figure 8.9

Utiliser Flash Player avec Microsoft Edge.

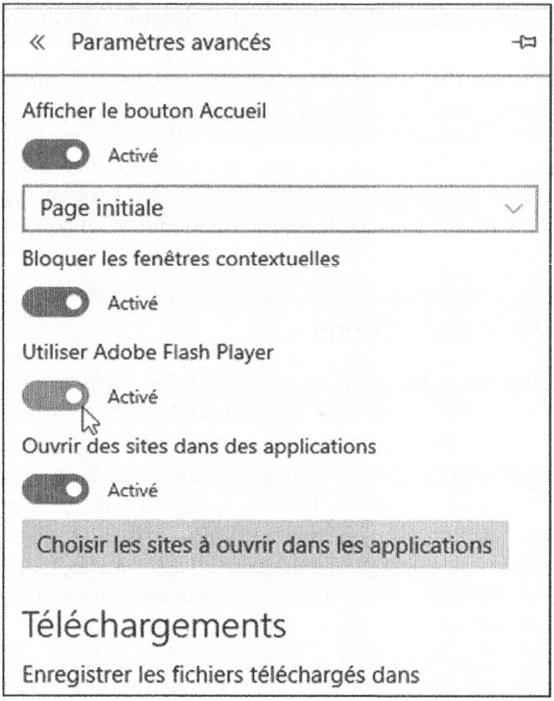

Le pour et le contre des achats en ligne

Internet est devenu une véritable puissance économique depuis que l'e-commerce s'y est développé à vitesse grand V. Personnellement, j'y achète des livres, des billets d'avion, des jeux, des DVD, des sous-vêtements, des actions, des pièces détachées d'ordinateurs et des consommables de toutes sortes. Malgré quelques légendes – parfois avérées –, nous sommes toujours bel et bien vivants pour vous conter l'histoire fabuleuse des achats en ligne.

Voici quelques bonnes raisons de faire ses achats en ligne :

» **Les magasins en ligne offrent des commodités appréciables.** Ils sont ouverts toute la nuit, et vous n'agacez aucun vendeur si vous ne faites que regarder pendant des jours et des jours avant de vous décider à acheter.

- Les prix sont souvent inférieurs à ceux des magasins, et vous pouvez comparer les tarifs de plusieurs boutiques en quelques minutes. Les frais d'expédition sont les mêmes que lorsque vous commandez par courrier postal (ils sont même offerts à partir d'une certaine somme, en général 100 euros d'achats) et vous n'aurez pas besoin de prendre votre voiture et de trouver un parking.

- Les boutiques en ligne offrent parfois une meilleure sélection. L'expédition est habituellement réalisée à partir d'une centrale d'achat – pas de stocks à gérer.

- Lorsque vous vivez dans une campagne éloignée de tout, le Net permet de dénicher de nombreux articles introuvables localement.

- Vous pouvez acheter dans tous les magasins de la planète, à des prix défiant toute concurrence.

- Vous pouvez acheter et vendre sur Internet.

D'un autre côté, voici quelques raisons qui nous incitent à ne pas *tout* acheter sur le Net :

- Vous ne pouvez pas physiquement essayer, tester ou regarder ce que vous achetez, et il arrive que les délais de livraison soient assez longs.

- Nous aimons bien nos petits commerces locaux et nous essayons de contribuer à l'économie de notre région aussi souvent que nous le pouvons.

- Plus vous êtes devant un ordinateur et moins vous sortez de chez vous ! Ne coupez pas trop le lien social !

Le problème des cartes bancaires

Comment s'effectue le paiement des achats en ligne ? La plupart du temps avec une carte bancaire, de la même façon que dans un magasin ordinaire. Mais n'est-il pas risqué de donner son numéro de carte bancaire en ligne ? Eh bien, non !

Nombre de personnes craignent que des individus malintentionnés et armés de divers outils électroniques, analyseurs de réseaux et autres gadgets de haute technologie, soient à l'affût pour tenter de s'approprier les numéros de cartes bancaires voyageant sur le Net. Nous avons surveillé pendant plusieurs années l'occurrence de tels événements et nous n'avons jamais rien trouvé. D'abord, parce que la plupart des entreprises de vente en ligne s'arrangent pour sécuriser les transactions de ce type en cryptant les informations que vous leur envoyez (dans la fenêtre du navigateur, un petit cadenas fermé affiché en bas de la fenêtre). Ensuite, parce que tenter d'intercepter une information de ce type dans le flot du trafic d'Internet est une véritable gageure, même sans chiffrement.

Si vous acceptez de confier votre carte bancaire dans un restaurant à un serveur, vous pouvez aussi bien vous servir de votre carte bancaire pour acheter en ligne. Si nous voulions dérober un numéro de carte de crédit, ce n'est pas la technique d'Internet que nous utiliserions, mais celle des *pickpockets*.

Si, après cette mise au point, vous ne voulez toujours pas confier votre numéro de carte bancaire à Internet ou que vous êtes de ceux qui répugnent à l'usage des cartes en plastique, sachez que la plupart des entreprises de VPC en ligne accepteront que vous leur indiquiez ce numéro par téléphone ou que vous leur envoyiez un chèque.

Les cartes bancaires virtuelles : e-Carte bleue et consorts

Une des dernières innovations des banques est la mise en circulation, pour qui en fait la demande, d'une carte bancaire virtuelle destinée au paiement des achats sur Internet. Comment fonctionne la carte virtuelle ? Nous baserons notre explication sur une expérience personnelle : la e-Carte bleue (ce système est repris sous des noms divers par la majorité des établissements bancaires).

Vous souscrivez un contrat auprès de votre banque pour bénéficier de la carte bancaire virtuelle. Si votre banquier est reconnaissant de votre fidélité, il ne devrait rien vous facturer de plus que vos sempiternels frais de gestion mensuels. Quelques jours après la souscription à e-Carte bleue, par exemple, vous recevez un premier courrier indiquant un identifiant à ne surtout pas égarer. Il s'agit d'un code aussi facile à retenir que BCMYSKPM. Cet identifiant vous permet d'aller sur le site Web de votre banque et d'y télécharger un petit programme qui n'est autre que votre carte bancaire virtuelle. Installez ce programme sur votre ordinateur. Si vous l'exécutez, une connexion Internet s'établit, et une sorte de carte affichant deux champs de saisie apparaît au premier plan de votre bureau. Elle couvre systématiquement tous les programmes que vous ouvrez, dont Internet Explorer ou Firefox, qui permettront de faire vos achats en ligne. Les champs de saisie exigent deux choses : l'identifiant et le mot de passe que vous recevrez environ quarante-huit heures après votre premier courrier. Conservez bien ces deux numéros, c'est-à-dire identifiant et mot de passe, dans un lieu sûr, et tentez de vous en souvenir (ce ne sera pas du gâteau).

Pour utiliser la carte virtuelle, c'est très simple. Faites vos emplettes, c'est-à-dire cherchez les produits qui vous intéressent sur un site, ajoutez-les à votre panier virtuel et enfin passez à la caisse. À cet instant, choisissez un paiement par carte bancaire VISA ou E-Carte bleue (certains sites proposent ce mode de paiement) et lancez le programme de votre carte bancaire virtuelle, tel qu'e-Carte bleue. La carte virtuelle vous demande de saisir votre identifiant et votre mot de passe, puis de cliquer un bouton pour les valider. Une fois votre identification réalisée, plusieurs autres boutons permettent d'effectuer diverses tâches, dont l'une se nomme Payer. Cliquez dessus. Un message vous avertit qu'un numéro unique va vous être attribué. À ce moment-là, votre carte virtuelle prend l'apparence d'une carte bancaire identique à celle que vous avez dans votre portefeuille, mais elle est animée : c'est-à-dire que vous voyez tous les chiffres tourner de manière aléatoire, puis se figer en un numéro traditionnel, utilisable une seule fois. Saisissez le numéro ainsi attribué et le code à trois chiffres dans les champs adéquats du site Web. Validez. Le site interroge alors votre banque, et le paiement est accepté. Voilà, votre achat est fait. Même si quelqu'un a pu détourner ce numéro de carte, il ne pourra plus l'utiliser, car il est à usage unique. Vous pouvez alors fermer le petit programme. Si vous ne le faites pas, la carte virtuelle disparaît au bout d'une quinzaine de minutes.

Lors de votre prochain achat sur Internet, vous répéterez ces opérations et vous obtiendrez alors un nouveau numéro unique qui permettra de payer vos achats en toute sécurité. Ce système est absolument génial !

Comparer les prix grâce à Internet

Trouver la bonne affaire… et en neuf par-dessus le marché. Je crois saisir votre niveau d'exigence de consommateur, surtout en ces périodes de crise économique internationale. Donc, si vous venez sur Internet, c'est pour acheter au meilleur prix. Pour cela, suivez les conseils et les instructions des prochaines sections.

Voici comment trouver et utiliser un comparateur de prix :

1. **Ouvrez Microsoft Edge.**

2 Accédez à votre moteur de recherche préféré, et tapez-y comparateur de prix.

3 Choisissez un des comparateurs proposés comme Twenga.

4 Dans le champ de recherche du comparateur, tapez le nom d'un produit, comme réfrigérateur, **puis cliquez sur un bouton Chercher, l'icône d'une loupe, ou tout autre élément susceptible de lancer la recherche.**

Dans un comparateur de prix, vous pouvez affiner les résultats de plusieurs manières, notamment en sélectionnant la marque et/ou des caractéristiques.

Dans la page des résultats du comparateur, toutes les marques ne sont pas forcément affichées. Vous trouverez généralement un lien du type Voir plus, ou Plus de marques. Il suffit de cliquer dessus pour accéder à d'autres fabricants de réfrigérateurs (par exemple). Ne vous laissez pas intimider et restreindre par les propositions par défaut du comparateur de prix. Les marques les plus en vue payent pour être citées en premier dans un comparateur.

5 Définissez le type de produit.

Pour mon réfrigérateur (toujours lui !), je sais qu'il me faut un modèle à 2 portes. Je le choisis dans la rubrique Catégories située dans le volet droit de Twenga. J'obtiens une liste de produits illustrée sur la Figure 8.10. J'indique alors le nombre de portes souhaitées.

6 Choisissez en fonction de la marque ou de votre budget.

Le comparateur de prix propose généralement d'effectuer un tri par prix croissants ou décroissants. Il suffit alors de cliquer sur un signe + ou un signe –, voire de cliquer une nouvelle fois sur le lien Prix total. L'ordre de présentation de divers produits se fait en fonction de la fourchette de prix dans laquelle il se trouve.

Vous pouvez parfois agir sur un curseur pour définir une échelle de prix correspondant au prix mini et maxi de votre investissement.

7 Faites défiler le contenu de la fenêtre du comparateur.

Certains comparateurs permettent de cocher les cases des modèles de réfrigérateur que vous désirez comparer. Une fois les produits cochés, cliquez sur le bouton Comparer les produits.

Figure 8.10

Affiner la recherche d'un réfrigérateur.

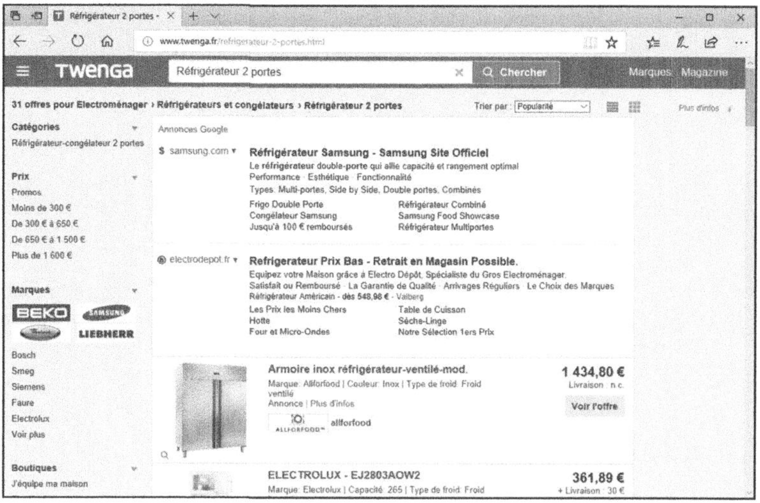

Le comparateur affiche la liste des prix et des sites qui vendent ce produit. Vous pouvez trier cette liste en fonction de critères identiques à ceux présentés à l'Étape 1.

Si aucun modèle ne vous convient, relancez une recherche, comme expliqué au début de cette procédure.

Le critère de sélection que vous appliquez aux meilleures offres proposées par le comparateur de prix peut être très subjectif. Certes, le prix est important, mais la disponibilité ne l'est pas moins. Si vous êtes dans l'urgence du produit, vous accepterez peut-être de payer plus cher et de le recevoir dans les meilleurs délais. Dans ce cas, cliquez sur le lien Disponibilité pour réorganiser la liste des produits trouvés en fonction des stocks disponibles. Dans ce cas, seuls les produits mentionnant « Disponibilité : En stock » auront votre préférence.

8. **Dès qu'un modèle vous convient, cliquez dessus.**

   Le comparateur liste alors les sites Web marchands qui proposent ce modèle.

9. **Pour consulter l'offre d'un des sites, cliquez sur le bouton Voir l'offre, comme le montre la Figure 8.11.**

Figure 8.11

Pour consulter les offres d'un modèle précis.

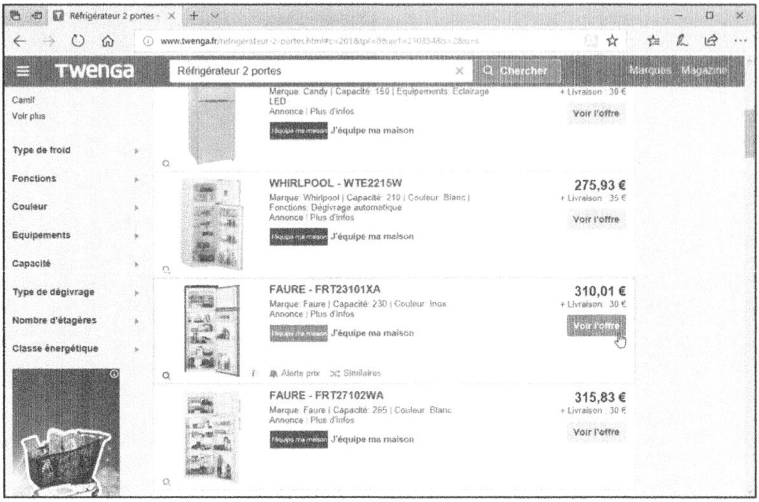

Le comparateur vous envoie directement sur la page Web du site traitant de ce produit. Si vous êtes séduit, commandez, comme nous l'expliquons plus loin dans ce chapitre.

Le prix n'est pas l'unique critère d'un achat par correspondance. Certains d'entre vous préféreront payer un peu plus cher un produit, car le site propose de payer en 3 fois sans frais (nous en reparlerons).

Choisir, commander et payer

Vous ne passerez pas toujours pas un comparateur de prix pour acheter sur Internet. Bien souvent, vous déambulerez dans des magasins virtuels, exactement comme vous déambulez dans les rayons des boutiques que vous fréquentez habituellement dans la réalité. La grande différence avec un comparateur de prix est que, dans une boutique précise, vous êtes pieds et poings liés aux prix pratiqués. Ensuite, commander et payer sont deux opérations qui se déroulent de la même façon quelle que soit la manière par laquelle vous avez accédé aux produits.

Choisir un produit en ligne

Prenons un exemple simple en visitant le site Web appelé Cdiscount, qui propose tout ce qui touche principalement à l'informatique et à l'audiovisuel. Pointez votre navigateur sur l'URL `www.cdiscount.fr`.

Voici comment acheter un disque dur externe sur un site Web comme CDiscount :

1. **Repérez-vous dans l'interface du site.**
2. **Localisez la barre de navigation qui contient en fait tous les rayons du magasin en ligne.**
3. **Notre achat intéressant l'informatique, placez le pointeur de la souris sur l'onglet Informatique, en haut et au centre de l'écran.**

   Une liste de catégories apparaît.

4. **Parcourez la liste et cliquez sur le lien Disque dur externe –, comme à la Figure 8.12.**

Figure 8.12

Pour choisir votre disque dur externe.

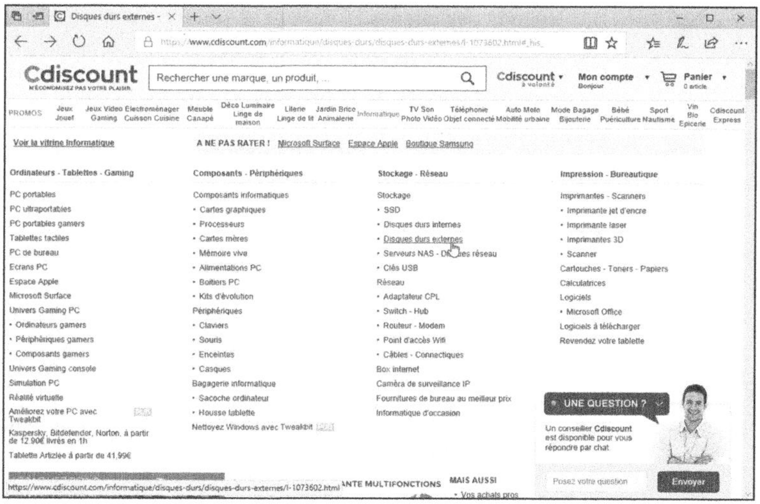

Vous accédez à une nouvelle page Web qui permet de mieux définir le type de disque dur externe qui vous convient.

Comme le nombre de disques durs disponibles est colossal, bien plus que vous ne le proposera jamais un magasin réel, vous devez une fois encore restreindre les résultats en précisant davantage les options techniques de votre disque dur.

5 Dans les options affichées par le volet gauche, vous pouvez préciser :

- **La marque** : Cette liste affiche l'ensemble des marques de disques durs vendus sur le site.
- **Le prix** : Permet de limiter la recherche à votre budget maximal.
- **Le format** : C'est-à-dire la taille du disque lui-même comme 3,5 ou 2,5 pouces.
- **Interface** : Critère essentiel pour que le produit soit compatible avec votre PC. En règle générale, vous choisirez une interface de type USB 2.0 ou USB 3.0. En d'autres termes, le disque dur externe se connectera à une prise USB 2.0 ou 3.0 de votre ordinateur dans le second cas.
- **Le vendeur** : Les sites répertorient aussi souvent des offres de leurs partenaires. Donc, si vous souhaitez commander spécifiquement sur CDiscount, cochez son nom.

Vous trouverez parfois d'autres critères comme la disponibilité et les avis des clients.

Vous constatez que, sur ce site, chaque fois que vous cochez une case, la liste des produits correspondants s'actualise.

Si la recherche est infructueuse, supprimez un ou deux critères de recherche et cliquez de nouveau sur OK.

6 Faites défiler le contenu de la fenêtre, et dès que vous trouvez un modèle qui vous convient, cliquez sur le bouton Je le veux.

Une fenêtre peut vous proposer de souscrire une extension de garantie de 2 ans. Cliquez sur Ajouter la garantie pour y souscrire, ou bien sur Refuser la garantie.

7 Consultez votre panier par un clic sur Panier en haut à droite de la fenêtre de Cdiscount.

L'ensemble des objets ajoutés y sont présents, comme sur la Figure 8.13.

Figure 8.13

Voir son panier pour terminer sa commande, ou bien poursuivre ses achats.

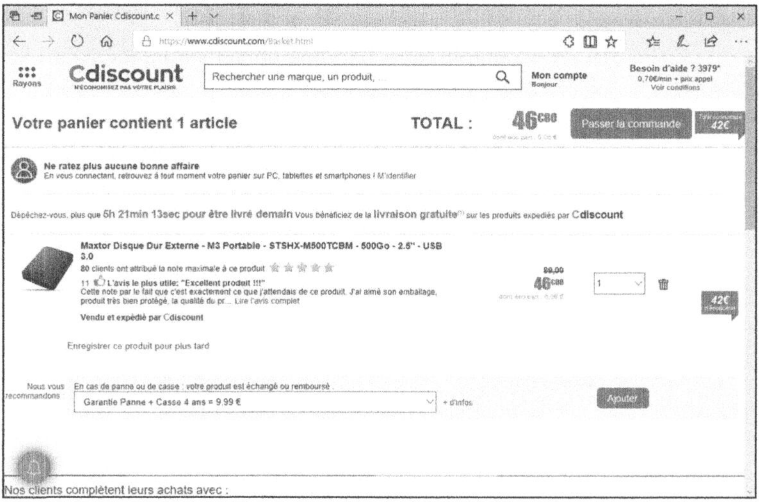

Valider votre panier

En e-commerce, vous passez ou finalisez une commande. Par conséquent, voici comment terminer la commande de votre disque dur :

❶ **Comme nous l'avons vu précédemment, vous pouvez finaliser la commande en cliquant sur le bouton Voir mon panier ou sur Panier en haut à droite.**

Si vous n'avez pas cliqué sur ce bouton, cliquez sur le bouton permanent Mon panier, situé dans les onglets de la page Web du site marchant.

Dans les deux cas, vous accédez à un récapitulatif de votre commande.

Vous constatez qu'un certain nombre d'options d'achat ont été ajoutées. Il s'agit en général d'assurances en cas de casse et/ou de panne. Vous n'êtes pas obligé d'y souscrire.

Pour supprimer un produit que vous ne voulez plus acheter, cliquez sur l'icône de la poubelle.

❷ **Si vous vous ravisez et désirez commander d'autres produits, visitez tout simplement d'autres pages du site.**

Dans ce cas, suivez la procédure décrite dans la précédente section.

3. **Si vos achats vous conviennent, cliquez sur le bouton Passer la commande.**

   Il va falloir payer, comme nous l'expliquons dans la section suivante.

Régler la commande et choisir le mode de livraison

Le fait de valider un panier vous envoie généralement dans votre espace client. Si vous avez déjà acheté sur ce site, indiquez votre e-mail ou votre pseudo, et tapez votre mot de passe. Sinon, vous devez créer un compte client. Pour cela, remplissez le formulaire Vous êtes un nouveau client, semblable à celui de la Figure 8.14.

Figure 8.14

Créez un compte pour faciliter vos achats ultérieurs.

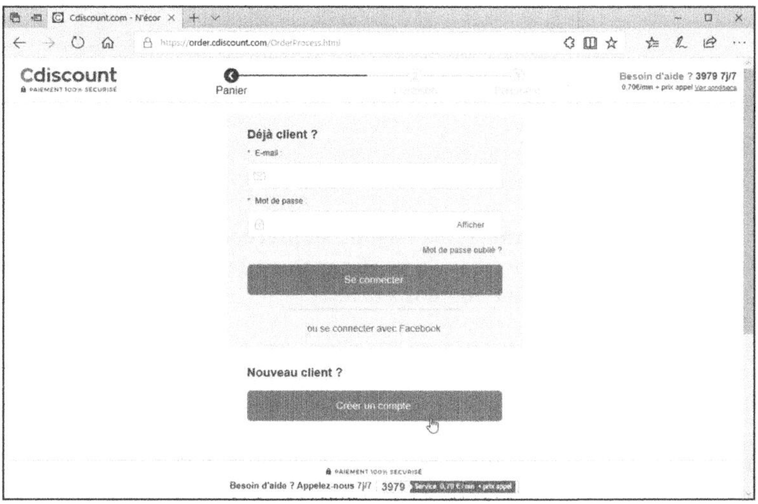

Une fois inscrit, voici comment régler votre commande et déterminer son mode de livraison :

1. **Pour pouvoir calculer le prix réel de votre commande, indiquez le mode de livraison choisi.**

   Ces modes de livraison varient d'un site à un autre. Toutefois, globalement, nous retrouvons un peu partout les mêmes.

Vérifiez votre adresse de livraison. Si des données ont changé ou si vous avez commis une erreur, cliquez sur le lien Je modifie mon adresse de livraison.

2. **Choisissez un mode de paiement.**

   C'est peut-être le moment le plus critique, surtout si vous effectuez votre premier achat sur Internet. En effet, vous avez peur ! Voici les modes de paiement généralement proposés, et leurs avantages et leurs inconvénients :

   - **Paiement par carte :** Vous réglez vos achats avec une des nombreuses cartes bancaires ou de crédit existantes. Que risquez-vous ? Je vous conseille de vous reporter à la section « Le problème des cartes bancaires » en début de chapitre. Le moyen de paiement le plus sûr reste le système e-Carte bleue.

   - **Paiement en plusieurs fois :** C'est un des grands avantages du Web. À partir d'une certaine somme, vous pouvez régler en 4 fois (avec de petits frais), ou en plusieurs mensualités en effectuant un prêt auprès d'un organisme partenaire du site sur lequel vous achetez.

   - **Paiement par PayPal :** PayPal est un système de paiement sécurisé sur Internet, principalement utilisé sur des sites de ventes aux enchères ou de matériels d'occasion.

   - **Paiement par carte Cdiscount :** Il s'agit d'une carte de fidélité que vous payez annuellement et qui vous octroie une réduction assez conséquente lors de vos achats.

3. **Une fois ces choix effectués, cliquez sur Payer votre commande.**

4. **Suivez les instructions liées au mode de paiement choisi.**

5. **Une fois l'ensemble de la procédure terminée, vous recevez un mail de confirmation.**

   Si les produits sont en stock, vous les recevrez dans les 72 heures. Normalement, vous êtes débité au moment de l'expédition.

Bravo ! Vous venez de mener à bien un achat sur Internet. Bientôt, vous ne pourrez plus vous en passer.

Fini le supermarché !

Grâce à Internet, vous allez pouvoir faire vos courses alimentaires (et autres) dans des supermarchés (ou des supérettes) virtuel(le)s, comme illustré à la Figure 8.15.

Figure 8.15

Un supermarché en ligne.

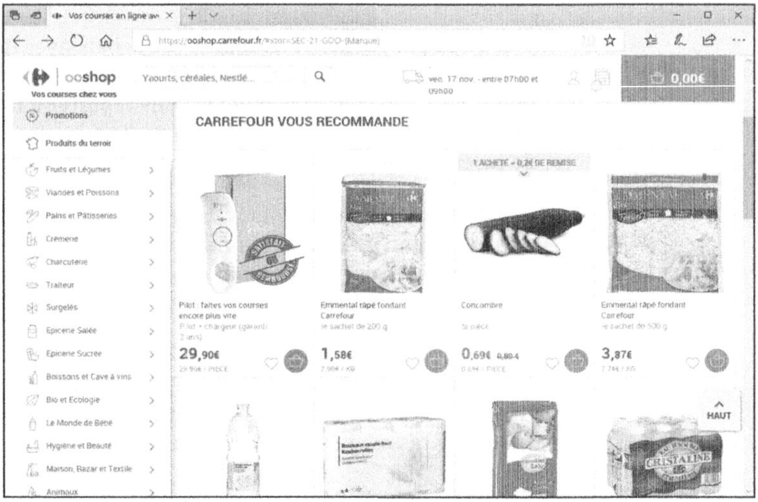

Avantages et inconvénients du supermarché en ligne

Voici une liste des avantages que nous trouvons dans les supermarchés en ligne :

» **Vous gérez votre temps ! C'est peut-être l'aspect le plus important dans une vie de plus en plus trépidante où faire ses courses est plus une contrainte qu'un plaisir. En effet, vous décidez de l'heure à laquelle vous irez dans le supermarché en ligne.**

» **Un supermarché en ligne est ouvert 24h/24, 7j/7 ! Finis les samedis après-midi passés à déambuler dans les rayons la liste de courses dans une main et le Caddie dans l'autre.**

» **Un supermarché en ligne vous présente toutes les promotions du jour sans que vous soyez obligé de passer votre temps à comparer les prix de tel ou tel produit.**

- Vous êtes instantanément informé sur les nouveaux produits.
- Vous êtes seul dans les rayons ! Terminés les bousculades, les « pardons », « excusez-moi », « Pardon Monsieur, vous qui êtes grand, vous pourriez m'attraper le paquet de café qui se trouve tout là-haut ».
- Vous connaissez en temps réel le montant de vos achats !
- Vous n'êtes plus obligé de faire tous les rayons pour retrouver un produit particulier qui a changé de place suite à un réaménagement du magasin.
- Vous connaissez immédiatement les produits manquants, ce qui vous évite de perdre du temps à les chercher. (Parce que là, vous n'êtes pas prêt de les trouver !)
- Vous ne faites plus la queue au rayon traiteur, boucherie, charcuterie, et surtout à la caisse !
- Vous n'êtes plus contraint d'emmener vos enfants avec vous qui, au bout de 10 minutes, commencent à échapper à votre vigilance, déballent tout dans les rayons, et tentent à grand renfort de cris et de colère d'obtenir un paquet de bonbons, de gâteaux, ou toute autre cochonnerie.
- Vous ne courez plus dans les rayons parce que vous avez garé votre voiture à l'étage et que le supermarché ne vous offre qu'une heure de parking gratuit.
- Vous faites un geste écologique puisque vous économisez du carburant et que vous n'émettez pas de CO_2 !

Les avantages semblent si nombreux que l'on se demande où sont les inconvénients. Il y en a quand même :

- En ligne, vous vous coupez du monde réel et du contact avec les commerçants, à qui il arrive d'être fort agréables (si, si) !
- Certains prix sont plus chers.
- Vous n'avez pas toujours accès au produit 1er Prix.
- Vous ne pouvez pas apprécier la qualité des fruits, des légumes, du poisson et de la charcuterie à la découpe.
- Vous ne pouvez pas regarder la date limite de consommation.
- Que faire si un produit est ouvert ?

» Que faire s'il manque des berlingots dans le paquet de lessive ?

» Finalement, votre geste écologique n'est pas aussi important que cela puisqu'un camion viendra vous livrer.

» En dessous d'une certaine somme, des frais de préparation s'ajoutent à votre commande.

» Vous habitez peut-être dans une zone où le supermarché ne livre pas. Dans ce cas, vous devrez faire vos courses dans le magasin le plus proche de chez vous.

» Si votre ordinateur ou votre connexion haut débit est en panne, vous risquez de faire un sérieux régime. (Enfin, vous pouvez toujours faire vos courses à la supérette en attendant.)

» Vous ne pourrez pas aller dans la galerie marchande annexée au supermarché.

» Vous êtes obligé d'acheter des quantités plus importantes pour que cela vaille le coup.

Si cela vous convient, vous poursuivrez cette expérience, et dans le cas contraire, vous irez vous détendre ou vous stresser au supermarché du coin.

Acheter dans un supermarché en ligne

Pour acheter dans un supermarché en ligne, encore faut-il en trouver un. Pas d'inquiétude à ce sujet. La majorité des grandes et petites enseignes proposent un équivalent virtuel. Vous pouvez ouvrir un moteur de recherche comme Google et y taper **Supermarché en ligne**. Vous trouverez alors une liste de sites permettant de faire vos courses. Je pense toutefois que vous aurez une préférence pour le site du supermarché où vous avez l'habitude de vous rendre dans la réalité, car vous connaissez les produits qui y sont disponibles.

Si vous ne désirez pas effectuer la recherche suggérée, voici quelques sites à visiter :

» `www.ooshop.com` : Version en ligne de l'enseigne Carrefour.

» `www.houra.fr` : Supermarché en ligne du groupe Cora.

» `http://drive.intermarche.com/` : Version en ligne de l'enseigne Intermarché.

» `http://auchandirect.fr` : Version en ligne de l'enseigne Auchan.

» www.natoora.fr : Supérette en ligne qui dispose d'un superbe rayon bio.

Quel que soit le supermarché que vous choisissez, le principe des achats en ligne est sensiblement le même. La première question qui se pose est de savoir si vous vivez dans une ville éligible.

1, 2, 3... partez dans les rayons virtuels

Les explications qui suivent s'appliquent à tous les supermarchés virtuels. Il peut exister quelques variantes qui, toutefois, ne remettent pas en cause la procédure ci-après.

Voici comment se déroulent vos courses dans un supermarché virtuel :

1. **Connectez-vous au site Web du supermarché dans lequel vous souhaitez faire vos courses.**

   Nous basons notre exemple sur Ooshop de l'enseigne Carrefour, mais rien ne vous empêche de suivre cette procédure sur le site de votre choix.

2. **Dans la colonne de gauche, cliquez sur le rayon dans lequel vous voulez acheter des produits.**

   Je veux effectuer un achat de boîtes de conserve dans le rayon Épicerie salée.

3. **Cliquez sur la catégorie de produits dont vous désirez voir les marchandises.**

   Ici, j'ai choisi Conserves & bocaux (Figure 8.16). Le rayon Épicerie vous ouvre les portes de cette catégorie de produit. En d'autres termes, je choisis quel type de conserves et/ou de bocaux je désire acheter.

4. **Cliquez sur la sous-catégorie de produits qui vous intéresse, puis sur les légumes concernés (Figure 8.17).**

   Je souhaite acheter des légumes en conserve, et plus particulièrement des haricots verts.

5. **Faites défiler le contenu de la page pour voir tous les produits proposés.**

   La liste est assez impressionnante. Vous avez souvent plus de choix que dans votre magasin réel. Le prix est indiqué en gros avec juste en dessous le prix au kilo. Donc, pas de mauvaises surprises.

Figure 8.16

Pour acheter dans le rayon épicerie Conserves & bocaux.

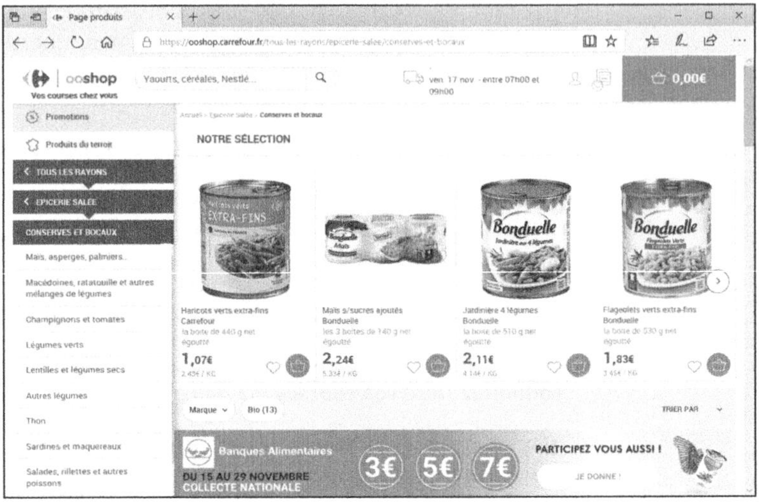

Figure 8.17

En quelques clics, vous êtes devant les produits qui vous intéressent.

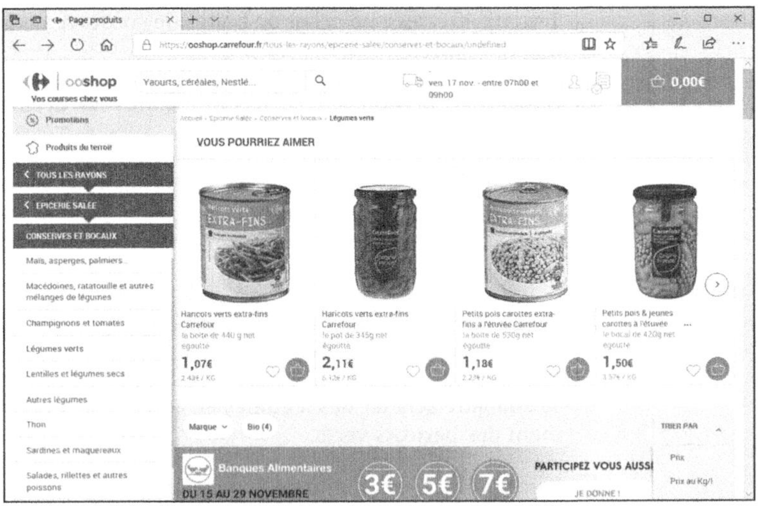

6 Cliquez sur le produit à commander puis sur le bouton J'ajoute.

7 Indiquez la quantité de produits à acheter par des clics successifs sur le petit bouton + situé à droite du champ qui affiche le chiffre 1.

À l'inverse d'un magasin réel, vous pouvez trier les produits des rayons d'un magasin virtuel. Ainsi, dans notre rayon des haricots verts, je peux :

- Trier par prix au kilo croissant ou décroissant, ou par prix à l'unité croissant et décroissant. Pour cela, cliquez sur la liste Trier par et choisissez votre option de tri.
- Voir les produits d'une marque spécifique. Pour cela, cliquez sur la liste Filtrer par marque, et choisissez la marque qui vous intéresse.
- Limiter l'affichage aux produits bio.

Vous constatez qu'il est très rapide de trouver les produits d'une marque spécifique.

8 Dès que vous avez trouvé le produit et spécifié sa quantité, cliquez sur le bouton dont l'icône est un Caddie ou un panier.

Il est fort possible qu'à cet instant de la procédure il vous soit demandé de vous connecter à votre compte. Si vous n'en possédez pas, le site vous invite à en créer un. Exécutez-vous, sinon vous ne pourrez pas poursuivre vos achats. Sur Ooshop en revanche, contentez-vous d'indiquer votre code postal. En effet, le site souhaite simplement savoir si votre zone géographique est desservie par le supermarché en ligne. Si c'est le cas, vous pourrez poursuivre vos courses sans créer votre compte immédiatement.

Il suffit ensuite de regarder la section Panier pour voir que le produit a été ajouté, qu'il indique le nombre d'articles que vous y avez mis, et le prix total de vos achats en cours (Figure 8.18).

9 Poursuivez vos achats selon ce même principe.

10 Pour ajouter plus rapidement un produit dans votre panier, tapez sa marque et son nom dans le champ Rechercher.

Par exemple, si vous désirez acheter du cappuccino Nescafé, tapez **Nescafé cappuccino** dans le champ Rechercher du supermarché virtuel et cliquez sur OK.

Figure 8.18

À tout moment, vous savez où vous en êtes de vos achats.

11 Pour retirer un produit ou une quantité d'un produit de votre panier, affichez la section Panier du site et cliquez sur le bouton situé à droite de la quantité d'articles que vous avez mis dans votre Caddie virtuel.

Pour enlever un produit, quelle qu'en soit la quantité demandée, réduisez sa quantité jusqu'à atteindre 0. Un message peut vous demander confirmation du retrait du produit de votre panier. Pour vider le Caddie, cliquez sur l'icône de la poubelle.

Le panier et son montant sont immédiatement mis à jour.

Faites vos courses en répétant l'ensemble de ces étapes. Mettez dans le panier, enlevez, ajoutez, faites comme bon vous semble !

12 Une fois vos courses effectuées, affichez le contenu de votre Caddie et cliquez sur Voir mon panier.

13 Créez un compte, puis terminez votre commande par un clic sur Je valide mon panier.

Il est possible que votre commande ne puisse pas être validée en dessous d'une certaine somme, par exemple moins de 60 euros.

Pour mieux apprécier le contenu de votre panier, cliquez sur Détail panier. Vous accédez au récapitulatif de votre commande, illustré à la Figure 8.19.

Vous pouvez ajouter et supprimer des quantités.

Figure 8.19

Vérifiez vos courses avant de passer à la caisse.

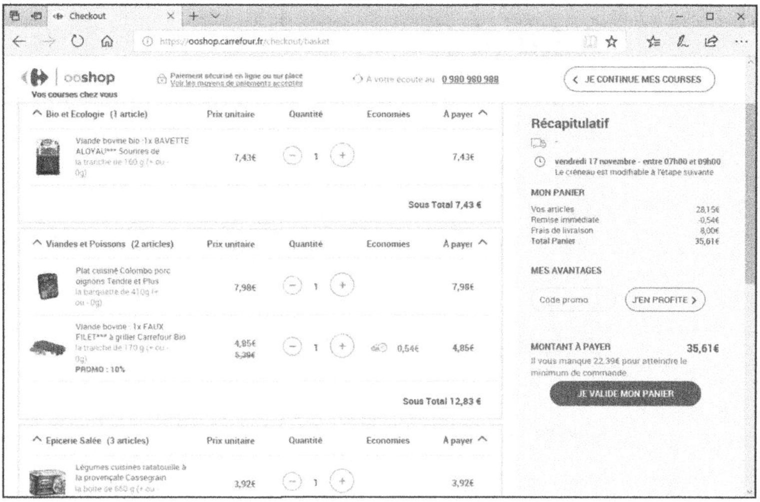

13 **Pour reprendre vos courses si vous vous apercevez que quelque chose manque, faites défiler le contenu de la page et cliquez sur le bouton Je continue mes courses.**

Votre panier est bien entendu conservé. Tout ce que vous allez acheter maintenant y sera automatiquement ajouté.

14 **En bas de cette page, vous disposez de deux autres options :**

- **Vider le panier :** Le message est clair. Si vous cliquez dessus, le panier est entièrement vidé. Vous n'avez plus qu'à recommencer la procédure ou à prendre votre voiture pour aller faire vos courses.
- **Valider ma commande :** Vous êtes sûr du contenu de votre panier et vous allez passer commande.

Je vous propose donc de valider votre commande. Le reste de la procédure se déroule sensiblement comme pour l'achat dans une boutique multimédia, tel que nous l'avons vu plus haut dans ce chapitre.

Vous avez passé un certain temps à faire vos courses, c'est-à-dire à sélectionner des produits dans des rayons thématiques. Or, nous achetons presque toujours les mêmes choses chaque semaine. Imaginez-vous être obligé de refaire ces mêmes gestes encore et encore exactement comme cela se déroule dans un magasin réel. Non, et vous avez raison !

Vous pouvez créer des listes de courses qui permettront de faire vos achats en deux ou trois clics de souris.

Adjugé !

Sur Internet, il existe une seconde manière de vendre et d'acheter des produits neufs et d'occasion : les enchères.

Un des sites les plus réputés en la matière se nomme eBay. Vous y trouvez tout ce que vous ne trouvez pas ailleurs, et cela quelle qu'en soit la qualité. Récemment, des êtres humains se sont symboliquement mis en vente sur eBay pour attirer l'attention d'éventuels employeurs.

Acheter aux enchères

Pour acheter aux enchères, il faut accéder à un site de vente aux enchères et y ouvrir un compte.

Vous constaterez que, à l'instar des sites de vente de matériels d'occasion, vous pouvez effectuer l'ouverture de ce compte au moment de valider votre enchère. Vous en concluez qu'il est possible de déambuler dans un site de vente aux enchères sans créer de compte. En revanche, pour profiter de toutes ses fonctionnalités, l'ouverture d'un compte est indispensable.

Ouvrir un compte sur un site de vente aux enchères

Nous allons baser notre propos sur le très célèbre site de vente aux enchères eBay. Pour y créer un compte qui vous permettra d'acheter, mais aussi de vendre, suivez cette procédure :

1. **Ouvrez votre navigateur Web et accédez au site `ebay.fr/`.**

   Vous arrivez sur la page d'accueil du site, illustrée à la Figure 8.20. Il est alors très facile de vous y inscrire.

   Une inscription à eBay ne vous coûte absolument rien. Je vous conseille donc de créer votre compte une bonne fois pour toutes. Ainsi, vous ne serez pas freiné dans votre élan de vendre ou d'acheter. Vous existerez pour eBay, tout comme eBay existera pour vous.

2. **Cliquez sur le lien Inscrivez-vous, situé dans la partie supérieure gauche de la page d'accueil.**

Figure 8.20

eBay, le plus grand site de vente aux enchères du monde.

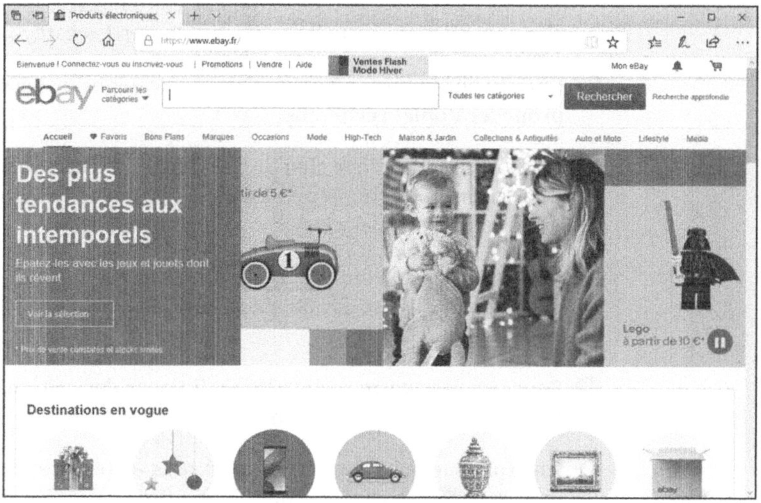

Le grand intérêt de cette inscription est de vous ouvrir les portes de tous les eBay du monde entier. Il vous sera alors facile de trouver un matériel que vous pensiez absolument introuvable.

Une fois cette inscription réalisée, vous accédez à eBay.

Vous recevrez un e-mail de bienvenue qu'il n'est pas nécessaire de valider pour commencer immédiatement vos enchères sur eBay.

Avant de vendre du matériel aux enchères, voyons comment acheter aux enchères.

Faire monter les enchères

Une fois votre inscription validée et votre compte eBay activé, vous pouvez :

» Rechercher un objet en tapant son nom et en sélectionnant une catégorie d'articles.

» Parcourir toutes les catégories du site.

La procédure qui suit explique comment participer à une enchère :

1. **Dans la page de bienvenue d'eBay, ouvrez le menu local Parcourir les catégories.**

❷ **Dans la liste des catégories, cliquez sur celle où vous désirez chercher un objet plus ou moins rare.**

Si vous ne trouvez pas de catégorie en lien direct avec l'objet recherché, cliquez sur le lien Afficher toutes les catégories.

❸ **Cliquez sur le lien correspondant à la catégorie susceptible de proposer l'objet recherché.**

Si vous ne recherchez rien de particulier, les catégories vous permettent tout simplement de vous promener dans cette sorte d'immense salle des ventes virtuelle qu'est eBay.

Vous accédez au contenu de la catégorie sur laquelle vous avez cliqué. Là aussi, il est possible de regarder tous les objets vendus aux enchères.

❹ **Pour préciser votre recherche, définissez des critères dans les sections affichées dans la partie gauche d'eBay.**

❺ **Une fois que vous avez choisi une sous-catégorie, vous pouvez encore y affiner votre recherche.**

Par ce principe, il est possible de trouver des objets très rares, notamment quand il s'agit d'objets d'art.

❻ **Pour élargir la recherche à tous les sites eBay du monde entier, faites défiler le contenu de la page jusqu'à afficher la section Lieu où se trouve l'objet du volet gauche. Là, activez l'option « dans le monde entier ».**

De précision en précision, vous finirez bien par trouver ce qui vous intéresse. En ultime recours, vous pouvez taper le nom de l'objet ou de son auteur dans le champ Rechercher situé en haut de la page. Vous constatez qu'à mesure que vous tapez des caractères, eBay vous fait des suggestions. Cliquez sur la suggestion correspondant à votre recherche.

Une fois que vous êtes face à une liste d'objets, vous pouvez cliquer sur Autres options afin d'affiner votre recherche. Cette action ouvre une interface illustrée à la Figure 8.21. Voici comment en décrypter les codes de gauche à droite :

- **Format :** Permet de limiter la recherche aux Enchères, aux Achats immédiats, et aux Petites annonces.
- **État :** Choisissez, lorsque cela est proposé, entre Neuf et Occasion.

Figure 8.21

Ajouter des options de recherche.

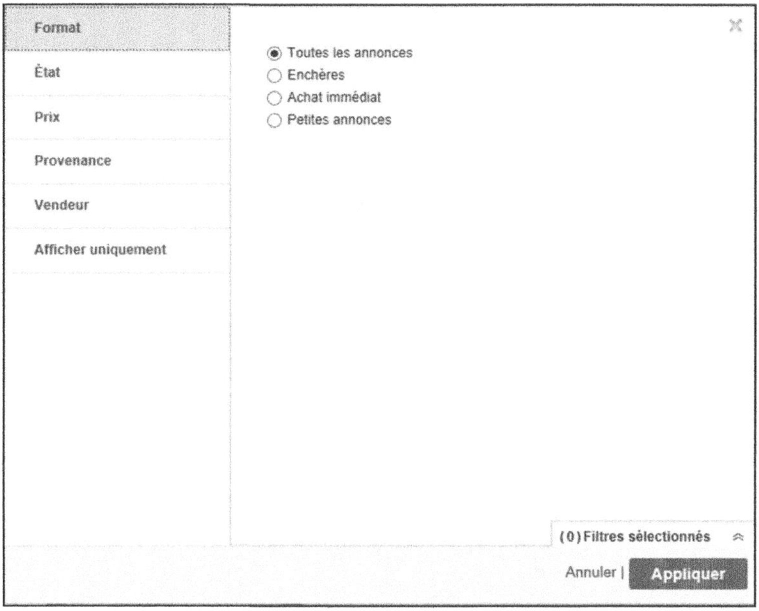

- **Prix :** Permet de définir une fourchette de prix.
- **Provenance :** Limite la recherche dans un rayon de *x* kilomètres autour de vous. Vous pouvez limiter à la France ou élargir aux Pays frontaliers, à l'Union européenne, ou bien encore au Monde entier.
- **Vendeur :** Pour spécifier le type de vendeur comme Particulier ou Professionnel.
- **Afficher uniquement :** Limitera l'affichage des articles avec Livraison gratuite, paiement PayPal, la Mise en vente par lot, *etc.*

7 Cliquez sur la photo de l'objet qui vous intéresse.

Comme le montre la Figure 8.22, vous accédez à une page qui détaille l'enchère en cours et qui vous offre un certain nombre de possibilités.

Faites défiler le contenu de la page pour accéder à la description du produit et à des photos supplémentaires. Attention, car lorsqu'un objet est vendu à l'étranger, la description est très souvent dans la langue du pays de vente. Pour connaître le montant des frais de

Figure 8.22

Faites monter les enchères !

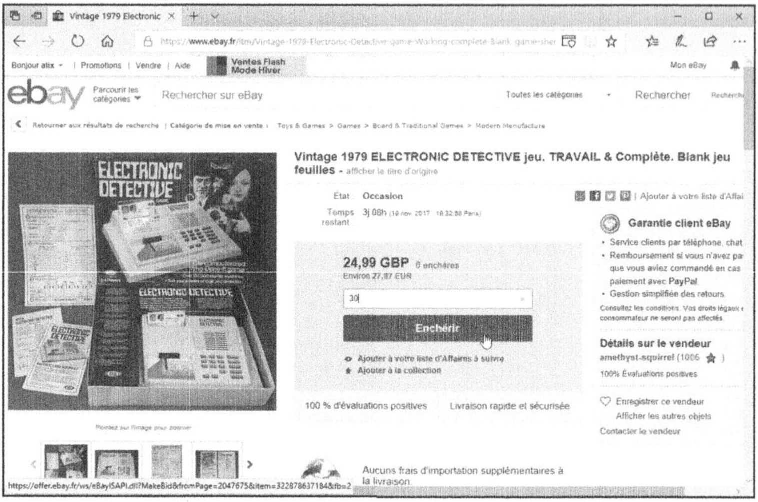

port, cliquez sur le lien Détails situé à droite de la section Livraison.

8 **Pour faire monter l'enchère en cours, tapez une nouvelle offre dans le champ situé sous la valeur de l'objet, et cliquez sur le bouton Enchérir.**

Ne faites pas n'importe quoi ! Enchérir est un acte responsable. En effet, si personne n'a enchéri sur votre dernière enchère et que la durée de mise en vente arrive à son terme, vous êtes dans l'obligation d'acheter l'objet au prix de votre enchère. Alors, pas de blague. En cas de litige, et si vous êtes fautif, vous engagez votre responsabilité civile et pénale, et vous serez très mal noté en tant qu'acheteur. Qui voudra vous vendre quoi que ce soit par la suite ?

Lorsque vous enchérissez, vous êtes tenu informé des enchères qui seront plus élevées que les vôtres.

Un système permet d'enchérir automatiquement jusqu'à une certaine somme.

Pour connaître l'historique des enchères et ainsi avoir une idée sur les chances que vous avez d'emporter l'objet, cliquez sur le lien indiquant le nombre d'enchères.

Maintenant que vous connaissez la procédure générique de recherche et d'achat d'objets vendus aux enchères sur eBay, voyons comment vendre vos propres objets.

Vendre aux enchères

Sur eBay, vous vendez des objets allant des plus communs aux plus rares. Tout peut être vendu aux enchères dès lors que rien ne contrevient à l'éthique du site.

Comme vous avez déjà un compte sur eBay, la mise en vente d'un objet est très facile à réaliser :

❶ **En haut de la page d'accueil d'eBay, cliquez sur le bouton Vendre.**

❷ **Dans le champ Décrivez ce que vous vendez, commencez par donner un titre à votre annonce, puis cliquez sur le bouton Commencer.**

❸ **Dans la liste des catégories proposées en fonction du titre de votre annonce, activez celle qui correspond le mieux à la nature de votre objet.**

Par exemple, sur la Figure 8.23, je vends des vinyles, j'active donc la catégorie Musique, CD, vinyles > vinyles.

Figure 8.23

Assigner une catégorie à l'objet.

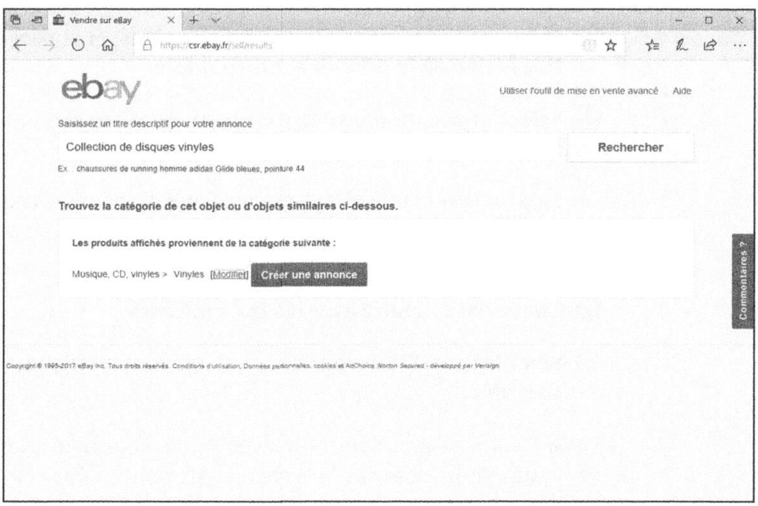

❹ **Cliquez sur Créer une annonce.**

Il vous sera alors demandé de compléter vos informations personnelles. Remplissez le formulaire qui s'affiche, puis cliquez sur Mettre l'objet en vente.

❺ **Dans la page de description de l'objet, indiquez l'état de l'objet, puis cliquez sur le bouton Ajouter des photos.**

Vous pouvez ajouter jusqu'à 12 photos gratuites.

Ici, l'honnêteté est primordiale. Ne faites pas croire que vous vendez ce que vous ne possédez pas. Cette manœuvre s'appelle de l'escroquerie !

❻ **Dans le menu local État, choisissez entre Neuf et Occasion.**

❼ **Dans le champ Détails, décrivez votre produit.**

❽ **Dans la section Sélectionnez un format et un prix, choisissez entre Enchères et Prix fixe.**

Indiquez le prix fixe ou le montant de départ et la durée de l'enchère.

❾ **Indiquez si un achat immédiat est possible et si vous souhaitez mettre un prix de réserve, c'est-à-dire un prix en dessous duquel l'objet ne se vendra pas.**

❿ **Spécifiez la durée de l'enchère.**

⓫ **Indiquez les modes de livraison possibles, et si nécessaire modifiez le lieu où le produit est disponible.**

⓬ **Sélectionnez un mode de paiement, et offrez des options supplémentaires à vos acheteurs.**

Il est recommandé d'opter pour PayPal, même si ce service de paiement en ligne prend une petite commission au passage. Vous êtes en effet certain d'être payé.

⓭ **Cliquez sur Vendre avec les frais affichés.**

⓮ **Lisez les conditions de vente qui peuvent s'afficher et cliquez sur J'accepte.**

Voilà ! Nous en avons terminé avec le grand principe des enchères. S'il y a vraiment un coin sur le Web où vous pouvez faire des affaires, c'est bien ici.

Chapitre 9

Culture et information

DANS CE CHAPITRE

Acheter ses billets de spectacle en ligne.

Acheter des livres.

Rester informé.

Se cultiver et s'informer par les podcasts.

On oublie trop souvent qu'Internet est un média alternatif qui permet d'investir le monde de la culture et de l'information. En effet, il suffit d'effectuer quelques recherches et de lire le présent chapitre pour s'apercevoir de tout ce que le Web met à notre disposition pour découvrir des musées, des concerts, des pièces de théâtre, des films, mais aussi pour acheter des livres, des billets de spectacle, pour regarder des chaînes de télévision (ou des WebTV) entièrement dédiées à l'art. Enfin, Internet est une source d'information inépuisable sur tous les sujets, et qui permet d'avoir un regard critique, voire investigateur, sur les grands problèmes politiques contemporains.

Acheter ses billets de spectacle sur Internet

Internet est le lieu idéal pour trouver un spectacle particulier et pour acheter ses billets directement en ligne. Cela est d'autant plus important lorsque vous n'habitez pas Paris et que vous recherchez des places pour des spectacles intimes, c'est-à-dire qui ne profitent pas d'une publicité tapageuse. Le droit d'accès à une culture confinée n'est plus réservé à une élite intellectuelle parisienne.

Dans cette section, nous allons voir comment trouver des spectacles et réserver ses billets.

Trouver des spectacles

Il existe de nombreux sites culturels qui dressent la liste de tous les spectacles à Paris et en province. Pour trouver un spectacle particulier, vous pouvez procéder de plusieurs manières :

» Si vous connaissez l'artiste dont vous souhaitez trouver les dates de concert en France, il suffit bien souvent de taper son nom dans un moteur de recherche comme Google. De lien en lien, vous finirez par trouver l'information que vous cherchez.

» Si vous désirez être tenu au courant de ce qui se passe à Paris, vous pouvez aller directement sur un site pluraliste équivalant aux fameux *Pariscope* et *L'Officiel des spectacles*.

» Si vous n'avez aucune idée de ce que vous désirez voir ou entendre, baladez-vous sur des sites de réservations ou de programmations pour dénicher l'oiseau rare. C'est aussi et surtout cela Internet : aller vers ce que l'on ne connaît pas.

Voyons comment trouver un concert particulier ou non en basant notre démonstration sur l'expérience proposée par un site comme `www.infoconcert.com`.

Tout ce qui est expliqué dans cette procédure pourra être reproduit sur n'importe quel site de ce genre.

1. **Ouvrez votre navigateur Web et tapez l'URL suivante dans sa barre d'adresse :** `www.infoconcert.com`**.**

   Vous accédez à la page d'accueil du site précité, illustrée à la Figure 9.1.

   De nombreuses options de recherches sont à votre disposition. La plus rapide consiste à taper le nom d'un artiste, d'une ville, d'une salle, ou d'un festival dans le champ Rechercher.

2. **Dans le champ Rechercher, tapez par exemple le nom d'un groupe ou d'un chanteur.**

3. **Cliquez sur le bouton Rechercher.**

4. **Si plusieurs artistes contiennent dans leur dénomination le nom objet de votre recherche, le site vous propose une liste dans laquelle vous identifierez probablement le groupe que vous cherchez.**

5. **Cliquez sur le nom de l'artiste qui vous intéresse.**

   Si un seul nom est trouvé, cliquez sur l'icône de la loupe.

6. **Faites défiler le contenu de la page pour consulter la liste des concerts, comme à la Figure 9.2.**

Figure 9.1

La page d'accueil d'un site consacré aux concerts.

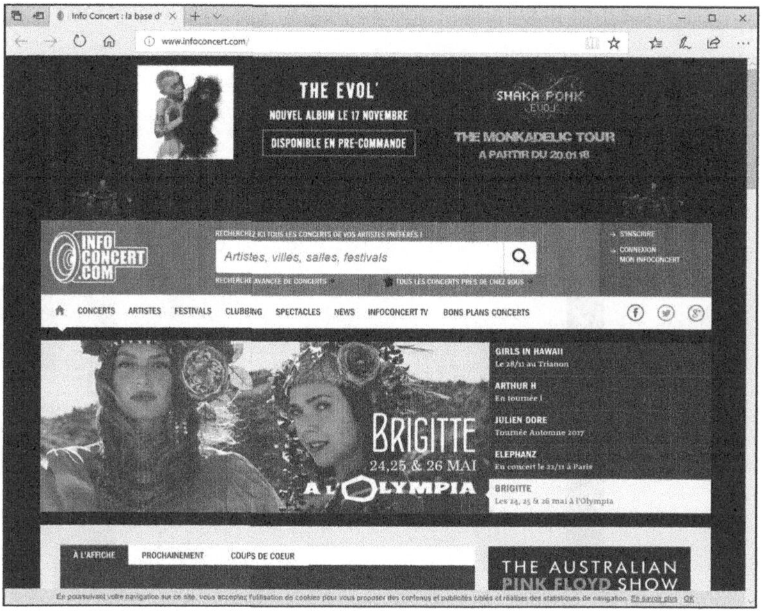

Vous disposez d'une liste de concerts. Vous savez alors s'il est encore ou non possible de réserver.

Vous pouvez faire de nombreuses choses sur des sites tels que celui-ci. Ainsi, pour être tenu informé des concerts à venir, il vous suffit de créer un compte.

Vous disposez aussi de nombreuses rubriques qui permettent de dénicher un spectacle autre que musical. Par exemple, placez le pointeur de la souris sur Spectacles. Un menu local apparaît. Vous pouvez y trouver :

» des spectacles d'humour ;

» des spectacles musicaux ;

» des spectacles pour enfants.

Une des grandes forces du site infoconcert.com est la possibilité de connaître les dates des concerts proches de chez vous. Voici comment procéder :

Figure 9.2

Tapez le nom d'un artiste pour trouver ses concerts en France et à l'étranger.

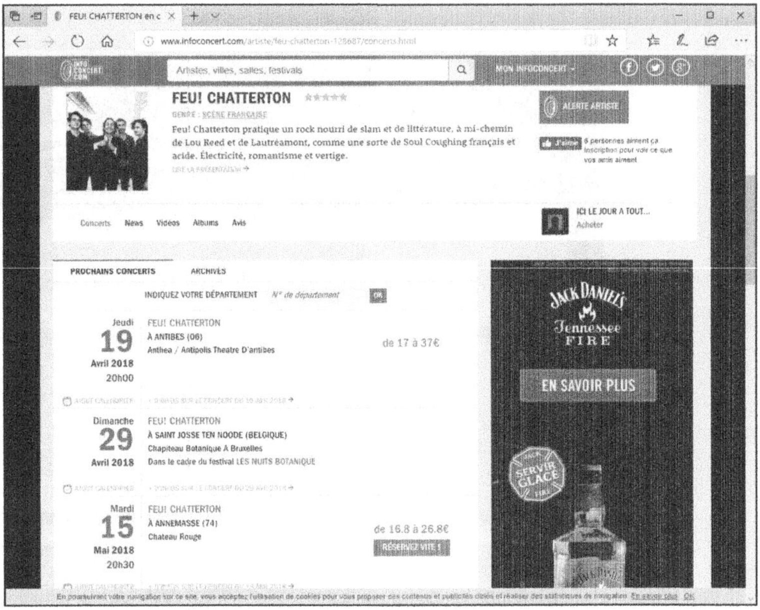

❶ **Dans la page d'accueil du site, cliquez sur le lien Tous les concerts près de chez vous.**

❷ **Cliquez directement sur votre département affiché sur la carte de France ou bien dans la liste située en dessous.**

Une liste de concert apparaît comme le montre la Figure 9.3.

❸ **Affinez votre recherche avec le menu local Par genre.**

Choisissez le genre musical dont vous souhaitez connaitre les concerts dans votre département.

❹ **Si un concert vous intéresse, cliquez sur Réservez vite !**

La réservation est étudiée dans une prochaine section.

Ce qui vient d'être expliqué ici pour des concerts peut être appliqué à la recherche de pièces de théâtre, de musées, de films, de festivals en tout genre. Dans toutes les hypothèses, dès que vous avez trouvé un spectacle, il faut réserver vos places. Dans ce domaine aussi, plusieurs possibilités vous sont offertes par Internet, et notamment les billetteries en ligne.

Figure 9.3

Trouvez facilement un concert dans votre département.

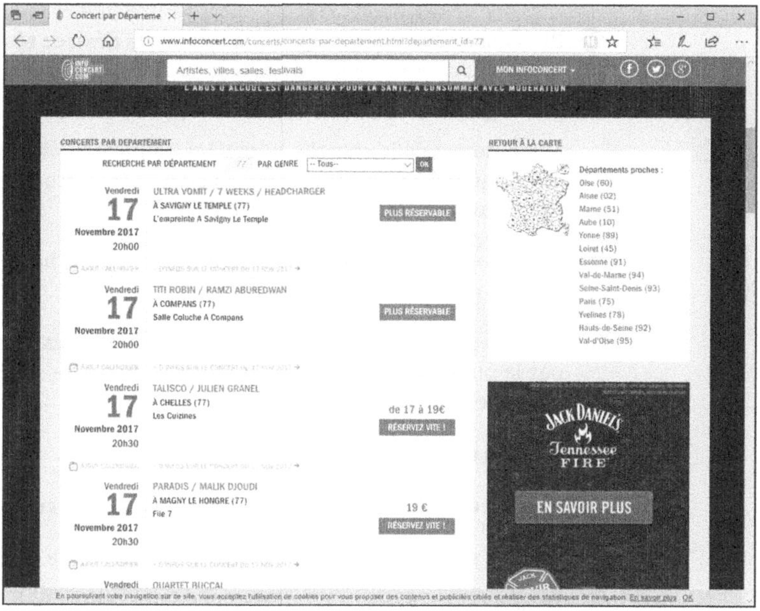

Réserver des spectacles auprès des billetteries en ligne

Les trois billetteries en ligne les plus réputées sont Ticketmaster, Billetréduc.com, et Francebillet dont les adresses sont `www.ticketmaster.fr`, `www.billetreduc.com/`, et `www.francebillet.com`.

Nous allons baser notre démonstration sur le site `www.francebillet.com`. Les étapes suivantes pourront être reproduites sur n'importe quelle autre billetterie accessible sur Internet.

1. **Accédez au site Web de la billetterie en ligne. Dans notre exemple, tapez** `www.francebillet.com` **dans la barre d'adresse de votre navigateur Web.**

   Un nombre important de rubriques sont à votre disposition. Soit vous savez ce que vous cherchez et il vous suffit de le saisir dans le champ de recherche situé dans la partie supérieure de la page, soit vous ne savez pas et vous décidez de parcourir l'ensemble des rubriques du site pour trouver un spectacle susceptible de convenir à votre famille et à vos goûts artistiques.

Si votre budget est serré et que vous ne recherchez pas un spectacle en particulier, cliquez sur le bouton Promotions. Vous accéderez à un ensemble de spectacles bénéficiant de réductions.

2. **Choisissez la rubrique dans laquelle vous désirez réserver un spectacle ou bien tapez, dans le champ de recherche, un mot en rapport avec ce spectacle.**

   Imaginons que je cherche une pièce de théâtre, sans vraiment savoir quoi, mais dans un genre particulier. (Ce qui est expliqué ici vaut pour tous les types de spectacles.)

3. **Pour trouver une pièce de théâtre, cliquez sur Théâtre/Humour dans la page d'accueil du site.**

   Des spectacles sont mis en évidence. Ne vous laissez pas séduire par la publicité. Cherchez ce qui vous plaît, et ne subissez pas le choix des autres.

4. **Cliquez sur la vignette d'une catégorie.**

5. **Parcourez la liste des spectacles proposés dans cette catégorie.**

6. **Cliquez sur le lien d'un spectacle qui attire votre attention.**

   Vous accédez à une page qui donne des détails sur le spectacle, comme le montre la Figure 9.4.

7. **Si ce spectacle vous intéresse, choisissez une date dans le calendrier situé sur la droite.**

8. **Si cela vous est proposé, choisissez la catégorie, c'est-à-dire le placement.**

   Plus le billet est cher et mieux vous êtes placé. Sur la Figure 9.5, les catégories sont classées de la plus chère à la moins chère. Ainsi, la catégorie or est la plus coûteuse, tandis que la catégorie 5 (en bas) est la meilleur marché.

   Vous pouvez également choisir vos places sur le plan de la salle par un clic sur Sélectionnez vos sièges sur le plan, ou bien opter pour une attribution automatique.

9. **Dans la catégorie choisie, indiquez le nombre de places soit en Normal soit en Offres spéciales.**

10. **Enfin, cliquez sur Réserver.**

Figure 9.4

La fiche d'un spectacle.

Une page affiche vos places dans le plan de la salle et la partie droite fait le récapitulatif de la commande.

⑪ **Cliquez sur Fermer, puis sur le bouton Finaliser.**

Pour effectuer d'autres commandes, cliquez sur Continuer mes achats.

⑫ **Créez votre compte sur cette billetterie.**

⑬ **Suivez les indications affichées pour procéder au paiement.**

Quelques jours plus tard, vous recevrez vos billets, ou bien téléchargerez une version PDF que vous imprimerez le plus simplement du monde.

Les librairies à portée de clics

Depuis l'avènement d'Internet, les connexions haut débit et l'ampleur qu'a prise le Web dans notre vie quotidienne, il devient possible de se cultiver sans sortir de chez soi. Certes, ce n'est pas une très bonne

Figure 9.5

Pour choisir une catégorie de placement donc de prix.

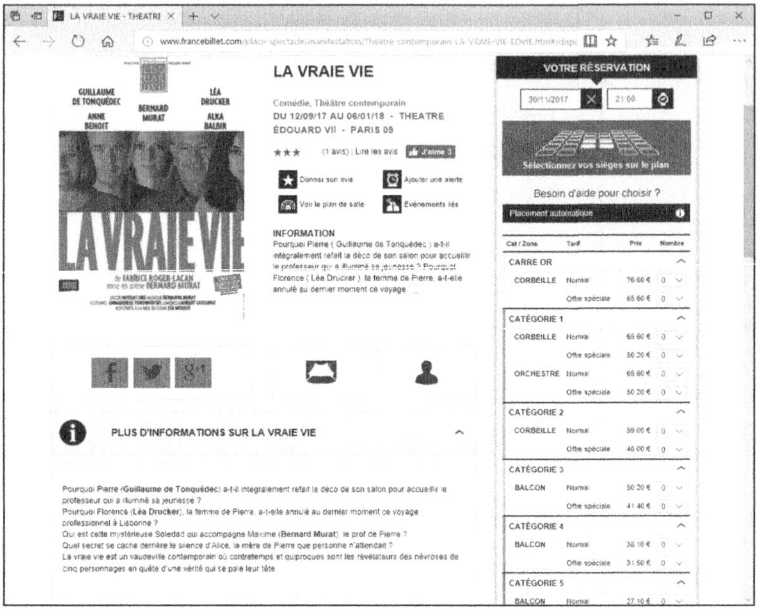

chose de rester confiné entre ses quatre murs, mais il ne faut pas faire abstraction du fait que certaines personnes ne peuvent pas ou ne veulent pas sortir de chez elles. Ce n'est pas pour autant qu'elles resteront à tout jamais isolées du monde.

Dans le domaine de la lecture, considérez Internet comme une immense librairie possédant absolument tous les ouvrages de la planète, même les plus rares.

Si vous êtes un gros consommateur de livres, vous pourrez sans problème visiter des sites aussi pluralistes qu'Amazon ou la Fnac dont les adresses respectives sont `www.amazon.fr` et `www.fnac.com`.

Ici, la procédure générique reste la même. Soit vous connaissez le titre du livre, ou un auteur particulier et vous tapez ces informations dans le champ de recherche proposé par le site. Soit vous n'avez aucune idée de ce que vous voulez lire, dans ce cas-là, vous déambulerez dans les rayons virtuels du site.

Un site comme Amazon permet de feuilleter certains livres ! Oui, vous avez bien entendu, feuilleter les livres comme vous le faites confortablement installé dans le fauteuil de votre salon. Voyons comment se déroule cette procédure peu ordinaire :

1. **Dans le champ Rechercher, tapez le nom d'un auteur, et cliquez sur l'icône de la loupe.**
2. **Parcourez la liste des livres de cet auteur.**
3. **Cliquez sur l'ouvrage qui vous intéresse.**
4. **Si la couverture présente la mention Feuilleter !, comme à la Figure 9.6, cliquez dessus.**

Figure 9.6

Vous pouvez feuilleter certains livres sur Internet.

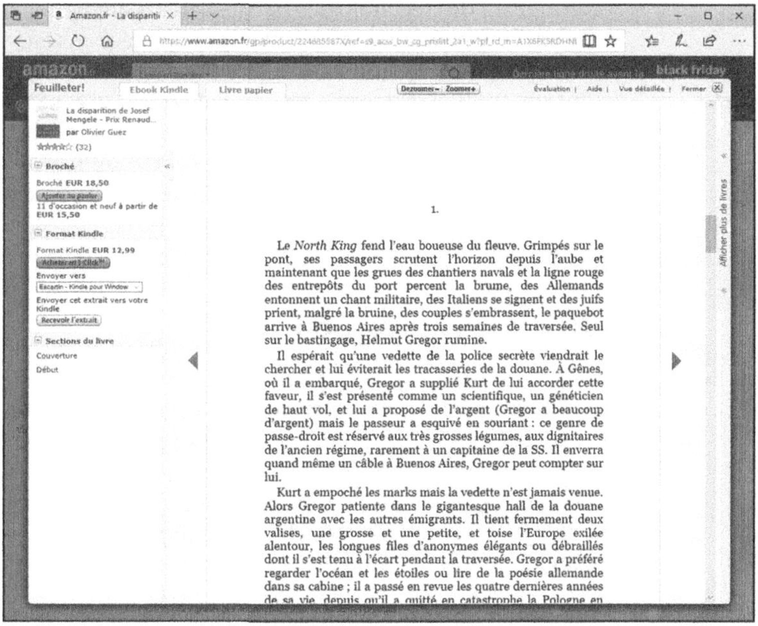

Le livre s'affiche dans une page spécifique.

5. **Pour passer à la page suivante, cliquez sur la flèche de droite.**
6. **Pour revenir à une page précédente, cliquez sur la flèche de gauche.**

Vous pouvez également déplacer la barre de défilement verticale affichée sur le côté droit du livre.

Pour cette technique originale, vous pouvez consulter une dizaine de pages de l'ouvrage. Dès qu'un livre vous intéresse, il suffit de l'ajouter à votre panier virtuel. Vous le commanderez comme vous commandez de la musique, des films ou encore des carottes râpées.

L'intérêt d'Internet n'est pas seulement de trouver les standards de la littérature classique ou moderne. Le gros avantage de ce média est de trouver des livres rares, comme des éditions originales ou des ouvrages qui ne sont plus du tout publiés. Bien évidemment, vous pouvez les trouver sur des sites de ventes aux enchères.

Les podcasts

Plus vous pénétrerez l'univers de l'Internet, et plus vous serez confronté à des technologies particulières. Comme souvent sur le Web, ces technologies servent à délivrer des données en tous genres. Dans le domaine que nous traitons dans ce chapitre, c'est-à-dire la culture et l'information, il existe une technologie très intéressante qui répond au nom incompréhensible de *podcasting*. Il s'agit d'un verbe anglo-saxon qui se traduit en français par « podcaster » (et parfois par « balado-diffusion »). Or, pour podcaster, il faut des podcasts. Je vais donc tenter de répondre à cette question qui vous brûle les lèvres et qui fait l'objet du titre de la prochaine section.

Qu'est-ce qu'un podcast ?

Voici une section qui est destinée à tous les lecteurs qui n'ont aucune idée de ce que le mot *podcast* signifie. Pour bien en comprendre le sens, il est utile de lire la section consacrée aux revues de presse qui fait état d'une technologie spécifique appelée RSS. Ce concept vous permettra de mieux appréhender les grands principes du podcasting. En effet, le RSS représente la méthode de diffusion (ou de distribution) des podcasts.

Le podcasting est donc une forme de diffusion d'un contenu audio via Internet. Le fait qu'il soit aussi étroitement lié à l'iPod s'explique par la propension qu'ont eue les possesseurs d'un iPod d'écouter des émissions audio directement sur leur iPod. C'est aussi simple que cela. En revanche, ce que vous devez impérativement comprendre c'est qu'il n'est pas nécessaire de posséder un iPod pour accéder à des podcasts et les consulter. Ils sont accessibles par le lecteur multimédia d'un ordinateur comme le Lecteur Windows Media de Windows Vista, Winamp, et bien évidemment iTunes. Bien entendu, n'importe quel lecteur MP3 est capable de télécharger et de diffuser des podcasts.

La suite de cette section consacrée aux podcasts explique comment trouver des podcasts et vous y abonner, puis comment les télécharger sur votre lecteur MP3.

S'abonner à des podcasts audio

En général, l'abonnement à des podcasts est aussi simple que l'abonnement à un flux RSS. Le problème est de savoir où trouver des podcasts. J'ai envie de vous dire qu'il en existe un peu partout. D'accord, mais où ? Là, par exemple :

» sur des blogs ;

» sur les sites des stations de radio ;

» sur les sites des chaînes de télédiffusion.

Pour bien comprendre le principe de l'abonnement à un podcast, basons notre démonstration sur les podcasts audio que vous trouverez sur France Culture (Eh ! je vous rappelle que ce chapitre est tout de même consacré à la culture sur Internet !), ainsi que les podcasts vidéo que vous découvrirez sur le site de la chaîne ARTE.

Voici comment trouver un podcast audio et vous y abonner :

1. **Allez sur le site où vous désirez trouver des podcasts d'émission qui vous intéressent, comme sur** `http://www.radiofrance.fr/espace-pro/podcast-radio-france`**.**

   Vous accédez à la page des podcasts de Radio France, comme le montre la Figure 9.7.

2. **Accédez au bas de la page et sélectionnez la chaîne France Culture.**

   Cette action affiche la page de tous les podcasts disponibles sur le site.

   Vous constatez que sur France Culture, la recherche d'un podcast peut se faire par ordre alphabétique, mais aussi par type, c'est-à-dire Informations, Littérature, Création radiophonique, *etc.*

3. **Cliquez sur le bouton Podcast de l'émission qui vous intéresse.**

   Deux choix apparaissent :

   - **S'abonner via iTunes :** Cette option est utile aux internautes qui utilisent le lecteur multimédia iTunes pour gérer leur contenu

Figure 9.7

Des podcasts sont souvent disponibles sur les sites spécialisés dans du contenu audio.

audio (et éventuellement vidéo). Ce sera généralement le cas des possesseurs d'un iPod ou d'un iPhone.

- **S'abonner via RSS :** Permet de coller ce lien dans la barre d'adresse de votre navigateur Web, puis de vous abonner au flux RSS comme vous l'avez fait pour votre revue de presse. La grande différence ici est que vous aurez accès à un contenu MP3 qu'il sera possible de transférer vers votre lecteur multimédia portable.

4 Pour installer le podcast dans iTunes, cliquez sur le lien éponyme.

La page Web vous propose soit de télécharger iTunes, soit d'indiquer que vous le possédez déjà.

5 Dans le message vous demandant si vous autorisez le site Web à ouvrir l'application iTunes, cliquez sur Oui.

Si nécessaire, confirmez votre intention dans le nouveau message de sécurité qui s'affiche.

Comme le montre la Figure 9.8, iTunes s'ouvre et le téléchargement de l'émission, diffusée sous forme de podcast, commence.

Figure 9.8

Téléchargement d'un podcast dans iTunes.

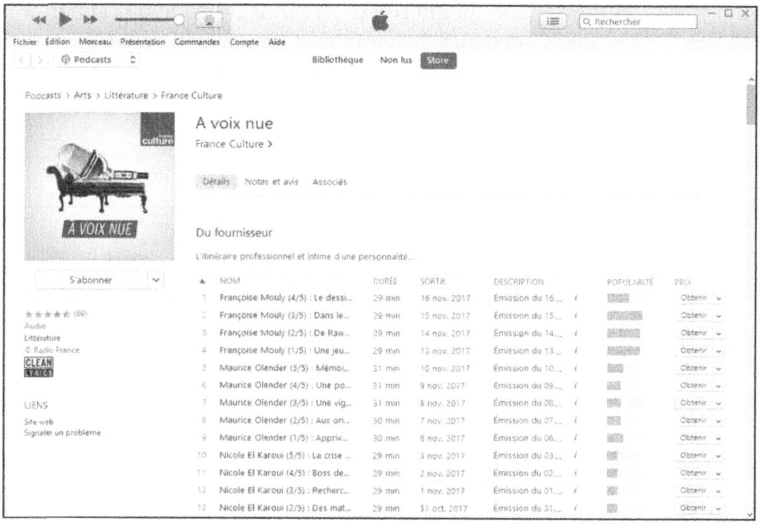

❻ **Dans la liste des émissions à podcaster, cliquez sur Obtenir dans la colonne prix.**

La majorité des podcasts sont gratuits !

❼ **Cliquez sur le bouton de lecture affiché à gauche du nom de l'émission à écouter.**

Une fois le téléchargement terminé, le podcast est accessible dans la Bibliothèque Podcasts d'iTunes dont la gestion est expliquée plus loin dans ce chapitre.

❽ **Pour lire ultérieurement vos podcasts depuis iTunes, ouvrez le menu local situé en haut à gauche de son interface et choisissez Podcasts.**

Un onglet Non lus d'iTunes permet d'accéder aux podcasts téléchargés que vous n'avez pas encore écoutés.

❾ **Double-cliquez sur le podcast, ou bien sélectionnez-le dans la liste et cliquez sur le bouton Lecture en haut à gauche de la fenêtre d'iTunes.**

Gérer vos podcasts sans iTunes

Il est heureusement très facile de lire un podcast directement depuis votre navigateur Web.

Si nous reprenons l'exemple précédent, il suffit de cliquer sur l'émission qui vous intéresse. La nouvelle page qui apparaît liste les « épisodes » encore disponibles. Cliquez le bouton de lecture situé à gauche de l'épisode, comme le montre la Figure 9.9.

Figure 9.9

Lire directement un podcast avec Microsoft Edge.

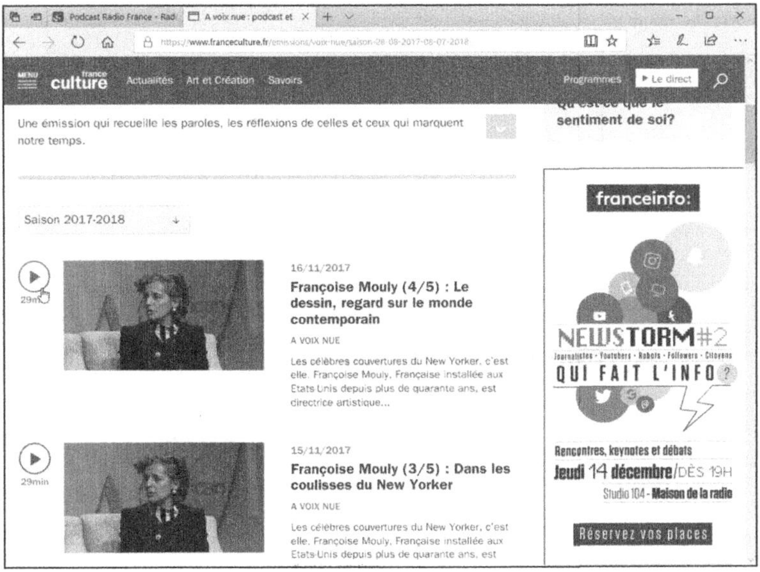

Nous venons de faire le tour d'horizon de toute l'activité culturelle d'Internet et des méthodes qui permettent d'être tenu constamment informé sur les grands problèmes de notre monde. Vous avez également compris que les principes étaient les mêmes pour garder un haut niveau de culture et de l'actualité qui l'accompagne. Juste avant de clore définitivement ce chapitre, je vous propose quelques adresses utiles.

Chapitre 10

La messagerie électronique ou e-mail

DANS CE CHAPITRE

Comprendre les adresses électroniques.

•

Choisir un programme de gestion des courriers électroniques.

•

Envoyer du courrier.

•

Recevoir du courrier.

Chaque ordinateur raccordé au Net comporte, d'une façon ou d'une autre, un système de messagerie, ce qui signifie que, quel que soit le type d'ordinateur en votre possession pour peu qu'il soit connecté au Net, vous pouvez envoyer et recevoir du courrier.

Quelle est mon adresse ?

Toute personne ayant un accès au Net par courrier électronique dispose au minimum d'une *adresse électronique*. C'est l'équivalent, dans le cyberespace, d'une adresse postale ou d'un numéro de téléphone. Lorsque vous envoyez un message, vous placez dans son en-tête l'adresse électronique de votre correspondant.

Vous devez avant tout connaître votre adresse électronique personnelle pour la communiquer à tous ceux qui souhaiteraient vous joindre. Vous devez également connaître leur adresse électronique pour pouvoir leur envoyer des messages.

Les adresses électroniques d'Internet se composent de deux parties séparées par le caractère @ (*arobase,* qui se prononce *at,* « chez »). Ce qui se trouve à gauche est votre identifiant personnel (votre boîte aux lettres) et ce qui est à droite est le *nom de domaine,* généralement le nom de votre fournisseur d'accès comme free.fr, ou orange.fr.

Votre nom d'utilisateur

Avec un peu de chance, votre fournisseur d'accès vous laissera choisir le nom de votre boîte aux lettres. Toutefois, si vous vous appelez Pierre Martin, il a probablement déjà un Martin parmi sa clientèle, et peut-être même un autre Pierre Martin. Vous devrez alors utiliser une variante du genre « pmartin » ou « p.martin » ou encore « pierre_martin ».

À la limite, et si votre fournisseur d'accès l'accepte, comme c'est généralement le cas, rien ne vous empêche d'avoir plusieurs adresses électroniques.

Où est ma boîte aux lettres ?

Lorsque vous souscrivez un abonnement auprès d'un fournisseur d'accès à Internet, vous bénéficiez en règle générale d'une première adresse de courrier électronique. Ensuite, en fonction de votre FAI, vous avez la possibilité d'en créer un nombre limité ou illimité.

Votre boîte aux lettres est généralement située sur le serveur de courrier de votre fournisseur d'accès Internet (FAI), puisque, lorsque vous souscrivez un compte Internet, il met automatiquement à votre disposition une ou plusieurs boîtes aux lettres. Que vous ayez ou non un FAI - ce qui est le cas lorsque vous utilisez un ordinateur dans un cybercafé ou un lieu public comme une médiathèque , vous pouvez recourir à des serveurs gratuits qui vous laissent créer une adresse de courrier électronique que vous pourrez consulter depuis n'importe quel ordinateur. Par exemple, Outlook qui se trouve à `www.outlook.com`, GMX à `http://gmx.fr`, Gmail à `http://gmail.com`, ou encore Yahoo! Mail à `https://fr.mail.yahoo.com/`. Yahoo!, Gmail, Gmx et Outlook Mail utilisent le nom de domaine du site comme identifiant de l'adresse mail. La Figure 10.1 présente l'interface de gestion de vos courriers électroniques chez Outlook, le service de messagerie en ligne gratuit.

Rassemblons tout

Inscrivez votre adresse électronique dans le Tableau 10.1 ci-dessous, et rangez le livre près de votre ordinateur. Majuscules et minuscules sont généralement considérées comme identiques dans les adresses électroniques, notamment dans les noms de domaine (la différence peut cependant être significative pour les noms d'utilisateur). Dans ce livre, nous avons opté pour des minuscules, tant pour les boîtes aux lettres que pour les domaines.

Si vous envoyez un message à quelqu'un qui se trouve dans le même domaine que le vôtre – sur le même ordinateur ou sur le même groupe d'ordinateurs –, vous pouvez omettre le nom de domaine. Par exemple, si un de vos amis et vous-même êtes sur Orange, vous pouvez supprimer « @orange.fr » de son adresse courrier électronique.

Figure 10.1

Avec Outlook (entre autres), consultez votre courrier directement sur le serveur et non sur votre disque dur.

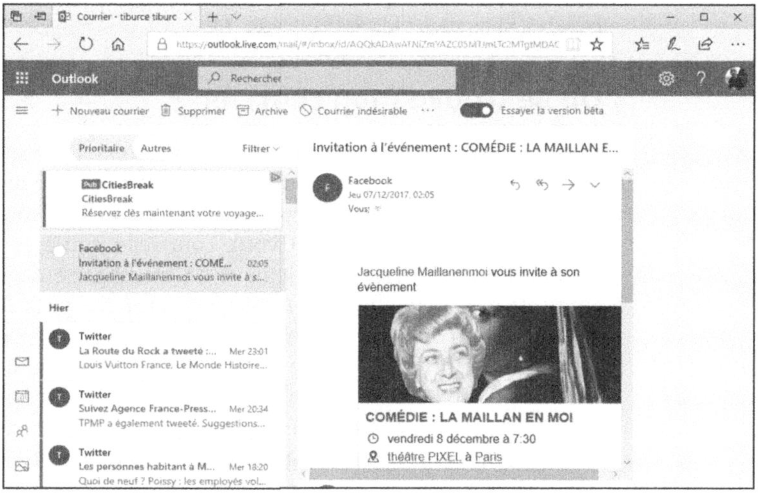

Tableau 10.1

Informations que doit connaître votre logiciel de courrier électronique.

Information	Description	Exemple
Votre adresse de *courrier électronique*	Votre nom d'utilisateur suivi du caractère @ et du nom de domaine.	**jules.dupont@monserveur.fr**
Votre mot de passe de courrier électronique	Le mot de passe à utiliser pour votre courrier électronique (le plus souvent identique à votre *login*). Ne l'écrivez surtout pas, il doit rester secret !	**dum;3my**
Votre serveur de courrier entrant (POP3 ou IMAP)	Le nom de l'ordinateur qui reçoit vos messages (c'est votre fournisseur d'accès qui doit vous l'indiquer).	**pop.monserveur.fr**
Est-ce POP3 ou IMAP ?	Protocole utilisé par votre boîte aux lettres et que votre programme de courrier doit employer pour récupérer votre courrier.	
Votre serveur de courrier sortant (SMTP)	Le nom de l'ordinateur qui envoie vos messages (c'est parfois le même que celui du serveur POP3).	**smtp.monserveur.fr**

Lorsque vous communiquez oralement votre adresse à quelqu'un, montrez que le Web n'a plus de secrets pour vous en disant, par exemple, « jbrecat at (prononcez *at* c'est-à-dire « chez » en anglais) free, point fr » ; cependant, si vous dites « jbrecat arobase free point fr », ça sera plus classe !

Où se trouve mon courrier ?

Lorsque des messages arrivent chez le fournisseur d'accès à votre intention, ils ne parviennent pas directement sur votre ordinateur, mais sont envoyés à un *serveur de messagerie*, qui joue le rôle de bureau de poste restante en conservant votre courrier jusqu'à ce que vous vous connectiez et lanciez votre logiciel de messagerie ou que vous vous connectiez à votre client de messagerie en ligne pour le relever. Pour lire votre courrier, vous devez donc vous rendre à ce bureau de poste virtuel et le retirer. Il existe deux types de serveurs de courrier entrant : *POP* (ou *POP3* pour *Post Office Protocol* version 3) et *IMAP* (*Internet Message Access Protocol*). Symétriquement, pour que votre courrier parte vers sa destination, votre logiciel de messagerie doit le faire parvenir au bureau de poste de votre fournisseur d'accès (à son serveur de courrier sortant, aussi appelé *serveur SMTP*). Tout se passe donc comme s'il n'y avait pas de facteur et que vous deviez aller vous-même déposer et retirer votre courrier au bureau de poste local.

À moins d'utiliser votre navigateur Web pour lire votre courrier électronique directement sur un site Web, vous devez faire connaître à votre *logiciel de messagerie* l'adresse des serveurs de courrier entrant et sortant dont vous dépendez. C'est depuis le serveur de courrier entrant de votre FAI que votre logiciel de messagerie transférera à grande vitesse le courrier en attente vers votre propre disque dur. Vous pourrez ensuite vous déconnecter et le lire tout à loisir, ce qui est une bonne idée pour faire des économies sur votre note de téléphone. Et même si vous avez souscrit un abonnement avec forfait, cela vous évitera de gaspiller de précieuses minutes qui viendront grignoter le temps qui vous reste. Une fois que votre courrier est chez vous, vous pouvez tranquillement le lire, y réfléchir et préparer vos réponses que vous irez « poster » globalement lorsque vous vous brancherez de nouveau.

Inscrivez sur le Tableau 10.1 les noms de vos serveurs de courrier (POP3 ou IMAP et SMTP). Si vous ne les connaissez pas, adressez-vous à votre fournisseur. Avec un peu de chance, votre programme de messagerie aura configuré automatiquement le nom de ces serveurs. Ainsi, lorsque les choses tourneront mal, vous vous féliciterez d'avoir noté ces paramètres quelque part pour pouvoir les restaurer.

La plupart des logiciels de messagerie, comme Thunderbird, ne vous demanderont pas ces informations, car ils connaissent celles des principaux serveurs comme Outlook, Yahoo!, ou encore Gmail. Lors de l'ajout d'un compte dans ces programmes de messagerie, il vous suffit de saisir votre adresse mail, votre mot de passe, et d'indiquer que vous utilisez un serveur de type IMAP. Ainsi, vous disposerez exactement des mêmes courriels envoyés et reçus aussi bien sur votre ordinateur que sur le site de la messagerie concernée. Aucun message ne peut vous échapper où que vous soyez.

Une fois que vous avez envoyé un courrier électronique, vous ne pouvez pas l'annuler ! Certains programmes de courrier électronique conservent les messages sortants dans une *file d'attente*, pour procéder à un envoi par lot. Mais une fois vos messages transmis au serveur de courrier sortant, vous ne pouvez pas les rapatrier.

Utiliser votre navigateur Web pour vos courriers électroniques

Même si vous utilisez un programme de courrier électronique comme Thunderbird ou Courrier livré avec Windows 10 pour lire vos messages, rien ne vous empêche d'aller directement sur le site de votre fournisseur d'accès pour consulter votre courrier sur son serveur de messagerie. Cela est fort pratique lorsque vous êtes en vacances, dans un cybercafé, une médiathèque, *etc.* Par exemple, si vous avez un compte chez Free, connectez-vous au site `http://free.fr` et cliquez sur le lien Webmail. Là, je vous conseille de suivre les recommandations de Free et d'inscrire votre compte à Zimbra dont l'interface vous permettra de bien gérer vos courriels. Tous les FAI proposent un système de consultation des courriels en ligne, c'est-à-dire sans téléchargement via un programme comme Windows Live Mail ou Thunderbird.

La messagerie électronique sous Windows 10

Si vous utilisiez une ancienne version de Windows, comme XP, Vista, ou 7, vous serez surpris de ne plus disposer des programmes Outlook Express et Windows Live Mail sous Windows 10. Ces programmes ont été remplacés par l'application Courrier.

Comme Courrier est relativement sommaire et risque de ne pas répondre à vos besoins de messagerie électronique, vous pouvez utiliser le serveur en ligne gratuit de Microsoft Outlook. Vous pourrez notamment l'utiliser avec l'adresse de messagerie que vous avez indiquée lors de la création de votre compte d'utilisateur Windows 10, ou bien en créer une en ligne comme nous le verrons plus loin dans ce chapitre.

Avant de pouvoir employer votre programme de courrier, vous devez lui indiquer deux éléments :

» **votre boîte aux lettres** (sur le serveur de courrier de votre FAI) ;

» **l'endroit où envoyer votre courrier sortant** (par exemple vers le même serveur de courrier de votre FAI).

Pour Yahoo! Mail, Gmail, et les autres serveurs de courrier basés sur le Web, vous devez créer une boîte aux lettres. Pour mettre le pied à l'étrier, suivez les instructions des sections suivantes. D'autres sections décrivent plus loin comment envoyer et recevoir du courrier avec Gmail.

Courrier, la messagerie de Windows 10

L'application Courrier est considérée comme une *application dynamique* puisqu'elle met à jour automatiquement la vignette Courrier de l'écran de démarrage accessible via le bouton Démarrer, comme le montre la Figure 10.2. Un coup d'œil à la vignette Courrier indique rapidement les noms des derniers expéditeurs et les sujets de vos derniers messages.

Figure 10.2

Courrier est accessible depuis le bouton Démarrer.

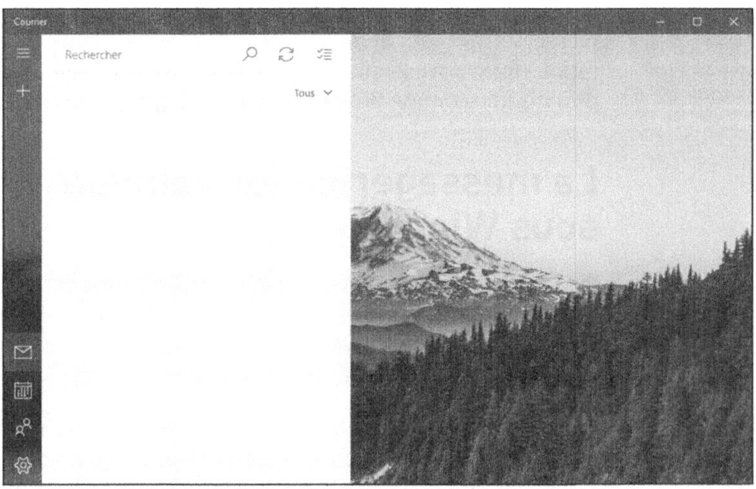

Cependant, comme la plupart des applications gratuites, l'application Courrier impose certaines contraintes :

- » **Vous devez posséder un compte Microsoft ou reconnu comme tel par Microsoft pour y accéder.**
- » **L'application Courrier fonctionne avec n'importe quel compte de messagerie de type IMAP ou Exchange active.**

Pour démarrer l'application Courrier, cliquez sur son icône de la barre des tâches. Une autre technique consiste à cliquer sur le bouton Démarrer puis sur la vignette Courrier de la section Coup d'œil sur les activités. L'application Courrier s'ouvre et vous propose d'ajouter immédiatement un compte, comme le montre la Figure 10.3.

Figure 10.3

L'application Courrier lors de sa première utilisation.

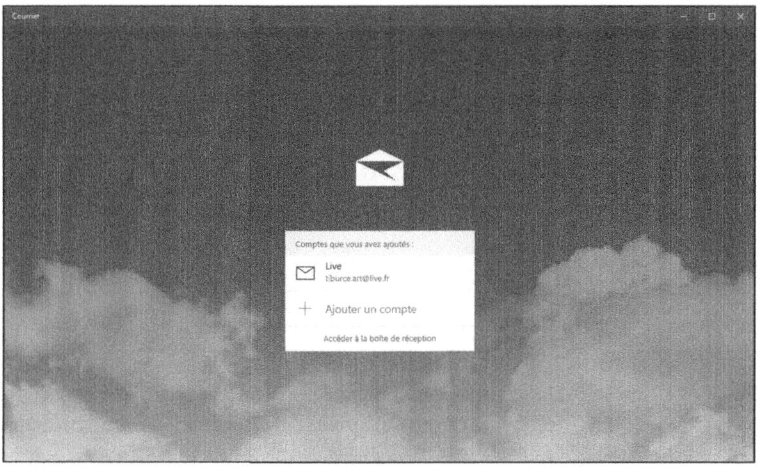

Vous pouvez également ajouter un autre compte en suivant cette procédure :

1. **Cliquez sur Ajouter un compte.**

   Dans la fenêtre qui apparaît, comme le montre la Figure 10.4, Courrier liste un certain nombre de serveurs de messagerie parmi lesquels vous trouverez sans doute le vôtre.

   Si votre serveur ne figure pas dans la liste, cliquez sur Autre compte. Un certain nombre d'informations vous seront alors demandées, dont les adresses des serveurs entrants et sortants.

Figure 10.4

Choisissez le serveur de messagerie où vous avez créé un compte d'e-mail.

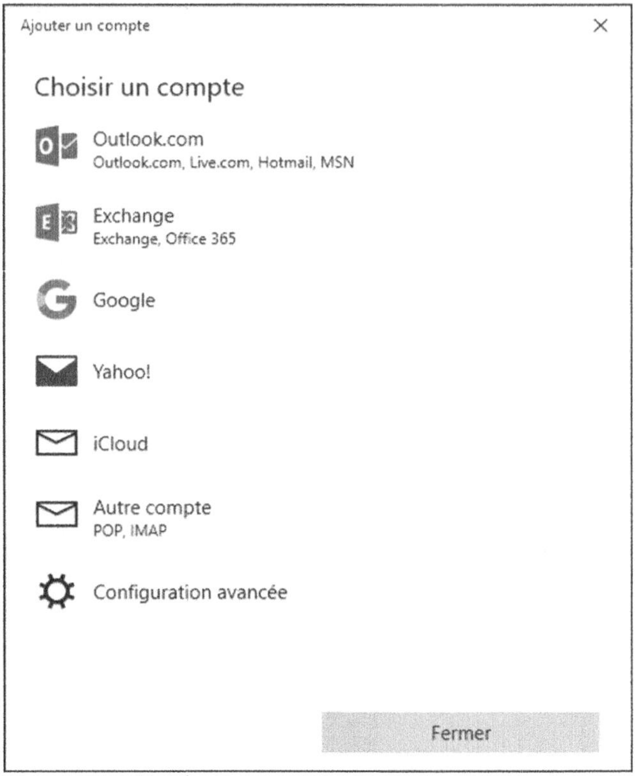

Demandez ces informations au serveur de messagerie s'il ne vous les a pas communiquées ou cherchez-les sur Internet.

❸ **Cliquez par exemple sur Outlook.com, bien entendu, vous disposez d'un compte de messagerie sur ce serveur comme expliqué dans la prochaine section.**

La procédure est la même avec n'importe quel autre type de serveur de messagerie figurant dans cette liste.

❹ **Si vous possédez un compte Microsoft live, Hotmail, ou Outlook, avec lequel vous ouvrez vos sessions Windows, Courrier vous propose de l'utiliser. Si vous souhaitez utiliser un autre compte, cliquez sur Compte Microsoft, puis sur le bouton Continuer.**

5. **Dans la fenêtre qui apparaît, saisissez l'adresse du compte, et cliquez sur Suivant.**

6. **Tapez le mot de passe de cette adresse, puis cliquez sur le bouton Se connecter.**

   Un message vous annonce la réussite de l'opération.

   L'ajout d'adresses autre qu'Outlook n'est pas toujours couronné de succès. Ainsi nous avons rencontré de gros souci avec des adresses Yahoo! et Gmail. Nul doute que Microsoft résoudra ce problème avec les prochaines mises à jour de Windows.

   Vous voici dans le programme prêt à envoyer et recevoir des mails !

Bien entendu, il est possible d'ajouter autant de comptes que vous le souhaitez.

Pour voir les messages d'un compte particulier, cliquez sur l'icône de l'avatar (voir ci-contre) et choisissez son nom dans la liste des comptes disponibles. Si vous n'avez ajouté qu'un seul compte à Courrier, lui seul figurera dans la liste et sera utilisé par défaut.

Par défaut, Courrier affiche la boîte de réception du compte principal. Pour accéder à ses autres dossiers, cliquez sur l'icône du dossier affiché dans la colonne de droite. Voici une présentation des dossiers visibles sur la Figure 10.5 :

» **Boîte d'envoi :** Affiche les messages en cours d'envoi. C'est un dossier de stockage temporaire, car une fois le courriel envoyé, il est stocké dans Envoyés.

» **Boîte de réception :** C'est le dossier qui est affiché par défaut au démarrage de l'application Courrier ; il contient les messages reçus par le compte en cours. L'application Courrier vérifie automatiquement la présence de nouveaux messages sur le serveur ; cependant, si vous vous lassez d'attendre, cliquez sur l'icône Synchroniser située en haut à droite de la boîte de réception. Tout courrier en attente est immédiatement chargé. L'activation des menus de l'application Courrier est traitée plus loin dans cette section.

» **Archive (Archivage) :** Contient l'ensemble des messages que vous archiverez. Pour archiver un message, il suffit d'effectuer un clic droit dessus et, dans le menu contextuel, d'exécuter la commande Archiver.

Figure 10.5

Les dossiers de Courrier.

- » **Brouillons :** Si vous n'avez rédigé qu'une partie d'un mail et si vous souhaitez le terminer ultérieurement, cliquez sur l'icône Enregistrer le brouillon, à gauche de la barre de menus inférieure. Un message sera également placé dans le brouillon si vous cliquez sur le bouton Précédent avant de l'expédier. L'activation des menus de la marge inférieure est détaillée un peu plus loin dans cette section.

- » **Courrier indésirable :** L'application Courrier détecte le courrier potentiellement indésirable et le déplace dans ce dossier. Consultez-le de temps en temps pour vous assurer que rien ne s'y trouve par erreur.

- » **Éléments supprimés :** Le dossier Éléments supprimés sert de corbeille à l'application Courrier, ce qui vous permet de récupérer les messages supprimés par erreur. Pour supprimer définitivement un message du dossier Éléments supprimés, sélectionnez-le et cliquez sur l'icône de la corbeille. Pour supprimer définitivement plusieurs messages, cliquez sur l'icône située dans l'angle supérieur droit. Cochez les messages à supprimer, puis cliquez sur l'icône de la corbeille qui apparaît dans la partie supérieure des éléments supprimés.

- » **Éléments envoyés :** Une copie de chaque message envoyé est stockée dans ce dossier. Pour supprimer un message, placez le pointeur de la souris dessus, puis cliquez sur l'icône de la corbeille qui apparaît sur la droite.

Cliquez sur le nom d'un dossier pour en afficher le contenu. Ensuite, cliquez sur le message à consulter. Son contenu s'affiche à droite de l'écran.

Si vous avez créé des dossiers personnels dans votre compte, ceux-ci sont automatiquement listés dans l'application.

Outlook.com

Outlook.com (ou Outlook Mail) remplace Hotmail et Windows Live Mail. *De facto*, vous pouvez l'utiliser depuis le Bureau de Windows puisque ce serveur de messagerie nécessite l'utilisation d'un navigateur Web comme Internet Explorer.

Créer un compte Outlook.com

D'une certaine manière, votre compte Outlook.com existe sans que vous ayez besoin de le créer. Il suffit d'utiliser pour cela l'adresse mail que vous avez fournie lors de la création de votre compte d'utilisateur Windows 10, si vous n'avez pas créé un compte local. Par exemple, si vous avez utilisé l'adresse jbrecat@live.fr, utilisez cette adresse et le mot de passe qui lui est associé. Sinon, créez ou bien ajoutez un autre compte de messagerie en suivant cette procédure :

1. **Exécutez Microsoft Edge, et connectez-vous sur** `www.outlook.fr`.

   Par défaut, Outlook.com se connectera au compte de messagerie utilisé pour ouvrir une session Windows. Dans ce cas, déconnectez-vous en cliquant sur la vignette de votre compte, puis cliquez sur Déconnexion.

2. **Cliquez sur l'icône Outlook.com en haut à gauche.**

   Cette action ouvre un message de connexion.

3. **Cliquez sur le lien Créez-en un !.**

4. **Dans le champ Nouvel e-mail, tapez l'adresse mail que vous souhaitez créer, et validez-la en appuyant sur la touche Tab.**

   Si l'e-mail est déjà utilisé, Microsoft vous avertira.

5. **Dans le champ Créer un mot de passe, saisissez un mot de passe difficile à craquer pour les hackers, et cliquez sur Suivant, comme sur la Figure 10.6.**

Figure 10.6

Un e-mail et son mot de passe sur Outlook.com

Mélangez des chiffres et des lettres, des majuscules et des minuscules. Ainsi, 23AzbV1 est plus difficile à trouver que Médor.

❹ **Dans les étapes qui suivent, indiquez les informations demandées par Microsoft.**

Microsoft vous demande vos noms et prénoms, votre pays/région, votre date de naissance.

❺ **Saisissez le captcha qui permet de prouver à Microsoft que vous n'êtes pas un robot.**

Il suffit d'écrire les lettres que vous voyez.

❻ **Dans les informations de sécurité, indiquez un numéro de téléphone mobile vers lequel un SMS sera envoyé avec un code permettant de valider votre compte.**

Votre numéro servira chaque fois que vous voudrez modifier des informations. Vous êtes ainsi certain que personne d'autre que vous-même agissez sur votre compte Outlook.com.

Accéder à votre compte Outlook.com

Pour accéder à votre boîte aux lettres Outlook.com, et plus spécifiquement à un de vos comptes gérés par ce serveur de messagerie en ligne :

1. **Allez sur Outlook.com en passant par** `www.outlook.fr`**.**
2. **Si un autre compte de messagerie s'affiche par défaut, cliquez sur la vignette de votre avatar affichée dans l'angle supérieur droit de Outlook.com.**
3. **Dans le menu local qui s'affiche, choisissez Se déconnecter.**
4. **Cliquez alors sur Se connecter en haut à droite, et identifiez-vous avec votre adresse mail et votre mot de passe, et cliquez sur le bouton Se connecter.**

Gmail

Google est plus connu pour être un moteur de recherche qu'autre chose. Pourtant, les services de Google sont très nombreux, et parmi eux nous trouvons un service de messagerie gratuit dans le même style que Yahoo! Mail et bien d'autres.

Créer un compte Gmail

Pour configurer une boîte aux lettres sur Gmail :

1. **Allez sur** `www.google.fr` **et cliquez sur Gmail en haut à droite de la fenêtre.**
2. **Si vous n'avez jamais créé de compte Gmail, cliquez sur le bouton Créer un compte, sinon choisissez Utiliser un autre compte.**
3. **Dans la boîte de dialogue qui s'affiche, cliquez si nécessaire sur Plus d'options puis sur Créer un compte.**
4. **Remplissez le formulaire, en spécifiant le nom d'utilisateur que vous désirez utiliser.**
5. **Dès que vous avez entré le nom d'utilisateur souhaité, Gmail vérifie la disponibilité.**

   Si l'adresse choisie est déjà utilisée, Gmail vous fait d'autres propositions.

❻ **Remplissez la fin du formulaire, cochez la case d'acceptation des conditions d'utilisation et cliquez sur Étape suivante pour terminer la création du compte.**

❼ **Prenez connaissance des conditions d'utilisation de Gmail en faisant défiler le contenu de la fenêtre, et cliquez sur le bouton J'Accepte dès qu'il devient accessible.**

❽ **Dans la nouvelle fenêtre qui apparaît, cliquez sur Poursuivre vers Gmail.**

Accéder à votre compte Gmail

Pour accéder à votre boîte aux lettres Gmail :

❶ **Allez sur Gmail en passant par** `www.google.fr`**, puis en cliquant sur Gmail en haut à droite.**

❷ **Gmail devrait lister vos comptes. Cliquez sur le compte à utiliser, indiquez votre mot de passe, et cliquez sur Suivant.**

Quelques secondes plus tard, vous voici dans Gmail, comme le montre la Figure 10.7.

Figure 10.7

Le serveur de messagerie Gmail ressemble beaucoup à un logiciel de messagerie.

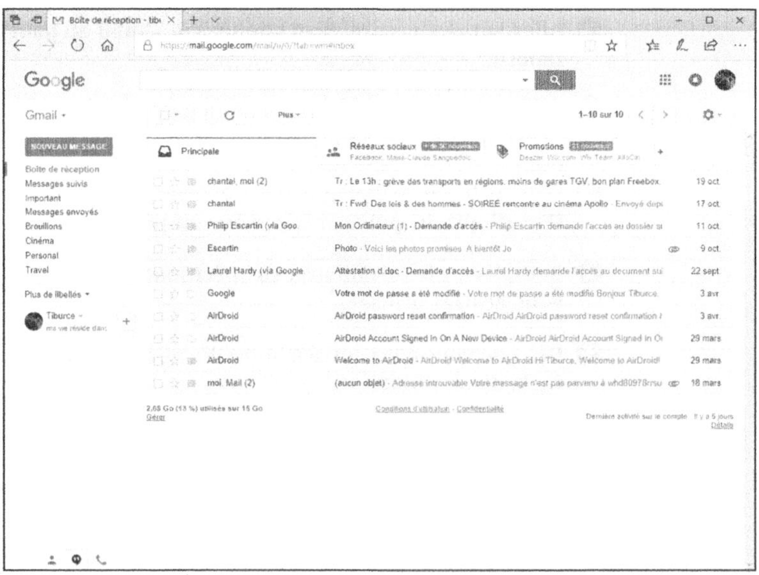

Un avantage des boîtes aux lettres basées sur le Web comme Yahoo! Mail, Gmail, et Outlook.com est que vous pouvez lire et envoyer des messages sur n'importe quel ordinateur. Votre boîte aux lettres est stockée sur les serveurs de courrier distants, et tout ordinateur équipé d'un navigateur Web peut y accéder. Bien sûr, personne ne peut lire vos messages ou en envoyer sans taper votre mot de passe. Dans ce chapitre, lorsque nous vous indiquerons comment envoyer et recevoir du courrier avec Gmail et Outlook.com, gardez à l'esprit que vous n'avez pas besoin d'être derrière votre propre ordinateur : vous pouvez lire votre courrier sur l'ordinateur d'un ami ou d'une bibliothèque publique. Inconvénient : la lecture et l'envoi de messages sur un site Web sont plus lents, à moins d'avoir une connexion rapide, car vous devez attendre le chargement d'une nouvelle page Web chaque fois que vous cliquez sur un nouveau message.

L'envoi de courrier électronique, c'est simple

Nous illustrerons la simplicité de l'envoi de courriers à l'aide d'exemples parlants plutôt que par de la théorie absconse.

Envoyer du courrier avec Courrier

Voici comment envoyer du courrier avec l'application Courrier de Windows 10.

Lorsque vous êtes prêt à envoyer un message électronique, exécutez les étapes suivantes pour composer votre lettre et la déposer dans la boîte électronique, puis l'envoyer dans l'espace virtuel de votre destinataire :

Cc et Bcc

Cc signifie *Copie carbone*. Il s'agit d'une fonction qui permet d'envoyer le même mail à plusieurs personnes en une seule opération. Tous les destinataires affichés dans les champs À et Cc recevront le message. Chacun verra le nom des autres destinataires. Afin que les autres destinataires ne voient pas ces noms, il faut les placer dans le champ *Cci* qui signifie *Copie carbone invisible*. Il est en effet plus intime d'envoyer un même message à tous en respectant l'anonymat de chacun.

❶ **Ouvrez l'application Courrier par un clic sur son icône de la barre des tâches ou sa vignette de l'écran de démarrage accessible *via* le bouton Démarrer de Windows 10.**

❷ **Si vous disposez de plusieurs comptes gérés par Courrier, cliquez sur l'icône de l'avatar, puis sur le compte avec lequel vous souhaitez envoyer un mail.**

❸ **Dans la colonne de gauche, cliquez sur l'icône Nouveau message (représentée par un signe plus).**

Un volet Nouveau message, vide, apparaît sur la droite, comme le montre la Figure 10.8.

Figure 10.8

Créer un message.

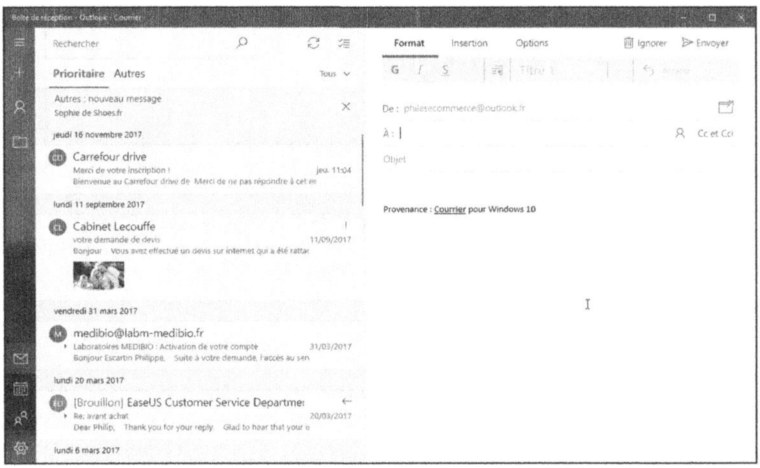

❹ **Entrez l'adresse de messagerie du destinataire dans le champ À.**

Dès que vous commencez à saisir les premières lettres, l'application Courrier scanne votre liste d'adresses dans l'application Contacts et affiche sous la zone À, une liste de correspondances éventuelles. Si l'adresse de votre destinataire se trouve dans la liste, cliquez-la ; l'application Courrier ajoute automatiquement l'adresse.

Pour envoyer un message à plusieurs personnes, ajoutez d'autres adresses à la suite de la première ou bien suivez l'explication donnée à l'Étape 3.

❺ **Ajoutez des contacts en copie par un clic dans le champ Cc.**

6. **Cliquez dans le champ Objet situé au-dessus de la zone de saisie de votre message, et indiquez le sujet de votre courriel.**

   Bien que facultatif, l'objet permet aux destinataires d'avoir une idée sur le contenu du mail et de trier leur courrier.

7. **Saisissez le texte de votre message dans la zone vide sous la ligne Objet.**

   Vous n'êtes pas limité pour la taille du message et au fur et à mesure de la frappe, si vous orthographiez mal un mot, l'application Courrier le souligne en rouge. Pour le corriger, faites un clic droit sur le mot souligné et choisissez la bonne orthographe dans le menu qui apparaît, comme le montre la Figure 10.9.

Figure 10.9

Entrez votre message et profitez des bienfaits du vérificateur d'orthographe intégré.

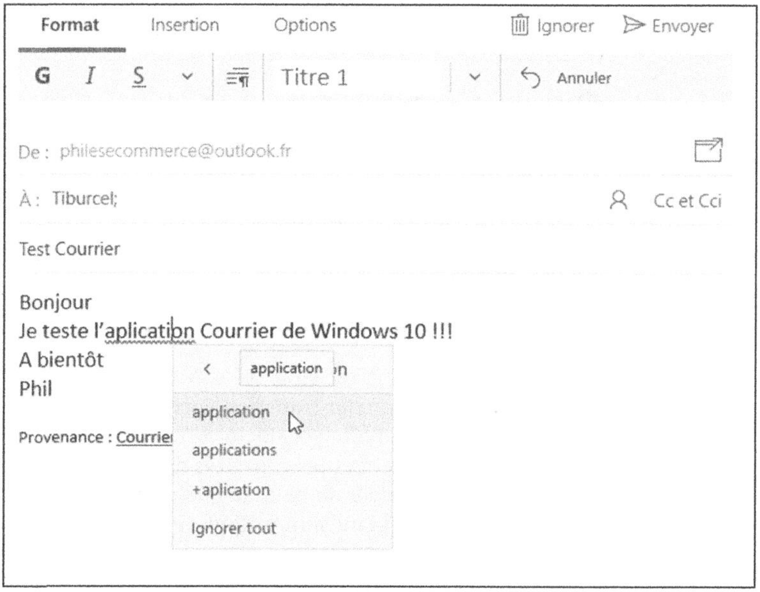

Vous pouvez également modifier la mise forme à partir de la barre de menus supérieure. Vous pouvez changer la police et sa taille en sélectionnant le texte tapé, puis en cliquant sur le A de la barre de mise en forme. Utilisez les outils de ce menu local pour changer la police, sa taille, sa couleur, le mettre en gras, *etc.*, comme le montre la Figure 10.10.

Figure 10.10

Mettez en forme un texte avant ou après l'avoir saisi.

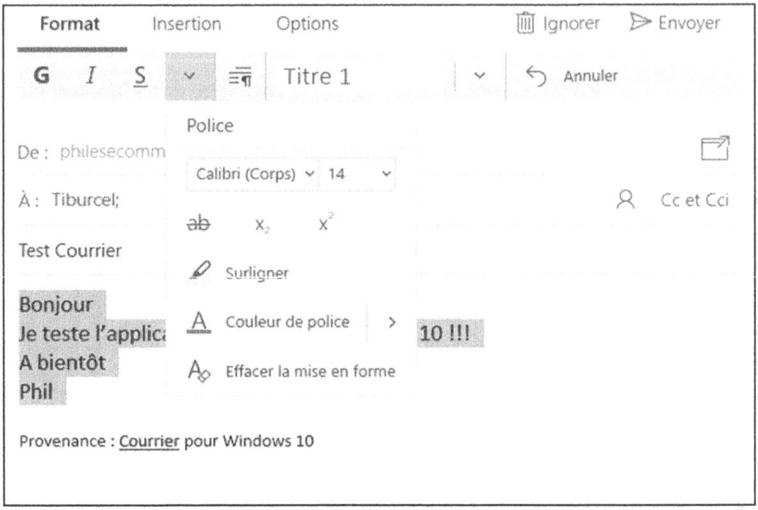

❽ **Si vous le souhaitez, ajoutez des fichiers ou des photos à votre message via l'onglet Insertion.**

La plupart des FAI ne permettent pas d'envoyer des fichiers de plus de 5 Mo, ce qui exclut pratiquement tous les films et n'autorise que l'envoi de quelques fichiers contenant de la musique ou des photos.

❾ **Cliquez sur le bouton Envoyer dans l'angle supérieur droit de l'écran.**

L'application Courrier transfère votre message par le biais de l'Internet jusqu'à la boîte vocale de votre ami. Selon le débit de votre connexion Internet et les capacités des serveurs de messagerie, le courrier peut arriver au bout de quelques secondes, mais parfois de quelques jours ; la moyenne étant de quelques minutes.

Si vous *ne voulez pas* envoyer le message, cliquez sur le bouton Ignorer (poubelle) situé dans l'angle supérieur droit de l'écran.

Vous pouvez interrompre la rédaction d'un message pour la reprendre ultérieurement. Dans ce cas, ouvrez un autre dossier de Courrier et votre message en cours de rédaction sera automatiquement placé dans le dossier Brouillons. Il suffira de cliquer dessus pour en reprendre l'écriture et l'envoyer.

Envoyer du courrier avec Outlook.com

L'envoi d'un courrier électronique avec Outlook.com ne diffère pas beaucoup de la procédure décrite pour une application comme Courrier. Voici comment procéder :

1. **Identifiez-vous auprès du serveur de messagerie distant.**

   Allez sur `www.outlook.fr`.

2. **Cliquez sur Nouveau courrier en haut à gauche.**

   Dans la partie droite de l'interface s'affiche la zone de création de votre courriel, comme le montre la Figure 10.11.

Figure 10.11

Écrire un message dans Outlook.com ressemble à la création d'un message dans l'application Courrier.

3. **Saisissez une ou plusieurs adresses dans le champ À.**

   Pour envoyer votre message à plusieurs personnes, séparez chaque adresse par une virgule.

Vous pouvez aussi saisir des adresses en Cc (copie carbone) et en Cci (copie carbone invisible). Dans les deux cas, cliquez préalablement sur le lien Cc ou Cci.

4. **Cliquez dans le champ Ajouter un objet et tapez l'objet du message.**

5. **Tapez votre message dans le champ situé sous la zone de l'objet.**

6. **Utilisez la barre d'outils pour mettre en forme votre message.**

7. **Cliquez sur le bouton Envoyer.**

   Pour vérifier l'orthographe, cliquez du bouton droit sur les mots soulignés en rouge. Choisissez une correction dans le menu local qui apparaît.

Envoyer du courrier avec Gmail

L'envoi d'un courrier électronique avec Gmail ne diffère pas beaucoup de la procédure décrite pour Outlook.com. Voici comment faire :

1. **Identifiez-vous.**

   Allez sur `www.google.fr`, cliquez sur le lien Gmail et choisissez votre compte dans la liste proposée, puis saisissez votre mot de passe (voir plus haut dans ce chapitre).

2. **Cliquez sur le bouton Nouveau message.**

   En bas à droite s'affiche la zone de création de votre courriel, comme le montre la Figure 10.12.

3. **Saisissez une ou plusieurs adresses dans le champ À.**

   Pour envoyer votre message à plusieurs personnes, séparez chaque adresse par une virgule.

Vous pouvez aussi saisir des adresses en Cc (copie carbone) et en Cci (copie carbone invisible). Dans les deux cas, cliquez préalablement sur le lien Ajouter un champ Cc et Ajouter un champ Cci.

4. **Dans le champ Objet, indiquez l'objet du message.**

5. **Tapez votre message.**

6. **Cliquez sur le bouton Envoyer.**

Figure 10.12

Écrire un message dans Gmail.

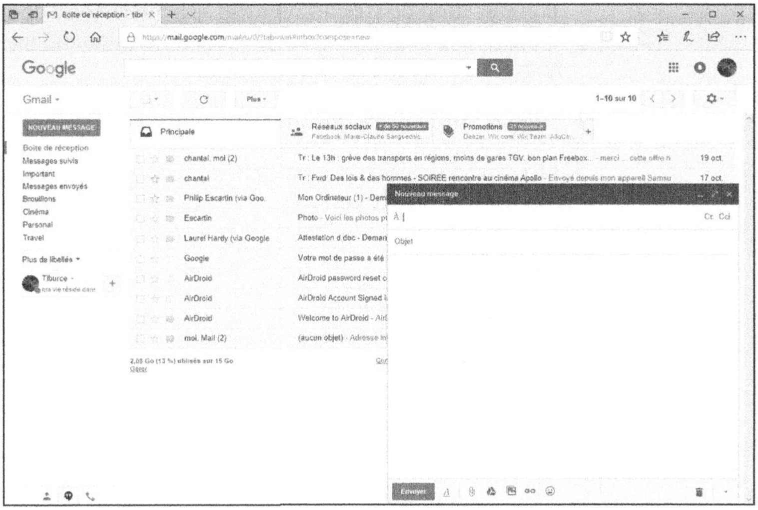

Pour vérifier l'orthographe, cliquez du bouton droit sur les mots soulignés en rouge. Choisissez une correction dans le menu local qui apparaît.

Réception de courrier

Si vous envoyez des courriers électroniques, vous finirez par en recevoir (même si vous n'en envoyez pas, d'ailleurs !).

Pour relever votre courrier, vous devez être connecté à Internet.

Vous pouvez demander à votre ordinateur d'établir une connexion à Internet automatiquement lorsque vous ordonnez à votre logiciel de courrier d'envoyer ou de relever vos messages.

Lire le courrier avec Courrier

Lorsque votre ordinateur est connecté à Internet, l'écran d'accueil de Windows vous alerte dès qu'un nouveau message est arrivé. La vignette de l'application Courrier se met à jour automatiquement pour afficher l'expéditeur et l'objet des derniers messages non lus.

Pour lire un message ou y répondre, exécutez les étapes suivantes :

❶ **Cliquez sur la vignette Courrier de la barre des tâches ou du menu Démarrer de Windows 10.**

L'application Courrier s'ouvre et affiche la boîte de réception. Les messages sont répertoriés de manière chronologique, le dernier arrivé est affiché en haut de la liste.

❷ **Cliquez sur le message que vous souhaitez lire.**

Le corps du message est affiché dans la partie droite de la fenêtre, comme à la Figure 10.13.

Figure 10.13

Lire un message avec Courrier.

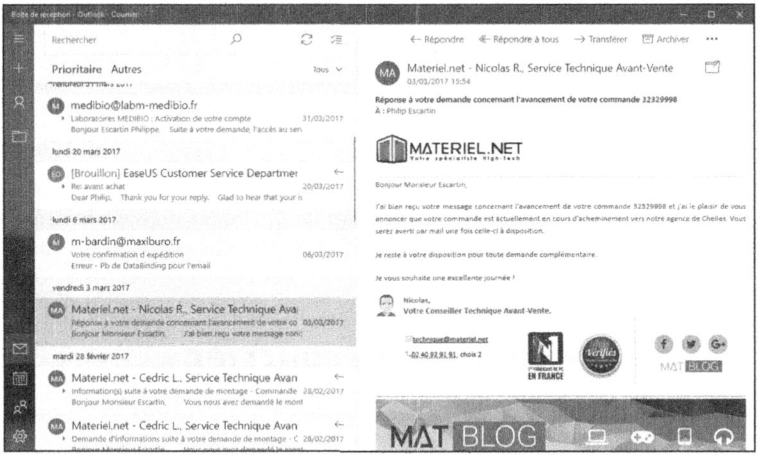

❸ **Une fois que vous avez lu le message, plusieurs possibilités s'offrent à vous, chacune étant accessible à partir des boutons situés au-dessus du message :**

- **Ne rien faire :** Vous êtes indécis ? Ne faites rien ; le message sera simplement conservé dans la boîte de réception.
- **Répondre :** Cliquez sur le bouton Répondre dans la partie supérieure gauche. La zone de saisie d'un nouveau message remplace celle du message reçu. La fenêtre est semblable à celle dans laquelle vous rédigez un message, avec quelques différences : elle comporte le nom du destinataire et le sujet. En outre, le message d'origine est généralement conservé au bas de votre réponse.
- **Répondre à tous :** Certains courriers sont adressés simultanément à plusieurs personnes. Si vous voyez plusieurs destina-

taires dans un message, vous pouvez répondre à l'ensemble des destinataires en cliquant sur Répondre et en choisissant Répondre à tous dans le menu déroulant.

- **Transférer :** Si vous souhaitez envoyer le message à un autre destinataire, cliquez sur Répondre et choisissez Transférer dans le menu déroulant.
- **Archiver :** Permet de placer le message dans le dossier d'archivage. Vous pourrez l'utiliser plus tard pour faire valoir un droit, ou tout simplement le conserver car il aura une valeur sentimentale.
- **Supprimer :** Cliquez sur le bouton Supprimer pour déplacer le message dans le dossier Messages supprimés. Les messages supprimés sont conservés dans ce dossier. Pour les supprimer définitivement, accédez au dossier Messages supprimés, sélectionnez tous les messages et cliquez sur le bouton Supprimer.

Pour imprimer le message en cours, cliquez sur l'icône des trois boutons. Dans le menu local qui apparaît, cliquez sur Imprimer. Configurez votre impression dans la boîte de dialogue Imprimer qui apparaît.

Lire le courrier Outlook.com ou Gmail

Pour lire votre courrier Outlook.com, Gmail ou tout autre système de courrier basé sur le Web :

1. **Établissez, si nécessaire, votre connexion à Internet.**
2. **Démarrez votre navigateur Web.**
3. **Allez sur le site serveur de messagerie et identifiez-vous avec votre nom d'utilisateur et votre mot de passe.**

   Si votre navigateur vous propose de mémoriser votre mot de passe et que vous utilisez un ordinateur public ou une machine à laquelle peuvent accéder d'autres personnes, refusez cette proposition. Cela évitera que quelqu'un puisse facilement se connecter au serveur pour consulter votre courrier électronique.

   En l'occurrence, il s'agit d'outlook.com ou de Gmail.

4. **Cliquez ensuite sur la Boîte de réception pour afficher la liste des messages reçus.**
5. **Cliquez sur un message.**

Le système de courrier basé sur le Web affiche le texte du message ainsi que des boutons pour répondre, faire suivre ou supprimer ce message.

Lorsque vous avez fini de lire et d'envoyer des mails sur un serveur de ce type, déconnectez-vous ! Cette action est salutaire si vous utilisez un ordinateur public ou la machine d'un ami. Si vous ne le faites pas, tout un chacun utilisant cet ordinateur pourra consulter vos messages.

Lorsque vous utilisez un site de courrier basé sur le Web, vous gérez tous vos messages sur le serveur lui-même et non pas sur votre ordinateur. Si vous disposez de plusieurs dossiers de courriers, vous pouvez déplacer vos messages de dossier en dossier aussi bien dans un programme de gestion des courriers électroniques que sur un serveur de messagerie Web.

Supprimer des messages

Inutile de lire vos messages avant de les supprimer ! Parfois, il suffit de lire le nom de l'expéditeur et/ou celui de l'objet pour savoir que ce message n'a aucun intérêt. Pour supprimer un message, commencez par le sélectionner parmi tous les messages reçus. Ensuite, dans la plupart des programmes de gestion des courriers électroniques, cliquez sur le bouton Supprimer.

Sur un serveur de messagerie basé sur le Web, vous sélectionnez les messages à supprimer, puis cliquez sur un bouton ou un lien Supprimer, ou bien ouvrez un menu local de commandes et cliquez sur Supprimer ce message.

Chapitre 11

Transfert de fichiers

DANS CE CHAPITRE

Téléchargement de fichiers avec le navigateur Web.

•

Téléchargement vers un serveur Web.

•

Installation de logiciels récupérés sur le Net.

•

Transférer de très gros fichiers.

Internet regorge d'ordinateurs qui recèlent d'innombrables fichiers. Il s'agit principalement de programmes parmi lesquels se côtoient *freewares*, *sharewares* et versions bridées pour démonstration de logiciels commerciaux, mais aussi des fichiers d'images, des fichiers audio, des fichiers vidéo et, plus généralement, des fichiers multimédias. Certains de ces ordinateurs sont configurés pour copier quelques-uns de leurs fichiers sur votre propre ordinateur. Qui plus est, la plupart des fichiers proposés sont disponibles gratuitement. Dans ce chapitre, vous allez découvrir comment trouver ces fichiers et comment les copier et les utiliser. Vous apprendrez également à envoyer des fichiers dont la taille dépasse celle autorisée par votre FAI.

Qu'est-ce que le téléchargement ?

Nous n'avons qu'un seul mot, « téléchargement », pour traduire ce que les Américains appellent *downloading* (téléchargement en voie descendante, du serveur vers vous) et *uploading* (dans l'autre sens, en voie montante).

Il existe au moins trois moyens de télécharger des fichiers :

» **Cliquer sur un lien dans une page Web.** Les navigateurs Web peuvent aussi télécharger des fichiers. En fait, c'est ce qu'ils font constamment lorsqu'ils téléchargent des pages Web pour les afficher.

» **Participer à un service de partage de fichiers.** Nous ne recommandons pas les réseaux P2P, car ils posent d'énormes problèmes de légalité et parce qu'ils transmettent facilement des espiogiciels et autres virus.

» **Par le protocole FTP (*File Transfer Protocol*). Système plus ancien, mais spécifiquement conçu pour transférer des fichiers.**

La technique la plus simple pour celui qui débute dans le téléchargement de fichiers consiste à utiliser son navigateur Web. Cliquez sur un lien, et le téléchargement commence.

Ce chapitre décrit le téléchargement des images, des programmes, et d'autres fichiers.

Télécharger des logiciels

Cette section décrit la procédure de téléchargement de logiciels, et la manière de les installer et de les exécuter.

Trois étapes : télécharger, installer et exécuter

Télécharger est très simple : il vous suffit de saisir l'URL du fichier ou de cliquer sur un lien qui l'appelle et qui comporte généralement la racine *download* ou le mot « télécharger ». Votre navigateur vous demandera probablement vos intentions. Si c'est un programme (un fichier exécutable sous Windows ou un autre système d'exploitation) ou si c'est un fichier compacté (extension .zip), il est préférable de le stocker sur le disque dur afin de l'utiliser plus tard, après l'avoir décompacté.

Où trouver des programmes ?

Pour télécharger des programmes, encore faut-il savoir où en trouver ! Le plus souvent, vous entendrez parler d'un logiciel ou lirez sa critique dans un magazine, mais sans savoir où le télécharger. Le plus simple est de lancer une recherche dans un moteur comme Google.

Voici cependant un petit tableau proposant les meilleures adresses de téléchargement de programmes *freeware* (libres de droits) ou *shareware* (demandant une contribution financière) :

Choisissez ensuite le type de programme qui vous intéresse dans une abondante liste de catégories. Le site affiche une page Web contenant une brève description ainsi qu'une appréciation exprimée en nombre d'étoiles (cinq étant la meilleure) pour chacun des logiciels.

Tableau 11.1

Sites de téléchargement de logiciels.

Nom du site	URL
01net. (télécharger.com)	`http://www.01net.com/telecharger/`
Clubic	`www.clubic.com`
Espace francophone	`www.espacefr.com`
Gratilog	`www.gratilog.net`
Comment ça marche	`www.commentcamarche.net/download/`
Pressibus	`www.pressibus.org/windows/indexfr.html`
ZDnet	`www.zdnet.fr/telecharger/windows`
Je Télécharge	`www.jetelecharge.com/`
`Zebulon.fr`	`http://telechargement.zebulon.fr/`

Télécharger un logiciel

Avant de télécharger des logiciels, créez un dossier où vous stockerez toutes les applications récupérées sur Internet. Sous Windows 10, créez par exemple un sous-dossier dans le dossier Documents. Nommez-le « Fichiers téléchargés » ou « Téléchargements ». (Pour créer un tel dossier, ouvrez L'Explorateur de fichiers ou le Poste de travail. Sélectionnez le dossier Documents, et cliquez sur le bouton Nouveau dossier de l'onglet Accueil.)

Vous pouvez conserver le dossier Téléchargements créé par défaut par Windows. Toutefois, ce dossier se situe sur votre disque dur système c'est-à-dire là où Windows est installé avec tous vos programmes. Le système est l'emplacement le plus sensible d'un ordinateur. En effet, il peut arriver que Windows ne fonctionne plus correctement, ce qui impose parfois sa réinstallation. Dans ce cas, vous perdrez toutes les données qui auront été stockées sur ce disque dur particulier. Pour cette raison majeure, je vous conseille d'utiliser un autre disque dur dans lequel vous créerez un dossier Téléchargements. Vous pourrez alors plus facilement sauvegarder ce dossier sur un autre disque dur externe, voire sur une clé USB.

Il est très facile de télécharger un logiciel depuis Internet. Très souvent, il suffit de cliquer sur un lien Télécharger ou sur le nom du programme lui-même. Le navigateur Web vous demande alors ce que vous désirez faire du fichier. Il est conseillé de choisir l'option Enregistrer afin de pouvoir archiver le fichier et installer ensuite le logiciel.

Décompression, installation

La majorité des logiciels téléchargeables sur Internet sont compressés pour économiser de l'espace de stockage sur le serveur et réduire la durée du téléchargement. Beaucoup sont *auto-installables* : le fichier est un programme qui décompresse et installe les fichiers. Les fichiers auto-installables Windows se reconnaissent à leur extension .exe et les fichiers compressés, qui ne sont pas auto-installables, ont une extension .zip.

Les fichiers .exe peuvent contenir des virus et des espiogiciels. Par conséquent, n'exécutez pas ces fichiers si vous ne savez pas réellement ce qu'ils contiennent. Téléchargez-les sur les sites recommandés dans ce chapitre, car ils sont certifiés sans virus ni espiogiciels. Une autre technique consiste à télécharger directement le fichier auprès de l'éditeur du logiciel.

Pour installer un fichier auto-installable, double-cliquez sur le fichier pour l'exécuter. Il s'ouvre et un assistant vous guide au travers de boîtes de dialogue afin de recueillir les informations de configuration nécessaires, puis il démarre l'installation.

Quand un fichier est compressé, un logiciel spécial est nécessaire pour le décompresser. Les fichiers avec l'extension .zip sont des fichiers compressés (ces fichiers sont appelés « fichiers ZIP »). Avec Windows 10, la fonction Dossiers compressés, qui est active à moins que vous ne l'ayez inhibée, permet d'ouvrir les fichiers ZIP directement dans les fenêtres de l'Explorateur de fichiers (ou l'Explorateur Windows). Cliquez ou double-cliquez sur le fichier ZIP pour voir ce qui se trouve dedans.

Il existe un excellent logiciel de décompression gratuit et en français, nommé 7-Zip, téléchargeable à l'adresse `www.spiroo.be/7zip`.

Obtenir et utiliser WinZip

Pour obtenir WinZip sur le Web, visitez `www.winzip.com/fr`. Cliquez sur le bouton Essayez-le gratuitement. Avec Microsoft Edge, le téléchargement commence instantanément. Une fois terminé, la partie inférieure du navigateur permet soit d'exécuter le fichier, soit d'ouvrir le dossier contenant vos téléchargements. Cliquez sur Exécuter comme le montre la Figure 11.1.

Figure 11.1

Exécutez le fichier téléchargé.

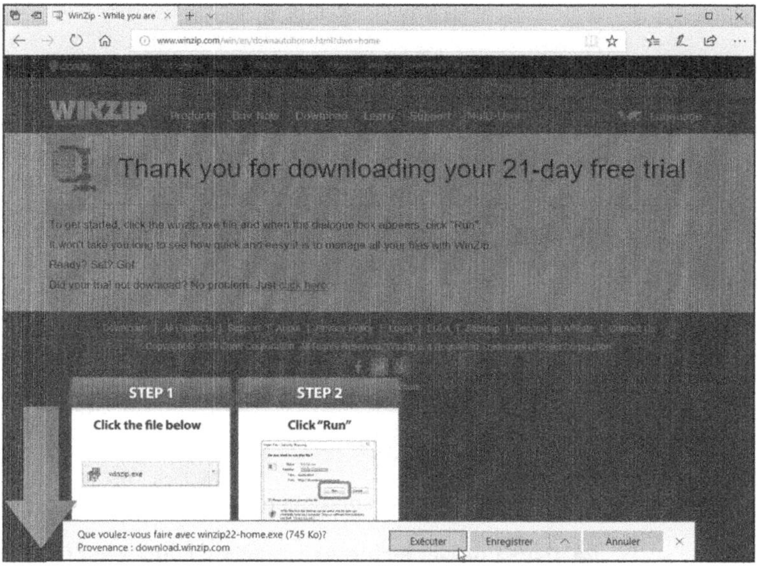

Pour installer WinZip :

1. **Une fois le téléchargement terminé, cliquez sur le bouton Exécuter de Microsoft Edge.**

2. **Si la boîte de dialogue Contrôle du compte d'utilisateur s'affiche, cliquez sur Oui.**

3. **Suivez les instructions d'installation de WinZip.**

   Il existe de nombreuses options, mais vous pouvez accepter les valeurs par défaut.

4. **Une fois l'installation terminée, cochez l'option Lancer WinZip, et cliquez sur le bouton.**

5. **Dans la nouvelle étape qui apparaît, cliquez sur J'accepte.**

6. **Lisez le contenu de l'astuce (facultatif), et cliquez sur Fermer.**

   La Figure 11.2 montre la fenêtre de WinZip.

Figure 11.2

WinZip prêt à compresser ou décompresser des fichiers ZIP.

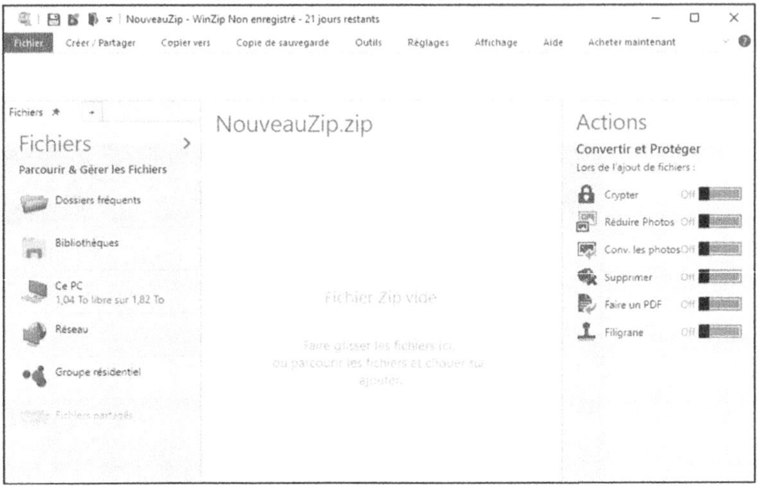

Zipper avec WinZip

WinZip étant ouvert, suivez cette procédure :

1. **Dans l'onglet Fichiers (à gauche), cliquez sur Ce PC.**
2. **Faites défiler le contenu du volet gauche pour localiser le dossier ou le lecteur contenant les fichiers (ou le dossier) que vous souhaitez compresser.**
3. **Double-cliquez sur ledit dossier.**
4. **Double-cliquez sur le dossier contenant les fichiers ou le sous-dossier à compresser.**
5. **Glissez-déposez le dossier (sous-dossier) ou le fichier dans la zone NouveauZip.zip, comme sur la Figure 11.3.**

   Cette technique permet d'ajouter autant de dossiers et de fichiers que vous souhaitez ajouter à une archive Zip.

6. **Cliquez sur le bouton OK du message qui indique la taille avant et après compression de l'élément zippé.**
7. **Sélectionnez l'élément dans la zone de compression, puis cliquez sur l'icône de la disquette en haut à gauche.**

Figure 11.3

Zipper un dossier.

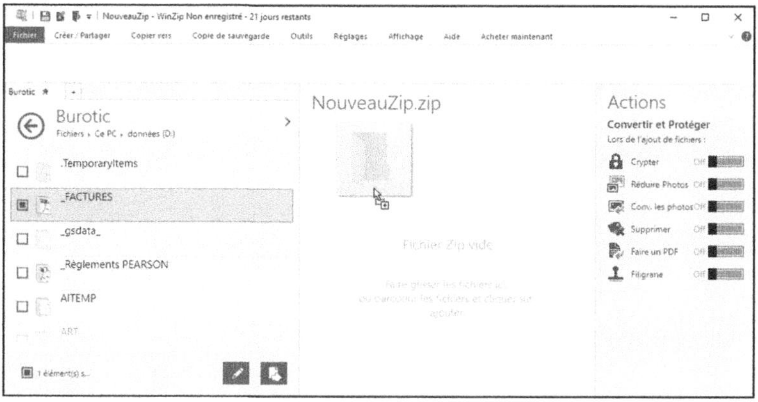

❽ **Dans la boîte de dialogue Enregistrer sur le PC ou le Cloud, localisez le lecteur ou le dossier de destination de ce fichier compressé.**

❾ **Dans le champ Nom de fichier, donnez un nom représentatif de son contenu.**

Dans mon exemple, je zippe un dossier de factures. Je le nomme en toute logique FacturesArchives.

❿ **Cliquez sur Enregistrer.**

Dézipper un fichier .zip

Poursuivons dans l'esprit de la précédente section en décompressant notre archive d'un dossier contenant des factures :

❶ **Ouvrez WinZip.**

❷ **Dans le volet Fichiers, double-cliquez sur le lecteur puis le dossier contenant le fichier .zip.**

❸ **Toujours dans ce volet gauche, cochez le fichier zippé pour le sélectionner.**

❹ **Cliquez sur l'onglet Décompresser/Partager.**

❺ **Dans le groupe Décompresser, cliquez sur 1-cliquez décompresser, comme sur la Figure 11.4.**

Figure 11.4

Décompresser un fichier Zip.

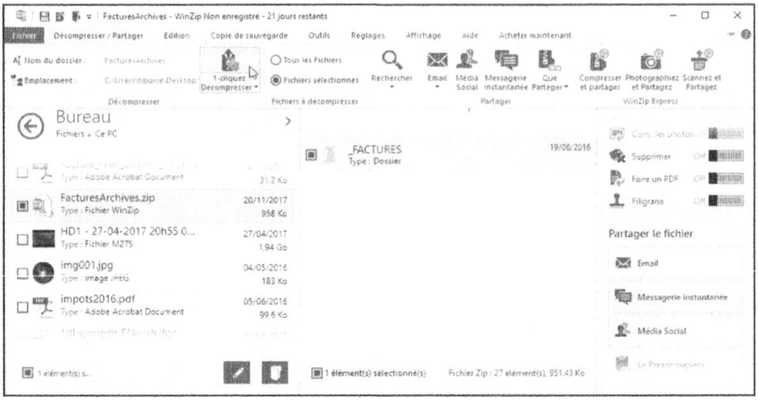

Vous pouvez également décompresser un fichier Zip en double-cliquant dessus dans le volet gauche de WinZip. Dans la boîte de dialogue qui s'affiche, choisissez l'option d'emplacement de décompression qui vous convient.

Voilà ! le fichier est décompressé sur le lecteur et dans le dossier où il était stocké.

Le fait de décompresser un fichier Zip ne le supprime pas.

Installation d'un programme décompressé

Après avoir téléchargé un programme sur Internet et l'avoir décompressé, il est prêt pour l'installation. Cette action est accomplie par un double-clic sur le nom du programme d'installation dans l'Explorateur de fichiers. Le programme d'installation créera probablement sur votre Bureau une icône du programme. Sous Windows, il se peut également que le logiciel soit ajouté à votre menu Démarrer.

Certains logiciels ne sont pas fournis avec un programme d'installation : vous disposez directement du programme lui-même qui, une fois décompressé, doit juste être exécuté. Pour faciliter l'accès au programme, vous devrez créer une icône. Sous Windows 10 :

1. **Ouvrez l'Explorateur de fichiers de Windows 10, et sélectionnez le fichier du programme (le fichier portant l'extension .exe, ou parfois .com ou .msi).**

2. **En maintenant le bouton droit de la souris, glissez le fichier jusque sur le Bureau ou dans un dossier ouvert sur le Bureau.**

   Une icône du programme apparaît.

Pour exécuter votre nouveau programme, il suffit alors de cliquer ou de double-cliquer sur l'icône (selon la façon dont Windows est configuré ; essayez d'abord en cliquant et, si rien ne se produit, double-cliquez).

Configuration du programme

Vous pouvez maintenant exécuter le programme !

Vous aurez peut-être à indiquer au programme votre adresse Internet ou des informations sur votre ordinateur, ou autre chose, avant de pouvoir l'exploiter. Consultez les éventuels fichiers texte fournis avec le programme ou déroulez son menu Aide pour obtenir des informations supplémentaires sur sa configuration ou son emploi. Le site Web où vous avez récupéré le logiciel donne probablement quelques explications.

Télécharger d'autres types de fichiers

Pour les autres types de fichiers (vidéo, par exemple), la même procédure s'applique :

1. **Cherchez le fichier sur le Web.**

   Utilisez un moteur de recherche.

2. **Sur la page de téléchargement, suivez les instructions.**

   Généralement, il vous est demandé de cliquer sur le bouton Télécharger ou *Download*.

3. **Lorsque le navigateur Web affiche la boîte de dialogue Enregistrer, indiquez le disque dur et/ou le dossier dans lequel le fichier doit être téléchargé.**

   Si vous avez créé, comme nous vous le conseillions, un dossier Fichiers téléchargés, placez-y votre fichier.

4. **Passez le fichier à l'antivirus.**

5. **Si nécessaire, décompressez le fichier.**

Si le fichier est gros, ou si vous avez téléchargé un groupe de fichiers, il est probable qu'il(s) soi(en)t compressé(s) en un fichier ZIP. Reportez-vous à la section « Zipper et dézipper avec WinZip » plus haut dans ce chapitre.

6. **Ouvrez le fichier avec le programme adéquat.**

   Si vous avez téléchargé un document Word, ouvrez-le dans Word. Si vous ne connaissez pas le type de fichier téléchargé, ou ignorez le programme à utiliser, affichez le nom de ce fichier dans l'Explorateur de fichiers. Ensuite, double-cliquez sur le nom du fichier. S'il existe, sur votre ordinateur, un programme capable d'ouvrir ce fichier, Windows l'exécutera et affichera automatiquement le document.

Votre fichier est prêt à être exploité.

FTP : la bonne vieille méthode de téléchargement

Avant le Web, Internet existait et fonctionnait. À cette époque, le téléchargement de fichiers se faisait par l'intermédiaire d'un programme dit *FTP*, c'est-à-dire *File Transfer Protocol* (protocole de transfert de fichier). Pour effectuer un téléchargement, il fallait connaître le nom du serveur sur lequel se trouvaient le fichier et le dossier dans lequel il était stocké.

Vous pouvez toujours utiliser cette méthode pour télécharger vos fichiers.

Les navigateurs Web savent télécharger automatiquement des fichiers sur des sites FTP. L'URL commence par « ftp:// », ce qui identifie clairement que le téléchargement va s'opérer depuis un serveur FTP. L'opération se déroule comme si vous téléchargiez à partir du Web.

Dans l'autre sens !

Vous savez maintenant récupérer des fichiers sur d'autres ordinateurs, en les téléchargeant. La copie dans l'autre sens est le téléchargement en voie montante (*uploading* en anglais). Si vous composez vos propres pages Web et que vous désirez les télécharger vers l'ordinateur (le serveur Web) de votre prestataire Internet, voici comment faire.

Téléchargement vers un serveur avec votre navigateur

Dans Internet Explorer, vous pouvez vous connecter au serveur Web à l'aide d'une URL FTP, comme :

```
ftp://votre-identifiant@www.votre-prestataire.com/
```

Remplacez *votre-identifiant* par votre nom d'utilisateur. Le nom du serveur de votre fournisseur d'accès Internet (FAI) est « www » suivi du nom du FAI, mais peut également être quelque chose comme « ftp.www.nom.net ». Ces informations vous ont été fournies par votre FAI.

Le navigateur vous demande votre mot de passe : tapez celui que vous utilisez lorsque vous vous connectez à Internet. Si ce mot de passe convient, vous obtenez à l'écran le contenu du répertoire d'accueil de votre site Web. Si vous souhaitez télécharger les fichiers vers un autre répertoire, cliquez sur le nom de ce répertoire pour l'afficher.

Une fois le répertoire désiré affiché, faites glisser le fichier à télécharger dans la fenêtre du navigateur, à partir de votre gestionnaire de fichiers, par exemple l'Explorateur de fichiers. Le fichier est alors téléchargé vers le serveur.

Téléchargement vers un serveur avec un programme FTP

Les programmes FTP servent à télécharger des fichiers dans un sens ou dans l'autre. Ces programmes ressemblent à l'Explorateur de fichiers. À gauche se trouve le contenu du disque dur et à droite, celui de l'espace disque qui vous est réservé sur le serveur FTP. Vous faites alors glisser les fichiers de l'un à l'autre pour les télécharger dans un sens comme dans l'autre, c'est-à-dire du disque dur vers le serveur et du serveur vers le disque dur.

Il est souvent préférable d'utiliser un logiciel spécialisé dans le téléchargement FTP comme l'excellent et gratuit FileZilla (`filezilla.sourceforge.net`).

Envoyer de gros fichiers

Tout le monde n'a pas d'accès FTP, ou du moins ne sait pas forcément qu'il en a un. Pire même, beaucoup d'utilisateurs ne savent pas et ne sauront jamais utiliser des programmes FTP comme ceux évoqués dans la précédente section.

Lorsque vous désirez envoyer de gros fichiers, c'est-à-dire des fichiers de plusieurs mégaoctets, vous ne pouvez pas forcément le faire par courrier électronique. En effet, beaucoup de FAI limitent la taille des fichiers que vous pouvez envoyer. Le problème est que vous ne savez pas toujours. Alors, tout naïvement, vous expédiez un fichier de 10 Mo, et quelques minutes plus tard, vous apprenez qu'il n'a pas pu être délivré à son destinataire.

Pour éviter ce genre de déconvenue, sachez que vous pouvez passer par des services externes à votre FAI. Ainsi, le système WeTransfer permettra d'envoyer gratuitement des fichiers pouvant aller jusqu'à 2 Go. Voici comment procéder :

1. **Ouvrez Microsoft Edge (ou votre navigateur Web par défaut)) et connectez-vous au site** `www.wetransfer.com/`**.**

   Vous accédez à la page de ce service en ligne, comme le montre la Figure 11.5.

2. **Commencez par cliquer sur le bouton Vers la version gratuite.**

Figure 11.5

Pour envoyer des fichiers que vous ne pouvez pas joindre à vos courriels.

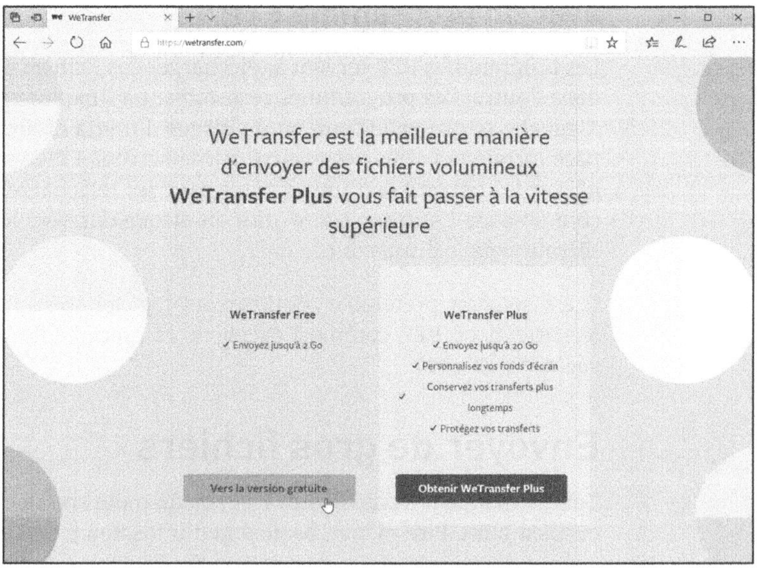

La version gratuite vous limite à 2 Go maxi par envoi, tandis que la version Plus permet jusqu'à 20 Go et une conservation plus longue des fichiers afin que vos destinataires prennent le temps de les télécharger.

❸ **Cliquez sur le bouton Ajouter vos fichiers pour sélectionner le(s) ficher(s) à télécharger.**

❹ **Dans la boîte de dialogue Ouvrir qui apparaît, localisez le fichier que vous désirez envoyer.**

❺ **Cliquez dessus pour le sélectionner, puis cliquez sur Ouvrir.**

Le chemin d'accès à votre fichier apparaît dans le champ Fichier à envoyer.

Tant que vous ne dépassez pas la limite des 2 Go, vous pouvez ajouter simultanément plusieurs fichiers en les sélectionnant tout en maintenant la touche Ctrl enfoncée. Vous pouvez également ajouter d'autres fichiers en cliquant de nouveau sur le bouton éponyme.

❻ **Cliquez dans le champ Envoyer à, et tapez l'adresse mail du destinataire.**

Pour envoyer le même fichier à plusieurs destinataires, cliquez une nouvelle fois sur le bouton Ajouter d'autres amis.

Pour supprimer une adresse mail, cliquez sur l'icône X qui apparaît sur sa droite quand vous placez le bouton de la souris dessus.

❼ **Cliquez sur Votre adresse email pour indiquer votre adresse mail afin de recevoir une notification lorsque le message aura bien été délivré.**

Vous recevrez alors un message qui vous permettra de vérifier que le fichier est disponible au téléchargement.

❽ **Ajoutez un message qui explique au destinataire ce que vous lui envoyez.**

❾ **Cliquez sur le bouton Transférer.**

L'envoi peut prendre beaucoup de temps ! Vaquez alors à d'autres occupations.

❿ **Une fois le traitement du fichier terminé, vous recevrez le mail de confirmation. La page indique la localisation du fichier et explique comment le supprimer (Figure 11.6).**

Figure 11.6

Ce message de confirmation est identique à celui que recevront les destinataires du fichier.

Figure 11.7

Très facile de télécharger le fichier.

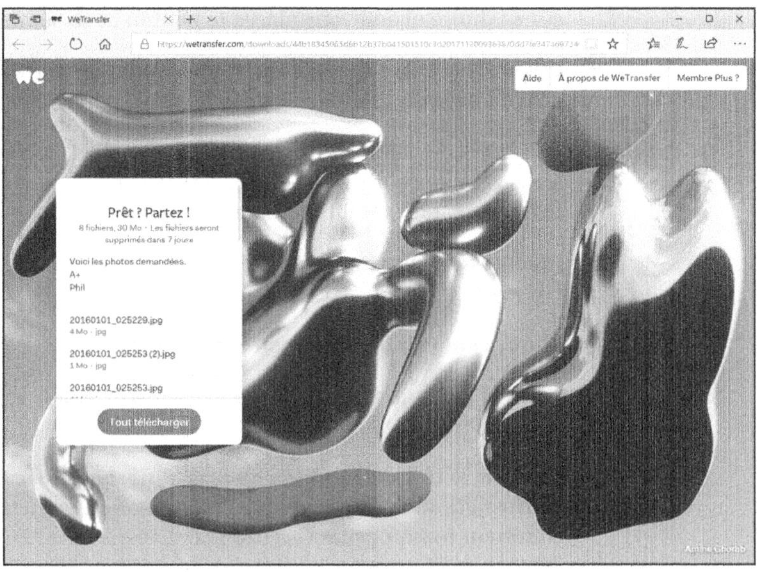

⓫ **Cliquez sur le bouton Récupérez vos fichiers.**

Cette action lance votre navigateur Web et affiche la page de téléchargement, comme à la Figure 11.7.

⓬ **Avec Microsoft Edge, choisissez Enregistrer (en bas de la fenêtre).**

⓭ **Une fois le téléchargement terminé, cliquez sur le bouton Afficher les téléchargements de Microsoft Edge (ou un bouton équivalent si vous utilisez un autre navigateur Web).**

⓮ **Double-cliquez sur le fichier du volet de téléchargement de votre navigateur.**

Cette action affichera le dossier dans lequel est stocké le fichier, ou bien l'exécutera, ou bien encore le décompressera.

Chapitre 12

Combattre virus et intrusions

DANS CE CHAPITRE

Faire une liste de sécurité

Trouver des infos sur les logiciels malveillants

Comprendre le fonctionnement de Windows Defender

Scanner les outils de dissimulation d'activités *via* Windows Defender Hors ligne

Décoder les codes de sécurité de votre navigateur

Windows 10 intègre directement un package antivirus/anti-espion/anti-logiciel malveillant.

Pas besoin d'acheter un antivirus, un pare-feu ou tout autre produit « anti ». Windows 10 a tout ce dont vous avez besoin. Ils sont déjà installés et prêts à travailler. En plus, ils sont gratuits !

Mais vous devez aussi respecter votre part du contrat en ne faisant rien de discutable, entendez par là rien de « stupide ». Mais comme certains trucs utilisés par les maîtres en intrusions y ont recours, je m'abstiendrai de qualifier de stupide ce que vous pouvez faire.

Ce chapitre commence par une simple liste de ce qu'il faut ou ne pas faire pour protéger votre ordinateur et votre identité. C'est très important. Même si vous ne comptez pas lire ce chapitre dans son intégralité, lisez et aussi respectez chaque règle énoncée dans la liste.

Quelques règles élémentaires de sécurité Windows

Voici les dix règles que vous devez absolument respecter pour protéger la sécurité de votre ordinateur :

» **Tous les jours, vérifiez que Windows Defender est activé.** Si quelque chose cloche, un « X » rouge apparaît sur le drapeau de Centre de maintenance, en bas de la zone de notification du bureau à côté de l'heure. Pour vérifier l'état de Defender, cliquez sur le bouton Démarrer de Windows 10, et tapez directement **def**. Cliquez alors sur la vignette Centre de sécurité Windows Defender qui apparaît normalement comme premier choix. Si Windows Defender est en cours d’exécution, une encoche verte apparaît, comme illustré à la Figure 12.1.

Figure 12.1

Windows Defender est en cours d’exécution.

Windows Defender est inactif lorsque vous utilisez un autre antivirus ! Pour utiliser Windows Defender, vous devrez soit désinstaller l’antivirus en question, soit en suspendre l’activité.

En fait, Windows devrait vous indiquer si Defender est arrêté soit *via* une notification toast dans le côté droit, soit avec un X rouge sur le drapeau dans le coin inférieur droit du bureau. Mais si vous voulez en être absolument sûr, vérifiez vous-même. Cela ne prend qu’une seconde.

» **Utilisez l’application Microsoft Reader pour lire des fichiers PDF.**

Il suffit de lancer une recherche sur le Net pour trouver moult sites qui en permettent le téléchargement, ou bien d’aller directement à cette adresse : `https://acrobat.adobe.com/fr/fr/products/pdf-reader.html`. Cette application est gratuite.

» **Lancez Windows Defender Hors ligne tous les mois**. Windows Defender Hors ligne analyse les kits de démarrage. Je vous en dis plus dans ce chapitre.

» **Lancez le programme Malwarebytes tous les mois.** Ce programme vous donne un deuxième avis, en pointant vers d’éventuels programmes critiquables que Windows Defender n’a pas indiqués.

» **Supprimez les chaînes de lettre électronique.**

Je suis sûr que vous allez provoquer la foudre des dieux pour le reste de vos jours, mais s'il vous plaît, rendez un service à l'humanité en ne transférant pas de courriers indésirables.

Si vous recevez un message électronique qui semble vraiment super cool, il s'agira sans aucun doute d'un faux, d'une légende urbaine, d'un attrape-nigaud.

» **Soyez à jour dans les correctifs et mises à jour Windows (notamment pour les autres programmes qui tournent sur votre PC).**

» **Consultez régulièrement vos relevés bancaires.**

Je vérifie mes dépenses tous les deux jours et je vous conseille de faire de même.

» Si vous n'avez plus besoin d'un programme, débarrassez-vous-en. Passez par l'outil de désinstallation de Windows. Si vous ne voulez pas le supprimer, utilisez Revo Uninstaller.

» **Changez régulièrement de mot de passe.** Eh oui, encore une de ces choses que tout le monde conseille, mais que personne ne fait.

Et maintenant, voici les dix choses les plus importantes que vous ne devez absolument pas faire pour protéger votre ordinateur :

» **Ne faites jamais confiance aux autres ordinateurs, à moins que vous ayez déjà inspecté vous-même ces ordinateurs.** Même dans ce cas, restez sceptique. Considérez chaque PC étranger comme potentiellement infecté. N'insérez jamais une clé USB dans un ordinateur public sauf si vous êtes prêt à la désinfecter dès votre retour à la maison. Imaginez que tout ce que vous tapez sur un ordinateur public est enregistré et envoyé à un petit génie boutonneux qui aspire à être millionnaire.

» **N'installez pas de nouveaux programmes sauf si vous savez exactement ce que vous faites et que vous avez vérifié que c'est bien une copie légale.**

Même si un scanner en ligne vous signale que vous avez 139 virus installés sur votre machine et moyennant 40 euros, et qu'il s'en débarrassera.

Si vous installez des applications venant de Microsoft Store, vous êtes sauvé ! Mais tout programme que vous installez sur le bureau doit être vérifié dix fois et téléchargé depuis une source fiable (comme `http://www.cnetfrance.fr/` , `http://www.01net.com/telecharger/`, `www.clubic.com`). N'oubliez pas de toujours vous demander si vous en avez vraiment besoin.

» **N'utilisez pas le même mot de passe sur plus de trois sites.** D'accord si vous utilisez le même mot de passe, il doit être différent pour votre messagerie électronique et vos comptes bancaires.

  Je l'avoue. Je réutilise les mêmes mots de passe. Tout le monde le fait. LastPass facilite la création de mots de passe pour tous les sites Web, mais il m'arrive d'être paresseux !

  Les comptes de messagerie électronique sont différents. Si vous réutilisez le même mot de passe sur tous vos comptes électroniques et qu'on parvient à les récupérer, on pourra les craquer, voler votre argent et ternir votre réputation. Reportez-vous à l'encadré « Ne pas utiliser le mot de passe de son adresse électronique ».

» **N'utilisez pas de Wi-Fi dans un espace public sauf si vous allez sur des sites HTPPS ou surfez sur Internet** *via* **un réseau virtuel privé.**

  Si vous ne savez pas ce que c'est HTTPS ou n'avez jamais configuré un VPN, ce n'est pas grave. Vous devez simplement bien comprendre que n'importe qui se connectant au même réseau WIFI que vous peut voir tout ce qui entre ou sort de votre ordinateur.

» **Ne tombez pas dans les pièges des fraudes du type « j'ai été agressé et j'ai besoin de 500 euros » ou tout autre message qui vous demande d'envoyer de l'argent.** Il y a beaucoup d'escrocs et si vous entendez parler de « Western Union » ou de « Mandat postal », fuyez !

» **Ne tapez ni ne cliquez sur un lien dans un message électronique ou dans un document. Prenez le temps d'entrer l'adresse dans votre navigateur Web.** On vous a rebattu les oreilles avec ce conseil, mais c'est la réalité !

» **N'ouvrez pas une pièce jointe dans un message électronique tant que vous n'avez pas contacté la personne qui vous l'a envoyée et vérifié qu'elle vous a délibérément envoyé ce fichier**. Même si elle l'a envoyé intentionnellement, vérifiez si son message est sûr et qu'il ne contient rien d'infectieux.

  Et non, UPS n'envoie jamais de notice de non-livraison dans un fichier ZIP, et non Microsoft n'envoie pas de mise à jour dans une pièce jointe et non le loto ne vous envoie pas en pièce jointe la notification que vous avez bien le ticket gagnant.

» **N'oubliez pas de changer de mot de passe**. Eh oui, encore une chose que tout le monde conseille, mais que personne ne fait. Mais vous devez le faire.

» Ne faites confiance à personne, encore moins aux gens qui vous appellent pour soi-disant résoudre un problème informatique. Les escroqueries à la « X de Microsoft, que puis-je faire pour vous ? » sont légion. Restez sur vos gardes et ne laissez personne entrer dans votre ordinateur, sauf si vous savez de qui il s'agit.

» N'oubliez pas que le plus grand trou de sécurité est entre vos deux oreilles. Servez-vous de votre tête et non de vos doigts avant de taper ou cliquer où que ce soit.

Ne pas utiliser le mot de passe de son adresse électronique

Vous avez un compte Gmail. Vous parcourez un site de petites annonces en ligne et vous vous y inscrivez. Vous êtes paresseux, donc vous utilisez le même mot de passe pour les deux sites.

Un jour, un mois, ou un an plus tard, vous passez une petite annonce sur ce site. Vous devez donner votre adresse électronique. Pas de problème.

La semaine suivante, une personne craque le site de petites annonces et vole toutes les informations concernant les 10 000 comptes. À votre insu, les personnes qui ont créé le site de petites annonces ont stocké les mots de passe et les adresses électroniques de telle manière qu'elles peuvent être craquées.

La personne qui a pénétré le système du site poste son butin sur un site de partage de fichiers obscur et quelques minutes après le crac, des dizaines de personnes vont tester toutes les combinaisons possibles de votre adresse Gmail et mot de passe, en essayant de pénétrer sur des sites de banque, de courtage, PayPal et autres.

S'ils parviennent à un site financier qui nécessite seulement une adresse électronique pour récupérer les informations sur un compte, bingo ! Ils se servent de votre adresse Gmail et demandent un nouveau mot de passe. Ils se connectent ensuite à Gmail et attendent les instructions pour réinitialiser un mot de passe. Trente secondes plus tard, ils sont connectés au site financier.

Et cela arrive tous les jours.

Définir les logiciels malveillants

Même si beaucoup de gens sont familiarisés au mot *virus*, les virus sont une partie du problème, un problème connu sous le nom de logiciel malveillant. Un logiciel malveillant est composé des éléments suivants :

» **Virus**. Un virus informatique est un programme qui se reproduit. C'est tout. Les virus se reproduisent généralement en s'attachant à des fichiers (programmes, documents, classeurs) ou en remplaçant les fichiers « authentiques » du système d'exploitation par des faux. Ils font généralement des copies d'eux-mêmes, s'ils sont exécutés.

Mensonges, encore des mensonges et logiciels malveillants

La criminalité informatique est devenue rentable, avec un peu d'espionnage dans la mesure du possible, mais quand vous lisez les statistiques sur le nombre de nouveaux virus sortis et le coût qu'ils engendrent pour tout monde, prenez ces chiffres avec des pincettes.

Voici ce que vous devez savoir sur l'estimation de ces coûts :

» Il n'y a aucun moyen d'évaluer le « coût » de l'apparition d'un virus. Sachez que les estimations que vous lisez dans la presse ne servent qu'à attirer votre attention. C'est tout.

» Bien que le cyberespionnage industriel se fasse tout le temps, il est très difficile de l'identifier et encore moins de le quantifier. De la même manière que vous ne pouvez pas quantifier le bon vieil espionnage industriel au jour le jour.

» Au lieu de balancer des chiffres sans réelle signification, il faudrait plutôt tenir compte du nombre de personnes et d'entreprises confrontées aux cyberescrocs qui doivent alors nettoyer leur ordinateur. Une centaine de milliers de codes de carte bancaire dérobés ne fera pas perdre beaucoup d'argent, mais provoquera certainement un tas de pagaille pour les victimes.

Même si les principaux éditeurs de logiciels antivirus publient des fichiers antivirus qui identifient des dizaines de millions de signatures, quasi toutes les infections sont le fait d'une poignée de virus. La menace est réelle, mais quelque peu exagérée.

Peut-être croyez-vous que les virus détruisent des fichiers ou font planter des programmes ou font de gros dégâts. Certains le font. Mais la plupart ne le font pas. Les virus semblent bizarres, mais ils ne le sont pas. Ils sont en général de ridicules bugs qui ne sont pas si sauvages.

» **Les chevaux de Troie** peuvent ou ne peuvent pas se produire, mais nécessitent que l'utilisateur fasse toujours une manipulation qui les déclenche. De nos jours, les chevaux de Troie prennent la forme de programmes téléchargés depuis Internet ou de pièce jointe dans un message électronique ou encore de programmes qui peuvent s'installer tout seuls depuis Internet ; vous tapez ou cliquez sur une pièce jointe, pensant ouvrir une image ou un document, mais vous avez en fait installé un programme qui va mettre le bazar dans votre ordinateur, souvent en envoyant une quantité indénombrable de messages, tous sous forme de pièces jointes infectées sans que vous ne le sachiez ni le vouliez.

» **Les vers** passent d'un ordinateur à l'autre *via* un réseau. Les pires se reproduisent très vite en faisant des copies d'eux-mêmes sur Internet, tirant parti des failles dans les systèmes d'exploitation (trop souvent celles de Windows).

Certains logiciels malveillants peuvent porter de *mauvaises charges utiles* (payload) qui sèment la destruction sur votre système, mais les pires d'entre eux provoquent plus de dégâts en saturant le réseau (parfois en ralentissant Internet lui-même) et en transformant vos ordinateurs en zombies, souvent surnommés bots qui peuvent être utilisés à distance.

Le type de logiciel malveillant qui a le plus de succès actuellement sont les kits de démarrage, des programmes qui échappent à toute détection en se connectant furtivement à Windows de diverses manières. Certaines entreprises de renom (Sony) ont recouru à la technologie des kits de démarrage pour leur propre profit. Ces kits de démarrage sont extrêmement difficiles à détecter et même à vider. Windows Defender Hors ligne, présenté plus loin dans ce chapitre, est votre meilleure arme pour éradiquer ces bestioles.

Toutes ces définitions sont très académiques et perdent de leur pertinence à mesure que la tendance évolue en logiciel malveillant à menace mixte. Les menaces mixtes comportent des éléments de trois types de logiciels malveillants et plus encore. Le must du must des virus à succès dont on parle dans la presse telle que Rustock, Aleuron et ainsi de suite sont en réalité des logiciels malveillants à menace mixte. Ils sont loin des vieux virus démodés.

Rechercher des kits de démarrage avec Windows Defender Hors ligne

Windows Defender Hors ligne (WDO) fouille votre disque dur à la recherche de kits de démarrage et les supprime. Il occupe une place centrale dans votre boîte à malice. Il fonctionne sous Windows 10, et est capable d'attraper un grand nombre varié de bestioles qui échappent aux détections *via* les méthodes traditionnelles.

Windows Defender Hors ligne est utile dans deux cas très différents :

» **Windows ne démarre pas. Vous passez par le CD WDO ou la clé USB et faites rechercher à WDO un logiciel malveillant.**

» **Vous pensez avoir un kit de démarrage, ou par simple curiosité, vous lancez WDO pour rechercher dans votre système les différents types de kits de démarrage et les supprimer.**

Sachez que WDO *n'est pas* une application Microsoft. Il n'utilise pas la copie de Windows installée sur votre PC. Il est complètement indépendant : quand vous démarrez *via* le CD WDO ou la clé USB WDO, WDO analyse votre système sans interférer avec la copie installée de Windows.

Pour trouver un kit de démarrage, un *détecteur de kit de démarrage* le fait quand Windows n'est pas en cours d'utilisation. Si le détecteur est lancé sur Windows, il ne sera pas capable de voir ce qui se passe dans les coulisses et ne sera pas en mesure de rechercher des kits de démarrage.

Pour utiliser WDO, vérifiez que vous avez un CD ou un DVD vierge ou une clé USB ayant au moins 250 Mo d'espace libre. Suivez ensuite les étapes ci-dessous :

1. **Vous devez connaître le numéro de la version de Windows (32 ou 64 bits) que vous avez installée sur l'ordinateur qui va être analysé.**

   Si vous ne savez pas si votre PC exécute la version de Windows 32 ou 64 bits de Windows 10, procédez comme ceci :

   a. Cliquez sur le bouton Démarrer, puis sur Paramètres.

   b. Dans la fenêtre Paramètres, cliquez sur Système comme à la Figure 12.2.

   c. Dans le volet gauche de la fenêtre Système, cliquez sur Informations système.

Figure 12.2

Cliquez sur l'icône Système des Paramètres de Windows 10.

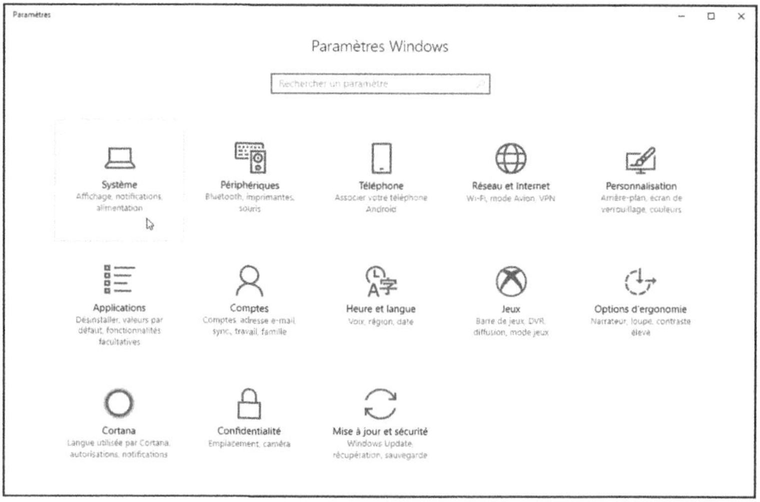

Il suffit alors de consulter les informations de la rubrique Type de système du volet droit. La Figure 12.3 montre que ce PC fonctionne avec une version 64 bits de Windows 10.

Figure 12.3

La fenêtre Système indique quelle version de Windows vous avez (32 ou 64 bits).

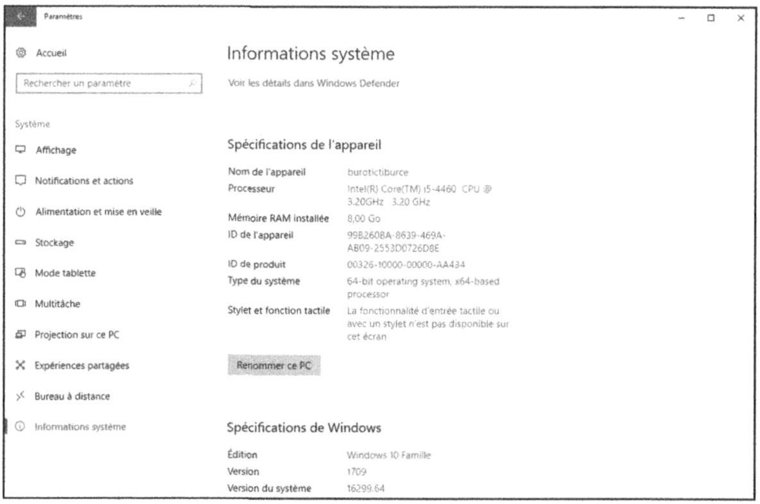

N'importe quel ordinateur Windows convient pour effectuer les étapes suivantes, pas besoin d'utiliser l'ordinateur qui va être analysé.

Pour créer un CD ou DVD pour démarrer WDO, il vous faut une machine qui a un graveur de CD ou DVD. Pour créer une clé USB redémarrable, l'ordinateur doit avoir un port USB.

2. Allez sur le site Windows Defender Hors ligne, cliquez dessus et téléchargez la version 32 ou 64 bits, tout dépend du système que vous voulez analyser.

Le site WDO se trouve à l'adresse `https://support.microsoft.com/fr-fr/help/17466/windows-defender-offline-help-protect-my-pc`.

La page d'accueil apparaît comme illustrée à la Figure 12.4.

Figure 12.4

Sacrifier un CD, un DVD ou une clé USB pour enregistrer le programme de démarrage WDO.

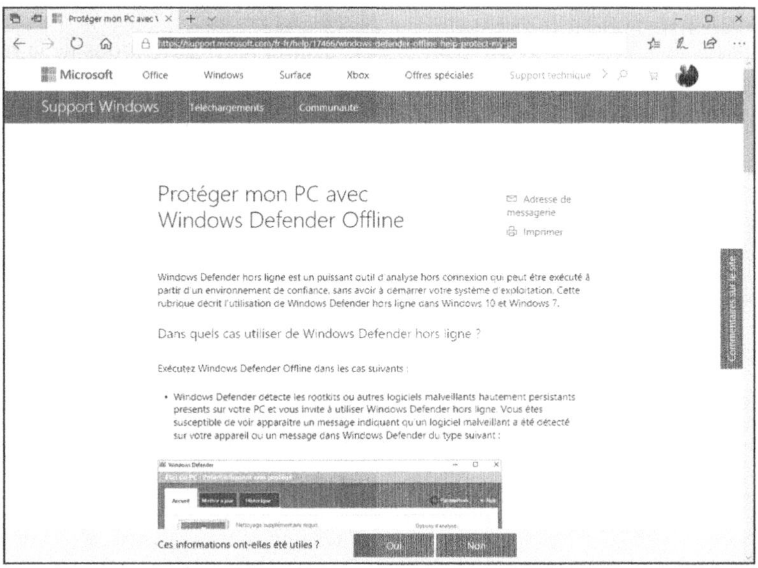

3. Faites défiler, si nécessaire, le contenu de la page et cliquez sur le bouton de téléchargement correspondant à la version 32 ou 64 bits de votre version de Windows.

4. Une fois le fichier téléchargé, double-cliquez dessus.

Cette action lance la procédure d'utilisation de cette application.

5. **Cliquez sur Suivant, acceptez les paramètres par défaut, choisissez l'option du support : CD, DVD, lecteur flash USB, ou fichier ISO, et tapez ou cliquez ensuite sur Suivant.**

   L'option fichier ISO s'adresse essentiellement aux utilisateurs qui vont exécuter WDO sur des machines qui peuvent démarrer depuis un fichier ISO, ce qui généralement revient à désigner une machine virtuelle.

   Si vous créez un lecteur flash USB, prenez garde que l'installateur n'efface pas tout son contenu.

   L'installateur télécharge la dernière version du logiciel et les fichiers signatures (environ 210 Mo pour la version 32 bits et 230 Mo pour la version 64 bits), il crée ensuite le disque de démarrage ou le fichier ISO.

6. **Avec le CD, DVD, ou la clé USB de démarrage correctement inséré, démarrez le PC que vous comptez analyser depuis le périphérique.**

   Si vous n'avez jamais démarré une machine depuis un CD ou une clé USB, et ne savez pas comment faire faire le travail au BIOS, Microsoft donne quelques conseils à l'adresse suivante : `http://windows.microsoft.com/fr-be/windows/windows-defender-hors ligne-faq`.

7. **Choisissez ensuite le lecteur à utiliser.**

   Vérifiez, par exemple, qu'une clé USB est bien insérée dans un des ports de votre ordinateur, et choisissez-la dans le menu local de la boîte de dialogue.

   L'identification se fait par la lettre assignée au lecteur par Windows 10. Si vous avez un doute, ouvrez l'Explorateur de fichiers, et cliquez sur Ce PC dans le volet de navigation. Vous identifierez alors la lettre du lecteur amovible (clé USB) dans le volet de droite.

8. **Une fois le lecteur choisi, cliquez sur Suivant.**

   Windows Defender Hors ligne vous indique alors que le lecteur va être formaté. Vérifiez qu'il ne contient pas de données que vous n'auriez pas sauvegardées par ailleurs.

9. **Cliquez sur Suivant.**

   La création du lecteur flash de démarrage commence, comme le montre la Figure 12.5.

Figure 12.5

Windows Defender Hors ligne crée le lecteur de démarrage.

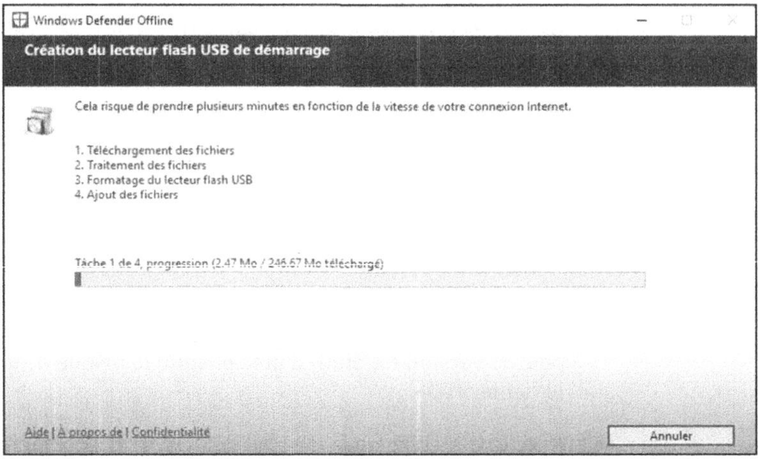

Cette procédure est longue, car Windows dit télécharger de nombreux fichiers, les traiter, puis les ajouter sur la clé. Suivez son évolution dans la barre de progression de cet utilitaire.

⑩ **Une fois la clé de démarrage créée, cliquez sur Terminer.**

Votre clé USB est alors identifiée sous le nom de WDO_MEDIA32 ou WDO_MEDIA64 selon que vous travaillez sous la version 32 ou 64 bits de Windows 10.

Comment marche Windows Defender ?

Windows Defender dans Windows 10 est un programme anti-logiciel malveillant pleinement fonctionnel, très efficace, rapide qui marche très bien. Vous n'avez aucune raison de dépenser de l'argent pour acheter un autre logiciel. Vous avez sous la main le meilleur programme prêt à l'emploi dans Windows 10.

Windows Defender de Windows 10 est construit sur les bases de Microsoft Security Essentials qui m'émerveillent depuis des années. Il intègre tous les éléments de MSE (donc inutile d'installer Microsoft Security Essentials sur une machine Win10) agrémenté de nouvelles fonctionnalités, dont la capacité de travailler avec le nouveau système de démarrage UEFI pour valider les systèmes d'exploitation sécurisés.

Déchiffrer les énigmatiques avertissements du navigateur

Un dernier truc qui peut vous aider à surmonter un éventuel accident en ligne : chaque navigateur a des formules bien subtiles pour vous signaler un problème. Je ne parle pas ici du gigantesque message d'avertissement « Attention : site d'hameçonnage suspecté ou sites frauduleux ». Ils sont supposés vous taper à l'œil et ça marche.

Je parle en fait de ces charmantes indications que chaque navigateur affiche pour signaler quelque chose d'étrange sur un le site que vous consultez. Généralement, lorsque vous êtes sur une page sécurisée, c'est-à-dire que ce qui est entre votre ordinateur et le site Web est crypté, vous voyez un cadenas. Ce simple petit cadenas a un peu grandi afin que vous puissiez détecter d'un coup d'œil un site sécurisé (ou non).

Microsoft Edge communique des informations sur la sécurité du site par un clic sur l'icône du cadenas, comme à la Figure 12.6, d'une autre façon d'éventuels problèmes. Il a aussi une icône de cadenas qui fonctionne de la même manière que celles dans Chrome ou Firefox, comme représentée à la Figure 12.6.

Qu'est-ce qu'une validation étendue ?

Les entreprises paient pour obtenir un certificat sécurisé et doivent l'utiliser correctement sur leur site avant que les principaux navigateurs n'affichent un cadenas.

Malheureusement, depuis quelques années, des problèmes de faux certificats ou certificats volés ou encore d'autres douteux sont apparus. Ce problème est en partie dû à ce que n'importe qui peut obtenir un certificat de sécurité de site Web. Il y a plusieurs années, il n'y avait que deux personnes chargées du certificat de sécurité de microsoft.com. Ils baratinaient un peu pour avoir un certificat.

Depuis avril 2008, un deuxième niveau de certification, certificat à validation étendue, a été mis en place. Pour acheter un certificat VE, une société ou un particulier demandant un certificat doit passer toute une série de démarches comme établir son identité civile, sa localisation physique, et prouver qu'ils sont bien propriétaires du nom de domaine pour lequel ils demandent la certification.

Les certificats VE ne sont pas infaillibles, mais ils sont plus dignes de confiance que les certificats réguliers.

Figure 12.6

Edge affiche des informations sur la sécurité du site. Tapez ou cliquez sur l'icône du cadenas.

Cadenas d'informations sur la sécurité

Les icônes de cadenas dans la version bureau d'Internet Explorer sont :

» **L'absence de cadenas signifie que la connexion n'est pas sécurisée.**

» **Un cadenas gris correspond à une sécurité standard.**

» **Un cadenas gris avec un clignotant vert dans la barre d'adresse correspond aux sites à validation étendue (voir l'encadré « Qu'est-ce qu'une validation étendue ? »)**

Chapitre 13

Utiliser les programmes de sécurité intégrés

DANS CE CHAPITRE

Personnaliser les paramètres de Windows Defender

Copier avec SmartScreen

Travailler avec UEFI et le démarrage sécurisé

Contrôler le Contrôle de compte d'utilisateur

Comprendre le pare-feu Windows

Windows 10 comprend toute une série de programmes de sécurité dont un très facile à utiliser.

Dans ce chapitre, vous allez découvrir tout ce qu'offrent ces programmes que sont Windows Defender, SmartScreen, UEFI (ne vous fiez pas à son nom), le Contrôle de compte d'utilisateur et le pare-feu Windows. Même si vous ne souhaitez rien changer, sachez au moins à quoi ils servent. Vous aurez une vision de l'ensemble de ces programmes. Avec un peu de chance, vous aurez aussi une meilleure idée de ce qui tourne mal et comment le régler.

Windows Defender

Rapide, pleinement fonctionnel et gratuit, Windows Defender a reçu les louanges des experts et les huées des concurrents. La version fournit avec la mise à jour Fall Creator Update de Windows 10 en fait une application totalement intégrée au système d'exploitation.

Si vous avez déjà mis en place un système de sécurité avec une suite logicielle chère vous demandant ou extorquant encore plus d'argent ou que vous vous êtes démené avec une suite logicielle AV (antivirus) gratuite pour installer ici une petite barre d'outils et là un programme amusant de surveillance, et que l'on vous demande de l'argent, vous êtes prêt à changer pour quelque chose venant d'une source inattendue...

Windows Defender prend le relais de ces antivirus et anti-espions et se charge de la détection des bots et de fonctionnalités anti-kits de démarrage. Dans des tests indépendants, Microsoft a obtenu de très bons scores dans la détection et la suppression pour Windows Defender (ainsi que pour son cousin Microsoft Security Essentials).

Windows Defender effectue des analyses régulières et surveille les logiciels malveillants en temps réel. Il examine de près les pièces jointes dans les courriers électroniques, les téléchargements, supprime ou met en quarantaine à votre demande et en général fait tout ce que vous êtes en droit d'attendre d'un produit antivirus/anti-logiciel malveillant/ et/ ou anti-kit de démarrage.

Windows Defender a cela de merveilleux : il marche bien. Vous n'avez rien à faire, peut-être vérifiez de temps en temps qu'il n'a pas été désactivé par mégarde (ou par malveillance). Pour accéder à Windows Defender, cliquez sur le bouton Démarrer puis sur l'icône Paramètres (engrenage). Dans la fenêtre des Paramètres Windows, cliquez sur Mise à jour et sécurité. Dans la fenêtre Windows Update, cliquez sur Windows Defender dans la colonne de gauche. Enfin, cliquez sur le bouton Ouvrir le centre de sécurité Windows Defender.

Une autre technique consiste à ouvrir le menu local de la Zone de notification par un clic sur le petit chevron dirigé vers le haut. Dans le menu local qui s'affiche, faites un clic droit sur l'icône de Windows Defender et, dans le menu contextuel qui s'affiche, exécutez la commande Ouvrir.

Windows Defender apparaît dans toute sa splendeur, comme sur la Figure 13.1.

Pour utiliser Windows Defender, voici quelques recommandations dont vous devez tenir compte :

» **C'est une très mauvaise idée d'exécuter deux antivirus en même temps. Windows Defender n'échappe pas à cette règle. Si un deuxième antivirus est en cours d'exécution sur votre machine, Windows Defender ne sera pas opérationnel.**

  Si vous n'aimez pas votre antivirus et que vous ne voulez pas continuer de payer, payer, et encore payer les nouvelles options, passez par Supprimer les programmes pour vous en débarrasser. Redémarrez votre machine et réactivez Windows Defender.

» **Windows Defender se met à jour tout seul, que vous ayez activé ou non les mises à jour automatiques Windows ou Microsoft.**

  Windows Defender se met à jour en même temps que Windows. Donc si vous programmez une mise à jour quotidienne, Windows

Figure 13.1

Windows Defender.

Defender sera quotidiennement mis à jour si, bien entendu, des mises à jour sont disponibles. Si vous souhaitez forcer cette mise à jour, accédez à Windows Defender comme indiqué ci-dessus. Ensuite, cliquez sur Protection contre les virus et les menaces. Dans les options qui s'affichent, cliquez sur Mises à jour de la protection comme sur la Figure 13.2, et cliquez sur le bouton Rechercher les mises à jour.

» La protection en temps réel grignote la confidentialité. Supposez que Windows Defender (ou tout autre produit antivirus) détecte un fichier de recherche suspect qui ne figure pas dans sa liste. Pour récupérer les toutes dernières informations sur ce fichier suspect, Windows Defender doit contacter la maison mère Microsoft, lui faire parvenir des éléments révélateurs concernant ce fichier suspect et lui demander s'il y a du nouveau. Vous pouvez désactiver l'option protection en temps réel, mais dans ce cas, vous ne saurez pas s'il y a un tout récent virus et les toutes dernières infos sur ce virus. Et certains virus se propagent très vite.

Paramétrer Windows Defender

Contrairement à de nombreux autres antivirus, Windows Defender propose de merveilleuses petites options que vous pouvez ou non activer. Voici comment :

Figure 13.2

Forcer la mise à jour de Windows Defender.

1. **Cliquez sur le bouton Démarrer, puis sur l'icône Paramètres (engrenage).**

2. **Dans la fenêtre Paramètres Windows, cliquez sur Mise à jour et sécurité.**

3. **Dans le volet gauche, cliquez sur Windows Defender, puis sur le bouton Ouvrir le Centre de sécurité Windows Defender.**

Vous pouvez également cliquer dans le champ Taper ici pour rechercher de Cortana, puis saisissez **def**, et cliquez sur **Centre de sécurité Windows Defender** dans la liste des résultats.

L'écran principal de Windows Defender apparaît, comme illustré à la Figure 13.1 au début de ce chapitre.

2. **Cliquez sur le bouton Paramètres (engrenage) en bas à gauche.**

3. **Cliquez sur le lien Paramètres de protection contre les virus.**

Vous accédez aux options illustrées sur la Figure 13.3.

4. **Activez-y ou non la protection en temps réel et la protection dans le Cloud.**

Figure 13.3

Les paramètres de Windows Defender.

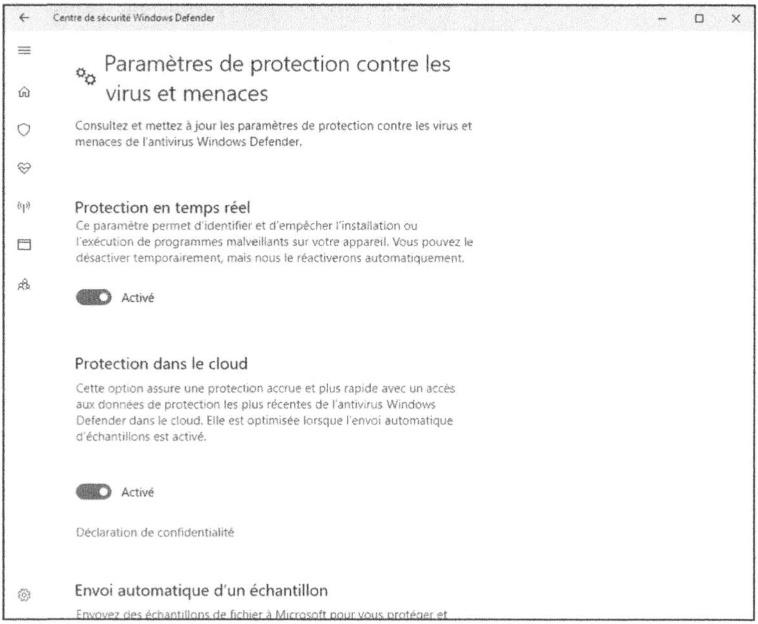

5. **Décidez ou non d'envoyer des échantillons de vos fichiers à Microsoft.**

   Accepter cet envoi revient à envoyer des données d'activité personnelle. À vous de savoir ce qui est le plus important : la protection de vos données personnelles ou celle de Windows.

   Les modifications prennent immédiatement effet.

Exécuter Windows Defender manuellement

Windows Defender s'exécute automatiquement, mais vous pouvez aussi déclencher une analyse si quelque chose vous inquiète. Voici comment :

1. **Cliquez sur le bouton Démarrer, et tapez directement** def. **Cliquez ensuite sur l'icône Centre de sécurité Windows Defender.**

   L'écran principal de Windows Defender apparaît.

2. **Cliquez sur Protection contre les virus et les attaques.**

❸ **Pour exécuter une analyse rapide, cliquez directement sur le bouton Analyse rapide.**

❹ **Pour exécuter une analyse plus profonde, cliquez sur le lien Analyse avancée.**

❺ **Dans les options illustrées à la Figure 13.4, choisissez entre une analyse complète, personnalisée, ou hors ligne.**

Figure 13.4

Choisissez le type d'analyse à effectuer.

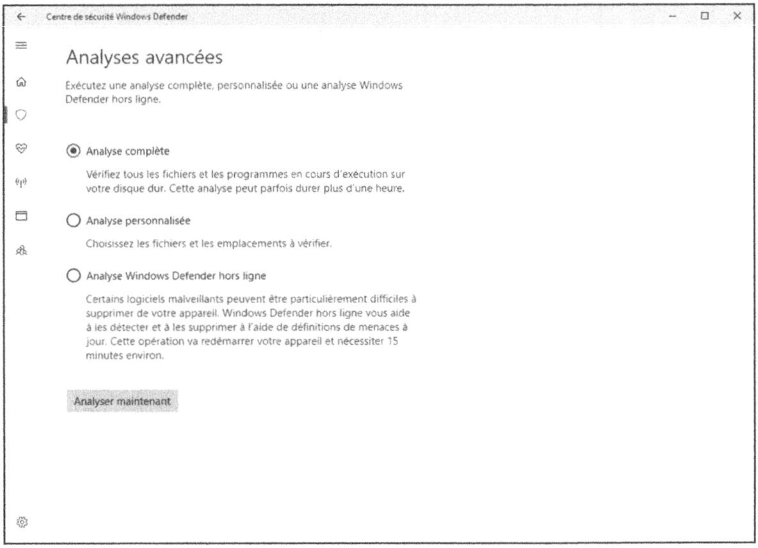

❻ **Cliquez sur le bouton Analyser maintenant.**

De temps à autre, Windows Defender signale des fichiers infectés et vous demande de décider de leur sort. Les options semblent assez réduites. Dans la plupart des cas, Windows Defender met en quarantaine les fichiers dangereux, les met dans un emplacement où vous ne les trouverez pas par hasard et se contente de les garder. Vous en serez rarement informé (même si une notification toast peut apparaître dans le coin inférieur droit de l'écran), le fichier aura simplement disparu de l'emplacement où il ne devait pas être.

Si vous venez de télécharger un fichier et qu'il a disparu, cela signifie qu'il est sans doute infecté et que Windows Defender l'a mis à l'abri et vous pourrez le trouver uniquement dans par un clic sur Historique d'analyse dans la Protection contre les virus et les menaces de Windows Defender.

Évaluer SmartScreen

Avez-vous déjà téléchargé un programme d'Internet, cliqué pour l'installer puis quelques secondes plus tard vous être demandé pourquoi vous l'avez fait ?

Microsoft a publié une technique intéressante qu'il appelle SmartScreen. SmartScreen vous permet de changer d'avis quand vous êtes en train d'installer un logiciel qui a reçu les foudres d'autres utilisateurs de Windows.

Une partie de SmartScreen travaille en collaboration avec Windows Defender. Il m'est arrivé de voir apparaître une notification de Windows Defender concernant un fichier infecté et plus tard le même fichier faire afficher un message d'avertissement.

Si vous tapez ou cliquez sur le lien Plus d'informations, Windows affiche le nom de fichier et l'éditeur (s'il est identifiable) et propose une option pour exécuter le programme. Si vous ne le faites pas, il mettra ce programme au même emplacement où Windows Defender met les programmes en quarantaine, là où vous ne pouvez pas le trouver sans passer par l'Historique d'analyse de Windows Defender.

Une autre partie de SmartScreen fonctionne complètement autrement, un peu comme cela :

1. Vous téléchargez quelque chose, n'importe quoi, depuis Internet.

   La plupart des navigateurs et des programmes de messagerie électronique et autres services en ligne (dont les messageries instantanées) placent une « marque » sur le fichier qui indique sa provenance.

2. Quand vous ouvrez le fichier, Windows vérifie le nom du fichier et l'URL d'origine dans une liste blanche « de confiance ».

3. Si le fichier n'est pas acceptable, une notification apparaît.

4. Plus d'utilisateurs installeront le programme de ce site, plus le programme sera de « confiance ».

   Encore une fois, Microsoft recueille des informations sur votre système, dans ce cas, sur vos téléchargements, mais c'est pour la bonne cause.

Quand vous installez Windows 10, vous pouvez désactiver SmartScreen. Normalement, neutraliser SmartScreen nécessite l'accord de l'administrateur des comptes utilisateurs. Vous pouvez aussi le modifier. Voici comment :

1. **Ouvrez rapidement le Centre de sécurité Windows Defender soit en tapant directement** def **dans le champ Taper ici pour rechercher de Cortana, soit en cliquant droit sur l'icône de Windows Defender dans la Zone de notification et en exécutant la commande Ouvrir du menu contextuel.**
2. **Dans le Centre de sécurité Windows Defender, cliquez sur Contrôle des applications et du navigateur.**
3. **Dans la section Vérifier les applications et les fichiers, cliquez sur le bouton radio Désactivé comme à la Figure 13.5.**

   Si vous avez désactivé SmartScreen, vous verrez apparaître dans la zone de notification la réaction quasi immédiate du système vous avertissant que SmartScreen a été désactivé.

Figure 13.5

Pour activer ou désactiver SmartScreen.

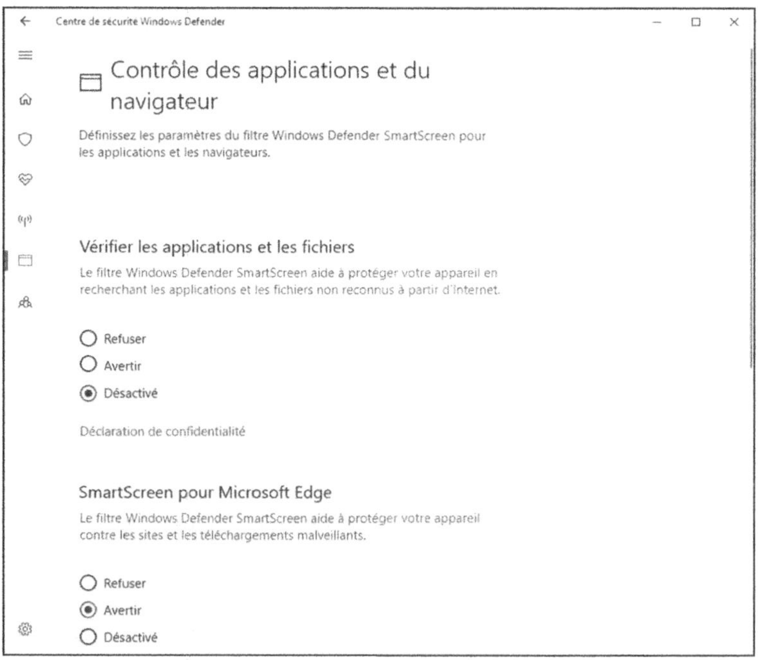

Il est également possible d'activer et de désactiver SmartScreen dans Microsoft Edge de la manière suivante :

1. **Démarrez Edge par un clic sur son icône de la barre des tâches.**
2. **Cliquez sur l'icône des trois petits points (en haut à droite), puis sur Paramètres.**
3. **Faites défiler le contenu du volet Paramètres, et choisissez Afficher les paramètres avancés.**
4. **En bas des paramètres avancés, cliquez sur le bouton d'activation/désactivation de l'option Me protéger contre les sites et téléchargements malveillants avec Windows Defender Smartscreen, comme sur la Figure 13.6.**

Figure 13.6

Pour activer/désactiver SmartScreen pour Microsoft Edge.

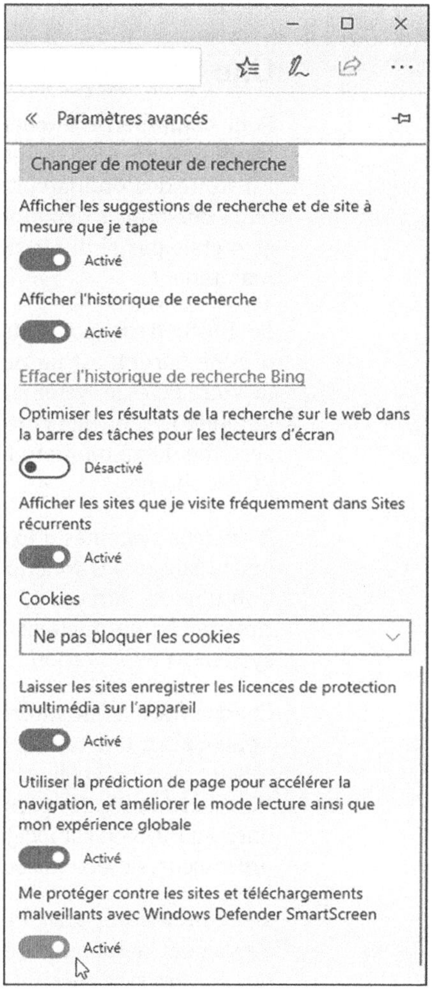

Démarrer en sécurité avec UEFI

Si vous avez déjà du mal avec le BIOS de votre ordinateur, vous savez que le BIOS aurait dû être envoyé au banc de touche depuis une dizaine d'années.

Windows 8 avait donné un coup de pied dans l'industrie et la génération BIOS en proposant une alternative plus efficace, mais controversée, UEFI (Unified Extensible Firmware Interface). Même si les machines UEFI à l'époque de Windows 7 étaient inutilisables, avec Windows 8 toutes les nouvelles machines avec l'autocollant Windows 8 doivent exécuter UEFI. Cela fait partie des conditions de la licence. C'est le début d'un nouveau monde auquel la version 10 de Windows ne veut pas échapper.

Une brève histoire du BIOS

Pour comprendre le chemin qu'a pris Windows, il faut en connaître l'origine. Et le BIOS qui était à l'intérieur des ordinateurs englobe toute l'histoire de l'ordinateur personnel. Le BIOS est le locataire des ordinateurs personnels depuis 30 ans. Le tout premier PC IBM avait un BIOS et n'était pas si différent du mystérieux locataire que vous dénigrez maintenant.

Le BIOS, *Basic Input/Output System* (en français *système élémentaire d'entrée/sortie*), est un programme qui établit le lien entre le matériel de votre PC et le système d'exploitation pour faire démarrer ce dernier, ici Windows, et finalement sert à céder le contrôle de l'ordinateur au système d'exploitation. Le BIOS s'exécute automatiquement quand le PC est allumé.

D'anciens systèmes d'exploitation, comme DOS, dépendaient du BIOS pour réaliser des fonctions d'entrée/sortie. Des systèmes d'exploitation plus modernes, dont Windows, ont leurs propres pilotes de périphériques qui rendent le contrôle du BIOS obsolète, une fois que le système d'exploitation est en cours d'exécution.

Chaque BIOS a une interface utilisateur qui ressemble à la Figure 13.7. Appuyez sur une touche pendant que le BIOS démarre et à l'aide d'un obscur raccourci clavier, vous prenez le contrôle du matériel de votre PC, sélectionnez des périphériques de démarrage (autrement dit, indiquez au BIOS où est localisé le système d'exploitation), surcadencez le processeur, désactivez ou réorganisez les disques durs, *etc.*

Votre ordinateur actuel peut avoir ou ne pas avoir UEFI, et même s'il l'a, il peut ne pas être capable de l'utiliser. Windows 10 ne s'exécute que sur des systèmes BIOS, ce qui vous protège mieux, notamment des kits de démarrage, si votre PC prend en charge UEFI.

En quoi UEFI est différent/meilleur du/que le BIOS ?

Le BIOS présente toutes sortes de problèmes, notamment sa sensibilité au logiciel malveillant. Des kits de démarrage réussissent à accéder à la

Figure 13.7

L'utilitaire de configuration du BIOS.

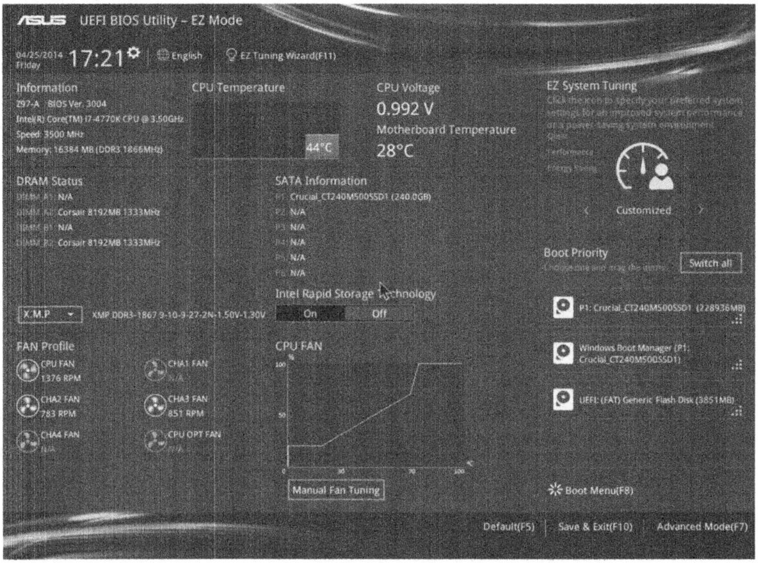

première partie du processus de démarrage leur permettant de s'exécuter dans les coulisses de Windows et pour le BIOS, c'est son énorme point faible.

UEFI et le BIOS peuvent coexister : UEFI peut s'exécuter sur le haut du BIOS, accédant à l'emplacement du programme où le système d'exploitation peut faire appel au BIOS, essentiellement en s'emparant de toutes les fonctions du BIOS une fois que UEFI est en marche. UEFI peut aussi s'exécuter sans BIOS, en s'occupant de toutes les fonctions d'exécution. La seule chose qu'UEFI ne peut pas faire est d'effectuer le test d'allumage ou d'exécuter la configuration initiale. Les PC équipés d'UEFI sans BIOS doivent séparer les programmes d'allumage et de configuration qui s'exécutent automatiquement à la mise en marche de l'ordinateur.

Contrairement au BIOS, qui réside à l'intérieur d'une puce sur la carte mère de l'ordinateur, UEFI peut loger sur un disque, comme n'importe quel autre programme ou dans la mémoire non volatile d'une carte mère ou même sur un réseau partagé.

UEFI ressemble énormément à un système d'exploitation qui s'exécute avant le lancement du système d'exploitation final. Il a accès à tout le matériel du PC, y compris la souris et les connexions réseau. Il peut aussi utiliser la carte vidéo et l'écran. Enfin, il a accès à l'Internet. Si vous avez déjà modifié les paramètres du BIOS, vous savez que vous entrez dans une toute nouvelle dimension.

Le BIOS, tout le processus autour du BIOS, y compris l'allumage, met beaucoup de temps. UEFI, au contraire, est assez rapide. Le programme BIOS lui-même est assez facile à désassembler et est dépourvu de protection interne. Lors d'une attaque malveillante, il constitue une cible facile. UEFI peut s'exécuter dans n'importe quelle attaquante malveillante dont s'ingénieront tous les inventeurs.

Le double système d'amorçage dans l'ancien monde nécessitait la transmission d'un encombrant programme texte ; dans le nouveau monde, il est plus simple, plus visuel et est contrôlé par la souris ou le toucher.

Plus précisément, UEFI peut contrôler les systèmes d'exploitation avant de les charger, ce qui pourrait bien compliquer la vie des auteurs de kit de démarrage, en empêchant par l'exemple l'exécution d'un système d'exploitation à moins d'avoir une signature de sécurité numérique propre. Windows Defender peut travailler avec UEFI pour valider le système d'exploitation avant son chargement. Et c'est là que commence la controverse.

Comment Windows 10 utilise-t-il UEFI ?

L'option démarrage sécurisé UEFI valide des programmes avant d'autoriser leur exécution. Si le démarrage sécurisé est activé, les chargeurs du système d'exploitation ont été « signés » par un certificat numérique. Si vous voulez un système à double démarrage Windows 10 et Linux, Linux doit avoir un certificat numérique, ce que les programmes Linux n'ont jamais requis auparavant.

UEFI valide la clé numérique, puis fait appel à Windows Defender pour vérifier le certificat du chargeur du système d'exploitation. Windows Defender (ou tout autre programme de sécurité) lance une recherche sur Internet pour vérifier si UEFI sait exécuter un système d'exploitation qui a un certificat.

Par conséquent et en substance dans un système à double démarrage, c'est Windows Defender qui décide si un système d'exploitation va être chargé sur la machine où est activé le démarrage sécurisé.

Si votre PC a l'option démarrage sécurisé UEFI et que vous souhaitez démarrer un système d'exploitation qui n'a pas une signature numérique approuvée par Microsoft, vous avez deux options :

» **Désactivez le démarrage sécurisé.**

» **Ajoutez une clé à la routine de validation UEFI, qui notamment autorisera le chargement de ce système d'exploitation sans signature.**

Contrôler le Contrôle de compte d'utilisateur

Le Contrôle de compte d'utilisateur est un peu casse-pieds. Si vous installez un programme qui apporte des modifications au niveau du système, vous verrez la détestable invite de la Figure 13.8.

Figure 13.8

Le Contrôle de compte d'utilisateur empêche les problèmes.

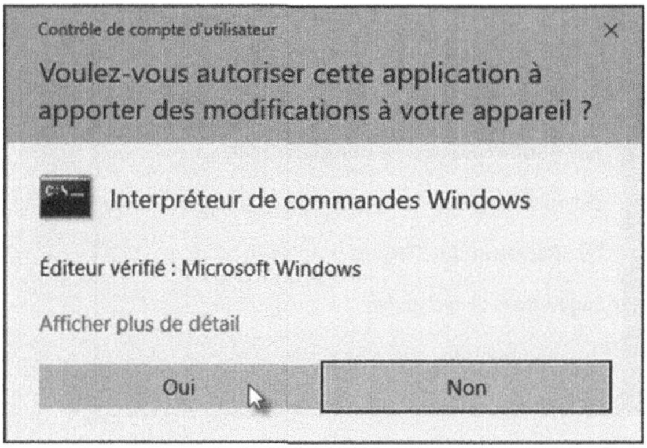

La boîte de dialogue d'autorisation apparaît au premier plan pour vous inviter à répondre.

La boîte de dialogue du Contrôle de compte d'utilisateur attire votre attention pour une bonne raison : elle vous signale que le programme peut modifier votre système, et pas des modifications du type modifier un document ou ouvrir une image, mais des modifications très importantes comme modifier le Registre ou fouiller les dossiers système.

Si vous accédez aux dossiers système ou si ouvrez l'éditeur du registre et que vous faites quelques modifications avec les clés du Registre, le

Contrôle de compte d'utilisateur suppose que vous savez ce que vous faites et vous laisse vous débrouiller tout seul. Mais si un programme essaie de faire la même chose, Windows vous en avertit en signalant que le programme peut être potentiellement dangereux.

Vous pouvez personnaliser les paramètres du Contrôle de compte d'utilisateur. Voici comment faire :

1. *Via* **le compte d'administrateur, cliquez dans le champ Taper ici pour rechercher de Cortana, et saisissez Panneau de configuration (Figure 13.9).**

Figure 13.9

Pour paramétrer le contrôle de compte d'utilisateur.

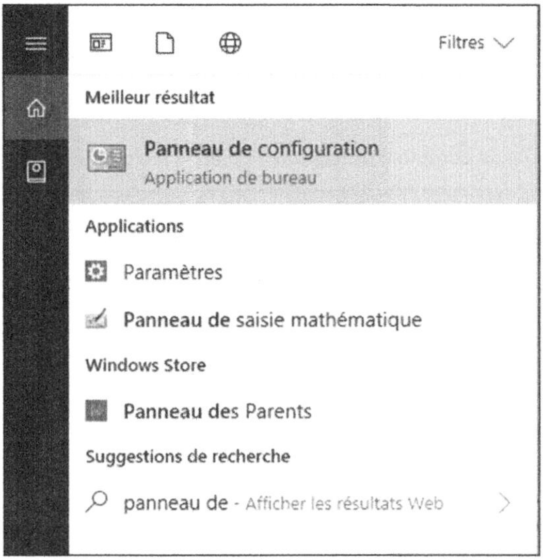

2. **Dans le Panneau de configuration, cliquez sur Comptes d'utilisateurs, puis de nouveau sur Comptes d'utilisateur.**

3. **Dans la boîte de dialogue qui apparaît, cliquez sur le lien Modifier les paramètres de contrôle du compte d'utilisateur, comme à la Figure 13.10.**

   La boîte de dialogue Paramètres de Contrôle de compte d'utilisateur apparaît, comme illustrée à la Figure 13.11.

4. **Déplacez le curseur à la lumière des conseils du Tableau 13.1, puis tapez ou cliquez sur OK.**

Figure 13.10

Pour modifier le contrôle.

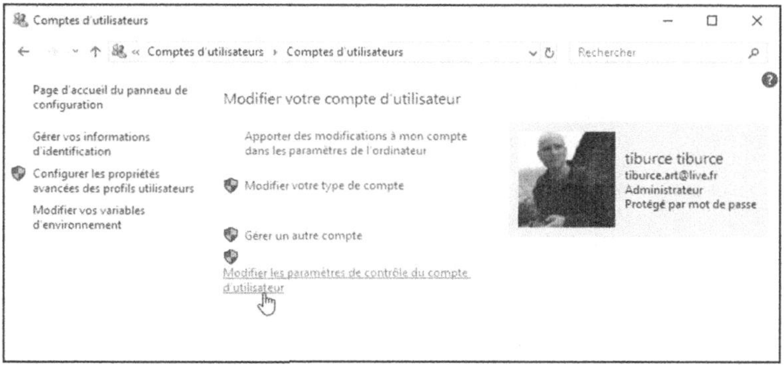

Figure 13.11

Windows vous permet de définir le niveau d'intrusion du Contrôle de compte d'utilisateur.

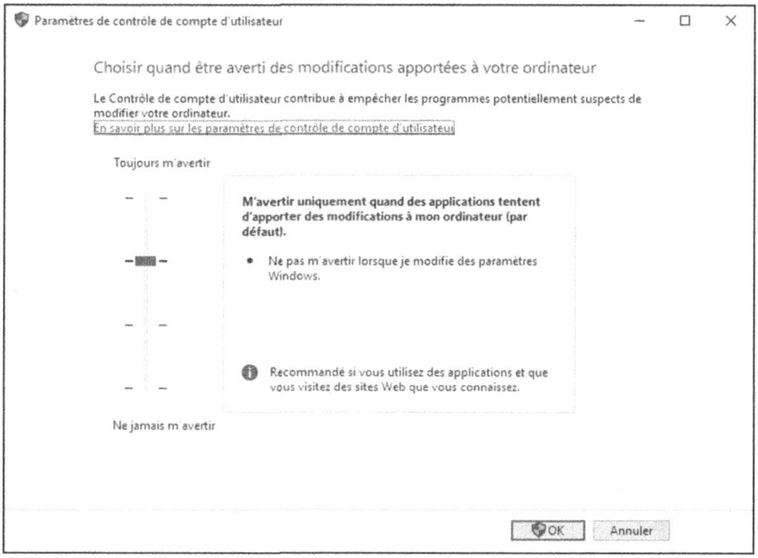

Dès que vous changez le niveau de Contrôle de compte d'utilisateur, Windows affiche une invite du Contrôle de compte d'utilisateur. Si vous passez par un compte d'utilisateur standard, vous devez entrer le nom d'utilisateur et le mot de passe de l'administrateur pour valider les modifications. Si vous êtes sur un compte d'administrateur, confirmez les modifications.

Tableau 13.1

Les niveaux de Contrôle de compte d'utilisateur

Glissière	Signification	Recommandations
Niveau 1	Fait apparaître une notification lors de l'installation d'un logiciel ou des modifications faites dans l'ordinateur qui nécessitent un compte administrateur, comme modifier les paramètres Windows. Ces notifications s'afficheront aussi sur un compte administrateur. L'écran s'assombrit et vous devez répondre à la notification pour utiliser l'ordinateur.	Ce niveau offre un très haut degré de sécurité, mais est aussi très pénible.
Niveau 2	Fait apparaître une notification du Contrôle de compte d'utilisateur lorsqu'un programme apporte des modifications à votre ordinateur, mais la notification n'apparaît pas si vous faites directement les modifications.	C'est le paramètre par défaut et sans doute le meilleur choix.
Niveau 3	Ce niveau est exactement le même que le niveau 2, mais la notification ne bloque ni n'assombrit le bureau.	Peut être source de problème. L'écran ne s'assombrit pas et n'est donc pas boqué.
Niveau 4	Le Contrôle de compte d'utilisateur est désactivé. Les programmes peuvent installer d'autres programmes ou modifier des paramètres Windows. Vous pouvez modifier tout ce que vous voulez sans recevoir d'avertissement du Contrôle de compte d'utilisateur. Notez que ce niveau n'affecte pas les autres paramètres de sécurité. Si vous utilisez un compte standard, vous devrez toujours fournir le nom d'utilisateur et le mot de passe de l'administrateur pour installer un programme qui sera utilisé par tous les utilisateurs.	Ce niveau désactive automatiquement les avertissements du Contrôle de compte d'utilisateur. Non recommandé.

5 Cliquez sur Oui.

Les modifications prennent effet immédiatement.

Cette présentation paraît simple, mais les détails sont plus complexes. Tenez compte de ce qui est dit dans l'Aide Microsoft à propos du Niveau 2, paramètre par défaut, vous serez averti si un programme extérieur à Windows tente d'apporter des modifications aux paramètres Windows. Comment Windows signale quand un programme est « extérieur à Windows » ? Et par conséquent, les actions entreprises par le programme sont dignes des niveaux 2 et 3.

Les règles de niveau du Contrôle de compte d'utilisateur sont interprétées en fonction d'un certificat de sécurité Windows particulier. Les programmes qui ont ce certificat sont considérés comme faisant partie de Windows ; les programmes qui n'ont pas ce certificat sont « extérieurs à Windows » et leur installation déclenche les invites du Contrôle de compte d'utilisateur si l'ordinateur est aux niveaux 1, 2 ou 3.

Taquiner le pare-feu Windows

Un *pare-feu* est un programme qui se loge entre votre ordinateur et Internet, vous protégeant des affreux monstres qui se baladent sur l'autoroute de l'information. Le pare-feu du trafic entrant agit comme un policier de l'autoroute, dans le meilleur des mondes, qui permet aux « bons » d'entrer dans votre ordinateur et empêche les « méchants » d'y pénétrer. Le pare-feu du trafic sortant empêche votre ordinateur d'envoyer de bien vilaines choses sur Internet, notamment si votre ordinateur est infecté par un virus ou s'il présente un autre problème de sécurité.

Windows comprend un pare-feu de trafic entrant très utile. Il a aussi un pare-feu de trafic sortant assez rudimentaire et difficile à configurer qui a tous les avantages d'un chien de garde. À moins que vous ne connaissiez toutes les formules magiques pour l'utiliser, vous n'avez jamais dû le voir. Il est totalement muselé sauf si vous le faites sortir du fin fond de la niche Windows et le dresser à faire quelques trucs.

Tout le monde doit avoir un pare-feu de trafic entrant, sans aucun doute. Vous en avez déjà un dans Windows 10 et vous n'avez rien à faire pour l'activer.

Les pare-feu de trafic sortant ont la mauvaise habitude de vous enquiquiner avec des messages d'avertissement bien énigmatiques vous indiquant que d'obscurs processus tentent d'envoyer des données. Il suffit de cliquer dessus pour autoriser le programme à se connecter et vous contrecarrez les propos du pare-feu sortant. Mais si vous prenez le temps de pister tous les avertissements d'événements sortants, vous risquez de passer votre vie à pourchasser des balles perdues de pare-feu.

Quelques-uns de mes amis insistent sur l'utilisation d'un pare-feu sortant. Dans le genre, on peut conseiller ZoneAlarm, un système de sécurité gratuit qui fait office d'antivirus, de pare-feu, et d'anti malware, disponible dans sa version à usage personnel et gratuite à l'adresse suivante : `http://www.zonealarm.com/fr/`.

Je pense que les pare-feu sortants sont une perte de temps. 99 % des avertissements de trafic sortant ne sont rien que du bruit. Ces pare-feu ne bloqueront pas le logiciel malveillant le plus ingénieux de toute façon.

Les pare-feu matériels

La plupart des routeurs et des points d'accès sans fil incluent des capacités de pare-feu. Cela constitue une parcelle de leur travail quand ils partagent une connexion Internet avec plusieurs ordinateurs.

Les routeurs et les points d'accès sans fil ajoutent une étape supplémentaire entre l'ordinateur et Internet. Cette couche supplémentaire, nommée **traduction d'adresse réseau**, combinée à l'intelligence intrinsèque du routeur donne une couche supplémentaire de protection qui fonctionne indépendamment, mais aussi en collaboration avec le pare-feu qui s'exécute sur votre PC.

Découvrir les fonctionnalités de base du pare-feu

Toutes les versions de Windows 10 intègrent un pare-feu à états tout à fait capable, mais pas infaillible nommé pare-feu Windows. (Voir l'encadré « Qu'est-ce qu'un pare-feu à états ? »).

Le pare-feu de Windows du trafic entrant est activé par défaut. Sauf si vous avez changé les paramètres, il est activé pour toutes les connexions sur votre PC. Par exemple, si vous avez un câble réseau, une carte réseau sans fil et une carte USB 4G sur un PC spécifique, le pare-feu Windows est activé pour tous les trois. Pour le désactiver, vous devez le faire manuellement ou l'administrateur réseau d'une grande entreprise peut décider de le désactiver à distance ou d'installer des services packs Windows avec le pare-feu désactivé.

Dans des circonstances vraiment exceptionnelles, des logiciels malveillants (virus, chevaux de Troie, *etc.*) peuvent désactiver le pare-feu Windows. Si le pare-feu semble battre de l'aile, Windows vous le fait lourdement savoir en affichant des infobulles à côté de l'heure sur le bureau, des notifications tout à droite dans l'écran d'accueil accompagné d'une musique assourdissante digne de *La chevauchée des Walkyries*.

Si vous utilisez un autre pare-feu, comme ZoneAlarm, le pare-feu Windows sera désactivé. Ce n'est pas grave puisque votre ordinateur reste protégé par ce pare-feu tierce partie.

Modifier les paramètres du pare-feu Windows pour une protection entrante est relativement facile. Dès que vous avez apporté les modifications, elles s'appliquent à toutes les connexions du PC. En revanche, les paramètres du trafic sortant du pare-feu Windows sont très compliqués et très stricts.

Le pare-feu Windows est activé avant que l'ordinateur ne soit connecté au réseau. Dans les temps anciens, de nombreux ordinateurs ont été infectés dans le court laps de temps entre la connexion au réseau et l'activation du pare-feu.

Qu'est-ce qu'un pare-feu à états ?

Au risque d'une extrême simplification, je dirai que le pare-feu à états est le pare-feu du trafic entrant qui se souvient de tout. Il garde la trace des paquets d'informations qui entrent dans l'ordinateur et à quel emplacement ils sont allés. Quand un paquet se présente à l'entrée, le pare-feu fait correspondre l'adresse d'origine du paquet entrant au journal des adresses des paquets sortants pour vérifier que ce paquet est autorisé à entrer à l'emplacement prévu.

Le filtre de paquet à états n'est pas fiable à 100 %. Et à quelques exceptions près, des paquets non prévus peuvent circuler pour des raisons présentées plus loin dans ce chapitre. Mais un pare-feu à états reste un moyen fiable et rapide pour minimiser les éventuelles expositions aux dangers d'Internet.

Parler le jargon du pare-feu

Je dois maintenant vous donner la définition de quelques termes techniques du jargon de pare-feu Windows afin que vous puissiez en prendre le contrôle. Les concepts ne sont pas difficiles, mais ils sont brouillés par une affreuse terminologie qui semble être la création d'un étudiant en première année de publicité. Lisez cette section si vous êtes complètement perdu dans les boîtes de dialogue du pare-feu Windows.

Comme vous devez vous en douter, la quantité des données envoyées d'un ordinateur à un autre peut être petite ou énorme. Les ordinateurs communiquent entre eux en divisant les données en *paquets* (ou petits blocs de données avec un emballage qui identifie leur provenance et leur destination).

Sur Internet, les paquets peuvent être envoyés de deux manières :

- *Via* **le protocole UDP** (User Datagram Protocol) : Il est rapide, mais peu soigneux. L'ordinateur qui envoie les paquets ne garde pas la trace des paquets qu'il a envoyés et l'ordinateur qui reçoit les paquets n'essaie pas d'obtenir de l'expéditeur de renvoyer les paquets qui disparaissent mystérieusement dans les entrailles d'Internet. UDP est le type de *protocole* (méthode de transmission) qui fonctionne bien avec des diffusions en direct, au cours desquelles des pertes de données ne sont pas très graves, mais la rapidité de l'envoi est importante même si les ordinateurs attendent de renvoyer un paquet abandonné.
- *Via* **le protocole TCP** (Transmission Control Protocol) : Il est méthodique et complet. L'ordinateur qui envoie les paquets garde une trace des paquets qu'il a envoyés. Si l'ordinateur qui reçoit les paquets ne reçoit pas un paquet, il le notifie à l'ordinateur expéditeur qui lui renvoie alors le paquet. Quasiment toutes les communications actuelles sur Internet se font *via* TCP.

Tous les ordinateurs sur un réseau ont *une adresse IP*, qui est une série de chiffres entre 0 et 255. Par exemple, 192.168.1.2 est l'adresse IP courante des ordinateurs connectés à un réseau local. L'adresse IP est comme un numéro de téléphone.

Examiner le pare-feu

Quand vous utilisez un pare-feu, vous modifiez la façon dont les ordinateurs communiquent entre eux sur Internet. Dans cette section, je vous explique ce que fait le pare-feu Windows en coulisse afin que vous puissiez comprendre comment personnaliser ses paramètres. (Voir la section « Faire des exceptions » plus loin dans ce chapitre pour en découvrir les avantages et les inconvénients).

Quand deux ordinateurs communiquent, ils ont besoin non seulement de l'adresse IP, mais aussi d'un point d'entrée spécifique appelé un *port*, sorte d'extension du téléphone, pour se parler l'un à l'autre. Par exemple, la plupart des sites Web répondent aux requêtes envoyées au port 80. Le chiffre 80 de ce port n'a rien de magique, il s'agit simplement du numéro du port que l'on a accepté d'utiliser pour accéder à l'ordinateur d'un site Web.

Le pare-feu Windows fonctionne en gérant tout cela en même temps :

- **Il garde la trace des paquets sortants et autorise les paquets entrants à circuler *via* le pare-feu s'ils correspondent à un paquet sortant.**

Bref, le pare-feu Windows fonctionne comme un pare-feu à états entrant.

- **Si l'ordinateur est relié à un réseau privé, le pare-feu Windows autorise les paquets à circuler sur les ports 139 et 445, mais seulement s'ils viennent d'un autre ordinateur du réseau local et s'ils utilisent TCP.** Le pare-feu Windows doit ouvrir ces ports au partage de fichiers et d'imprimante. Il ouvre aussi plusieurs ports au Lecteur Windows Media si vous avez choisi de partager des fichiers médias comme dans un groupe résidentiel par exemple.
- **De la même manière, si l'ordinateur est relié à un réseau privé, le pare-feu Windows ouvre automatiquement les ports 137, 138 et 5355 pour UDP, mais seulement aux paquets qui proviennent du réseau local.**
- **Si vous avez spécifiquement indiqué au pare-feu Windows que vous autorisez des paquets à circuler sur un port spécifique et que vous n'avez pas coché l'option Bloquer toutes les connexions entrantes, le pare-feu Windows respecte votre choix.** Vous pouvez ouvrir un port pour jouer en ligne par exemple.
- **Le pare-feu Windows autorise l'accès à votre ordinateur à des paquets s'ils sont envoyés au programme Assistance à distance à condition que vous ayez créé une requête Assistance à distance sur ce PC et que vous ayez indiqué à Windows d'ouvrir le pare-feu.** L'Assistance à distance permet à d'autres utilisateurs de prendre le contrôle de votre ordinateur, mais ce programme a ses propres paramètres de sécurité et une protection par mot de passe. Encore une fois, il constitue une faille de sécurité qui s'ouvre quand vous créez une requête.
- **Vous pouvez spécifier au pare-feu Windows d'accepter des paquets qui sont destinés à des programmes spécifiques.** En général, les entreprises qui ont un programme conçu pour écouter le trafic entrant d'Internet (Skype en est un bel exemple, tout comme les programmes de messageries instantanées) l'ajoutent dans la liste des exceptions au moment de son installation.
- **Si un paquet ne correspond à aucun critère cité précédemment, il est ignoré.** Le pare-feu Windows l'avale sans broncher. Et inversement, sauf si vous avez changé quoi que ce soit, tout trafic sortant passe sans obstacle.

Faire des exceptions

Les pare-feu peuvent être très exaspérants. Un programme qui marche depuis la nuit des temps sur toutes sortes d'ordinateurs peut ne pas fonctionner dès que vous l'installez sur une machine Windows 10 avec le pare-feu Windows activé et ce sans aucune raison apparente.

Vous pouvez être en colère contre Microsoft et son pare-feu Windows, mais comprenez bien qu'une partie du problème réside dans la façon dont le pare-feu fonctionne (voir la section précédente « Examiner le pare-feu » pour la description de ce que fait le pare-feu en coulisse). Son rôle est de bloquer des paquets qui essaient d'entrer sauf si vous avez explicitement indiqué au pare-feu que vous autorisez ces paquets.

Mais le plus exaspérant est que le pare-feu de Windows bloque ces paquets en les avalant sans le notifier à l'ordinateur qui les a envoyés. Le pare-feu Windows doit rester « discret », car s'il renvoie un paquet en précisant qu'il ne peut pas l'accepter, des oreilles indiscrètes et malveillantes peuvent apprendre l'existence de cet ordinateur ainsi que découvrir quel pare-feu il utilise. Avec l'association de ces deux informations, elles peuvent vous donner du fil à retordre. Mieux vaut laisser agir le pare-feu Windows.

Certains programmes doivent « écouter » le trafic entrant d'Internet ; ils attendent d'être contactés, puis répondent. En général, vous savez que vous avez ce type de programme, car l'installateur vous signale que vous devez désactiver le pare-feu.

Si vous avez un programme qui ne se fraye pas (ou ne peut pas) un chemin à travers le pare-feu Windows, signalez au pare-feu Windows d'autoriser les paquets destinés à un programme spécifique, et seulement à ce programme, de traverser le pare-feu. Vous pouvez le faire pour un jeu qui doit accepter le trafic entrant ou un programme d'extension Outlook qui interagit avec les téléphones portables.

Autoriser une application (méthode 1 – utilisateur débutant)

Pour frayer un chemin vers un programme spécifique dans le pare-feu Windows :

1. **Vérifiez que le programme est bien installé.**
2. **Cliquez sur le bouton Démarrer, puis sur l'icône Paramètres (engrenage).**

3. **Dans la fenêtre Paramètres Windows, cliquez sur Mise à jour et sécurité.**

4. **Dans la colonne de gauche de la fenêtre Mise à jour et sécurité, choisissez Windows Defender, puis cliquez sur le bouton Ouvrir le Centre de sécurité Windows Defender.**

5. **Choisissez ensuite Pare-feu et protection du réseau comme sur la Figure 13.12.**

Figure 13.12

Pour accéder aux paramètres du pare-feu de Windows.

6. **Dans le volet droit, cliquez sur le lien Autoriser une application via le pare-feu, comme sur la Figure 13.13.**

   Vous ouvrez les options de la Figure 13.13.

   Dans la liste des applications, cochez/décochez les cases des colonnes Privé et Public selon que vous souhaitez ou non autoriser ces applications à accéder aux réseaux privés et/ou publics.

   Si l'application ne figure pas dans la liste, poursuivez à l'Étape 7.

7. **Cliquez sur le bouton Modifier les paramètres, puis sur Autoriser une autre application, comme sur la Figure 13.14.**

Figure 13.13

Pour autoriser ou non des applications à accéder à Internet.

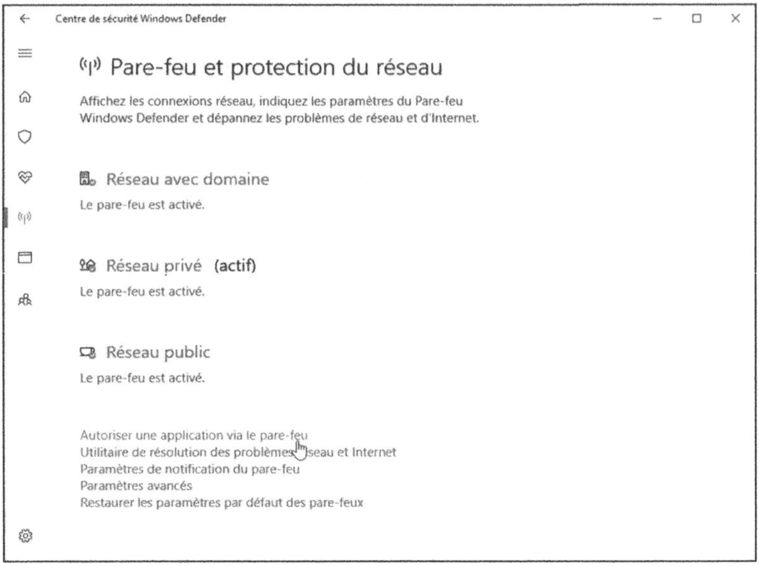

Figure 13.14

Cliquez sur ce bouton pour autoriser ou non une autre application.

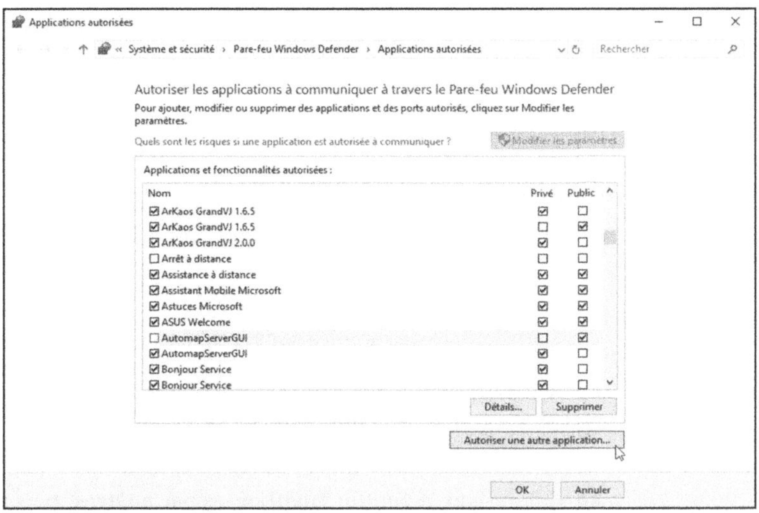

8. **Dans la boîte de dialogue Ajouter une application, cliquez sur le bouton Parcourir.**

9. **Dans la boîte de dialogue Parcourir, localisez le fichier exécutable du programme ou de l'application, et cliquez sur le bouton Ouvrir.**

   Pour cela, choisissez Ce PC dans le volet de navigation (à gauche) puis double-cliquez sur l'icône du disque C: dans le volet droit. Vous trouverez les exécutables de la majorité des programmes dans les dossiers Program Files (x86) ou Programmes. Les fichiers exécutables portent l'extension .exe.

   Vous ne voyez pas les extensions de fichiers ? Ouvrez l'Explorateur de fichiers. Cliquez sur l'onglet Affichage, et cochez la case Extensions de noms de fichiers.

10. **Dans la boîte de dialogue Ajouter une application, cliquez sur Types de réseaux.**

11. **Dans la boîte de dialogue Choisir les types de réseaux (Figure 13.15), cochez ou décochez Privé et/ou Public.**

Figure 13.15

Autoriser ou non une application spécifique.

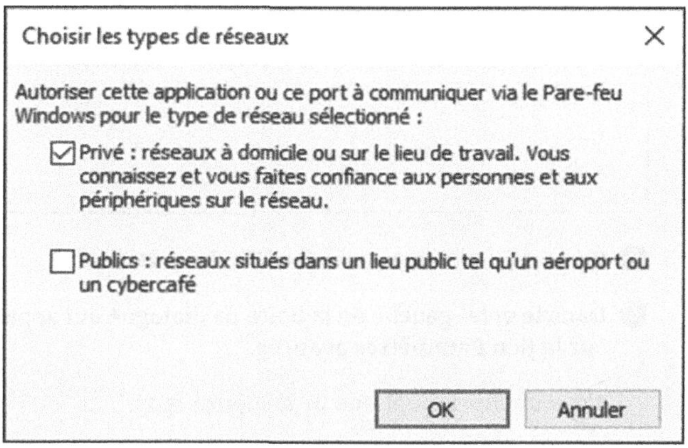

Autoriser une application (Méthode 2 – utilisateur avancé)

Cette technique est plus complexe que la précédente, car elle reprend les anciennes techniques de Windows :

1. **Vérifiez que le programme est bien installé.**
2. **Dans le champ Taper ici pour rechercher de Cortana, saisissez** Pan, **et cliquez sur Panneau de configuration qui devrait s'afficher comme premier choix.**
3. **Cliquez sur Pare-feu Windows (Panneau de configuration).**
4. **Cliquez sur Système et sécurité (Figure 13.16).**

Figure 13.16

Pour accéder aux paramètres avancés du pare-feu.

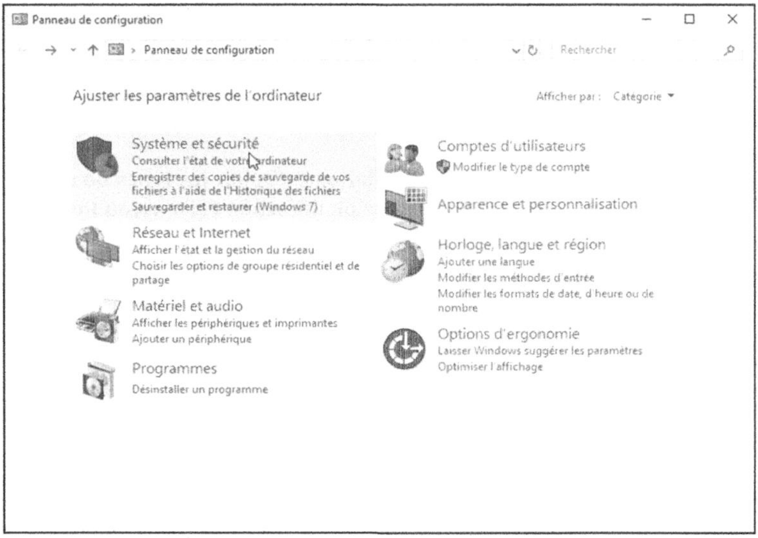

5. **Cliquez ensuite sur Pare-feu Windows Defender.**
6. **Dans le volet gauche de la boîte de dialogue qui apparaît, cliquez sur le lien Paramètres avancés.**

   Vous ouvrez les options de la Figure 13.17.

7. **Dans le volet gauche, cliquez sur Règles de trafic sortant.**
8. **Dans le volet droit Actions, cliquez sur Nouvelle règle.**

   Vous accédez à l'Assistant Nouvelle règle de trafic sortant, illustré à la Figure 13.18.

9. **Activez l'option Programme, et cliquez sur Suivant.**

Figure 13.17

Les options avancées du pare-feu Windows.

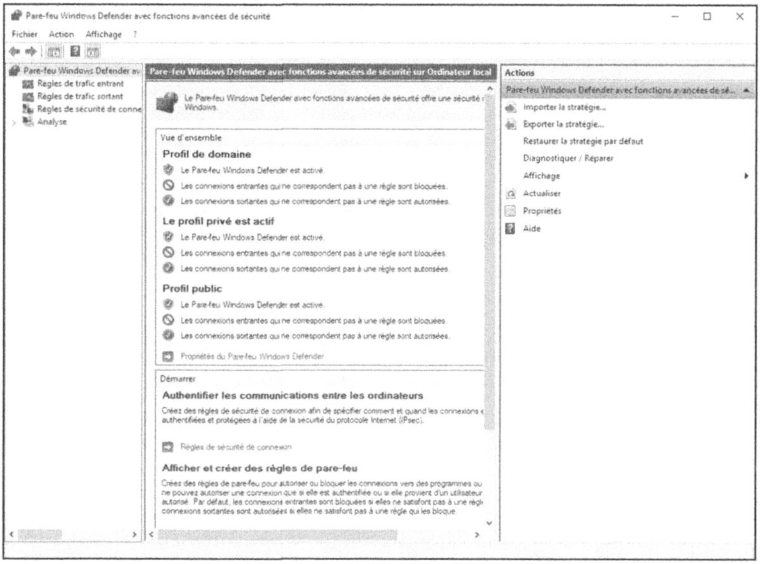

⑩ **Dans la deuxième étape, activez l'option Au programme ayant pour chemin d'accès, et cliquez le bouton Parcourir afin de choisir le programme concerné par cette nouvelle règle.**

⑪ **Dans la boîte de dialogue Ouvrir, localisez le programme dans le dossier Programmes ou Program Files (X86) du disque C.**

⑫ **Cliquez sur le fichier du programme portant l'extension** `.exe`**, puis le bouton Ouvrir.**

⑬ **De retour dans l'assistant, cliquez sur Suivant.**

⑭ **Indiquez le comportement du pare-feu vis-à-vis de cette application. Pour que le programme puisse accéder sans souci à Internet, choisissez Autoriser la connexion, comme à la Figure 13.19.**

⑯ **Indiquez dans quel type d'accès à Internet cette connexion est possible.**

Pour un accès sans limites, laissez les trois options cochées par défaut.

⑰ **Cliquez sur Suivant.**

⑱ **Nommez cette règle, et cliquez sur Terminer.**

Figure 13.18

Définissez une règle pour un programme.

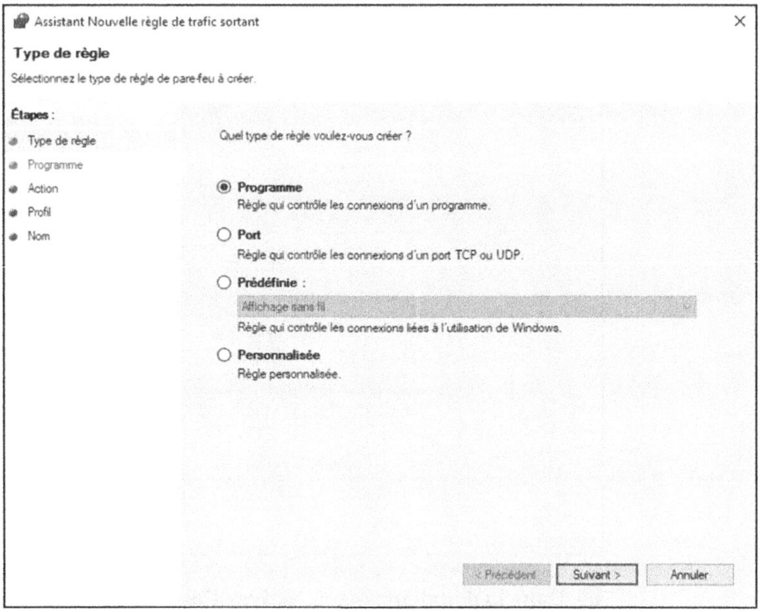

Figure 13.19

Autoriser un programme à sortir !

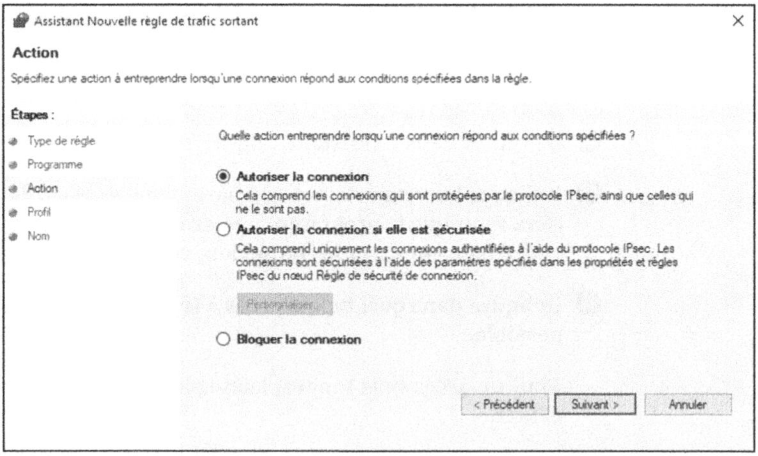

⑮ **Cliquez sur Suivant.**

Donnez par exemple le nom de l'application.

La règle apparaît dans le volet central.

⑲ **Pour modifier cette règle, faites un clic droit sur son nom. Dans le menu contextuel qui apparaît, choisissez Propriétés.**

⑳ **Dans la section Action de la boîte de dialogue Propriétés qui apparaît (Figure 13.20), activez une autre option, et cliquez sur OK.**

Figure 13.20

Pour modifier la règle appliquée à un programme.

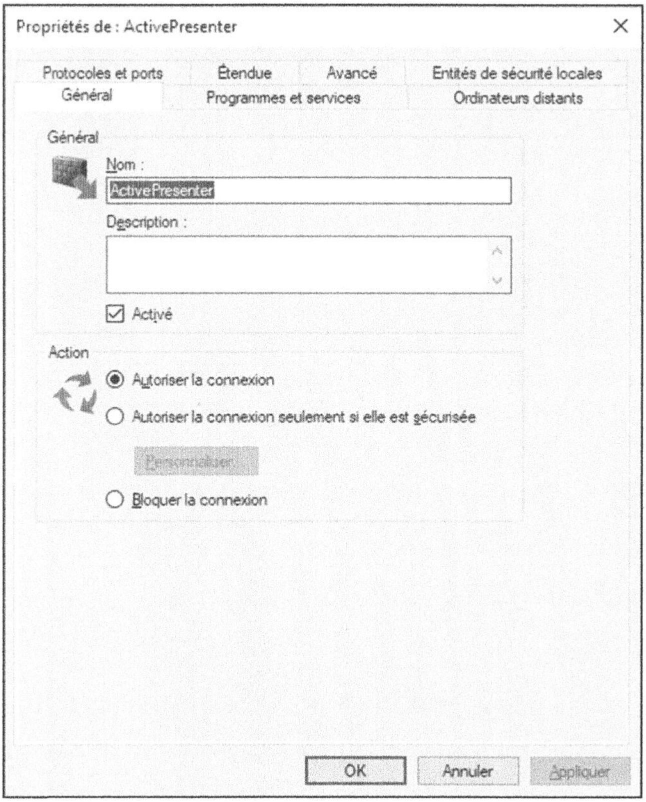

Chapitre 14

Microsoft Store (et même un peu plus)

DANS CE CHAPITRE

Microsoft Store et ses applications

•

Explorer les rayons de Microsoft Store

•

Mettre à jour les comptes et les préférences

•

Mais où sont les jeux ?

Si vous êtes déjà familiarisé avec l'achat d'applications sur l'App Store d'Apple ou sur le Play Store de Google, vous savez déjà presque tout sur les procédures de Microsoft Store Le nom donné au Windows Store par la mise à jour Fall Creator Update d'octobre 2017.

Il faut bien reconnaître que le contenu de Microsoft Store est loin d'être au niveau de ses concurrents. Je déteste annoncer des mauvaises nouvelles, mais la vérité oblige à dire que les développeurs travaillent massivement pour créer des applications iOS et Android, et que Windows est très loin d'être au premier rang de leurs préoccupations. Que cela change à l'avenir reste à voir. Microsoft travaille pour tenter de rattraper son retard, mais c'était déjà le cas il y a des années de cela.

La raison de cette situation est simple : l'argent. Il y a des fortunes à se faire en développant de bonnes applications pour l'App Store et le Play Store. De même, on peut se faire une quantité raisonnable d'argent en développant des applications qui s'exécutent sous Facebook, et même des applications qui s'exécutent à l'intérieur des navigateurs Web. À ce jeu-là, Microsoft ressemble plus à une petite tirelire qu'à un coffre-fort bien rempli.

Microsoft Store a été lancé par Microsoft en même temps que Windows 8 sous le nom Windows Store. C'est, sur le même modèle que l'App Store ou le Play Store, un gros réservoir, extensible à l'infini (ou presque), d'applications en tous genres dédiées à l'univers Windows.

Initialement, sa vocation était d'être la seule source à proposer des applications dans le style « Metro » (qu'on appelle aujourd'hui des applications Universelles Windows). Mais, maintenant, Microsoft Store vous en vend de toutes les sortes, y compris des programmes qui fonctionnent uniquement sur le bureau de Windows.

Les applications pullulent par les temps qui courent. Développées par un nombre grandissant d'éditeurs tiers, elles peuvent vous être utiles, et elles sont assurément profitables à Microsoft (et encore plus à Apple avec son App Store, ou à Google avec Play Store) qui empoche 30 % de leur prix au passage.

Pour autant, Microsoft Store continue à être décevant pour la plupart des gens. Les grands noms du domaine y apparaissent à une vitesse glaciale. Par exemple, il aura fallu environ un an pour y trouver une version officielle de Facebook, et les grands noms du jeu font plus que traîner les pieds. Petit à petit, Microsoft bouche certains des trous. Il paie même certains développeurs aux idées nouvelles, et il cajole les anciens du mieux qu'il peut. Mais ne soyez pas surpris si vous entendez parler d'une super appli disponible sur l'App Store ou sur Play Store et que vous n'en trouvez pas la trace sur Microsoft Store. Cela arrive tout le temps.

La seule manière d'obtenir des applications Universelles Windows consiste à les télécharger et à les installer depuis Microsoft Store. Certes, les grands constructeurs peuvent parfaitement intégrer directement de telles applications dans leurs machines sous Windows. Mais, pour le commun des mortels, comme vous et moi, Microsoft Store est incontournable : c'est l'alpha et l'oméga des applications Universelles Windows.

Elle peut faire quoi, une application Universelle Windows ?

Plus Microsoft Store prendra de l'âge, et plus vous y trouverez d'applications. Celles-ci sont capables de faire énormément de choses, mais avant que l'une d'elles puisse être mise en vente (voire être distribuée gratuitement) dans le Microsoft Store, elle doit répondre à certaines exigences.

Voici ce qu'il faut savoir des applications provenant de Microsoft Store :

» **Vous pouvez télécharger aussi bien des applications Universelles (donc supposées être capables de s'exécuter sous n'importe quelle version de Windows 10, y compris ses versions mobiles) que des programmes utilisables sur le classique bureau.**

  Si vous recherchez des programmes pour le bureau, vous pourrez les trouver non seulement sur Microsoft Store, mais aussi sur les sites Internet habituels, ceux des éditeurs notamment. Rien de nouveau de ce côté-là.

En revanche, si vous recherchez une application Universelle, vous devrez la télécharger depuis Microsoft Store.

» **Les applications Universelles Windows ne peuvent être mises à jour que depuis Microsoft Store.** Lorsqu'une ou plusieurs mises à jour sont disponibles, un chiffre apparaît sur la vignette Microsoft Store. Il indique le nombre d'applications concernées. Reportez-vous à la section « Configurer les comptes et préférences de Microsoft Store », plus loin dans ce chapitre.

Par défaut, les applications installées depuis Microsoft Store sont configurées pour se mettre à jour automatiquement.

» **Avant d'extraire ou d'envoyer des données personnelles, les applications recourant à des services basés sur l'Internet doivent demander l'autorisation à l'utilisateur.**

» **Chaque application doit pouvoir être utilisable sur cinq appareils à la fois.** Par exemple, si vous achetez la dernière version du jeu vidéo *Angry Birds*, vous pourrez utiliser cette version sur, au plus, cinq appareils tournant sous Windows 10 (ordinateurs, tablettes ou encore smartphones) sans aucun surcoût.

» **Microsoft n'accepte aucune application dite « pour adultes ».**

» **Une application ne doit placer qu'une seule vignette dans le menu Démarrer (encore heureux !).**

» **Une application doit démarrer en cinq secondes au maximum et se fermer en moins de deux secondes.** Microsoft veut que les applications soient rapides, sans lenteurs.

À ces prérequis de base pour toutes les applications s'ajoutent les informations suivantes :

» **Les outils fournis par Microsoft permettent aux développeurs de créer des versions d'évaluation de leurs applications, permettant aux utilisateurs de les essayer avant d'acheter.** Les versions d'évaluation peuvent être limitées de diverses manières : durée de fonctionnement réduite à un mois, nombre d'utilisations limité...

Les versions d'évaluation ne datent pas d'hier. Microsoft est très pointilleux sur le fait que les développeurs doivent annoncer clairement ce qui est limité et ce qui se passe après avoir dépassé cette limite.

» **Lorsqu'une application plante ou ne fonctionne plus, vous pouvez vous plaindre auprès de Microsoft, mais c'est l'éditeur qui en**

assume pleinement la responsabilité. Bien que Microsoft agisse en tant que distributeur et vendeur, en réalité, il n'achète, ni ne vend, ni ne garantit quoi que ce soit. La licence d'utilisation d'une application Universelle Windows est établie entre le vendeur (l'éditeur, par exemple) et l'acheteur. Microsoft reste complètement en dehors de la transaction.

» **Bon nombre d'applications incitent à acheter davantage : des niveaux de jeu plus élevés, des fonctionnalités nouvelles, davantage de contenu,** *etc.* Microsoft s'est inspiré d'Apple : les ordres d'achat générés par les applications doivent transiter par Microsoft Store. Tout passe par Microsoft.

L'esprit du Microsoft Store

Microsoft gère Microsoft Store comme une classique boutique et, pour cette raison, il vérifie tout ce qui est mis en vente. Microsoft peut, pour diverses raisons, rejeter une application proposée à la vente.

À deux exceptions près, Microsoft Store est le *seul* endroit où vous pourrez vous procurer des applications Universelles Windows.

Ces deux exceptions sont :

» La possibilité, pour de grandes entreprises, de placer leurs propres programmes sur des appareils tournant sous Windows grâce à une technique appelée *sideloading,* c'est-à-dire le téléchargement direct. Théoriquement, cette opération n'est possible que sur des appareils étroitement incorporés à un réseau d'entreprise.

» Le *jailbreaking* de l'appareil. Ce terme, emprunté à la téléphonie, est l'équivalent d'un bidouillage consistant à contourner les barrières matérielles ou logicielles établies par le fabricant. Il fait perdre la garantie de l'appareil et met fin au support technique de Microsoft.

Le *désimlockage* – avec ou sans *jailbreaking* – permet de débloquer un appareil de téléphonie mobile afin qu'il puisse utiliser une carte SIM de n'importe quel opérateur. Un ordinateur désimlocké risque toutefois de ne plus pouvoir se connecter à un réseau.

Je ne recommande pas le *jailbreaking* d'un ordinateur. Mais si vous trouvez une application à laquelle vous tenez beaucoup, et que Microsoft refuse de la vendre dans Microsoft Store, le *jailbreaking* est peut-être la seule solution. Google vous aidera.

Ne confondez pas Microsoft Store, qui est directement lié à l'écran d'accueil de Windows, avec Microsoft Store, qui existe à la fois sur l'Internet et dans le réel. Des boutiques Microsoft commencent à apparaître aux États-Unis (encore une lumineuse idée piquée à Apple). Là-bas, la boutique en ligne `www.microsoftstore.com` est une extension virtuelle des boutiques Microsoft réelles.

Parcourir Microsoft Store

Pour rechercher des applications Universelles dans la boutique virtuelle de Microsoft, touchez ou cliquez sur l'icône de Microsoft Store dans la barre des tâches (ou sur sa vignette à droite du menu Démarrer).

Dans les deux cas, vous accédez à l'application Universelle qui vous vend d'autres applications Universelles, comme l'illustre la Figure 14.1.

Figure 14.1

Microsoft Store, la boutique virtuelle de Microsoft.

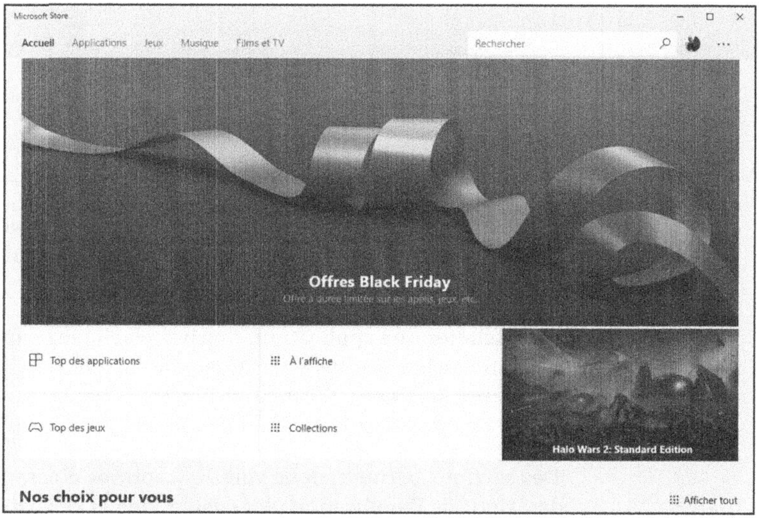

Voici quelques conseils pour vous aider avant que vous ne vous lanciez dans le shopping en ligne :

» **Vous avez besoin d'un compte Microsoft pour faire autre chose que des recherches basiques.** Sans un tel compte, vous ne pourrez même pas télécharger un programme gratuit (Microsoft a besoin de savoir quelles applications sont installées sur votre machine). Bien que vous puissiez accéder au Microsoft Store depuis un compte local, toute tentative d'achat est impossible car aucun bouton ne vous l'autorise comme le montre la Figure 14.2.

Figure 14.2

Pas d'achat possible sur Microsoft Store avec un compte local.

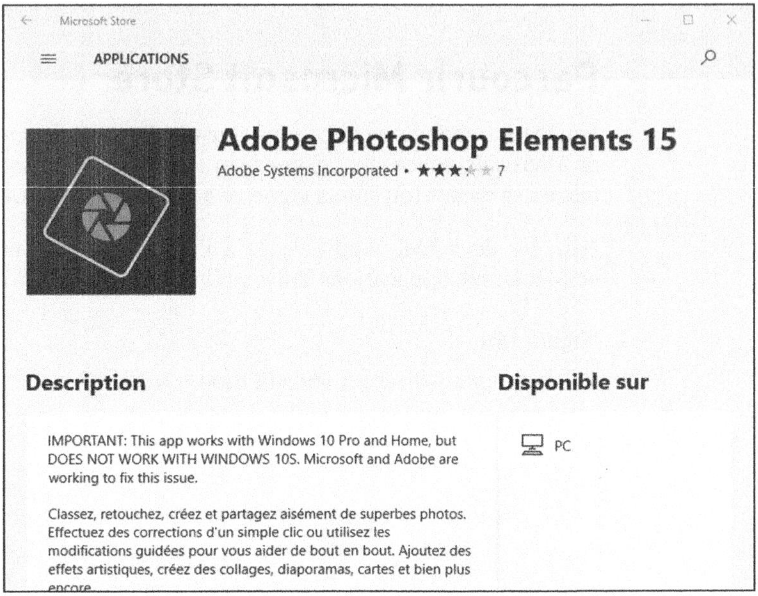

Si vous choisissez d'utiliser un compte local et que vous avez besoin de vous connecter à Microsoft Store avec un compte Microsoft, commencez par en créer un.

» **Pour acheter une application,** touchez ou cliquez sur sa vignette. L'écran d'achat (disons plus largement de téléchargement) apparaît immédiatement. C'est ce qu'illustre la Figure 14.3, ici dans le cas de l'application Photoshop Elements 15 d'Adobe.

Des sections permettent de voir des captures d'écran, de lire un descriptif de l'application, des évaluations et des avis, ainsi que divers détails. Cliquez en particulier sur le lien Plus, vers le haut de la fenêtre, pour une description plus précise de l'application. En faisant défiler le contenu de la fenêtre, vous obtiendrez des informations complémentaires sur l'éditeur, un lien vers son site Web ou vers une messagerie, le numéro de la version courante, les autorisations à concéder ou encore les langues prises en charge (voir la Figure 14.4).

Figure 14.3

La page d'achat d'un article en vente dans Microsoft Store.

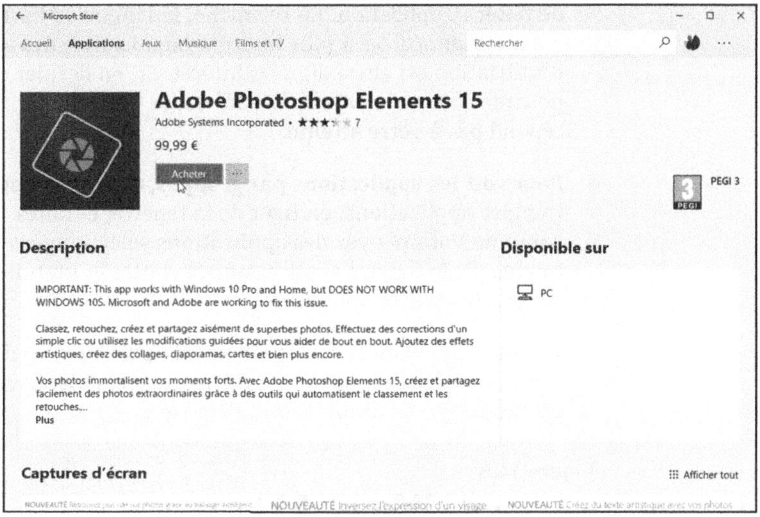

Figure 14.4

Tout savoir (ou presque) sur une application.

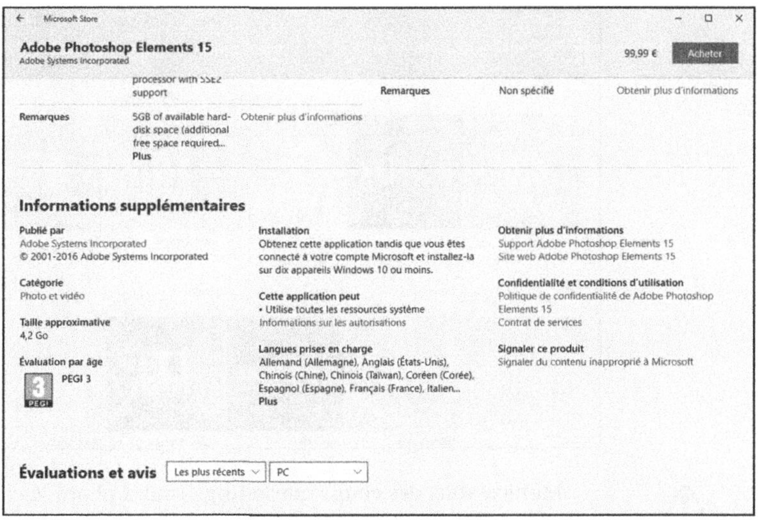

Ne vous laissez pas impressionner par la notation sous forme d'étoiles, dans la rubrique Évaluations et avis. Elle représente la moyenne de tous les gens qui ont bien voulu se donner la peine de noter l'application. En revanche, la langue de l'article – si elle est mentionnée – est plus intéressante. La liste des autorisations d'utilisation est aussi digne d'intérêt. Et, en dernier ressort, vous pourrez vous aussi vous plaindre sur la page si l'application ne répond pas à votre attente.

» **Pour voir les applications par groupes,** cliquez ou tapez sur l'onglet Applications, en haut de la fenêtre, et faites défiler son contenu. Vous pouvez des applications sélectionnées pour vous par Microsoft, le top des applications payantes et gratuites, les applications les mieux notées, *etc.*

Cliquez par exemple sur Applications, puis sur Top des applications et catégories. Ensuite, utilisez les trois menus locaux pour affiner les propositions (voir la Figure 14.5).

Figure 14.5

Naviguez dans le « top » des applications gratuites ou payantes, ou choisissez votre catégorie.

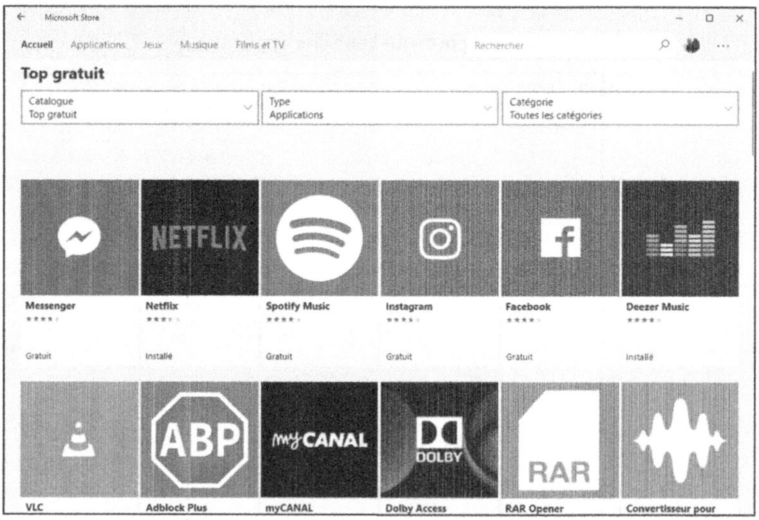

Méfiez-vous des coups marketing. Tout d'abord, ce n'est pas parce qu'une application se prétend gratuite qu'elle l'est réellement. Bien souvent, vous devez très vite commencer à débourser un peu d'argent pour pouvoir aller plus loin (ce qui doit être signalé dans le descriptif). Plus grave, et malgré la vigilance de Microsoft, certains petits malins arrivent à placer sur Microsoft Store des applications qui semblent alléchantes, mais qui dissimulent en réalité une petite arnaque. N'hésitez donc jamais à jeter un coup d'œil sur le site d'un éditeur dont vous n'avez jamais entendu parler. C'est parfois fort instructif... En cas de doute, passez votre chemin. Il y a forcément une autre application, parfaitement viable, qui correspond à ce que vous recherchez.

Rechercher dans Microsoft Store

Vos recherches s'effectuent directement dans l'application Universelle Microsoft Store. Voici comment procéder :

1. **Tapez votre demande dans le champ Rechercher, en haut et à droite de la fenêtre.**

   Sur la Figure 14.6, j'ai tapé le mot **cuisine**. Microsoft Store me propose une pléthore d'applications, de musiques, et de films en rapport avec ce mot.

Figure 14.6

Rechercher dans une catégorie spécifique.

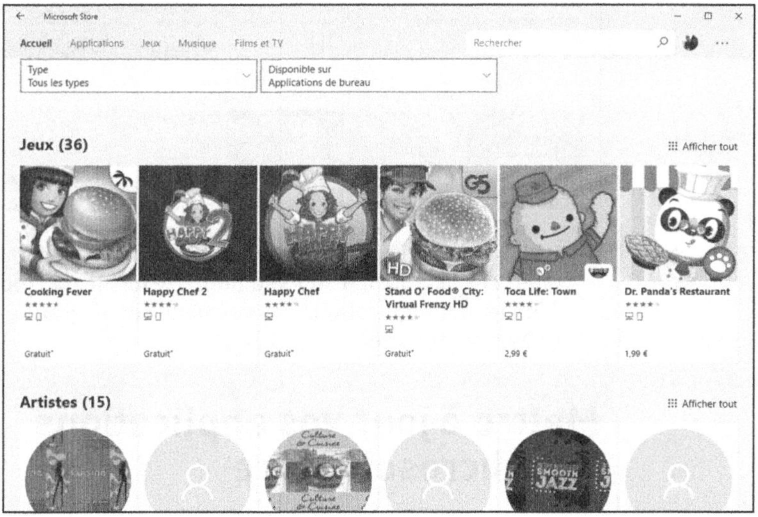

2. **Pour affiner votre recherche, commencez par ouvrir le menu local Type (en haut à gauche), et optez pour Applications.**

   Pour pouvoir choisir une catégorie plus précise, il faut en passer par là.

❸ **Ouvrez ensuite le menu local Catégorie, choisissez la rubrique dans laquelle vous souhaitez trouver une application.**

Toujours avec le mot **cuisine**, j'ai constaté que la catégorie Alimentation et cuisine me proposait un grand nombre d'applications (ce qui est fort heureux, comme l'illustre la Figure 14.7), alors qu'Enfants et famille ne renvoyait rien (on ne mange pas en famille, chez Microsoft Store ?), tandis que Santé et bien-être donnait d'étonnants résultats assez… exotiques.

Figure 14.7

Choisir une catégorie pour affiner la recherche dans les applications.

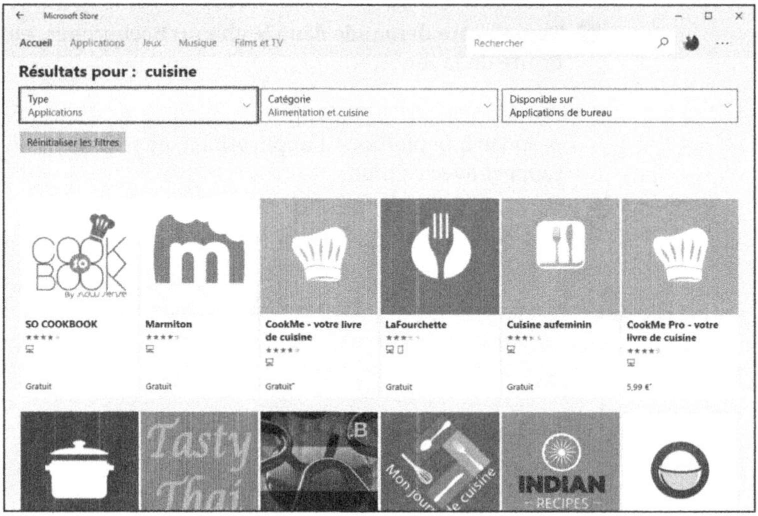

Pour quitter une catégorie et revenir à la liste générale, cliquez ou tapez sur la croix qui suit son nom. De même, la croix placée derrière le mot Applications vous ramène aux « grandes » catégories de Microsoft Store.

Mettre à jour vos applications sur Microsoft Store

Microsoft met à jour toutes sortes de choses *via* Microsoft Store. Cela concerne non seulement les applications que vous avez téléchargées ou achetées dans la boutique virtuelle, mais aussi les applications Universelles Windows intégrées à Windows 10.

Normalement, cette mise à jour devrait s'effectuer automatiquement. Mais vous devriez vérifier de temps à autre ce qu'il en est pour vous assurer que vous êtes absolument *up to date*. Pour cela :

1. **Ouvrez l'application Microsoft Store.**

   Son icône réside par défaut dans votre barre des tâches. Sinon, ouvrez le menu Démarrer et cliquez sur sa vignette.

2. **Cliquez en haut à droite sur le trois petits points. Dans le menu local qui apparaît, choisissez Téléchargements et mises à jour.**

3. **Cliquez sur le bouton Obtenir des mises à jour.**

   Comme le montre la Figure 14.8, Microsoft Store télécharge les mises à jour de vos applications.

Figure 14.8

Une mise à jour en cours.

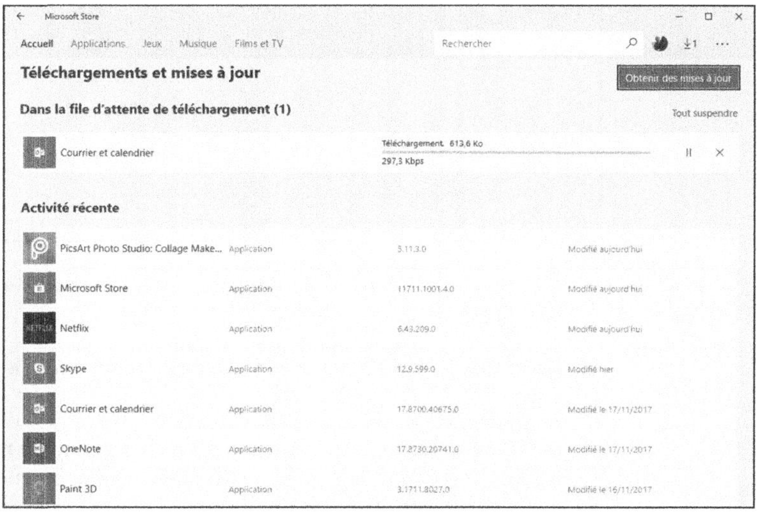

Configurer les comptes et préférences de Microsoft Store

Quelques paramètres de comptes et de préférences de Microsoft Store sont configurables. Voici comment :

1. **Assurez-vous si nécessaire que votre compte Microsoft est actif et ouvrez l'application Microsoft Store.**

❷ **Cliquez sur les trois points en haut à droite et, dans le menu local qui s'affiche, choisissez Paramètres.**

Les paramètres de Windows sont peu nombreux, mais éventuellement utiles (voir la Figure 14.9). Il n'y a pas de raisons particulières pour désactiver la mise à jour des applications et l'affichage dynamique des vignettes.

Figure 14.9

Microsoft Store et ses paramètres.

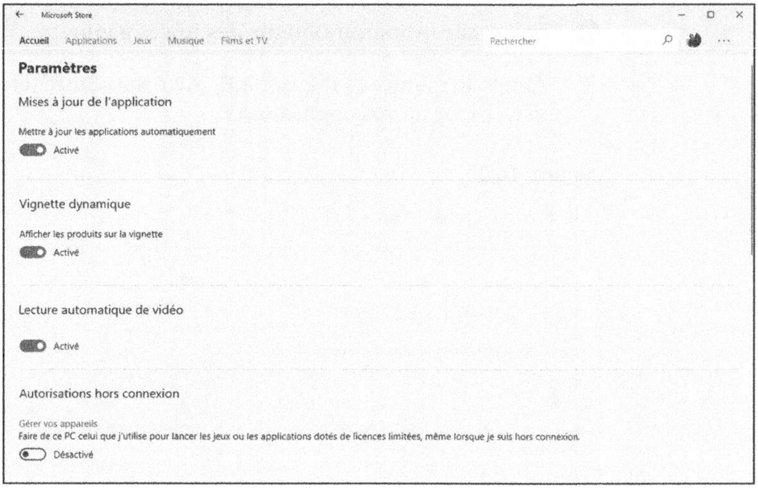

L'accès à vos appareils peut également s'effectuer depuis l'option Comptes.

❸ **Reprenez l'Étape 2, mais choisissez cette fois Voir le compte.**

La page web associée à votre compte Microsoft s'ouvre dans le navigateur par défaut. Vous pouvez y changer votre nom d'utilisateur, votre mot de passe, vérifier vos achats, ou encore gérer les appareils enregistrés pour ce compte (voir la Figure 14.10).

Vos ordinateurs et autres appareils sont associés à votre compte Microsoft. Lorsque vous vous connectez depuis une machine différente en utilisant le même compte Microsoft, vous pouvez télécharger et installer les applications déjà achetées par ailleurs. Le nom de l'ordinateur qui les reçoit est ajouté à la liste.

❹ **Avec Ajouter une option de paiement, vous pouvez vérifier ou ajouter une carte bancaire ou un compte PayPal pour régler vos achats. Évidemment, vous n'êtes tenu à rien.**

Figure 14.10

Gérer votre compte Microsoft depuis Microsoft Store.

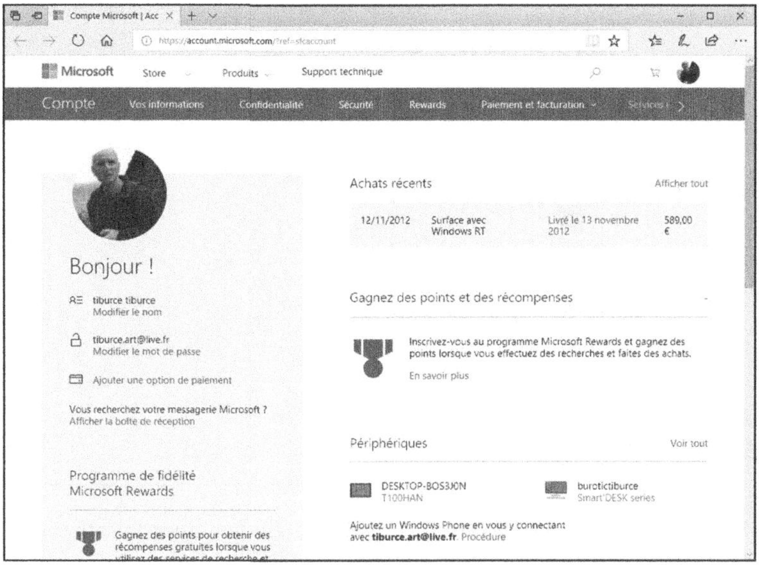

Vous devriez demander à ce que votre mot de passe vous soit toujours demandé lors de l'achat d'une application. Cela évitera par exemple que vos jeunes enfants dévalisent la boutique de jeux vidéo en vous laissant une colossale facture.

5. **Toujours dans le menu local situé en haut à droite de Microsoft Store, vous avez également la possibilité de vérifier vos achats, de visualiser la liste de vos applications (« ma bibliothèque ») ou encore de vérifier la disponibilité de mises à jour.**

Votre bibliothèque vous montre les applications liées à votre compte Microsoft, pas nécessairement à un appareil en particulier. Il vous suffit donc de cliquer sur la ligne d'une application que vous voulez installer sur un nouvel appareil pour ouvrir la page correspondante (voir la Figure 14.11).

Une application donnée peut être installée sur cinq appareils au total (ordinateurs, tablettes ou encore smartphones).

Et les jeux ?

Et les jeux, me direz-vous ? Oui, les jeux. Je sais bien que c'est l'essentiel du chargement des applications sur toutes les boutiques en ligne.

Figure 14.11

Vérifiez la liste de vos applications, et installez-les sur plusieurs appareils.

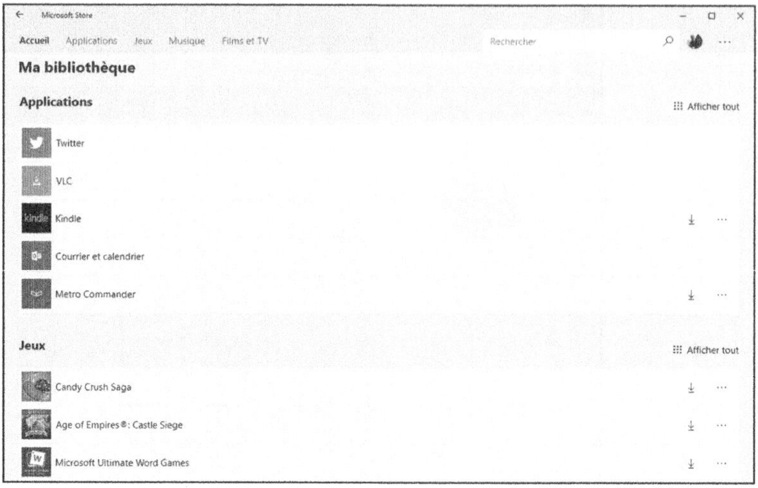

Le point d'entrée, c'est donc évidemment la catégorie Jeux de Microsoft Store. Là, c'est vous qui voyez.

De plus, les PC sous Windows constituent une excellente plate-forme pour des tas de jeux de haute volée. Vous savez certainement les retrouver, et les acheter sur les sites de leurs éditeurs. Là aussi, c'est vous qui voyez.

Oui, mais les jeux qui sont fournis avec Windows 10 ? Eh bien il n'y en a plus ! Vous devez en télécharger depuis Microsoft Store.

Si vous vous êtes connecté, vous pourrez obtenir des tonnes de jeux gratuits et payants (notamment pour Xbox). Procédez comme pour les applications. Cliquez sur l'onglet Jeux, puis affinez votre recherche avec les propositions du Store. Pour rechercher par catégories, cliquez sur Collections. Vous accédez à un choix impressionnant de types de jeux.

Et ce bon vieux solitaire qui a fait passer tellement de bon temps dans le train (ou même au bureau...) à tant d'entre nous ? Eh bien tapez ce nom dans le champ de recherche, et vous n'allez pas être au bout de vos surprises. Choisissez par exemple Microsoft Solitaire Collection, une collection qui, autrefois, était installé en standard sur Windows 10.

Chapitre 15

Utiliser Skype avec Windows 10

DANS CE CHAPITRE

Trouver Skype

•

Créer un compte Skype

•

Se connecter avec Skype

•

Plus loin avec Skype

Tout le monde connaît Skype, l'outil de communication et de messagerie toutes distances, téléphonie et messages instantanés inclus. Mais tout le monde ne sait pas que cette application mondialement célèbre a débuté (comme toute *start-up* qui se respecte) il y a environ une dizaine d'années en Estonie. Deux des principaux acteurs du développement de Skype (le danois Janus Friis et le suédois Niklas Zennstrom) étaient d'ailleurs également à l'origine du programme de partage de fichiers Kazaa.

Plus tard, Microsoft a racheté Skype pour une véritable fortune (on parle de 8,5 milliards de dollars). Skype a atterri à Redmond, mais la plupart des vrais techniciens vivent toujours à Tallin et à Tartu en Estonie.

En dépit de toutes les apparences, donc, Skype est un produit Microsoft. Disons, pour environ un pour cent. Et Skype a remplacé efficacement l'ancienne messagerie instantanée de Microsoft, c'est-à-dire MSN Messenger.

Si Skype est bien connu pour servir d'outil de téléphonie, ce n'est que l'une de ses facettes. Il est également capable de gérer votre messagerie instantanée (y compris l'envoi de SMS vers un téléphone) ou encore des appels vidéo. Vous pouvez aussi utiliser Skype à partir d'un téléphone fixe. Ces dernières possibilités ne sont malheureusement pas gratuites.

Microsoft s'efforce de connecter Skype à toutes sortes de produits, qu'il s'agisse de vos contacts Windows, de vos connexions avec Office et autres. Skype fonctionne très bien sur les iPhone et les iPad, sur les smartphones et les tablettes Android, mais il a historiquement toujours rencontré des problèmes avec Windows.

Microsoft a passé un bon bout de temps pour transformer Skype en une application de style Metro dédiée à Windows 8.1. Mais en juillet 2015, il a annoncé que le développement était repoussé aux calendes grecques. Vous avez donc uniquement le choix entre l'application de bureau (voyez l'adresse `www.skype.com`) et la version Web, celle-ci laissant notoirement à désirer.

Pourtant les chiffres montrent un désaveu des utilisateurs. En effet, en 2010, le nombre de comptes Skype dans le monde s'élevait à 663 millions. En 2016, ce chiffre est tombé à 368 millions. Cette diminution s'explique par la multiplication d'autres messageries instantanées gratuites qui autorisent aussi les conversations vidéo. Il y a Messenger de Facebook bien évidemment, et WhatsApp qui semble ravir davantage les plus jeunes qui sont les grands consommateurs de ce type de messagerie.

Explorer les alternatives à Skype

Avant d'installer et d'utiliser Skype sur votre machine Windows 10, vous devez réaliser qu'il est disponible sur à peu près tout ce que vous pouvez imaginer : iPhone, iPad, smartphones et tablettes Android, Windows XP et plus, Windows Phone, macOS X, Xbox One, bref sur pratiquement tout ce qui existe aujourd'hui. Et, du moins au moment où ce livre est écrit, toutes ces versions sont meilleures que celle qui est proposée sous Windows.

Si vous en restez à la version bureau de Windows, vos choix sont très restreints. Skype fonctionne bien avec un portable équipé d'une caméra, mais la qualité sonore des communications n'y est pas vraiment bonne (merci, M. Larsen). D'un autre côté, si vous possédez un iPad, une tablette Android ou un smartphone doté d'un grand écran, votre taux de satisfaction devrait être bien supérieur. Vous téléchargez l'application, vous l'installez, et c'est parti. L'aspect mobile des smartphones est un avantage certain puisque Skype pourra être utilisé dès qu'un réseau Wi-Fi et/ou 4G est disponible.

Comme nous l'avons évoqué dans l'introduction de ce chapitre, vous disposez aujourd'hui de nombreuses autres alternatives pour communiquer *via* une connexion Internet domestique ou professionnelle. Prenons quelques exemples :

» **Facebook Messenger : Si vous avez un compte Facebook, le *messager* maison fonctionne très bien. En fait, vous n'avez même plus véritablement le choix : Messenger s'installe que vous le vouliez ou non. C'est qu'on ne rigole pas avec le respect de la vie privée chez Facebook (je sais, c'est de l'humour). Au fait, le principal concurrent, WhatsApp, fait maintenant partie de la maison Facebook. On n'est jamais trop prudent, d'autant que la part de marché de**

WhatsApp croît au même rythme que le désamour des adolescents pour Facebook. Mais ils ne savent pas encore qu'ils ne font que quitter une pièce de la maison pour une autre...

» **Viber :** Lui aussi, et ses centaines de millions d'utilisateurs (plus de 600 millions ?), vous permet d'envoyer des appels téléphoniques un peu partout dans le monde. Et votre identifiant Viber, c'est votre numéro de téléphone...

Je ne parle même pas ici des services disponibles en Chine (comme WeChat) ou venus d'ailleurs (comme Tango). Pas plus que je ne mentionne Google Hangouts, le bras armé de Google que la célèbre firme semble ranger au rayon des oubliettes surtout après avoir laissé tomber Google +. Ou encore le FaceTime d'Apple qui ne fonctionne qu'avec les matériels de la firme à la pomme.

En route vers Skype

Une fois passées les remarques qui précèdent (après tout, si vous voulez communiquer sous Windows 10, c'est à vous de choisir la solution qui vous convient le mieux), il est temps de voir de plus près comment le voyage avec Skype se déroule.

Si vous utilisez un compte local pour accéder à Windows, Skype va vous demander immédiatement d'entrer un compte Microsoft. Si vous voulez utiliser Skype, vous devez utiliser un compte Microsoft !

Voici comment vous procurer Skype :

1. **Ouvrez votre navigateur Web, et tapez** `www.skype.com/fr` **dans la barre d'adresse. Validez avec la touche Entrée.**
2. **Accédez à la section Téléchargements, cliquez sur le bouton Obtenir Skype pour Windows, comme le montre la Figure 15.1.**
3. **En bas de la fenêtre de votre navigateur Web, cliquez sur l'option qui permet de télécharger ou d'exécuter le programme, comme le montre la Figure 15.2.**
4. **Dans la boîte de dialogue qui sollicite l'installation, cliquez sur le bouton Installer.**
5. **Une fois l'installation terminée, Skype démarre automatiquement pour être configuré comme il se doit.**

   La première étape prend la forme de l'écran affiché sur la Figure 15.3.

Figure 15.1

Téléchargez Skype depuis Windows 10.

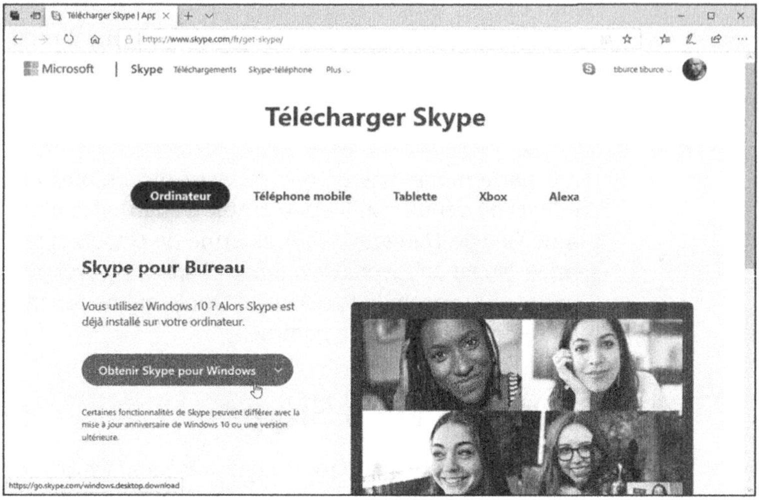

Figure 15.2

Installer Skype.

❻ **Cliquez sur le bouton C'est parti.**

Vous pouvez alors soit vous connecter si vous avez un compte Microsoft, soit créer un compte si vous n'en possédez pas.

❼ **Tapez votre identifiant, c'est-à-dire l'adresse mail du compte, puis sur Suivant.**

Figure 15.3

Préparez votre Skype.

8. **Saisissez votre mot de passe. Cliquez sur Se connecter.**

   Skype vous demandera de mettre éventuellement à jour votre avatar, c'est-à-dire l'image qui vous identifie.

9. **Une fois l'avatar mis à jour ou non, cliquez sur Continuer. Testez la configuration de votre micro, comme le montre la Figure 15.4.**

   Parlez avec un volume sonore normal, comme si vous conversiez à la maison. Laissez cochée la case Régler automatiquement les paramètres du micro.

10. **Pour savoir si le son passe sur vos haut-parleurs, cliquez sur le bouton Test audio.**

Figure 15.4

Test du micro.

Une petite musique se fait alors entendre. Si ce n'est pas le cas, vérifiez que vos enceintes sont bien connectées et allumées.

⓫ **Cliquez sur Continuer pour le test vidéo (Figure 15.5).**

A priori si la webcam est bien configurée, vous devriez vous voir ! Si ce n'est pas le cas, sélectionnez votre webcam dans le menu local situé à droite de Caméra.

Pour régler l'image, comme la luminosité, le contraste, la saturation, *etc.*, cliquez sur le lien Paramètres de la webcam.

⓬ **Cliquez sur Continuer, puis sur OK.**

Félicitations. Vous venez de terminer l'installation de Skype et son interface s'offre à vous.

Figure 15.5

Test vidéo.

Skype, premier contact

Chaque version de Skype, qu'elle soit de bureau, Web, destinée à iOS ou à Android, et ainsi de suite, offre une manière légèrement différente de travailler ou d'afficher l'interface, mais les fonctionnalités de base restent les mêmes.

Comme vous avez utilisé votre compte Microsoft, Skype retrouve vos contacts qui utilisent Skype. Sinon, vous pouvez chercher des noms *via* le champ Rechercher, en haut à gauche de la fenêtre. Une liste de contacts s'affiche dans la section Annuaire Skype comme sur la Figure 15.6. Si vous avez déjà des contacts Skype, ceux dont le nom correspond à l'objet de votre recherche s'afficheront dans une liste appelée Contacts au-dessus de la liste Annuaire Skype.

Figure 15.6

Trouver des « Skypeurs ».

Dans la partie gauche, sous votre photo (ou votre avatar) et votre nom vous disposez des éléments suivants :

» **Personnes, groupes et messages :** Cliquez ou tapez ici et commencez à saisir un nom pour voir la liste de toutes les personnes correspondantes enregistrées sur Skype.

» **Conversations :** Liste vos conversations en cours et les conversations passées.

» **Appels :** Permet de lancer un appel téléphonique en cliquant par la suite sur un des contacts listés, ou en effectuant une recherche d'un contact précis.

» **Contacts :** Liste vos contacts personnels, ceux que vous pouvez appeler. Ajouter quelqu'un à votre liste de contacts n'est pas une rue à sens unique. Vous devez demander son autorisation à la personne, faute de quoi vous ne pourrez pas l'appeler. Voyez à ce sujet la prochaine section.

» **Notifications :** Liste et gère les notifications liées à Skype.

Si vous comprenez comment gérer chacun de ces points sur tous les dispositifs que vous utilisez (ordinateur de bureau ou portable, tablette, smartphone, montre connectée, télévision branchée et ainsi de suite), vous savez déjà 90 % de tout ce qu'il y a comprendre de Skype.

Ajouter un contact

Avant de pouvoir appeler quelqu'un, vous devez lui lancer une invitation à vous rejoindre. Lui ou elle doit alors accepter cette proposition pour que la connexion puisse s'établir.

La méthode exacte varie en fonction de la version de Skype que vous utilisez. Dans la plupart des cas, vous devez d'abord passer par votre liste de contacts. Dans ce qui suit, nous allons évidemment en rester à la version de bureau liée à Windows :

1. **Dans l'écran de base, utilisez le champ de recherche en haut à gauche pour trouver la personne que vous voudriez ajouter comme contact.**

   Étant donné l'énorme quantité d'utilisateurs de Skype dans le monde, cette recherche n'est pas forcément une partie de plaisir, surtout si vous ne possédez que des informations partielles sur les coordonnées Skype de votre futur contact. Vous pouvez utiliser un nom propre, un nom de contact Skype ancienne génération, ou encore une adresse de messagerie.

2. **Faites un clic-droit sur le nom du contact et, dans le menu contextuel qui apparaît, choisissez Ajouter le contact.**

3. **Attendez.**

   Si votre futur contact est connecté à Skype, il va recevoir votre message et pourra cliquer sur Accepter ou sur Décliner. Dans le premier cas, vous allez pouvoir communiquer immédiatement. Dans le second cas, vous venez de fâcher quelqu'un.

Une nouvelle fois, la manière dont votre futur (?) correspond répond varie légèrement selon la version de Skype.

4. **Continuez à ajouter d'autres amis, ou plutôt contacts Skype, et vous êtes paré pour les communications mondialisées.**

Si vous quittez Skype en cliquant sur sa croix de fermeture, le programme continue tout de même à mener sa vie en arrière-plan. Si vous recevez un appel, il va afficher une notification, mais il indiquera à vos correspondants que vous n'êtes pas connecté. Skype pose son icône vers la droite de la barre des tâches, pour vous rappeler qu'il est toujours là et bien vivant.

Vous ne voulez pas être dérangé par des appels ou des messages ? Faites un clic-droit sur votre photo en haut à gauche et, dans le menu contextuel qui s'affiche, cliquez sur Ne pas déranger ou Invisible.

Vous avez vos contacts. Il suffit de cliquer ou taper sur le nom de la personne que vous voulez contacter, puis de saisir votre message dans le champ situé en bas et dans la partie droite de la fenêtre. C'est aussi simple que cela.

Quelques conseils à l'usage des novices

Par défaut, les personnes peuvent vous envoyer une requête si vous possédez un nom Skype d'ancienne génération (à oublier), en tapant votre véritable nom dans le champ Rechercher (à supposer que vous n'avez pas trop de sosies virtuels), ou encore en entrant votre adresse de messagerie. Vous n'avez évidemment pas à répondre à une demande de contact.

Skype n'est pas trop gourmand en ce qui concerne la collecte de vos données personnelles, et normalement, les autres utilisateurs ne devraient pas pouvoir y accéder (du moins à ce jour).

Les appels téléphoniques entre contacts Skype sont gratuits (du moins tant que vous restez dans les limites de l'application sur un ordinateur, une tablette ou un smartphone). Mais Skype a bien d'autres options payantes. Elles sont d'ailleurs généralement intéressantes pour des appels longue distance. Pour en savoir plus à ce sujet, visitez la page Web `https://secure.skype.com/fr/international-calls/France`.

Ne soyez pas naïf. Les conversations avec Skype ne sont absolument pas sécurisées. Ce que vous tapez, dites ou filmez peut être lu, écouté et vu par Microsoft, la NSA, la sûreté du territoire et ainsi de suite. Point.

Une fois encore, en fonction des différentes mises à jour et de Windows 10 et de Skype, la version que vous utiliserez ne sera peut-être pas tout à fait la même que la nôtre. Toutefois, le fonctionnement générique reste le même. Au jour où nous écrivons ces lignes, la version de bureau de Skype porte le numéro 8.51.0.86.

Chapitre 16

Microsoft News, finances, sport... et bien d'autres encore

DANS CE CHAPITRE

Bing est partout

•

Suivre le fil de Microsoft News

•

Vos finances et vous

•

Des infos pour les amateurs de sport

Bien que vos vignettes puissent être disséminées ici et là dans la partie droite du menu Démarrer, trois des applications Universelles installées par défaut avec Windows 10 sont en réalité de simples portails vers des informations qui sont délivrées par Bing, le moteur de recherche de Microsoft. D'autres peuvent s'y ajouter plus tard, ou le sont déjà au moment où vous lisez ce livre. Mais, dans tous les cas, il s'agit de formes *d'agrégateurs* d'informations sur lesquels vous n'avez qu'une maîtrise très relative.

Ce genre d'application Universelle demande peu d'efforts à Microsoft, et elles ne lui coûtent pas non plus une fortune. À la base, ce que vous voyez dans ces applications constitue une façon d'enrober des données disponibles sur le Web, et configurées de manière à travailler avec le moteur de recherche de Microsoft, Bing. Tous ces contenus sont en réalité contrôlés par les serveurs de Bing, et ils sont envoyés selon une certaine mise en forme sur votre écran lorsque vous le demandez.

L'application Microsoft News affiche sous une forme très visuelle, les dernières dépêches d'agence, ainsi que de courts articles conçus pour être lus rapidement et manipulés facilement sur un écran tactile. Nous allons découvrir dans ce chapitre cette application Universelle type, et en voir plusieurs options importantes.

Dans la même veine, Finance indique les tendances et les résultats des places financières, ou encore des tas de graphiques un peu complexes à décrypter pour le commun des mortels. Nous verrons donc comment suivre les cours susceptibles de vous intéresser, et comment explorer d'autres informations économiques.

L'application Sport répond aux mêmes exigences que Finance. Elle est destinée aux amateurs de sports qui pourront suivre les résultats susceptibles de les intéresser.

Bing (brother) is watching you

Le titre de cette section est emprunté à Georges Orwell, et plus spécialement à son terrible roman d'anticipation *1984*, dans lequel tous les faits et gestes et les pensées des habitants de la terre sont surveillés, contrôlés, et analysés par Big Brother *via* des « télécrans » installés partout, et qui diffusent autant d'images qu'ils en captent.

Bing, le moteur de recherche de Microsoft est un peu comme Google qui, lui-même, est un peu comme Big Brother qui vous « espionne » *via*, non pas des télécrans, mais des ordinateurs et leurs programmes informatiques.

Ces trois applications suivent exactement le même schéma de fonctionnement :

» **La première page contient une grande photo.** C'est généralement celle qui apparaît dans la vignette du menu Démarrer. Elle est censée marquer d'une pierre blanche le principal fait du moment (ou ce que Bing estime être l'information choc du jour).

» **Il y a des vignettes de différentes tailles pour annoncer les articles.** En règle générale, les articles sont courts, et même, disons, superficiels. Les utilisateurs d'écrans tactiles sont des gens pressés, c'est bien connu (quoique Finance affiche généralement un graphique ou des statistiques avant les articles économiques).

» **Chaque application propose toute une liste de rubriques pour vous permettre de personnaliser les informations qui vous sont envoyées.**

» **La source de toutes ces informations, c'est Bing. Et n'en doutez pas, derrière Bing, il y a des équipes d'êtres humains.** Et bien entendu, aussi des partenariats avec des fournisseurs de contenus. Les uns et les autres peuvent ou non fournir des informations vraiment intéressantes *pour vous*, ou vraiment importantes *en général*.

Juste pour ceux qui n'auraient pas encore compris : ces applications sont incapables de faire quoi que ce soit si vous n'êtes pas connecté à l'Internet. Sinon, comment Bing irait-il chercher tout cela dans les nuages de Microsoft ?

Les applications Microsoft Bing sont simplement des coquilles. Pour remplir celles-ci, elles doivent aller à la pêche dans les ordinateurs de Microsoft pour vous rapporter des produits frais (parfois aussi, moins frais). Toutes les informations qu'elles vous proposent pourraient parfaitement être retrouvées dans un navigateur Web en passant par d'autres canaux.

Vous n'êtes pas naïf, et vous savez très bien que, comme dans tous les services d'informations, il y a des filtres, il y a ce vers quoi on veut vous attirer, et il y a aussi tout ce que l'on ne vous dira pas. Le politiquement correct domine, et le socialement dangereux n'a pas bonne presse. D'accord, si c'est pour lire qu'un halluciné a vu débarquer des extraterrestres verts et avec trois doigts qui lui ont transmis un message à l'intention de l'humanité entière, autant avoir un bon filtre...

Breaking news avec Bing

L'application Microsoft News présente l'intérêt de proposer des options de personnalisation assez intéressantes.

Lire son journal

Fondamentalement, l'application Microsoft News est un *agrégateur* d'informations. Autrement dit, elle présente dans son propre format des informations en provenance de sources variées (sources dont le nom apparaît dans les diverses vignettes).

Prêt pour une petite visite guidée ? Allons-y :

1. **Ouvrez le menu Démarrer, et cherchez la vignette de l'application Microsoft News, sous la lettre M.**

   Vous pouvez également demander vocalement à Cortana de démarrer l'application Microsoft News, ce à quoi elle répondra : « Voici l'application Microsoft News » et elle l'ouvrira. Bien entendu, si vous tapez Microsoft News dans le champ Taper ici pour rechercher, il vous suffira alors d'appuyer sur la touche Entrée de votre clavier pour lancer l'application.

   Si cette application est absente de votre version de Windows, téléchargez-la sur le Microsoft Store !

2. **Tapez ou cliquez sur la vignette de l'application Microsoft News.**

   Toutes les applications citées dans ce chapitre ouvrent un écran de démarrage qui vous invite à sélectionner une liste de sujets qui vous intéressent plus particulièrement. Si vous souhaitez dresser cette liste, cliquez sur le bouton Démarrer de l'application, sinon cliquez sur Ignorer.

❸ **Choisissez une ou plusieurs catégories affichées sur la droite, et activez les étoiles (favoris) des vignettes des catégories d'informations qui vous intéressent (voir la Figure 16.1), et validez votre choix par un clic sur Terminé en haut à droite.**

Figure 16.1

Sélectionnez vos centres d'intérêt.

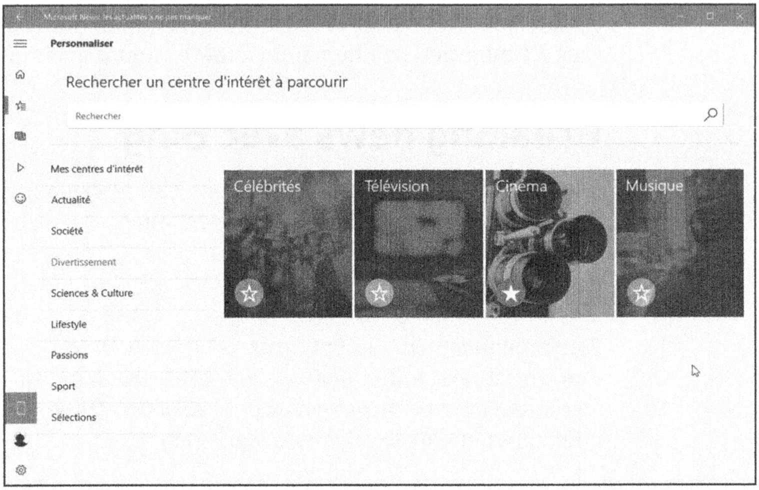

Microsoft News peut vous proposer d'activer des notifications qui vous tiendront informé sur la survenance d'évènements de grande ampleur. Pour obtenir ces notifications, cliquez sur Oui, sinon cliquez sur Désactiver. Vous pourrez les réactiver ultérieurement.

La fenêtre de l'application apparaît. Un bandeau placé en haut propose une série de rubriques (très classiques dans ce type d'outil). Pour chaque rubrique, vous voyez en règle générale une grande vignette (le sujet principal) et d'autres d'un format inférieur, ou simplement remplies de texte. Sur la Figure 16.2, par exemple, j'ai choisi de cliquer sur la rubrique Sport.

Si vous utilisez une tablette, vous réalisez immédiatement que le texte ne peut pas être agrandi ou réduit par un geste d'écartement ou de pincement. Curieusement, c'est possible pour les images.

Pour lire un article en entier, vous effleurez l'écran tactile vers le haut ou vers le bas, ou bien vous faites rouler la molette de votre souris. Pour passer d'un article à un autre dans la même rubrique, effleurez l'écran vers la gauche ou vers la droite, ou bien encore cliquez sur les flèches qui apparaissent sur les bords de la fenêtre.

Figure 16.2

Une rubrique de l'application Microsoft News.

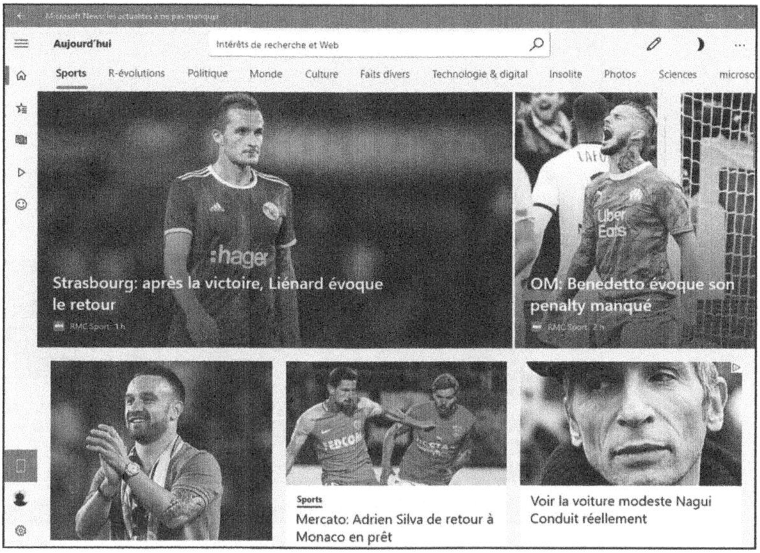

Les infos, c'est gratuit, mais c'est payant quand même. C'est pourquoi vous retrouvez des publicités sur toutes les pages.

❹ **Revenez à la page principale en cliquant ou tapotant l'icône de la maison (Aujourd'hui). Vous revenez ainsi à Mon Microsoft News.**

Nous reviendrons un peu plus loin sur l'icône Mes centres d'intérêt, celle en forme d'étoile.

❺ **À titre de curiosité, lancez Microsoft Edge et ouvrez si nécessaire un nouvel onglet.**

Vous devriez voir s'afficher une page de recherche (Où aller ensuite ?) qui indique notamment par Microsoft News avec MSN. Si ce n'est pas le cas, cliquez sur le bouton Accueil (icône d'une maison) en haut à gauche. Ce flux Microsoft News reprend la majorité des informations Microsoft News, mais dans un format de présentation différent (voir la Figure 16.3).

Vous pouvez également renouveler l'expérience en vous rendant sur le site de Bing (`www.bing.com`) et en activant dans le bandeau affiché en haut de la page le lien Actualités.

Figure 16.3

L'application Microsoft News et les Flux Microsoft News de MSN, ce sont les mêmes informations moulinées par Microsoft.

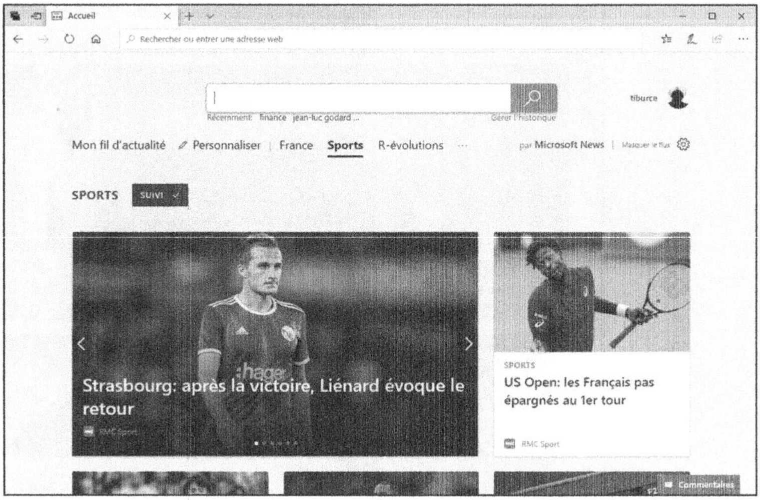

Indiquer vos centres d'intérêt

Si vous cliquez ou tapez sur l'icône étoilée, dans la barre d'icônes menu située sur le côté gauche de Microsoft News, vous allez constater que Microsoft a activé par défaut un groupe générique de thèmes qui ne font pas forcément partie de vos véritables centres d'intérêt (voir la Figure 16.4).

Si vous cliquez ou tapez sur une des étoiles blanches dans un cercle vert de l'une des grandes vignettes, vous la désactivez. Elle va afficher à la place le même sym-bole, mais en noir et blanc. La rubrique correspondante va disparaître du bandeau affiché en haut de la fenêtre principale.

Parcourez les « super rubriques » Microsoft News, Divertissement, Life Style ou encore Mes centres d'intérêt pour faire votre marché, et afficher uniquement ce qui vous intéresse réellement (mais partir à la découverte de sujets un peu nouveaux pour vous n'est pas une mauvaise idée).

Essayons d'aller un peu plus loin que ces classiques carcans que vous imposent les sites d'informations. Essayez ceci :

1. **Si nécessaire, ouvrez à nouveau l'application Microsoft News et affichez sa page d'accueil.**

Figure 16.4

Vous pouvez personnaliser vos centres d'intérêt dans l'application Microsoft News.

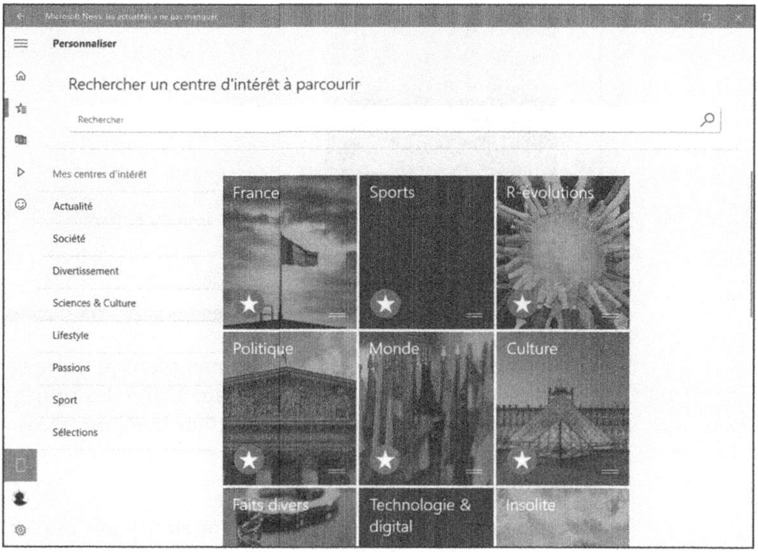

Pour accéder à la page d'accueil, cliquez sur l'icône de la maison située dans la partie supérieure gauche de la fenêtre.

2. **Cliquez dans le champ Intérêts de recherche et Web localisé en haut de la fenêtre, et tapez quelque chose qui correspond à un de vos centres d'intérêt, mais qui n'est proposé nulle part ailleurs.**

   Par exemple, si taquiner le poisson en mer fait partie de vos grandes passions, commencez à saisie **pêche en**. Très vite, la liste qui s'affiche vous propose une série de choix tournant autour de la pêche en mer (voir la Figure 16.5).

3. **Une fois votre critère bien défini, appuyez sur la touche Entrée. Cliquez ou tapez ensuite sur l'icône d'étoile, à gauche du champ de recherche.**

   Immédiatement, cette nouvelle rubrique vient se rajouter en bas de la liste Mes centres d'intérêt.

4. **Cliquez ou tapez sur l'icône de la maison située dans la partie gauche de la fenêtre.**

Figure 16.5

Pour définir vos propres centres d'intérêt, lancez une recherche.

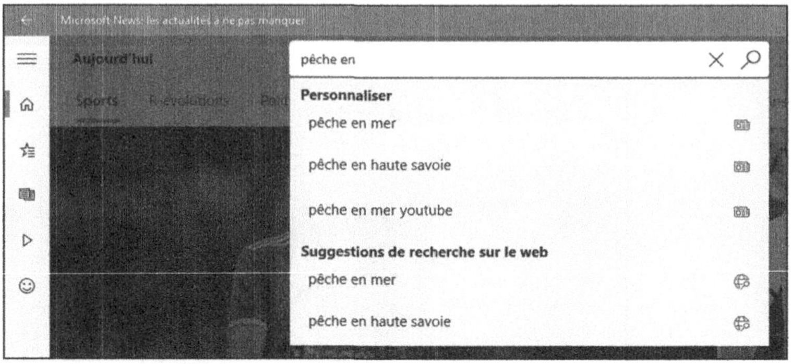

Vous constatez que la pêche en mer vient prendre sa place sur un pied d'égalité, dans le bandeau, à côté des rubriques À la une, France, Monde et ainsi de suite (voir la Figure 16.6).

Figure 16.6

Avec l'application Microsoft News, vous pouvez choisir vos centres d'intérêt, rien que vos centres d'intérêt, et peut-être même tous vos centres d'intérêt.

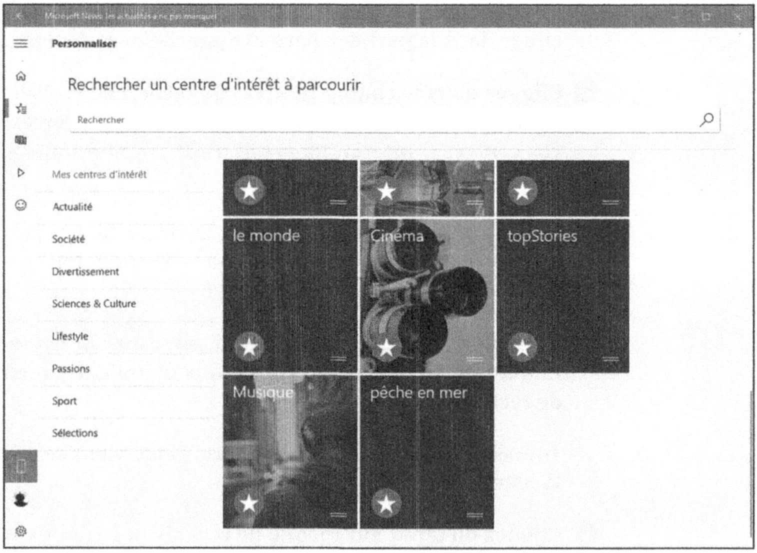

Créer un centre d'intérêt personnalisé revient en fait à sauvegarder un critère de recherche qui va servir à Bing pour vous proposer une série de résultats, mais avec un formatage plus sophistiqué que si vous aviez saisi le même critère dans Microsoft Edge.

5. **Cliquez sur un des articles de votre nouvelle catégorie de manière à en afficher le contenu.**

Observez la Figure 16.7. Vous observez que tout se passe comme si vous vous trouviez dans un navigateur Web, Microsoft Edge en l'occurrence. En fait, c'est bien ce qui se passe. L'espace principal de la fenêtre Microsoft News est maintenant occupé par le contenu du site d'où provient l'article choisi.

Figure 16.7

Consulter un article dans un centre d'intérêt personnalisé.

D'ailleurs, si vous cliquez sur un lien dans la page courante, vous allez vous déplacer dans le site hôte, quelle que soit la destination de ce lien.

Remarquez la présence de trois nouvelles icônes en haut de la fenêtre. La première est l'icône Partager traditionnelle. Cliquez dessus pour obtenir quelques options de partage de l'information par e-mail (*via* l'application Courrier), ou bien encore en copiant le lien de la page Web pour la communiquer par un autre support. La seconde icône représente un maillon de chaîne. Lorsque vous cliquez dessus, le lien vers la page du fournisseur de contenu est copié dans le Presse-papiers de Windows. Une troisième icône est parfois présente en haut à droite de Microsoft News : Mode nuit (icône d'un croissant de lune). Lorsque vous cliquez dessus, l'interface de l'application s'assombrit pour faciliter la lecture du contenu dans un environnement faiblement éclairé afin de préserver la santé de vos yeux. L'icône prend alors la forme d'un soleil. Cliquez dessus pour passer en mode jour.

Ce mode de fonctionnement est commode, mais il implique que l'application Microsoft News connaisse les mêmes restrictions ou éventuels problèmes que Microsoft Edge (ou d'autres navigateurs). Par exemple, si un certain contenu ou type de contenu est bloqué dans un site (peut-être que celui-ci tente d'exécuter Silverlight), vous verrez s'afficher un avertissement vous indiquant que les vidéos ne peuvent pas être affichées, car vous n'avez pas la bonne version de Silverlight. Et vous ne pouvez rien y faire.

La morale de l'histoire ? Ou bien l'application Microsoft News vous suffit, ou vous utiliserez un autre portail ou agrégateur d'informations. Il peut s'agir du portail de votre fournisseur d'accès Internet, ou encore d'un service dédié, comme le très bon Flipboard (`www.flipboard.com`). L'application gratuite proposée dans Microsoft Store est moins évoluée que les versions de Flipboard sur iOS et Android, mais elle reste de très bonne facture.

Organiser vos centres d'intérêt

La disposition des centres d'intérêt par défaut est prédéfinie par Microsoft, et ceux que vous ajoutez viennent prendre place à la fin de la liste.

Vous pouvez cependant facilement changer cette disposition :

1. **Dans le volet de gauche de l'application Microsoft News, cliquez sur l'icône étoilée. La page de vos centres d'intérêt apparaît.**

   Reportez-vous à la Figure 16.1.

2. **Cliquez ou tapez sur une vignette, et maintenez la pression.**

3. **Faites glisser la vignette vers un nouvel emplacement.**

   Elle vient s'insérer à la position choisie.

4. **Recommencez avec les autres vignettes jusqu'à ce que vous soyez satisfait du résultat.**

C'est tout. Revenez à la page principale, et vous allez constater que la liste des rubriques s'affiche selon l'ordre que vous venez de définir.

Finance, sens dessus de sous

L'application Universelle Windows MSN Finance est la sœur de l'application Universelle Windows Microsoft News, mais spécialisée dans son domaine.

En voici une petite visite guidée :

1. **Dans le menu Démarrer, cliquez ou tapez sur la vignette de l'application MSN Finance en affichant le contenu de la lettre F.**

   Cette application est absente ? Téléchargez-la depuis le Microsoft Store !

   Tout se déroule comme pour l'application Microsoft News avec un écran de démarrage qui vous invite à personnaliser l'application. Pour accéder immédiatement à MSN Finance, cliquez sur Ignorer.

   Finance peut vous proposer d'activer des notifications qui vous tiendront informé des dernières Microsoft News financières. Pour obtenir ces notifications, cliquez sur Oui.

   Comme pour l'application Microsoft News, vous voyez s'afficher une grande vignette pour le sujet principal du jour, ainsi que diverses autres vignettes de plus petite taille, montrant une photo légendée, du texte ou encore un graphique économique (voir la Figure 16.8).

2. **Cliquez directement sur les icônes alignées verticalement sur le bord gauche de la fenêtre, ou bien tapez ou cliquez sur les trois barres du menu afin d'afficher leur libellé si vous ne les avez pas encore bien identifiées.**

   Le volet de navigateur vous propose plusieurs options qui viennent compléter la page d'informations principale (voir la Figure 16.9).

3. **Revenez à l'écran principal (icône de la maison), et cliquez sur un article pour en voir le contenu.**

   Vous constatez que la présentation (et les publicités) ainsi que la manière de circuler entre les articles ou les rubriques sont strictement identiques à ce que propose l'application Microsoft News.

4. **Dans le volet de gauche, tapez ou cliquez sur l'icône étoilée, la Liste de valeurs.**

Figure 16.8

Saurez-vous prendre les bonnes décisions avec l'application Finance.

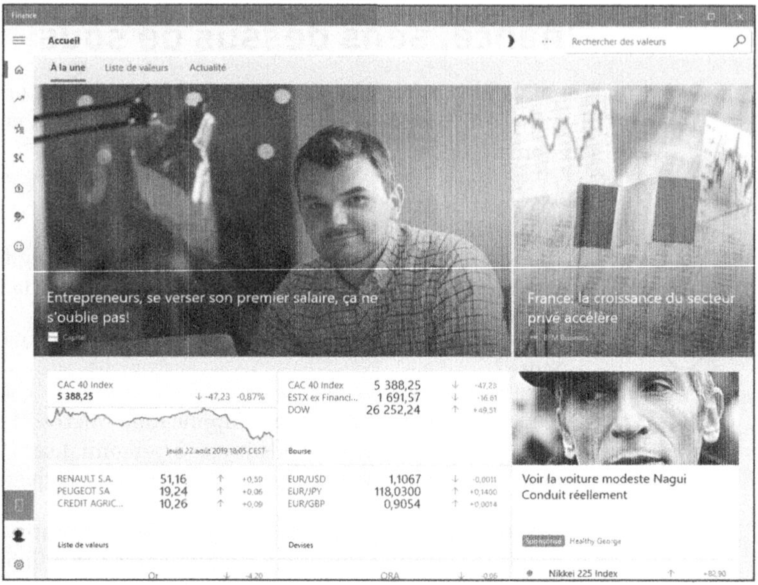

Figure 16.9

Naviguer dans l'application Finance.

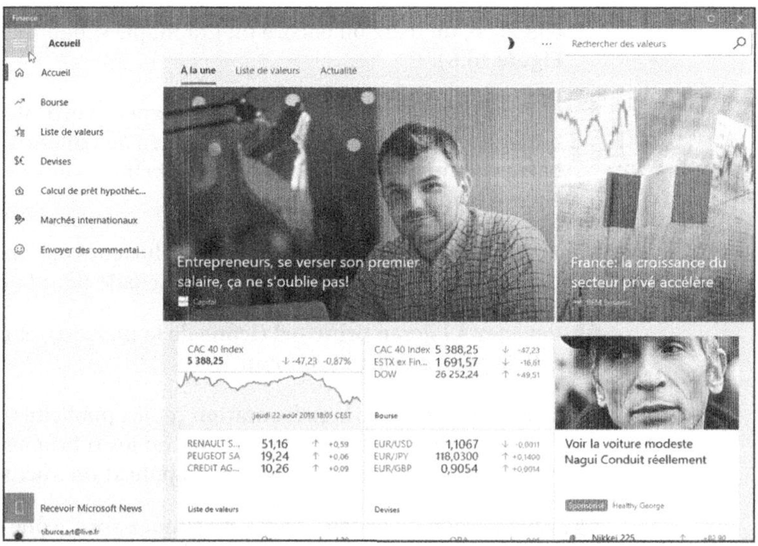

En fait, le principe est à peu près le même que définir des centres d'intérêt dans Microsoft News, si ce n'est qu'ici vous pouvez demander à suivre des actions, des fonds ou encore des indices.

5. **Dans le champ Rechercher des valeurs (icône de la loupe en haut à droite), saisissez alors le nom d'une action.**

   Au fur et à mesure de votre saisie, l'application vous propose une liste plus ou moins étendue de choix (voir la Figure 16.10).

Figure 16.10

Rechercher une valeur à suivre.

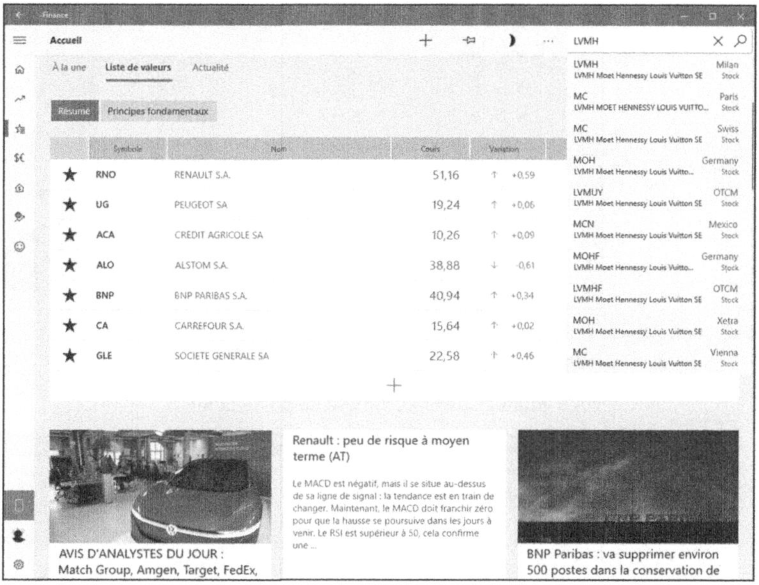

6. **Lorsque vous avez défini quelles sont vos actions préférentielles, leurs cours ainsi des informations récentes s'affichent dans la fenêtre (voir la Figure 16.11).**

   Cliquez ou tapez sur le bouton Principaux composants pour en savoir plus sur le bénéfice par action et autres données comptables.

7. **Pour obtenir des renseignements beaucoup plus poussés sur telle ou telle société, cliquez sur la ligne correspondante. Par exemple, la rubrique Statistiques clés fournit des données détaillées, ainsi que des conseils d'analystes, par toujours bons à suivre d'ailleurs (voir la Figure 16.12).**

Figure 16.11

Suivez votre portefeuille d'actions !

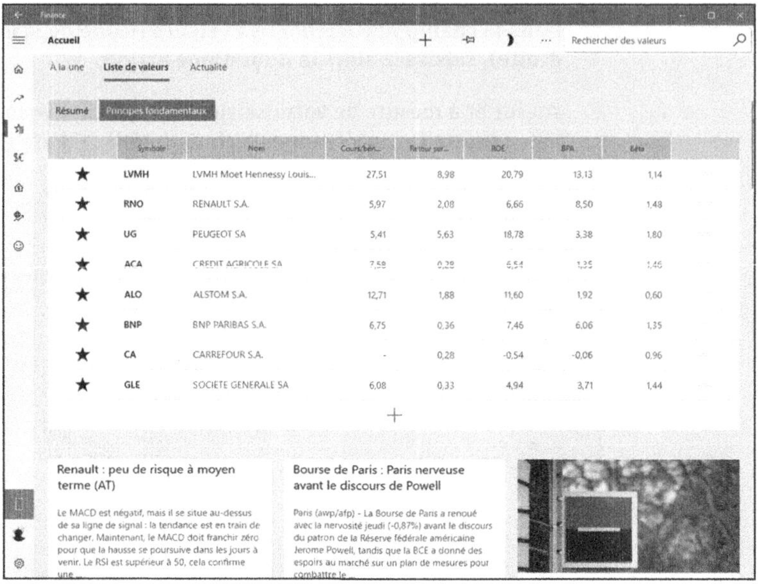

Figure 16.12

Vous vouliez savoir comment se porte LVMH ?

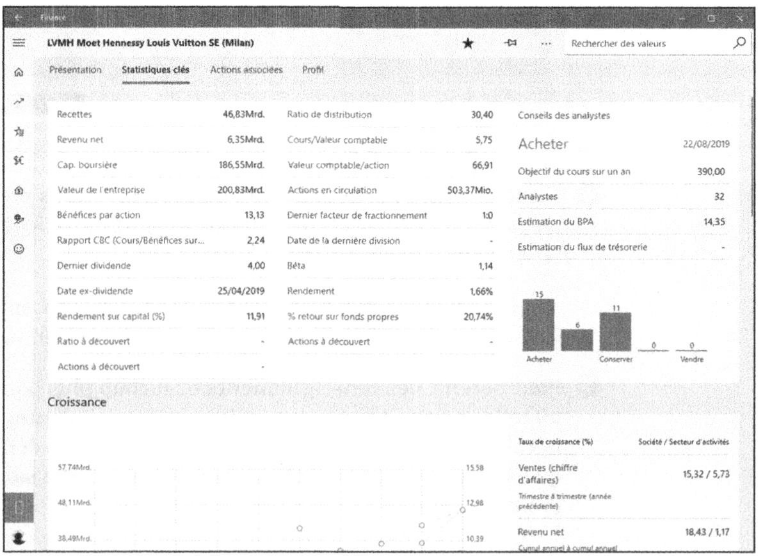

❽ **Cliquez sur la flèche, en haut et à gauche, jusqu'à ce que vous reveniez à la page principale.**

❾ **Cliquez maintenant dans le volet de gauche sur l'icône Devises.**

Vous voyez apparaître un convertisseur de devises (voir la Figure 16.13). Par défaut, il propose comme monnaies l'Euro et le Dollar américain, mais vous pouvez en changer dans les listes affichées en haut de colonne, ou encore inverser la conversion en cliquant ou tapant sur la flèche double.

Figure 16.13

Convertir un montant quelconque entre deux monnaies.

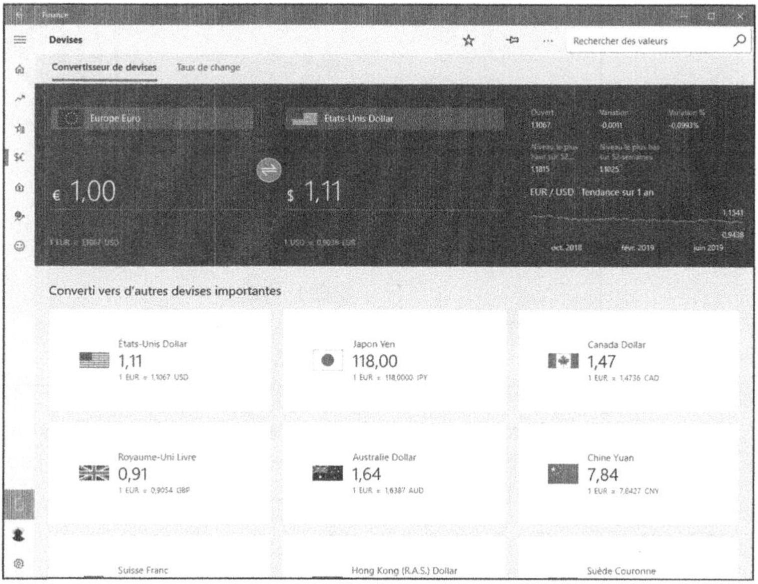

Vous pouvez bien entendu définir un montant quelconque pour la conversion en le saisissant dans le champ correspondant d'une des deux monnaies.

La rubrique (onglet) Taux de change affiche une liste de parité entre la monnaie principale (par défaut l'euro) et de nombreuses autres devises.

❿ **Dans le volet de gauche, cliquez ou tapez sur l'icône de la petite maison affichant $ en son centre (cinquième icône en partant du haut), Calcul de prêt hypothécaire.**

Certes, ce petit outil ne vaut pas un tableau Excel en bonne et due forme, mais il a le mérite d'être facilement accessible et de proposer une vue graphique simple (voir la Figure 16.14).

Figure 16.14

Le calculateur de prêt hypothécaire fonctionne, et c'est ce qu'on lui demande.

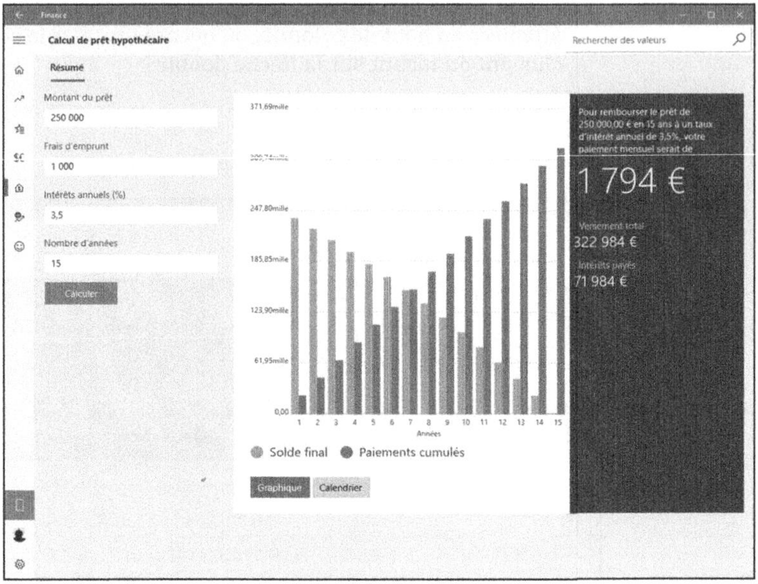

Et si le sujet vous intéresse, l'application Finance est aussi capable de vous donner une vue (presque) instantanée sur les cours des grandes bourses mondiales (voir la Figure 16.15).

Tout le sport

Comme vous vous en doutez déjà, le mode de présentation et de fonctionnement de l'application Sport suit exactement les mêmes règles que Microsoft News et Finance. Personnellement, je la trouve juste... mieux (voir la Figure 16.16). Mais après tout, chacun a ses préférences, non ?

Cette fois encore, si Sport est absent de votre version de Windows, téléchargez-la depuis le Microsoft Store mais en effectuant une recherche sur MSN Sport.

Figure 16.15

Boursicoteurs mondialisés, suivez les cours des principales places financières.

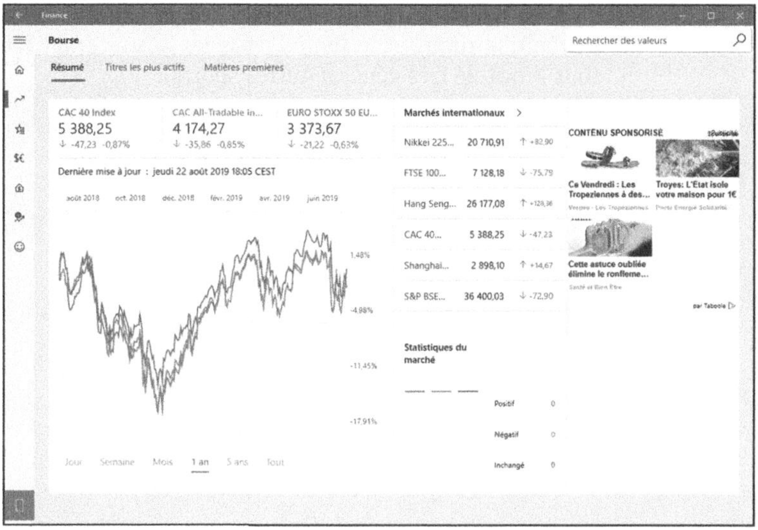

Figure 16.16

Comme les autres applications Bing, Sport se présente sous forme de grande vignette (et de quelques publicités aussi).

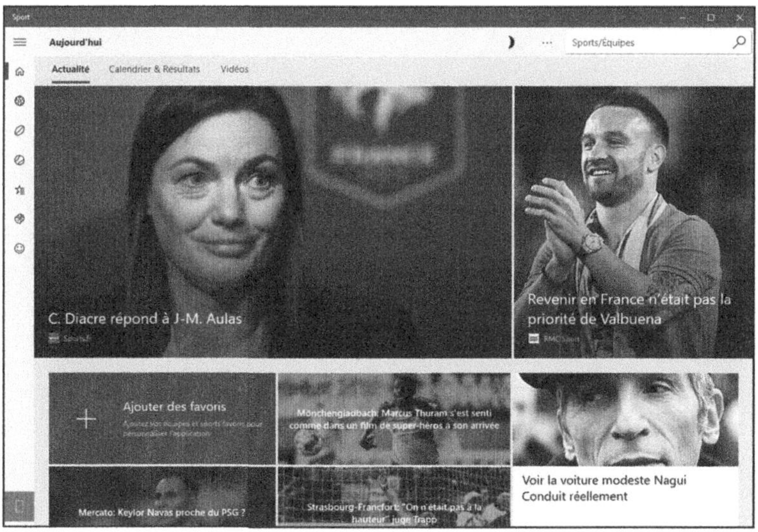

Avant de cliquer dans le volet de gauche, n'hésitez pas à faire défiler tout le contenu de la fenêtre. Vous constaterez que c'est un journal des sports plutôt copieux.

Le volet de navigation se limite par défaut à quelques sports phares (le football, le rugby et le tennis, tous les autres étant renvoyés ailleurs sous l'intitulé très général Autres sports).

Index

A

B

C

D

E

F

G

H

I

J

K

L

M

N

O

P

Q

R

S

T

U

Z

Imprimé en France par EPAC Technologies
N° d'impression : 4550414302021
Dépôt légal : février 2021